Sally Cline
Frauen sterben anders

Sally Cline

FRAUEN
STERBEN ANDERS

*Wie wir im Leben
den Tod bewältigen*

Aus den Englischen
von
Hanne-Dore Stützer

Gustav Lübbe Verlag

© 1995 by Sally Cline
Titel der Originalausgabe: Lifting The Taboo.
Women, Death and Dying
Originalverlag: Little, Brown and Company, London
© 1997 by Gustav Lübbe Verlag GmbH,
Bergisch Gladbach

Aus dem Englischen von Hanne-Dore Stützer
Redaktion: Arno Hoven
Schutzumschlaggestaltung: Nina Rothfos, Hamburg,
unter Verwendung eines Fotos
von Taizo Tashiro / G + J Fotoservice
Satz: Dörlemann Satz, Lemförde
Gesetzt aus der Hiroshige Book und Medium
von Linotype
Druck und Einband: Friedrich Pustet, Regensburg

Printed in Germany
ISBN 3-7857-0898-x

gewidmet EM MARION CALLEN
in Liebe für BA SHEPPARD
im Gedenken an meine Freundin
CAROL KENDRICK
geboren 18. April 1950
gestorben 13. Juli 1993

Inhalt

Erstes Kapitel

DAS SCHWEIGEN BRECHEN

Sie haben keine Garantie, daß Sie lange genug leben werden, um das ganze Buch zu lesen.

Ich hatte keine Garantie, daß ich lange genug leben würde, um das Buch zu Ende zu schreiben.

Das scheinen recht einfache Feststellungen zu sein. Feststellungen, die selbstverständlich sind. Und doch spricht keiner über das, was daraus folgt. Niemand spricht über den Tod.

Ich betone das, weil ich erfahren habe, daß wenigstens 150 Frauen mit allergrößtem Ernst und äußerster Ehrlichkeit über den Tod sprechen wollen. Sie wollen das Tabu durchbrechen, das in ihren Augen das Sterben und die damit verbundene Trauer umgibt – und in besonderer Weise die daran beteiligten Frauen betrifft.

Wenn dies widersprüchlich klingt, dann deshalb, weil die Vorstellung von einem Todestabu, das es aufzubrechen gilt, zum einen zutrifft, zum anderen jedoch bestimmte Gegensätze enthält, die bereits seit einem Jahrzehnt in endlosen Debatten besprochen werden.

Auf der einen Seite haben wir scheinbar viel Zeit damit verbracht, kulturelle Spielregeln zu verinnerlichen, die uns vorschreiben, den Tod zu verdrängen, zu vermeiden und zu verleugnen. Bestätigt wird dieser Standpunkt von Persönlichkeiten aus dem Kulturleben. So stellte 1970 der Kritiker Malcom Muggeridge fest: »Im Bewußtsein der meisten Zeitgenossen ist der Begriff des Todes tief verborgen; er bleibt unerwähnt, wenn nicht gar unaussprechbar.«[1]

Zwanzig Jahre später, im Jahr 1990, wiederholte eine Flut von Artikeln wie der folgende in der »Radio Times«: »Der Tod – vor allem, darüber zu sprechen – ist eines der großen Tabus unseres Zeitalters.«[2]

Und noch kurz vor Fertigstellung des Buchmanuskripts erzählte mir eine Bestattungsunternehmerin:

»Meistens wollen Leute nicht über den Tod reden, besonders Leute mit Familien; er ist nichts, worüber man spricht. Da ich aber als Bestattungsunternehmerin von Berufs wegen mit dem Tod zu tun habe, werden manche plötzlich gesprächig. Andere wiederum wollen einfach nichts herauslassen.« (Sally Smith, 1994)

Andererseits aber räumt die Presse von Rang eine Menge Platz ein für vornehme Begräbnisse, Nachrufe von bekannten Persönlichkeiten und die kreative Arbeit in Hospizen. Viele Leute haben mich mit Zeitungsausschnitten überschüttet, um zu verdeutlichen, daß ich nicht allein bin mit dem, was sie als mein »sonderbares Unternehmen« bezeichnen.

Diese laufende Diskussion über einen verbotenen Gesprächsgegenstand ist auch keine einmalige Erscheinung in Großbritannien. 650 Bücher zum Thema Tod listet Simpsons »English Language Bibliography« (»Bibliographie der englischen Sprache«) aus dem Jahr 1979 auf; die aktualisierte Version von 1987 fügt weitere 1700 Bücher hinzu, die alle zwischen 1979 und 1986 geschrieben worden sind.[3]

Auch Veranstalter erster Kurse über Tod und Sterben, wie zum Beispiel die Offene Universität, vertrauen trotz des allgemeinen Widerstandes gegen den Themenkreis auf eine große Resonanz: So, wie ich mir eine begeisterte Leserschaft für mein Buch erhoffe, sind sie davon ausgegangen, eine große und begeisterte Studentenschaft mobilisieren zu können.[4]

Doch wie groß die Akzeptanz und der Einfluß des Todestabus sind, habe ich erfahren, als ich meine Entscheidung für das »sonderbare Unternehmen« in die Tat umsetzen wollte. Es war alles andere als leicht.

Die allerersten Verleger, denen ich meine Idee unterbreitete, erklärten hastig:

»Natürlich ist es ein wundervolles Projekt und ein notwendiges obendrein, doch dafür braucht man einen großen und mutigen Verleger.«

Sie selber waren offenbar weder groß noch mutig genug.

Ich suchte weiter und fand einen großen, mutigen Verleger.

»Natürlich«, sagte man dort groß und mutig, »es ist ein wundervolles Projekt, dazu ein dringend notwendiges Projekt; wunderbar, ja, notwendig, ja, ein Projekt, das unbedingt durchgeführt werden muß.«

(Groß und mutig sein bedeutet wohl, daß man sich oft wiederholt.) Dann fuhren sie mit Bedauern fort: »Doch dafür braucht man einen kleinen, innovativen und risikofreudigen Verleger.«

Ich suchte weiter und fand einen kleinen, innovativen, risikofreudigen Verleger. Die Risikofreudigen waren aber zu klein, um das Risiko zu übernehmen. »Tod ist nicht das gleiche wie Sex«, erklärten sie nervös. »Sex verkauft sich. Jeder möchte über Sex sprechen. Aber über den Tod kann man nicht sprechen.«

Ach so! Ich erinnerte mich daran, was die Leute gesagt hatten, als ich über Enthaltsamkeit anstatt über Sex schreiben wollte. Darüber kann man nicht sprechen![5]

Ich suchte weiter. Mein Buch und die Frauen, die über den Tod sprechen wollen, haben jetzt ein gutes Zuhause gefunden.

Trotzdem gab es noch ein paar weitere Hindernisse. Wie Germaine Greer es ausdrückt: Wenn eine Frau zugibt, daß »ihre Gedanken um den Tod kreisen, dann heißt das, daß mit ihr etwas nicht stimmt«.[6]

Wer sich entschließt, über den Tod zu schreiben, hat sich gleichzeitig entschieden, als Außenseiterin angesehen zu werden. Eine verdienstvolle Außenseiterin zwar, aber eben eine Außenseiterin. Wer sich entschließt, das Schreiben über den Tod anzusprechen, hat sich gleichzeitig entschieden, gegen den Strom zu schwimmen. Es fordert dazu heraus, zum Schweigen gebracht zu werden.

Nichts beendet eine Unterhaltung schneller, als eine Leiche oder zwei zu erwähnen oder über einen hübschen Kirchhof zu sprechen, wo ich oft sitze und schreibe, über einen Friedhof, den ich ideal für Picknicks fand, über ein Witwenkränzchen, wo herzhaft gelacht wurde, oder über ein Hinterbliebenenzentrum, wo Eltern, die Kinder verloren haben, ihr Leben neu aufbauen können und ich das meine allmählich besser verstanden habe.

»Meinst du nicht, daß du ein bißchen morbide bist?« fragten mich zögernd ein paar Freunde. »Findest du das ganze nicht etwas deprimierend?« erkundigte sich meine Familie voller Mitgefühl.

Bereits das Nachdenken über den Tod wird als ein krankhaftes Symptom betrachtet. Germaine Greer erläutert, daß schon beim bloßen Verdacht, eine Frau könnte sich Gedanken über den Tod machen, irgendeine Behandlung zur geistigen Beruhigung empfohlen wird. In meinem Fall wurden ich und mein Buch sehr wirkungsvoll unter Quarantäne gestellt.[7]

»Was macht Ihr nächstes Buch?« wurde ich von den Leuten gefragt. »Sie wissen schon, das, was Sie nach dem … äh … schwierigen schreiben wollen?«

Wonach sie fragen, ist, ob es ein Leben nach dem Tode gibt.

Die Wahrheit ist, daß sich im Tod sehr viel Leben zeigt. Die Gespräche, die ich mit Frauen über den Tod und das Sterben führte, waren oft schmerzlich, meistens ergreifend, manchmal komisch und stets eine Herausforderung – aber auch erfüllt von einer frohen, positiven und gesunden Geisteshaltung.

Es war schwer, andere Menschen hiervon zu überzeugen.

Der Tod unterliegt einem ständigen Veto. Menschen, die sterben, werden vor der Öffentlichkeit verborgen. Doch auch die Trauer fristet ein Dasein im verborgenen und wird nur beiläufig erwähnt. Es werden keine Rolläden mehr heruntergelassen oder Vorhänge zugezogen, noch wird Trauerkleidung angelegt, wenn jemand stirbt. Wenn in vergangenen Zeiten die Hinterbliebenen vorübergehend abgesondert lebten, dann haben wir sie trotz allem nicht psychologisch ausgeschlossen oder übergangen, wie es heutzutage geschieht. Wir zeigten Respekt vor ihrer Trauer und gaben ihnen in aller Form Zeit, sich den neuen Lebensumständen anzupassen.

Heute kommen wir verspätet zu Beerdigungen und gehen hastig fort. Gegenüber den trauernden Hinterbliebenen legen wir eine pflichtschuldige Höflichkeit an den Tag. Falls wir überhaupt etwas sagen. Oft machen wir einen schnellen, verlegenen Abgang. Wir erwarten von den Hinterbliebenen, daß sie sich energisch zusammenreißen und rasch darüber hinwegkommen. Wir entpuppen uns als eine Nation von tapferen Bürgern und Stoikern voller Selbstbewunderung: Nieder mit der Gefühlserregung, hoch mit dem gesunden Menschenverstand!

In unserer panischen Angst sind wir selbstsüchtig. Wir unterschätzen die Auswirkung, die bereits ein ganz normaler einschneidender Todesfall auf unser Leben haben kann: Es ist ein Tod, gegen den wir uns auflehnen, und er hat Auswirkungen, die sich oft als ebenso tiefgreifend und positiv wie schmerzhaft erweisen können.

Unsere Einstellung trifft Frauen ganz besonders hart. Frauen stecken in dieser Gesellschaft in einer Art Zwickmühle. Ihre Sozialisation bereitet sie darauf vor, die meiste Zeit ihres Lebens andere zu betreuen und zu bemuttern und gefühlsbetont zu sein. Es wird erwartet, daß sie sich ungeachtet ihres Alters wie überempfindliche Mädchen aufführen. Doch wenn schließlich die Zeit des Betreuens vorbei ist, ihre Gefühlserregung am stärksten und ihre Verletzlichkeit am intensivsten ist, dann wird von ihnen erwartet, es nicht zu zeigen.

12

Während Frauen versuchen, in der Auseinandersetzung mit Todesfällen im persönlichen oder familiären Bereich einen gangbaren Weg zu finden, bemüht sich die Außenwelt, alle Vorgänge um den Tod herum zu vernebeln, zu verschleiern, abzusondern, zu verdecken und zu verbergen. Die Leute weigern sich unmißverständlich, über die Toten zu sprechen, so, als hätten sie nie existiert.

»Meine Tochter hat sich, nachdem ihr Vater gestorben war, rührend um mich gekümmert, indem sie mich zum Supermarkt mitgenommen und die Bankangelegenheiten erledigt hat. Aber in den drei Jahren seit seinem Begräbnis hat sie ihn mir gegenüber nicht ein einziges Mal erwähnt.« (Witwe, 79 Jahre alt)

Viele Leute, mit denen ich mich unterhalten habe, empfanden das Trauern als peinlich. Sie fühlten sich unbehaglich dabei. Die Frauen, die ich interviewt habe, hatten nicht mit derartigen Empfindungen zu kämpfen. Sie wollten über ihren Kummer reden, offen und ausführlich.

»Er lebte immer am Abgrund. Er war besessen von Motorradrennen. Bei einem besonders gefährlichen Rennen verunglückte er tödlich. Mein Sohn und meine Mutter hörten es im Radio und benachrichtigten mich. Ich konnte nicht anders, ich habe das ganze Haus zusammengeschrien. Ich wollte ins Auto steigen, irgendwohin fahren und mit ihm zusammensein. Wegen des Aussehens der Leiche versuchte der Beamte, der für die Untersuchung der Todesursache zuständig war, mich davon abzuhalten, den Toten zu sehen. Aber ich mußte einfach hin. Es war mir egal, wie er aussah. Er lag in seinem Sarg und trug einen grauen Taftanzug. Er war Künstler; er wäre mit seinem Leichentuch sehr einverstanden gewesen. Drei Tage lang habe ich neben dem Sarg gesessen; es war für mich wie ein Ritual. Er war so plötzlich fortgegangen, daß ich einfach mit ihm sprechen mußte. Ich mußte mit ihm weinen. Ich mußte auch einfach mit ihm schweigen. Ich sagte ihm, daß ich ihn liebe; immer wieder sagte ich ihm, daß ich ihn liebe, so wie ich es früher getan hatte. Später dann verfolgte mich der Zwang, darüber zu sprechen. Ich wollte die ganze Zeit nur reden, meinen Schmerz offenbaren, mich selbst mehr und mehr offenbaren.« (britische Homöopathin, deren Partner auf einer Rennstrecke starb)

»Als mein Mann – er war Amerikaner griechischer Herkunft – an Krebs gestorben war, rief ich seine Mutter an. Sie kam in das Zimmer, schrie auf, warf sich über seinen Körper und jammerte laut. Sie schüttelte ihn, küßte ihn und schlug auf ihn ein – und ich stand nur da. Zuerst dachte ich, daß sie den Verstand verloren hätte ... verrückt geworden wäre ... doch dann wurde mir klar: Dies mußte das Verhalten sein, das bei Griechinnen üblich ist. Griechische Frauen können wehklagen. Sie dürfen wehklagen. Wir dürfen nicht wehklagen. Es muß eine ungeheure seelische Befreiung sein. Es war genau das, was ich am liebsten getan hätte, aber niemand würde mir jemals dazu die Erlaubnis geben. Ich war neidisch ... dann wollte ich reden, die ganze Zeit reden ... aber Frauen leben hier wie in einem Gefängnis; wir dürfen uns nicht damit aufhalten, über unseren Schmerz zu reden. Wehklagen ist offenbar ein griechischer Brauch. Doch wir Frauen hier, wir sollten unsere eigenen Bräuche haben. Einer davon sollte vielleicht das Reden sein. Reden könnte das Ritual der Frauen hier sein.« (Ellen, Redakteurin aus New York und 60 Jahre alt, über den Tod ihres Mannes)

Die Autorin Alice Thomas Ellis, deren Sohn mit 19 Jahren bei einem Unfall starb, bestätigt die Haltung von Frauen aus dem westlichen Kulturkreis gegenüber den gesellschaftlichen Einschränkungen der Trauer: »Ganz sicher trauern wir in diesem Land nicht in einem ausreichenden Maße, wenn wir es sollten. Ich kann mich daran erinnern, wie ich auf einem Begräbnis eine Frau, wahrscheinlich eine Türkin, gesehen habe, die wehklagte und von einer Seite zur anderen schwankte. Unsere Instinkte sagen uns, genau das gleiche zu tun. Aber würde man nicht recht lächerlich erscheinen, wenn man es dann tatsächlich selber tun würde?« (Alice Thomas Ellis, 1992)[8]

Der Groll über einen vorgegebenen Zeitplan für die Trauer oder das Gefühl, in die Schranken gewiesen zu werden, bedeuten nicht unbedingt, daß Frauen ihren Schmerz aus sich heraus haben wollen: »Ich will meine Trauer nicht nach draußen tragen und ablegen. Ich will meine Trauer in mir tragen und bewahren.« (britische Landschaftsgärtnerin, mit 30 Jahren verwitwet)

Während ich den Frauen zuhörte, entstand für mich immer wieder der Eindruck, daß Frauen den Tod und die Trauer als etwas Innerliches wahrnahmen, als etwas in ihrem Innern.

Ebenso bedeutend war es für Frauen, den Tod in Bildern darzustellen oder kreativ darüber zu schreiben. Viele hatten den Menschen, den sie liebten, zum Zeitpunkt des Todes fotografiert. Mehrere Frauen hatten Videoaufnahmen am offenen Sarg gemacht. Viele hatten die letzten Gespräche mit dem Sterbenden auf Audiokassetten aufgenommen. Noch mehr hatten das Begräbnis oder die Gedenkzeremonie aufgezeichnet. Mit großer Kreativität hatten einige Frauen Fotomontagen hergestellt, andere schrieben Geschichten, Gedichte oder dokumentarische Prosastücke.

Einige beschäftigten sich aus therapeutischen Gründen mit diesen Kunstformen, andere benutzten sie als Ausgangspunkt, um sich anschließend intensiver der Kunst oder der Schriftstellerei zu widmen. Professionelle Künstlerinnen und Schriftstellerinnen, die durch Verlusterlebnisse hindurchgegangen waren, erläuterten, wie der Tod ihr künstlerisches Schaffen veränderte und wie die Kunst ihnen geholfen hatte, den Tod zu akzeptieren.

Obwohl ich selber eine begeisterte Fotografin bin, fühlte ich mich anfangs etwas unbehaglich bei dem Gedanken, an einem Totenbett zu fotografieren.

Als dann während meiner Arbeit an diesem Buch meine allerbeste Freundin Carol Kendrick auf so tragische Weise mit nur 43 Jahren starb, saß ich mehrere Stunden an ihrem Bett, in dem sie bis zu ihrem Tod im Koma dahindämmerte. In ihrem kurzen Leben hatte ich sie viele hundert Male fotografiert: bei ihrer Arbeit auf der Krankenstation – in eben dem Krankenhaus, das jetzt der Schauplatz ihrer letzten Stunden war –, auf Wanderungen über die Hügel von Yorkshire, beim Sekttrinken und während stiller Ruhepausen in ihrem Haus in Manchester. Und immer hatte sie gelacht.

Plötzlich verstand ich, weshalb die Frauen, die ich interviewt hatte, nicht anders konnten, als Aufnahmen zu machen. Es war genau das, was ich zu tun wünschte.

Und doch hielt mich eine Scheu davon ab. Mary, die Freundin, die sie auf die Intensivstation gebracht hatte, und Carols noch junge, über alles geliebte Tochter Nicho saßen während jener ersten Stunden mit mir an ihrem Bett. Wäre ich alleine gewesen, hätte ich sicher ehrfürchtig ein letztes Bild gemacht. Ich glaube nicht, daß Carol etwas dagegen gehabt hätte. Sie hatte mir immer wieder gesagt, wie schön sie es fand, fotografiert zu werden. Aber ich wollte nichts »Ungebührliches« tun oder etwas, das Nicho vielleicht noch mehr gequält hätte. So saßen wir drei und harrten bei Carol aus, traurig auch darüber, daß Carols Partner J. im Ausland war; und ich versuchte, mir das Bild meiner Freundin für alle Zeiten in mein Gedächtnis einzuprägen.

Der tiefe Schmerz, der mich bei den Nachforschungen und dem

Niederschreiben dieser Studie begleitete, hat die Arbeit nicht behindert, aber natürlich verändert. Viele der befragten Frauen meinten, daß es hilfreich gewesen sei, Verlusterlebnisse mit jemandem zu erörtern, dem solche Erfahrungen nicht fremd waren.

Das von mir zusammengetragene Material läßt vermuten, daß Frauen und Männer für den Umgang mit der Trauer unterschiedliche Verhaltensweisen entwickelt haben. Frauen allgemein, besonders aber hinterbliebene Mütter oder Frauen, die sich mit einem Selbstmord auseinandersetzen müssen, haben nicht das Gefühl, daß ihr Schmerz sich irgendwann »auflöst«. Der Schmerz bleibt, selbst wenn sie lernen, mit den Symptomen fertig zu werden, so daß sie in der Gesellschaft eine für andere weniger peinliche Rolle spielen können.

Die Ergebnisse sind deshalb so interessant, weil sie einerseits einige bereits vorliegende, bedeutende Trauertheorien erweitern, andererseits jedoch sogar im Widerspruch zu ihnen stehen. Allerdings ist dies weniger überraschend, wenn wir berücksichtigen, daß die Forscher auf diesem Gebiet (Averill, 1968; Kübler-Ross, 1969; Parkes, 1972) die Bevölkerung im allgemeinen betrachtet haben, ohne dabei geschlechtliche Unterschiede zu berücksichtigen.[9]

Der Tod läßt Leidenschaften wieder aufleben, sogar oder vielfach ganz besonders bei älteren Menschen. Andere fühlen sich unbehaglich. Doch die Trauer erweist sich immer wieder als leidenschaftlich, wie Frauen selbst erklären:

»Jetzt, wo er tot ist, werde ich von einer Besessenheit beherrscht wie bei einer Liebesaffäre. Die ganze Zeit will ich über ihn sprechen. Ich bin besessen von allem, was er getragen hat, wo wir hingegangen sind und was er gesagt hat.« (amerikanische Witwe, 65 Jahre alt)

»Er wurde bei einem Unfall getötet. Alle sagten, ich solle nicht kommen. Ich mußte zu ihm gehen. Es war mein einziger Gedanke. Seitdem gehe ich immer zu ihm auf den Friedhof. Er ist meine große Liebe, und das frißt mich auf.« (kanadische Mutter eines Sohnes, 35 Jahre alt)

»Sie war meine andere Hälfte; sie war mein ein und alles. Ihr Tod war ein Rätsel. Sie wurde wochenlang vermißt. Ich suchte, jeder suchte, und ich heulte wie ein Tier. Dann fand man das, was von ihr übriggeblieben war, unterhalb der Felsen. Das, was ich jetzt empfinde, muß die Kehrseite dessen sein, was ich als Liebe erlebt habe.« (hinterbliebene Partnerin aus Großbritannien, 35 Jahre alt, deren Geliebte bei einem Absturz ums Leben kam)

Die Botschaft, die Frauen übermittelten, hieß: Trauer und Liebe sind zwei Seiten ein und derselben Münze.

Gibt es Menschen in unserer Gesellschaft, die dieser Form der Leidenschaft die Existenzberechtigung absprechen wollen? Ist hierin ein Grund für das allgemeine Unbehagen zu sehen? Ganz sicher, wenn das »Relikt« – wie eine betagte, hinterbliebene Frau sich selber bezeichnete – alt ist. Dann wird ihr wildes, leidenschaftliches Trauern sehr wahrscheinlich als fehl am Platze angesehen.

Im dritten Kapitel (Botschaften des Todes) behandle ich Folgerungen, die sich aus den Äußerungen der befragten Frauen ergeben. Das aufgezeichnete Material läßt darauf schließen, daß erstens der Verlust eines geliebten Menschen niemals wirklich verarbeitet werden kann (bereits von Littlewood angedeutet, 1992) und zweitens eine Frau, anstatt das Erlebte vollständig zu überwinden, einfach eine »neue Person« wird, die den erlebten Tod und die erlebte Trauer verinnerlicht hat.[10]

»Verlust ist ein Gefühl, das mir nur zu vertraut ist. Ich werde niemals darüber hinwegkommen, daß ich sie verloren habe. Vor allem werde ich nie den Verlust jener zwei Menschen verwinden, die mich so geliebt haben und die ich so geliebt habe. Ihr Verlust hat in meinem Herzen eine einmalige Form angenommen. Wie sich die Trauer verändert, kann man so beschreiben: Zuerst bin ich völlig entgleist, dann habe ich auf die Gleise zurückgefunden – doch es waren ganz andere Gleise.« (Angelica, eine Dichterin, die innerhalb von fünf Jahren ihren Partner, ihre Mutter, ihren Stiefvater, ihren Vater und ihre enge Freundin verloren hat)

»Seit Gregs Tod schleppe ich diese Last mit mir herum, diesen Rucksack voller Trauer auf meinem Rücken. Ich werde ihn nie absetzen können.« (Annie, deren Sohn Greg vor vier Jahren Selbstmord beging)

Die meisten Frauen mit ganz persönlichen Trauererfahrungen machen ähnliche Aussagen, aber einige Hinterbliebenenberaterinnen, mit denen ich gesprochen habe, waren der Meinung, daß der Eindruck, »niemals darüber hinwegzukommen«, etwas sei, das »der Gesundheit schade«.

Viele der trauernden Frauen waren bei Verlusttherapeutinnen oder Beraterinnen gewesen.

»Jene Frauen, die sich von Berufs wegen mit Trauerbewältigung befassen, versuchen die Menschen wieder fit zu machen, damit sie in der Gesellschaft zurechtkommen. Deshalb lehren sie die Frauen, wie sie die Trauer erfolgreich managen können. Wenn man äußert, daß man niemals aufhören wird zu trauern, reagieren sie verärgert. Es ist ein sozialfeindliches Verhalten. Sie sind dazu da, um Frauen zu helfen, sich angemessen in der Gesellschaft bewegen zu können.« (Angelica)

Viele Frauen lehnten es ab, gesagt zu bekommen, welcher Zeitraum für die Trauer angemessen ist. Frauen haben die Fähigkeit, ein intensives Gefühl über lange Zeit zu bewahren, und wünschen, es ungehindert ausleben zu dürfen.

»Als mein Papa starb, fühlte ich, daß es ein unersetzlicher Verlust war. Es ging nicht darum, daß er viel gemacht hatte; das hatte er nicht – nur den Garten und seinen Job bei den Wasserwerken. Es ging darum, wer er war: ein unersetzlicher Mensch. So muß ich jetzt für immer mit diesem Verlust leben. Die Leute sehen es nicht gern, wenn man so empfindet, also werde ich, obwohl ich nur zu gerne mehr darüber sprechen würde, eben lernen müssen, die Symptome zu verbergen.« (Emily, hinterbliebene Tochter, 52 Jahre alt)

Die Schriftstellerin Bel Mooney, deren zweiter Sohn tot zur Welt kam, schrieb folgendes:

»Ich möchte all diese weisen Sprüche von Hinterbliebenenberatern, das ganze Gerede über ›Verlust‹ mit dieser nackten Wahrheit zum Schweigen bringen: Wenn jemand, den man liebt, stirbt, sollte man die Tatsache akzeptieren, daß diese Person einem bis ans Lebensende wie ein Schatten folgen wird ... Das ist nicht makaber. Dem Geschehen wird dadurch lediglich die dauerhafte Würde verliehen.«[11]

Wie Karen Blixen es mit den Worten von William Faulkner so leidenschaftlich ausgedrückt hat:

»Zwischen der Trauer und dem Nichts habe ich die Trauer gewählt.«[12]

Die Frauen meiner Studie wählen die Trauer, aber sie versuchen, daraus etwas von Bedeutung zu schaffen. Sie wollen die Freiheit, so lebendig zu trauern, wie sie es für nötig halten. Sie wollen Fotos und Tonbandaufnahmen machen und Videos zeigen, wenn es das ist, was sie bevorzugen. Sie wollen so lange als nötig und in der ihnen gemäßen Weise trauern – als Individuen, die den Verlust eines anderen besonderen Menschen beklagen, und als Frauen, die eine bestimmte Form von Trauer gemeinsam haben.

Die Unfähigkeit zu trauern bedeutet, den menschlichen Verlust abzuwerten. Die Trauer und ihr Schatten sind nicht voneinander zu trennen. Dem Gefühl, regelrecht von einem Geist verfolgt zu werden, und das wahrscheinlich sogar auf Dauer, muß nicht unbedingt mit einer Teufelsaustreibung begegnet werden.

Der Trauer muß Ausdruck verliehen, aber nicht der Boden entzogen werden.

Das genau passiert jedoch überall um mich herum. In gewissem Sinne würde ich sogar zustimmen, daß der Tod im letzten Jahrzehnt ein modernes, aktuelles Thema geworden ist. Doch indem er sich zu einem Modetrend entwickelt hat, ist er zugleich in die Trivialität hinabgezogen worden.

Ein neuer Schlag von Hinterbliebenenberatern hat sich herausgebildet, für die sich der Verlust anderer Menschen beruflich und finanziell auszahlt. In einer kapitalistischen Verbrauchergesellschaft ist Hinterbliebenenberatung zu einem einträglichen Geschäft geworden. Trauerteams halten Arbeitskreise zum Thema Tod ab. Kettenläden verkaufen Anleitungen zur »Trauerbewältigung«. In Bahnhofsläden gehören neben den üblichen Liebesromanen inzwischen Bücher von der Art »Wie man mit Krebs gut lebt« zum normalen Warenbestand.

Man hört Sätze wie: »Das war eine heilsame Erfahrung.«

Oder: »Vielen Dank, daß ich Ihre Trauer teilen durfte.«

Gewisse Redewendungen, die nach dem Todesereignis benutzt werden, sind nur dazu da, das Mysterium des Todes herunterzuspielen.

Irgendwie hat uns die Verpackung von Trauer in diesem »Neuen Zeitalter« vergessen lassen, daß Tod ebenso wie Liebe ein gewaltiges, geheimnisvolles Erlebnis ist, das die Phantasie von Generationen von Dichtern, Dramatikern und Malern gefangengenommen hat. Seit den Anfängen der menschlichen Geschichte haben die tiefgreifenden Fragen zur Natur und zum Sinn der Existenz das Denken von Philosophen und das feinfühlige Vorstellungsvermögen von Mystikern gefesselt. In jeder Kultur haben Tod und Liebe die Lebenden durch all die Jahrhunderte gleichermaßen beschäftigt.

Wie die Liebe rührt der Tod in Augenblicken an unsere Gefühle, in denen wir am verletzlichsten sind.

Anders als die Liebe ist der Tod die einzige Gewißheit, die das Leben für uns bereithält.

Es ist zwar ein erstaunlicher, aber völlig natürlicher Vorgang. In unserem Kulturkreis jedoch wird der Tod als etwas Unnatürliches behandelt, als etwas, das man fürchten muß. Er ist eine Anomalie, die klinisch überwacht werden muß.

Der Kampf ums Überleben gilt für Tiere wie für Menschen, doch nur die Menschen können über ihre Sterblichkeit nachdenken und sie in allen Einzelheiten untersuchen. Wir überlegen, und mit unserer Phantasie denken wir uns etwas aus; wir erschaffen Zeremonien und Rituale um den Tod, die zeigen sollen, welchen Wert wir dem Leben zumessen, und die zugleich etwas über unser Verständnis von Schicksal und spirituellem Verlangen aussagen. Wir suchen nach einem Sinn in und hinter dem unerträglichen Leid. Wir suchen nach Trost in der Religion. Oder auch nicht, weil wir glauben, daß es nichts dergleichen gibt.

Aber oft schweigen wir nur.

Haben wir Angst vor der Erkenntnis, daß der Tod nicht nur ein Ende, sondern auch eine Chance ist? Können wir uns nicht mit dem Gedanken anfreunden, daß ein Ende, das meist nur als Verlust gesehen wird, auch einen Wandel einleiten kann? Gehört die Überzeugung, daß wir nicht gegen den Tod, sondern nur mit dem Tod leben können, in das Reich der Phantasien und Wunderdinge? Ist eine solche Überzeugung zu dramatisch, zu hoch angesiedelt für unsere Fastfood-Kultur, unser weltliches Dasein?[13]

Macht es den Lebensweg leichter, wenn man den Tod leugnet? Der Verlust ist hier wie ein Feuer. Wir können nicht unversehrt hindurchkommen. Wenn uns ein Trauerfall gefühlsmäßig berührt, schauen wir weg oder ziehen uns in uns zurück. In unserem Alltagsleben sprechen wir nicht über den Tod. Wir versuchen, nicht daran zu denken. Wir verbergen, entschärfen und neutralisieren einen Vorgang, dessen Tragweite wir nicht erfassen und mit dem wir uns nicht abfinden können.

Wir machen uns nur selten die Mühe zu verstehen, wie sehr Frauen von diesem Vorgang betroffen sind. Und doch steht es außer Frage, daß das besondere Verhältnis von Frauen zum Sterben, die Einstellung von Frauen zum Tod und ihre Reaktion auf Verlust in absolutes Schweigen gehüllt worden sind.

Wie Leute aus Arbeiterkreisen oder schwarze Menschen aller Gesellschaftsschichten wissen Frauen seit langem, daß Schweigen ein Symbol für Unterdrückung ist. Der Wille zur Befreiung macht laut auf sich aufmerksam, stellt Kontakte her und gibt Erfahrungen weiter, wie sie in bestimmten Gruppen erlebt worden sind. Dadurch kann es zum Konflikt mit dem Selbstverständnis der dominierenden Kultur und deren Ideologie kommen. Das Weltbild in unserer Gesellschaft ist männlich, weiß und heterosexuell ausgerichtet und tief verwurzelt in der Betonung der ehelichen Gemeinschaft sowie der Zeugungsaktivitäten.

Diese ideologischen Vorgaben wirken sich auf solche Frauen nachteilig aus, die sich nicht an die Regel halten, wie es zum Beispiel bei Witwen, bei hinterbliebenen lesbischen Partnerinnen oder bei schwarzen Frauen der Fall ist, die Sterbende aus anderen Kulturkreisen betreuen. Wie im vorliegenden Werk gezeigt wird, hat das Tabu um den Tod zusammen mit dem Stigma, das bestimmten Gruppen von hinterbliebenen Frauen anhaftet, für die Frauen, die in den Sterbeprozeß eingebunden sind, folgenreiche Auswirkungen.

Zur Frage des Geschlechts hat es bisher bemerkenswert wenige ernsthafte Diskussionen gegeben. Obwohl bereits drei Jahrzehnte feministischer Forschungsarbeit vergangen sind, ist mir wenig von offiziellen Debatten darüber bekannt, wo und wie Frauen in den Todesprozeß einbezogen sind oder welche Auswirkungen ein Todestabu auf das Leben von Frauen hat.

Ich habe einen beeindruckenden und bestens vorbereiteten Kurs über Tod und Sterben an der Offenen Universität kennengelernt, der allerdings sein Augenmerk hauptsächlich auf Religion und Rasse richtete, aber nur gelegentlich das Geschlechtsproblem behandelte. Es mag teilweise daran liegen, daß die Tagesordnung sehr umfassend war, zum anderen aber auch daran, daß man so wie ich gezwungen gewesen ist, vom vorliegenden Material auszugehen, das an geschlechtsspezifischen Informationen so gut wie nichts zu bieten hat.

In einer der wenigen Analysen zu geschlechtsbedingten Unterschieden bemerkt Nicky James, ein Dozent im Krankenpflegebereich und Forscher auf dem Gebiet der palliativen Betreuung: »Es ist hochinteressant, daß es trotz des weit verbreiteten Wissens um die geschlechtsbedingten Unterschiede sogar in einer wissenschaftlichen und detaillierten Studie über Einstellungen zum Tod versäumt worden ist, das Problem anzusprechen.«[14]

Es ist weniger hochinteressant, als nicht anders zu erwarten und besorgniserregend.

Doch was sind die Gründe?

21

Der Möglichkeit, darüber zu sprechen, wie es um die Frauen in vielen verschiedenen Lebensbereichen steht, ist bereits dadurch ein Maulkorb angelegt worden, daß die Sprache fehlt, um die Probleme in passende Worte zu kleiden, und es kein geeignetes Umfeld für eine solche Kommunikation gibt.

Und was noch aufschlußreicher ist: Die Reaktion von Frauen auf Tod und Sterben ist mit der Haltung von Männern zum Tod gleichgesetzt worden.

Jedesmal wenn ich beruflich an einem literarischen Treffen teilnahm oder bei mir zu Hause eine gesellschaftliche Veranstaltung hatte und darauf zu sprechen kam, daß ich an der weiblichen Betrachtungsweise über den Tod interessiert sei, bekam ich die gleiche Antwort:

»Der Tod ist doch sicher das gleiche für jeden, ob Mann oder Frau, oder etwa nicht?«

Ich gehe davon aus, daß der Bruchteil der Sekunde, wenn man direkt auf seinen Tod trifft, entweder für alle Menschen gleich oder für jeden einzelnen Menschen etwas völlig anderes ist. Wir haben keine Möglichkeit, das herauszufinden. Die Reisenden kommen nicht zurück.

Aber alles, was vor dem Tod liegt, kann natürlich nicht von Frauen und Männern mit den gleichen Augen gesehen werden: Dazu gehört die soziale Einordnung der Haltungen zum Tod, zur Betreuung sterbender Menschen, zur Trauer um die Toten und zum Verlust von Kindern, Eltern, Liebhabern, Freunden, Feinden und der Familie. Und selbstverständlich zählt hierzu auch die Reaktion auf die eigene, unheilbare Krankheit und das drohende Ableben.

Menschen, die keinen Unterschied wahrnehmen können oder wollen, müssen über ein geringes Einfühlungsvermögen verfügen oder die Frauenbewegung völlig verpaßt haben, der es in drei Jahrzehnten gelungen ist, systematisch die Unterschiede aufzudecken, die sich aus den Reaktionen und Einstellungen der Frauen in allen wichtigen Lebensbereichen ergeben.

In einer zweiten Welle haben sich feministische Theoretiker 34 Jahre lang darum bemüht, das Schweigen um männlich dominierte Konstruktionen und um das Verhältnis von Frauen zu Sprache, Ernährung, Wirtschaft, Sex, Macht, Erziehung, Gesundheit, Religion, Gewalt, Pornographie, Schönheit, Hausarbeit, Frieden und Krieg zu brechen.

Das Sterben hat sich nicht etwa als resistenter gegen patriarchalische Eingrenzung, Machtungleichheit und geschlechtsbedingte Unterschiede erwiesen. Die vom Geschlecht bestimmten Strukturen um den Tod sind nur noch nicht aufgedeckt worden.

Dieses Buch soll den Anfang machen und das Versäumte nachholen.

Meine Studie ist so als eine Art erste Erkundungsreise anzusehen.

Ich hoffe, daß andere Forscher vielleicht einiges von Interesse aufgreifen werden und dann mit ihren Erkundigungen mehr ins Detail gehen können.

Die Rolle und Verantwortung von Frauen in der Betreuung von Kranken und Sterbenden wird sowohl von unserer geschlechterbezogenen Umgangsweise wie auch von unseren kulturellen Tabus und Verbraucherstrategien geformt und geregelt. Sie beeinflussen die Einstellung und das Verhalten von Frauen zu Verlust und Tod.

Nach althergebrachtem Rollenverständnis war der Umgang mit dem Tod schon immer Sache der Frauen, weil der Hauptteil der eigentlichen Betreuung von Kranken und Sterbenden auf den Schultern von Frauen ruht.

Aus der Geschichte ergibt sich, daß Männer und Frauen eine sehr unterschiedliche Beziehung zum Sterbevorgang haben.

»Männer haben ihre Erfahrungen mit dem Tod gemacht, indem sie ihn suchten und ihm entweder allein oder in einer Umgebung gegenübertraten, die überwiegend Männern vorbehalten war: auf Seefahrten, in Kämpfen mit Indianern oder in Kriegen. Frauen trafen bei sich zu Hause auf den Tod – oder wenn sie in Kriegszeiten auszogen, um ihre verwundeten und sterbenden Männer zurückzuholen.«[15]

Es gab und gibt eine Todeserfahrung, die nur Frauen machen können: Tod in der Schwangerschaft, Tod durch Abtreibung oder vorzeitigen Abort, Tod während oder nach der Geburt. Für vergangene Zeiten können wir nur Vermutungen über die komplexen Auswirkungen auf die Psyche der Frauen anstellen, die sich aus der zwangsläufigen Verbindung zwischen heterosexuellen Aktivitäten und Schwangerschaft ergeben haben: In jenen Zeiten war es sehr viel wahrscheinlicher, daß Frauen im Kindbett starben, als daß Männer einen gewaltsamen Tod im Krieg erlitten. Gerda Lerner führt dazu aus:

»In den Jahrhunderten, bevor Männer zum Wehrdienst eingezo-

gen wurden, hatte ein Mann, der auf dem Schlachtfeld oder in krie-
gerischen Auseinandersetzungen mit Indianern starb, bereits im
Vorfeld seine eigene Entscheidung in der Sache getroffen. Die Art,
wie Frauen starben, war wie ihr ganzes Leben passiv.«[16]

Heute jedoch gewinnen wir durch die Stimmen der Frauen in dieser Studie einen Einblick in die komplizierten Zusammenhänge zwischen so verschiedenen Vorgängen wie Leben schenken und Tod
hinnehmen, ganz besonders den Tod von Kindern. Für Frauen sind
die Grenzen zwischen Leben und Tod verwischt.

Frauen sehen den Tod wie das Leben als etwas, das von »innen«
kommt. Männer neigen dazu, den Tod äußerlich zu sehen, oder als
etwas, das von »außen« kommt.

Über die ganze Lebensspanne betrachtet sind Männer statistisch
gesehen eher vom Tod betroffen als Frauen. Bis zum 14. Lebensjahr
liegt das Verhältnis der Todesfälle von Jungen und Mädchen ungefähr bei vier zu drei.[17] Der britischen Statistik aus dem Jahre 1989
entsprechen die vergleichbaren Daten aus Deutschland: 1995 starben hier 3723 Jungen (57,4 Prozent) und 2763 Mädchen (42,6 Prozent) vor dem Erreichen des 15. Lebensjahres.[18]

Nicky James zeigt uns, wie dies in der Kindheit und frühen Jugend in übertragenem Sinn durch Kinderspiele bestätigt wird, wenn
Jungen sich für wundersame Fluchterlebnisse in letzter Sekunde
oder die Wiederbelebung von Totgeglaubten begeistern.[19]

Die Sterblichkeitszahlen lassen vermuten, daß Jungen risikofreu-
diger sind als Mädchen, ein besonderes Merkmal, das sich in ihren
Spielen widerspiegelt. Der physische, risikofreudige Tod ist offensichtlich immer mit Faktoren von »außen« verbunden. Archer (1989) geht
davon aus, daß die von Jungen besonders betonte körperliche Kraft
ein Überbleibsel aus Vorzeiten ist, als es noch galt, sich für die Kämp-
ferrolle vorzubereiten – eine weitere Todesdrohung von »außen«.[20]

Obwohl Mädchen in der Jugend eher gefeit gegen den Tod zu sein
scheinen als Jungen, sehen sie sich, sobald sie menstruieren und die
Möglichkeit einer Schwangerschaft besteht, einer Todesart gegenüber, die außerhalb des Erfahrungsbereiches von Jungen liegt.
Nicky James weist darauf hin, daß, wenn eine Frau schwanger wird
und Leben in ihr heranwächst, sofort das Gespenst auftaucht, das
Kind könnte sterben.[21]

Das wird wohl auch der Kern dessen sein, was Frauen als den
Tod von »innen« wahrnehmen. Von den im Jahr 1995 in Deutsch-

land geborenen 765221 Babys sind sicher nur wenige ausgetragen worden, ohne daß sich die Mutter Gedanken um eine Mißbildung oder den Tod des Embryos gemacht hat.

Wer Fragen um die grundsätzliche Natur von Leben und Tod stellt, darf nicht die Abtreibung übergehen: Auch sie ist eine rein weibliche Erfahrung, die wiederum den Tod als etwas von »innen« Erlebtes hervorhebt. So wurden 1995 in Deutschland annähernd 98000 Abtreibungen amtlich bestätigt, und für Mädchen unter 15 Jahren wurde eine Zahl von 138 genannt.[22]

Die Übernahme elterlicher Pflichten, die in unserer Gesellschaft vor allem den Frauen zufallen, verstärkt die Sorge, daß Kinder Unfälle haben oder auch sterben können.

In jüngster Zeit haben soziale Umbrüche dazu beigetragen, daß mehr Männer in die direkte elterliche Betreuung einbezogen und so zunehmend in die Lage versetzt worden sind, die Entwicklung ihres Kindes unmittelbar mitzuerleben. Dadurch wird ihnen das Leben ihres Kindes und dessen Schutzlosigkeit gegenüber dem Tod sicher mehr ins Bewußtsein gerückt werden.[23]

Es bleibt abzuwarten, ob dadurch bei Männern ein erster Meinungswandel in der Einstellung, den Tod nur als Ereignis von »außen« anzusehen, eingeleitet wird. Dennoch werden sie schon aus fortpflanzungstechnischen Gründen nie in der Lage sein, den weiblichen Standpunkt nachzuvollziehen.

Vom 14. bis zum 44. Lebensjahr beträgt die Todesrate von Männern das Zweifache gegenüber der von Frauen, und der Anteil am Tod durch äußere Ursachen steigt auf vier zu eins.[24] Diesen Daten aus Großbritannien entsprechen im großen und ganzen die Zahlen aus Deutschland: 1995 wurden bei uns 38865 Sterbefälle in den Altersgruppen zwischen 15 und 45 Jahren registriert; über 70 Prozent (27276) davon waren Männer.

In diesem Lebenszeitraum sind wesentlich mehr Männer als Frauen Opfer eines Todes durch Einwirkung von »außen«, wobei ein Teil auf den Tod durch Gewalt entfällt. Das unter der Herrschaft des Patriarchats fest verankerte Prinzip männlicher Gewalt hat einen direkten Einfluß auf die Weise, wie Männer ihren eigenen Tod herbeiführen, was sich aus ihren Selbstmordversuchen ableiten läßt, die zumeist mit gewaltsamen Mitteln durchgeführt werden. In Deutschland z.B. werden sieben von zehn Selbstmorden von Männern begangen.[25] Das wiederum hat schwerwiegende Auswirkungen auf die Frauen, die zurückbleiben und die menschlichen Scherben aufsammeln müssen. Manchmal geradezu buchstäblich (zehntes Kapitel).

Darüber hinaus beeinflußt männliche Gewalt unmittelbar die Angst, die Frauen mit dem Tod verbinden. Da mir Raum und Zeit für entsprechend gründliche Nachforschungen fehlten, konnte ich das Thema Mord nicht ausloten. Trotzdem möchte ich darauf hinweisen, daß viele Todesfälle direkt mit sexueller Gewalt von Männern gegenüber Frauen zusammenhängen. Die ständig steigenden Zahlen von Inzest, Vergewaltigung und tätlichen Übergriffen sind beängstigend, aber bestens belegt. Was bislang wegen der niederschmetternden Aussagekraft weitestgehend verborgen geblieben ist, sind die Zahlen für Mord an Frauen durch Männer, zu denen diese Frauen eine enge Beziehung hatten. Wie aus einer amerikanischen Studie zu entnehmen ist, stehen Ehefrauen für 41 Prozent aller getöteten Frauen gegenüber Ehemännern mit 11 Prozent.[26]

Jill Radford und Diana E.H. Russell, die das Problem der Frauenmorde in den USA, England und Indien ansprechen, widerlegen eine der gängigsten Legenden patriarchalischer Kultur: daß der häusliche Bereich den Frauen eine sichere Zuflucht bietet. Sie weisen in aller Deutlichkeit nach, daß das traute Heim der Platz ist, wo Frauen dem größten Risiko ausgesetzt sind – ein Risiko, das oft mit dem Tod endet –, wenn jenes Heim mit einem Mann geteilt wird, sei es nun Ehemann, Liebhaber, Vater oder Bruder.[27]

Auffallend bei den mir vorliegenden, zahlenmäßig recht begrenzten Berichten über Frauen und deren Erfahrungen mit dem Tod ist, daß es überwiegend mit ihrer Sexualität zu tun hat. Wie Beth Ann Bassein in ihrem Bericht ausführt und meine Studie bestätigt, geht es bei der Verbindung von Frau und Tod – sowohl in der erzählenden Literatur (drittes Kapitel) wie auch im tatsächlichen Leben – ausnahmslos um einen bestimmten Aspekt ihrer Sexualität, und das dann vielfach in brutalster Weise.[28]

Im achten Kapitel (Krebs: Erscheinungsbild, Sex und Sprache) untersuche ich, welche Verbindungen zwischen Frauenkörpern, sexuellem Erscheinungsbild und Krebs bestehen. Ich versuche, etwas über die Art herauszufinden, wie das Todestabu auf das mit der Erscheinung verknüpfte Tabu übergreift und dadurch das vorhandene Bewußtsein und die Beurteilung von Brustkrebs sowie anderen Krebsarten noch komplizierter macht.

Allein in Großbritannien sterben in einer Woche ungefähr 500

26

Frauen an Brustkrebs, in Deutschland sind es fast 360.[29] Brustkrebs ist in den USA zum Hauptkiller von Frauen im Alter zwischen 35 und 45 Jahren geworden.

Ich untersuche, wie Chirurgen mit weiblichen Patienten umgehen und analysiere die Unterschiede zwischen sogenannten »erfolgreichen Operationen« und »üblen Schlachthausmethoden«.

Ich werfe auch einen Blick auf Bereiche, die ganz besonderen Tabus unterworfen sind: Sex und Sterben sowie Sex und Tod. Wenn schon der Tod als bedenklich und beschämend eingeordnet wird, dann gilt hier Sex als frivoles Treiben. Viele Leute sind der Meinung – oder machen sich selbst etwas vor –, daß der sterbende Partner oder Liebhaber »über dem ganzen Sexkram stünde«. Doch sehr oft ist das bei einer sterbenden Frau nicht der Fall! Aber wenn dann die Kommunikation nicht besonders gut ist, wenn Frauen und Männer nicht offen miteinander sprechen können, dann kann der Todesprozeß auch noch das Aus für das Liebesleben bedeuten.

Die Vorstellung von einer sterbenden Frau, die nach Sex verlangt, ist ebensosehr in Schweigen gehüllt wie ihr Sterben.

»Meine Frau stirbt, und so sehr ich mich dagegen sträube, es zuzugeben – ich habe einfach das Gefühl, daß es der Gesundheit schadet, jetzt Sex mit ihr zu haben. Sie hat diese sich rasch ausbreitende Krankheit. Ihr ganzer Körper hat sich verändert. Ganz offen, ich bringe es einfach nicht fertig.« (Ehemann einer Frau, die zu Hause stirbt)

»Ich konnte mich nicht des Gefühls erwehren, mich an ihrem Tod anzustecken, wenn ich ihr zu nahe käme. Natürlich habe ich ihr das nie gesagt. Ich wußte, sie wollte körperlich geliebt werden. Schon ein Versuch war mir unmöglich. Wir haben nie darüber gesprochen. Es war zu schwierig, also wurde nichts gesagt.« (Ehemann einer Frau, die auf einer Krankenstation stirbt)

Es gibt aber auch noch andere sinnliche und sexuelle Probleme:

»Meine Geliebte kommt täglich. Sie weiß, wie sehr ich danach hungere, daß sie meinen Körper berührt. Aber da sie eine Frau ist, nimmt das Personal ihr Vorhandensein in meinem Leben nicht ernst. Manchmal, wenn wir die Vorhänge um das Bett zuziehen, damit wir uns ungesehen streicheln und küssen können, reißen einige Schwestern die Vorhänge wieder auf, so, als hätten sie ein Recht dazu. Einen solchen Eingriff in unsere Privatsphäre würden sie sich nie erlauben, wenn meine Freundin ein Mann wäre.« (Frau, die in einem Krankensaal stirbt und eine weibliche Partnerin hat)

Angst vor dem Tod, wenn es um Sexualität geht, kann ein weiteres Beispiel dafür sein, wie Frauen den Tod als etwas von »innen« erfahren. Für Männer ist die Situation völlig anders.

Es gibt eine geschlechtsspezifische Unterteilung in bezahlte Tätigkeit und unbezahlte Hausarbeit, und Frauen werden dazu bestimmt, die Fürsorgerolle zu übernehmen. Solche Besonderheiten verstärken die Unterschiede zwischen den beiden Geschlechtern, so daß alle Erfahrungen im Leben bis hin zum Sterben – oder bis zur Betreuung von Sterbenden – sehr viel mit dem Geschlecht zu tun haben.[30]

Es gibt genug fundierte Beweise dafür, daß Männer das Leben als eine Folge von Errungenschaften ansehen und sich bis zum Tode an »Dingen, die sie getan haben«, berauschen. Der Tod setzt diesem Tun natürlich ein Ende. In meinen eigenen Nachforschungen bin ich immer wieder auf Beispiele gestoßen, daß Männer sich bei ihrer Trauer um einen Gestorbenen auf das konzentrieren, was die Person getan hat. Diese Studie über das Sterben ist eigentlich eine Bestätigung meiner früheren Untersuchungen über Sex, Ehelosigkeit, Ernährung und Macht sowie auch anderer Forschungsergebnisse (Gilligan, Spender, Tannen) über Sprache, Macht und Sex: Alle Forschungen zeigen, daß die charakteristisch weibliche Betrachtungsweise des Lebens zu einer charakteristisch weiblichen Betrachtungsweise des Todes führt.[31]

Kommunikationsmittel und die Art, wie Frauen und Männer sie benutzen, liefern den Beweis. Deborah Tannens Forschungsarbeit darüber, wie sich Frauen und Männer in Gesprächen verhalten, läßt erkennen, daß sich ein Gespräch unter Männern auf Tätigkeiten bezieht, während im Gespräch unter Frauen die menschliche Beziehung ausschlaggebend ist.[32]

Frauen geben Aufschluß darüber, wie das in der Praxis aussieht:

»Als sein Arbeitskollege starb, sprach mein Mann nur über dessen letzten Erfolge bei der Arbeit, darüber, was er getan und was er erreicht hatte. Als im vergangenen Jahr meine beste Freundin gestorben ist, konnte ich nur daran denken, was sie mir und ihren anderen Freundinnen bedeutet hatte.« (hinterbliebene Frau, 36 Jahre alt)

»Tobys Bruder war ein Sport-As gewesen, und so nehme ich mal an, daß es ganz natürlich war, sich lang und breit über dessen Erfolge auszulassen. Aber irgendwie erschien es mir kalt und egozentrisch, als er das gleiche mit unserer Nichte Janet machte, die an

Leukämie gestorben war, kurz nachdem sie einen Platz in Oxford bekommen hatte. Pausenlos sprach er davon, was sie alles getan hatte, um dorthin zu kommen. Meine Gedanken kreisten nur darum, wie Janet versucht hatte, ihre Mutter und mich zu beruhigen, sogar als sie bereits sehr krank war. Ich konnte nur daran denken, in welcher Weise sie unser aller Zukunft hätte bereichern können.« (hinterbliebene Tante, 38 Jahre alt)

Die weibliche Betrachtungsweise des Todes empfindet das Sterben als Tod der Hoffnung, des Optimismus und der unbegrenzten Möglichkeiten. Für Frauen ist es wichtig, wer die gestorbene Person war, und nicht nur, was sie getan hat. Worum sie trauern, ist die »Unersetzbarkeit« der ganz bestimmten Person und der Platz, den sie oder er im Leben anderer eingenommen hat.

Es ist unerheblich, ob wir die Zwänge, die sich aus der Rollenverteilung der beiden Geschlechter ergeben, biologisch, sozial oder strukturell zu erklären versuchen. Das von mir gesammelte Material läßt den Schluß zu, daß Männer den Tod weitestgehend als etwas von »außen« erfahren, während für Frauen das Leben wie auch der Tod eng mit ihrer Psyche, ihren Erwartungen und ihrem Körper verbunden sind. Daraus folgt, daß für Frauen das Leben und der Tod als etwas verstanden und dargestellt werden kann, das »innen« liegt.[33]

Die gegensätzlichen Todeserfahrungen von Männern und Frauen haben in den letzten 100 Jahren in einem sich stets wandelnden Umfeld stattgefunden. Die Zusammensetzung der Bevölkerung, das Gesundheitswesen und die Gemeinschaftsstrukturen haben sich geändert – mit besonderen Auswirkungen auf alle Vorgänge, die mit dem Tod verbunden sind. Als Beispiel hierfür möchte ich Großbritannien anführen.

Zu Beginn des Jahrhunderts haben Frauen eine sehr aktive Stellung in den formalen Abläufen rund um den Tod eingenommen. Im zweiten Kapitel wird beschrieben, wie in vielen Städten die ortsansässigen Frauen die toten Körper hergerichtet und aufgebahrt haben, wie sie über die Toten in deren Häusern gewacht haben, wie sie als »Bitterinnen« oder Informanten bei den Beerdigungsvorbereitungen in Aktion traten, wie sie zu Sargträgerinnen für Frauen wurden und die Verantwortung dafür hatten, daß nach dem Begräbnis für Tee und Essen gesorgt war.

Zu der Zeit war die Bevölkerung in Großbritannien fast ausschließlich weiß, angelsächsisch und christlich. Erdbestattungen waren die Regel. Die Familien lebten im sozialen Verbund und geographisch eng beieinander. Kam es zu einem Todesfall, betraf es die Familie ebenso wie die örtliche und religiöse Gemeinschaft. Sterben und Tod, Begräbnis und Trauer waren integrierte Bestandteile des alltäglichen Lebens. Über den Tod redete man so, wie man eben über ganz normale Bereiche des Lebens sprach.

Verglichen mit heutigen Maßstäben war das Niveau der Medizin und Chirurgie primitiv. 90 Prozent der Todesfälle ereigneten sich zu Hause. Kinder und junge Menschen waren Gruppen mit Hochrisiko. Weniger als fünf Prozent hatten eine behördliche Untersuchung durch einen hierfür zuständigen Beamten zur Folge.

Heute ist Großbritannien multiethnisch geworden. Menschen aus anderen Kulturen leben hier und haben ihre Gebräuche und religiösen Rituale mitgebracht. Die gebräuchlichste Art der Leichenbestattung ist jetzt die Verbrennung; mehr als ein Drittel aller Todesfälle wird von behördlicher Seite untersucht. Tote Körper unterliegen nicht mehr der Fürsorge von Frauen, sondern gehören in den Zuständigkeitsbereich von Bestattungsunternehmern, ein noch immer fast ausschließlich männlicher Beruf, den ich im fünften Kapitel (Weibliche Bestattungsunternehmer) beleuchte. Daraus ergeben sich neue Fragen: Was wird von Frauen, die Bestattungen durchführen, anders gemacht? Wie bringt eine Bestattungsunternehmerin das Geschäft mit dem Tod in Einklang mit ihrem Familienleben? Welcher Art sind die Rituale und spirituellen Gedenkzeremonien, die Frauen in unser Zeit als angemessen betrachten?[34]

Tod ist auch zu einer medizinischen Angelegenheit geworden. Die gängige medizinische Ideologie sieht den Tod als Feind und das Sterben als Versagen. Der Tod wird heutzutage als so problematisch eingestuft, daß laut Aussage von Philippe Ariès die Wissenschaftler den Tod »fortgezaubert« haben.

Indem der Tod, wie Ariès ausführt, völlig dem medizinischen Lebensbereich unterstellt wurde, hat sich erstens ein »sauberer« Sprachgebrauch über Krankheiten ausgebildet: Von ihnen wird nur in Form von Behandlung und Heilung gesprochen, was die Abscheu vor dem »schmutzigen« Tod noch betont. Zweitens werden sterbende Menschen in Krankenhäuser verlegt und sind dort aus den Augen der Öffentlichkeit. Drittens wird der Tod von Ärzten geregelt und organisiert, die ihn als Scheitern oder Versagen etikettieren.

Ariès sieht die Geschichte des Sterbens als eine Geschichte mit tiefgreifenden Wandlungen an: Sowohl die Kontrolle über den Sterbevorgang als auch der Ort des Todes haben sich geändert. Im Mittelalter übernahm entweder die sterbende Person selbst die Kontrolle und wurde, wenn der Tod unmittelbar bevorstand, von der Gemeinschaft gestützt, oder die Kontrolle lag in der Hand der Familienangehörigen, die dabei vom gesamten Familienverband unterstützt wurden. In beiden Fällen fand der Tod im eigenen Heim statt. Im Gegensatz dazu haben heute die Ärzte die Kontrolle in Krankenhäusern an sich gerissen, wo es, wenn der Tod naht, so gut wie keine Unterstützung gibt. Eine Ausnahme davon bildet eine Gruppe von medizinischen Spezialisten, die, wohl wissend, wie isoliert die Sterbenden sind, seit den sechziger Jahren versucht haben, sich dem Tabu zu widersetzen und die medizinische, psychologische und soziale Arbeitspraxis zu verändern.[35]

Tatsache ist: Unsere Neigung, alles, was mit dem Tod zusammenhängt, als makaber, irrelevant oder geschmacklos abzustempeln, führt zu engagierten Debatten, die in Fragen gipfeln wie: Sollte ein Arzt einem Patienten, der als unheilbar krank diagnostiziert worden ist, tatsächlich sagen, daß er nicht mehr lange zu leben hat? Die erstaunlicherweise noch immer vorherrschende Theorie, daß es nur zum Wohl des Patienten ist, wenn man die Wahrheit vor ihm geheimhält, hängt direkt mit der Ideologie zusammen, daß der Tod etwas Schlechtes ist.

Im dritten Kapitel (Botschaften des Todes) setze ich mich mit dem modernen (irrationalen?) Glauben auseinander, daß der Tod letzten Endes etwas Vermeidbares sein könnte. Die Annahme stützt sich auf einen seltsamen, herausfordernden Fortschrittsglauben: Man geht von der Möglichkeit aus, daß die weitere Entwicklung in der medizinischen Wissenschaft eines Tages dazu führen könnte, den Tod selbst zu besiegen. Weibliche Chirurgen, Fachärzte, Kinderärzte und Onkologen setzen sich mit der Annahme auseinander, daß dies ein männliches wissenschaftliches Ethos ist, und beleuchten, wie sich solche Aussagen auf die Sterbenden, aber auch auf die Ärzte auswirken.

Das zwölfte Kapitel (Übergangene Verluste) deckt einen Bereich ab, der sich über das männliche Modell von der Medizin hinausbewegt und den Tod vom Standpunkt der Gesamtperson betrachtet, um auch die spirituelle Dimension wieder zu erfassen.

Früher galt es bei Sterbenden und deren Betreuern als lobenswert und mutig, wenn man nicht über das sprach, was passierte. In den Jahren nach der Gegenkultur der sechziger Jahre haben mehrere Fachfrauen dieser alten Norm den Kampf angesagt, indem sie die Leute überzeugen konnten, daß es ausgesprochen mutig ist, darüber zu sprechen.

In Großbritannien rief Cicely Saunders die britische Hospizbewegung ins Leben, die mit den erklärten Zielen der Gegenkultur in Einklang steht. In Amerika setzte sich Elisabeth Kübler-Ross (1970) in nordamerikanischen Krankenhäusern für das Recht und das Bedürfnis der Sterbenden ein, offen über ihre Gefühle zu sprechen.

Mit diesem sehr persönlichen Engagement stehen drei weitere Strömungen in enger Verbindung: Die Grüne Bewegung und die Frauenbewegung, die – auch wenn die Auseinandersetzung mit Sterben und Trauer nicht ihre Ziele waren – doch beide Bereiche stark beeinflußt haben, sowie die »Death Awareness Movement« (»Bewußtsein-vom-Tode-Bewegung«), die in den USA von den frühen Sechzigern bis Mitte der siebziger Jahre hinein ihre Blütezeit erlebte. Sie unterstützte menschenwürdige Pflegeprogramme für die Sterbenden, bot Fachleuten und der Allgemeinheit praxisnahe Kurse im Umgang mit dem Tod an und stellte ein regelrechtes Aktionsprogramm gegen die Verleugnung des Todes auf die Beine. Leider hat die Bewegung etwas an Schwung verloren. Scheinbar hat die Bürokratisierung die Oberhand gewonnen. Ein neuer Aufbruch ist erforderlich.

Des weiteren beleuchte ich das Pionierwerk von drei Frauen: Dame Cicely Saunders, Schwester Helen Passant, die eine bahnbrechende Arbeit in der medizinisch ergänzenden Therapie geleistet hat, und Josefine Speyer, die Mitbegründerin vom »Natural Death Centre« (»Zentrum für natürlichen Tod«). Ebenso erläutere ich, welche Auswirkungen die Frauenbewegung auf die Pflegearbeit von Frauen und bestimmte Rituale gehabt hat.[36]

Heutzutage leben wir wesentlich länger.

Man geht davon aus, daß die Lebenserwartung im Mittelalter in England – wie in den anderen Ländern Europas – bei 33 Jahren gelegen hat. Bereits im 19. Jahrhundert war sie auf 41 Jahre gestiegen. In den frühen achtziger Jahren dieses Jahrhunderts waren 75 Prozent aller Todesfälle alte Menschen von mehr als 65 Jahren, während in den zwanziger Jahren noch 34 Prozent aller Todesfälle dieser Altersgruppe angehörten. Heute kann man die meisten Leute, die sterben, als betagt einschätzen. Anhand von Zahlen für das Jahr 1986 läßt sich nachweisen, daß 79 Prozent aller Toten 65 Jahre und älter waren; und 55 Prozent aller Todesfälle betrafen sogar Leute, die 75 Jahre und darüber waren.

Nachdem jetzt auch Entwicklungsländer bemerkenswerte Fortschritte bei der Überwindung des frühzeitigen Todes gemacht haben, ist der Tod zunehmend zu einem Phänomen des hohen Alters geworden. In der westlichen Gesellschaft hat sich die Lebenserwartung eines Kindes bei der Geburt in weniger als 100 Jahren mehr als verdoppelt. Der außergewöhnliche Rückgang bei der Kindersterblichkeit bedeutet, daß wir dem Tod ein anderes Gesicht gegeben haben.

Der Tod ist außerhalb der höheren Altersgruppen zu einem seltenen Gast geworden. Kommt es dann tatsächlich zu Todesfällen im Kindesalter, ist die Auswirkung entsetzlich. Beide Elternteile haben ihre ganz besonderen Schwierigkeiten bei der Verlustbewältigung. Aber der Schmerz der Mütter wird noch intensiviert durch das innere Band von Wachstum und Geburt sowie durch ihre soziale Stellung, denn sie sind es, die hauptsächlich die Kinder betreuen. Die Probleme, die dadurch entstehen, sind Thema des siebten Kapitels (Erdrückender Tod: Mütter verlieren Kinder).

Das geschlechtsbedingte Ungleichgewicht in der Lebenserwartung von Frauen und Männern nimmt zu. Noch im Jahr 1906 betrug die durchschnittliche Lebenserwartung bei der Geburt für Männer 48 und für Frauen 51 Jahre. Bei Erreichen eines Alters von 75 konnten Männer davon ausgehen, das achtzigste Lebensjahr zu erreichen und Frauen das zweiundachtzigste. Im Jahr 1985 waren die Zahlen für Männer auf 72, für Frauen auf 77 Jahre gestiegen. Und wer 75 Jahre alt war, konnte damit rechnen, als Mann 83 und als Frau 85 Jahre alt zu werden.[37]

Frauen leben ganz allgemein länger als Männer. Das trifft für alle sozialen Schichten zu. In Großbritannien sind 60 Prozent aller Menschen über 65 Jahre weiblich, und dieses geschlechtsspezifische Ungleichgewicht wird mit zunehmendem Alter größer. Nimmt man den Bevölkerungsanteil, der 85 Jahre und älter ist, dann entfallen auf 100 Männer 250 Frauen. Die höhere Lebenserwartung von Frauen in Verbindung mit der gesellschaftlichen Norm, daß Frauen einen zumindest gleichaltrigen oder älteren Mann heiraten, bedeutet letztlich, daß Frauen im Alter oft allein leben müssen.

Und allein sterben müssen.

Im Jahr 1987 lebten 61 Prozent der Frauen über 75 allein, was Rückschlüsse auf ihren Zugang zu inoffizieller Betreuung und Unterstützung zuläßt und ein Hauptgrund dafür ist, daß immer mehr Menschen im Krankenhaus sterben.[38]

Eine im Jahr 1989 in Großbritannien erstellte Analyse über die Ursachen von Todesfällen ermittelte, daß Krankheiten des Kreislaufsystems für die Hälfte aller Todesfälle verantwortlich waren; Krebs verursachte fast ein Viertel, und auf das Versagen des Atmungssystems waren zwischen 10 und 15 Prozent aller Todesfälle zurückzuführen. Die statistischen Zahlen für Deutschland ergeben ein ähnliches Bild: 1995 waren 48,5 Prozent aller Sterbefälle durch Krankheiten des Kreislaufsystems und 24,1 Prozent durch Krebs verursacht worden. Lediglich bei Krankheiten der Atmungsorgane waren die Zahlen deutlich niedriger und machten einen Anteil von nur 6,1 Prozent aus. Alle drei Krankheiten waren in charakteristischer Weise – obwohl nicht ausnahmslos – mit hohem Alter verbunden. So sind in Deutschland weit mehr als die Hälfte aller Toten, die durch Krankheiten des Kreislaufsystems sterben, über 80 Jahre alt. Eine häufige Todesursache ist heute auch der Schlaganfall: In den USA beispielsweise sterben daran jedes Jahr mehr als 150000 Amerikaner, in Deutschland sind es über 60000. Laut Aussage der Weltgesundheitsorganisation soll in den entwickelten Ländern der Welt der Tod durch Schlaganfall in der Rangfolge der häufigsten Todesfälle an dritter Stelle stehen und nur noch von Herzkrankheiten und Krebs übertroffen werden.[39]

Über 85 Prozent der alternden Bevölkerung in Großbritannien werden den Folgen eines von nur sieben Hauptleiden erliegen: Arteriosklerose, Alzheimersche Krankheit (und andere Demenzerkrankungen), Krebs, Bluthochdruck, Altersdiabetes, Fettleibigkeit und verminderte Infektionsabwehr.[40]

Von den eben erwähnten Krankheiten habe ich der Alzheimerschen Krankheit im neunten Kapitel (Söhne? Habe ich Söhne?) ausführlich Beachtung geschenkt, weil diese Krankheit in einer bedeutsamen Weise als »Frauenkrankheit« bezeichnet werden kann, eine Tatsache, die bisher noch wenig belegt ist.

Alte Menschen bilden eine größere Gruppe in der Bevölkerung (heute 15 Prozent), als es um die Jahrhundertwende der Fall war (5 Prozent). Der Anteil von »ergrauten« Menschen ist gewachsen, während die Zahl der Menschen, die die betagten Leidenden und unheilbar Kranken betreuen könnten, dementsprechend zurückgegangen ist. Das hat Rückwirkungen auf Frauen in ihrer Funktion als wichtigste Kraft in der Betreuung. Es bedeutet, daß sie gezwungenermaßen zu Pflegekräften werden, wenn sie selber alt und gebrechlich sind und sich möglicherweise bereits im ersten Stadium einer kräftezehrenden Krankheit befinden. Das vierte Kapitel (Pflichtbewußte Töchter: Private Fürsorge) gibt Aufschluß darüber, was pflegerische Betreuung für Frauen mit sich bringt, wenn sie diese Aufgabe übernehmen.

Es verbirgt sich eine bittere Ironie hinter der Tatsache, daß die größere Lebenserwartung von Frauen dazu führt, daß ältere Frauen gezwungen sind, länger mit dem Tod zu leben als irgendeine andere erkennbare Gruppierung. Nachdem sie sich mit dem Tod von Partnern, Gleichgesinnten und Familie auseinandergesetzt haben, sehen sie sich dem scheinbar endlosen Prozeß des eigenen Todes ausgeliefert.

Eine Gruppe, die sich mit dieser Situation auseinanderzusetzen hat, sind in Großbritannien die drei Millionen Witwen und weitere Millionen von hinterbliebenen Frauen ohne Partner. Gegenwärtig werden immer mehr Frauen unter 60 Jahren zu Witwen. Es gibt viermal so viele Witwen als Witwer. Und doch trägt weder der Wohlfahrtsstaat noch unsere im Todestabu befangene Kultur in angemessener Weise der Tatsache und deren Folgen Rechnung, daß geschätzte 15 Prozent aller Frauen Witwen sind.

Viele betagte Witwen klagten weiter über unendliche Einsamkeit, »Schwierigkeiten, den Sonntag hinter sich zu bringen«, Ängste um ihren eigenen Tod und über einen einschneidenden Rückgang in ihrem Einkommen.

Jüngere Witwen, die nicht täglich ihre Freunde haben sterben gesehen, dachten sehr viel positiver. Trotzdem sahen sie die Witwenschaft als einen mit Stigma beladenen Zustand an. Das sechste Kapitel (Witwen und andere vergessene Existenzen) befaßt sich mit ihrer Situation. Ganz gleich, ob »respektabel« als »Witwe«, als hinterbliebene, im Hause wohnende Geliebte oder als in eheähnlicher Gemeinschaft lebende Partnerin etikettiert – in einer Kultur, die den Tod fürchtet, dafür auf Ehegemeinschaft und Zeugung setzt, werden solche Frauen gleich dreifach stigmatisiert. Das besondere Stigma und die zu Verwicklungen führende, verbotene Trauer, die lesbischer »Witwenschaft« und derartigen Trauerfällen anhaftet, sind Gegenstand des zwölften Kapitels.

Coni, Davison und Webster, die Fachärzte für Altersheilkunde am Addenbrookes Hospital sind, fanden ihre Annahme bestätigt, daß (kaum verwunderlich!) ältere Leute sich im allgemeinen mehr mit dem Tod beschäftigen als jüngere.[41]

»Tod ist eine sehr reale Sorge des älteren Menschen, und er oder sie haben das dringende Bedürfnis, seine oder ihre Gedanken und Gefühle mit jemandem zu teilen.«[42]

Ein Problem, das die älteren Frauen in den Unterhaltungen mit mir immer wieder ansprachen, war die ständig steigende Zahl von durchlebten Verlusten. Wie Lily Pincus in »Death and the Familiy« (»Tod und Familie«) betont, ist es schwer, an die Wirklichkeit des Todes zu glauben und ihn hinzunehmen, selbst bei nur einem Todesfall.

»Eine der Hauptaufgaben der Trauer [ist], die Wirklichkeit des Todes zu akzeptieren.«[43]

Ältere Frauen, die einen Verlust nach dem anderen durchlebt hatten, waren noch eher als jüngere bereit, bis ins letzte Detail über den Tod zu berichten.

Der Tod flößte ihnen weniger Schrecken ein als Frauen mittleren oder jüngeren Alters. Bei einigen lag es daran, daß das Leben für sie nicht mehr so wertvoll war, und bei anderen, weil sie nicht länger das Gefühl hatten, unvollendete Aufgaben unbedingt zu Ende führen zu müssen. Wieder andere hatten ihre Angst verloren, weil sie meinten, daß sie »ihren Teil geleistet hatten« und sich nun zurücklehnen konnten, um die verbleibenden, wenigen Jahre noch zu genießen.

Viele Frauen jenseits der 60 hatten die Lebenszyklen Beruf und Familie abgeschlossen, aber in vielen Fällen waren Freundschaften und persönliche Wachstumswünsche unerfüllt geblieben. Hierin unterschieden sie sich gewaltig von älteren Männern, da oft ihr persönlicher Entwicklungsprozeß erst sehr spät begonnen hatte. Im Gegensatz zu Männern meinten die meisten Frauen, daß für sie feste Freundeskreise besonders wichtig seien.

Wenn jüngere Frauen sich mehr vor dem Tod fürchteten, dann wahrscheinlich deshalb, weil sie das Gefühl hatten, als Dreißig- oder Vierzigjährige durch den Tod mitten aus dem Leben gerissen zu werden. Viele fühlten sich betrogen, manche waren verbittert. Oft hatten sie gerade, viel später als Männer, eine Karriere oder einen Studiengang begonnen, oder sie hatten eine neue sexuelle Ausdrucksmöglichkeit gefunden, hatten von ihrem heterosexuellen Lebensstil zum lesbischen oder ehelosen gewechselt und wollten nun das neu Gewonnene voll ausschöpfen. Sie sehnten sich danach, Dinge zu Ende zu führen, die interessant und noch nicht abgeschlossen waren. Der Tod sorgte für ein abruptes Ende.

In den meisten Fällen arrangierten sich die jungen Frauen zwischen 20 und 40 Jahren schließlich mit dem Tod, doch manchmal wurde dieser Vorgang durch Ungläubigkeit, Schock oder Wut verzögert oder verzerrt. Die oft gestellte Frage lautete: »Warum? Warum ich? Warum jetzt?«

Waren die Frauen älter, änderte sich die vorherrschende Frage: Es hieß nicht mehr länger:»Wann werde ich sterben?« – sie fühlten wohl, daß es bald sein würde –, sondern:»Wie werde ich sterben?« Oder oft:»Wo werde ich sterben?« Mehrere ältere Frauen waren besorgt, daß sie über etwas fallen und dabei zu Tode kommen könnten, sei es beim Aus- und Einsteigen in einen Bus oder einfach so auf der Straße, oder vielleicht sogar im Urlaub, weit weg von ihrem Haus oder ihrer Wohnung.

Parkes hat in seinen Forschungen herausgefunden, daß die meisten Menschen es vorzogen, zu Hause zu sterben. Die Aussagen der Verwandten hatten ihm bestätigt, daß nur 24 Prozent derer, die im Krankenhaus starben, den Wunsch auf Einlieferung geäußert hatten.[44]

Ironischerweise sind es die Schwierigkeiten der Verwandten und nicht die der Patienten, die vielfach eine Einweisung ins Krankenhaus bewirken.[45]

Sicherlich war für die meisten älteren Frauen die Vorstellung von ihrem »Heim« von entscheidender Bedeutung. Fast alle äußerten den Wunsch, dort sterben zu wollen. Doch so traurig es ist: Die Aussicht ist äußerst gering. Obwohl Frauen in ländlichen Bezirken wohl eher zu Hause sterben können als Stadtbewohner, ist ganz allgemein gesehen die Wahrscheinlichkeit, in einem Krankenhaus abzuleben, doppelt so hoch wie die, zu Hause zu sterben – eine Tendenz, die seit den fünfziger Jahren zugenommen hat.

Vor 100 Jahren fanden nur wenige Todesfälle im Krankenhaus statt. Im Jahr 1984 starb dagegen nur noch einer von vier Menschen in den eigenen vier Wänden, 1954 war es immerhin noch jeder zweite. In den USA sterben annähernd 80 Prozent der Menschen in Krankenhäusern, in Skandinavien ist der Anteil sogar auf 90 Prozent aller Todesfälle gestiegen.[46]

Wir sterben außerhalb der uns vertrauten Mauern. Oft gegen unseren Willen. Und oft ohne Zeugen, die uns nahestehen.

An der beträchtlichen Anzahl der Betagten, die allein leben, ist die steigende Anzahl von allein lebenden Frauen das bemerkenswerte. 1987 lebten in Großbritannien 38 Prozent der Frauen in der Altersgruppe zwischen 64 und 74 Jahren allein, desgleichen 61 Prozent der Frauen über 75.[47]

Ein Vergleich zweier demoskopischer Erhebungen verdeutlicht das Ausmaß des Wandels, der hauptsächlich Frauen betrifft. 1969 lebten 19 Prozent der Frauen, die starben, allein; im Jahr 1987 waren es bereits 44 Prozent.

Das Ableben im Krankenhaus bedeutet oft, auf einer hektischen Station für akute Notfälle zu sterben. Das Personal dort ist nicht speziell in der Betreuung sterbender Menschen oder in der Überwachung von Schmerzen geschult, wie dies zum Beispiel in Hospizen der Fall ist. Krankenhäuser sind primär auf die Behandlung und Heilung von Menschen ausgerichtet und nicht auf die Bedürfnisse von Sterbepatienten. Die Zeit ist einfach zu knapp für die Art von mitfühlender Unterstützung und Aufmerksamkeit, die sterbende Frauen benötigen. Viele der von mir interviewten Krankenhausschwestern meinten, daß ihre Ausbildung in der Betreuung Todkranker unzureichend sei: »Ich wünschte mir sehr, mehr Zeit mit den Sterbenden verbringen zu können, aber es ist einfach nicht genug Zeit da, und dann habe ich auch Angst, etwas falsch zu machen.« (junge Krankenschwester, 25 Jahre alt)

Mehrere ältere Schwestern bestätigten Wilkes' Annahme, daß viele Stationen für akute Fälle zu beschäftigt sind, um Sterbepatienten die nötige Aufmerksamkeit zu schenken.[48]

Doch eben weil so viele betagte Frauen heute allein leben, könnte es durchaus sein, daß trotz der bekannten Nachteile das Sterben auf einer geschäftigen, wenn auch kalt und fremd anmutenden Station sicherer und weniger einsam ist als das Sterben ganz allein zu Hause. In bestimmten Krankenhäusern wird den Schwestern mehr Selbständigkeit zugestanden. Hier ist die Umgangsweise wesentlich ungezwungener, so daß auch eine gefühlsmäßige Hinwendung zu sterbenden Patienten möglich wird.

Es gibt aber noch eine weitere Veränderung, die ebenso alarmierend ist wie die Tatsache, daß der Tod ganz dem medizinischen Lebensbereich unterstellt worden ist.

Melodramatische Darstellungen des Todes sind ein Fressen für die Medien geworden. Der Tod wird im Fernsehen fast ebenso häufig zur Schau gestellt wie Sex. Doch was wir in den Medien zu sehen bekommen, ist eine immer gleichbleibende Darstellung von erschreckenden Todesmechanismen, ohne daß Tod dabei als lebendige Wirklichkeit erfahren wird. Kinder zum Beispiel können den Videotod bis zum letzten Blutstropfen verfolgen, während die wenigsten von ihnen jemals eine Schwester oder einen Bruder haben sterben sehen, geschweige denn, daß sie eine Leiche gesehen haben.

Eine zu häufige Präsentation von fragwürdigen Todesbildern, unsere zu geringe Kenntnis, was Tod wirklich ist, und das Schweigen um den »natürlichen« Tod haben zur Folge, daß Erwachsene wie Kinder sich ein Bild vom Tod gemacht haben, das morbid, grotesk, überzogen und verlogen ist.

Und hier noch ein weiterer merkwürdiger Widerspruch!

Im Jahr 1971 berichtete eine amerikanische Studie, bis ein Kind in den USA das vierzehnte Lebensjahr erreicht habe, könne man davon ausgehen, daß es im Durchschnitt 18000 getötete Menschen im Fernsehen gesehen hat. Aber das gleiche Kind wird, wieder im Durchschnitt, die nächsten 40 Jahre leben, ohne daß es selber den Tod eines direkten Familienangehörigen erlebt.[49]

Im Jahr 1991 berichtete David Widgery, daß ein kalifornisches Kind mit Erreichen des fünften Lebensjahres um die 2000 Tote im Fernsehen gesehen hat und dennoch über den Tod direkt, sozusagen aus erster Hand, nichts weiß.[50]

Das Fernsehen überflutet uns mit gewalttätigen und mörderischen Bildern, aber wie der natürliche Tod aussieht, das wird zur Seite geschoben, heruntergespielt, auf Distanz gehalten und selten erörtert. Im Durchschnitt sind Frauen und Männer heutzutage weniger vertraut mit dem Sterben und toten Körpern als zu irgendeiner anderen Geschichtsepoche. Der Tod liegt für viele Leute außerhalb praktischer Erfahrung.

Trotz der Tatsache, daß heute jeder vierte Erwachsene in den letzten fünf Jahren vom Tod einer nahestehenden Person erfahren hat, steht vielen das erste unmittelbare Zusammentreffen mit dem Tod noch bevor. Für einige könnte es zum Anfang einer Reihe von Trauerfällen werden, die vom unerträglichen Schicksalsschlag bis zur gefühlsmäßigen Katastrophe reichen.

Und doch liegt noch immer Schweigen über allem, was der Tod

bewirkt hat und was er noch bewirken wird. Leugnen und Ausweichen charakterisieren unsere Einstellung zum Tod und zum Sterben trotz ihrer aufwühlenden Auswirkungen auf unser tägliches Leben, vor allem auf unser Seelenleben.

Es ist höchst befremdend.

Wir müssen eine Erklärung für diesen seltsamen Zustand finden.

Der Soziologe Tony Walter glaubt, daß viele von uns nur deshalb so ungern über den Tod und das Sterben sprechen, weil uns die erforderliche Übung oder Todeserfahrung fehlt: »Der Tod ist heute nicht mehr gegenwärtig. Wenn eine trauernde Person feststellt, daß andere verlegen zur anderen Straßenseite ausweichen, dann vermute ich, daß das weniger deshalb geschieht, weil die Leute es nicht wagen oder nicht fähig sind, dem Tod gegenüberzutreten, sondern weil sie so wenig praktische Erfahrung mit dem Tod haben, nicht wissen, was sie machen sollen, und Angst haben, das Falsche zu sagen.«[51]

Es gibt eine Studie, interessanterweise über Beschäftigte aus dem Gesundheitsbereich, die diese Ansicht bestätigt hat. Ein Bericht über angehende Krankenschwestern belegte, daß nur eine von zehn Schwestern einen Todesfall in der Familie miterlebt hatte und mehr als ein Drittel noch nie selber bei einem Todesfall zugegen gewesen war.[52]

Ein möglicher Grund hierfür ist Walters Erklärung: die »fehlende Übung«. Aber einige Autoren haben kompliziertere Theorien aufgestellt, um unser Mißtrauen gegenüber dem Tod zu erklären. Bevor wir uns damit befassen, wie Frauen von diesem Mißtrauen betroffen sind, müssen wir die Argumente genau überprüfen, die das Vorhandensein dieses Mißtrauens zu erklären versuchen.

In seinem viel beachteten Buch »Death, Grief and Mourning« (»Tod, Schmerz und Trauern«) hat Geoffrey Gorer im Jahr 1965 behauptet, daß der Tod die Rolle des Sex übernommen habe und nun das große Tabuthema der zeitgenössischen Gesellschaft geworden sei.[53]

Kernpunkt von Gorers These war der Gedanke, daß die Massenmedien in dem Maße, wie sie dem natürlichen Tod ausweichen, vom gewaltsamen Tod gefesselt sind. In seiner Untersuchung richtete er sein Hauptaugenmerk auf die »Pornographie« des Todes und darauf, daß das Sterben in einem völlig unrealistischen Zusammenhang gezeigt werde. Voyeurismus habe Realismus ersetzt. Zu Gorers Zeit bestätigten Horror-Comics und Horror-Filme diesen Trend. In unseren Tagen wird die Art, wie die Massenmedien mit AIDS umgehen, zum abstoßenden Beispiel. In der Anfangsphase wurde AIDS, lediglich eine Krankheit, als »der Feind« eingestuft. Die Medizin zog gegen ihn zu Felde. Das Volk zog gegen diejenigen zu Felde, die an der Krankheit litten. Wie Susan Sontag so passend ausführt, tragen militärische Bilder zur Stigmatisierung bestimmter Krankheiten bei, ein Stigma, das auf diejenigen ausgeweitet wird, die an solch einer Krankheit leiden.[54]

Im vorliegenden Buch beschreiben Frauen, wie die Bewertung von Brustkrebs, der in England als »böse« und in Italien als »male« gilt, ihre Verzweiflung noch steigert und sie ihre Krankheit als beschämend empfinden läßt.

Für andere Frauen, und auch Männer, ist die Bezeichnung »Seuche« in der gesamten westlichen Welt die gebräuchlichste Metapher, mit der AIDS umschrieben wird.

»Seitdem AIDS aufgetaucht ist, scheint die landläufige, falsche Meinung, daß Krebs eine Epidemie, sogar eine ›Seuche‹ ist, auf dem Rückzug zu sein.«[55] AIDS läßt Krebs als banale Sache erscheinen. AIDS ist natürlich eine sehr ernst zu nehmende Krankheit, aber sie ist nicht »die Pest«.

Obwohl heutzutage die Mehrheit der Todesfälle noch immer die Gruppe der alten Menschen betrifft, bedeutet der Anstieg von AIDS- und anderen HIV-Erkrankungen, daß eine neue, junge Bevölkerungsgruppe dem Tod ausgesetzt ist. In Deutschland, wo derzeit jährlich etwa 2000 Menschen infolge von HIV-Infektionen sterben, hat AIDS bisher nicht die dramatischen Ausmaße wie in manchen anderen Ländern.[56]

AIDS schafft nicht nur für die jungen Menschen, die sich mit ihrem bevorstehenden Tod zu einem Zeitpunkt abfinden müssen, wenn andere aus ihrer Altersgruppe gerade in das volle, pralle Leben hinaustreten, erhebliche Probleme, sondern ebenso für deren Freunde und Familien, und natürlich auch für das pflegende und medizinische Personal.

Gegen Ende des Jahres 1988 stellten Frauen in den USA einen Anteil von 9 Prozent der 67 273 gemeldeten Fälle. Gegenwärtig ist AIDS in New York City die häufigste Todesursache von Frauen im Alter zwischen 25 und 34 Jahren. In Afrika, wo die Übertragungsmechanismen seit dem Ausbruch der Pandemie andere gewesen sind als in der nördlichen Hemisphäre, ist AIDS unter Frauen ebenso verbreitet wie unter Männern. Einige Länder in Afrika haben sogar gemeldet, daß mehr Frauen als Männer an AIDS erkrankt sind.

Ich untersuche sowohl die speziellen Probleme von Frauen, die selber an AIDS leiden, als auch die Auswirkungen auf die steigende Zahl von Frauen, die selber nicht unbedingt HIV-positiv sind, aber privat und öffentlich die AIDS-Kranken betreuen.

Die Art, wie AIDS heutzutage stigmatisiert wird, ist eine extreme Version des Problems, wie Gorer den Tod generell sieht. Man bekommt AIDS nicht so wie man eine Grippe bekommt. Es ist etwas, was Schimpf und Schande über einen selbst und über die Familie bringt. Bei AIDS kommen zum Skandal auch noch die Schuldzuweisungen hinzu. Wie Peter Tatchell (1986) zu den Zeitungsberichten über das AIDS-Virus bemerkt:

»Für die Fleet Street (die Londoner Zeitungsmeile) war AIDS ein neuer Cocktail, der alle Zutaten enthielt, damit die Sensationspresse auf ihre Kosten kam: Homosexualität, Geschlechtskrankheit, äußere Entstellung, körperliche Invalidität und Tod.«[57]

Die Sprache ist eine Komponente, die dazu beiträgt, unser modernes Tabu um den Tod aufzubauen. Sie erweist sich damit nicht als neutrales Kommunikationsmittel. Sie überträgt Einstellungen, Werte und Verhaltensweisen. Sie gibt den Ton an und legt die Grundregeln fest. Sprache kann verbergen, indem sie die wichtigen Aspekte der natürlichen Todesursachen unterdrückt, oder sie kann bestimmte Krankheiten und ihre Opfer gesellschaftlich ausgrenzen, indem sie in allen Farben schillernde, aufhetzende Metaphern verwendet. Dadurch wird ein geistiges Unbehagen verschärft, das wahrscheinlich aufkommt, sobald sich Menschen ihrer Sterblichkeit bewußt werden. Dieses Manipulationswerkzeug, welches das Todestabu sozusagen am Leben erhält, wird heute noch ebenso eingesetzt wie zu Gorers Zeiten.

Gorers anderes Argument ist, daß die Gesellschaft sich heute deshalb so schwer tut, über den Tod zu sprechen, weil der allgemeingültige Glaube an die Unsterblichkeit fehlt. Damit steht sie im Gegensatz zur viktorianischen Ära, als man sich innerhalb eines festen, religiösen Gefüges ständig auf den Tod bezog.

Obwohl viel Wahres in diesem Gedanken steckt, vereinfacht er zu stark und beschränkt sich zu sehr auf Vorgänge im von Weißen dominierten westlichen Kulturkreis. Im zweiten Kapitel berücksichtige ich die große Anzahl ethnischer und religiöser Gruppen wie Juden, Muslime und Hindus, die zu einem wichtigen Bestandteil unserer heutigen Kultur geworden sind, indem sie Glaubensweisen und Praktiken mitgebracht haben, die ein tief verwurzeltes Gespür für die religiöse Bedeutung des Todes zeigen.

Tatsächlich sind heute sogar in westlichen Kreisen Rituale, Religion und Unsterblichkeitsgefühle vorhanden, die nicht unbedingt an einen bestimmten Glauben gebunden sein müssen. Jüngste Umfragen in England haben zum Beispiel ergeben, daß wenigstens die Hälfte der Bevölkerung in irgendeiner Weise an ein Leben nach dem Tode glaubt, während ein Viertel an nichts glaubt und das restliche Viertel sich nicht sicher ist. Der Glaube an die Unsterblichkeit hat unterschiedliche Bedeutung für unterschiedliche Menschen. Nach Davies' Umfrage war damit zumindest die Vorstellung von einer Seele verbunden, die weiterlebt. Dabei stand für 25 Prozent der befragten Gläubigen die körperliche Auferstehung im Vordergrund, und 10 Prozent glaubten an die Wiedergeburt.[58]

In meiner Studie bekannten sich die meisten Frauen, die praktizierende Jüdinnen, Mohammedanerinnen oder Christinnen waren, zu einer der herkömmlichen theologischen Glaubensversionen von einem Leben nach dem Tode.

Die Mehrheit von Frauen, die keiner bestimmten Glaubensrichtung anhingen, bekannten sich zu einem Gefühl von Unsterblichkeit, das zwar manchmal ungenau definiert und verschwommen war, aber dennoch von einem starken Bewußtsein für Kontinuität und innere Zusammenhänge getragen wurde.

»Obwohl es recht schwer ist, an eine Seele zu glauben, wenn man täglich mit Leichen zu tun hat, die sich schnell auflösen, könnte man auch den Standpunkt vertreten, daß sich alles erneuert, Pflanzen, die Erde und so fort. Warum dann nicht auch wir?« (Bestattungsunternehmerin, 1994)

Gorers Verständnis der Zusammenhänge zwischen Religion und der Fähigkeit von Menschen, mit dem Tod umzugehen, ist wahrscheinlich zu formal, zu vereinfachend und zu wenig auf weibliche Denkweisen abgestimmt, um zeitgenössischen Frauen etwas zu nützen.

Gegen Ende meines Buches gehe ich auf die Art und Weise ein, wie (besonders in feministischen Kreisen) verbindende, soziale Strukturen – mögen es gleicher Glaube, aber eher noch gleiche Sprache und gleiche Werte sein – bedeutsame, rituelle Abläufe auslösen können, die für ganze Gruppen von Frauen neue Möglichkeiten eröffnen, mit dem Tod umzugehen.[59]

Der französische Historiker Philippe Ariès, der umfangreiche Nachforschungen (1974, 1983) darüber angestellt hat, wie sich die Einstellungen zum Tod in den westlichen Gesellschaften vom Mittelalter bis zum heutigen Tag geändert haben, ist ein weiterer Autor, der unsere gegenwärtige Lage eher düster einschätzt.

Er stellt einen auffälligen Gegensatz fest zwischen dem Schweigen des zwanzigsten Jahrhunderts und früheren Zeiten, als der Tod vertraut und öffentlich anerkannt war und erwartet wurde. Seiner Meinung nach wurde bereits in der Mitte des neunzehnten Jahrhunderts der »Grundstein zur Lüge« gelegt: ein gesellschaftlicher Prozeß fand statt, durch den der Tod in die Verborgenheit abgedrängt wurde und sterbende Menschen schließlich nicht mehr über das sprachen, was sie erwartete.

Die mit dem Tod verbundene Isolation, die – wie auch Ariès betont – die Hinterbliebenen trifft, ist auch von den meisten Frauen in dieser Studie angesprochen worden. Als lebende Erinnerung an die Wahrheit über den Tod, die nicht ausgesprochen werden durfte, wurden sie eher gemieden als unterstützt.

Ariès (1983) ermittelt vier Sterbemodelle, die mit den von ihm festgestellten historischen und sozialen Veränderungen übereinstimmen. Wo die Frauen in den Vorgaben dieses Modells stehen, wird im vorliegenden Werk untersucht, desgleichen die unterschiedlichen Auswirkungen auf sterbende und hinterbliebene Frauen.

Die ersten beiden Konzepte vom Sterben stammen aus früheren Zeiten und anderen Kulturen. Sie werden den Modellen drei und vier gegenübergestellt. Letztere geben die Art und Weise wieder, wie in zeitgenössischen, westlichen Gesellschaften gestorben wird. Die Modelle sehen folgendermaßen aus:

1. Der zahme Tod: »Der älteste Tod, den es gibt.« Der Tod ist hier traurig, unabwendbar, aber natürlich und ein gutes Ende für ein Leben.

2. Der romantische Tod: Hier ist der Tod ein »heroisches« Geschehen, das die Bedeutung des einzelnen Lebens bestätigt und vertieft.

3. Der moderne, einsame Tod: Hierunter fällt auch die Isolierung von Sterbenden und von überwiegend weiblichen Betreuern. Der Tod ist ein bedeutungsloses Ereignis, das jedem jederzeit zustoßen kann. Nicht der Tod wird hier gefürchtet, sondern das Sterben.

4. Der moderne, »wissenschaftliche« Tod: Dieser Tod ist zu einem Fremden geworden, weil er einfach ignoriert wird und in der täglichen Routine untergeht. Die leidige Angelegenheit sollte möglichst sauber, schnell und technisch einwandfrei abgewickelt werden. Vor dem Hintergrund dieser Konzeption ergeben meine Forschungsergebnisse, daß Frauen in ihrer Funktion als Betreuerinnen zum einen »liebevoll und hingebungsvoll pflegen« sollen, zum anderen aber ihre Fähigkeiten in den Dienst von Männern mit »überlegenem« High-Tech-Fachwissen stellen sollen.[60]

Kritiker von Ariès haben seine Behauptung angezweifelt, daß es auch in jüngster Zeit noch ein Schweigen um den Tod gibt. Der britische Soziologe David Armstrong meint, daß es kein Schweigen mehr gegeben habe, dafür aber eine neue Art, über den Tod zu sprechen, die Ariès wohl überhört habe. Die neue Ausdrucksform ist weitgehend eine juristische und medizinische Sprache, in der es mehr um tote Körper als um sterbende Menschen geht.[61]

Es läßt sich nicht leugnen, daß in Krankenhäusern, und dort besonders in der Intensivpflege, das Bett eines sterbenden Menschen eingekreist ist von lebenserhaltenden Maschinen und anderen technischen Geräten, die dauernd summen und ticken. Gleich nach dem Tod ertönt dann das Stimmengewirr vom Klinikpersonal, von Pathologen und amtlichen Leichenbeschauern, wenn der Verstorbene genauestens examiniert wird.

Ich kann mich noch lebhaft daran erinnern, wie meine Freundin Carol im Sterben lag und ich ständig auf die beängstigende Menge von Geräten blickte, die bis ins kleinste Detail den genauen Zustand ihres geschädigten Gehirns, ihres Herzens und ihrer Körperfunktionen wiedergaben. In gewissen Zeitabständen kamen die Schwestern herein – die im übrigen nicht verständnisvoller und mitfühlender hätten sein können. Sie warfen allerdings weniger einen Blick auf Carol als vielmehr auf die verschiedenen Anzeigegeräte und sagten dann ganz ruhig: »Es wird jetzt nicht mehr lange dauern.«

Ich fand diese neue Art, mit einem Lebensende umzugehen, schrecklich irritierend. In jener Nacht schrieb ich in mein Tagebuch:

»Da waren verzweifelte Augenblicke, wo ich einfach nicht mehr warten wollte, bis jemand kam, um das Beatmungsgerät abzustellen. Das einzige, was ich wollte, war, die ganze verdammte Apparatur herunterreißen und dich auf natürliche Weise sterben zu lassen.«

Das Paradoxe an der Sache ist nur, daß Carol – hätte sie erleben können, wie technisch perfekt für sie gesorgt wurde – es gutgeheißen hätte, da sie Ärztin war. »Sie tun alles, was sie können, Sal. Alles zu tun, was man kann, ist immer das Beste.«

So hatte sie sich immer ausgedrückt, wenn es um die Ausübung ihres medizinischen Berufes ging. Fast meine ich zu hören, wie sie es jetzt sagt.

Wie Ariès bin ich der Meinung, daß es gefährlich ist, nur auf die technischen Geräusche des Todes zu hören, »den Tod als eine technische Tatsache hinzunehmen und so eine ganz gewöhnliche Sache daraus zu machen, ebenso unbedeutsam wie unvermeidlich«.[62]

Im Gegensatz zu Armstrong kann Ariès offenbar die neue, medizinisch wissenschaftliche Art, über den Tod zu sprechen, nicht hören, weil er nicht an Worten interessiert ist, die der menschlichen Würde abträglich sind.

Worte, die der Bedeutung des Todes nicht gerecht werden, können auch nicht als menschliche Antwort auf den Tod gewertet werden. Wird der Tod sprachlich verdrängt, verstärkt das nur das Tabu.

Schließlich gibt es noch das Argument, daß ein Leugnen des Todes keine moderne Erscheinung ist, sondern eine menschliche Erscheinung. Ernest Becker (1973) meint, daß die Angst vor dem »Es« nicht die Angst vor der Sexualität, sondern die Angst vor dem Tod ist. Er glaubt, daß jede einzelne Person eine Methode entwickelt, um dieses Bewußtsein zu unterdrücken.

Beckers Ansicht ist eine erneute Interpretation der Freudschen Beweisführung, daß Menschen, die der Realität des Todes gegenüberstehen, dessen Endgültigkeit nicht ertragen können und deshalb selbstkonstruierte Methoden entwickeln, damit die Realität des Todes ertragen, die Endgültigkeit jedoch geleugnet werden kann.[63]

Becker glaubt wie Freud und Kierkegaard, daß alle menschlichen Gesellschaften auf der Todesleugnung aufgebaut sind. Das würde bedeuten, daß der Tod nicht erst in unserer heutigen Gesellschaft zum Problem geworden ist; es wäre auch eine Erklärung dafür, weshalb die Todesleugnung im Mittelpunkt der gesamten modernen Welt steht.

Solch eine Sichtweise könnte der Hintergrund für La Rochefoucaulds berühmte Zeilen sein: »Den Tod und die Sonne sollte man nicht unverwandt anschauen … wie mit der Sonne, so ist es mit dem Tod: Der weise Mensch lebt in seinem Angesicht, ohne ihn anzustarren.«[64]

Viele Frauen, mit denen ich gesprochen habe, hielten es dagegen mehr mit dem nüchternen Standpunkt von Prospero, dem Herzog von Mailand, der sich nach der Hochzeit seiner Tochter dazu entschlossen hatte, daß jeder dritte Gedanke ein Gedanke an den Tod werden sollte.

»Denke jeden Tag an den Tod. Nur so wirst du dir wirklich bewußt, daß nichts ewig währt. Du wirst es schätzen lernen, daß die Blumen jetzt blühen, du wirst erfahren, daß wir alle Teil eines Kreislaufs sind, du wirst eine ›rechte‹ Geisteshaltung entwickeln. Sprich während des Essens über den Tod, wandere durch die Verluste in deinem Leben, weil sie dich eine Menge lehren können, lerne etwas über die Ethik des Todes hier und in anderen Kulturen. Das Nachdenken über den Tod wird dich offener und ehrlicher machen im Umgang mit den Menschen um dich herum, und du wirst viel weniger Dinge bereuen müssen, die du gesagt oder nicht gesagt hast, wenn sie vergangen sind.« Das war der Rat von Josefine Speyer, einer buddhistischen Psychotherapeutin und Mitgründerin vom »Natural Death Centre«. Sie sah darin eine ausgezeichnete Vorbereitung, um die Angst vor dem Sterben abzubauen.

Es ist nicht einfach, diesem Rat zu folgen, wenn die traditionelle Medizin den Tod im weitesten Sinne immer noch als Feind betrachtet und die allgemeine Geisteshaltung keinen Deut freundlicher eingestellt ist. Zur Zeit ist unser kulturbedingtes Verständnis vom Sterben noch immer geprägt von Furcht, Ausweichen und Aberglauben, wenn es nicht gerade – wie im landläufigen Fernsehen – um Gewalt und pornographische Verstümmelung geht.

Die Auswirkungen des Todestabus treffen jeden. Eine der schlimmsten Folgen ist, daß wir andere von einem möglichen Geschenk ausschließen – nämlich jemandem in Freundschaft verbunden und für jemanden da zu sein. Wir wiederum laufen Gefahr, daß wir uns vor uns selber verschließen.

Eine sterbende Frau vertraute mir an: »Ich fühle mich, als ob ich bereits tot bin, so wie man mich ausschließt.«

Wenn wir eine derartige Situation vermeiden wollen, müssen wie lernen, mit dem Tod wie mit einem normalen Teil unseres Lebens umzugehen.

Es ist Zeit für einen Wandel. Frauen setzen sich in dieser Studie dafür ein, daß die Zeit zum Sprechen gekommen ist. Die Zeit, um leidenschaftlich und mitfühlend darüber zu sprechen, was es bedeutet, das Lebensende zu erreichen.

FRÜHERE ZEITEN, ANDERE KULTUREN
UND RELIGIONEN

Obwohl der Tod ein allgemeines Phänomen ist, ereignet er sich notwendigerweise in besonderen sozialen und geschichtlichen Zusammenhängen. Die Art und Weise, wie mit ihm umgegangen wird und
wie Frauen in den Vorgängen rund um den Tod eingebunden sind,
kann sich demzufolge nach Zeit und Ort sehr unterscheiden. Trauer,
die ich an späterer Stelle von einem westlichen Standpunkt aus untersuche, wird in anderen Kulturen ebenso anders bewertet wie Tabus um den Tod. Religiöse Rituale prägen und gestalten die Verlusterfahrungen der Frauen, ihren Zugang zum eigenen Tod und ihre
fachliche Betreuung von Sterbenden.

Ich verzichte in diesem Kapitel auf weitläufige Verallgemeinerun-
gen, statt dessen bediene ich mich einer Reihe von charakteristischen Momentaufnahmen, um einige der religiösen und kulturellen
Unterschiede sowie deren Auswirkungen auf Frauen zu beleuchten:

1. Totenbräuche in einem britischen Dorf zu Beginn unseres
Jahrhunderts;

2. Kurzbeschreibung einiger religiöser Überzeugungen und Be-
trachtungsweisen, die das Verhalten von Frauen gegenüber Tod und
Sterben beeinflussen;

3. Einblicke in verschiedene Kulturen, die in ganz anderer Weise
trauern und andere Vorstellungen darüber haben, ob der Tod tabu
ist oder nicht.

DIE FRÜHERE ROLLE DER FRAU
IN DEN ABLÄUFEN RUND UM DEN TOD

Todesfälle und ihre Ursachen formell zu registrieren – das hat in
Großbritannien noch keine allzu lange Geschichte. Und die frühe
Form, Todesfälle zu erfassen, war allein Sache der Frauen. Bis zum

Jahr 1836 gab es kein einheitliches nationales System, um Todesfälle zu dokumentieren, so daß örtliche Sterbetafeln, sogenannte »Bills of Mortality«, die einzigen Aufzeichnungen darstellten. Jede Gemeinde ernannte zwei »Sucherinnen«, fast immer ältere Frauen, deren Aufgabe es war, tote Körper nach Anzeichen für eine ansteckende Krankheit zu untersuchen und die Zahl der Todesfälle festzuhalten. Wie Schätzungen zeigen, war das System so unwirksam und ungenau, daß ein Drittel der Bestattungen überhaupt nicht erfaßt wurde, während bei der Anzahl der durch Seuchen verursachten Todesfälle vielfach maßlos übertrieben wurde. Allerdings erhielten die Frauen durch diese Arbeit berufliche Kenntnisse darüber, wie der Tod eine ganze Gemeinschaft drastisch verringern konnte: ein Wissen, das sie bereits im persönlichen Bereich durch die Betreuung von Sterbenden gesammelt hatten.[1]

Als sehr nützlich erweist sich hier eine Fallstudie von David Clark, der darlegt, wie zu Anfang dieses Jahrhunderts und in der Mitte der siebziger Jahre in Staithes, einem kleinen Fischerort in Yorkshire, mit dem Tod umgegangen wurde. Es zeigt sich deutlich, daß Frauen wesentlich an den formellen Abläufen rund um den Tod beteiligt waren.[2]

Im Gegensatz dazu steht die heutige Praxis, die eine Frau mit dem Satz zusammengefaßt hat: »Heute gibt's das alles beim Co-op – Tee, Blumen, Kiste –, dann wird's noch eingepackt, und das war's.« Am Anfang unseres Jahrhunderts kümmerte sich noch die Gemeinschaft um alles, und ganz besonders die Frauen vor Ort waren aktiv daran beteiligt.[3]

Eine Gruppe von Frauen, die im Dorf als besonders befähigt galten und voller Stolz ihre Aufgabe wahrnahmen, waren für das »Herrichten« verantwortlich, wie man in Staithes sagte. Zunächst wuschen sie den Körper, banden den Kiefer hoch, wickelten den Leichnam in weiße Laken und legten ihn auf ein Brett, das der Dorftischler gemacht hatte, der zugleich der Leichenbestatter war und den Sarg anfertigte. Anschließend hoben sie das Ganze in die Mitte eines Doppelbetts, bedeckten die Füße mit weißen, wollenen Strümpfen und das Gesicht mit einem großen, weißen Leinentaschentuch, das mit malteserischer Spitze eingefaßt war. Schließlich breiteten sie sorgfältig ein zweites Laken in mehreren nebeneinander angeordneten Falten über den Körper und erwarteten dann den Besuch von Angehörigen und Freunden. Sobald ein Besuch eintrat, hoben die

Frauen, die sich um den Leichnam kümmerten, das Gesichtstuch auf, so daß der Besucher einen Blick auf den Verstorbenen werfen konnte, bevor er den Körper teilnahmsvoll berührte, »um zu zeigen, daß er dem Menschen, als dieser noch lebte, immer wohlgesonnen gewesen war«.[4]

Bedeutsam war die Tätigkeit der Frauen bei den Vorbereitungen zur Beerdigung. Eine Frau, bekannt als »die Bitterin« (»Einladerin«), klopfte an jede Tür, um die Bewohner einzuladen – zu »bitten«, dem Begräbnis beizuwohnen. Es war ihre Aufgabe, Tag und Stunde des Begräbnisses bekanntzugeben, das gewöhnlich trotz doppelter Bestattungskosten an einem Sonntag stattfand. Frauen betätigten sich auch als Sargträger; denn diese Tätigkeit übernahmen gewöhnlich Verwandte, die dasselbe Geschlecht wie der oder die Verstorbene hatten. In der Beerdigungsprozession kamen nach den Trägern bzw. Trägerinnen zuerst die Frauen, oft Nachbarinnen, die im Ort »Aufwärterinnen« genannt wurden: Ihre Aufgabe war es, später das speziell vorbereitete Begräbnismahl zu reichen, nachdem sie bereits zuvor den um »die Kiste« versammelten Trauernden süßes Gebäck und Portwein angeboten hatten. Sechs oder acht Frauen, die schwarze Hüte mit weißen Häkelschals und schwarze Seidenschärpen trugen, schritten paarweise voran: bei der einen führte die Schärpe diagonal von der linken Schulter nach unten, bei der anderen diagonal von der rechten Schulter, so daß sich ein Muster wie ein umgekehrtes V bildete. Sargträgerinnen mit schwarzen Röcken, weißen Schals und weißen Hüten halfen, wenn der Sarg nach dem Gottesdienst einen steilen Hügel zum Friedhof hinaufgetragen werden mußte. Die Frauen, die für die Bedienung zuständig waren, ruhten sich am Fuß des Hügels aus. Später servierten sie das Totenmahl in mehreren verschiedenen Häusern, außer es wurde ihnen ein sehr großes Haus oder ein Kirchengemeindesaal zur Verfügung gestellt. Geräucherter Schinken, englischer Teekuchen – bekannt als »Totenbrot« – und Madeirakuchen gehörten zum traditionellen Essen.

Dieser Begräbnistee machte den Anfang in einer Reihe von rituellen Handlungen, bei denen die Menschen zusammenkamen, um den Tod anzuerkennen und die Hinterbliebenen auf ihre Trauer und später auf die Rückkehr in das Gemeinschaftsleben vorzubereiten. Nach dem Begräbnis nahmen die Frauen weiße Tücher von Spiegeln und Bildern ab und öffneten teilweise die Vorhänge. Es wurde erwartet, daß die Rückkehr ins normale Leben nur allmählich erfolgte. Für

Frauen stellte die Trauerzeit einen ausgedehnten Zeitraum dar, in dem die Bewegungsfreiheit und Kleiderordnung eingeschränkt waren. Häufig gingen Frauen ein Jahr lang nicht mehr in die Kirche. Eine Frau erläuterte: »Einige sind für fünf, sechs Jahre nicht mehr hingegangen; man meinte damals, das sei ungehörig.« In den ersten Monaten wurde jedes Erscheinen draußen als unpassend angesehen, und jede Frau, die sich nicht daran hielt, riskierte feindselige Bemerkungen. In viktorianischer Zeit wurden ewige Andenken an den Tod für Jahre im Haus aufbewahrt: trostlose Erinnerungsstücke einer Gesellschaft, in welcher der Tod ein häufiger und ungelegener Gast war.[5]

Bis zu den späten siebziger Jahren waren derartige Trauerbräuche weitgehend verschwunden. Tod als ein gemeinschaftliches, von Frauen getragenes Ereignis war durch bezahlten Professionalismus ersetzt worden. Das Herrichten des Leichnams und sogar die Teegesellschaften wurden mehr und mehr von Bestattungsunternehmern organisiert – anstatt durch die traditionell darauf spezialisierten Frauen. Die Sargträger hatten nicht mehr dasselbe Geschlecht wie der oder die Tote, sondern waren zumeist männliche Leichenbestatter; die menschlichen Stimmen der »Bitterinnen« wurden ersetzt durch unpersönliche Mitteilungen in den Nachrufspalten der Zeitungen.

Nur zwei Merkmale haben sich bis heute nicht geändert und unterscheiden Staithes von den neuen nationalen Gepflogenheiten: Noch immer ist es Sache der Frauen, den Körper herzurichten und aufzubahren; und während der Rest des Landes fast ganz zur Leichenverbrennung übergegangen ist, zieht das noch immer stark von Frauen beeinflußte Staithes bei sechs von zehn Toten die Erdbestattung vor.

Die Gemeinde von Staithes hat sich nie durch irgendwelche Überlegungen über Zeit- und Kostenfaktoren davon abbringen lassen, das zu tun, was sie für richtig und angemessen gehalten hat, um ihren Toten Lebewohl zu sagen. Doch sehr viel von diesem Mißtrauen und Widerstand gegen Einäscherungen geht auf diese Frauen zurück. Der Trend zu klinischer und unpersönlicher Standardisierung des Todes wird immer stärker und scheint mit einer anderen Tatsache verbunden zu sein – daß nämlich die Vorgänge rund um den Tod immer mehr den Händen von männlichen Fachleuten anvertraut werden. Auch wenn wir uns hüten müssen, aus einer ein-

51

zigen Studie verallgemeinernde Schlüsse zu ziehen, ist es angebracht, die mit der modernen Professionalisierung des Todes verknüpften geschlechtsbedingten Zusammenhänge genauer anschauen.

RELIGIÖSE FRAGEN UND GEPFLOGENHEITEN

Der Tod rührt an religiöse und kulturelle Kernfragen. Die mit dem Tod verbundenen Traditionen sind je nach ethnischer oder religiöser Zugehörigkeit sehr verschieden; sogar innerhalb einer Gruppierung gibt es große Unterschiede, die von streng orthodox bis agnostisch oder atheistisch reichen. All das wirkt sich auch auf das Verhalten von Frauen aus.

Für diejenigen, die einen starken Glauben haben, sind die Bedeutung des Todes und die des Lebens untrennbar miteinander verbunden. Das Leben kann zu einer Vorbereitung auf den Tod oder auf ein Leben nach dem Tode werden. Der lebensbejahende Glaube der Juden bedeutet, daß die Bewahrung des Lebens immer Vorrang hat vor jeder möglichen Form, einen schnelleren Tod herbeizuführen. Für Muslime sind das Leiden und der Tod Teile eines Gottesplans und werden dann eintreten, wenn Gott es bestimmt. Sikhs glauben, daß das Leben Teil einer nahtlosen Reise zum Tod und wieder zum Leben ist, um am Ende mit Gott zu verschmelzen. Hindus und Buddhisten betonen die enge Wechselbeziehung zwischen Tod und Leben, so daß erst der Tod dem Leben einen Sinn verleiht.

Formelle theologische Überzeugungen sind natürlich nur eine Seite der religiösen Auseinandersetzung mit dem Tod. Wer jedoch das jeweilige Glaubenssystem kennt, kann das Rahmenwerk besser verstehen, aus dem heraus die Äußerungen der Frauen entstanden sind, deren Geschichten den Stoff für dieses Buch geliefert haben.

Es gibt praktische wie auch theologische Erwägungen. Die Art, wie ein Nichtglaubender mit dem Tod umgeht, stößt im religiösen Umfeld von Verwandtschaft und Freundeskreis vielfach auf Widerspruch. In meiner eigenen Familie waren einige Mitglieder zutiefst bestürzt, als ein nichtpraktizierender Jude eingeäschert werden wollte und statt eines traditionellen, jüdischen Begräbnisses auf einer allgemein gehaltenen Totenfeier bestand. Für Gläubige kann das Nichtbeachten religiöser Gesetze zum Zeitpunkt des Todes, wenn solche Dinge am wichtigsten zu sein scheinen, regelrecht Qualen auslösen. Das kann besonders in Krankenhäusern passieren, wenn das Pflegepersonal zu wenig einfühlsam gegenüber religiösen und kulturellen Angelegenheiten ist.[6]

Das Christentum

Schätzungsweise ein Drittel der Weltbevölkerung sind Christen. Zwar ist das Christentum – mit seinen 1700 Millionen Anglikanern, Katholiken und Anhängern nonkonformistischer Kirchen – zur größten Weltreligion geworden, doch nicht alle nonkonformistischen Christen aus anderen Kulturen teilen die Totengebräuche westlicher Gesellschaft. Für weiße christliche Krankenschwestern, die Patienten aus anderen Kulturkreisen betreuen, kann das zu einem Problem werden.[7]

Bei afro-karibischen Methodisten, die in Großbritannien leben, kann zum Beispiel der Familienzusammenhalt sehr viel stärker sein als bei ihren weißen Nachbarn. Wenn ein afro-karibischer Krankenhauspatient unheilbar krank ist, kann es für die nächsten Familienangehörigen – dazu zählen auch die Großeltern, die eine wichtige Rolle beim Aufziehen der Enkelkinder spielen –, für den erweiterten Familienkreis, Kirchen- und Gemeindeälteste selbstverständlich sein, den Kranken ständig zu besuchen.

»Wir waren völlig fassungslos, als wir feststellten, wieviel Platz die Verwandten dieses Patienten von den Westindischen Inseln brauchten. Sie saßen zu Dutzenden um sein Bett herum. Als ich den zwei Großvätern zu erklären versuchte, daß ›nur jeweils zwei Besucher am Bett‹ erlaubt seien, waren sie entsetzt. Solange der Patient noch bewegt werden durfte, rollte ihn die Oberschwester in den Tagesraum, so daß alle bei ihm sein konnten. Als er später im Sterben lag, wurde es sehr verzwickt.« (britische Krankenschwester, die einen sterbenden Mann von den Westindischen Inseln betreute)

Eine westindische Frau beschrieb die Gefühle der Familie:

»Das Krankenhaus ist gut, aber wir fühlen uns irgendwie eingeengt. Wir schreien oder lassen unsere Gefühle laut heraus, es ist einfach zuviel für alle. Die Ärzte sagen uns nicht immer, was los ist.«

Die Schwester des Patienten bestätigte ein bezeichnendes Sprachproblem, das bei nichtenglischen Familien für weitere Aufregung sorgt:

»Er ist bei einem Facharzt, aber mit dem können wir nie richtig sprechen. Wenn er etwas sagt, können wir ihn kaum verstehen.

Dann ist mein Bruder gestorben. Da hat er uns informiert. Auf unsere Nachfrage hat man uns eine schwarze Schwester gegeben, die den Körper meines Bruders hergerichtet hat. Sie wußte, was mit den Haaren gemacht werden muß, und hatte den nötigen Respekt.«

Es gibt keine religiösen Vorbehalte gegen das Personal anderer Glaubensrichtungen, wenn es darum geht, den Körper eines afro-karibischen Christen zu versorgen. Aber die Bemerkung der Schwester des Patienten drückt ganz typisch die Hoffnung vieler Gemeinschaftsmitglieder aus, daß die Rituale nach Todeseintritt in einer Weise durchgeführt werden, die sie als angemessen empfinden.

Christliche Krankenschwestern, die nichtchristliche Patienten betreuen, können in noch größere Schwierigkeiten geraten:

»Wir bekommen einfach nicht genug Anleitung. Ein bißchen wußte ich ja über muslimische Gepflogenheiten, aber nicht, daß ich eigentlich keinen muslimischen Mann berühren durfte, wenn ich mich um sein Wohl bemühte. Er hatte fürchterliche Schmerzen; ich hatte nicht viel Erfahrung. So wollte ich mein Mitgefühl ausdrücken, indem ich ihm leicht auf die Schulter klopfte. Er konnte kein Englisch sprechen, aber er bekam regelrecht Zustände.« (Mary, weiße, christliche Krankenschwester, 28 Jahre alt)

Da die Vorschriften, die den körperlichen Kontakt zwischen Frauen und Männern regeln, als von Gott gegeben angesehen werden, ist es für die Identität eines Muslims entscheidend, daß sie beachtet werden. Somit hatte Mary die religiösen Grundsätze des Mannes in unverzeihlicher Weise mißachtet. Aber Marys Erfahrung ist keineswegs ein Einzelfall. Ajemian und Mount (1981) betonen, man dürfe nicht davon ausgehen, daß es jenseits kultureller Unterschiede universelle, nonverbale Ausdrucksmöglichkeiten im Umgang mit dem Tod gibt. Das ist einfach nicht der Fall.[8]

Bei christlichen Frauen, auch wenn familiäre oder ethnische Traditionen unterschiedlich sein mögen, gilt die Überzeugung, daß der Tod niemals ein Feind, sondern eine Form der Vollendung ist. Die »etablierte« anglikanische Kirche in Großbritannien läßt sich in ihrer Haltung zur Sterblichkeit von der christlichen Überzeugung leiten, daß jeder Mensch an Christi Auferstehung und am ewigen Leben teilhat. Katholiken lehren, daß dieses Leben nur ein Anfang ist; Tod ist der entscheidende Schritt ins nächste Leben. Die christliche Auslegung des Todesbegriffs wird von dem Glauben der ersten Anhänger von Jesus beherrscht, daß er am Kreuz gestorben, dann jedoch von Gott zu einem Leben nach dem Tode auferweckt worden ist. (In diesem Zusammenhang sollte man sich vergegenwärtigen, daß das christliche Todesverständnis in einer jüdischen Umgebung entstand – mit einem Jesus, der die Rolle eines unabhängigen und höchst umstrittenen Lehrers übernahm.)[9]

Mehrere hinterbliebene christliche Frauen erzählten mir, daß ihnen der Tod von Jesus entscheidend geholfen habe, als sie um ihren eigenen Verlust trauerten. So wie Anna Haycraft (die Romanautorin Alice Thomas Ellis), die ihren neunzehnjährigen Sohn Joshua durch einen tödlichen Unfall verlor. Als die römisch-katholische Christin von einem Interviewpartner gefragt wurde, ob sie mit Gott gehadert habe, weil er ihren Sohn genommen hatte, antwortete sie:

»Nein, ich war nie verärgert über Gott ... denn nachdem Er Seinen eigenen Sohn gesandt hatte, um jenen entsetzlichen Tod zu erleiden, wäre es doch ein bißchen töricht von mir gewesen, über meinen Verlust zu jammern.«[10]

Was sie allerdings als Christin tat – sie lenkte ihren Zorn in eine andere Richtung:

»Der Zorn richtete sich gegen den Tod. Der Tod hatte in meiner Phantasie auf fürchterliche Weise menschliche Gestalt angenommen ... Wenn wir aufs Land fuhren, sahen wir immer wieder Leute mit Sensen, und ich mußte sofort denken: ›Da ist er, da ist die Bestie.‹ Er war zu der Zeit allgegenwärtig in unserem Leben, weil in dem Jahr, als Joshua starb, zwei meiner Freunde und ich insgesamt zwölf Menschen verloren haben. Menschen, die uns nahestanden. Wir hatten das Gefühl, in einem Mausoleum zu leben; man konnte das Beinhaus fast riechen.«[11]

Jedoch sahen weder Haycraft noch andere Christinnen, mit denen ich sprach, den Tod als bedrohlich an, auch wenn sie dieses grausige Bild des Sensenmannes vor Augen hatten.

»Als Janice ertrunken war, bin ich verzweifelt gewesen, aber nicht wütend auf Gott. Ich fand den Tod auch nicht zu streng. Der Tod ist jetzt ein Teil von mir geworden. Glauben heißt doch, ich muß davon ausgehen, daß alles seine Richtigkeit hat.« (Mutter, deren zehnjährige Tochter ertrunken ist)

Der Tod von Kindern setzt den Glauben von christlichen Frauen einer harten Probe aus, doch vielen hilft die Gewißheit, daß sie ihre Kinder wiedersehen werden.

»Ich sehe Mark ganz deutlich im Himmel. Seltsamerweise

scheint er unverletzt zu sein; er sieht nicht so aus wie nach dem schweren Zusammenstoß mit dem Motorroller. Ich weiß, daß ich ihn finden werde, wenn ich sterbe. Wenn ich nicht so fühlen würde, dann hätte der Verlust keinen Sinn.« (Hinterbliebene Mutter, deren sechzehnjähriger Sohn bei einem Unfall tödlich verunglückte)

Diese Sichtweise vom Sterben beruht darauf, wie Jesus seinen eigenen Tod vorwegnahm; sie ist verbunden mit seiner Behauptung, daß sich im und durch den Tod die »Wahrheit Gottes« als unwiderlegbar offenbart.[12] Es scheint für christliche Frauen wichtig zu sein, daß Jesus, als er sich stets selbst als »der Menschensohn« bezeichnete – und dabei diesen Begriff entsprechend dem jüdischen Verständnis seiner Zeit benutzte –, damit zweierlei meinte: Zum einen sprach und handelte er wie jeder beliebige Mensch, der von der Todesstrafe bedroht ist, zum anderen aber sprach er wie jemand, der davon überzeugt war, nach dem Tod von Gott rehabilitiert zu werden. Für unheilbar kranke Frauen war dieser Aspekt äußerst wichtig.

Einige hinterbliebene Christinnen äußerten, daß für sie der »Glaube« oder das »Vertrauen« an ein »gutes Ende irgendwann« selbstverständlich seien. Allein auf der Grundlage ihres Glaubens fanden sie Trost in dem Gedanken, daß Gottes Ratschluß und Weisheit für jede Art von Mensch und alle menschlichen Bedingungen gilt.[13] Die Tatsache, daß Jesus seinem Tod nicht ausgewichen ist, scheint nachhaltige Auswirkungen auf christliche Frauen zu haben.[14] Michele, 38 Jahre alt, mußte zusehen, wie ihr dreißigjähriger Mann auf einem Skihang in den Tod stürzte:

»Zuerst habe ich vor Wut und Zorn geschrien. Dauernd sagte ich, daß sein Tod hätte verhindert werden können. Immer wieder wollte ich herausschreien: ›Warum passiert das ausgerechnet mir?‹ Schließlich wurde mir klar, daß ich nichts damit erreichte, sondern die Dinge eher schlimmer machte. Ich ging dann viel in die Kirche und dachte über Jesus nach. Er ist seinem Tod nicht ausgewichen. Er hat ihn praktisch herausgefordert! Allmählich kam ich zu dem Schluß, warum sollte es bei ihm nicht ebenso gewesen sein. Warum sollte es mir nicht widerfahren können?«[15]

Es half Frauen, die ihrem eigenen Tod gegenüberstanden, wenn sie wie Jesus darauf vertrauten, daß Gott sie nicht verlassen würde.

»Ich habe entsetzliche Angst davor, daß ich die Kontrolle über alle Gliedmaßen verlieren werde. MND breitet sich schnell aus. Ich mache mir Sorgen, daß mein Partner und die zwei Mädchen nicht in der Lage sein werden, damit zurechtzukommen. Obwohl ich fühle, daß ich sie verlassen muß, habe ich keine Angst davor, selber verlassen zu werden. Ich habe schon immer einen starken Glauben gehabt.« (Frau mit motoneuronischer Erkrankung)

Wenn der Tod bevorstand, hatten einige praktizierende Christinnen den Wunsch, daß gebetet wurde oder sie von einem Priester bzw. Pfarrer die Letzte Ölung erhielten.

»Ich habe eine Menge zu bereuen. Ich brauche einen Haufen Vergebung. Man sollte mir bald das Abendmahl geben.« (Britin, die an Krebs starb)

Einige nichtpraktizierende Christinnen lehnten solche Erleichterungen ab:

»Wenn man sich schließlich so elend fühlt, dann ist ein Vikar, den man auf sein Bett zukommen sieht, das Letzte, was man sich wünscht. Der letzte Augenblick scheint dadurch noch schneller zu kommen!«

Meine Untersuchungen bestätigen, daß der christliche Glaube den Gläubigen in Todesfragen hilft. Dort, wo christliche Frauen nach eigenen Aussagen am ehesten in kulturelle Konflikte gerieten, geschah es nicht in ihrer Rolle als Patientin, sondern in der Rolle als Betreuerin von sterbenden Menschen anderen Glaubens.

Das Judentum

Zu den zentralen Grundsätzen des Judentums zählen der Glaube an einen einzigen Gott – an einen transzendenten, allmächtigen und allwissenden Schöpfer –, der Gehorsam gegenüber den Zehn Geboten, die Ausübung von Nächstenliebe und Toleranz sowie die Bedeutsamkeit des Familienlebens. Weltweit gibt es schätzungsweise 17 Millionen Juden – von denen zwischen 350000 und 410000 in Großbritannien leben –, deren geistiges Zentrum Jerusalem ist und deren Glaube fest in der Offenbarung verwurzelt ist. Ihr Glaube umfaßt ein weitreichendes Spektrum religiöser Regeln und folglich eine ganze Palette von Vorgaben für den Tod und das Sterben.[16]

Es gibt zwar Unterschiede zwischen den orthodoxen Juden, die wortgetreu den Gesetzen der Thora folgen – deren Regeln für das tägliche Leben, einschließlich der einschränkenden Speisevorschriften, als gottgewollte Gesetze gelten – und den flexibleren liberalen und reformierten Juden. Doch alle halten an der zentralen Vorstellung fest, daß das Leben kostbar ist. Der Erhaltung des Lebens muß Vorrang vor allem anderen eingeräumt werden. Was, wenn überhaupt, in einem Leben nach dem Tod passiert, ist weniger wichtig als das Hier und Jetzt.

»Das höchste Ziel aller menschlichen Tätigkeit ist es, das Gottesreich hier auf Erden zu errichten. ›Verlaß dich auf den Himmel, wenn du stirbst‹: das ist sicher kein jüdischer Standpunkt.«[17]

Ein Glaube, der darauf besteht, daß, wo Leben ist, auch Hoffnung ist, und der alle Maßnahmen ablehnt, die den Tod beschleunigen könnten, ist eine Herausforderung für Ärztinnen.

»Diskretion versus Offenheit ist, wenn der Tod bevorsteht, eine wichtige Entscheidung bei jedem sterbenden Patienten. Doch wenn ein Jude stirbt, stellt sich die Frage, ob er nicht jede Hoffnung verlieren wird, falls man ihm die Wahrheit erzählt?« (jüdische Ärztin)

»Einige meiner jüdischen Patienten machen sich über ein Leben nach dem Tod überhaupt keine Gedanken. Es ist dieses Leben, das zählt. Jemandem dann zu sagen, daß er sterben muß, hieße, ihn in tiefste Verzweiflung zu stürzen.« (christliche Ärztin mit jüdischen Patienten)

Ein Glaube, der vor allem das Leben bejaht, hat zur Folge, daß Selbstmord nicht nur als ein Gewaltakt angesehen wird, sondern auch als ein Akt der Gotteslästerung. Viele Denker glauben, Selbstmord sei sogar ein noch schändlicheres Vergehen als Mord.

»So wie es Gottes Vorrecht ist, Leben zu geben, so ist es allein Seine Entscheidung, Leben zu nehmen: ›Auf höheren Beschluß wurdest du geboren‹, sagen die Rabbiner im Talmud, ›auf höheren Beschluß mußt du sterben‹. Jemand, der sich selbst das Leben nimmt, ist ebenso ein Mörder wie jemand, der das Leben eines anderen nimmt.«[18]

Der Schrecken des Selbstmords ist nicht nur eine theologische, sondern auch eine moralische Angelegenheit: der Verrat an Familie und Freunden. Es wird als das Fehlen jeglichen Verantwortungsbewußtseins angesehen. Für eine jüdische Frau kann das zu einer schweren Belastung werden.

»Meine Mutter litt fürchterlich an Krebs. Sie bat uns oft um Hilfe, um zu sterben. Mein toter Vater war sehr orthodox eingestellt gewesen, so daß es für meine Brüder und mich keinen Weg gab, so etwas als richtig anzusehen. Was konnte ich tun? Ich wünschte nichts sehnlicher, als ihr aus ihrem Elend herauszuhelfen. Ich wußte, daß sie angefangen hatte, Tabletten zu sammeln, aber ich tat so, als sähe ich nichts. Ich betete viel und hörte auf, mit ihr zu sprechen. Sie hatte sich in sich zurückgezogen und sagte seltsame Dinge, die sich total verrückt anhörten. Ahnte ich bereits, daß sie sich darauf vorbereitete, es tatsächlich zu tun? Und doch kam es wie ein Schock. Meine Mutter hatte sich selbst umgebracht! Sie hatte sich gegen Gottes Willen gewandt und hatte sich nicht uns gegenüber verantwortlich verhalten. Trotzdem fühlte ich eine unendliche Erleichterung – zumindest hatte sie nicht länger Schmerzen. Aber es ist nicht erlaubt, sich erleichtert zu fühlen; also fühlte ich mich schuldig. Meine Brüder betrachteten es als Sünde. Ich glaube, die Schmerzen haben sie wahnsinnig gemacht; somit gibt es wenigstens einen kleinen Trost für mich.« (Anna, orthodoxe Jüdin)

Der Grund für Annas »kleinen Trost« liegt darin, daß einige zeitgenössische jüdische Kritiker einen Unterschied machen zwischen dem bewußt oder vorsätzlich herbeigeführten Selbstmord – der schon immer unannehmbar war – und dem Selbstmord, den eine Person im Zustand geistiger Unzurechnungsfähigkeit begeht – der etwas nachsichtiger beurteilt werden kann.[19]

Wenn Rabbiner einen Selbstmord als »vorsätzlich« einstufen, dann muß das Opfer mindestens zwei Meter von den umliegenden Gräbern entfernt begraben werden, manchmal sogar in einem abgesonderten Teil des Friedhofs. Trotz aller guten Eigenschaften, welche die tote Person im Leben bewiesen haben mag, sind bei dem Begräbnis weder Lob- noch Grabreden erlaubt. Obwohl das jüdische Trauergebet regelmäßig jeden Morgen und jeden Abend gesprochen wird wie für andere Tote, so wird dennoch kein Jude an der Grabstätte das Bestattungsgebet sprechen. Wer Selbstmord begeht, ist ein Geächteter. Wer es versucht, ist ein Gezeichneter.

Als junge, schwer depressive Frau wurde ich in den sechziger Jahren selbst zur Gezeichneten, als ich versuchte, mich umzubringen. Nach wochenlangem Planen flüchtete ich aus dem Krankenhaus, in dem ich wegen »klinischer Depression« behandelt wurde, nahm 20 Tabletten, als ich das Krankenhausgelände verließ, und ging zu dem einzigen Ort, der für mich noch wie ein Zuhause war, die Wohnung meines ersten Ex-Ehemannes, um dort die restlichen 40 zu schlucken. Ich betrat die Wohnung mit dem Schlüssel, den ich noch immer hatte. Es war halb zwei Uhr mittags. Neville, mein Ex-Mann, war in sicherer Entfernung an seinem Arbeitsplatz. Unter dem Aspekt des »erfolgreichen« Selbstmords machte ich einen Fehler: im Badezimmer fand ich eine Flasche mit Schlaftabletten. Neville schlief scheinbar auch nicht gut. Obwohl ich bereits mehr Tabletten als genug geschluckt hatte, nahm ich wahllos auch noch die seinen und fiel dann in das Bett, das einst das unsere gewesen war. Der Fehler bestand darin, daß ich die leere Flasche nicht fortwarf.

Später erzählte mir Neville, daß ihn plötzlich um halb zwei in seinem Büro ein zutiefst ungutes Gefühl befiel. Irgend etwas stimmte nicht. Er verließ seine Arbeit. Völlig unerwartet kam er in seiner Wohnung an und fand mich in einem durch die Barbiturate verursachten Koma. Da er glaubte, daß ich schlief, wollte er mich nicht gleich wecken, sondern erst später, um mich dann ins Krankenhaus zurückzubringen. Dann ging er ins Badezimmer und sah das leere Glas. Er rief sofort einen Krankenwagen.

Ich erwachte 48 Stunden später im Paddington General Hospital und erblickte am Fußende meines schmalen Betts den kleinen, wutschäumenden Umriß meiner jüdischen Mutter. Ich lag da und schaute sie an, unfähig, die Tatsache zu begreifen, daß ich, die ich doch so sorgfältig den Tod gewählt hatte, scheinbar noch unter den Lebenden weilen sollte. Ich, die ich mich dafür entschieden hatte, meine jüdische Mutter nie wiederzusehen, sollte sie jetzt als bedrohliche Gestalt am Ende eines schmalen, eisernen Bettgestells stehen sehen. Sie schleuderte mir nur eine Frage entgegen: »Wie konntest du mir das antun?«

Neville führte sie behutsam aus dem Krankensaal hinaus. Am nächsten Abend kam sie zurück, bevor er eintraf, und machte mir mit einer zweiten Frage schwere Vorwürfe: »Wie konntest du das deinem Vater und dessen Vater antun?«

Da mein Vater bereits gestorben war, als ich 19 Jahre alt war, und da ich meinen toten Großvater nie gekannt hatte, erschien mir ihre zweite Frage ein ebenso groteskes Phantasiegebilde zu sein wie die Tatsache, daß ich an allen möglichen Schläuchen hing, zutiefst verzweifelt darüber, daß ich es nicht geschafft hatte, mich umzubringen.

Heute kann ich nachvollziehen, daß die Bemerkungen meiner Mutter so zu verstehen waren, daß meine Handlungsweise für die Familie meines Vaters, alles praktizierende orthodoxe Juden, absolut unhaltbar war. Ich hatte Schande und Erniedrigung über sie gebracht. Weder damals noch später haben meine Mutter und ich jemals darüber gesprochen, durch welche Gefühlsqualen ich gegangen war, bis ich solch eine bittere Entscheidung getroffen hatte.

Ironie des Lebens: 30 Jahre später bat mich meine Mutter, 84 Jahre alt, krank und mit dem Gefühl, daß alle Lebensqualität verloren war, zu ihr zu kommen. Sie wollte mit mir über ihre Absicht sprechen, Selbstmord zu begehen, was sie auch einen Monat später versuchte. Da ich keine praktizierende Jüdin war, meinte ich, daß nur sie allein die Entscheidung treffen sollte, obwohl ich wußte, daß meine Verwandtschaft es als Verrat an Glauben und Familie bewerten würde.

Als ich damals meinen Selbstmordversuch unternommen hatte und auch später, als meine Mutter das gleiche versuchte, dachte ich noch nicht darüber nach, wie sehr mein jüdischer Glaube meine Einstellung zum Tod beeinflussen könnte. Doch jetzt ist es ganz unmöglich, dieses besondere Buch zu schreiben, ohne es zu überdenken.

Jahrelang habe ich mir selber etwas vorgemacht. Jahrelang hat mein Judentum in mir auf der Lauer gelegen. Man kann nichtpraktizierende Jüdin sein. Das bin ich ganz sicher. Eine Jüdin, die außer Übung ist. Das bin ich sicher auch. Eine weltliche Jüdin. Eine kulturelle Jüdin. Aber ich sehe keine Möglichkeit, keine Jüdin zu sein. In Angelegenheiten des Todes wie in Angelegenheiten des Lebens.

Ich glaube nicht, daß ich mich heute für Selbstmord entscheiden würde: zum ersten wegen der Folgen für meine Tochter, meinen Partner und all die anderen wichtigen Menschen in meinem Leben; zum zweiten wegen des Bewußtseins, daß ich aus einem lebensbejahenden Kulturkreis komme. Unabhängig davon, ob ich praktiziere oder nicht, mein Volk ist jüdisch. Sechs Millionen Juden sind in den Gaskammern gestorben. Man kann nicht mit diesem Erbe leben und seinen Glauben verleugnen. Als zeitgenössische Feministin stehe ich zwar den männlich dominierten Besonderheiten des Judentums und seinen sexistischen Auswirkungen sehr kritisch gegenüber, aber verleugnen kann ich es ebensowenig mehr, wie ich den Tod verleugnen kann. Jüdin zu sein prägt meine Haltung zum Tod in gleicher Weise wie mein Feminismus.

Viele jüdische Frauen haben heute ebenso wie ich Schwierigkeiten, einen persönlich betroffenen Schöpfer mit der Problematik des Bösen auf der Welt in Einklang zu bringen.

»Wo war Gott, als die Nazis die Thora verbrannten und die Juden zwangen, ihre eigenen Gräber zu graben? Mein Vater hat meine Mutter aus dem Konzentrationslager herausgeholt, aber meine Onkel und meine Vettern sind dort umgekommen.« (Rachel, Jüdin, 53 Jahre alt)

Oft gibt das Bewußtsein vom Tod den ersten Anstoß zur Religion. Das Bewußtsein vom Holocaust und von jenen unerträglichen Toden fügt ein komplexes Element zum religiösen Verständnis jüdischer Frauen hinzu, die sich an dieser Studie beteiligt haben.

Islam

Das Wort »Islam« – die Religion der Muslime, die ein Fünftel der Weltbevölkerung ausmachen – kommt aus dem Arabischen und bedeutet, sich Gott zu ergeben oder zu unterwerfen. Muslime ergeben sich im Tod dem Willen Gottes, »so als ob er oder sie eine Feder wäre, die auf dem Atem Gottes schwebt«.[20] Durch die Scharia, das Gesetz, ist ein islamischer Glaubens- und Verhaltenskodex gegeben, der Zwillingskonzepte für eine friedliche öffentliche Ordnung und für die religiöse Zulässigkeit besonders betont, so daß nicht zwischen religiösen und praktischen Bereichen – im Leben und im Tod – getrennt wird.

Die zwei Millionen strenggläubiger Muslime in Großbritannien lernen – gleich denen, die verstreut von der Adria bis nach Malaysia leben – als erste religiöse Glaubenspflicht aus dem Koran, daß es nur einen einzigen Gott gibt und daß Mohammed (570 – 632 nach Christi Geburt) sein Prophet ist. Die anderen vier religiösen Pflichten sind: fünfmal am Tag zu beten (mit Ritualen der Reinigung), Almosen zu geben, zu fasten und Pilgerfahrten nach Mekka zu machen.[21]

Reinigungsrituale, Fasten und Speisenbeschränkung – Alkohol, Schweinefleisch, Schweinefett, Schinken, Aas und Blut sind verboten, anderes Fleisch nur erlaubt, wenn es von Tieren stammt, die nach religiöser Vorschrift geschlachtet worden sind – können zu Verwicklungen für muslimische Frauen führen, die in Krankenhäusern sterben, in denen man vielleicht nicht genügend Verständnis für ihre Bedürfnisse aufbringt. Viele muslimische Frauen haben die meiste Zeit ihres Lebens zu Hause verbracht, ohne wie ihre Männer die Chance bekommen zu haben, Kenntnisse in geschriebenem oder gesprochenem Englisch zu erwerben.

Wenn Muslime krank sind, müssen sie während des Ramadan nicht fasten, aber einige Frauen empfanden das Essen in einem solchen Zeitraum als psychologisch traumatisch. Eine sterbende Mohammedanerin teilte mir über eine befreundete Dolmetscherin mit, sie wisse, daß Essen nicht zur Besserung ihrer Krankheit beitrage, und sie würde sich Gott näher fühlen, wenn die Krankenhausbehörde sie fasten ließe.

Die muslimische Einstellung zur Sauberkeit wurzelt in der Bedeutung von Reinheit, die sowohl tote wie lebende Körper betrifft. Unreinheit entsteht, wenn Reinheitsgrenzen – vor allem im Umgang mit dem Körper – überschritten werden, wie bei der Darmentleerung und der Menstruation. Bevor ein Muslim Gott anrufen kann, müssen solche Unreinheiten durch rituelle Waschungen beseitigt werden. Frauen müssen vor dem Gebet Hände, Füße, Mund und Gesicht waschen; nach der Menstruation wird verlangt, daß sie ihren ganzen Körper waschen. Frisches, laufendes Wasser ist entscheidend, so daß eine Dusche dem Bad vorgezogen wird. Nach dem Wasserlassen und dem Stuhlgang muß die untere Körperpartie mit Wasser gewaschen werden. Toilettenpapier wird nicht als ausreichend angesehen.

»Meine Mutter sollte ein Bad nehmen, es gab keine Duschen auf jener Station. Auf den Toiletten gab es keine Wasserkrüge. Die Krankenschwestern konnten ihre Not nicht verstehen. Ich erklärte es dann; doch jetzt ist sie schwerkrank und auf die Bettpfanne angewiesen, und die Schwestern vergessen immer wieder, einen Wasserkrug zu bringen.« (Tochter einer muslimischen Patientin, die im Krankenhaus stirbt)

Mehrere muslimische Frauen bekannten, daß ihre Sorge, in Krankenhäusern oder Hospizen nicht die erforderliche private Waschgelegenheit vorzufinden, größer war als die Sorge um ihre Krankheit.

Ein weiterer kritischer Punkt für Mohammedanerinnen, die im Krankenhaus sterben, ist der Anstand.

»Sollte ein Muslim im Krankenhaus liegen ... das erste und wichtigste ist die Schicklichkeit. Weibliche Patienten sollten von Ärztinnen behandelt werden, männliche von Ärzten.«[22] (Dr. Abduljilil Sajid)

In extremen Krankheitsfällen kann es, wenn gerade keine Ärztin greifbar ist, für eine Mohammedanerin unter Umständen erlaubt sein, sich von einem Arzt untersuchen zu lassen. Jedoch darf so etwas nur in Anwesenheit einer anderen Frau und nur mit Zustimmung der Patientin geschehen.

»Alle Mohammedanerinnen, die wir hier auf der Station hatten, haben einen männlichen Arzt abgelehnt. Sie wurden dabei von ihren Familien unterstützt, so daß wir herumsausen mußten, um weibliche Docs zu finden. Eine Frau weigerte sich, den Kittel für das Röntgenlabor anzuziehen, weil er nicht anständig genug war!« (christliche Schwester mit mehreren muslimischen Patientinnen)

Die Unterlassung oder ungenaue Einhaltung dieser Rituale kann

Mohammedanerinnen, die in Krankenhäusern sterben, in einer Weise beunruhigen, die für Nicht-Muslime schwer verständlich ist. Hintergrund hierfür ist das islamische Verständnis vom Tod. Es lehrt, daß Leiden und Tod ein Teil der Vorsehung Gottes sind, daß das Leben eine Zeit der Bewährung vor dem Letzten Gericht ist, die Stunde, in der ein Muslim für jede seiner Taten Rechenschaft ablegen muß und beurteilt wird. Ist eine Regel gebrochen worden, gerät so etwas nicht in Vergessenheit. Der Tod selber ist keine Strafe, sondern nur das Ende einer Strecke auf einem sehr viel längeren Weg, dessen Höhe- und Endpunkt der Tag der Auferstehung und das Letzte Gericht sind.[23]

Wenn der Tod näherkommt, muß nach Dr. Sajid, einem Muslimführer in Großbritannien, folgendes bedacht werden:

»Entscheidend ist, daß das Gesicht des Patienten nach Mekka gerichtet wird, das von Großbritannien aus gesehen 127 Grad nach Südosten liegt. Der Körper sollte mit einem weißen Laken bedeckt sein, damit der nötige Respekt gewahrt ist.«

Manchmal passieren Schnitzer.

»Als ich am Sterbebett ankam, hatten sie das Bett meiner Mutter nicht nach Mekka ausgerichtet; sie meinten, daß sie eine Bettpfanne haben wollte.« (Tochter einer sterbenden Muslime)

Gleich nach Eintritt des Todes werden die rituellen Waschungen durchgeführt. Nur Frauen dürfen Frauen waschen, und Männer waschen Männer.

Für Muslime wie auch für orthodoxe Juden sind Obduktionen verboten. Der Islam lehrt, daß der Körper Gott gehört, so daß kein Körperteil abgeschnitten, verletzt oder gespendet werden sollte. Wenn ein Leichenbeschauer eine Obduktion anordnet, muß der Familie oft äußerst umständlich erklärt werden, weshalb es erforderlich ist. Zugleich muß versichert werden, daß für die Beerdigung alle Organe wieder in den Körper hineinkommen. Die Bestattungen finden innerhalb von 24 Stunden nach dem Tod statt. Auch hier ist, wie im orthodoxen Judentum, die Einäscherung verboten. (Denn es wird davon ausgegangen, daß die Seele nach dem Tod noch bis zu 40 Tage im Körper bleibt.) In den meisten islamischen Kulturkreisen tragen Männer den Körper in die Moschee, damit dort die Gebete und Lesungen aus dem Koran erfolgen können; Frauen nehmen nicht an der Begräbniszeremonie teil. Die Familien bleiben für drei Tage in ihren Häusern, während sich Angehörige um die Speisen kümmern. Die Trauerzeit dauert bis zu einem Monat. 40 Tage lang wird das Grab an jedem Freitag besucht, und den Armen werden Almosen gegeben. Die Frauen sind bei allen Abläufen um den Tod strengen Regeln unterworfen. Witwen müssen all ihren Schmuck ablegen, einfachste Kleidung tragen und im Haus bleiben. Sie sind während der Trauerzeit von 130 Tagen in ihrer Bewegungsfreiheit äußerst eingeschränkt. Nach Ablauf von nahezu 19 Wochen werden Witwen ermuntert, in die Öffentlichkeit zurückzukehren und sich später wieder zu verheiraten.

Hinduismus und Sikh-Religion
Der Hinduismus stellt ein komplexes Gefüge von unterschiedlichen Glaubensvorstellungen, Werten und Gebräuchen dar. Er ist tief verwurzelt in einem Kastensystem; der Glaube an die Wiedergeburt hat eine zentrale Bedeutung. Viele Wege führen zum gleichen Ziel. Charakteristisch für die in Indien vorherrschende Religion ist, daß Gott in vielen Erscheinungsformen angebetet und Brahma als höchste Wesenheit verehrt wird. Sikhs, Mitglieder einer im sechzehnten Jahrhundert reformierten Hindusekte, sind Monotheisten, deren religiöses Hauptwerk der Granth ist.

Hindus glauben, daß wir als Teil eines kosmischen Zyklus viele Male wiedergeboren werden. Während unseres Lebens erzeugen gute oder schlechte Gedanken und Taten gutes oder schlechtes »Karma«, das dann bestimmt, was mit uns nach dem Tod passiert. Vorbildliche Seelen erreichen Gott. Weniger vorbildliche Seelen werden als Menschen wiedergeboren (wenn sie insgesamt gut waren) oder als Tiere oder Insekten (wenn weniger gut). Unerklärliches Leiden wird als das »Karma« des vorherigen Lebens einer Person angesehen. Hindus bereiten sich mit Meditation und Gebeten auf den Tod vor und verringern dabei gleichzeitig ihre eigenen Bindungen an Familie und weltliche Besitztümer. Die ebenfalls an »Karma« und Wiedergeburt glaubenden Sikhs versuchen, ihr Leben so zu führen, daß der Tod für sie nicht unerwartet kommt.[24]

Wie bei den Muslimen gibt es in Krankenhäusern oft Verständigungsschwierigkeiten. Hindus und Sikhs sind primär Mitglieder eines Familienverbandes und erst in zweiter Linie Einzelpersonen. Es ist unerläßlich, daß Familienangehörige anwesend sind, damit Todesrituale bis ins letzte Detail befolgt werden können. Wenn hier etwas falsch gemacht wird, bedeutet es Schaden für die tote Person und für die hinterbliebene Verwandtschaft. Die Autorin Shirley Firth gibt zu verstehen, daß das mangelnde Einfühlungsvermögen von Seiten der britischen Ärzte oder Krankenschwestern an Rassismus grenzt. Als Folge davon passiert es manchmal, daß Asiaten die Prognosen über die Krankheit des Patienten falsch verstehen und dann nicht da sind, wenn der Tod eintritt.[25]

»Weil mein Onkel ganz friedlich während der Nacht gestorben ist, hat uns das Personal nicht gerufen und aufgeweckt. Dabei ist es unbedingt notwendig, daß die ganze Familie benachrichtigt wird. Da wir an ein Weiterleben nach dem Tode glauben, ist es wichtig, wie wir die Welt verlassen.« (hinterbliebene hinduistische Nichte)

Für Hindus ist der Tod nichts, das Angst auslöst, weil es zur langen Abfolge von Wiedergeburten gehört, daß der Tod immer wieder eintritt. Auch erfordert der Tod keine langanhaltende Trauer.

»Wir versuchen, nach dem Tod nicht zu lange zu weinen. Wenn wir zu lange weinen, könnten wir der hinübergegangenen Seele Schmerz zufügen.« (hinterbliebene Hindu-Frau)

Doch gerade weil für beide Geschlechter das Weinen weniger tabu ist als in der angelsächsischen Gesellschaft, kann sich im Augenblick des Todes die Trauer der Angehörigen eines toten Sikh-Patienten in ungeheuren Gefühlsausbrüchen äußern. Mehrere britische Krankenschwestern berichteten, daß sie diesen unverhohlenen Schmerz »übertrieben« fanden. Einige meinten: »Es regt andere Patienten auf.« Eine Sikh-Frau, die auf einer Entbindungsstation ein totes Kind zur Welt brachte, klagte laut um den Tod ihres Kindes und mit ihr die Schwiegermutter und zwei weitere Angehörige. Eine Sikh-Krankenschwester auf der Station erklärte, daß solch offen zur Schau getragene Verzweiflung »in ihrer Heimat das ›normale Verhalten‹ auf dem Land sei, hier jedoch als abnormal angesehen werde«. Eine englische Krankenschwester mißbilligte die Weise, wie die ganze Familie »eine Szene machte«, und forderte sie auf, »ihre Lautstärke zu dämpfen«. Die Sikh-Schwester dagegen konnte gut nachempfinden, daß sie den Schmerz aus sich herauslassen mußten.[26]

Buddhismus

Heute gibt es weltweit weit über 300 Millionen Buddhisten – davon wenigstens 20000 in Großbritannien –, die Prinzipien der Moral und der Großmut verfolgen.

Der geistige Rahmen hierfür ist der achtfache Pfad:

1. rechte Anschauung
2. rechte Gesinnung
3. rechtes Reden
4. rechtes Handeln
5. rechtes Leben
6. rechtes Streben
7. rechtes Überdenken
8. rechtes Sichversenken[27]

Für sterbende Patienten ist die geistige Verfassung, die eine des Friedens sein sollte, die wichtigste Voraussetzung, weil sie Art und Weise der Wiedergeburt beeinflußt. In der buddhistischen Lehre ist alles Töten verboten. Viele Buddhisten sind Vegetarier und können vor dem Hintergrund vieler ethnischer Verschiedenheiten auf Schwierigkeiten bei Speisen, Sprache und zuwiderlaufenden Gepflogenheiten in Krankenhäusern stoßen.

Der buddhistische Glaube kommt aus einer einzigen Quelle: dem Leben des Gautama (sechstes bis fünftes Jahrhundert vor Christus in Indien), der nach seiner Erleuchtung bekannt wurde als der »Buddha«, der Begründer einer neuen Lebensweise. Das buddhistische Verständnis vom Tod geht zurück auf die bekannte Geschichte von Gautamas reicher und beschützter Jugend. In einem Palast geboren, wurde Gautama von seinem wohlhabenden Vater von allem ferngehalten, was Zeichen der Armut, des Leids oder der Krankheit trug. Eines Tages befahl der junge Mann einem Wagenlenker, ihn auf das Land hinauszufahren. Während dieser Fahrt bot sich ihm der erste beunruhigende Anblick: ein kranker Mensch, der neben der Straße kauerte. Auf seiner zweiten Ausfahrt tauchte vor ihm ein zweites Bild auf, das sein Wohlbefinden beeinträchtigte: ein sehr alter Mensch. Die dritte Ausfahrt endete mit einem Schreckensbild: ein toter Körper, der für die Verbrennung hergerichtet wurde.

Die Vergnügungen des Palastes waren ihm vergällt. Er wurde von der Furcht verfolgt, daß solche Schrecklichkeiten auch ihm widerfahren könnten. Entschlossen, einen Weg zu finden, um Krankheit und Tod zu widerstehen, unternahm er eine vierte Ausfahrt. Dabei traf er auf einen kahlgeschorenen Asketen in einem safrangelben Gewand: ein Mann aus einer Gruppe, die sich auf den Tod vorbereitete, indem sie unaufhörlich die Loslösung von allen weltlichen Genüssen übte. Dies, entschied Gautama, war sein Weg. Er verließ

Frau und Sohn, er verließ den Palast und stürzte sich in eine Reihe asketischer Übungen, die im sechsten Jahrhundert vor Christus in Indien weit verbreitet waren.[28]

»Auf einem Leichenfeld legte ich mich nieder, um auf den Knochen von Toten zu ruhen. Und die Kuhhirten kamen zu mir heran, bespuckten mich, bespritzten mich sogar mit ihrem Wasser, überschütteten mich mit Lehm und stießen mit Strohhalmen in meine Ohren. Und doch kann ich mich nicht erinnern, daß mir auch nur ein böser Gedanke gegen sie gekommen ist. So weit war ich in der Ausübung von Nachsicht gelangt.«[29]

Gautama schritt von einer extremen Übung zur nächsten in dem Bemühen, etwas in sich zu finden, das nicht dem Gesetz von Tod und Zerfall unterlag. Vergebens. Schließlich wurde ihm klar, daß auch die härtesten asketischen Methoden keinen Schutz vor dem Tod bieten konnten. Es gibt nichts, was nicht der Vergänglichkeit, der Veränderung und der Auflösung unterworfen ist. Nichts währt ewig, nicht einmal eine Seele. Buddhistisches Verständnis vom Tod basiert auf »Dukkha«, dem Leiden: der Unterwerfung aller Dinge unter Wandel und Flüchtigkeit.[30]

Buddhisten glauben nicht, daß der Tod ein endgültiges Verlöschen ist; vielmehr unterstellen sie, daß immer eine Spur der Persönlichkeit zurückbleibt. Es gibt eine »fortlaufende kausale Folge von Abläufen«, selbst wenn eine Seele nicht wiedergeboren wird. Buddhisten gehen davon aus, daß all ihre Handlungen und Gedanken weder Bestrafung noch Belohnung auslösen (entgegen den genauen Vorhersagen des Islam), sondern lediglich die Grundlage für mögliche Folgen bilden. Damit bieten sie einen Mittelweg zwischen den Verfechtern des ewigen Lebens, die die Existenz einer unsterblichen, unwandelbaren Seele behaupten, und den Nihilisten, die glauben, daß rein gar nichts aus diesem Leben überdauert. Das Gesetz des »Karma« regiert das, was übrigbleibt, und das ist die karmische Abfolge von Ursache und Wirkung, die von Leben zu Leben weiterfließt.[31]

Im vorliegenden Buch sprechen buddhistische Frauen durchweg darüber, wie ihnen die Vorstellung von Vergänglichkeit und Ablösung hilft, ihrem eigenen Tod und dem anderer ins Auge zu sehen. Ich beziehe mich hier direkt auf eine zentrale buddhistische Meditation, »Die bewußte Wahrnehmung des Todes«, die mehreren buddhistischen Frauen geholfen hat, sich von den Bindungen des Lebens zu lösen.

»Man soll auf acht verschiedene Weisen über seinen eigenen Tod nachdenken. Die erste Weise ist, daß der Tod als Mörder erscheinen kann, mit dem Schwert in der Hand. Man erkennt, daß der Tod ab dem Augenblick der Geburt gegenwärtig ist. Ich fand das leicht, nachdem mein erstes Kind geboren war und ich begonnen hatte, über das Altern und den Tod nachzudenken.« (Sarah, buddhistische Mutter)

Dies war bemerkenswert, weil Frauen anderen Glaubens sich ähnlich äußerten: Sobald ein neues Leben in einer Frau heranwächst, faßt sie ihren eigenen Tod und den des Kindes ins Auge.

»Eine zweite Weise, wie wir über den Tod meditieren, besteht darin, in ihm den Ruin des Erfolges, der Gesundheit und Jugend zu sehen. So erkennt man, daß es sinnlos ist, seine Hoffnungen auf solche Dinge zu setzen.« (Elsbeth, buddhistische Aquarellmalerin mit Brustkrebs)

Einige buddhistische Künstlerinnen versuchten, ein Gleichgewicht herzustellen zwischen der Begeisterung über schöpferische Erfolge, zumeist eng verbunden mit der Hoffnung auf Unvergänglichkeit, und dem Wissen, daß auf einer bestimmten Ebene auch diese Erfolge vergänglich sind.

»Wir sind aufgefordert, bewußt zu akzeptieren, daß der Tod niemals eindeutig im voraus erkennen läßt, wann er kommt. Da ich dazu neige, immer alles unter Kontrolle haben zu wollen, ist dieser Teil der Meditation genau das, was ich am nötigsten brauche.« (buddhistische Frau, die an Krebs stirbt)

Einige Frauen erwähnten eine zweite Meditation: »Die bewußte Wahrnehmung des Körpers«, eine außergewöhnliche, durch 32 Stationen führende Betrachtung über die abstoßenden Merkmale des Körpers. Von den Fußsohlen bis zur Haarspitze geht die Reise und zeigt absichtlich, wie häßlich, ungepflegt, dreckig, gebrechlich und abscheulich jeder Körperteil ist. Die Absicht ist, einen sicheren Weg anzubieten, wie man der Versuchung entgehen kann, sich an den körperlichen Genuß und die äußere Erscheinung zu klammern.[32] Eine Frau, die unheilbar an der motoneuronischen Erkrankung litt, sprach für viele:

»Mein Problem war schon immer die Eitelkeit, die ich während meines ganzen Lebens mit allen Kräften zu überwinden versucht habe. Diese Meditation ist sehr hilfreich.«

Diese Frau steht nicht alleine da. In einer Gesellschaft, die

Frauen so einordnet und erzieht, daß diese ihre Selbstachtung auf einen schönen Körper zurückführen, ist das äußere Erscheinungbild zum Mittelpunkt weiblicher Identität geworden.

TRAUER IN ANDEREN KULTUREN

Selbst eine kurze Analyse verschiedener Kulturen macht deutlich, daß weder die Art zu trauern noch die Bedeutungen und Tabus um den Tod universal festgelegt sind. In einigen Kulturen gelten Leute als tot, welche die meisten Amerikaner oder Briten als lebendig ansehen würden, oder umgekehrt. In Vanatinai (Südosten von Papua-Neuguinea) zum Beispiel betrachtet man Leute als tot, die bewußtlos sind, während in anderen Kulturen von den Toten angenommen wird, daß sie in der Lage sind, aktiv in das Leben der Lebenden einzugreifen.

Donald Irish und seine Mitarbeiter, die ethnisch bedingte Unterschiede beim Sterben, bei Tod und Trauer untersucht haben, weisen darauf hin, daß es nicht eine Trauertheorie gibt, die auf jedermann anwendbar ist. Die Ängste und Depressionen, die wir mit Trauer verbinden, sind lediglich westliche Konzepte, die auf westlichen Überzeugungen beruhen. Menschen aus anderen Kulturen verstehen und ordnen Schmerz- und Trauererfahrungen anders ein. Sie sehen sie im Zusammenhang mit ihren eigenen Überzeugungen »vom Ursprung der Dinge, von der Natur des Menschen, von der richtigen Verhaltensweise und von der Bedeutung eines Verlustes«.[33]

Die Art zu trauern, die in einer Kultur als angemessen gilt, wird in einer anderen als »abnorm« eingestuft. Nehmen wir Bali und Kairo als Beispiel. In Bali ist »verhaltene Trauer« die angemessene Form. Hinterbliebene Balinesen glauben, daß Gott nur dann Gebete erhört, wenn die Hinterbliebenen die Ruhe bewahren. So tun sie alles, um »den Tod leicht zu nehmen«. Sie werden dabei von Leuten unterstützt, die Witze machen, sie necken und ablenken in dem Versuch, den Tod umzudeuten und als etwas hinzustellen, das nicht schlecht, sondern sogar wünschenswert ist. Im Gegensatz dazu ist in Kairo die »übermäßige Schmerzbekundung« die anerkannte Verhaltensnorm. Bei dem Verlust eines Kindes wird von einer ägyptischen Mutter erwartet, daß sie sich »jahrelang im Schmerz verzehrt«. Von Menschen, die soziale Unterstützung anbieten, wird erwartet, daß sie zum Leiden ermutigen und sich ausgiebig über Qual und Verlust auslassen.[34]

Legt man die Standards der USA oder Großbritanniens zugrunde, müßten beide Trauerformen als pathologisch angesehen werden. Verhaltene Trauer würde als »Verdrängung« und übertriebene Schmerzbekundung als »morbid« eingestuft werden. Ich teile die kritische Meinung von Theoretikern wie Wortman und Silver (1989), daß auch unser westlicher Umgang mit Verlust und Trauer als »pathologisch« gelten kann. Wenn wir in andere Kulturen hineinschauen, bietet sich uns ein ganzes Spektrum von Möglichkeiten an, Schmerz auszudrücken und Trauerzeiten einzuplanen. Der Blick über kulturelle Grenzen läßt den Schluß zu, daß sich auch in unserer Gesellschaft größere Beweglichkeit und weniger Druck auf die Hinterbliebenen positiv auswirken könnten.[35] Ebenso gilt, wie Lillian Burke hervorhebt, daß nicht alle kulturell bedingten, überlieferten Gewohnheiten rund um den Tod für alle Menschen einer Gesellschaft vorteilhaft sind. Vielmehr kann es sein, daß zum Beispiel auch ein Mensch aus einer »stoischen« Kultur eine längere Zeit trauern muß.[36]

TODESRITUALE UND TABUS
IN ANDEREN KULTUREN

Selbst bei einem nur flüchtigen Blick in andere Kulturen sehen wir, daß erstens in einigen Ländern auch heute noch Frauen die Hauptrolle bei den Bestattungsvorbereitungen übernehmen – wie es in früheren Zeiten in England der Fall war –, die Leichen herrichten, die Totenrituale bestimmen und eine Schlüsselposition bei Exhumierungen innehaben. Zweitens erkennen wir, daß es große kulturelle Unterschiede von Bejahung bis zur Tabuisierung des Todes gibt. Wie solche Umgangsweisen mit dem Tod ablaufen, lehren uns Einblicke in das ländliche Griechenland, in China und Mexiko.

Ländliches Griechenland: Potamia in Nord-Thessalien
In einer überzeugenden Studie über die Totenrituale im Dorf Potamia zeigt Loring Danforth, wie alte Gebräuche den Dorfbewohnern helfen können, die allgemeinen Widersprüche im Umgang mit der Trauer zu bewältigen. Wie können die Lebenden Beziehungen zu

den Toten einerseits aufrechterhalten und andererseits beenden, um weiterhin ein sinnvolles Leben als Mitglieder einer Gemeinschaft zu führen?[37]

Im ländlichen Griechenland sind sowohl Totenrituale wie auch Trauergebräuche auf Frauen konzentriert und werden von Frauen wahrgenommen. Nach Eintritt des Todes binden Nachbarinnen des Verstorbenen oder weibliche Verwandte, die nicht zum engsten Familienkreis gehören, die Füße zusammen, binden den Unterkiefer hoch, schließen die Augen und bedecken den Körper bis hinauf zur Taille mit einem weißen Leichentuch. Nachdem sie den Leichnam gewaschen haben, hüllen sie den Körper in neue Kleider. Frauen aus dem engeren Familienkreis geben sich unterdessen ganz dem Schmerz hin, indem sie laut weinen und Klagelieder singen, die später auf dem Begräbnis wiederholt werden. Im ganzen Landstrich sind es die älteren Frauen, die diese Tradition der Grabgesänge pflegen. Sie kennen viele Klagelieder, da sie bereits häufig den Tod von Angehörigen miterlebt haben. Einige jüngere Frauen sehen das als Zeichen von ländlicher Rückständigkeit oder Aberglauben an und finden es peinlich. Die Frauen singen auf Beerdigungen die gleichen Lieder wie auf Hochzeiten, da beide Ereignisse Riten des Übergangs von einem Zustand in einen anderen sind und zugleich einen Abschied darstellen. Die Hochzeit einer Frau ist für sie und ihre Familie ein trauriger Anlaß, weil sie ihr eigenes Heim verläßt, um sich ihrem Ehemann anzuschließen.

Nach einem Todesfall wachen Frauen aus dem Dorf in der Zeit zwischen Tod und Beerdigung für 12 bis 24 Stunden über den Leichnam. Die Männer machen kurze Beileidsbesuche und gehen dann hinaus in den Hof, während die Frauen um den Leichnam sitzen und Klagelieder singen. Das auffälligste äußere Merkmal im Umgang mit dem Tod ist zweifelsohne die Trauerkleidung der Frauen. Sie müssen von Kopf bis Fuß schwarz gekleidet sein und schwarze Kopftücher tragen, die Haare, Stirn und Hals bedecken. Wie lange eine Frau schwarz tragen muß, hängt von ihrem Verwandtschaftsgrad zum Verstorbenen ab. Witwen müssen für den Rest ihres Lebens schwarz tragen, außer sie heiraten wieder. Witwer können schnell wieder heiraten, ohne daß es Anstoß erregt. Einige Männer in Potamia gingen bereits 40 Tage, nachdem ihre Ehefrau gestorben war, eine neue Ehe ein. Witwen führen ein völlig zurückgezogenes Leben: Sie dürfen nicht zum Einkaufen in die Stadt fahren, sie können nicht an Dorfhochzeiten oder Taufen teilnehmen. Ihre einzigen, größeren Unternehmungen sind die Totenfeiern anderer Leute, weil sie dabei Gelegenheit bekommen, ihre Trauer auszudrücken.

Die Mutter eines kleinen, toten Kindes muß mindestens fünf Jahre lang schwarz tragen. Frauen, die um Eltern oder Geschwister trauern, müssen zwischen einem und fünf Jahren in Schwarz herumlaufen. Wer um angeheiratete Verwandte trauert, trägt ein Jahr lang schwarze Kleidung, und bei Tanten und Onkeln sind es sechs Monate. Nahestehende weibliche Angehörige müssen sich ständig um die Gräber kümmern und sie fünf Jahre lang täglich besuchen, bis die Exhumierung stattfindet. Sie nehmen Kerzen und Öllampen mit, die sie am Grab entzünden. Dann waschen sie die Marmorgrabsteine mit Schwämmen und Reinigungsmitteln, die in Plastikbeuteln aufbewahrt und im Gras an der Friedhofsmauer versteckt werden. Einige Frauen sind sich durchaus der Unsinnigkeit dieser Aufgabe bewußt, und man soll sie schon murmeln gehört haben: »Wir vergeuden unsere Zeit.« Aber der gesellschaftliche Druck auf Frauen bewirkt, daß sich diese Praxis weiter behauptet. Männer dagegen unterliegen weniger strengen Einschränkungen, die obendrein nicht so strikt eingehalten werden müssen.

Die Trauernden sind von der Welt der Lebenden getrennt, weil sie Kontakt zur Welt der Toten haben. Ihre Zurückgezogenheit spiegelt die Isolation der Leichname in der Erde wider.[38]

Die Aufgaben der Frauen, die mit der Trauer verbunden sind, enden nicht mit dem Begräbnis. Es sind die Frauen, welche die Körper ihrer Lieben ein paar Jahre später wieder ausgraben müssen. Nehmen wir den Fall der einundzwanzigjährigen Eleni, die bei einem Unfall mit Fahrerflucht ums Leben kam. Vor fünf Jahren hatte ihre Mutter Irini sie in ihrem weißen Brautkleid und der Hochzeitskrone beerdigt, die sie als Lebende nicht mehr tragen konnte. Danach blieb Irini ein Jahr lang in ihrem Haus und verließ es nur, um abends und morgens Elenis Grab zu besuchen. Die vollen fünf Jahre trug sie schwarz. Ihre einzige Beschäftigung war, an jeder Beerdigung und jeder Gedenkzeremonie in den umliegenden Dörfern teilzunehmen, damit sie wehklagen und weinen konnte. »Trotzdem wußte sie nur zu gut, daß die Wunden einer Mutter niemals heilen, daß ihre Qual niemals aufhört.«[39]

Als ihre andere Tochter heiratete, nahm Irini nicht an deren Hochzeit teil und verbot am Hochzeitstag jedes Singen und Tanzen in ihrem Haus. Nach fünf Jahren soll Irini nun ihre Tochter Eleni wieder ausgraben, damit sie das Gewicht der Erde nicht in alle Ewigkeit auf ihrer Brust tragen muß – und damit die Familie sehen kann, was von ihr geblieben ist. Irini macht sich daran, das Grab zu öffnen. Es wird ganz zerstört werden, und der Marmorstein wird aufbewahrt für den nächsten Dorfbewohner, der stirbt.

Verwandte und nahe Freunde gehen von Irinis Haus in einer Prozession zum Friedhof. Elenis Vater und zwei Brüder sind als einzige Männer dabei. Die unmittelbare Familie geht an der Spitze, gefolgt von entfernten weiblichen Verwandten, die Speisen, Getränke und eine Metallkiste für Elenis sterbliche Überreste tragen. Mehr als 100 Frauen stehen um das Grab herum. Die Kleider der Frauen bilden konzentrische Farbkreise: Das Spektrum reicht von Schwarz im Zentrum über blaue und braune Farbtöne in den mittleren Bereichen bis hin zu einem Ring heller Farben im äußeren Kreis, die von Frauen getragen werden, die der Todesfall nur indirekt betrifft.

Zwei Frauen mit Schaufeln beginnen, Elenis sterbliche Überreste auszugraben. Während die umherstehenden Frauen schreien und jammern, tritt eine ältere Witwe mit einer Hacke an die Stelle der Frauen mit Schaufeln. Einige Frauen rufen Anweisungen: »Mehr nach rechts. Such erst nach dem Schädel, dann die Rippen. Zerbrich nichts.«[40]

Elenis Brüder haben sich an den äußeren Rand des Kreises von Frauen zurückgezogen, wo »sie still und unbeholfen herumstanden, Männer, die fehl am Platz waren in einer Frauenwelt des Todes«.[41]

Wenn die Witwe den Schädel ausgegraben hat, legt sie Papiergeld auf ihn und reicht ihn dann an Irini weiter. Irini selber küßt den Totenschädel, legt noch mehr Papiergeld auf ihn und wickelt alles in ein Kopftuch, das Eleni als Teil ihrer Mitgift selber bestickt hatte. Hier zeigt sich eine weitere Parallele zwischen einer Trauerzeremonie und einer Hochzeit: Neuvermählte werden ebenfalls geküßt, und es wird Geld an ihren Kleidern festgesteckt. Während Irini den Totenschädel in ihren Armen wiegt, hemmungslos weint und schluchzt, werden weitere Knochen freigelegt und in einer Metallkiste untergebracht. Dann wird der Schädel in der Menge herumgereicht, und Frauen werfen Münzen in die Metallkiste. Das Wehklagen hört allmählich auf, und die Frauen gehen dazu über, fatalistische Bemerkungen über die menschliche Sterblichkeit auszutauschen. »Das ist alles, was wir sind, nur ein Haufen Knochen.

Wir wurden geboren, und wir werden sterben. Dann werden wir alle hier enden.«[42] Schließlich kann Irini überredet werden, den Schädel in die Kiste zu den Knochen zu legen. Nachdem der Priester gekommen ist und die Totenfeier gehalten hat, wird die Kiste mit den sterblichen Überresten in das Beinhaus gebracht. Speisen werden verteilt; und danach kehren die Frauen mit Irini zu deren Haus zurück und grüßen sie und die Familie mit der Wendung »Du hast sie gut empfangen« – mit demselben Satz, der gebraucht wird, wenn Verwandte nach langer Abwesenheit in die Heimat zurückkehren. Irini hat noch eine weitere Aufgabe: Sie muß ihre Schaufel nehmen und das leere Grab zuschütten, in dem ihre Tochter gelegen hat. Hat sie das getan, schaut sie hinunter auf die leere Grabstelle: »Eleni, mein Kind, jetzt bist auch du fortgegangen, aber du wirst nie zurückkehren.«[43]

China und Mexiko: Tabu und Bejahung

China ist eine Kultur, die den Tod besonders stark tabuisiert. Traditionsgemäß hinterlassen Chinesen weder ein Testament noch machen sie Pläne für ein Begräbnis. Sie würden auch nicht im Traum daran denken, Entscheidungen über einen Sarg zu treffen, in dem sie dann beerdigt werden wollen.

»Ohne über die chinesische Einstellung zum Tod etwas zu wissen, äußerte ich gegenüber der Familie, daß ihr Bruder wohl bald sterben würde und man sich Gedanken über das Begräbnis machen solle. Es kam noch schlimmer, als ich anregte, er könne vielleicht nach Hause gebracht werden, um dort sterben zu dürfen. Ich wurde sozusagen vor die Tür gesetzt!« (christlicher Sozialarbeiter an einem Krankenhaus)

Viele Menschen, die heute der wachsenden chinesischen Gemeinschaft in Großbritannien angehören, kommen aus Hongkong. Dort sind die Traditionen im Umgang mit Tod und Sterben gänzlich anders als bei britischen oder amerikanischen Christen.

»Andere, westlich orientierte Leute wollen vielleicht gerne zu Hause im Kreis ihrer Freunde und Angehörigen sterben. Chinesen ziehen es vor, daß der todkranke Patient im Krankenhaus stirbt. Teilweise liegt es daran, weil man im Krankenhaus einen schnellen Zugriff auf medizinische Versorgung hat, aber der wichtigste Grund ist, daß ein Tod zu Hause der Familie und dem Haus Unglück bringt. In China und Hongkong gibt es Leute, die an ihren Häusern um das

75

Fenster des Totenzimmers Bambustürme aufbauen, damit der tote Körper hinausgeschafft werden kann, ohne daß Fahrstuhl oder Treppe benutzt werden müssen, da diese nur den Lebenden vorbehalten sind.« (Thomas Chan, Leiter der Rechtsberatungsabteilung einer britischen Gesundheitsbehörde, die für Chinesen zuständig ist)[44]

Er betonte, daß chinesische Menschen höchst ungern über den Tod sprechen oder nachdenken:

»Wir sind darauf bedacht, daß die Geister unserer Ahnen nicht die Lebenden zu den Toten mitnehmen, besonders, wenn es um kleine Kinder oder ein noch ungeborenes Kind geht.«

Junge und schwangere Frauen dürfen nur sehr selten den Verstorbenen ihren Respekt erweisen.

»Als ich mein erstes Baby erwartete, starb zuerst mein Vater hier im Krankenhaus, dann starb meine Schwiegermutter in einem anderen Krankenhaus. Mein Mann, der Brite ist, konnte nicht verstehen, daß es für mich falsch gewesen wäre, hinzugehen und sie noch einmal zu sehen. Er hielt mich für respektlos.« (chinesische Frau, 26 Jahre alt, mit einem Engländer verheiratet)

Ganz im Gegensatz zu China ist Mexiko eine Kultur, die den Tod auf eine sehr lebendige Weise bejaht. Ihr ganz großes Ereignis: Der Tag der Toten. Er wird jedes Jahr um Allerheiligen herum (1. November) festlich begangen und bietet die Gelegenheit, daß Lebende und Tote zusammenkommen. Obwohl das Ereignis der Erinnerung an die Toten gilt, ist es alles andere als morbid.

Es ist eine Fiesta voller Leben, Farben und kultureller Feierlichkeiten. Die Frauen sorgen für symbolische Essensgaben und Blumenarrangements, indem sie die Gräber mit Kränzen aus großen, orangefarbenen Calendulablüten (die Totenblume) schmücken und die Speisen und angezündeten Kerzen den Seelen der Vorfahren als Huldigung darbringen. Bauernfamilien reservieren an ihren Tischen Plätze für ihre geliebten Toten in dem Glauben, daß diese zurückkehren, um für wenige, kurze Stunden die Freuden zu genießen, an denen sie einst teilhatten. Kleine Kinder spielen mit winzigen Särgen und in allen Farben leuchtenden Totenschädeln aus Zucker, Gips oder Papiermaché. Andere tanzen in Totenmasken umher mit Spielzeugskeletten und papierenen Ausschneidefiguren vom Tod als Begleiter, als Liebhaber, als Mann oder als Frau. In wilden, wirbelnden Darstellungen trifft man den Tod auf Schritt und Tritt in allen Läden und an allen Straßenecken. Dort haben heutzutage die Kameras zahlenmäßig die Kerzen schon längst überholt, und die Touristen erleben begeistert mit, wie sich die Toten in einem dämonischen Tanz vergnügen. Den Kindern wird nicht Angst vermittelt, sondern ein ungezwungenes, familiäres Verhalten. Sie lernen, die Unvermeidlichkeit des Todes zu akzeptieren, und erleben die Unvergänglichkeit des Geistes, wie sie in den mexikanischen Feiern zum Ausdruck kommt.

Octavio Paz unterstellt in seiner Studie über das besondere Verhältnis der Mexikaner zum Tod, daß die Gleichgültigkeit der Mexikaner gegenüber der Düsterkeit und Morbidität des Todes ein Folge davon sei, daß sie dem Leben keinen großen Wert beimessen. Er vermutet zwar, daß für den modernen Mexikaner der Tod wenig Bedeutung hat und längst nicht mehr als Übergang oder Zugang zu einem anderen Leben gesehen wird, das authentischer als das jetzige ist. Dennoch hebt er einen höchst bedeutsamen Punkt hervor:

»Für die Bewohner von New York, Paris oder London ist Tod ein Wort, das nicht ausgesprochen wird, weil man sich die Lippen daran verbrennt. Der Mexikaner dagegen benutzt es häufig, macht sich lustig darüber, liebkost es, schläft damit und benutzt es zur Unterhaltung; es ist eines seiner Lieblingsspielzeuge und zugleich seine dauerhafteste Liebe. Es mag durchaus zutreffen, daß in seiner Haltung die gleiche Furcht erkennbar wird wie bei anderen Menschen, doch zumindest versteckt er weder die Furcht noch den Tod. Er lebt mit ›ihr‹ von Angesicht zu Angesicht, voller Ungeduld, voller Verachtung, voller Ironie.«[45]

Der Tod wird in Mexiko gewöhnlich als Frau personifiziert. Die Kindergärtnerin Maria Antonieta Sanchez de Escamilla, die auf der Fiesta im Jahr 1989 den ersten Preis für ihre künstlerische Installation des Todes gewonnen hat, erklärt, wie der Tod dargestellt wird:

»Oft stellen wir ›sie‹ komisch dar, eher respektlos. Wir zeigen ›sie‹ als Totenschädel aus Zucker und essen ›sie‹ dann einfach … Wir ermuntern ›sie‹ zum Tanzen, entsprechend unserer eigenen Neigung zu Spaß und Ausgelassenheit. Wir sehen ›sie‹ gern als Nachbarin unseres Lebensalltags … wir stecken ›sie‹ in Kleider … in moderne Jeans oder altmodische Gewänder. Das ist unsere Art zu zeigen, daß wir ›sie‹ lieben, daß wir keine Angst vor ›ihr‹ haben.«[46]

Drittes Kapitel

BOTSCHAFTEN DES TODES

Von alten, fest institutionalisierten Religionen und verschiedenen spirituellen Praktiken gehen Botschaften über die Sterblichkeit aus: Der Tod wird hier betrachtet als eine Vollendung – mehr als eine Veränderung denn als einen Verlust – oder als Teil eines Vorgangs, der mit der Geburt beginnt. Bejahende Aussagen zum Tod sind in solchen Kulturen und Religionsgemeinschaften selbstverständlich, die versuchen, die Tatsache der Sterblichkeit in ihren gesamten Lebensablauf zu integrieren. Buddhisten zum Beispiel sehen in der Unvermeidlichkeit des Todes ein nützliches Meditationsthema. Anhänger des Theravada-Buddhismus, der seinen Ursprung in Thailand hat, werden ermuntert, zunächst über den Tod derer zu meditieren, die ein angenehmes Leben geführt haben, und sich erst danach mit dem eigenen Tod zu beschäftigen.

»Das ständige Nachdenken über den Tod läßt ihn mir wie einen Freund erscheinen und nicht wie einen feindlichen Fremden. Ich versuche mit meinen Gedanken bei dem Tod von mir besonders liebgewordenen Menschen zu verweilen, bevor sie sterben. Als dann mein Bruder plötzlich ertrunken ist, war ich ein gutes Stück besser vorbereitet.« (Gillian, Buddhistin)

Frauen, die keiner besonderen Religion angehörten, empfanden es ähnlich:

»Ich betrachte mich eher als spirituell und weniger als religiös. Durch meine geistigen Übungen habe ich gelernt, mein Leben als ein besonderes Geschenk zu sehen, weil ich weiß, daß es bald zu Ende sein wird.« (Elaine, die an Krebs stirbt)

Dies Bekenntnis zur Akzeptanz ist eine Station in einer langen Reihe von Todesbotschaften: Einige von ihnen sind sehr hilfreich, um die Realität des Todes anzuerkennen, während andere zur Leugnung des Todes auffordern.

Die kämpferischsten Aufforderungen zur Todesverleugnung erwachsen aus der medizinischen Denkweise über den Tod, wie sie in unserer Gesellschaft vorherrschend ist. Der zentrale Ausgangspunkt für das zeitgenössische Todesverständnis ist die Botschaft: Der Tod ist tabu. Hieraus entwickeln sich weitere Botschaften für den Umgang mit dem Tod. In der Soziologie und Psychologie stoßen wir auf die Feststellung: Die Angst vor dem Tod gilt für alle und alles. In der Trauerberatung taucht die Botschaft auf: Trauer ist eine vorübergehende Erscheinung. In der Medizin, wo »Heilung« die alles bestimmende Ideologie ist, wo technologischer Fortschritt die Vorstellung hat aufkommen lassen, daß die Wissenschaft eines Tages den Tod besiegen könnte, heißt die Botschaft: Der Tod ist ein Feind; oder: Tod ist ein Versagen.

In welcher Weise sind Frauen von solchen Botschaften betroffen, und wie versuchen sie, langsam eine Änderung herbeizuführen?

ANGST VOR DEM TOD

Seit Jahrhunderten haben sich Philosophen, Theologen und Psychologen mit Fragen über die Angst vor dem Tod beschäftigt. Manchen Menschen hilft die Religion, mit der Angst fertig zu werden, aber sie ist kein Heilmittel, das stets funktioniert:

»Natürlich habe ich Angst vor dem Sterben! Natürlich kann ich mit dieser verdammten Krankheit nicht mehr an Gott glauben! Hier, diese ganzen krankhaften Veränderungen: Was für ein mieser Preis ist das für ein Leben im Glauben.« (Frau mit AIDS)

»Sie hat sich an ihrem Krankenhausbett erhängt. Wie kann man da noch weiter an Christus glauben? Ich versuche es. Ich versuche es wirklich. Ich brauche Christus, um meine eigene Angst vor dem Tod in Schach zu halten.« (Frau, deren Geliebte mit AIDS Selbstmord begangen hat)

Es läßt sich nicht bestreiten, daß viele Menschen den Tod erkennbar fürchten, aber die Theorien darüber, weshalb das so ist, gehen weit auseinander. Ernest Becker glaubt, daß die Angst vor dem Tod allgegenwärtig ist, obwohl die Angst bei den meisten von uns fast immer nur unterbewußt vorhanden oder sorgsam versteckt ist. Er geht davon aus, daß alle Ängste letztlich Todesängste sind, daß »die Vorstellung vom Tod und die Angst davor das menschliche Lebewesen wie nichts sonst verfolgt«.[1] Andere Forscher gehen nicht so weit, räumen jedoch ein, daß die tiefgründig verankerte Todesangst ein wesentlicher Faktor für unser Verhalten ist und als Neurose, Depression oder Schizophrenie verkleidet auftaucht.

Im Gegensatz dazu bringt der Schriftsteller Erich Fromm vor, daß die Todesfurcht in keiner Weise eine letztgültige Realität des Menschseins darstellt, sondern ein Ausdruck von Realitätsentfremdung ist, das Zeichen einer falsch angelegten Lebensphilosophie:

»Man hat dann nicht vor dem Sterben Angst, sondern davor, *zu verlieren, was man hat:* seinen Körper, sein Ego, seine Besitztümer und seine Identität ... In dem Maße, in dem wir in der Existenzweise des Habens leben, müssen wir das Sterben fürchten ... Aber sie [die Furcht] kann selbst noch in der Stunde des Todes gemildert werden – durch Bekräftigung der Liebe zum Leben, durch Erwiderung der Liebe anderer, die unsere eigene Liebe entfachen kann. Aber die Bekämpfung der Angst vor dem Sterben sollte nicht als Vorbereitung auf den Tod beginnen, sondern ein Teil des ständigen Bemühens sein, *das Haben zu verringern und im Sein zu wachsen.*«[2]

Wie sich aus den Aussagen der Frauen ableiten läßt, fürchten sich sicherlich einige davor, ihren Besitz zu verlieren – eine Furcht, die wahrscheinlich noch durch ein Gefühl der Machtlosigkeit verstärkt wird. Jedoch zeigt das vorliegende Buch immer wieder auf, in welcher Weise sich Frauen von der Geburt bis zum Tod in einen fortlaufenden, unauflöslichen Prozeß eingebunden sehen. Die Erwiderung liebevoller Beziehungen ist ein hervorstechendes Merkmal in diesem Lebensprozeß. Niemand wird bestreiten, daß dadurch die Trauer über das Sterben verstärkt wird. Möglicherweise können aber so auch Ängste gemildert werden.

Einige Schriftstellerinnen begreifen die Fixierung auf das »Haben« (wie auf das »Tun«) als Teil unseres patriarchalischen Denkens und vermuten, daß die Furcht vor dem Tod zurückgeht, wenn sich die Orientierung am Haben oder Tun zum Sein hinbewegt. Dorothee Sölle erklärt dazu:

»Die Angst, über den Tod zu sprechen, mit einem Sterbenden zu sprechen, das Faktum des Sterbens ins Auge zu fassen, wächst an. Wir müssen diese Verdrängung als ein Zeichen des ungelebten Lebens auffassen ...«[3]

Einige Menschen haben weniger Angst vor dem Tod als davor, ihr Leben nicht vollständig gelebt zu haben. Viele Frauen teilten mir mit, daß erst die Entscheidung, das Leben voll auszuleben, den Tod als natürlich erscheinen ließ:

»Ich möchte mich nicht in den Tod hineinschleichen, ich möchte mit voller Kraft hineinplatzen! Also sehe ich zu, daß ich soviel wie möglich von dem, was ich mir vorstelle, jetzt in die Tat umsetze.« (Frau mit Brustkrebs)

Sicherlich führt die Ausgrenzung des Problems dazu, daß die mit dem Tod verbundenen Ängste zunehmen.

Die verfügbaren Forschungsergebnisse über die Ängste von Frauen sind merkwürdig. Vernon (1970) und Carroll (1991) vermuten, daß Frauen sich weniger mit makabren, bildlichen Todesvorstellungen befassen, aber dazu neigen, sich öfter nach dem Tod zu sehnen. (Letzteres habe ich ganz und gar nicht feststellen können.) Sie meinen weiter, daß Frauen die Auflösung ihres Körpers mehr fürchten als Männer. Hier sollte man berücksichtigen, daß die Möglichkeiten äußerst beschränkt sind, welche die Gesellschaft den Frauen im Erwerbsleben und der damit verbundenen Wertschätzung zugesteht. Das hat dazu geführt, daß Frauen in starkem Maß ihren Körper als Objekt männlicher Bewunderung einsetzen. Meine Forschungen bestätigen, daß Frauen den Tod unter dem Aspekt von Verlust und Trauer sehen, Männer unter dem Aspekt von Gewalt und Frustration. Was Frauen darüber hinaus an Schmerz und Leid empfinden, ist erheblich stärker als bei ihren männlichen Pendants. Obwohl Männer öfter vom Tod träumen als Frauen, glauben sie wesentlich seltener an ein Leben nach dem Tode. Die These, daß Frauen generell weniger über den Tod nachdenken als Männer, aber weitaus eher bereit sind, darüber zu sprechen, wurde durch meine Nachforschungen nicht bestätigt. Frauen wollten sowohl über den Tod nachdenken als auch darüber sprechen.[4]

Soweit Tod für Auslöschung, Hilflosigkeit und Entfremdung steht, kann die Angst vor dem Tod ganz allgemein in drei Hauptgruppen unterteilt werden:

1. das Bedauern, die Welt verlassen zu müssen;
2. die Sorge, daß es vielleicht kein Leben nach dem Tode gibt, sondern nur das Nichts;
3. die Angst von dem Vorgang des Sterbens, ganz besonders Furcht vor Begleitumständen wie Leiden oder Verlust der Würde.

Ich fand heraus, daß Frauen über 70 sich besonders vor dem Verlust der Würde fürchteten. Einige machten sich erhebliche Sorgen über die Art und Weise des Sterbens: Würden sie die Kontrolle über körperliche Funktionen verlieren oder in demütigender Weise sterben? Oft drehte sich diese Angst weniger um sie selbst als um die Betreuerinnen aus dem eigenen Familienkreis – oder sogar um Außenstehende, die als bezahlte Betreuerinnen engagiert werden sollten. Dies bestätigte eine andere Erfahrung: Frauen wollen andere bemuttern – auch dann noch, wenn sie selbst sterben.

So wie die Sorge, die Kontrolle über sich zu verlieren oder »eine Last zu sein«, die große Schreckensvorstellung für ältere Frauen war, so stand die Angst, liebgewordene Menschen, vor allem abhängige Kinder, verlassen zu müssen, bei Frauen zwischen 30 und 40 Jahren im Vordergrund.

Die von mir interviewten Frauen kennzeichneten fünf Hauptkategorien von Angst:

1. *Religiöse Ängste:* vor Verdammnis, Vergeltung, Bestrafung in einem Leben nach dem Tode. Für Frauen mit einem starken spirituellen Empfinden traf dies jedoch nicht zu.

2. *Angst vor Schmerz:* physisch und psychisch.

3. *Angst vor Trennung:* Alleinsein, Getrenntsein von liebgewordenen Menschen, Trennung von gewohnter, familiärer Umgebung oder von Besitztümern. Eine Frau, die fast ertrunken war, erinnerte sich, daß sie sich Gedanken um ihr goldenes Armband und den Ehering gemacht hatte. Mehrere Frauen machten sich Sorgen darum, wer die Rosensträucher schneiden, wer sich um die Katze kümmern und wer ihre Bücher in Ehren halten würde. Eine italienische Untersuchung, die 964 Leute zu ihren Ängsten vor dem Tod befragte, ergab, daß 54 Prozent der betroffenen Frauen am meisten Angst davor hatten, ihre Lieben verlassen zu müssen.[5]

4. *Existenzängste:* Wie wird es sein, nicht mehr zu existieren? Was wird nach dem Tod geschehen?

5. *Familiäre Ängste*, die um folgende Fragen kreisen:
   • Werde ich vor Weihnachten sterben?
   • Werde ich vor meines Sohnes/meiner Tochter Hochzeit/Bar-Mizwa sterben?
   • Wird mein Geist vor meinem Körper sterben?
   • Werde ich so abstoßend wirken, daß er/sie mich nicht mehr berühren, umarmen, küssen will?
   • Wird mein Partner mich noch anziehend finden, wenn mir die Brust amputiert wird, bevor ich sterbe?
   • Wird mein Körper verschrumpeln?
   • Werde ich es ertragen können, wenn mir die Haare ausfallen oder meine Haut sich zusammenzieht?

- Wem wird die Aufgabe zufallen, mich zu säubern, wenn ich inkontinent werde?
- Was wird mit meinen Kindern passieren?
- Wird mein Partner/Ehemann nach meinem Tod richtiges Essen zu sich nehmen?
- Wird mein Partner/Ehemann einen netten Menschen finden, der mich ersetzt? Viele Frauen gingen davon aus, daß sich ihre männlichen Partner nach einer anderen Frau umschauen würden. Einige sprachen darüber auch mit dem Partner. Frauen mit Partnerinnen erwähnten nur selten die Möglichkeit von »Ersatz«.
- Werde ich schnell vergessen sein?
- Wird mir Zeit bleiben, mein Testament zu ändern?
- Was werde ich vermissen?
- Habe ich in meinem Leben versagt? Künstlerinnen brachten dies nur selten zum Ausdruck.
- Werden meine Schriften, Malerei, Keramik usw. nach mir weiterleben? Diese Frage äußerten die meisten kreativ tätigen Frauen.
- Haben meine Kinder mich geliebt? Dies wurde von Frauen erwähnt, die stürmische Beziehungen zu ihrem Nachwuchs hatten.
- Wird es genug zu essen geben auf meiner Beerdigung?
- Wird der Ablauf meiner Beerdigung für meine Familie und für meine Freunde »einen Sinn ergeben«? Besteht die Möglichkeit, es beiden Seiten »verständlich zu machen«, so daß es nicht zum Streit kommt?
- Wird man die richtigen Leute zu meiner Beerdigung einladen?
- Wie wird man um mich trauern?
- Werden meine Kinder mit dem eigentlichen Begräbnis klarkommen?
- Werde ich lebendig begraben werden?
- Warum habe ich die ganzen verbliebenen Arbeiten nicht abgeschlossen?
- Werden die Menschen, die ich liebe, hier sein, wenn es zu Ende geht?
- Wird die Person, mit der ich gestritten habe oder mit der ich mich aussöhnen möchte, noch rechtzeitig hier sein?

- Will ich wirklich jemanden hierhaben, wenn ich sterbe?
- Wie kann ich ihm/ihr sagen, daß ich sie nicht hierhaben möchte, ohne daß sie sich abgewiesen fühlen?
- Ich muß über meine Ängste sprechen. Wer wird bereit sein, mir zuzuhören?

Die Mehrheit dieser Ängste hängt zusammen mit äußerer Erscheinung, Hausarbeit, Liebe, Beziehungen, Ernährung, Verständigung, Betreuung und Sorge um die Kinder – natürlich alle leicht erkennbar als typisch weibliche Betätigungsfelder. Nur ein Punkt ist tatsächlich Angst vor dem Tod: die Furcht davor, lebend begraben zu werden. Nur zwei stehen mit dem persönlichen Ego und der eigenen Wertschätzung im Zusammenhang: die Unsterblichkeit durch die Kunst und die Furcht, vergessen zu werden. Nur eine Sorge – »Will ich wirklich jemanden hierhaben, wenn ich sterbe?« – stellt das individuelle Bedürfnis von Frauen und nicht die sonst typische Betreuungsmentalität für andere in den Mittelpunkt. Es sieht so aus, als ob viele Frauen, auch wenn sie sterben, sich noch immer – wie in ihrem bisherigen Leben – um das Wohl anderer Menschen sorgen.

Für einige Frauen kann Angst vor dem Tode etwas Positives sein. Megan, eine Krankenschwester für Krebspatienten, ist eine Bergsteigerin, die dem Tod in ihrer Freizeit ebenso gegenübersteht wie bei ihrer Arbeit:

»Klettern ist für mich eine Herausforderung, mit der Angst fertig zu werden. Ich habe gelernt, mir einzugestehen: ›Dies ist eine äußerst kritische Situation, in die ich da geraten bin. Werde ich sie meistern können?‹ Ich bin durchaus auf Sicherheit bedacht, aber ich bin auch bereit, Risiken einzugehen. Es besteht eine Verbindung zwischen meiner Kletterei und der Pflege von Menschen mit Krebs. Ich habe gelernt, keine Angst zu haben, die Dinge nicht einfach hinzuwerfen, nicht in eine Lage zu geraten, wo ich denken muß: ›Hätte ich doch nur das getan.‹ Es ist nicht einfach für Frauen, so viele von uns werfen die Dinge einfach hin. Viele sterbende Frauen haben zu mir gesagt, sie wüßten jetzt, daß Hausarbeit nicht das einzig Erstrebenswerte sei. Wenn ich nicht von ihnen lerne, wozu bin ich dann hier? Wenn man richtig leben will, muß man auch über das Sterben nachdenken!«

Ich glaube, Megan hat recht. Aber weil der Tod so heftig gefürchtet wird und dieser Furcht keine Ausdrucksmöglichkeit zugestanden wird, stehen wir unter dem Zwang, die Trauer beiseite zu schieben.

Was ist Trauer, welche Theorien gibt es dazu, und wie beeinflussen die Tabus um den Tod die Trauerarbeit von Frauen? Ich benutze den Begriff »Trauer«, um einen direkten Bezug zu den Empfindungen herzustellen, die nach dem Tod eines geliebten Menschen aufsteigen. Es ist möglich, ohne Trauergefühle zurückzubleiben; aber es ist schwer zu trauern, ohne irgend etwas, irgend jemanden oder irgendeinen Ort verloren zu haben. Zurückbleiben bedeutet, daß wir einer nahen Beziehung beraubt worden sind; per definitionem ist es ein Zustand des Verlierens. Zwei grundlegende Merkmale sind hierbei kennzeichnend:

1. Das Vermissen von etwas Wesentlichem, sei es eine Person, ein Ort oder ein Objekt, zu dem wir eine starke, innere Bindung hatten;

2. Die Notwendigkeit, Änderungen vorzunehmen.

Trauer kann entweder (1) als biologischer Reaktionsmechanismus angesehen werden, der Frauen in einen Zustand der Angst und Depression hineintreibt, oder (2) als eine aus dem gesellschaftlichen Umfeld hervorgerufene Furcht, sich allgemein von einer Gruppe oder von besonderen, bedeutsamen Menschen trennen zu müssen. Da bestimmte Trauerprozesse besonders Frauen aus dem abendländischen Kulturkreis betreffen, die so in das soziale Schema eingepaßt sind, daß sie ihre Fähigkeiten ausschließlich in den Umgang mit Partnern, Müttern und Kindern einbringen, möchte ich mich auf die Theoretiker konzentrieren, die mit dem zweiten Modell arbeiten.

1. *John Bowlby bietet eine psychologische Betrachtungsweise an, die innere Bindungen in den Mittelpunkt rückt.* Er glaubt, daß die menschliche Neigung, sich mit Leuten und Dingen zu verbinden – die bereits mit der primären Bindung des Kindes an die Mutter gegeben ist –, so fundamental ist wie die Paarung. Sie verkörpert unser Bedürfnis nach Sicherheit und Geborgenheit. Daher löst der Verlust von etwas/jemandem tiefen Kummer aus. Endgültiger Verlust (wie beim Tod) verursacht »Trennungsangst«.[6]

2. *Peter Marris bietet eine soziologische Betrachtungsweise an, die eine Beziehung zwischen Verlust und Veränderung herstellt.* Er geht davon aus, daß wir alle, um die Ungewißheit einzudämmen, eine konservative Abneigung gegenüber jedem Wandel hegen. Wir stellen die Verbindung mit unserer Umwelt über gewohnte Verhaltensweisen her, sogenannte Bedeutungsstrukturen: Von Kindheit an fühlen wir uns an Objekte und Menschen gebunden. Von einer Si-

tuation zur anderen führen wir solche bedeutsamen Bindungen mit uns. So mögen wir Chicago oder Liverpool als unsere Heimat ansehen, nur weil unsere Eltern noch dort wohnen, auch wenn wir selber nicht mehr dort sind. Wenn sie dann sterben oder das Haus abgerissen wird, ändert sich etwas in unserer Bedeutungsstruktur. Die Art und Weise, wie wir uns an diese Änderung, die einen Verlust in sich birgt, psychologisch anpassen, ist genau das, was Marris unter Trauer versteht.[7]

Sowohl Bowlby als auch Marris postulieren, daß wir unsere Umwelt unter Kontrolle haben müssen, um uns sicher zu fühlen. Sie sehen einen direkten Zusammenhang zwischen Vorhersehbarkeit und Kontrolle. Verlust und Veränderung, wie zum Beispiel ein Todesfall, greifen in unsere Fähigkeit, Dinge zu kontrollieren, ein und erzeugen die Angst, aus der die Trauer emporsteigt.

3. *Colin Murray Parkes verbindet als Psychiater beide Standpunkte.* Er hat eine Theorie psycho-sozialer Übergänge entwickelt, die drei Kriterien benutzt, um zu verdeutlichen, weshalb einige Verluste als besonders schwer empfunden werden und tiefe Trauer nach sich ziehen: Letzteres geschieht,

a) wenn Menschen ihre Überzeugungen einschneidend revidieren müssen,

b) wenn Änderungen innerhalb eines kurzen Zeitraumes stattfinden, so daß keine Vorbereitung möglich ist,

c) wenn Änderungen von Dauer und nicht vorübergehend sind.[8]

Trifft uns ein Todesfall, müssen wir unser Weltbild und unsere Erwartungen durchgreifend revidieren. Bei plötzlichem oder selbstgewähltem Tod erzeugen die fehlende Vorbereitungszeit und das Gefühl, daß wir nicht einmal die Vergangenheit als etwas von Bestand ansehen können, Empfindungen wie Zorn, Schuld und Schock.

An dieser Stelle ist es sinnvoll, kurz auf das bahnbrechende Fünf-Phasen-Modell von Elisabeth Kübler-Ross (1969) einzugehen, weil es von Kalish (1985) auch auf den Trauerprozeß angewandt worden ist und zudem Auswirkungen auf die Frauen in dieser Studie hat.[9]

Kübler-Ross stellt eine Abfolge von Phasen vor, die nach ihrer Auffassung allgemeine Reaktionen auf das Sterben beinhalten und von den Menschen durchlaufen werden. Phase Eins ist das *Nichtwahrhabenwollen:* Aussprüche wie »Nein! Nicht ich! Das kann nicht wahr sein!« sind hierfür charakteristisch. Phase Zwei ist der *Zorn:* Das bezeichnende Gefühl ist: »Warum ich?« Phase Drei ist das *Ver-*

handeln: Sterbende Leute versuchen, einen Pakt mit dem Schicksal zu schließen, um den Tod bis Weihnachten, bis zu einer Bar-Mizwa oder bis zur Geburt eines Enkelkindes hinauszuzögern. Phase Vier ist die *Depression*: Sie beginnt, wenn sich durch körperliche oder geistige Verschlechterung zeigt, daß keine Hoffnung auf Erholung besteht. Sterbende Menschen können Schuld oder Angst empfinden oder sich auch von anderen zurückziehen. Phase Fünf ist die *Zustimmung*: Die Depression kann verschwinden, oder es tritt so etwas wie Benommenheit ein, oder es wird Frieden mit dem Schicksal gemacht.

Ihr Modell ist aus mehreren Gründen in die Kritik geraten: Sterbende können die Phasen unterschiedlich schnell durchlaufen, sich darin rückwärts und vorwärts orientieren oder sich in Kreisen statt geradlinig auf den Tod zubewegen; oder sie erleben unter Umständen nicht mehr als nur eine »Phase« während ihres lang andauernden Sterbens. Kübler-Ross jedoch, die erfolgreich die gefühlsmäßigen Bedürfnisse von sterbenden Menschen sozusagen populär machte, hat niemals behauptet, daß jeder Mensch jede Phase durchläuft oder durchlaufen sollte. Vielleicht haben strukturelle Fehler und Berührungsängste innerhalb der medizinischen Fachkreise, die mit den Sterbenden arbeiteten, dazu geführt, daß die Erkenntnisse von Kübler-Ross zu unflexibel gehandhabt wurden. So wurden sie für das Fachpersonal zum vermeintlich feststehenden Ausgangswissen, für die Patienten aber wurde die genaue Abfolge der Phasen als Norm festgelegt, und jede Abweichung galt als pathologisch.[10]

Als jedoch dieses Sterbemodell auf den Trauerprozeß übertragen wurde, tauchten weitere Probleme auf, da Trauererlebnisse sehr unterschiedlich und widersprüchlich sind und nur schwer in eine logische Folge eingeordnet werden können. Trotzdem haben mehrere Forscher die Trauer theoretisch in Phasen gegliedert:

Tabelle: Vergleich von Theorien über Trauerphasen[11]			
Forscher:	Averill 1968	Kübler-Ross 1969	Parkes 1972
Trauerphasen:	Schock Verzweiflung Erholung	Nichtwahrhabenwollen Zorn Verhandeln Depression Zustimmung	Benommenheit Jammern Depression Erholung

Es zeigen sich bemerkenswerte Ähnlichkeiten insoweit, als Averills Verzweiflungsphase Parkes' Jammer- und Depressionsphase zusammenfaßt und Kübler-Ross' Zorn- und Depressionsphasen als Gegenstücke zur Verzweiflung und Depression gesehen werden können. Alle drei Theorien schließen mit der positiven Lösung oder Erholung ab, was den Zielen der Hinterbliebenenberatung entspricht. Einige meiner Gesprächspartnerinnen konnten die Phasentheorie für sich bestätigen, andere wiederum sahen darin eher ein Hindernis. Für letztere war die Trauer kein fortlaufender Prozeß in Phasen, sondern ein zyklischer, ganzheitlicher Prozeß. Sie meinten, daß die Trauer eher durch eine Reihe von inneren Konflikten und Widersprüchlichkeiten aufgearbeitet wird als über ein bloßes Durchlaufen mehrerer Phasen. Weihnachten, Geburtstage, vertraute Orte, Gedichte, alte Briefe – all das kann auch nach vielen Jahren noch wilde Trauer heraufbeschwören.

Auch der Zeitplan verlief für die Frauen nicht nach einem vorgeschriebenen Muster ab. Zwar weist Smith (1982) darauf hin, daß die intensive Trauer nach den ersten sechs Monaten abklingen sollte, und Glick, Weiss und Parkes (1974) sind der Überzeugung, daß es ein schlechtes Vorzeichen für die Rückkehr zur Normalität sei, wenn sich die Trauer nach dem ersten Jahr nicht so gut wie aufgelöst hat. Jedoch berichteten die Frauen, mit denen ich gesprochen habe, daß sie buchstäblich Jahre gebraucht hätten, um ihr inneres Gleichgewicht wiederzufinden – wenn sie es denn überhaupt zurückgewinnen konnten. Aber sie »funktionierten« angemessen und sahen sich keineswegs als verhaltensgestört an.[12]

Es ist nicht verwunderlich, daß in einer Kultur, in der der Tod tabu ist, Trauer sozusagen mit einem Ablaufdatum versehen wird. Doch die von kulturellen Gepflogenheiten belasteten Feststellungen zum Thema Trauer übergehen die Gefühle von Frauen, die betonen, daß für »normale« Trauer keine Zeitgrenzen gesetzt werden sollten.

Jane Littlewood führt an, daß der Verlust einer sehr geliebten Person wahrscheinlich nicht wirklich zu bewältigen ist und Menschen sich deshalb von einer solchen Erfahrung niemals erholen können.[13] Sicher ist, daß die meisten Frauen in meiner Studie das Etikett »positive Auflösung« oder »Erholung« als nicht zutreffend empfanden für die Art und Weise, wie sie trauerten.

Ärzte, die Kinder mit Krebs behandeln, können das bestätigen. »Ein Kind zu verlieren verursacht unendlichen Schmerz. Es ist

wider alle Regeln der Natur. Die Eltern leben für den Rest ihres Lebens mit dieser inneren Leere. Mit Hilfe von außen können sie manchmal lernen, damit umzugehen. Die Frauen werden zu anderen Menschen. Sie mögen sich damit abfinden, daß das Kind nicht mehr zurückkommt oder daß es noch andere Gründe gibt, um weiterzuleben. Aber das ist oft das Äußerste, was man erreichen kann.«
(Dr. Eve Jones, Onkologin, die Kinder mit Krebs behandelt)

Trauer muß jedoch nicht unbedingt negativ sein. Die Neurochirurgin Carys Bannister hat eine Initiative in dem Kinderkrankenhaus, in dem sie arbeitete, wie folgt beschrieben:

»Wir hatten einmal eine außergewöhnliche Oberschwester auf der Station, die eine Trauerbewältigungsgruppe ohne zeitliche Begrenzung einrichtete. Die erste Wiederkehr des Todestages eines Kindes war besonders belastend, doch als wir die Eltern nach zwei Jahren wiedersahen, wurde bereits öfters gelacht. Die Leute erinnerten sich an die glücklichen Dinge im Leben ihres Kindes. Die Eltern hörten niemals auf, darüber zu trauern, daß das Kind sich nicht weiterhin all das hatte erobern können, was sie sich für ihr Kind gewünscht hatten. Aber viele sagten, daß es traurig gewesen wäre, das Kind überhaupt nicht gehabt zu haben. Sie haben mehr das Leben gefeiert und weniger den Tod betrauert.«

Hinterbliebenenberaterinnen und hinterbliebene Frauen hatten recht widersprüchliche Vorstellungen. Einige Beraterinnen waren der Meinung, daß Frauen für den Umgang mit Trauer besser gerüstet seien als Männer:

»Ich bin zu der Überzeugung gekommen, daß Frauen eher als Männer in der Lage sind, Trauer zu bewältigen, weil Frauen, wenn ihnen die entsprechenden Voraussetzungen zugestanden werden, sehr viel tiefer in Gefühle eintauchen können, als es den meisten Männern möglich ist.« (Jay, Hinterbliebenenberaterin)

Andere sahen in den Antworten ihrer Klienten bezeichnende Geschlechtsunterschiede:

»Männliche Klienten erwarten, daß ihnen gesagt wird, wie sie die Trauer auflösen und ihrer Herr werden können. Frauen wollen über den Tod sprechen, aber sie erwarten keine Auflösung der Trauer, und, um ganz ehrlich zu sein, ich habe das Gefühl, daß die weibliche Trauer nach unserer Lehrweise auch nicht auflösbar ist.« (Marsha, Hinterbliebenenberaterin)

Caron, eine Beraterin, deren Eltern innerhalb von 24 Stunden einem Herzschlag erlagen, findet ihre eigenen Erfahrungen sehr hilfreich:

»Ich glaube nicht, daß ich jemals darüber hinwegkommen werde, wie Mama und Papa einfach so fortgegangen sind. Man lernt lediglich, sich mit der Trauer zu arrangieren. Wir sprechen von ›ungelöster Trauer‹, als ob es ein Versagen ist, aber es gibt nichts, was man als ›aufgelöste‹ Trauer bezeichnen könnte. Etwas so folgenschweres wie der Verlust von Menschen, die man tief und innig geliebt hat, ist nicht auflösbar. Das Leben nimmt eine neue Dimension an, die uns lehrt, mit dem fehlenden Teil zu leben. Das einzige, was ich tun kann, ist, meinen Klienten zu zeigen, wie man mit einem Glied weniger doch noch funktionsfähig ist.«

Viele hinterbliebene Frauen wiederholten dieses Bild von fehlenden Gliedern oder von besonderen Gestalten, die ihr Verlust angenommen hatte.

Anna Haycraft, die Romanautorin Alice Thomas Ellis, verlor ihren Sohn, als er durch ein Asbestdach stürzte. Sie sagte, immer wenn sie ein Buch in die Hand nahm, in das er seinen Namen gekritzelt hatte, wurde sie von einer »schrecklich brennenden Woge überschwemmt ... Ich hatte lange Zeit das Gefühl, als wenn ich in der Mitte eines Hochofens voller Schmerzen lebte ... Ich nehme an, wenn man ein Glied verliert, kann man sich mit dem Zustand abfinden, aber es kann nie mehr so wie früher sein«.[14]

»Ich habe die Trauer über den Tod meiner Partnerin Mary nicht überwunden, weil ich mich nicht in der Weise ›hindurcharbeiten‹ konnte, wie es die Bücher eigentlich vorschreiben. Es ist schon vier Jahre her, aber ihr Tod schleicht noch immer in mir herum. Genau gesagt, vermisse ich, wer sie war. Nichts und niemand füllt diese Leere aus. Rein äußerlich scheine ich mit der in mir verschlossenen Trauer richtig zu funktionieren.« (Marge, 53 Jahre alt, die ihre Partnerin verloren hat)

Andere Frauen verglichen die Trauer mit Rucksäcken, schweren Lasten oder Containern. Alice Thomas Ellis sagte, sie fühle sich so, als sei sie »nichts anderes als ein Container für Trauer; das war alles, was ich war. Es schien mein einziger Sinn und Zweck zu sein, nichts als diese Last mit mir herumzuschleppen«. Sie sagte, ihr Kummer »hörte nie auf in all den Jahren, und ich hatte seitdem nie mehr das Gefühl, vollständig zu sein. Ich habe mich nie mehr als ganzer Mensch gefühlt. Ich komme mir noch immer wie ausgeleert vor«.[15]

Dieses Gefühl der Unvollständigkeit ist ein charakteristisches Trauermerkmal von Müttern. Frauen, die Trauer als Bürde beschrieben, waren der Meinung, daß sie innerlich daran wachsen konnten. Doch um das zu erreichen, mußten sie die Last weitertragen, solange ihre Gefühle nach Ausdruck verlangten.

Unabhängig davon, ob ihre Trauer Bitterkeit oder Zuneigung zu ihrem verstorbenen Ehemann enthielt, sprachen mehrere betagte Frauen von visuellen oder akustischen Halluzinationen, die sich bis zu zwei Jahren hingezogen hatten. Einige sahen die Gestalt ihres toten Ehemannes, andere hörten seine Stimme. Die meisten gespenstischen Erscheinungen betrafen die Arbeitsteilung im Haushalt. Männliche Geister ließen ihre Stimme vernehmen, wenn sie den Witwen rieten, wo das Auto am besten zu verkaufen oder wie der Rasenmäher zu reparieren sei, oder in welcher Reihenfolge die Rechnungen bezahlt werden sollten. Keine dieser alten Frauen fand diese Halluzinationen irgendwie beunruhigend.

Wie ich bereits im ersten Kapitel angedeutet habe, verglichen viele Frauen das Zurückbleiben nach einem Todesfall mit der Trauer über eine abgebrochene Beziehung. Obwohl einige darauf bestanden, daß beides eigentlich nicht miteinander verglichen werden könnte, da der Tod endgültig sei, berichtete der überwiegende Teil der Frauen, daß die Trauer nach einer Scheidung, dem Verlassenwerden oder dem Zusammenbruch einer Beziehung schlimmer sei.

»Als mich mein Mann mit diesem jungen, chinesischen Mädchen betrogen hat, war ich verzweifelt. Schließlich fand ich mein Glück mit einem Mann, der dann plötzlich an einem Herzschlag starb. Was für ein entsetzlicher Verlust. Aber es gab nicht dieses Gefühl, abgewiesen worden zu sein, nicht dieses ständige Gefühl der Leere in meinem Magen.« (hinterbliebene Partnerin, 42 Jahre alt)

»Für viele Frauen ist der Abbruch einer Beziehung schwerer zu ertragen, weil Tod (außer Selbstmord) nicht selbst gewählt wird. Hat es bittere Auseinandersetzungen gegeben, können Frauen nicht trauern, solange die andere Person noch da ist.« (Mitarbeiterin in einer Beratungsagentur für Beziehungen und Trauerfälle)

»Im vergangenen Jahr ist meine beste Freundin gestorben, aber ich habe mich auch aus einer langen Beziehung mit Peter gelöst. Beide Erfahrungen waren traumatisch. Peter zu verlieren war die schlimmere. Es betrifft den gleichen Vorgang, jemanden sterben zu sehen, jemanden zu verlieren, es dreht sich immer um Verlust. Verlust durch Tod ist eine Möglichkeit. Der Verlust einer Beziehung wird meist unterbewertet. Den Tod kann man vernunftmäßig einordnen, man kann sich ein bleibendes Bild von dem Menschen machen. Man kann seinen anfänglichen Zorn mit der toten Person abbauen. Doch wenn &es um jemanden geht, der noch lebt, was macht man da? Man kämpft mit dem Gefühl von Schuld und Versagen, nichts scheint gerechtfertigt zu sein.« (Marny, 35 Jahre alt)

Das Problem bei bestimmten Formen der Trauerberatung – sei es durch Personen oder Bücher – ist, daß eine Art von Therapiesprache gebräuchlich ist, in der Trauer als eine Krankheit hingestellt wird, die sorgfältiger Behandlung bedarf, schlimmstenfalls sogar als eine Anomalie, die man in den Griff bekommen muß. Da werden Kurse angeboten, wie man den unakzeptierbaren Tod akzeptieren kann. Es sind jedoch nur schüchterne Antworten, ein Versuch, die Leidenschaft – denn Trauer ist leidenschaftlich – an die Leine zu legen und die wilde Unberechenbarkeit von Trauer zu zähmen. Meine Gesprächspartnerinnen suchten nach anderen Möglichkeiten, um auf dem weiten Feld der Trauer ihren Weg zu finden. Sie waren bereit, sich direkt mit der Trauer auseinanderzusetzen, ohne Medikamente oder »Kontrolle«. Es ist unmöglich, das Unkontrollierbare zu kontrollieren. Man muß suchen, wo man innerhalb dieser steinernen Mauern einen Platz zum Ausruhen findet. Für einige kann das fruchtbar sein:

»Wenn man von einem Tod besonders hart getroffen wird, weiß man plötzlich, wie bei einem Erkenntnisblitz, wer man ist. Irgendwie ist die eigene Identität mit im Spiel.« (Frau, deren Partner bei einem Autounfall umgekommen ist)

Mit einem zeitgenössischen Satz wie diesem wird plötzlich die griechische Sichtweise von Sterblichkeit verständlich: daß der Tod der alles übertreffende Augenblick ist, in dem die ganze Persönlichkeit des Menschen in den Mittelpunkt gerückt wird; daß Gefühle im Umkreis des Todes gewaltige Ausmaße annehmen und nicht die hastig abgewickelten Alltäglichkeiten sein können, zu denen sie heute verkommen sind. Ein Beispiel solcher Alltäglichkeit wird von Adrienne Rich treffend beschrieben:

»Anfang März 1991 [Anm. d. Übers.: der Golfkrieg endete am 28. 2. 1991] konnte man auf dem Flughafen von San Francisco ›Ein Arbeitsbuch über Golfkriegsgefühle für Kinder‹ in einem grellen Plastik-Spiralhefter kaufen. Zu dem Zeitpunkt eine bereits nicht mehr

aktuelle Ware, die zweifelsohne bald gegen unverfängliche, gelbe
Bänder ausgetauscht werden würde, die wie Fahnen sichere und
bleibende Symbole sind. Sie lassen keine offenen Fragen zu, sie halten Zweifel, Verwirrung, Bitterkeit, Angst und Trauer in Schach.«[16]
Trauer ändert sich, aber sie wird kaum verschwinden. Wir verändern uns mit der Trauer und werden von ihr verändert. Wir können
der Trauer nicht entfliehen. Sie steht an unserer Seite wie ein Geist.
Unsere Ängste und Trauergefühle werden immer wie ein Schatten
auf uns fallen und uns folgen. Frauen schrecken nicht vor Trauer zurück, haben nicht das Bedürfnis, sie zu verbergen. Viele sind an ihr
gewachsen, sind zu den starken, neuen Frauen geworden, die das
Trauern aus ihnen gemacht hat.

DER TOD AUS DER SICHT DER MEDIZINER

Botschaften: Der Tod als ein Feind, Tod als Versagen
Der Tod, einst den Händen von Frauen anvertraut, liegt jetzt in den
Händen von Fachleuten, von Bestattungsunternehmern und Ärzten.
Sicher ist es interessant, darüber zu spekulieren, ob diese Professio-
nalisierung teilweise eine Vermännlichung der damit verbundenen
Tätigkeiten darstellt. Klar ist, daß die traditionelle Verbindung zwischen Geburt und Tod durchtrennt wurde, als das Geburtshilfege-
setz aus dem Jahr 1902 (»The 1902 Midwives Act«) das gesamte Wissen um Geburt und Mutterschaft, einst von den Müttern an die
Töchter weitergegeben, per Verordnung in männliche Hände über-
trug: in jene von Leichenbestattern und medizinischen Fachleuten.
Obwohl die praktische Betreuung von Sterbenden meist Verwandten überlassen wird, erscheint die Hinzuziehung eines Medizi-
ners bei Eintritt des Todes unerläßlich. Der Arzt hat die Macht zu bestätigen, daß der Tod eingetreten ist und was ihn ausgelöst hat. Doch
auch in einem weiteren Sinne kontrolliert die Berufsmedizin, wie mit
dem Tod umzugehen ist und wie darüber gesprochen werden darf.
Da das medizinische Modell die Menschen in ihrer Wahrnehmung
des Todes erheblich beeinflußt, ist es notwendig, die Botschaften der
Medizin zu analysieren.
Zu anderen Zeiten oder in anderen Kulturen wurde und wird der
Tod nicht nach körperlichen Ursachen eingeordnet, sondern wird als
Wille Gottes oder als Ergebnis sozialer oder moralischer Ursachen ge-

sehen. Wir können das hier bei uns auch heute noch bei Lungenkrebs oder AIDS beobachten, wo von den Sterbenden gesagt wird, daß sie »es selbst verschuldet haben«. Doch ansonsten erscheint alles in einem rein medizinischen Erklärungsrahmen: Durch eine von Ärzten geregelte und organisierte Betrachtung des Todes nach medizinischen Kriterien wird, wie Ariès es ausgeführt hat, der als ein Versagen verstandene Tod ausgeklammert. Mit dem Beginn des medizinischen Erklärungsprozesses war »der Grundstein zur Lüge« gelegt, denn er ist ein wesentlicher Teil des Verfahrens, den Tod zu verheimlichen und zu verleugnen.[17] Den nachhaltigsten Ausdruck findet das in der Ansicht, der Tod sei eine Krankheit und nicht die natürliche und erwartete Grenze des Lebens. Solange der Tod als Krankheit gilt, werden die Vorzeichen immer auf Kampf stehen und nicht auf Akzeptanz. Wenn Krankenhäuser sich nur mit der Heilung von Menschen befassen, hat das in der Praxis zur Folge, daß der Arbeitsablauf auf Krankenstationen (im Gegensatz zu Hospizen) die vordringlichen Bedürfnisse von sterbenden Patienten kaum berücksichtigt.

Es ist nur zu bekannt, daß viele Fachleute in der Medizin eine maskulin geprägte, klinische Haltung vertreten: Sie versuchen, selber alles unter Kontrolle zu halten und den Sterbenden kein Mitspracherecht einzuräumen. Deshalb befragte ich Ärztinnen, ob ihre medizinische Ausbildung geschlechtsspezifische Klischees verstärkt und zu einer Verinnerlichung der Denkweise vom Tod als Versagen geführt hätte.

Ich suchte Kontakt zu Neurochirurginnen, Fachärztinnen und Ärztinnen, die mit sterbenden Kindern in Kinderkliniken zu tun hatten, denn Kinderärzte werden oft als eine »besondere Sorte von Arzt« beschrieben. Mehr als die Hälfte aller Ärzte, die in der britischen Kinderheilkunde arbeiten, sind Frauen. Sonst sind die Zahlen für weibliche Fachärzte in der britischen Medizin schändlich – um die 8 bis 10 Prozent –, aber in der Kinderheilkunde werden mehr Frauen zu Fachärztinnen ausgebildet als in den anderen Bereichen.

»Lange Zeit war ich in der Neurochirurgie die einzige Frau, die hier praktizierte. Nur während des Krieges gab es noch eine Frau, die im Jahr 1955 gestorben ist, dann kam eine große Lücke und dann ich, nur ich. Aber in den letzten fünf Jahren sind zwei oder drei andere Fachärztinnen eingestellt worden. Ich bin wirklich sehr froh darüber, weil ich sonst gedacht hätte, daß ich alle abschrecken würde! In der praktischen Berufsausübung ist manches anders als üblich, weil wir die Eltern einbeziehen müssen, sonst läuft nichts. Wenn man sich um Kinder kümmert, ist das ein bißchen so wie bei einem Tierarzt. Man sieht seine Patienten zum großen Teil durch die Augen der Eltern.« (Carys Bannister, Neurochirurgin)

Andere Fachärztinnen aus der Kinderheilkunde bestätigen Bannisters Beschreibung:

»Kinderärztinnen sind so ausgebildet, daß sie die gesamte Problemsituation, in der sich das Kind befindet, überblicken müssen, sei es die Krankheit, den sozialen Rahmen oder die letzten Erlebnisse des Kindes. Alles ist ganzheitlicher angelegt als etwa, sagen wir, bei einem Chirurgen, der sich auf einen bestimmten Körperteil konzentriert und nur ihn behandelt, aber den Rest nicht unbedingt für wichtig hält.« (Dr. Eve Jones, Onkologin; arbeitet mit krebskranken Kindern)

Kommunikation und Fürsorge ist für diese Ärztinnen von zentraler Bedeutung.

»Außer Sachkenntnis muß man auch die besondere Fähigkeit mitbringen, nicht nur eine persönliche Beziehung zu dem Kind herzustellen, sondern auch zu Eltern, Kollegen, Ärzten und Sozialarbeitern.« (Dr. Mary White, Kinderärztin)

»In Spezialgebieten wie der Chirurgie stehen noch immer geschlechtsbedingte Verhaltensmuster im Vordergrund. Aber in der Kinderheilkunde zeigen sie sich weniger, weil wir alle eine Art elterliche Rolle innehaben, uns zur Fürsorge bekennen; männliche Kinderärzte sind dabei väterlich. Man muß sagen, daß Frauen auf diesem Gebiet ebenso anerkannt sind wie Männer.« (Eileen Baildam, Fachärztin)

Für einige Fachärztinnen ist das Geschlecht noch immer ein Problem:

»Ich könnte Ihnen eine Woche lang über geschlechtsspezifische Klischees berichten. Ich habe diese Klischees immer zu spüren bekommen, deshalb habe ich gegen sie gekämpft, wenn auch verhalten. Nachdem ich im Jahr 1978 mein Medizinstudium abgeschlossen hatte, war mir klar, daß es ein harter Kampf werden würde, um zum Facharzt aufzusteigen, wenn ich zu energisch gegen diese Mißstände auftreten würde. Als ich noch Medizinstudentin war, hatten wir einen orthopädischen Chirurgen, der nicht bereit war, mit weiblichen Medizinstudenten auch nur zu sprechen. Er wandte sich nur an Männer. Wir waren es nicht wert, unterrichtet zu werden!«

Diese Ärztin ist auch der Meinung, daß die alte Denkweise weiterlebt:

»Kürzlich erwartete ich mein drittes Kind und stand unter erheblichem Druck, die täglich anfallende Arbeit fortzuführen, was ich aber so gut wie alle anderen gemacht habe. Einer meiner männlichen Vorgesetzten hatte jedoch etwas gegen schwangere Frauen in der Rolle als Ärztin. Er meinte, ich solle zu Hause bleiben. Er versuchte, mir seine Meinung aufzuzwingen, daß man jede Vorstellung von eigenen Kindern an den Nagel hängen solle, wenn man als Frau Karriere machen wolle. Man sollte sich geistig eingleisig ausrichten. Ich habe mich dem nicht so widersetzt, wie ich es hätte tun sollen, weil ich mir ausgeliefert vorkam, die meiste Zeit müde war und weil er sich in übergeordneter Stellung befand. Ich sicherte mich insoweit ab, daß ich alle Arbeit ordnungsgemäß verrichtete, und ging im übrigen jeder tatsächlichen Konfrontation mit ihm aus dem Weg.« (Carol Ewing, Kinderfachärztin)

Die vorherrschende Meinung, daß die Heilung das Vorrecht von Ärzten ist, während die Pflege, das Mitgefühl und der persönliche Kontakt bei den Krankenschwestern liegt – eine Einstellung, die sich glücklicherweise langsam ändert –, hat ihre Wurzeln in der früheren medizinischen Ausbildung. In der Vergangenheit »lernten wir nicht, wie man mit Eltern und Patienten menschlich zurechtkommt, ihnen etwas mitteilt, sich um sie kümmert«, wie Carys Bannister erklärt. Die Suche nach einer Diagnose scheint oft wichtiger zu sein als die Sorge um den ganzen Menschen, obwohl dies weniger zutrifft, wenn es um sterbende Kinder geht.

»In der Krankenhausmedizin ist die Vorstellung von Heilung als Erfolg und Tod als Versagen unglaublich fest verwurzelt. Zum Beispiel gibt es Fälle bei extremen Frühgeburten, deren Lebensqualität auf lange Sicht äußerst schlecht ist, wo wir darum kämpfen, sie am Leben zu erhalten, obwohl es besser wäre, sie sterben zu lassen.« (Carol Ewing, Fachärztin)

Andere schlossen sich ihrer Meinung an, sehen aber auch positive Veränderungen.

»Es ist unsere Ausbildung zum Arzt, die uns dazu bringt, den Tod als eine Form des Versagens zu erleben. Für jeden, der mit Kindern arbeitet, ist es schwer, sie sterben zu sehen und dabei nicht das Gefühl zu haben, daß man versagt hat. Mit diesem Gefühl des Versagens zu leben ist oft die schwerste Last. Unser ganzes Trachten ist darauf gerichtet zu heilen: Aber unter Kindern mit bösartigen Krankheiten sind einige, die man nicht heilen kann. Also lebt man immer mit der Todesdrohung im Nacken, selbst wenn die Heilungsrate in der Onkologie erfreulich hoch ist. Aus dem Grund ändert sich auch allmählich etwas an dieser Haltung, den Tod als Feind zu sehen.« (Dr. Eve Jones)

»Während meiner Ausbildung war die Vorstellung vom Tod als Feind nichts, das jemand direkt ausgesprochen hätte, aber es war so etwas wie eine ungeschriebene Selbstverständlichkeit. Man wird ausgebildet, um diese große Idealfigur zu werden, die alles heilen kann. In der Kinderheilkunde ist das anders: Es ist alles realistischer. Weil wir mit verheerenden angeborenen Abnormitäten zu tun haben, müssen wir uns damit abfinden, daß es nicht immer möglich ist zu heilen.« (Eileen Baildam, Fachärztin)

Heutzutage durchbrechen viele weibliche Mediziner die Mauern dieser starren Haltung. Sie lassen sich mehr von dem Wunsch leiten, zu betreuen, und sehen die Person des Patienten als ebenso maßgebend an wie die Behandlung.

»Die Fähigkeit zu betreuen ist die wichtigste Kunst. Wir wollen Kindern und Eltern helfen, und das wird dadurch offenbar, daß wir zuhören und uns einfühlen können. Den Versuch machen, uns in ihre Situation zu versetzen. Einigen von uns fällt es leichter, den Eltern zuzuhören als dem Kind.« (Eileen Baildam, Fachärztin)

Die vereinfachende Unterscheidung zwischen der Medizin als »Heilen« und der Krankenpflege als »Betreuen« hat sich in der Ethik der Krankenhauspflege erstaunlich weit durchgesetzt (auch wenn es den Gegensatz von Heilen und Betreuen in der palliativen Medizin überhaupt nicht gibt, weil deren Ziel nicht das Heilen ist). Dennoch läßt die harte medizinische Einstellung nicht alle Schwestern unberührt. Tatsächlich sind einige sogar der Meinung, davon profitiert zu haben. Wie zum Beispiel Jeannie, die man vor 20 Jahren gelehrt hat, sich gegenüber dem Tod ungerührt zu verhalten:

»An jenem ersten Tag damals hatte ich einen zweijährigen Buben mit Leukämie zu versorgen. Keine Möglichkeit, ihn zu retten. Ich sollte ihn herrichten und aufbahren. Ein kleines Kind, ein Lämmchen. Ich glaubte in Ohnmacht zu fallen. Ich ging in den Personalraum, um mich auszuweinen. Die Oberschwester kam hinter mir her, riß mich ärgerlich vom Stuhl hoch: ›Das ist dein Leben, Schwester! Hör mit dem Weinen auf! Wenn du den Tod nicht ertragen kannst, wenn du Tränen vergießt oder dich sonstwie schwächlich zeigst, dann ist das nicht die richtige Arbeit für dich. Du solltest dann besser gleich kündigen. Also, entscheide dich. Entweder richtest du den Toten her, oder du gehst!‹«

Jeannie entschied sich dafür, dem Tod und dem Leben ohne Tränen zu begegnen.

»Damals war das Herrichten von Toten etwas Schreckliches. Man mußte den Toten Füllmaterial in den After, in den Mund, in die Ohren und in die Nase stopfen. Eine richtig übelriechende Angelegenheit! Heute ist das alles anders wegen der Obduktionen; die wollen keine Zeit damit verschwenden, das ganze Zeug wieder herauszuholen. Ich bin hart genug dabei geworden, so daß ich nie in Ohnmacht gefallen bin und nie wieder geweint habe. Da ich auf mehreren Stationen arbeitete, schob man mir pro Woche die meisten Toten auf den verschiedenen Stationen zu, niemals weniger als elf, manchmal zwanzig, kein Entkommen! Aber das Lernen, hart zu sein, hat mir geholfen, durch das Leben zu kommen. Als mein Joey starb, war ich eine junge Mutter mit einer großen Familie. Ich wollte einfach nur sterben, dann kam mir jene Oberschwester in den Sinn: ›Wenn du diesen Tod nicht ertragen kannst, Jeannie, dann ist das ganze kein Job für dich!‹ Entweder reichte ich meine Kündigung ein, versuchte zu sterben, verließ meine Kinder, oder ich machte weiter.«

Sie hat weitergemacht. Höchst erfolgreich. Andere Schwestern jedoch ertragen heutzutage die maskuline Ethik nur sehr schwer. Megan, eine Krebskrankenschwester, erläutert:

»Wir hatten 200 Frauen im Jahr mit Krebs. Einige Ärzte, mit denen ich zusammenarbeitete, waren in Ordnung. Aber andere Ärzte waren nicht bereit, mit den Patientinnen darüber zu sprechen, wie lange sie noch zu leben hatten. Ich kam mir irgendwie im Berufsleben verlogen vor, weil für mich die Interessen der Frauen eigentlich im Vordergrund standen. Einige Ärzte nahmen nicht einmal das Wort ›Krebs‹ in den Mund. Mit einem Facharzt war es besonders schwierig, weil man schon mal vergessen konnte, daß er das Wort nicht benutzte. Ich vergaß es manchmal und sprach es dann aus. Eine Patientin beschwerte sich: ›Wie können Sie es wagen zu sagen, daß ich Krebs habe? Ich habe keinen Krebs. Wenn es so wäre, hätte der Arzt mir das gesagt!‹ Wenn es für die Patientin wichtig ist, die Tatsache zu leugnen, hält man sich natürlich daran; aber viele Frauen wollen offen darüber sprechen. Ich habe immer versucht, Patientinnen zu unterstützen, daß sie nicht die Hoffnung aufgaben, daß sie erst einmal den Kampf aufnahmen, zugleich aber versuchten, so weit realistisch zu bleiben, daß auch der Tod möglich war.«

Einige Studien gehen davon aus, daß die Botschaft »vom Tod als Feind« von den Ärzten so verinnerlicht worden ist, daß sie als gesamte Gruppe eine starke, persönliche Angst vor dem Tod haben. »Ich glaube, Ärzte haben Angst. Ärzte schauen auf ihren Familienstammbaum. Man kann daraus ablesen, welche Möglichkeiten sich für einen selbst ergeben. Ich weiß, daß ich sehr wahrscheinlich in meinen Sechzigern an einer Erkrankung der Herzkranzgefäße sterben werde. Man muß lernen, damit zu leben. Ich fürchte mich vor dem Tod und vor dem Sterben. Ich wünsche mir, daß, wenn es soweit ist, alles schnell geht. Ich möchte nicht lange herummachen müssen.« (Carol Ewing)

»Ärzte machen oft geschmacklose Witze über den Tod, reden von ›ins Gras beißen‹, weil er ihnen Angst einflößt. Ich habe schon gesehen, wie Gliedmaßen durch die Luft geflogen sind und die Mediziner dazu gelacht haben. Es ist die Angst, worüber sie nicht sprechen wollen.« (Dr. Mary White)

Der Hämatologe und Onkologe Gary L. Grammens, der Mitautor eines Buches über ethnische Unterschiede beim Sterben, Tod und bei der Trauer, geht davon aus, daß die medizinische Wissenschaft »ein gnadenloser Kampf ist, um beim technologischen Fortschritt die Nase immer vorn zu haben«. Grammens glaubt, daß für die meisten Medizinstudenten im ersten Semester, »der erste echte Berührungskontakt mit einem Menschen der tote Mensch ist – ein Start, der verschrecken kann«. Grammens berichtet, daß es für Studenten »ein ungeschriebenes Tabu war, sich irgendwie näher mit dem Tod zu beschäftigen. Irgendwelche Rechte eines Patienten, wenn es um Herzwiederbelebung, Intubation oder ähnlich heroische und oft vergebliche Bemühungen um einen unheilbar Kranken ging, wurden erst gar nicht zur Kenntnis genommen. Patienten mußten sich ihren Abschied vom Leben regelrecht verdienen, indem sie vorher noch das Sperrfeuer von demütigenden mechanischen und chemischen Eingriffen erdulden mußten«.

Grammens gewann den Eindruck: Nirgendwo – weder in einem medizinischen Grundkurs noch in der Zeit als graduierter Student, noch in Vorbereitungskursen für ein Stipendium, noch in weiterführenden, medizinischen Seminaren oder bei Studien in eigener Regie –

lasse »sich auch nur eine Andeutung von dem stillen Erfolgserlebnis finden, wenn man einem anderen Menschen in die Augen schaut und ihm mit Mitgefühl und Einfühlungsvermögen mitteilt, wie sein Lebensende aussehen wird, und ihm zugleich körperliche und seelische Unterstützung bis zum Ende anbieten kann«.[18]

»Angst? Ich glaube, da haben Sie den wunden Punkt gefunden. Wir versuchen jedoch, ihr auszuweichen, die Patienten zu behandeln, sie am Leben zu erhalten. Tod ist so etwas wie Versagen: Das müssen wir wohl akzeptieren. Wir müssen wohl auch akzeptieren, daß es unsere Aufgabe ist, die Patienten nach bestem Vermögen bis zum Tod zu behandeln, aber es bleibt ein Versagen. Es gibt Ärzte, die sich ganz aus der unmittelbaren Betreuung zurückziehen, wenn ihnen das einmal klar geworden ist.« (Carys Bannister, Neurochirurgin)

Carys Bannister ist jedoch eine von mehreren Ärzten, die darin keinen Fehler sehen:

»Diese Konsequenz muß nicht unbedingt falsch sein. Andere Gruppen können hier wahrscheinlich mehr bewirken. Ganz sicher zählt dazu das Pflegepersonal, weil es einen viel engeren Kontakt zu den Patienten hat, und gleiches gilt für Verwandte, die ein sehr viel vertrauteres Verhältnis zu ihnen als die Ärzte haben.«

Eine Ärztin sprach für viele, als sie das Schweigen um den Tod analysierte:

»Manchmal vermittelt das Schweigen innerhalb der Medizin ein angenehmes Gefühl. Manchmal kommen die blanke Abscheu und dieses Entsetzen hoch, es ist traumatisch, die Leute wollen dem nicht mehr als unbedingt nötig ausgesetzt sein. Im Inneren wütet ein Krieg. Man war auf dem Kriegsschauplatz und hat gesehen, wie grauenvoll es ist. So steht auf der einen Seite dieser furchtbare Tod, der eigentlich nie hätte passieren dürfen, und auf der anderen Seite ist der Tod etwas Natürliches. Wir bemühen uns, diese zwei widersprüchlichen Dinge in Einklang zu bringen. Wenn ein Kind mit einem schrecklichen neurologischen Leiden stirbt, könnte man noch sagen, ›Gott sei Dank, das ist vorbei‹; aber wenn es um einen Straßenverkehrsunfall geht, dann ist alles, was man will, den Tod bekämpfen. Das ist alles: das Kämpfen und Akzeptieren – und das Schweigen, während man nach einer Lösung sucht.« (Eileen Baildam)

Viele Ärztinnen teilten mir mit, daß sie ihre seelische Gesundheit gefährdet sahen, wenn von ihnen verlangt wurde, ihren Schmerz zu kaschieren. Trotzdem sprechen Ärzte – sogar in der Unterhaltung mit Kollegen – selten vom Tod.

»Es wird kaum offen darüber gesprochen. Es sei denn, man befindet sich in einer Gruppe Gleichgesinnter, die man kennt und denen man vertraut; sonst wird kaum näher auf das Thema Tod eingegangen. Als ich in der Psychiatrie gearbeitet habe, hatten wir einen Arzt in der psychiatrischen Fachausbildung, der Selbstmord beging. Die Leute wußten nicht, wie sie damit umgehen sollten, konnten nicht darüber sprechen. Glücklicherweise geht es bei uns in der Onkologie offener zu.« (Dr. Eve Jones)

Die Verschwörung des Schweigens bringt es mit sich, daß einige Ärzte eine Sprache verwenden, die Todesfragen in Nebelschleier hüllt.

»Einige männliche Ärzte haben Schwierigkeiten, Fragen um das Sterben in eine verständliche Sprache zu kleiden. Männer machen das, um sich selber zu schützen. Ich habe keine Schwierigkeiten damit gehabt und kann mich auch an keine anderen Frauen aus dem Team erinnern, die welche gehabt haben. Man muß sich mit einer Familie, deren Kind stirbt, zusammensetzen und sich vergewissern, daß sie verstehen.« (Dr. Pat Johnson)

Die Fachärztin Eileen Baildam vertritt einen ausgewogenen Standpunkt. Sie schlägt vor, daß man darauf achten sollte, die Sprache wie ein Instrument auf die richtige Ausdrucksweise einzustimmen. Man sollte abschätzen können, über welches Wissen Patienten und Eltern verfügen:

»Wenn es sich um Nierenversagen oder ein neurologisches Problem handelt, werden sie über das Krankheitsbild bestens informiert sein. Nichtmedizinisches Vokabular zu verwenden, würde das Gegenteil vom Gewünschten bewirken. Man möchte sie doch nicht beleidigen.«

»Der Tod als Feind«: Wenn dieses Konzept zur bestimmenden Theorie wird, dann werden Distanz und Ausweichen zur Praxis. Wie gehen Ärztinnen damit um? Carys Bannister vertritt den Standpunkt, daß das erste Gespräch über ein sterbendes Kind das wichtigste und oft das anstrengendste ist:

»Ich habe mich nie um kraftraubende Situationen herumgedrückt, auch dann nicht, wenn Patienten oder Verwandte vielleicht gar nichts wissen wollten. Viele Details in der Gehirnchirurgie wie auch operative Vorgehensweisen sind recht erschreckend. Man meint, sein Bestes getan zu haben, wenn man sich einfühlsam, verständnisvoll und wohlgesonnen gezeigt hat, aber wir fühlen uns nicht immer dazu in der Lage, weil wir auch nur Menschen sind. Man könnte gerade wegen anderer Patienten besorgt oder beunruhigt sein. Aber man wird nie mehr die Möglichkeit erhalten, das erste, schwierige Gespräch zu wiederholen, wenn etwas schiefgelaufen ist. Ich weiche ihm nicht aus, aber wenn ich wirklich das Gefühl habe, daß ich ihm nicht gewachsen bin, dann verschiebe ich es auf später.«

Jüngere Ärztinnen gehen weiter in ihrer Analyse über Abstand versus Nähe:

»Gefühle sollten schon einen Platz haben, aber man muß erkennen, wo es angebracht ist. Ich habe immer eine gefühlsmäßige Beziehung zu den Patienten, aber ich sehe mich auch als ihre Beschützerin.« (Dr. Pat Johnson)

»Für mich gibt es keinen Mechanismus, um auf Distanz zu bleiben, und ich möchte es auch nicht. Natürlich muß man seinen eigenen Weg finden, um mit der emotionalen Betroffenheit fertig zu werden, aber Distanz bewirkt nur das Gegenteil des Gewünschten. Die Distanz abbauen – das ist das einzige, was man tun kann, um Kindern zu helfen.« (Eileen Baildam)

Die Fachärztin Eileen Baildam brachte auch die Sprache darauf, wie man Eltern die schlechte Nachricht überbringt. Während eines Einstellungsgesprächs für den Posten als Fachärztin wurde ihr gesagt, sie solle sich vorstellen, der Gesprächsleiter sei eine Mutter mit einem Baby, das an Mongolismus litt:

»Ich sollte ihr die schlechte Nachricht übermitteln. ›Welches werden Ihre ersten Worte sein?‹ fragte der Gesprächsleiter. Meine Antwort war: ›Es tut mir leid. Das mache ich nicht, nicht hier und nicht jetzt. Weil es keine Sache der ersten Worte oder überhaupt irgendwelcher Worte ist. Es ist die Art und Weise, wie man in den Raum hineinkommt, es ist die persönliche Berührung, es ist das Gesicht und der Ausdruck darauf.‹«

Andere Ärztinnen betrachteten praktische Maßnahmen als einen guten Anfang für ein Gespräch:

»Bevor ich anfange, sage ich immer zu den Eltern: ›Darf ich Ihnen eine Tasse Tee anbieten?‹ Oft fragen die Eltern auch gleich, wenn man den Raum betritt: ›Sie ist doch nicht etwa tot?‹« (Dr. Evelyn Peters, Kinderärztin)

Eine Ärztin, die ich gut kenne und die das Leben eines kleinen Mädchens nicht hatte retten können, brach in Tränen aus und nahm die Mutter in die Arme, als sie es ihr mitteilte. Später erzählte mir die Mutter, wie gut ihr das getan hatte. Wie wirkt dies Verhalten auf andere Ärztinnen?

»Das ist zwar ein ungewöhnliches Verhalten, aber es ist nicht unpassend. Tatsache ist, daß ich selber eimerweise Tränen mit Eltern vergossen habe. Ich finde das in Ordnung. Aber ich bin sicher, daß sich meine männlichen Kollegen schwer damit tun würden, weil es nicht Sache der Männer ist, Gefühle zu zeigen. Es wird von ihnen erwartet, daß sie in jeder Hinsicht souverän damit zurechtkommen; und deshalb wäre es ein Zeichen des Versagens.« (Carol Ewing)

»Ich weine oft zusammen mit den Eltern. Mir macht es nichts aus, auch körperliche Reaktionen zu zeigen. Natürlich heule ich nicht unkontrolliert, aber ich brauche immer ein Taschentuch. Als Medizinstudentin hat man mir gesagt: ›Bauen Sie keine gefühlsmäßigen Beziehungen zu den Patienten auf.‹ Ich finde, das ist absoluter Blödsinn.« (Eileen Baildam)

Es gibt aber auch Grenzen, die um des Patienten willen nicht überschritten werden sollten. Eine Ärztin warnte:

»Frauen sind oft stark gefühlsmäßig betroffen, was sowohl gut als auch schlecht sein kann. Wenn man sich gefühlsmäßig zu stark engagiert, kann man den Familien nicht helfen. Kapselt man sich zu sehr von all den Gefühlen im Umkreis ab, werden die Eltern es merken. Obwohl ich gesagt habe, daß ich einige Männer kenne, die ihre Sache sehr gut machen, habe ich doch das Gefühl, daß die meisten Eltern sich gegenüber Frauen leichter öffnen. Wenig hilfreich dabei ist, sich in Trauer aufzulösen, wenn alle anderen in der Runde unter der Last zusammenbrechen. Man darf erst dann selber zusammenbrechen, wenn die ganze Situation vorbei ist und Menschen um einen herum sind, die einen stützen.« (Eve Jones)

Es gibt Zeiten, wo Ärzte selber größte Unterstützung nötig haben, wenn sie eigene Trauerfälle und Verluste bewältigen müssen. Zur selben Zeit können schwere Fälle im Beruf vorkommen. Dann wird von den Ärzten erwartet, daß sie ihre eigene Trauer verdrängen, oder es wird ihnen keine Zeit zugestanden, selber zu trauern oder sich von Verlusten zu erholen. Jane Martin, eine junge Krankenhausärztin, hat in einem Artikel im »Guardian« (5. April 1989) den Konflikt beschrieben, als ihr Vater plötzlich an Krebs gestorben war:

»Als ich an meinen Arbeitsplatz zurückkehrte, wurde mir mitgeteilt, daß ein Teil meines ›Sonderurlaubs aus familiären Gründen‹
von meinem Jahresurlaub abgezogen würde. Es war schwer, die Gedankengänge nachzuvollziehen, die offensichtlich dazu geführt hatten, daß der von mir durchlebte Alptraum etwas sein sollte, das be-
liebig mit Ferien austauschbar war. Dadurch dämmerte mir jedoch
die Erkenntnis, daß niemand an meinem Arbeitsplatz zur Kenntnis
nehmen würde, wie sehr ich Zeit brauchte, um nachzudenken, um
den Fortgang meines Vaters zu betrauern ... In dem Moment, wo ich
den weißen Kittel anzog, hatte ich scheinbar meinen Anspruch ver-
wirkt, ein menschliches Wesen zu sein, das verletzbar ist und ein
Recht darauf hat, sich zu verkriechen, um die Wunden zu lecken.«[19]

Einige Ärztinnen bestätigten Jane Martins bittere Erfahrung:
»Wenn man einen privaten Verlust zu beklagen hat, wird noch
immer erwartet, daß man es versteckt, es abhakt und weitermacht.
Neulich gab es bei einer befreundeten Ärztin einen Trauerfall. Ich
hörte, wie jemand im Ton des Entsetzens sagte: ›Stellen Sie sich vor,
eine ganze Woche ist sie nicht zur Arbeit gekommen!‹« (Eileen Baildam)

»Ein Teil des Problems liegt darin, daß es für uns keine Trauerberatung gibt, die unserer Situation angemessen wäre. Einzelne können an ein paar Arbeitskreisen teilnehmen, aber es gehört nicht zum
Lehrplan.« (Dr. Pat Johnson)

»Kommt es zum Trauerfall, gehen Ärzte nur widerstrebend zu
einer Beratungsstelle. Da ist immer das Gefühl, daß man irgendwo
versagt hat.« (Dr. Eve Jones)

In einigen Kinderkrankenhäusern wurde ein versöhnlicherer Ton
angeschlagen, wenn es um persönliche Trauerfälle der Ärzte ging. Einige erzählten, daß sie sich als eine Gemeinschaft sahen, in der Verlusterfahrungen miteinander geteilt wurden. Eine Kinderärztin
sagte:

»Wenn jetzt jemand durch eine Verlusterfahrung hindurchgeht,
ist es in Ordnung, die Gefühle herauszulassen. Wir müssen nicht
länger eine Tarnkappe aufsetzen.«

Wenn trotzdem das Gefühl des Versagens bleibt, wenn ein Arzt
seine Trauer zeigt, dann hängt es mit der Vorstellung vom Arzt als
Experten zusammen.

»Da ich als Expertin angesehen werde, habe ich die Verpflichtung, immer mehr zu lernen. Ich möchte absolut sicher sein, daß ich

alles, was mir möglich ist, für die Patienten tue. Mein Wissen hat sich dadurch sehr erweitert.«

»Nachdem ich jetzt die Stufe der Fachärztin erreicht habe, ist mir klargeworden, daß ich noch lange keine Expertin bin.«

»Ich gehe davon aus, daß ich über diesen Bereich im Leben mehr weiß, als die Leute, die ich berate; aber da draußen leben Millionen von Menschen, die sehr viel mehr über andere Lebensbereiche wissen.«

»Ich hoffe nur, daß ich bei Eltern oder Patienten nicht den Eindruck erwecke, daß ich solch eine Expertin bin, der man nicht zu nahe treten darf.«

Hat Jane Martin recht mit der Annahme, daß Ärzte ihre menschlichen Eigenschaften ablegen, sobald sie den weißen Kittel – die traditionelle Tracht für Distanz und Ausweichen – anziehen, und damit die Botschaft untermauern, daß das Sterben auf Abstand gehalten werden muß?

Obwohl ich ein paar Kinderärztinnen im weißen Kittel gesehen habe, muß er in Kinderkliniken nicht getragen werden.

»Ich trage keinen weißen Kittel und kann mich so als Mensch mit Gefühlen bewegen. Ja, es gibt Momente, wo ich Tränen in den Augen habe, und Zeiten, wo ich mit Familien geweint habe.« (Eve Jones)

»In anderen medizinischen Fachbereichen habe ich den weißen Kittel getragen, und ich kam mir zwar wie ein Experte vor, aber nicht wie ich selber.« (Dr. Pam Victor)

»Was mich auch zur Kinderheilkunde gebracht hat, war die Gewißheit, daß ich keinen weißen Kittel tragen mußte. Ich habe ihn immer als eine Schranke zwischen mir und den Patienten empfunden, obwohl ich auch auf eine Menge Patienten stoße, die mich lieber im weißen Kittel sehen, weil sie dann mehr Respekt haben.« (Carol Ewing)

»Wir tragen keine weißen Kittel, damit für die Kinder nicht der Eindruck von abweisenden Barrieren entsteht. Als ich auf eine Rheumastation für Erwachsene zurückgegangen bin und dort dann einen getragen habe, bin ich mir sehr komisch vorgekommen. Der Kittel vermittelt Sicherheit, man steckt in einer Rolle. Wenn ich ihn nicht trage, muß ich erst herausfinden, ob man mich in der Rolle akzeptiert.« (Eileen Baildam)

Um die Stimmung aufzubessern, soll das letzte Wort die Neurochirurgin Carys Bannister haben, die sich geistig und körperlich fit hält, indem sie eine kleine Landwirtschaft mit Schafen, Eseln und einem Hund betreibt, der sie häufig zur Arbeit begleitet:

»Meine Patienten lieben meine Tiere und die Geschichten über sie! Mir würde nicht im Traum einfallen, einen weißen Kittel zu tragen. Ich trage meinen Anorak. Den hat man schon bei vielen Gelegenheiten gesehen, bei denen ganz oben und unten. Man hat mich auch schon für jemanden vom Reinigungspersonal gehalten. Oft werde ich gefragt, wer, zum Teufel, ich sei. Nur selten denken sie, daß ich eine Neurochirurgin bin; das ist mal sicher.«

Sie hat wohl recht. Auf jeden Fall erzählt man sich im Krankenhaus eine herrliche Anekdote über Carys Bannister. Es muß kurz nach ihrem Umzug aufs Land gewesen sein, als der Briefträger versuchte, ein Paket auszuliefern. Er versuchte es wiederholt, aber traf sie nie an. Offensichtlich war sie mit ihren Tieren unterwegs. Als er sie schließlich doch einmal zu Hause erwischte, fragte er, wo sie denn immer hingehe.

»Ich gehe ins Krankenhaus«, sagte sie. »Ich bin Neurochirurgin.«

Am nächsten Tag schaute der Briefträger bei der Nachbarin vorbei. »Sie sollten auf die mal ein Auge haben«, meinte er. »Sie wissen schon, die mit den Viechern. Sie hat zu mir gesagt, sie sei Neurochirurgin!«

Auch wenn ich mich nicht für den Wahrheitsgehalt dieser Anekdote verbürgen kann, so weiß ich doch um die liebevolle Bewunderung, mit der sie immer wieder erzählt wird. Ebenso weiß ich, mit welch enormer Hochachtung Carys Bannisters einmalige Mischung von wissenschaftlicher Genialität und mitfühlender Zugänglichkeit gesehen wird und überall für Ärztinnen ein Vorbild ist.

Viertes Kapitel

PFLICHTBEWUSSTE TÖCHTER:
PRIVATE FÜRSORGE

Weder öffentlich noch privat hat man sich bisher bemüht, bei Aufgaben aus dem Bereich der Fürsorge ein Gleichgewicht zwischen Männern und Frauen herzustellen. Frauen sind in unserem Gemeinwesen so sehr in die Rolle der Umsorgenden hineingedrängt worden, daß es nicht verwundert, wenn man feststellt, daß sie sowohl im öffentlichen wie auch privaten Leben zu Hauptbetreuerinnen von Kranken und Sterbenden geworden sind – und damit oft unter hoher emotionaler Belastung stehen.

Ich konzentriere mich in diesem Kapitel auf die private Betreuung. Ich möchte gerne etwas darüber erfahren, wie sich die Art, in der eine Tochter ihre Mutter betreut, von der unterscheidet, wie sie ihren Vater betreut. Ich möchte erstens wissen, inwieweit die Beweggründe für die Betreuung von Erwartungen diktiert werden, die unsere Gesellschaft an die Frauen hat; zweitens interessiert mich die komplexe Beziehung zwischen Müttern und Töchtern.

Jede Frau ist die Tochter einer anderen Frau. Nimmt man alle Rollen, die einer Frau obliegen, dann ist die Rolle der Tochter die allgemeinste. Sogar wenn sie selber Mutter wird, bleibt sie noch immer jemandes Tochter. Von jeder Frau wird selbst heute noch erwartet, daß sie irgendwann Mutter wird oder sich zumindest in mütterlicher Weise verhält. In ihrer Mutterrolle erfahren Frauen die meisten Vorwürfe und die geringste Entlastung. Wie Adrienne Rich hervorhebt: Ein Kind geboren und aufgezogen zu haben bedeutet, daß die Frau dem entsprochen hat, was das Patriarchat und die Physiologie gemeinsam als die Definition des Weiblichen vorgeben.

Muttersein im Sinne einer starken, gegenseitigen Beziehung zu bestimmten Kindern ist nur ein Teil im weiblichen Lebensablauf, aber durch die Institution der Mutterschaft ist dieser Teil zum Identifikationsmerkmal für alle Zeiten geworden.[1] Unterstellt man, daß die Institution der Mutterschaft nicht unbedingt identisch ist mit dem Gebären und Betreuen von Kindern, dann wird die Mutterschaft, wie sie sich darstellt und erlebt wird, zu einem seltsamen und widersprüchlichen Vorgang.

Wir wissen, welche Erwartungen an das Verhalten von Müttern gestellt werden. Die meisten von uns werden zeitlebens von dem Wissen belastet, daß wir es die meiste Zeit »falsch gemacht haben«, »unsere Kinder nicht genug bemuttert haben«, »sie zu sehr bemuttert« oder versäumt haben, sie zum richtigen Zeitpunkt »loszulassen«. Doch ungeachtet dieser vorab festliegenden Urteile – oft werden wir zu unserer eigenen Verwunderung von heftigen Wogen der Liebe oder Wut hinweggefegt, die ungezügelter sind als alle Leidenschaftlichkeit, die wir für andere Erwachsene hegen können. »Wenn sich jemand an meinen Kindern vergreifen würde, ich würde ihn umbringen!« war ein Satz, der von vielen in dieser Studie geäußert wurde. Ein Satz, der nicht nur einfach so dahingesagt wurde.

Mütter empfinden all dies für Söhne ebenso wie für Töchter; aber die Beziehung zu Töchtern ist tieferen Konflikten ausgesetzt und hat tiefere Wurzeln. Sie wirkt wie eine besondere Antriebsfeder auf Töchter, ihre Mütter zu pflegen. Sie verleiht den Gefühlen einer Tochter eine besondere Dimension, wenn ihre Mutter stirbt.

Viele Frauen versicherten mir, daß ihr Wunsch oder die Verpflichtung, kranke Mütter zu pflegen, starke physische Wurzeln hatte.

Frauen können das Gefühl haben, selber viel zu wenig bemuttert worden zu sein, und dennoch den Drang in sich verspüren, einen weiblichen Elternteil physisch »bemuttern« zu wollen:

»In späteren Jahren hat sie mich nicht mehr viel in die Arme genommen oder sonstwie berührt. Ich fühlte mich nicht genug bemuttert. Ich begnügte mich mit der Erinnerung daran, wie sie mich häufig berührt hatte, wenn sie vor der Schule mein Haar geflochten hatte. Jetzt sitzt sie im Rollstuhl, ich flechte ihr langes Haar und wasche es sehr sorgfältig.« (Wendy, Tochter, 46 Jahre alt)

Eine krebskranke Mutter, die jetzt im Sterben lag, hatte die Tochter in der Kindheit oft alleine gelassen. Sie war klinisch depressiv und völlig überlastet gewesen durch die unmöglichen Routineanforderungen an Frauen der verarmten Arbeiterklasse. Deshalb hatte sie während ihrer sechs Aufenthalte in einer Nervenklinik die kleine Tochter und ihre vier Söhne bei verschiedenen Verwandten zurückgelassen.

»Das Gefühl, allein gelassen worden zu sein, wird mich immer begleiten. Aber ich habe trotzdem das Bedürfnis, sie für alles zu entschädigen. Ich ärgere mich darüber, wie sehr sie mich beansprucht, aber manchmal meine ich, noch ihre Haut zu riechen, wie ich sie gerochen habe, wenn sie mich nach der Rückkehr aus dem Krankenhaus in den Armen hielt. Ich habe so eine Art Körpergefühl, daß ich für sie sorgen sollte. Deshalb habe ich mich entschlossen, sie aus dem Pflegeheim herauszuholen und sie selber zu betreuen.« (Allie, Tochter, 51 Jahre alt)

Das beiderseitige Bedürfnis nach Körperlichkeit ist kaum verwunderlich. Die erste Wahrnehmung, die jede Frau mit Ernährung, Behaglichkeit, Sinnlichkeit und gegenseitiger Nähe verbindet, kommt von der Mutter. Ein Kind, das in dem Bauch der Mutter herangewachsen, aus ihrem Blut und ihren Zellen geschaffen worden ist, spürt und schafft eine Vertrautheit, wie es sie kein zweites Mal gibt. Auch Frauen, die keine eigene Familie haben wollen, kommen, wenn sie schwanger werden, nicht um die Erkenntnis herum, daß ihr Körper auch gegen ihre erklärte Absicht zum Nährboden neuen Lebens wird. Viele Frauen werden später von dem Gefühl verfolgt, daß das ursprüngliche Einhüllen eines weiblichen Körpers durch einen anderen abgeschüttelt und geleugnet werden muß, daß es einem übermäßigen Besitzanspruch gleichkommt oder zu einem beengenden Gefängnis wird, aus dem sie ausbrechen müssen. Aber es fällt ihnen nicht leicht, die Erinnerung zu verjagen, daß es einst ihre ganze Welt gewesen ist.

Nur wenige Frauen sind von Vätern, Bediensteten, Verwandten und Pflegepersonen aufgezogen worden; die meisten haben in den ersten Lebensjahren die Fürsorge ihrer Mütter erhalten. Der reine Berührungsvorgang scheint unauslöschliche Bindungen zwischen Mutter und Tochter herzustellen. Interessanterweise beklagten sich viele der interviewten Töchter darüber, daß sie nicht genug Streicheleinheiten bekommen hätten; viele gaben und empfingen diese erst – manchmal zum ersten Mal in vielen Jahren –, als ihre Mütter starben.

Natürlich erfahren auch männliche Kinder die anfängliche Fürsorge durch den Körper einer Mutter. Aber institutionalisierte Heterosexualität und institutionalisierte Mutterschaft fordern, daß eine Tochter jene ersten Gefühle der Abhängigkeit und Erotik von ihrer Mutter ausschließlich auf einen Mann überträgt, um das zu werden, was man als eine »normale« Frau definiert. Söhnen dagegen ist erlaubt, diese Gefühle in andere, »normale« Beziehungen zu Frauen mitzunehmen.[2]

In einer Gesellschaft, die Frauen degradiert, wird zwischen Töchtern und Müttern eine Kluft geschaffen. Töchter finden es schwer, Achtung vor sich selbst oder vor ihren Müttern zu haben. Mütter erziehen ihre Töchter noch immer dazu, die sozial begrenzte Rolle der Ehefrau und Mutter einzunehmen. Der Beruf der Mutterschaft genießt geringes Ansehen, wird nicht bezahlt und selten rechtmäßig anerkannt.

Zur Zeit gibt es einen großen Unterschied zwischen der Mutter-Tochter-Beziehung, die in positiver Weise aus einer natürlichen Mutter-Bindung entsteht, und der tristen, kalten Beziehung, die von einer repressiven Kultur gefördert wird, in der Mütter ihre Töchter lehren, weniger zu sein, als sie sein könnten.

Aus diesem Grund haben Feministinnen seit einigen Jahren versucht, diese Beziehung neu zu bestimmen. Aber sie haben feststellen müssen, daß die Mutter-Tochter-Beziehung durch das stürmische Hin und Her außer Kontrolle geraten und ihre Anstrengungen zunichte machen kann.

Wollen wir die starke Hinwendung von Töchtern zu sterbenden Müttern oder ihre Ablehnung gegenüber solchen Verpflichtungen verstehen, müssen wir die vielschichtigen Fragen zu Pflicht, Martyrium, Schuld und Fürsorge untersuchen.

In der Einführung zu Judith Arcanas glänzender Studie über Mütter und Töchter äußert die Autorin Phyllis Chesler das folgende Bekenntnis: Nachdem sie einen frühen Entwurf von Arcanas Buch gelesen hatte, wollte sie unbedingt, daß ihre Mutter es sofort lesen sollte. Sie glaubte, daß das Buch das Schweigen zwischen ihr und ihrer Mutter aufbrechen könnte, ihr Mut machen könnte, die so typisch ungelösten Probleme von ihnen beiden auf eine neue Weise zu überdenken – und zwar mit weniger Wut, weniger Verzweiflung und ohne die heute so populäre, aber wenig hilfreiche Erklärung, daß »Mama Schuld hat und alles ihr Fehler ist«.

Chesler sagt in ihrer Einführung:

»Ich habe dies Buch zu meiner Mutter nach Hause mitgenommen. ›Bitte Mutter, lies dies Buch. Es wird alles – alles – klären. Dann wirst du sagen können, daß du mich liebst. Nur mich. Wegen meiner Kraft. Wegen all der Dinge, die mich von dir unterscheiden.

Dann werden wir uns umarmen können. Verlorene Tochter, verlorene Mutter. Wir werden nur noch liebe Worte zueinander sagen. Nichts Oberflächliches wird mehr über unsere Lippen kommen.‹ ›Du bist recht melodramatisch‹, ist ihre Anwort. Und sie setzt ihre Brille auf. (Diese Unterhaltung hat natürlich nicht stattgefunden. Aber wir kommen ihr jeden Tag ein Stück näher, meine Mutter und ich.)«[3]

Chesler wollte als Tochter, daß ihre Mutter das Buch sofort las. Ich möchte als Mutter, daß meine Tochter dies Buch sofort liest. (Und wenn es, um Himmels willen, wenigsten nur dies eine Kapitel ist!) Jedoch liest meine Tochter Marmoset, wie so viele Töchter von Autorinnen, höchst selten meine Bücher. Sie meint:

»Mir liegt nichts daran, intime Dinge, von denen ich nichts weiß, über ein Buch herauszufinden, das für die Öffentlichkeit bestimmt ist. Ich möchte, daß du mir diese Dinge erzählst. Ich bin deine Tochter!«

Schreiben ist nicht nur das, was ich tue. Es ist auch ein wesentlicher Teil von dem, was ich bin. So wie das Muttersein. Für mich gehören diese zwei Dinge zusammen. Ich fühle mich davon herausgefordert, daß sie sich für ihren eigenen Weg entschieden und ihre eigene Wahl getroffen hat. Möchte ich etwa, daß sie sich »pflichtbewußt« zeigt?

Simone de Beauvoir läßt mit ihrer Antwort keine Zweifel offen.

»Meine Mutter war durch ihre ganze Ausbildung und Erziehung überzeugt davon, daß es für eine Frau die erstrebenswerteste Sache sei, Mutter einer Familie zu werden. Sie konnte diese Rolle aber nur dann spielen, wenn ich die pflichtbewußte Tochter mimte.«[4]

Das hat Simone de Beauvoir im Jahr 1958 geschrieben. 36 Jahre später werden diese Rollenspiele noch immer geübt, sei es in krankem oder gesundem Zustand. Wenn das Pflichtgefühl die traditionelle Rolle der Tochter ist, dann ist das Martyrium die traditionelle Rolle der Mutter. Ich habe selber häufig einen jüdisch-mütterlichen Märtyrerdrang hinunterkämpfen müssen. Wenn meine Tochter als Kind einfach keinen Kohl essen wollte, dachte ich: »Also, schmeckt dir mein Essen nicht?« Ich meinte aber: »So, du hast mich nicht wirklich lieb!« Jetzt, wo sie erwachsen ist – ich wohl noch nicht –, schlage ich mich noch immer mit Äußerungen herum wie: »So, gefällt dir meine Schreiberei nicht?« Ich meine natürlich: »Du hast mich nicht wirklich lieb.«

Flüchtig habe ich mich gefragt: Würde sie für mich sorgen, wenn ich krank wäre? Ich war mir zwar sofort bewußt, wie absurd es war, zwei so völlig unterschiedliche Gedankengänge miteinander zu verbinden. Doch mußte ich zugeben, daß es mir in den Sinn gekommen war, auch wenn es noch so vernunftwidrig ist.

Wir kämpfen beide, um uns aus dem Gefängnis dessen, was sich gehört, zu befreien: Ich als herrische Mutter, sie als pflichtbewußte Tochter. Damit wir wie Menschen miteinander umgehen können. Wir versuchen unter großen Schwierigkeiten, uns innerhalb einer repressiven Gesellschaft, die zwischen Müttern und Töchtern eine besondere Kluft geschaffen hat, als Frauen in der gleichen Situation zu sehen.

In einer Gesellschaft, die Frauen zu Bürgern zweiter Klasse und zu Umsorgerinnen von Männern gemacht hat, können Töchter keine Achtung vor Müttern haben, selbst wenn sie sich in deren Frustration einfühlen können. Einige Töchter werden ihre Mütter wegen ergebener Hinnahme und stillschweigender Duldung ablehnen. Andere Töchter werden Schuldgefühle aufbauen, weil sie im Leben, oder entscheidender noch dann, wenn der Tod bedrohlich auftaucht, keine besseren »ordentlichen Mütter« sein können, als es ihre Mütter gewesen sind.

Wie Adrienne Rich es so treffend beschrieben hat:
»Mutterliebe hat ewig zu dauern und darf keine Bedingungen stellen. Liebe und Zorn können nicht nebeneinander bestehen.«[5]

Die unmögliche Institution der Mutterschaft degradiert und ghettoisiert weibliche Fähigkeiten, die nicht zu verwechseln sind mit der Fähigkeit, Mutter zu werden, aus der sich für jede Frau eine besondere Beziehung sowohl zu ihren Fortpflanzungskräften als auch zu Kindern ergibt. Mit dieser Institution sind gesellschaftliche Richtlinien entstanden, die Müttern vorschreiben, daß sie Töchter per definitionem zu lieben haben, und den Töchtern weismachen, daß die Mütter Anspruch auf Anerkennung, Liebe und Zustimmung ohne Ende haben, ganz gleich, was sie machen oder wie sich verhalten.

Wenn eine Mutter stirbt, drängen viele dieser Belastungen und Konflikte an die Oberfläche.

Meine Fallstudien veranschaulichen eine merkwürdige Einmütigkeit, wie Frauen die Rolle der pflichtbewußten Tochter verstehen. Gleichzeitig verdeutlichen sie die Schwierigkeiten, die für Mütter entstehen, wenn diese gegen ein persönliches Martyrium sind, aber ihre Töchter auch nicht zurückweisen möchten. Viele Töchter wollen für ihre sterbenden Mütter sorgen. Aber wenige Töchter, die das nicht wollen, können ihrem anerzogenen Gefühl von Verpflichtung entfliehen.

Töchter lernen in der Zeit des Erwachsenwerdens, daß sie ihren Eltern, besonders ihren Müttern, bedingungslose Zuneigung bezeugen müssen, um »akzeptabel« zu sein. Sie werden zur Schau gestellt durch Auftritte bei Familienanlässen wie Weihnachten, Hochzeiten oder dem achtzigsten Geburtstag. Sie sollten heiraten (wenn irgend möglich), Kinder zur Welt bringen (und zusammen mit ihnen Besuche absolvieren). Sie sollten gute Köchinnen und Hausfrauen werden und, zumindest in einigen Gesellschaftsschichten, auch im akademischen Bereich etwas vorweisen können. Wenn Eltern altern und krank werden, beinhalten die Pflichten von Töchtern auch, daß sie sich ganz persönlich um sie kümmern.

Natürlich hängt das Ausmaß, wie sich Töchter aktiv bei ihren Fürsorgeaufgaben engagieren, nicht nur davon ab, wie sehr sie die Mutter-Tochter-Beziehung als »befriedigend« oder »mangelhaft« wahrnehmen, sondern auch von ihren eigenen familiären Bindungen und finanziellen Verhältnissen. Soweit ich herausgefunden habe, empfinden die meisten Töchter unabhängig von der Art der Beziehung eine Verpflichtung, die sterbende Mutter zu betreuen, ganz gleich, ob es dann dazu kommt oder nicht.

»Mama war 15 Jahre lang krank, Alzheimer. Wir haben uns immer sehr nahe gestanden, besonders in schlimmen Zeiten. Schon ab dem sechsten Lebensjahr wurde mir bewußt, daß ich mehr und mehr in eine Verantwortlichkeit für sie hineingezogen wurde. Als Kind kann ich mich noch daran erinnern, wie sie sich erbrochen hat und wie ich dann wegen Medizin zum Arzt gegangen bin. Deshalb machte es dann, als ich 40 war und sie an Krebs starb, keinen Unterschied. (Bessie, Tochter, 45 Jahre alt)

»Ich kann mich nicht erinnern, jemals eine besonders gute Beziehung zu meiner Mutter gehabt zu haben. Papa hat sie geschlagen, sie in eine Art Gefängnis gesperrt. Im nachhinein ist mir klar, daß sie neidisch auf meine Jugend und Figur gewesen ist. Auf meine Freiheit. Als mein Vater Parlamentsabgeordneter im britischen Unterhaus war, setzte er mich immer öfter als Gastgeberin bei seinen Festen ein. Ich glaubte, daß sie mich haßte. Sie konnte mich nicht mehr um sich herum ertragen. Sie fuhr mich an: ›Ach, mach, daß du aus der Küche herauskommst, du dummes Ding!‹ Ich fühlte, daß ich ihr nicht so wichtig war wie meine Brüder. Selbst als ich verheiratet war, hat sie mich ausgeschlossen. Aber dann wurde sie krank und rief mich an. Mich überkam das Gefühl: ›Immer bin ich diejenige, die sich um alles kümmern muß.‹ Bevor ich eintraf, hatte sie einen Schlaganfall. Den ganzen Weg zum Krankenhaus sagte ich vor mich hin: ›Bitte, Mama, stirb. Ich will mich nicht um dich kümmern müssen. O Gott, ich kann dich nicht betreuen, wir stehen so schlecht zueinander, daß es einfach nicht zu ertragen wäre.‹ Aber trotzdem war mir klar, daß mir die Rolle zufallen würde, auch wenn sie meine Brüder mehr mochte.« (Sandra, Jüdin, Tochter, 47 Jahre alt)

Obwohl Frauen in anderen Kulturen andere Verpflichtungen auferlegt werden, lassen sich interessante Gemeinsamkeiten erkennen.

»Ich komme aus einer großen, weitverzweigten Familie, das Übliche auf dem indischen Subkontinent. Ich habe keinerlei Ausbildung erhalten. Immer war jemand da, um den man sich kümmern mußte, erst meine Mutter, die todkrank war, dann die anderen Kinder. Sie war seit der Geburt meines Bruders im Jahr 1967 krank. Sie wollte sterben. Sie war schwer zuckerkrank. War so gut wie blind. Immer wieder bat sie uns, sie zu töten, uns kleine Kinder. Das verstieß gegen unseren muslimischen Glauben. Die Grundidee unserer Kultur ist, alles zu ertragen, was Gott uns aufbürdet. Sie konnte nicht all die Schmerzen ertragen. Ich konnte ihr Sterben nicht ertragen. Doch was konnten wir machen? Mit 15 Jahren verließ ich die Schule ohne einen Abschluß, weil man mir im Krankenhaus gesagt hatte: ›Deine Mutter liegt im Sterben. Entweder kümmerst du dich um deine Mutter, oder du mißt deiner Erziehung höheren Wert bei.‹ Also habe ich die Schule verlassen, um sie zu betreuen. Ich nehme es ihr nicht übel. Schließlich war ich ihre Tochter.« (Lehora, Muslime, 32 Jahre alt)

Rasse, Auflehnung und spirituelle Praktiken haben großen Einfluß darauf, wie Töchter ihre Aufgaben einstufen; aber die töchterliche Pflicht steht offenbar immer im Mittelpunkt.

»Mit 76 Jahren hatte Mutter Krebs, und doch wollte ihr niemand sagen, daß sie nur noch wenige Monate zu leben hatte. Nur mir sagte man es. Dann hatte man sich offensichtlich geirrt, sie lebte noch zwei Jahre. Sie wollte von mir zu Hause betreut werden. Ich wollte ihrem Wunsch entsprechen. Es hatte Gefühlsregungen in mir gegeben, die sie am liebsten tot gesehen hätten, aber ich wollte doch nicht, daß sie fern von zu Hause in einem Krankenhaus sterben sollte. Wenn sie tot gewesen wäre, hätte ich nicht ständig Rücksicht auf sie nehmen müssen. Ich hatte nie das getan, was sie sich vorgestellt hatte. Ich war weder reich noch angesehen. Ich hatte sie ganz schön an der Nase herumgeführt. Meine Kinder hatte ich von einem schwarzen Typen bekommen. Außerdem war ich Anarchistin und engagierte mich in der Schwarzen- und Frauenpolitik. Aber sie hat mich immer enorm unterstützt. Der Hausarzt sagte, sie sei so krank, daß sie in ein Krankenhaus müsse. Sie werde eine schwere Last sein. Ich erwiderte, daß sie das nicht sei.« (Nessie, Tochter, 62 Jahre alt)

»Bevor meine Mutter Eierstockkrebs bekam, war ich elf Jahre lang eine buddhistische Nonne in dieser Gemeinschaft gewesen. Es war eine in sich abgeschlossene Gemeinschaft in dem Sinn, daß man nicht kommen und gehen konnte, wie man wollte. Aber als ich in eine höhere Stellung aufstieg, übernahm ich Lehraufträge und ging auf Pilgerfahrten. Die Beziehung zwischen meiner Mutter und mir, die zunächst schwierig gewesen war, wurde besser. Wenn wir uns auf die Nerven gingen, meditierte ich darüber und kam zu der Erkenntnis, daß dies das Karma unserer Beziehung war. Ich mußte darüber hinwegkommen, ständig auf die Mutter- und Tochter-Knöpfe zu drücken. Als man ihr sagte, daß sie nur noch wenige Monate leben würde, entschloß ich mich, das Kloster zu verlassen. Plötzlich sah alles ganz anders aus. Sie wollte nicht das Gefühl haben, mir irgendwie im Weg zu stehen. Ich aber war glücklich, mich um sie kümmern zu können. Als Buddhistin konnte ich das, was passierte, auf einer sehr tiefen, inneren Ebene akzeptieren. Als Nonne hatte ich gelernt, wie man Unterstützung anbietet. Ich konnte ihr besser als sonst irgend jemand helfen bei den ganzen schrecklichen Krankheitserscheinungen. Sie erbrach sich, und ich mußte den ganzen Dreck wegräumen, aber es machte mir nichts aus; und das war für sie eine große Erleichterung.« (Sophie, Buddhistin, Tochter)

Ein immerwährender Mythos ist, daß Mutterliebe ewig zu dauern und keine Bedingungen zu stellen hat. Von der Mutter wird erwartet, daß sie ständig verfügbar ist, um ihre Lieben zu bemuttern, ohne Rücksicht darauf, wieviel Nachkommen sie haben mag, wie ihre finanzielle Situation oder ihre persönlichen Bedürfnisse aussehen mögen. Weiter wird von ihr erwartet, daß sie ein nie versiegendes Verständnis und Mitgefühl aufbringt. Wie beim Programmwechsel sollen per Knopfdruck mütterlich liebevolle Worte auf dem Bildschirm erscheinen, die sogar der bewundernswerten Marmee in »Little Women« (»Kleine Frauen«) Ehre machen würden.[6]

Der Tochtermythos besagt, daß die Tochter bei der Mutter immer an erster Stelle kommt, wofür letztere wiederum bedingungslosen Gehorsam fordern kann, auch wenn solch eine Vorgabe in fortgeschrittenen Lebensjahren längst nicht mehr angebracht ist. Judith Arcana zufolge gibt es keine andere Form der Mutter-Tochter-Beziehung als die, welche in der Kindheit angelegt wurde, »so daß Mütter an dem Wunsch festhalten, daß ihre erwachsenen Töchter sich in pflichtschuldigem Gehorsam üben, indem sie sich weiter quälen«.[7]

In ihrem Roman »Have The Men Had Enough?« (»Haben die Männer die Nase voll?«) vertritt Margaret Forster die Meinung, daß Männer nicht die gleiche Verpflichtung empfinden, sich mit ihren kranken Müttern abzumühen. In dem Buch stirbt die Oma unabänderlich an der Alzheimerschen Krankheit. Omas einzige Tochter Bridget setzt mit liebevollem Nachdruck gegen alle Widerstände durch, daß die Großmutter zu Hause betreut wird. Sie selber wohnt mit ihr in der gleichen Wohnung und verrichtet die meiste Betreuungsarbeit. Omas verheirateter Sohn Charlie denkt (halbherzig), daß Oma eigentlich in einem Heim sein sollte, aber er unterstützt Bridget (halbherzig), indem er die Rechnungen begleicht, Omas Wohnung unterhält, eine Truppe von Helfern finanziert und seine Frau Jenny dazu drängt, die Fürsorgetätigkeiten mit Bridget zu teilen. Jenny ist zwar der gleichen Meinung wie Bridget, fühlt sich aber durch Charlies Drängelei belästigt und lebt unter ständigen Schuldgefühlen:

»Was mache ich denn im Endeffekt? Dreimal in der Woche hole ich Oma für zwei Stunden hierher; ich kaufe für sie ein und kümmere mich um ihre Wäsche; ich schaue an Sonntagen nach ihr und überwache die Helfer. Was macht Charlie? Er bezahlt die Rechnungen und kümmert sich um die Wohnung. Aber Bridget, Bridget schläft während zwei Nächten in der Woche neben ihr und lebt mit ihr, immer alarmbereit. Ihr ganzes Leben wird von der Sorge um Oma beherrscht. Und das Schlimmste ist, Bridget leidet, während wir nicht leiden. Wir leiden höchstens an Überdruß, Irritation und Langeweile. Bridget jedoch erleidet richtigen Schmerz. Sie kann es nicht ertragen, zuzuschauen, wie Oma sich langsam auflöst, sie hilflos und verloren zu sehen, wo sie doch nur die Liebe ihrer Familie spüren möchte. ›Männer‹, sagt Bridget für Oma über Stuart und Charlie …«

Stuart, der andere verheiratete Sohn, ist der Meinung, daß seine Schwester sich als verrückte Märtyrerin aufspielt. Er vertritt beharrlich den Standpunkt, daß die Großmutter in einem Heim untergebracht werden sollte. Jetzt sofort. Er verweigert nachdrücklich jegliche Hilfe, damit Oma zu Hause bleiben kann. Er bezahlt nichts und tut auch nichts. Einmal ist Charlie zu einer Silberhochzeit eingeladen und hinterläßt Omas Betreuerin Stuarts Telefonnummer, die diese dann in einer Notsituation auch benutzt. Stuart ist außer sich vor Wut. Charlie ruft Stuart an, um sich zu entschuldigen:

»Stuart ... wir sind zu dieser Silber –«

»Ich weiß, wohin ihr gegangen seid ... worum es mir geht, daß ihr dieser Frau da gesagt habt, mich anzurufen ... wenn du einmal *nachgedacht* hättest, wäre dir auch eingefallen, daß ich mit dem Ganzen nichts zu tun habe ... Ich bin einfach nicht mehr bereit, mir mein ganzes Leben von Mutter verderben zu lassen, und das habe ich dir klipp und klar gesagt.«

»Ja gut, normalerweise läuft die Angelegenheit ja auch ganz geregelt ab, aber nachdem Bridget –«

»Hör mir auf mit Bridget, versuche nicht, mich zu erpressen ... wenn Bridget als Märtyrerin dastehen will, dann ist das ihre Sache, aber laß mich außen vor ...«

»Sie ist unsere Mutter, Stuart und –«

»Gütiger Himmel, ich *weiß*, daß sie unsere Mutter ist ... ich weiß, sie ist alt und krank, ich weiß, sie kann nichts dafür, aber es ist die andere Seite, mit der ich nichts zu tun haben will, die Seite, wo Bridget auftritt und sagt, daß es unsere Pflicht ist, uns um sie zu kümmern. Ich sehe keinen Grund dafür, Charlie ... ich gebe zu, sie war eine gute Mutter, eine sehr gute, aber das heißt nicht, daß ich ein Leben lang dafür zu zahlen habe. Sie sollte in einem Pflegeheim sein, und das ist alles.«[8]

Schließlich gewinnt der männliche Standpunkt die Oberhand, und Oma wird in einem Heim untergebracht, wo sie stirbt. Einige Familienangehörige haben Schuldgefühle. Bridget leidet unter tiefem Schmerz. Bridget, und in einem geringeren Ausmaß auch Jenny, veranschaulichen die traditionelle Rolle jeder Frau, die starke Elemente der Selbstverleugnung und des Bemutterns von anderen in sich vereint. Die althergebrachte Vorstellung der Mutter-Tochter-Rolle verstärkt und erweitert nur noch die Erwartung an die meisten Frauen, wie diese sich zu verhalten und zu leben haben. Nur um die

von beiden Seiten so sehr benötigte Anerkennung und Liebe zu empfangen, mühen sich Mütter und Töchter immer weiter damit ab, den
gegenseitigen Ansprüchen gerecht zu werden. Dabei sind sie sich oft
gar nicht der Tatsache bewußt, daß sie durch einen Großteil dieser
Erwartungen völlig überfordert sind. Im Angesicht des Todes ziehen
sich beide Gruppen auf ihre alten Rollen zurück in der Hoffnung,
hierin so etwas wie Sicherheit zu finden.

Anerkennung ist der Kernpunkt. Jede der von mir interviewten
Töchter verlangte nach Anerkennung der Mutter, selbst wenn sie
sich ihr entfremdet hatte.

Es kann keinen eindeutigeren Beweis von Hingabe geben, als
wenn eine Mutter stirbt. Als meine Mutter mir nach acht Jahren gespannten Schweigens schrieb, daß sie krank sei und mich unbedingt
sehen müsse, antwortete ich umgehend, obwohl ich es längst aufgegeben hatte, ihre Anerkennung zu finden. Für Monate pendelte ich
zwischen Cambridge und London hin und her, um mit ihr zusam-
menzusein, um sie zu betreuen und um schließlich über schmerzliche, aber nicht allzu erfolgreiche Versuche einen Weg zu gegensei-
tigem Verständnis zu finden. Als mich Freunde erstaunt fragten,
warum ich all das machte, gebrauchte ich den gleichen Satz, den ich
später von vielen meiner Gesprächspartnerinnen hörte:

»Ich tue es ebenso für mich wie für sie. Es scheint mir die einzig
richtige Möglichkeit zu sein.«

Diese Einstellung von »der einzig richtigen Möglichkeit« ist aus
zwei verschiedenen Wurzeln entstanden. Erstens hat der in unserem
Gesellschaftssystem verankerte Verhaltenskodex, der Frauen auf die
Rolle der Umsorgerin beschränkt, dazu geführt, daß wir eine öffentliche Einrichtung von professionellen Fürsorgerinnen und Beraterinnen sowie eine private Einrichtung von Töchtern (Schwestern,
Ehefrauen) haben, die sich verpflichtet fühlen, die Betreuung zu
übernehmen.

Zweitens sind – obwohl die männliche Kultur eine Kluft zwischen
die Frauen getrieben hat – bei Müttern und Töchtern die Gefühlsbin-
dungen noch immer stärker, als es die Rollenvorgaben eigentlich zulassen. Diese Bindungen basieren auf der unausgesprochenen Erkenntnis, daß Frauen sich in vielem sehr gleich sind: die große
Ähnlichkeit der Körper, des Geistes, der Erfahrungen, die oft einher-
gehen mit den größtmöglichen Gegensätzen, wenn es um persönlichen Geschmack oder Ideen geht. Das bedeutet auf einer unter-

schwelligen Ebene, daß die Frauen niemals aufgehört haben, das Leben miteinander teilen zu wollen, selbst wenn sie noch so sehr gegeneinander wüten.

Die Akzeptanz vorgegebener Verpflichtungen, in die Frauen eingepaßt worden sind, führt dazu, daß Töchter zu Fürsorgerinnen beider Elternteile werden; manchmal übernehmen sie sogar leichteren Herzens die Sorge für die Väter. Doch es ist das Bewußtsein der oben erwähnten vielschichtigen Bindungen zu Müttern, das die Töchter zu der gefühlsmäßigen Haltung treibt, daß es »die einzig richtige Möglichkeit« ist.

Es lohnt die Mühe, einmal auf die Fakten zu schauen, die sich um das ganze Thema Fürsorge ansammeln, um herauszufinden, wo und wie Töchter und andere Frauen in das Bild hineinpassen.

Eine allgemeine britische Untersuchung über (informelle) Pflegekräfte in privaten Haushalten aus dem Jahr 1990 hat erwachsene Betreuer über 16 Jahre erfaßt, die sich um Angehörige kümmern, die im gleichen Haus oder außerhalb wohnen. Dabei wurde erstens nachgewiesen, daß weibliche Betreuer in der Mehrzahl sind, auch wenn sich beide Geschlechter um die Menschen in ihrem eigenen Haushalt kümmern, und zweitens, daß Frauen sehr viel eher als Männer nach jemandem schauen, der außerhalb des eigenen Haushalts lebt. Drittens konnte damit gezeigt werden, daß die Zahl von Frauen in der Betreuerrolle (3,9 Millionen) erheblich höher ist als die von Männern.

Der Bericht bestätigte, daß gesellschaftliche Erwartungen dazu führen, daß »Frauen fast immer bereit sind, die Hauptverantwortung zu übernehmen, wenn es darum geht, sich um jemanden zu kümmern und zwanzig Stunden in der Woche und mehr für jemandes Pflege aufzuwenden ... eine unter zehn Betreuerinnen brachte es bei der Pflege auf wenigstens fünfzig Stunden in der Woche«. Der Bericht untermauerte die Annahme, daß Frauen »häufiger als Männer endlose Stunden für die Betreuung anderer einsetzen«. Wie sich aus meiner Untersuchung über die Alzheimersche Krankheit ergibt, widmen viele Frauen dieser aufreibenden Tätigkeit bis zu 80 Stunden in der Woche. Pflichtbewußte Töchter und Schwiegertöchter, die für jemandes Mutter oder Vater sorgen, nehmen hierbei die Spitzenposition ein.[9]

Obwohl sich beide Geschlechter auch um andere Verwandte als nur um die Eltern kümmern, hat die Untersuchung das ergeben, was die meisten Frauen bereits wissen, nämlich daß »Frauen häufiger als Männer für Eltern und auch Nicht-Verwandte sorgen«. Forscher vermuten: Die Wahrscheinlichkeit, daß jemand eine unbezahlte, oft gering bewertete Betreuerrolle annimmt, hängt nicht nur davon ab, in welchem Ausmaß die kranke oder sterbende Person auf Hilfestellung angewiesen ist, sondern auch »davon, ob er oder sie bereitwillig und fähig ist, die Betreuerrolle zu übernehmen«.[10]

Meine Studie wirft ein bezeichnendes Licht darauf, daß Töchter, Schwestern und andere Frauen eine vordringliche Verpflichtung empfinden und sich dadurch in die Kategorie der »Bereitwilligen« einordnen lassen. Hierbei ist es gleichgültig, ob sie dazu »fähig« sind oder nicht; oft sind sie sogar selber arm, krank oder beides.

Das Hauptalter für die Betreuertätigkeit liegt zwischen 45 und 64 Jahren. Im Jahr 1990 betreuten 27 Prozent von Frauen in dieser Altersgruppe betagte, oft sterbende Menschen. Aus meinen Fallstudien hat sich ergeben, daß diese Last öfter alleinstehenden Frauen (vornehmlich Töchtern) zufällt, die in dem Ruf stehen, »Zeit für so etwas zu haben«. Die oben genannte britische Untersuchung hat bestätigt, daß alleinstehende Frauen in der Hauptaltersgruppe sehr viel eher eine Betreuerrolle übernehmen als verheiratete Frauen.

Ein freundschaftliches Beziehungsumfeld ist für alleinstehende Frauen aller Altersgruppen von entscheidender Bedeutung. So ist es nicht verwunderlich, wenn man festgestellt hat, daß ein wesentlich höherer Anteil von alleinstehenden Frauen auch für Freunde und andere Verwandte als bloß für die Eltern sorgte.[11]

Eine solche ganztägige Betreuung, die Frauen gegenüber kranken Angehörigen erbringen müssen, beinhaltet das Waschen, Baden, Ankleiden, den Gang zur Toilette sowie die Unterstützung beim Kampf, vom Bett in einen Stuhl zu gelangen. Zusätzlich zu diesen Aufgaben übernehmen die Frauen das Einkaufen und Kochen, die Haus- und Gartenarbeit; zudem verabreichen sie in vielen Fällen die Medizin oder tragen die Hauptlast bei den pflegerischen Arbeiten. Wenn eine Mutter stirbt, können solche Aufgaben noch stärker belasten.

»Ich habe den ganzen Prozeß ihrer Pflege durchlaufen. Wir kamen uns immer näher, je weniger sie fähig war, Dinge selber zu tun. Es war fast so, als wenn wir zu einem Wesen verschmolzen. Mir wurde ganz stark bewußt, daß ich die Dinge tat, die sie selber nicht mehr für sich tun konnte. Ich war so etwas wie ihre Arme und Beine. Ich glaube, wir fühlten beide das gleiche. Ich hob sie auf die Bettpfanne, half ihr beim Zähneputzen. Während der letzten Nacht, als sie nicht mehr trinken konnte, habe ich ihr immer wieder kleine Eisstücke in den Mund geschoben. Ich betupfte ihre Lippen mit diesem Zeug aus Zitrone und Glyzerin.« (Sophie, Buddhistin, Tochter)

Einige Frauen lernen schon als Kinder, in Krisensituationen ihre eigenen Mütter zu sein.

»Als meine Oma starb, war ich 16 Jahre alt. Sie wollte von Mama und mir zu Hause gepflegt werden. Ich erledigte das ganze Kochen und die meisten Putzarbeiten. Löffelte ihr das Essen ein. Als sie tot war, half ich unserer Nachbarin, sie herzurichten: Schüsselweise heißes Wasser zu holen, das Nachthemd an- und auszuziehen, saubere Laken auszubreiten und das Baumwollkleid anzuziehen, in dem sie dann beerdigt wurde. Dann das Nachthemd wieder auswaschen. Ich war vom Schock wie betäubt. Beerdigt wurde meine Oma zwei Tage nach meinem siebzehnten Geburtstag, der völlig übersehen wurde.« (Lakey, Westafrikanerin, Enkelin)

»Der erste Todesfall, an den ich mich erinnern kann, war die Frau von nebenan. Als ich mit meiner Mutter hinüberging, war der riesige Nachttopf voller Urin das, was mich am meisten entsetzte. Ich dachte nur, das wird mir mit meinen Eltern nicht passieren. Ich bin Krankenschwester, und so tat ich wirklich alles, als Mami starb, das Erbrochene aufwischen, sie selber säubern. Aber am meisten hatte ich Angst davor, daß sie allein sterben könnte. Wenn ich unbedingt zur Toilette mußte, wartete ich bis zur letzten Sekunde, raste dann hinaus, riß mir den Schlüpfer herunter, alles in höchstem Alarmzustand, daß sie etwas brauchen könnte, während ich ein paar Minuten nicht da war. Dann zurück, den Schlüpfer im Laufen hochziehen, der ganze Ablauf in umgekehrter Reihenfolge. Ich wollte nicht eine einzige vertrauliche Minute verlieren.« (Moira, Tochter, 52 Jahre alt)

Manchmal setzten sich diese Säuberungsaktionen auch noch nach dem Todeseintritt fort, sogar wenn ein männlicher Verwandter da war und sich bereits darum hätte kümmern können.

»Als ich vom Krankenhaus zurückkam, nachdem sie am Schlaganfall gestorben war, stellte ich fest, daß sie inkontinent gewesen war und sich alles noch auf dem Fußboden befand. Niemand hatte etwas angerührt. Ich nehme an, daß es für Vater, der sie gefunden hatte, zu fürchterlich war. Ich war schon immer für die Drecksarbeit zuständig gewesen. Das Zeug stank unbeschreiblich. Seit zwei Tagen hatte man es so liegen gelassen. Ich beseitigte erst einmal das, dann ent-

deckte ich das ganze Erbrochene auf den Laken. Ich legte neue Laken auf für den Fall, daß mein Bruder in ihrem Zimmer schlafen
wollte. Er wollte nicht, also schlief ich in der Nacht in ihrem Bett.«
(Marge, Tochter, 57 Jahre alt)

Zumindest für die weiße Bevölkerung ist nachgewiesen, wie sehr
die weibliche Fürsorge nach außen hin unsichtbar bleibt. Die persönliche Fürsorge schwarzer Frauen scheint intensiver zu sein, wird
aber noch spärlicher erwähnt. Eine Untersuchung über private Betreuung innerhalb schwarzer und ethnischer Minderheiten hat J. A.
McCalman (1990) durchgeführt, was allein schon ungewöhnlich ist.
Dabei hat sie Kontakt zu asiatischen, afro-karibischen und chinesischen Betreuern in Southwark aufgenommen und herausgefunden,
daß von den untersuchten 34 Betreuern 21 weiblichen Geschlechts
waren. Diese Frauen verbrachten nicht nur täglich elf Stunden damit, für betagte und sterbende Verwandte zu sorgen, sondern berichteten alle, sie hätten »einen beträchtlichen Teil ihres Lebens mit der
Betreuung anderer verbracht«.[12]

Für schwarze Frauen gibt es ein besonderes Problem. Es herrscht
allgemein die Ansicht, daß die Fürsorge in der Gemeinschaft schwarzer Haushalte (besonders asiatischer Haushalte) für gewöhnlich Sache der Familie ist. Das bedeutet, daß das begrüßenswerte Engagement schwarzer Frauen, die behinderte oder sterbende Angehörige
betreuen, noch stärker ist als das von weißen Menschen. Es geht so
weit, daß die amtlichen Stellen zur Bereitstellung von Betreuungsdiensten davon ausgehen, daß sie sich um die Bedürfnisse von
schwarzen Menschen nicht zu kümmern brauchen. Nachdem die
Fürsorge in der »Familie« für weiße wie für schwarze Haushalte zumeist »Fürsorge durch Frauen« bedeutet, trifft das Fehlen jeglicher
angemessener Bereitstellung von Pflegediensten schwarze Frauen besonders hart.

Es herrscht die Meinung, daß schwarze Menschen sozusagen im
Schoß ihrer »weitgestreuten Familie« versorgt werden können, wenn
sie an Krebs oder an einer anderen lebensbedrohenden Krankheit
sterben. Das beruht auf einem riesigen Irrtum. Obwohl es in vielen
asiatischen Gemeinschaften dem traditionellen Muster entspricht,
Verantwortung unter den Familienmitgliedern aufzuteilen, hat sich
bei Nachforschungen über die Situation in schwarzen Familien herausgestellt, daß der alles unterstützende, ausgedehnte Familienverband eigentlich ein Mythos ist. Änderungen in der Haushaltsstruk-

tur sowie die geographisch bedingte, weiträumige Trennung von nahen und entfernten Verwandten haben zur Folge, daß noch immer ein bedeutender Teil asiatischer Menschen allein lebt und wenige Angehörige in diesem Land hat. Forschungsarbeiten (Cameron, Atkin, Fenton) haben ergeben, daß »große Familienverbände zwar häufig waren, aber keineswegs überall«. Die Krebsorganisation »Cancerlink« vertrat die Ansicht, daß die allgemein verbreitete Meinung, asiatische Leute kümmerten sich selber um ihresgleichen und hätten ein sich selbst tragendes Netzwerk der Hilfeleistung, ganz einfach nicht stimmte. Man kam zu dem Schluß, daß die Nichtigkeit solcher Annahmen die aufschlußreichste Erkenntnis der ganzen Forschungsarbeit war.[13]

McCalman beobachtete in ihrer Studie über asiatische und afrokaribische Familien, daß die Hauptverantwortung einem ganz bestimmten Familienmitglied zufiel, wenn jemand krank war oder im Sterben lag. Jahr für Jahr hat ein Forschungsprojekt nach dem anderen gezeigt, daß – wie in weißen Familien – die Verantwortlichkeit auf einem »Familienmitglied« lastete, das immer eine Frau war. Wo ein Kind hoffnungslos krank war oder im Sterben lag, übernahm die Mutter die Verantwortung für den vollen Umfang der Betreuung, wie Walker (1987) in einer Studie über 15 asiatische Familien dargelegt hat, in denen kranke Kinder betreut wurden.[14]

Meine Nachforschungen haben ergeben, daß die Verpflichtung auf die Töchter übergeht, wenn keine Mutter vorhanden ist.

»Zuerst war es die Mutter, plötzlich ging es ihr schlecht, man sagte uns, es sei Krebs, nichts mehr zu machen, wir seien dran, ihr beizustehen. Wir waren drei Töchter, zwei davon verheiratet. So hing alles an mir, das ganze Waschen, überall Kot und Klos, die ich verabscheue. Dann hatte ihr Bruder, der bei uns lebte, so einen Schlaganfall. Konnte sich kaum noch bewegen. Die Treppen hinauf, wieder herunter, obwohl ich selber solche Schmerzen hatte. Dann hatte unser Vater auch einen Schlaganfall. Die zwei waren schon immer Konkurrenten. Niemand war da, mir zu helfen. Ich mußte wie eine Eiche sein. Aber ich wünschte mir zusammenzubrechen, ich wollte, daß sich auch jemand um mich kümmerte.« (Anja, afro-karibische Tochter, 33 Jahre alt)

»Als eine Muslime, deren Hochzeit im Alter von 14 Jahren arrangiert worden war, glaubte meine Mutter fest daran, die Ehe sei von Gott gekommen. Als sich mein Vater von ihr scheiden ließ, starb sie zwei Wochen später an Herzversagen. Ich war gerade erst 15 Jahre alt, völlig am Boden zerstört. Aber es war meine Aufgabe, die anderen Kinder zu füttern, zu waschen und anzuziehen.« (Shushi, asiatische Muslime, Tochter)

Schwarze Frauen haben in ihrer Gemeinschaft als Hauptbetreuerinnen der Sterbenden sogar noch weniger Hilfe von außen zu erwarten als ihre weißen Schwestern. Forschungsberichte über weiße Betreuerinnen von Sterbenden zeigen, wie auch meine Studie bestätigt, daß die Gefühlsbelastung auf ein hohes Niveau steigen kann. Zwar gibt es über schwarze Frauen so gut wie keine systematischen Untersuchungen. Doch das verfügbare Beweismaterial deutet darauf hin, daß die Benachteiligung, die durch Abgeschiedenheit und Isolierung – verstärkt durch Kommunikationsschwierigkeiten – in Verbindung mit den kulturellen Besonderheiten der Volksgruppe entsteht, die gefühlsmäßigen Defizite noch verschärft. Rassismus verschlimmert die ganze Situation. Camerons Forschungsbericht verdeutlichte, daß schwarze Betreuerinnen sich kaum aus dem Haus wagten aus Angst vor einer »fremden« Außenwelt, in der ihre eigenen Normen, Werte und sozialen Umgangsweisen oft als unangemessen eingestuft wurden.[15]

Für gemischtrassige Familien ergeben sich noch zusätzliche Spannungen.

»Man kann nicht Arm in Arm mit einem schwarzen Mann ausgehen, ohne angepöbelt zu werden. Es ist kaum möglich, in einer rassistischen Gesellschaft zu leben, ohne Probleme zu bekommen, wenn man schwarze Kinder aufzieht. Der Vater meiner drei Mädchen ist Afrikaner. Es ist oft hart für sie gewesen. Aber sie haben sich wacker geschlagen. Meine mittlere Tochter ist die zweite Frau überhaupt und die erste schwarze Frau, die das Examen als Toningenieurin bestanden hat. Doch mit ihrer weißen Großmutter haben sie Schwierigkeiten gehabt. Sogar noch, als sie im Sterben lag. Sie mochte zwar den rebellischen Aspekt an der Tatsache, schwarze Enkelkinder zu haben. Aber sie konnte sich nicht von der Vorstellung befreien, daß es Aufgabe der Weißen sei, den Schwarzen den Weg zu weisen. Diese Einstellung machte es schwierig, sich um sie zu kümmern, als sie, durch den Krebs bedingt, immer brechen mußte. Und nur wir waren da, um ihr zu helfen. Sie hatte eine schwere Brustamputation hinter sich, die halbe Achselhöhle war ausgeräumt worden. Sie brauchte eine Menge Pflege zu Hause, und meine drei Mädchen mußten viel Gutwilligkeit und Verständnis aufbringen. Alle vier sind wir durch ihr langes Leiden verändert worden.« (Nessie, Tochter)

Schwarze Betreuerinnen, oft genug schon durch die allgemein geringen Frauenlöhne benachteiligt, werden durch noch niedrigere Löhne diskriminiert. McCalman fand heraus, daß keine von den acht asiatischen Frauen, die sie interviewt hatte, in einem Beschäftigungsverhältnis stand. Und doch trugen alle acht die alleinige finanzielle Verantwortung, weil ihre Ehemänner entweder schwerstbehindert oder unheilbar krank waren.[16]

Hier entsteht ein Bild davon, wie sich Töchter aus allen Kulturen mit ganzem Herzen der harten Aufgabe widmen, ihre sterbenden Eltern zu versorgen. Aber die private Fürsorge schwarzer wie weißer Frauen hat bisher in der Öffentlichkeit wenig Anerkennung gefunden. Die weibliche Fürsorgetätigkeit ist schon zu lange in dem neutralen, unstrittigen Begriff »Familienfürsorge« untergegangen. Betreuende Frauen müssen diese Stille durchbrechen, bevor sie an der Arbeit zerbrechen. In der vorliegenden Studie haben sie Raum und Gelegenheit dazu gefunden.

Wir benötigen – und haben es doch nicht – ein enorm verbessertes Bereitstellungssystem von Betreuungsdiensten für Sterbende, das sowohl einfühlsam auf Rassenunterschiede als auch auf geschlechtliche Besonderheiten eingeht.

Die nicht gebührend anerkannten körperlichen Tätigkeiten in der Sterbebetreuung sind oft wahre Knochenarbeit und strapazieren manchmal Geist und Nerven bis zum äußersten. Betrachten Töchter solche Aufgaben als Bürde?

»Der Arzt meinte, ich könnte sie woanders unterbringen. Ich müßte mir diese Bürde nicht aufladen. Ich antwortete ihm: ›Vielleicht sehe ich das Ganze nicht als Bürde an!‹« (Nessie, Tochter, 62 Jahre alt)

»Es war harte Arbeit, aber sie versuchte, anspruchslos zu sein, wollte es mir leichter machen. Um mich nicht ständig um Dinge bitten zu müssen, versuchte sie es damit, daß sie mir eine ganze Reihe von gewünschten Dingen sozusagen in einem Aufwasch nannte. Sie wollte nicht das Gefühl haben, daß sie mein ganzes Leben vereinnahmte. Ich hatte nicht das Gefühl, daß sie eine Last war. Das war etwas, wo wir erst zu einem gemeinsamen Weg finden mußten. Sie fragte: ›Warum gehst du nicht mal aus?‹ Also ging ich einmal zu Freunden. Als ich zurückkam, beklagte sie sich nicht, aber sie war zu erschöpft gewesen, um sich selbst ein Flüssignahrungsgetränk zu machen. Also machte ich mir Vorwürfe. Es war tatsächlich eher eine Last, nicht vor Ort zu sein.« (Sophie, Tochter)

Nessies und Sophies Ansichten wurden von vielen Töchtern bestätigt. Sophies Beharrlichkeit, auch schwierige Fragen anzusprechen, führte zu einer wesentlichen Besserung der Beziehung zwischen ihrer Mutter und ihr. Sie meinte, daß die Schulung als buddhistische Nonne ihr sehr geholfen habe.

»Ich hatte ganz stark den Eindruck, daß sich hinter der materiellen, weltlichen Ebene des reinen Überlebens ein tieferer Sinn verbarg, der mir half, mich den ärgerlichen Alltäglichkeiten gegenüber geduldiger zu zeigen. Der Buddhismus lehrte mich, wie man Mitgefühl und Entgegenkommen entwickeln kann. Meine Mutter und ich arbeiteten gemeinsam daran. Ein Teil der Schulung als Nonne gilt der Wiederherstellung der Einheit. Im Kloster habe ich gelernt, wie man die Betreuung der körperlichen Seite und der gefühlsmäßigen, geistigen Seite zu einem einheitlichen Vorgang gestalten kann. Wenn sie mich schon mal anfauchte und ärgerlich meinte: ›Warum hast du das gemacht?‹, dann war mir klar, daß sie es nicht persönlich meinte; sie war nicht mir gegenüber so ungeduldig. Sie war eben dieser Mensch mit der Neigung zur Ungeduld und mit einer fürchterlichen Krankheit.« (Sophie, Buddhistin, Tochter)

Entscheiden sich Töchter in der Zeit vor dem Tod dafür, mit der Mutter über die Tatsache ihres baldigen Todes zu sprechen?

»Wir haben die Tatsache, daß sie dem Tod nahe war, nie angesprochen. Ich bedaure es jetzt. Das Tabu war zu stark. Es ist einfach ein Thema, das mich in jeder Hinsicht mit Grauen erfüllt hat.« (Babs, Tochter)

»Ich habe mit Mama über die Tatsache gesprochen, daß ihr Krebs tödlich war. Als sie sich der Strahlentherapie unterziehen mußte, kam ihr langsam zum Bewußtsein, daß sie sich nicht wieder erholen würde. Erst war sie entsetzt, dann zornig. Aber es war besser, darüber zu reden.« (Nessie, Tochter)

»Es half uns beiden, als wir über ihren unvermeidlichen Tod sprachen. Sie gab zu, daß sie verängstigt war. Dann legten wir die Arme umeinander.« (Fern, Tochter)

»Ich scheute davor zurück, den Tod zu erwähnen, aber sie kannte keine Vorbehalte. Sie meinte, daß sie furchtbar neugierig sei. Sie hatte schon immer eine Schwäche für Abenteuer gehabt. Ich war sehr erstaunt. Und dann mußte ich darüber lachen.« (Tamsin, Tochter, 46 Jahre alt)

»Über den Tod zu sprechen wurde uns dadurch erleichtert, daß wir Christen waren. Meine Schwester und ich saßen an ihrem Bett. Wir beteten gemeinsam und dann schauten wir uns seltsamerweise alte Kinderbücher an und versuchten herauszufinden, was wir alle mit dem Tod verbanden.« (Phillippa, Tochter, 51 Jahre alt)

Ungelöste Gefühlsprobleme und Schuldgefühle spielen eine wichtige Rolle in den Gesprächen. Sophie erläutert:

»In jenen letzten, wenigen Wochen haben wir über den Tod gesprochen. Für sie war nicht mehr viel offen geblieben. Sie und ich wußten, daß ihr Tod bevorstand. Mein Vater schob es stärker von sich fort. Wir sprachen über Schuld, ihre Schuldgefühle gegenüber der ersten Frau meines Vaters. Wir erwähnten, wie sehr ihr Sterben sich auf unsere Beziehung ausgewirkt hatte. Es war mehr ich als sie, die sich gedrängt fühlte, die Dinge auszusprechen. Ich wollte und konnte ihr sagen, daß sie eine wunderbare Mutter gewesen sei. Sie äußerte, daß sie keine bessere Tochter hätte haben können. Als Teenager war ich sehr schwierig gewesen, und sie hatte sich oft über mich geärgert. Sie beruhigte mich, daß der Tod sie nicht schrecke, nicht so wie das schmerzhafte Ringen um Luft. Sie meinte, daß es ein merkwürdiges Gefühl sei, mit der Ungewißheit zu leben, nicht zu wissen, wieviel Zeit einem noch blieb. Vom buddhistischen Standpunkt war das sehr gut. Gerade, weil es so ungewiß war, lebte sie von einem Tag zum anderen.«

Obwohl das Leben außerhalb eines Klosters ein undurchdringliches Netz der Stille um den Tod webt, wird innerhalb der Klostermauern ständig vom Tod gesprochen.

»Unsere tägliche Denkübung war: ›Das Sterben gehört zu meiner Wesenheit. Noch bin ich nicht durch das Tor des Sterbens gegangen. Und alles, was mir gehört, ob geliebt oder beglückend, wird zu etwas anderem werden, wird nicht mehr zu mir gehören.‹

Während ich mir dies jeden Tag ins Gedächtnis rief, konnte ich mich auf den Tod meiner Mutter vorbereiten. Die buddhistische Sichtweise von bedingungsloser Liebe hatte einen Weg zu ihrer Liebe gefunden.« (Sophie)

So wie die buddhistische Schulung einer Tochter das Werkzeug an die Hand gab, die Situation zu meistern, so kann die Beziehung einer anderen Tochter zu ihrer sterbenden Mutter durch eine feministische Betrachtungsweise in einem überraschend neuen Licht erscheinen:

»Zwei Jahre bevor meine Mutter Brustkrebs bekam, habe ich mich der Frauenbewegung angeschlossen. Folglich mußte ich damit aufhören, sie als herrische Rivalin zu sehen, als jemanden, der mich gefühlsmäßig auslaugte. Ich kam zu der Überzeugung, daß wir beide unterdrückt worden waren – es war nicht sie gewesen, die mich unterdrückt und gegen sie aufgebracht hatte.« (Annette, Tochter, 30 Jahre alt)

»Nachdem ich selber Feministin geworden war, wollte ich unbedingt meine Mutter von der Sache überzeugen. Ich wollte sie dazu bringen, ihre Situation von einem feministischen Standpunkt zu sehen. Sie starb sehr langsam an Krebs. Sie versuchte, sich damit zu befassen, aber sie war zu krank, um an viel anderes als an das Gift, das ihren Körper zerstörte, denken zu können. Doch über ungefähr sechs Monate hinweg wurden wir zu Freundinnen, dann überschwemmte sie das Gift, sie verlor jegliche Kontrolle über sich; ich mußte sie praktisch in allem bemuttern.« (Phoebe, Tochter, 40 Jahre alt)

Obwohl manche Töchter sehr wenig mit ihren Müttern zu tun haben wollen, möchten viele andere so wie Phoebe die Betreuung ihrer Mutter übernehmen, ein Vorgang, der bereits mit den Wechseljahren eintreten kann.

Zwei Schlüsselprobleme werden durch Phoebes Worte miteinander verbunden: die Freundschaft und die Bemutterung von Müttern durch die Töchter. Einige Frauen vertraten die Meinung, daß eine Mutter-Tochter-Beziehung und Freundschaft einander ausschließen. Sie kritisierten Mütter, die sogar noch auf ihrem Totenbett versuchten, eine freundschaftliche Beziehung zu ihren Kindern herzustellen. Viele Töchter jedoch – wobei die größere Anzahl Feministinnen waren – hatten versucht, alte Zöpfe abzuschneiden. Wenn sie bereits zu Zeiten, als ihre Mütter noch gesund waren, versucht hatten, einen näheren Kontakt als Frauen in der gleichen Situation herzustellen, dann brachte der Tod der Mütter weniger Probleme mit sich, auch wenn er nicht weniger schmerzlich war.

Das zweite Problem, die Rollenumkehr in der Mutter-Tochter-Beziehung, war ein allgemein verbreitetes Phänomen.

»Sie erzählten ihr, es seien Gallensteine. Mir sagten sie, daß sie noch sechs Monate zu leben habe. Eine Nacht raste sie vor Schmerzen, in der nächsten phantasierte sie. Die letzten sechs Tage konnte sie nichts mehr selber machen. Sie verdreckte das Bett, konnte nicht mehr alleine essen. Es war herzzerreißend, nur hinzusehen, wie sie eine Schnabeltasse benutzte. Früher hatte sie immer ungefähr 50 Tassen Tee am Tag getrunken. Sie war verzweifelt darüber, daß ihr das jetzt nicht mehr möglich war. Sie führte die Schnabeltasse zum Mund, es dauerte eine halbe Stunde, dann wollte sie keinen Deckel draufhaben, sie war dadurch zutiefst in ihrem Stolz verletzt. Sie rief aus: ›NEIN! Ich kann das.‹ Also nahm ich den Deckel ab, doch dann lief alles an ihr herunter, so daß ich sie füttern mußte, gerade so, wie eine Mutter es mit ihrem Kind macht. Sie weinte nur noch, sie war entsetzlich unglücklich.« (Babs, Tochter, 41 Jahre alt)

»Es war, als ob ich die Mutter war anstatt die Tochter, wenn ich Essen in so kleinen Stückchen herzurichten versuchte, daß es meine Mutter schlucken konnte. Sie mußte ziemlich früh einen Nachtstuhl haben. Aber sie war tapfer und hielt sich mit Würde. Die Schmerzen waren so schlimm, daß man sie kaum anfassen durfte. Beim letzten Mal, als sie ein Bad nahm, waren wir beide in Tränen aufgelöst. Danach wusch ich ihr jeden Tag die Füße in warmem Wasser. Ich wusch ihr das Haar mit Trockenshampoo. Sie war immer eine eitle Frau gewesen. Als sie inkontinent wurde und Einlagen tragen mußte, ließ sie es nur deshalb zu, weil ich ihre Nachthemden jeden Tag waschen mußte. Sie war wie ein Kind. Ich sagte zu ihr: ›Es ist viel einfacher, wenn du Einlagen trägst, als wenn ich mit einem Haufen Wäsche dastehe. Ich kann nicht die ganze Wäsche im Waschbecken waschen. Deshalb mußt du mir etwas helfen. Das geht zwar mit diesen kleinen Höschen und den Nachthemden, aber nicht mit Bettlaken!‹ Ihre Erwiderung war: ›Ja, natürlich. Ich bin jetzt ein Baby. Ich bin eine Belsen-Schönheit und ein Baby. Schau mich an!‹ Es stimmte. Sie war dünn wie Belsen.« (Nessie, Tochter, 62 Jahre alt)

»Mütterlich mit ihr umzugehen – das war, als wenn ich es für mich selbst tat. Sie mußte nicht die tapfere Frau markieren. Sie wußte, wenn ihr übel wurde, machte es mir nichts aus, hinterher aufzuwischen. Aber bei meinem Bruder und Vater empfand sie es als peinlich. Sie meinte, bei ihnen müsse sie sich besonders zusammenreißen. Einmal hielt sie meinen Bruder davon ab zu kommen, weil sie meinte, nicht in der richtigen Verfassung zu sein. Sie fühlte sich immer erleichtert, wenn ich da war und sie bemutterte. Mich konnte sie um alles bitten, was sie brauchte. Es war wunderbar, daß zwischen uns diese Selbstverständlichkeit und Liebe bestand. Es gab einem das Gefühl von Erfüllung, eine Tochter zu sein.« (Sophie, Tochter)

Die Sorge von Sophies Mutter, die Männer in ihrem Leben zu beschützen, wurde überall gleich empfunden. Viele sterbende Mütter
versicherten ihren Töchtern, daß sie nur bei ihnen »sie selber sein
durften«, daß sie »sich nicht verstellen mußten«; sie »mußten keinen falschen Anschein erwecken«. Eine Tochter, deren Mutter im
Krankenhaus starb, berichtete:

»Aus gesellschaftlichem Pflichtgefühl bewahrte sie ihre Haltung
so lange, bis mein Vater und mein Bruder gingen. Erst dann ließ ihre
Anspannung so weit nach, daß sie in Frieden sterben konnte. Sie
mußte sie nicht länger beschützen.« (Lana, Tochter, 30 Jahre alt)

Wenn viele Mütter das Gefühl hatten, sie selber sein zu dürfen,
wenn die Töchter sich um sie kümmerten, dann war es umgekehrt
ebenso. Babs sprach für viele:

»Meine Mutter war die einzige Person, bei der ich mich so geben
konnte, wie ich war. Vor ihr mußte ich mich nicht rechtfertigen. Obgleich sie unglaublich anspruchsvoll war, meinte sie, daß ich alles
toll machte.«

Wenn eine Mutter stirbt und eine sehr junge Tochter zurückläßt,
wird die Tochter kaum jemals die Rollenumkehr erleben. Aber sie
wird unter Umständen in der Angst leben, anders zu sein.

»In der Schule hatte ich das Gefühl, daß mir jeder nachschauen
würde, weil ich anders war. Sie würden sagen: ›Schau sie dir an. Sie
hat ihre Mama verloren.‹ Ich kam mir seltsam vor, nicht wie die anderen in der Schule. Sie sprachen nicht darüber. Niemand in der
Schule erwähnte es auch nur. Sie dachten wohl: ›Sie könnte anfangen zu weinen! Sie wird sich aufregen.‹ Also sprach niemand mit mir
darüber.« (Caroline, britische Tochter, die ihre Mutter mit 11 Jahren
verlor)

»Mama starb an einem Gehirntumor, als ich ein junges Mädchen
war. Ich wollte einfach so weitermachen, als sei nichts geschehen.
Aber Papa und die Familie sagten: ›Du kannst jetzt nicht zur Schule
zurückgehen. Man geht nicht sofort zur Schule zurück, wenn die
Mutter gestorben ist.‹ Damit wußte ich, daß ich anders war. Der Pa-
stor und seine Frau nahmen mich auf eine Autofahrt mit und versuchten, etwas über meine Gefühle aus mir herauszubekommen.
Ich war verzweifelt darum bemüht, ein normaler Mensch zu sein.
Ich versuchte, über irgend etwas Alltägliches zu sprechen, über
meine Hausaufgaben oder den Sport.« (Carmel, amerikanische
Tochter, die ihre Mutter mit 16 Jahren verlor)

Selbstvorwürfe sind ein allgemeines Charakteristikum bei Verlusten in der Jugend.

»Was mir besonders naheging – das Haus war leer, wenn ich von der Schule heimkam. Sonst war sie immer dagewesen. Es berührte mich stark und war irgendwie unheimlich. Hatte ich etwas falsch gemacht, daß ich jetzt ohne eine Mutter auskommen mußte?« (Eve, amerikanische Tochter, die ihre Mutter mit 12 Jahren verlor)

»Ich machte mir Selbstvorwürfe, als Mama starb. Es erschien mir recht unnatürlich, so jung zu sein und keine Mutter zu haben; also hielt ich es für meinen Fehler.« (Esme, britische Tochter, die ihre Mutter mit 13 Jahren verlor)

Väter und Brüder neigen dazu, sich wie bei erwachsenen Töchtern auch auf sehr junge Töchter zu verlassen, wenn die Ehefrau oder Mutter gestorben ist.

»Ich bin sehr schnell groß geworden. An einem Tag war ich noch das kleine Mädchen von 11 Jahren. Am nächsten Tag war ich die Frau des Hauses.« (Candy, britische Tochter, die ihre Mutter mit 11 Jahren verlor)

»Seit Mamas Tod, als ich 14 Jahre alt war, hatte ich mich um den gesamten Haushalt gekümmert. Manchmal ging ich mit Jungen aus. Papa geriet in Panik. Er sagte, er sei besorgt, daß ich ihn verlassen würde, fortgehen und heiraten würde. Und was solle er dann machen?« (Jennie, amerikanische Tochter, die ihre Mutter mit 14 Jahren verlor)

Einige wenige Väter beschlossen, eine bezahlte Hilfe zu nehmen. Manchmal verstärkte das die Verzweiflung der jungen Tochter und fügte ihr besondere Gefühle der Schuld und des Ausgeschlossenseins zu.

»Plötzlich tauchten diese Haushälterinnen auf. Ich war ausgeschlossen. Dann wurde ich auf das College fortgeschickt. Dort wechselte ich ständig meine Partner. Ich weiß nicht, ob das Schuldgefühle waren. Ich hatte eine enge Beziehung zu meiner Mutter gehabt. Nie hätte ich es gewagt, mich so zu benehmen, wenn sie gelebt hätte.« (Carmel, amerikanische Tochter, die ihre Mutter mit 16 Jahren verlor)

Mehrere Frauen berichteten von einem plötzlichen, häufigen Partnerwechsel nach dem Tod der Mutter – oft aus dem Gefühl des Verlassenseins heraus. Dieser Vorgang wiederholte sich nach dem Tod eines Partners – dann oft aus einem Gefühl der Wut oder des Verrats.

Im Angesicht des Todes legen Mütter wie auch Töchter oft erstaunliche Verhaltensweisen an den Tag. Ein paar werden ganz untypisch selbstbewußt.

»Mama hatte diesen Schlaganfall gehabt. Als sich ihr Gesundheitszustand etwas besserte, entließ das Krankenhaus sie für die letzten Wochen nach Hause. Im Krankenhaus hatte sie Zeit gehabt, zwei und zwei zusammenzuzählen, hatte spitzgekriegt, mit wem Papa 23 Jahre lang ein Verhältnis gehabt hatte. Am ersten Tag, nachdem sie aus dem Krankenhaus heraus war, schwankte sie mit ihrem Gehgestell und einem geschienten Bein zur Wohnung dieser Frau, stolperte über neun Treppenabsätze hinauf, da es keinen Fahrstuhl gab. Dann hämmerte sie gegen die Tür und informierte den Ehemann dieser Frau: ›Ihre Frau hat ein Verhältnis mit meinem John gehabt.‹ Danach war die Hölle los! Es bedeutete, daß sie ihr Leben schließlich selber in die Hand genommen hatte, als sie in ihren sechziger Jahren war und starb.« (Leanne, Tochter, 48 Jahre alt)

Welche Wünsche und Ängste haben Mütter, wenn sie auf ihren Tod warten? *Die am meisten verbreitete Angst, auf die ich gestoßen bin, war die Angst davor, die Kontrolle über die Körperfunktionen zu verlieren; der am meisten verbreitete Wunsch war der nach Zustimmung, sterben zu dürfen.*

»Sie fürchtete sich nicht vor dem Tod, sie fürchtete sich davor, die Selbstkontrolle zu verlieren. Sie hatte eine Wahnsinnsangst davor, ihre Darmtätigkeit nicht mehr im Griff zu haben. Als es dann das erste Mal passierte, war sie völlig niedergeschmettert. Sie sprach kein Wort mehr für den Rest des Tages oder der Nacht. Am nächsten Tag hatte sie ihren Darm wieder unter Kontrolle. Sie verlor sie erst wieder nach acht Monaten. Das war Willenskraft, der Sieg des Geistes über das Fleisch. Sie bemerkte dazu: ›Solange es in meiner Macht steht, passiert mir das nicht noch einmal.‹« (Nessie, Tochter)

Die Autorin Celia Haddon berichtet über die gleiche Angst, als ihre Mutter im Sterben lag:

»Ich konnte auch ihre Bestürzung sehen, jedesmal, wenn sie wieder das Bett naß gemacht hatte. Ich beugte mich dann zu ihr und beruhigte sie: ›Es ist ganz in Ordnung, es hier zu machen, Mama.‹ Aber ihr Gesicht sah verängstigt aus, und sie fuchtelte mit ihren stockdürren Armen herum, als ob sie verzweifelt versuchte, aus dem Bett herauszukommen. Der ›Töpfchenzwang‹ wirkte noch immer, selbst vor den Pforten des Verlöschens.«[17]

Als meine eigene Mutter in einem Pflegeheim im Sterben lag, war das auch ihre größte Sorge. Eine Krankenschwester versuchte, mich zu beruhigen:

»Machen sie sich keine Sorgen um ihre Mutter, wenn mal was ins Höschen geht. Sie trägt besondere Einlagen, und uns macht es nichts aus, diese zu wechseln und ihre Mutter sauberzuhalten.«

Ich versuchte, ganz ruhig zu bleiben:

»Nicht ich bin es, der es etwas ausmacht. Meiner Mutter macht es etwas aus. Sie sagt, sie ist nicht inkontinent. Noch ist sie im Vollbesitz ihrer geistigen Kräfte, und wenn sie es sagt, dann glaube ich ihr das. Sie erklärt, weil sie nicht mehr richtig sehen kann, findet sie nicht immer gleich die Klingel, wenn sie auf die Toilette möchte. Weil sie auch langsam ihre Stimme verliert, kann sie nicht laut um Hilfe schreien. So bleibt ihr manchmal nichts anderes übrig, als es laufen zu lassen. Sie findet die Situation unerträglich. Können Sie nicht einsehen, wie entwürdigend das für sie ist?«

»Sind das ihre Worte?« fragte die Krankenschwester liebenswürdig. »Wissen Sie, die meisten wollen nicht zugeben, daß sie die Kontrolle über sich verloren haben! Es ist unsere Aufgabe, hinterher alles sauberzumachen.« Dann meinte sie noch mit aufgesetzter Unbekümmertheit: »Die meiste Zeit schaffen wir es ja noch, ihr den Nachtstuhl zu bringen, damit sie sich richtig entleeren kann!«

In der Nacht fragte ich mich, wie lange es noch dauern würde, daß Mutter nicht mehr lange genug an sich halten konnte, bis man ihr die Bettpfanne für den Stuhlgang brachte? Wie lange würde es noch dauern, bis die Krankenschwestern es aufgaben, noch rechtzeitig zu kommen? Würde Mutter sterben, während sie in ihren eigenen Exkrementen lag? Plötzlich schien diese Frage von enormer Bedeutung zu sein.[18]

Mütter benötigen oft die Zustimmung der Familie, um sterben zu können.

»Was mir nicht aus dem Kopf gehen will, ist das Bild meiner Mutter, wie sie ihren Blick über die ganze, um das Bett versammelte Familie gleiten ließ und meinte: ›Es ist doch sicher an der Zeit, daß ihr nach Hause geht.‹ Einer der Anwesenden erwiderte: ›Wir bleiben hier bei dir, bis es dir besser geht.‹ Mutter sagte daraufhin: ›Oh, heißt das, ich darf jetzt schlafen?‹ Danach hat sie das Bewußtsein nicht wiedererlangt, aber sie hatte ihrer gesellschaftlichen Pflicht solange genügt, bis ihr jemand die Erlaubnis erteilte zu gehen.« (Leanne, Tochter)

133

Die ausbleibende Erlaubnis löste bei manchen Töchtern im nachhinein Gefühle des Bedauerns aus.

»Ich bedaure, daß ich die Familie nicht gebeten habe zu gehen, damit ich noch mit ihr alleine sein konnte. Ich hatte das Gefühl, ich brauchte dazu deren stillschweigendes Einverständnis, habe es aber nicht bekommen.« (Owen, Tochter, 41 Jahre alt)

»Ich wünschte, jemand hätte mir erlaubt, mich zu ihr in das Krankenhausbett zu legen und sie ganz fest in die Arme zu nehmen.« (Anita, Tochter, 38 Jahre alt)

»Ich hatte ein Tonbandgerät mitgenommen, um ein paar ihrer letzten Worte aufzunehmen, all die Dinge, die am Ende gesagt werden. Doch dann meinte ich, daß ich jemandes Zustimmung brauchte, um das Gerät einzusetzen. Ich bedaure zutiefst, daß ich so ein Feigling gewesen bin.« (Deanna, Tochter, 40 Jahre alt)

Manchmal waren die Schmerzen, die eine Mutter erdulden mußte, so unbeschreiblich, daß die Töchter alles getan hätten, um sie erträglicher zu machen. Alles, außer der Mutter Beihilfe zum Sterben zu leisten.

Die Agnostikerin Lyndall Hopkinson, Tochter der katholischen Romanautorin Antonia White, saß am Totenbett ihrer Mutter und mußte zusehen, wie diese sich gegen unsichtbare Schläge und Schreckensvisionen aus den Tiefen grauenvoller Träume zu schützen suchte. Sie betete zu Antonias Gott, daß er sie erlösen möge:

»Ich, die ich bis vor kurzem an nichts geglaubt hatte ... setzte die ganze, über Jahre als Agnostikerin aufgestaute, frustrierte, leidenschaftliche Geisteskraft ein, um Gott inständig anzuflehen: ›Bitte, laß sie nicht länger leiden. Bitte, laß sie jetzt sterben, im Schlaf, an ihrem Geburtstag mit der strahlenden Sonne am Himmel, ihre Hand in meiner. Sicher hat sie für alles genug gebüßt. Bitte, BITTE ...‹ Aber ihr unregelmäßiges, mühsames Atmen bestätigte mir nur die Lächerlichkeit meiner Gebete. Gott war an jenem Tag ebenso starrköpfig wie Antonia und konnte sich nicht für ein schnelles Ende entscheiden.«[19]

Die Autorin Celia Haddon glaubt, daß sie durch nichts auf den vollen Schrecken der letzten sieben Tage ihrer Mutter vorbereitet war, in denen diese Zentimeter um Zentimeter, Minute um Minute, Organ um Organ dahinsiechte:

»Für mich ist es, als ob diese Erfahrung mein ganzes Leben verdüstert hat. Denn unsere Gesellschaft verleugnet den Tod. Zwar sterben jeden Abend Männer auf dem Fernsehschirm, aber meistens sterben sie sehr unrealistisch schnell. Der Schmerz und das Elend werden nie gezeigt, und die meisten von uns haben noch nie einen Menschen gesehen, der während des Sterbevorgangs langsam verfault.«

Ihre Mutter verfaulte buchstäblich an einem Plattenepithelkarzinom der Zunge, das sich langsam seinen tödlichen Weg bis zur Bauchspeicheldrüse bahnte. Schließlich konnte sie auch nichts mehr trinken und starb nicht nur an Krebs, sondern auch an Austrocknung. Für Celia Haddon wie für ihre Mutter war es mehr, als sie ertragen konnten:

»Ich versuchte, ihre Lippen mit einer Mischung aus Apfelwein und Zitronensaft zu befeuchten ... sie drohte zu ersticken. Ich war jetzt so weit, daß ich meiner Mutter nur noch den Tod wünschte. Vielleicht hätte ich ihr dabei helfen können, indem ich sie ersticken ließ. Aber ich konnte es nicht über mich bringen, sie auf diese Weise zu töten ... Wilde Ideen schossen mir durch den Kopf – warum sie nicht mit dem Kissen ersticken oder um die Ecke in den nächsten Do-it-yourself-Laden gehen, ein Beil ergreifen und sie damit zu Tode bringen, oder sie mit dem Gürtel ihres Morgenmantels erdrosseln. Irgend etwas, um den Schmerz, der mich bei ihren Schmerzen überflutete, zu beenden.«[20]

War die Beziehung vor einem schmerzbeladenen Tod von Auseinandersetzungen überschattet gewesen, blieben Töchter mit Zorn und unbeantworteten Fragen zurück.

»Es gab so viel, was ich sagen wollte. Ich war wütend auf sie. Dinge aus meiner Jugend. Mein Vater war Alkoholiker, niemand sprach darüber. Meine Mutter litt an Verfolgungswahn, sie dachte immer, die Leute versuchten sie zu vergiften. Ich stand da mit der Frage, was normal war und was nicht. Kein Wunder, daß ich wütend war.« (Babs, Tochter)

»Sie war nie für mich da. Sie war abwesend, wenn ich von meinem Vater geschlagen wurde. Er schickte mich zum Schuppen, um einen Rohrstock zu holen. Also saß man erst mal da und schaute die grünen Zweige an, die dünn und scharf waren, oder man saß da und schaute die braunen an, die mit den Knötchen drauf. Man mußte zurückgehen und einen mitbringen. Er zog die Hosen herunter und schlug auf den nackten Po. Ich nehme an, daß sich meine Mutter irgendwohin verkrochen hatte und in ihrer Hilflosigkeit weinte, aber sie hat ihm damals nie Einhalt geboten. Auch hinterher kam sie nie, um mich zu trösten. Von allem in ihrem Leben war ich ausgeschlossen. Als sie in ihrem letzten Koma lag, waren mein älterer Bruder und seine Frau dort. Einen kurzen Moment schien meine Mutter ihnen zuzulächeln. Ich war so wütend darüber, daß sie nicht mir zulächelte. Ich fühlte mich außen vor und war böse, daß ich mit so kindischen Gefühlen fertig werden mußte. Ich hatte so viele Fragen auf der Zunge, aber ich war ausgeschlossen. Zwei Stunden lang saß ich draußen vor der Intensivstation. Niemand erlaubte mir den Zutritt, erst nachdem sie gestorben war. Aber noch das ganze Jahr nach ihrem Tod habe ich eine Menge mit ihr gesprochen, so, als sei sie noch da.« (Sandra, Tochter)

Welcher Art auch immer die Beziehung gewesen sein mochte, viele Töchter hatten das Gefühl, daß es eine Zeit der Versöhnung war. Celia Haddon, die mit Erleichterung verfolgt hatte, wie der Kaplan der Mutter schließlich die Letzte Ölung gegeben hatte, wurde plötzlich durch ein kleines Wunder aus ihrem Kummer aufgeschreckt:

»Eine Hand meiner Mutter lag oben auf dem Deckbett. Sie war bläulich angelaufen. Ich nahm ihre Hand auf, und als ich das tat, griff sie plötzlich auch zu. Sie hielt meine Hand. Mich überkam eine unendliche Freude. Für sechs Stunden hielten wir uns so an den Händen. Ich sprach zu ihr, ich erzählte ihr von meiner Liebe. Ich war überzeugt, daß sie mich hören konnte. Die Farbe ihrer Hand wechselte langsam von Blau zu Rosa, und sie starb nicht ... Ihr Atem rasselte nicht mehr ... Ich fragte mich, ob ich sie vielleicht zurückgerufen hatte, und so hörte ich auf, ihre Hand zu halten. Außerdem stank ihr Atem mittlerweile so stark, daß ich nicht mehr nahe bei ihr sitzen konnte, ohne das Gefühl zu haben, brechen zu müssen ... Ein Ohr hatte vom Druck des Kopfkissens rote Flecken bekommen. Einer dieser Flecken wurde nach und nach schwarz. Sie verweste langsam ... Sieben Tage später ... irgend etwas war anders ... Ich ging zu ihr hinüber und nahm ihre Hand auf ... Kalt wie der Tod. Ganz anders als etwa die Kühle einer lebenden Hand, die mich als Baby gehalten hatte. Ich sang ein Kirchenlied für sie. Ich sagte ihr, wie sehr ich sie liebte. Ich sang das Wiegenlied für sie, das sie mir immer vorgesungen hatte: ›Golden Slumbers Kiss Your Eyes‹ (›Goldener Schlummer küßt deine Augen‹). Dann ein tiefes Einatmen, und sie hörte für immer auf zu atmen.«[21]

Lyndall Hopkinson hatte jahrelang unter einer gespannten Beziehung zu ihrer Schriftstellermutter Antonia White gelitten. Sie hatte der Aussage ihrer Mutter geglaubt, daß Susan Chitty, ihre Halbschwester, von der Mutter zur Lieblingstochter auserkoren war. Als jedoch ihre Mutter in einem katholischen Pflegeheim im Sterben lag, geplagt von Osteoporose, Krebs, einer gebrochenen Hüfte und Anfällen obsessiver Depressionen, da war es Lyndall und nicht Sue, die an ihrer Seite war. Doch Antonia, die von den Geistern ihrer Vergangenheit verfolgt wurde, erkannte ihre Tochter Lyndall nicht:

»Manchmal dachte sie, ich sei Sue, ihre Lieblingstochter, Katholikin und Schriftstellerin wie sie selbst ... Wer auch immer ich ihrer Ansicht nach war, meine Stimme und Berührung schienen ihr gutzutun. Einmal, als ich sie streichelte, äußerte sie, daß ich ›Verderbtheit berührte‹, so als ob sie um Vergebung bitten wollte. Doch obwohl ich ihr vergeben hatte, schrak ich davor zurück, es auch zu sagen, denn sie hätte ja noch immer wütend aufbrausen können mit der Frage: ›Mir vergeben, wofür?‹ Und ich wäre zu feige gewesen, ihr zu antworten: ›Für die Art und Weise, wie du dich niemals darum bemüht hast herauszufinden, wer ich wirklich gewesen bin, indem du mich als Kleinkind ignoriert, in der Kindheit terrorisiert und in der Jugend herabgesetzt hast‹ ... Ich weinte wegen der Dinge, die geschehen waren, die nicht geschehen waren und die hätten geschehen können: wegen der seelischen Leiden, die ihr übermächtiges Ego ihr selbst und anderen, vornehmlich ihren beiden Kindern, zugefügt hatte. Heute weiß ich, daß ich meine Tränen ebensosehr aus Selbstmitleid wie aus Mitgefühl vergoß.«

Als ihre Mutter nicht mehr die Kraft zum Schlucken hatte, befeuchtete Lyndall ihre Zunge mit nasser Watte, las ihr vor und sprach zu ihr. Sie rezitierte Gedichte, die sie in der fünften Klasse gelernt hatte – kaum angemessen für eine literarische Löwin, die mit dem Tod kämpfte:

»Also ließ ich das Aufsagen und erzählte ihr, daß ich sie liebte. War ich zur Heuchlerin geworden? ... Wie konnte ich sicher sein, daß dieses neue Gefühl nicht nur getarntes Mitleid war? Ganz sicher war es mir nie möglich gewesen, all jene so unglückselig widersprüchlichen Persönlichkeitsstrukturen zu lieben, die sich einst zu der ungeduldigen, aufbrausenden Individualität meiner Mutter zusammengefügt hatten. Aber in diesem hilflosen Wrack auf dem Bett war jene frühere Mutter ebensowenig wiederzuerkennen wie in dem hübschen, lebhaften Mädchen auf dem Poster, mit dem die Virago-ausgabe der Werke von Antonia White angekündigt worden war und das irgend jemand an der Wand über ihrem Bett angeheftet hatte.«

Mitten in Lyndalls Grübeleien hinein murmelte Antonia plötzlich die allerletzten Worte, die ihre Tochter aus ihrem Munde hören sollte:

»Welche?«

»Ich zögerte für eine Sekunde: Sollte ich vorgeben, ich sei Sue, die vielleicht nicht mehr rechtzeitig vor dem Tod unserer Mutter zurück sein würde?

Warum mit einer Lüge enden? Ich hatte ihr in der Vergangenheit so viele erzählt, um ihre oder meine Gefühle zu schonen.

›Es ist Lyndall‹, sagte ich.

Ich bin froh, daß ich die Wahrheit gesagt habe. Sie drückte leicht meine Hand, und dann zog sie auch ihre andere Hand unendlich langsam über die Wölbungen und Vertiefungen des Federbetts bis hin zu meiner. Als sie es schließlich geschafft hatte, hob sie meine Hand Stück für Stück hoch. Wenn die Hand aus Blei gewesen wäre, es hätte sie nicht mehr Anstrengung kosten können ... Sie hielt vor ihrem Mund inne – ›Vielleicht versucht sie mir zu sagen, daß sie durstig ist‹, dachte ich. Dann preßte sie meine Hand an ihre Lippen, hielt sie so für eine lange Zeit und küßte sie dann ... Es erforderte meine ganze Kraft, sie mein Schluchzen nicht hören zu lassen. Mit einer einzigen Geste, die Zuneigung und Reue, Dankbarkeit und Bitten um Verzeihung zu übermitteln schien, hatte sie die Vergangenheit in ein versöhnliches Licht gerückt, indem sie mich letztendlich als einen Teil ihrer selbst anerkannte.«[22]

Im Augenblick des Todes setzten einige Töchter Tonbandgeräte ein, um eine bleibende Erinnerung an die letzten Worte ihrer Mütter zu haben; andere hatten nicht genug Mut, um dem Tabu zu trotzen:

»Wir sangen ›Bye Bye Blackbird‹ (›Leb' wohl, kleine Amsel‹), ein Lied, zu dessen Melodie sie uns Charleston gelehrt hatte. Wie glücklich wäre ich, wenn ich das auf Band hätte.« (Leanne, Tochter)

Einige Töchter machten Fotos von den letzten Lebensmomenten ihrer Mütter oder sogar nach Eintritt des Todes. Die Familie von Sophie, der buddhistischen Nonne, erteilte die Erlaubnis, daß einige solcher Aufnahmen von ihrer Mutter Sasha, Lady Young of Dartington, die selber eine Autorin und Rundfunkpersönlichkeit war, im »Guardian« abgedruckt wurden. Ein Foto von Sasha erregte die öffentliche Aufmerksamkeit und schockierte viele Leser durch die Intimität, die es ausstrahlt: Es zeigt, wie ihr Schriftstellergatte Michael Young, ihre Tochter Sophie und ihr Sohn Toby einen Tag nach ihrem Tod in Liebe um sie versammelt sind. Sophie und ihre Familie hofften, daß es das Sterben ins Licht der Öffentlichkeit rücken würde – daß das unverhüllte Bild von Liebe und Hingabe einige Leute dazu bringen würde, ihre Tabuvorstellungen zu überdenken.

Lord Young unterstützte Sophies Entschluß in aller Öffentlichkeit. Er erklärte, daß auch Sasha Buddhistin gewesen sei, daß es in der buddhistischen Tradition, wo es kein Todestabu gibt, dem Brauch entspräche, den toten Körper zu zeigen, so daß Freunde und Angehörige ihm die Ehre erweisen konnten. Dieses im Bild festgehaltene Memento sei als Teil der Ehrerweisung anzusehen.

Was empfinden Töchter, nachdem die Mutter gestorben ist? Wenn beide Eltern gleichzeitig sterben, haben Töchter den Eindruck, als sei ihre Herkunftsgeschichte ausgelöscht worden.

»Mama starb an der Alzheimerschen Krankheit, Papa starb nur wenig später. Es kam mir so vor, als hätte ich plötzlich meine ganze eigene Geschichte verloren. Ich fühlte mich wie eine Überlebende des Holocaust.«

»Meine Eltern starben nacheinander innerhalb einer halben Stunde. Meine Mutter hatte einen Schlaganfall, ich habe sie die ganze Zeit gepflegt. Mein Vater hatte Darmkrebs, aber war zumindest teilweise wiederhergestellt – ihn betreute ich ebenfalls. Er kam gerade in dem Moment in das Zimmer, als sie starb. Er stand nur da und sagte: ›Arme Mama, arme Mama‹. Eine halbe Stunde später bat er mich: ›Ich muß mich in meinen Sessel setzen. Hilf mir durch den Raum.‹ Er stolperte, fiel in meine Arme und war tot. Einfach so. Er hatte sie unendlich geliebt. Er konnte nicht weitermachen. Und so hatte er diesen tödlichen Herzanfall.

Wenn beide Elternteile sterben, hat sich der Lebensraum um dich in Nichts aufgelöst. Wo ist deine Geschichte geblieben? Ich wurde von dem Zwang verfolgt, Familiengeschichten niederzuschreiben, Stammbäume aufzuzeichnen.« (Moira, Krankenschwester, Tochter)

Einige Frauen fühlten sich bereits in gleicher Weise ihrer Geschichte beraubt, wenn allein die Mutter starb:

»Nachdem sie gestorben war, war auch meine Geschichte gestorben. Es war der Tod einer Generation. Ich bewegte mich eine Stufe weiter. Man geht immer weiter, aus dem Kind wird ein Erwachsener.

Es kommt dem Ende eines Zyklus gleich. Von jetzt an muß man seine eigene Geschichte aufbauen.«

Einige dagegen, die sich durch die Beziehung zu ihrer Mutter wie stranguliert vorkamen, konnten freier atmen, als sie tot war.

»Meine Fingernägel waren immer kurz, abgebissen, kindisch. Als meine Mutter gestorben war, wurden meine Nägel richtig lang.«

»Sie war immer so viel mehr gewesen als ich. Jetzt kann ich so wachsen, wie es mir paßt.«

Andere Ansichten, die auch häufig geäußert wurden, resultierten aus einem Gefühl des Verlassenseins. Eine Frau beklagte sich in bitterster Weise über den Selbstmord ihrer Mutter: »Wie kann ich weiterleben, wenn sie tot ist?«

Dann gab es Schuldgefühle: »Die Vorstellung, daß Mama nicht vollkommen war, trug dazu bei, die Schuld, daß ich mich ihr gegenüber nicht vollkommen verhalten hatte, weniger schlimm erscheinen zu lassen!«

Rivalitäten waren ausgelöscht; und alle Täuschungsmanöver, die vielleicht über Jahre aufrechterhalten worden waren, konnten entfallen:

»Als meine Mutter tot war, mußte ich nicht länger all die Dinge vortäuschen oder herunterspielen, die ich getan hatte oder tat; Dinge, zu denen sie selber in ihrem Leben keine Gelegenheit gehabt hatte. Sie hatte bereits mit zwölf Jahren ihre eigene Mutter gepflegt und deshalb die Schule verlassen müssen.«

Die Soziologin Jane Littlewood betonte in ihrer Studie über Trauerfälle bei Erwachsenen, daß viele Frauen die anhaltende Traurigkeit nach dem Tod der Mutter mit der Erkenntnis verbanden, daß die Mutter durch ein »hartes Leben« gegangen war. Sie verglichen ihre eigene, relativ bevorzugte Position direkt mit der ihrer Mutter. Viele meinten, sie hätten zumindest versucht, ihre Mütter zu »entschädigen«, und quälten sich nach deren Tod doch mit Gedanken, wieviel die Mutter entbehrt hatte. Littlewood weist darauf hin, daß »relativ wenige Söhne in Verbindung mit dem Tod ihrer Mutter ähnliche Betrachtungen anstellten«.[23]

So gut wie einstimmig äußerten hinterbliebene Töchter, daß sie sich als Waisen fühlten.

»Wenn deine Mutter stirbt, dann kommt dieses Gefühl auf, daß du eine Waise bist. Mir ging es so, als Mama starb, aber nicht, als Papa starb.«

»Wenn man seine Mutter verliert, bedeutet das, man ist jetzt allein, auch wenn der Vater noch lebt. Man ist wirklich eine Waise.«

»Plötzlich ist man wieder eine Heranwachsende, auch wenn man bei ihrem Tod bereits erwachsen ist. Doch gleichzeitig ist man gezwungen, sich wie eine Erwachsene zu benehmen. Mich überkam dieses Gefühl, eine Waise zu sein, obwohl mein Papa noch lebte.«

Viele Frauen beschrieben, daß sich dadurch auch ihre Beziehung zu den eigenen Kindern änderte.

»Ich wurde besitzergreifend gegenüber meinen Kindern. Ich war immer im Alarmzustand.«

»Ich wurde verantwortungsbewußter und wachsamer gegenüber meinen Kindern. Jetzt war ich diejenige, die immer nach ihnen ausschaute.«

»Meine Mutter hatte mir immer gesagt, wie ich meinen Haushalt führen und meine Kinder erziehen sollte. Ich hatte mich darüber geärgert. Aber komischerweise machte ich jetzt eine Menge von dem, was die Kinder betraf, genau so, wie sie es gesagt hatte.«

Meine Freundin Nicho, deren Mutter Carol starb, als Nichos kleiner Sohn gerade ein paar Monate alt war, versicherte:

»Für mich ist eine der traurigsten Gegebenheiten, daß er weder Carol kennen noch Erinnerungen an sie haben wird, wenn er größer sein wird – obwohl sie ein Teil meines Lebens war, mir das Leben und das gegeben hat, was ich bin.«

Einige Frauen, die jahrelang privat für beide oder einen der sterbenden Elternteile gesorgt hatten, fanden danach eine neue Erfüllung, indem sie den Beruf der Betreuerin ergriffen.

»Ihr Tod trieb mich in die Trauerberatung.«

»Ich war schon Krankenschwester, aber nachdem ich all die Jahre für sie gesorgt hatte, faßte ich den Entschluß, mich in der Altenpflege ausbilden zu lassen. Ich fühlte, damit jetzt etwas bieten zu können.«

»Ich wäre nie Krankenschwester für Krebspatienten geworden, hätte ich mich nicht vorher um sie gekümmert.«

Verzweiflung über den Tod einer Mutter war nur die eine Seite der Medaille. Den Tod als Geschenk anzunehmen war die andere. Die amerikanische Autorin Joy Magezis erklärte, das ihr von der Mutter hinterlassene Geschenk sei gewesen, daß die Mutter nach ihrem Tod in ihr weiterlebte:

»Als Mama friedlich starb, schlief ich im Nebenzimmer auf der Liege. Als ich dann auf der Schwesternwache weinte, kam es mir so vor, als ob Mama über mein langes Haar bis zur Schulter hinab-strich. Ab dem Zeitpunkt hatte ich das Gefühl, daß sie bei mir war, ir-gendwie in mir ... Einen Monat nach Mamas Tod fuhr ich an die See und ging schwimmen. Plötzlich wurde mir klar, daß ich mich mühe-los auf dem Wasser treiben lassen konnte. Das war etwas gewesen, wofür ich Mama immer bewundert hatte. Ich mußte sonst pausenlos mit den Armen und Beinen rudern, oder ich wäre untergegangen ... Jetzt, wo sie in mir war, konnte ich mich unbekümmert an der Ober-fläche treiben lassen.«

Andere Frauen bestätigten Joys Eindruck, daß der Tod ein Ge-schenk sein kann.

»Das Geschenk, das sie mir im Sterben machte, als sie mit mir in jenen letzten Tagen über das Sterben sprach, bestand darin, daß ich die Angst verloren habe. Der Tod wird gefürchtet, weil er geleugnet wird. Man spricht einfach nicht darüber. Wir haben darüber gespro-chen. Dadurch sehe ich ihn jetzt als Teil eines Zyklus an, nicht als Versagen, sondern als etwas, was uns von Geburt an begleitet.«

»Der Schatz, den sie mir mit ihrem Tod hinterlassen hat, ist die Er-kenntnis, daß das Schlimmste in meinem Leben schon passiert ist. Ich stehe jetzt viel voller im Leben. Ich verbringe jeden Tag, als sei es mein letzter. Ich versuche, mich nicht mehr darüber aufzuregen, wenn die Waschmaschine streikt oder die Katze auf das Federbett gespien hat.«

»Im letzten Jahr habe ich beiden Eltern dafür vergeben, daß sie überhaupt keine elterlichen Fähigkeiten besessen haben. Ich glaube, daß erst der Tod meiner Mutter mir das Tor zum Leben weit geöffnet hat. Ich bin überzeugt, daß ihr Tod für mich ein Geschenk gewesen ist. Irgend etwas wurde dadurch freigesetzt, so daß ich an-fangen konnte, auf mich zu schauen und Wunden zu heilen. Es gab mir das Gefühl, daß sie mich im Tode mehr umsorgte als im Leben.«

Wenn sich beim Tod der Mutter eine Tür öffnet, damit die Tochter zu ihrer eigenen Identität finden kann, kann auch ein Wind herüber-wehen. Die Rundfunkautorin Mavis Nicholson hat so das Gefühl be-schrieben, das sie beim Tod ihrer Mutter hatte:

»Ich stand am äußersten Rand einer Klippe, meine Füße hatten sicheren Stand, es war sehr windig. Als mein Vater starb, war ich un-endlich traurig gewesen. Als meine Mutter starb, spürte ich, wie der Wind mich umtoste, denn jetzt ist man als nächste dran.«[24]

Für manche Töchter bedeutet die Annahme einer neuen Identität in einer Umgebung ohne die Mutter soviel wie ein Leben ohne Hoffnung. Für andere wiederum wird es zur Herausforderung am Übergang zu einem neuen Leben.

»Nichts scheint noch einen Sinn zu haben, jetzt, wo sie tot ist. Diese Feststellung wird für mich durch die Tatsache bestätigt, daß ich keine Kinder habe und auch keine haben will. Auch wenn ich glücklich verheiratet bin und mir keinen verständnisvolleren Ehemann wünschen könnte, ist doch nichts mehr so, wie es vorher war. Da ist diese riesige Lücke. Früher füllte sie diese Lücke ganz aus, sie beschützte mich vor allem, und jetzt ist sie fort.«

»Ich bin nicht mehr die gleiche Person. Ich werde nie mehr die gleiche Person sein. Kann es daran liegen, weil da diese Lücke ist? Oder bin ich etwa hineingefallen?«

»Als Muslime weiß ich, daß Mutters Tod von Gott gewollt war und das Leben weiterhin einen Zweck hat; aber ohne meine Mutter erscheint es mir sinnlos. In meinem Leben hat sich eine Lücke aufgetan, und ich stecke in der Lücke drin.«

All diese letzten Feststellungen sind ein mächtiger Widerhall der Worte jener bemerkenswerten Autorin Maya Angelou, die im Fernsehen über den Tod ihrer Mutter gesprochen hat. Als sie der Interviewleiter fragte, ob der Tod schlimmer als erwartet gewesen sei, erwiderte sie: »Sehr viel schlimmer. Man kann sich niemals richtig darauf vorbereiten ... Wir wissen, daß die Mutter in der Lücke zwischen Leben und Tod steht. Was immer auf der anderen Seite sein mag, da ist eine Mutter, die in der Lücke steht, und irgendwie ist diese Mutter das Medium, durch welches man zu den Nachkommen, dem Kind, der Frau, dem Mann gelangt ... Ist die Mutter nicht mehr da, wird die vorher ausgefüllte Lücke zur Höhle. Höhlenartig. Plötzlich steht man selber in der höhlenartigen Lücke. Nichts ist mehr zwischen einem selbst und dem Tod ... Und wenn man bereits selber mit dem Glück, der Verantwortung, dem Privileg und der Bürde, eine Mutter zu sein, gelebt hat und nur daran denkt, daß man bisher doch alles Erdenkliche getan hat, um die Kinder ordentlich großzuziehen, dann ... findet man sich urplötzlich selber in der Lücke wieder. Die Erkenntnis ist niederschmetternd und zugleich wie ein Triumph; aber man fragt sich doch: Bin ich dazu fähig, bin ich stark genug, um hier zu stehen?«[25]

Die kraftvolle und mitfühlende Art, wie Maya Angelou schreibt, läßt keinen Zweifel an ihrer Stärke als Schriftstellerin aufkommen, mit oder ohne Mutter. Sie steht als Symbol für die vielen kreativen und betreuenden Töchter, mit denen ich gesprochen habe.

Fünftes Kapitel

WEIBLICHE BESTATTUNGSUNTERNEHMER

Zu Beginn des Jahrhunderts spielten Frauen eine aktive Rolle in den Abläufen rund um den Tod. Der Umgang mit den Toten wie auch das Betreuen der Hinterbliebenen war Sache der Frauen. Oft war es ganz in wörtlichem Sinne eine Arbeit, wo Hand angelegt werden mußte. Heute besteht eine scharfe Trennung.

Während es sich bei dem bezahlten Fachpersonal in der Hinterbliebenenberatung zumeist um Frauen handelt, sind diejenigen, die sich um die toten Körper kümmern, meistens Männer.

Hinterbliebenenberatung, die im Licht der Ehrbarkeit glänzt, wird als »nützliche Betreuungsarbeit« gesehen – das heißt, als eine Arbeit, die unterbezahlt und auf Frauen zugeschnitten ist. Bestattungsarbeit wird dagegen als »schwere, harte Arbeit« eingestuft und bleibt den Männern vorbehalten.

»Männliche Leichenbestatter machen uns dauernd weis, daß wir zu zart seien, um Körper zu heben, und zu fraulich, um Bestattungsfeiern zu arrangieren und zu leiten. In den Gemeinden sei das nicht so gern gesehen. Die wollen ein gestandenes Mannsbild an der Spitze der Trauerveranstaltung sehen. Uns betrachtet man als ungeeignet.« (Bestattungsunternehmerin, 1994)

DIE BEDEUTUNG VON BEGRÄBNISSEN UND FRAUEN IM BESTATTUNGSGEWERBE

Wenn der Tod in erster Linie als Abbruch und Begrenzung für Leben und Beziehungen verstanden wird, so werden Beisetzungsrituale zu Versuchen, für die tote Person und für die Hinterbliebenen einen Weg durch die Grenzziehungen des Todes zu finden. Totenrituale drehen sich häufig um Grenzüberschreitungen und Verbindungen. In vielen Teilen der Welt sind Beisetzungen ein Ausdruck von Solidarität zwischen den Menschen, die von dem Tod betroffen sind. Eine Feier aus Anlaß der Reise, die der Tote angetreten hat. Für Muslime und Juden sind Todesriten eher Augenblicke gemeinschaftlichen Erlebens als einsame und von der Außenwelt abgeschlossene Ereignisse. Blicken wir auf die Anthropologie, können wir natürlich erkennen, daß sich solche Erklärungen nicht auf alle Formen des Umgangs mit der Sterblichkeit anwenden lassen. Die Hopi-Indianer Nordamerikas zum Beispiel feiern die meisten Ereignisse ihrer Lebenszyklen mit umfangreichen Zeremonien. Geht es jedoch um Bestattungen, finden nur dürftige Feiern statt, die sich auf die direkten Angehörigen beschränken und zu einer schnellen Beseitigung der Leiche führen.

Religiöse Überzeugungen verändern sowohl die Arten der Leichenentfernung als auch die Beisetzungsriten. Buddhisten begraben oder verbrennen ihre Toten gemäß örtlichem Brauch. Innerhalb von drei bis sieben Tagen nach dem Tod findet manchmal noch vor der eigentlichen Begräbniszeremonie auf dem Friedhof oder im Krematorium eine Feier im Haus des Toten statt. Mönche können eingeladen werden, damit sie die Trauernden an die Vergänglichkeit des Lebens erinnern.

Bei christlichen Begräbnissen sind sowohl Erdbestattungen als auch Verbrennungen gestattet. Römische Katholiken und einige Anglikaner halten oft eine Kirchenfeier mit Messe ab. Bei orthodoxen Begräbnissen bleibt der Sarg während des Gottesdienstes manchmal offen, dagegen wird bei den meisten protestantischen Feierlichkeiten der tote Körper für gewöhnlich nicht sichtbar sein.

Die Praxis der Muslime sieht vor, daß der Körper von Verwandten gewaschen und versorgt wird und die vorgeschriebenen Gebete gesprochen werden. Der Islam verbietet die Verbrennung. Im Idealfall findet die erforderliche Erdbestattung innerhalb von 24 Stunden nach dem Tod statt. Männliche Familienangehörige tragen den Sarg für die Bestattungsgebete entweder zur Moschee oder direkt zum Friedhof. Frauen nehmen nicht an der Beerdigung teil. Der Körper wird in einem tiefen Grab mit dem Gesicht gen Mekka beigesetzt. Manchmal wird der Körper einbalsamiert und zur Beisetzung in das Heimatland überführt.

Im Hinduismus hat die Einäscherung so schnell als möglich zu erfolgen. Eine Ausnahme bilden Kinder unter drei Jahren, die beerdigt werden. Ein Teil der Feierlichkeiten findet zu Hause statt. Der

Pandit, ein Priester, singt aus den Schriften; und der Haupttrauernde, für gewöhnlich der älteste Sohn, verrichtet die Rituale. Kräuter, Sandelholz, gereinigte Butter – die den Körper läutert und ihn leichter verbrennen läßt – und Blumen werden auf den Körper gelegt. Gangeswasser und »Tulsi« (Basilikum) werden zusammen mit einer Geldmünze in den Mund gesteckt. Sie ist als Bezahlung für den Fährmann gedacht, der den Strom des Todes überquert. Die Trauernden gehen um den offenen Sarg herum, der danach geschlossen und für weitere Gebete zum Krematorium gebracht wird. Bei den Gujaratis dürfen Frauen dem Sarg nicht folgen.

Bei den Sikhs ist wie bei den Hindus die schnelle Einäscherung vorgeschrieben. Der Körper wird zum Haus zurückgebracht, damit man ihn ein letztes Mal anschauen und Gebete sprechen kann. Die tote Person muß mit den traditionellen fünf »Ks« versehen sein, den Glaubenssymbolen, die von initiierten Sikhs immer getragen werden: 1) dem ungeschnittenen Haar, »kesh« (symbolisiert Sprirualität); 2) dem Kamm, »kanga« (Disziplin, Ordentlichkeit, Sauberkeit); 3) dem Schwert, »kirpan« (Bereitwilligkeit, den Glauben, die Armen und Unterdrückten zu verteidigen); 4) dem Stahlreif, »kara«, der am rechten Handgelenk getragen wird als Erinnerung daran, daß die Hände nur Gutem dienen sollen (Symbol göttlicher Einheit und Unendlichkeit); 5) den knielangen Hosen, »kachh« (Zurückhaltung, Bescheidenheit, Reinheit).[1] Die Familie sowie weibliche Freunde und Nachbarinnen schreiten um den Sarg herum, der danach zum »Gurdwara« (Tempel) gebracht wird, wo Gebete gesprochen und die Familie sowie männliche Freunde und Nachbarn um den Sarg herumgehen.

Im orthodoxen Judentum hat die Bestattung möglichst schnell in einem einfachen Holzsarg zu erfolgen. Den Körper der Erde zurückgeben, während die Seele zu Gott aufsteigt – das ist ein entscheidendes Glaubensmerkmal des Judentums. Einige liberale jüdische Gemeinden lassen heutzutage die Verbrennung zu, aber es wird nicht dazu ermuntert. Blumen werden als unpassend angesehen. Statt dessen wird zu Spenden für wohltätige Zwecke aufgerufen. Die Feier findet auf einer jüdischen Begräbnisstätte statt; die Gebete werden zuerst in der kleinen Kapelle und danach an der Grabstätte gesprochen. Auch wenn Frauen jetzt an den Begräbnissen teilnehmen dürfen, rezitieren nur männliche Trauernde die Gebete und lassen den Sarg in das Grab hinab. Vorzugsweise sollten männliche Kinder oder

Brüder des Verstorbenen die Sargträger sein. Keinem Nicht-Juden ist es erlaubt, mit dem Sarg zu hantieren. Seltsamerweise dürfen persönliche Feinde des Toten beim Tragen des Sarges helfen. Ihre Bemühungen werden nicht als Heuchelei, sondern als eine Form des Bedauerns gewertet. Die Feier ist äußerst einfach und eher darauf ausgerichtet, den Verstorbenen zu ehren als die Trauernden zu trösten. Führende Gemeindemitglieder, nahe Verwandte und Freunde – einschließlich Frauen, wenn sie zu den Haupttrauernden gehören – beteiligen sich daran, die Erde in das Grab zu schaufeln, nachdem der Sarg hinabgelassen worden ist. Die Schaufel wird nicht von Hand zu Hand weitergereicht, sondern jede Person schaufelt Erde hinein und steckt danach die Schaufel wieder in den Boden. Juden glauben, daß jedes einzelne Aufschlagen der Erdklumpen psychologisch von Nutzen ist, weil es Endgültigkeit vermittelt und jegliche Illusion überwinden hilft, der Tote könnte noch leben. Auch ich habe die Schaufel benutzt – sowohl für die Mutter als auch für den Vater. Daher kann ich mich für das Gefühl der Endgültigkeit verbürgen; einen psychologischen Nutzen habe ich jedoch nicht wahrgenommen.

Begräbnisriten sind reich an Bedeutung. Sie stellen das Verhältnis des Einzelmenschen zur Gemeinschaft in den Mittelpunkt. Sie drehen sich um grundsätzliche Fragen zu Leben und Tod.

Ein Begräbnis kann einen zum Innehalten zwingen. Genau wie der Tod.

Bowker glaubt, daß Handlungsabläufe bei Begräbnissen und die besonderen Verfahren, wie ein Körper beseitigt wird, den Menschen helfen können, den Tod unter dem Aspekt von Wandel und Kontinuität zu akzeptieren.[2] Die Erdbestattung zum Beispiel könnte die Assoziation aufkommen lassen, daß man Samen in die Erde einbringt, damit daraus neue Pflanzen entstehen. Die Einäscherung könnte als Umgehen des langsamen körperlichen Zerfalls angesehen werden, so daß der Geist befreit oder neue Energie nach außen entlassen wird.

»Als meine Mutter im Sterben lag, schaute ich auf diesen wunderschönen, hoch aufragenden Baum, der sich in unserem Garten wiegte. Dann beschloß die Familie, ihn fällen zu lassen. Seine Wurzeln drohten die Hausfundamente zu untergraben. Ich sah, wie die obersten Äste fielen, und ich schrie ihnen zu aufzuhören. Als meine Mutter an der Alzheimerschen Krankheit gestorben war, kurz darauf mein Bruder Selbstmord beging und mein Vater starb, wurde jener

Baum für mich zum Symbol meines Familienstammbaums. Symbol unserer Wurzeln, unserer Anfänge, wie unser Geist sich aus dem Wipfel des Baumes noch oben schwingt. Ich änderte daraufhin meinen Wunsch, eingeäschert zu werden, und entschied mich für ein Erdbegräbnis. Letzteres entspricht dem Zyklus der Natur.« (Patty, Hinterbliebene mehrerer Trauerfälle)

In diesem Sinn können Begräbnisse zu einer Art Lebensmotor werden, indem sie die Toten und die Trauernden zu anderen Existenzformen führen. Ein »gutes« Begräbnis ist mehr als nur die Beseitigung einer Leiche. Es kann dem Leben der zurückbleibenden Menschen neue Kraft verleihen. Nach Meinung des holländischen Anthropologen Arnold Van Gennep kann es die Bindungen zwischen all denen stärken, die von dem Tod einer Person betroffen sind.[3]

Wenn diese stark integrierende, soziale Funktion greift – und sicher greift sie nicht immer in dieser Weise –, kann ein Begräbnis viel dazu beitragen, daß Menschen sich von ihrem Verlust erholen. Natürlich werden viele Bestattungen diesem Anspruch nicht gerecht. Manche Bestattungen sind trostlos. Manche absurd, karg und hastig. Wenige Anwesende. Nichts, das dem Leben und dem Charakter der toten Person entspricht.

Das Begräbnis meiner Mutter war von dieser Art. Eine kurze und pflichtschuldig durchgeführte Angelegenheit. Sie war kein Mensch, der viel Wert auf Freunde gelegt hatte, und das zeigte sich auch. Mir als der Haupttrauernden fiel die traditionelle Handlung der »Kerija« zu, das Einreißen der Kleider. Das Ritual hat seinen Ursprung in der biblischen Geschichte von Jakob, der beim Anblick von Josephs buntem Mantel seine Kleider zerriß; denn er nahm an, daß das Kleidungsstück vom Blut seines geliebten Sohnes durchtränkt sei. Heutzutage ist aus dem Zerreißen eine bewußt gesteuerte Möglichkeit geworden, um psychologische Belastung, Angst oder sogar Wut durch einen kontrollierten, religiös sanktionierten Akt der Zerstörung abzubauen.

Auf dem Begräbnis meiner Mutter stand ich aufrecht in der korrekten Trauerhaltung, als meine geliehene Jacke auf der linken Seite über meinem Herzen – die korrekte Rißstelle beim Tod eines Elternteils – von oben nach unten zerrissen wurde. Der Vorgang bestürzte meine nicht-jüdische Freundin sehr, die mir die Jacke ausgeliehen hatte! Ich empfand Erleichterung, daß das schmerzvolle Leben meiner Mutter vorbei war. Zugleich war ich bedrückt wegen all der Schmerzen, die sie mir zugefügt hatte – und ich ihr zweifelsohne auch. Allerdings gab es einen zuversichtlich stimmenden Aspekt: sogar dieses Begräbnis band einige von uns jüngeren Menschen nach dem Tod meiner Mutter enger aneinander – und, dessen bin ich mir sicher, auch dauerhafter –, als es zu ihren Lebzeiten möglich gewesen war.

Nach dem Begräbnis, am ersten Tag der Schiwa (die vorgeschriebene, siebentägige Trauerwoche), saß ich ohne Schuhe auf einem niedrigen Hocker, wie es der Brauch erforderte. Ich verzehrte das Trauermahl, das aus Brot (Symbol für das Brot des Lebens) und hartgekochten Eiern in Salz (Symbol für die zyklische und fortdauernde Natur des Lebens) besteht. Ich dachte: Ja, Van Gennep und die Thora haben recht. Begräbnisse können einem helfen, sich zu erholen, sich voranzubewegen, können sogar Hoffnung machen.

Die strenge Formalität jener Bestattung begegnete der Situation, in der sich eine Mutter und Tochter befanden, die sich nie nahegestanden hatten, mit der angebrachten Distanz. Im Gegensatz dazu war das spätere Begräbnis von meiner mir sehr nahestehenden Freundin Carol unvergeßlich, weil es einen so ungemein persönlichen Charakter hatte. Alles, was sie und ich in ihrem Leben miteinander geteilt hatten, war bei ihrem Tod gegenwärtig: die geteilten Wertvorstellungen, die feministische Sichtweise, Freundinnen, mehrere hundert Fotos von ihr bei der Arbeit und zu Hause, auf denen sie meistens lächelte, die Zeichnungen von Kindern, die Patienten in ihrem Krankenhaus gewesen waren, das ausgezeichnete Essen und mehr Blumen aus Schrebergärten, Hausgärten, Blumenläden sowie aus der freien Natur, als ich jemals bei einer Feierlichkeit gesehen habe. Das Begräbnis wie auch die drei Gedenkgottesdienste dienten tatsächlich der Verherrlichung ihres Lebens.

Die Beerdigungen, an die sich andere Frauen gerne erinnerten, spiegelten in ähnlicher Weise das Leben des toten Menschen wider.

»Meine Freundin war eine buddhistische Dichterin und Weberin. Bei ihrer Beerdigung wurden Webarbeiten und Bildteppiche an die Wände gehängt. Leute lasen aus ihren Gedichten vor. Eine befreundete Pianistin hatte ihr Lieblingsgedicht vertont. Nonnen und Mönche sangen. Zwei ihrer Kinder sprachen über die Mutter. Zwischendurch gab es Pausen der Stille, so daß jeder darüber nachdenken konnte, was sie einem bedeutet hatte.« (Weberin, die mit der toten Dichterin zusammengearbeitet hatte)

Einige Frauen, die weniger Glück hatten, erinnerten sich an Begräbnisse als bittere Erfahrungen oder als schwarze Komödien: »Mutter war eine gewichtige Frau. Groß und breit. Entsprechend war der Sarg, größer als die meisten und sehr breit. Mein Bruder und ich schauten zu, wie die Sargträger unter ihrem Gewicht ächzten, und wir mußten einfach kichern. Die Nerven, nehme ich an.« (Sandra, beim Tod ihrer Mutter)

»Meine Töchter und ich, wir lebten alle von der Sozialhilfe. Also mußte das Ganze vom Sozialamt bezahlt werden. Niemand wollte kommen und den Leichnam holen, bevor nicht das Geld da war. Der Zuschuß von 500 englischen Pfund deckte die Kosten des Sarges, den Leichenwagen, einen Wagen zum Hinterherfahren, das Herrichten des Leichnams und die Aufbewahrung von Mama im Leichenschauhaus. Aber sie mußten sie für 21 Tage dort behalten, bis der Zuschuß bewilligt war. Zum Schluß mußte ich mir das Geld noch leihen, damit sie am festgesetzten Termin beerdigt werden konnte. Ich mußte immer wieder Druck machen. Ich bin hart, und es macht mir nichts aus, so richtig für Wirbel zu sorgen, aber es erschien mir doch als ein Unding, daß man ein solches Theater veranstalten muß, damit die Mutter beerdigt werden kann. Am Tag nach dem Begräbnis kam das Geld an.« (Nessie, beim Tod ihrer Mutter)

Die Angst vor Beerdigungen hat wahrscheinlich ihre Wurzeln in der modernen Distanz zwischen Lebenden und Toten. Zwar besteht in bestimmten Landesteilen von Irland auch heute noch die Sitte fort, daß Kinder den Leichnam küssen. Doch im Vergleich zu viktorianischen Zeiten, als die meisten Kinder angehalten wurden, einen Leichnam in Ehrfurcht oder Zuneigung zu küssen, findet so etwas anderswo kaum noch statt.

»Großmutters Tod war mein erster. Sie mochte mich nicht, weil ich ein Mädchen war. Als sie an einer Muskelerkrankung zu Tode erstickt war, wollte ich ihren Leichnam küssen. Ich war fasziniert von der Bewegungslosigkeit einer Person, von der nur noch die Hülle da war. Ich war schon immer sehr neugierig und fühlte mich deshalb nicht eingeschüchtert durch den Tod. Ich wollte selber sehen und wollte selber wissen. Durch meinen Wunsch, ihren Leichnam küssen zu dürfen, wollte ich näher an das herankommen, was da vor sich ging. Lebewohl sagen. Aber die Frauen in der Gruppe versuchten mich daran zu hindern. Sie meinten, es gehöre sich nicht.« (Sandy, Fachfrau für Shiatsu-Heilverfahren)

Einige Jahre später konnte Sandy, als sie in ihren frühen Dreißigern war, den Leichnam ihrer Großtante Bessie küssen. Sandy hatte sie mit der Zeit immer häufiger besucht und wurde daher als erste von ihrem Herzanfall und ihrem Ableben unterrichtet:

»Sie war eine bemerkenswerte Frau; sie lebte am Stadtrand von Bloomsbury, war klug und interessant, aber von meinem Vater immer abgelehnt worden. Er hegte wie meine Großmutter ganz besonders tiefe Verachtung für Frauen, um so mehr, wenn sie wenig attraktiv waren wie Großtante Bess. Ich liebte sie, und es war ein großer Verlust für mich. Als ich ankam, war ihr Körper noch im Schlafzimmer. Es blieb mir eine Stunde mit ihr allein. Genauso wie bei meiner Großmutter empfand ich diese ungeheure Neugier herauszufinden, was von ihr zurückgeblieben war. Sie war irgendwohin gegangen. Es war nicht das Ende. Ich bin der festen Überzeugung, daß alles, was mit Leben erfüllt ist und Leben hervorbringt, ursprünglich vom Körper getrennt gewesen ist. Sie hatte mir erzählt, daß sie Geld in der Wohnung hatte, und um sicherzugehen, suchte und fand ich es. Ich sprach mit ihr und küßte sie. Ich fand 450 englische Pfund in Fünfpfund- und Zehnpfundnoten in ungefähr 30 verschiedenen Handtaschen und Geldbörsen verteilt! Ich zählte das Geld, und ich sagte ihr, daß ich sie liebte, daß ich sie vermissen würde und daß ich mich in ihrer Gesellschaft wohlgefühlt hatte. Es war eine richtige Unterhaltung, ein richtiges Lebewohlsagen. Ich stolperte über ihren Fuß am Ende des Bettes und entschuldigte mich bei ihrem Leichnam. Danach fühlte ich mich auf ihrem Begräbnis in Ordnung.«

Das unwiderstehliche Gefühl der Neugier, an das sich Sandy aus ihrer Kindheit erinnert, ist unverkennbar, wenn man auf die offenen Antworten von Kindern zum Thema Tod hört. Das belegt auch Edward Robinson, der von einer Reihe Erwachsener die Kindheitserinnerungen an den Tod für ein Buch mit dem Titel »The Original Vision« (»Die ursprüngliche Vision«) zusammengetragen hat. Er zeigt auf, daß die Neugier ein Hauptantrieb für Kinder ist, sich Gedanken über den Tod zu machen.[4]

Für einige Frauen bleibt ein Begräbnis das überwältigendste Ereignis ihres Lebens. Moira, deren Eltern im Abstand von einer halben Stunde starben, ist eine von ihnen:

»Weil meine Mama in ihrem Bett gestorben war und Papa, als er sie so sah, aus lauter Kummer einen schweren Herzanfall hatte und in dem großen Wohnraum tot umfiel, versuchten die Ärzte und alle anderen, mich von ihnen fernzuhalten. Sie beraubten mich der Zeit mit meinen Eltern. Nachdem sie Papa zu ihr auf das Bett gehoben hatten, ließen sie mich zu ihnen hinein. Meine Eltern schliefen in ihrem Bett immer auf der gleichen Seite, und die Ärzte hatten meine toten Eltern falsch herum gelegt. Ich sagte immer wieder: ›Sie liegen falsch herum. Ihr müßt sie auf die richtige Seite legen.‹ Ich schwebte in größter Sorge, daß das gleiche auf dem Begräbnis passieren könnte. Während der Begräbnisfeier lagen sie auf Totenbahren. So verstört ich war, das erste, worauf sich mein Auge richtete, war, ob sie auf der richtigen Seite lagen. Aber am Ende hatten sie es doch richtig gemacht. Es wurde völlig still in der kleinen Kirche. Da tauchten aus dem Nichts zwei Vögel auf: Sie flogen durch das Kirchenschiff nach vorne über die zwei Särge und wieder zurück. Zwei Vögel – so, als befreiten sie die Seelen meiner Eltern. Am Grab ließen sie erst den Sarg meiner Mutter hinab und legten danach dies lakenartige Papier darauf, danach ließen sie meinen Vater hinab, so daß er über ihr lag. Ich dachte: ›Er ist schwer. Er wird ihr wehtun.‹«

Im Mittelpunkt der modernen abendländischen Beerdigung steht das Beerdigungsinstitut. Leichenbestattung ist mehr als andere Berufe mit dem Makel des Todes behaftet. Ein stigmatisierter Beruf. Ein männlicher Beruf. Früher einmal war es ein einfacher Nebenberuf des Tischlerhandwerks, bei dem der Leichenbestatter lediglich die Verbindungen herstellte zu den verschiedenen Lieferanten von Waren, angefangen bei Trauerhüten bis hin zu einfachen Särgen, Kuchen und Bier. Heutzutage haben Professionalismus und Kommerz daraus das große Geschäft gemacht.

Die ursprüngliche Idee eines »anständigen Begräbnisses« ist in eine materialistische Luxusveranstaltung umgewandelt worden. Leichenbestatter organisieren das Fortbringen und das Herrichten des Leichnams, das Ausfüllen und die Bearbeitung von medizinischen und gesetzlichen Bescheinigungen, den Ankauf und die Vorbereitung der Grabstätte, die Bereitstellung von Särgen in verschiedenen Farben, Stilen und Materialien, monumentale Steinmetzentwürfe für Grabsteine in Marmor oder Granit, die Anmietung des Leichenwagens und diverser Limousinen, das Aufgeben von Zeitungsanzeigen, den Auftrag, die Entgegennahme und Handhabung von Blumenarrangements, die Herstellung von gedruckten Gottesdienstblättern, den Empfang und die Verteilung von Spenden für wohltätige Zwecke, die Bestattung der Verbrennungsasche sowie die Vorbereitung des gesamten Speisenplanes, der von simplen Sandwiches bis zum Meister-koch-Bankett reichen kann.

So wie eine Firma von Bestattungsunternehmern – ihr Slogan laute: »Wir sind da, um Ihnen zu helfen« – ihren Kunden stolz versichert:

»Die offizielle Zeremonie ist ohne Wert oder Trost, wenn Sie das Gefühl haben, daß irgend etwas, ganz gleich was, vergessen worden ist.«[5]

Sie vergessen nichts. Außer manchmal beim ersten Gespräch mit trauernden Kunden die Kosten, die von 700 englischen Pfund bis zu mehr als 2000 klettern können.

Mit diesen ins Unermeßliche steigenden Zahlen vor Augen ist es manchmal schwer, noch den eigentlichen Sinn des Ereignisses herauszuspüren.

Ich war neugierig zu erfahren, ob für weibliche Bestattungsunternehmer irgendwelche ethischen Probleme auftauchten, wenn sie die Sargkosten mit trauernden Kunden erörterten.

»Manchmal erscheint es etwas schwierig, die erforderlichen Sachen, die Särge, zu verkaufen, aber eigentlich nie unmoralisch. Das Arrangieren von Begräbnissen ist ein Geschäft. Man muß Geld damit verdienen. Wir bekommen sogar Provision auf die Särge. Je besser die Qualität, um so höher die Provision. Aber ich würde niemals jemanden übers Ohr hauen. Wenn jemand hereinkommt und sagt: ›Meine Mutter ist gestorben‹, würde ich nie sagen: ›Sie müssen unseren besten nehmen, weil ich 15 Pfund Provision dafür bekomme!‹ Ich sage: ›Hier ist unser Sargprospekt. Wir können ihn gemeinsam durchgehen, die Entscheidung bleibt dann Ihnen überlassen.‹« (Sally Smith, stellvertretende Direktorin eines Bestattungsunternehmens)

Sally Smith ging den Sargprospekt kaufmännisch geschickt und enthusiastisch mit mir durch:

»Der Warwick-Sarg ist aus ganz einfachem Eichenfurnier. Die meisten Leute nehmen den Warwick. Dazu bekommt man einen Leichenwagen und einen Wagen, alles zusammen für 837 Pfund. Der eindrucksvollste ist der Kenilworth-Sarg aus massiver Eiche für 1500. Das beinhaltet lediglich den Sarg, den Leichenwagen und ein paar Gebühren. Alles weitere läßt die Kosten auf 2300 Pfund ansteigen.«

»Manchmal ist es mir schon peinlich. Die Leute weinen, und man muß trotzdem über Särge sprechen. Normalerweise beginne ich so:

›Haben Sie schon irgendwelche Vorstellungen, welches Holz Sie bevorzugen?‹ Wenn sie sich für die Einäscherung entschieden haben,
empfehle ich immer Furnier. Was bringt es schon, massives Holz zu
verbrennen? Wenn sie eine Erdbestattung wünschen, dann ist massives Holz besser, weil es in der Erde länger hält. Man muß das Thema mit Feingefühl behandeln, bevor man zu den Preisen kommt.«
(Mandy Walker, stellvertretende Leiterin und Bestattungsunternehmerin)

Mandy Walkers Preise und Sprüche waren ebenso ausgefeilt wie
die ihrer Kollegin:

»Für 837 englische Pfund gibt's einen traditionellen, weißen Sarg,
Eichenfurnier, einschließlich unserer Verwaltungskosten, Leichenwagen, Limousine, Abholen des Leichnams, Arrangieren der gesamten Beerdigung, also die ganze Angelegenheit. Der Knightsbridge-
Sarg aus Mahagonifurnier, mit mehr Verzierungen, kommt auf
937 Pfund. Wir haben auch Särge aus verschiedenen Massivhöl-
zern, natürlich teurer, auch aus Tudorholz, das umweltfreundlich ist.
Heutzutage fragen die Leute meistens danach. Dann kommt man
mit dem Sarg auf 1595 Pfund.«

Man sollte sich aber nicht dazu verleiten lassen, etwa zu glauben, daß man für diesen Betrag ein vollständiges Begräbnis mit Sarg
bekommt.

»Nein, das wird man sicher nicht. Die vollständigen Begräbniskosten sind immer höher, weil man zwei Ärzte braucht, welche die
Unterlagen für die Verbrennung ausfüllen, dann die Gebühren für
den Geistlichen, Zahlungen für Zeitungsanzeigen und all die Blumen. Besondere hygienische Maßnahmen kosten natürlich extra.«
(Mandy Walker)

Wie Beverly Day Walker, die ihr eigenes Bestattungsinstitut in
Ely hat, meinte:

»Natürlich ist das Bestattungsgeschäft in gewissem Sinn ein Geschäft wie jedes andere auch. Ich sehe es als eine Dienstleistung an,
die wir erbringen und die unerläßlich ist. Wir machen diesen Job
gerne und ziehen viel Befriedigung aus der Tatsache, daß wir den
Leuten helfen, und daher, nein, wird das Fordern von Geld nicht
zum Problem.«

Leichenbestatterinnen, die Mitglied in der »National Association
of Funeral Directors« (»Nationalverband der Bestattungsunternehmer«) sind, werden nötigenfalls für ein Begräbnis auf der Basis des

Mindeststandards sorgen.⁶ Viele Einzelheiten werden dabei jedoch nicht berücksichtigt sein.

»Unser billigstes Angebot zu 532 Pfund beinhaltet das Abholen des Leichnams vom Krankenhaus, Sarg, Leichenwagen, Sargträger. Aber es ist unmöglich, das ganze Begräbnis für diesen Billigstsatz zu bekommen, weil Kosten hinzukommen für die Gebühren der Kirche und des Krematoriums, Arztgebühren, für den dem Trauerzug folgenden Wagen, eventuelles Einbalsamieren und alle Blumen – ja, letztlich wird es sich dann um die 800 Pfund belaufen.« (Sally Smith)

Bestattungsunternehmerinnen ähneln in ihrer geschäftsmäßigen Haltung sehr ihren männlichen Gegenstücken, aber ganz pauschal gesehen erhalten sie nicht die gleiche Bezahlung für die gleiche fachliche Qualifikation. Im Gegensatz zu den Begräbniskosten sind die Gehälter im Bestattungswesen allgemein recht niedrig. Eine Reihe von geschickt eingefädelten Maßnahmen hat zur Folge, daß die Gehälter für Frauen wesentlich niedriger ausfallen. Dabei werden Jobs unterschiedlich bewertet, indem der Schwerpunkt der Arbeiten, die von Männern und Frauen erbracht werden, willkürlich verschoben wird.

»Es ärgert mich. Das mit dem Geld stimmt alles nicht. Ich bin als Bestattungsunternehmerin ausgebildet, habe jede Prüfung bestanden; aber weil ich nicht die Trauerveranstaltungen leite, will man mir den Titel einer Bestattungsunternehmerin nicht zugestehen. Mein Gehalt beträgt nur 750 englische Pfund im Monat, was bedeutet, daß ich nach den Abzügen 600 im Monat mit nach Hause nehmen kann.« (Sally Smith)

»Es ist eine schlecht bezahlte Arbeit. In unserer Firma bekommt ein Sargträger 8600 englische Pfund im Jahr, eine Empfangsdame im Bestattungsinstitut ungefähr 9000, als stellvertretende Leiterin bekomme ich annähernd 12000 Pfund im Jahr. In den meisten schlecht bezahlten Berufen kommt noch etwas über Trinkgelder herein. Wir bekommen keine Trinkgelder. Ich bin ausgebildet, Trauerfeiern abzuhalten, und habe es auch bereits getan. Das erste Mal war es beim Begräbnis des Vaters meines Freundes. Aber sogar ich mußte erst die Genehmigung einholen, die Trauerfeier leiten zu dürfen. Nur selten wird es Frauen erlaubt, Beerdigungsfeiern durchzuführen, demzufolge verdienen sie weniger als Männer. Man läßt mich auch nur widerwillig mitmachen, wenn Leichen abzuholen sind. Es wird dann immer vorgeschoben, Frauen seien nicht in gleicher Weise gebaut wie Männer. Sollte man sich irgendwie wehtun, dann sei es ein Fehler der Firma, deshalb versuchen sie, einen davon abzuhalten. Als ich meinen Abholeinsatz bei der Polizei hatte, war ich gerade dabei, den Körper vom Bett auf die Tragbahre hinüberzuheben – das ist wirklich ganz einfach –, als ein Polizist herbeigeeilt kam und meinte: ›Ich werde das machen! Gehen Sie, und reden Sie mit der Familie.‹« (Mandy Walker, stellvertretende Leiterin)

In einer anderen Firma darf eine Frau, die als Bestattungsdirektorin ausgebildet ist, sich nicht als solche bezeichnen: Denn wenn sie es täte, hätte sie Anspruch auf das Gehalt eines Direktors. Gegenwärtig ist sie als Empfangsdame angestellt, aber sie bezeichnet sich selber als stellvertretende Direktorin. Trotz der untergeordneten Bezeichnung deckt ihre tatsächliche Arbeit den gesamten Bereich des Bestattungsgewerbes ab, außer den unmittelbaren Beerdigungsfeierlichkeiten.

»Herren im mittleren Alter werden als geeignet für die Trauerzeremonien angesehen. Ich selber mache es zwar auch, aber es ist selten bei Frauen. Dies ist meine eigene Firma. Jeder von uns macht sich bezahlt. Aber ich verdiene nicht so viel, als wenn ich irgendwo die Leiterin wäre. Der Durchschnitt für solch einen Job liegt ungefähr zwischen 12 000 und 15 000 englische Pfund im Jahr. Frauen werden weniger verdienen, weil es nicht üblich ist, daß sie die Trauerfeiern übernehmen – was ich tue –, und weil sie normalerweise nicht jederzeit dienstbereit sind – was ich bin.« (Beverly Day Walker)

Nicht alle Bestattungsunternehmerinnen jedoch wollen auch die Trauerveranstaltungen übernehmen.

»Man kann es eigentlich nur an der Tradition festmachen. Es ist schwer für eine Frau. Man muß feierlich und tugendhaft wirken, sehr dezent gekleidet sein, keine Leggings oder Makeup tragen. Vielleicht könnte es eine Frau von 50 Jahren und mehr machen, die groß, aufrecht und kräftig ist, aber sie sollte keine gute Figur haben und keine hohen Absätze tragen. Meine Mutter wollte, daß ich die Trauerfeier bei Papas Begräbnis übernahm, aber ich konnte nicht. Ich war gefühlsmäßig zu sehr verstrickt. Ich bin noch immer der Meinung, daß es angenehm ist, wenn ein großer, starker Mann die Begräbnisfeier abhält. Ich hätte nicht das gleiche Gefühl der Geborgenheit gehabt, wenn es eine Frau gemacht hätte. In solchen Augenblicken lassen die Männer einen wieder zum kleinen Mädchen werden. In etwa so: Der Mann von der Straße da unten hat mich wieder verfolgt, aber der große Ron ist hier und beschützt mich! Klingt wahrscheinlich ein bißchen blöd.« (Sally Smith)

Das Hauptproblem für Frauen, die Bestattungsunternehmerinnen werden wollen, ist in erster Linie die Schwierigkeit, einen Arbeitsplatz zu bekommen. Für Frauen ist es praktisch tabu, im Bestattungswesen direkt in eine leitende Position einzusteigen.

Allerdings versicherte mir Mary Stewart, die Beauftragte für Öffentlichkeitsarbeit bei der »National Association of Funeral Directors«: »Es handelt sich hier um einen Beruf, der nichts mit dem Geschlecht zu tun hat. Natürlich werden Frauen dazu ermuntert. In Großbritannien einschließlich Schottland gibt es 3600 Bestattungsunternehmer. Wie viele davon Frauen sind? Ich habe keine Ahnung. Wir haben keine geschlechtsspezifischen Aufschlüsselungen. Aber wir haben eine Menge Familienunternehmen, wo Ehemann und Ehefrau das Team bilden. Sicher werden sie sich ihre Aufgaben aufteilen. Wenn Frauen Direktorinnen werden, dann müssen sie auch die Trauerfeiern übernehmen.«

Das sind erfreuliche Worte. Aber die praktischen Erfahrungen von Frauen, mit denen ich gesprochen habe, scheinen sie Lügen zu strafen. Die wenigen willensstarken Frauen, die das Tabu durchbrochen haben, um einen weiblichen Vorstoß in eine traditionell männliche Domäne vorzubereiten, sind alle auf harten Widerstand gestoßen, sowohl bei männlichen Bestattungsunternehmern wie bei Kunden.

»Verschiedene Hinterbliebene haben bei mir angerufen und gesagt: ›Können Sie bitte Herrn X, den Bestattungsunternehmer, herüberschicken.‹ Wenn ich erwidere: ›Ich bin die Bestattungsunternehmerin. Ich werde diejenige sein, die zu Ihnen herüberkommt‹, dann reagieren sie gewöhnlich mit: ›Ach, du meine Güte, ich habe nicht erwartet, daß es eine Frau sein würde.‹« (Mandy Walker)

»Einige Männer wollen einfach nichts mit mir zu tun haben. ›Ich will nichts mit schwachen Mädchen zu tun haben.‹ Wenn ich dann sage: ›Ich bin eine voll qualifizierte Bestattungsunternehmerin. Meine Urkunden hängen an der Wand‹, wird der Mann kontern: ›Das ist mir gleichgültig. Ich möchte Sie nicht als Verhandlungspartner!‹ Solch ein Mann würde nie etwas mit mir zu tun haben wollen. Und es gibt jede Menge von dieser Sorte.« (Sally Smith)

In einigen anderen Firmen gaben die Bestattungsunternehmerinnen folgenden Satz wieder: »Ich will mich nicht mit einem zierlichen Mädchen wie Sie abgeben.« In einem Beruf, der noch immer starr Position gegen Frauen in Führungsfunktionen bezieht, stieß Beverly

Day Walker auf so viel Opposition gegenüber ihren Wünschen, daß sie schließlich mit 24 Jahren ein Ein-Frau-Bestattungsgeschäft begann und es bis heute mit viel Erfolg leitet:

»Mir sind in diesem Land nur 50 weibliche Bestattungsunternehmer in leitender Position bekannt. Eigentlich ist es ein unmöglicher Beruf, um darin einzusteigen. Immer werden körperlich bedingte Gründe angeführt. Sie behaupten, Frauen könnten nicht schwer heben! Ich selber habe jahrelang versucht, Arbeit in einer Bestattungsfirma zu bekommen. Als ich 16 Jahre alt war, gab es kleine Familienunternehmen, die vorgaben, daß sie niemanden außerhalb der Familie nehmen würden. Mit 20 Jahren versuchte ich es wieder. Bei den neuen, großen Gesellschaften. Sie wollten keine Frauen haben mit der Begründung, daß diese nicht heben könnten. Es war ein Teufelskreis. Sie dürfen offiziell nicht diskriminieren, also gaben sie einfach an: ›Keine freie Stelle‹. Am Ende inserierte ich in einem landesweit verbreiteten Magazin. Ich bot an, mich zur Probearbeit ohne Bezahlung zur Verfügung zu stellen. Niemand wollte mich haben. Nicht einmal eine Antwort habe ich erhalten. Also habe ich mein eigenes Geschäft gegründet, das ich jetzt ganz alleine mit Hilfe meiner Eltern betreibe. Ich beschäftige sechs Sargträger in Teilzeitarbeit. Papa fährt den Leichenwagen. Ich sitze mit vorne. Es gibt kein Stück Arbeit, das von Männern allein gemacht wird. Wir haben eine Körperhebevorrichtung, so daß selbst ich einen Mann von 160 kg allein heben kann. Als ich die Prüfung für meine Urkunde vom ›British Institute of Funeral Directors‹ (›Britisches Institut für Bestattungsunternehmer‹) abgelegt habe, gab es nur noch ganz wenige andere Frauen.«

Noch weniger Frauen machen das F.D.-Diplom, das auch noch Besonderheiten wie schottisches Recht, Gesetze zur Einäscherung und Erdbestattung, Obduktionsfälle, Exhumierungen, Bestattungen im Ausland, Rückführung von Körpern aus dem Ausland und sogar von den Verstorbenen vorbezahlte Begräbnisse abdeckt. Bestattungdirektoren lernen ebenfalls die komplizierten Feinheiten ethnischer Bestattungen, den Umgang mit Massenkatastrophen und die Vorgehensweisen bei Fällen von HIV und AIDS. Beverly studierte noch für ihr Diplom, als sie ihr Bestattungsinstitut bereits der Öffentlichkeit zugänglich machte:

»Wir gingen ein Risiko ein, als wir eröffneten und ich auch die Trauerfeierlichkeiten abhielt. Die Leute kamen zu mir herein und

meinten: ›Eine Frau! Oh, wie ungewöhnlich!‹ Aber es hat sich ausgezahlt.«

Zwei Bestattungsunternehmerinnen gerieten nur durch Zufall in
diesen Geschäftszweig.

Vor fünf Jahren heiratete Sally Smith mit sechsunddreißig Jahren
einen Autohändler mit zwei Töchtern und fing als Teilzeitsekretärin
in einem Bestattungsinstitut an. Heute ist sie ausgebildet und hat ihre
Prüfungen abgelegt, hat regelmäßig mit ethnischen Begräbnissen zu
tun, hat sich täglich in ihrer Arbeit und ihren Vorstellungen an geän-
derte Bedingungen durch die AIDS-Fälle, mit denen sie zu tun hat,
anpassen müssen und ist in der örtlichen Katastropheneinsatz-
gruppe tätig.

Mandy Walker, sechsunddreißig Jahre alt, verheiratet mit zwei
Kindern, war vor acht Jahren noch als freie Mitarbeiterin im Friseur-
beruf tätig, als sie auf ein Inserat für eine Stelle als Teilzeitschreib-
kraft in einem großen Bestattungsinstitut stieß. Innerhalb von drei
Wochen wurde ihr Vollzeitarbeit angeboten, dann stieg sie weiter in
die Verwaltung auf. Heute ist sie ausgebildete Bestattungsunternehmerin und stellvertretende Leiterin der Firma.

Da der Tod in ihrer beider Kindheit ein Tabuthema war, wurde
natürlich in beiden Familien die generelle Haltung gegenüber dieser
Arbeit und die ganz persönliche Reaktion auf den ersten Leichnam
wesentlich davon beeinflußt.

»Zuerst sagte meine Familie: ›O Gott, du wirst doch wohl nicht
diesen Job ausüben wollen.‹ Sie schreckten regelrecht davor zurück.
Das kam daher, weil sie niemals über den Tod sprachen. Als meine
Großmutter in meinem Schlafzimmer starb, war ich 15 Jahre alt, aber
man befahl mir: ›Bleib fort von ihr‹. Also bekommt man Herzklop-
fen, wenn man zum ersten Mal einen Leichnam sieht. Ich ging ins
Leichenschauhaus hinunter, und da lag dieser Körper auf einer To-
tenbank mit einem weißen Laken darüber. Mein Herz flatterte. Ich
hatte verschiedene, angeblich wahre Geschichten über Damen gehört, die man in Amerika in Leichenschauhäuser gebracht hatte. Jedesmal hatte sich die Dame plötzlich aufgerichtet und gefragt: ›Kann
ich eine Tasse Tee haben?‹ Jedesmal mußte der Leichenbestatter im
Schockzustand nach Hause gebracht werden. Also ging mir durch
den Kopf: Was würde ich machen, wenn sich etwas bewegte?
Schreien und nichts wie weg! Aber nach dem ersten Mal dort unten
war alles in Ordnung.« (Mandy Walker)

»Über den Tod herrschte Schweigen in unserer Familie, so daß ich den ersten toten Körper sah, als man mich anläßlich des Vorstellungsgespräches gleich in die Totenkapelle führte. Oh, lieber Gott, dieser Mann ist tot. Mir war unheimlich zumute. Ich war entsetzt, zeigte es aber nicht. Der Gesprächsleiter rief am nächsten Tag an, um mir mitzuteilen, daß ich den Job bekommen hatte.« (Sally Smith)

»Ich werde nie meinen ersten Leichnam vergessen. Es handelte sich um einen Mann, den ich eine Woche zuvor in der Hilfsorganisation für Schlaganfallkranke getroffen hatte. ›Lange werde ich mich sicher nicht hier aufhalten! Also dann bis zur nächsten Woche!‹ sagte er. Ich sah ihn in der nächsten Woche. Legte ihn in seinen Sarg.« (Beverly Day Walker)

Beverly wagte den Sprung und leitete die Trauerfeier bei jenem ersten Begräbnis:

»Niemand sagte etwas an jenem ersten Tag. Später kamen viele Männer und sprachen darüber, wie ungewöhnlich es sei, eine Frau eine Begräbnisfeier leiten zu sehen. Aber jeder weiß jetzt, daß man bei mir eine Dienstleistung erhält, die von einer Frau geprägt ist, und wenn das jemandem nicht paßt, der muß woanders hingehen.«

An ihrem Arbeitsplatz kleiden sich alle drei, »dem Anlaß entsprechend«, recht konservativ.

»Zu Hause trage ich Jeans oder Leggins. Aber niemals im Geschäft. Es ist fast unmöglich, die passende Kleidung für Bestattungsunternehmerinnen zu finden. Ich leite die Beerdigungsfeiern entweder in schwarzer Jacke und Hose, oder grau gestreift, in einer weißen Bluse, mit Krawatte oder Tuch und flachen Schuhen.« (Beverly Day Walker)

Die Reaktion der Leute auf ihre Tätigkeit beobachtet sie amüsiert:

»Ich mache mir einen Spaß daraus, es den Leuten zu erzählen. Ich finde es zu lustig, wenn sie einen Schritt rückwärts machen, als sei ich infiziert. Wenn wir qualifizierter als die Männer zu sein scheinen, geht man zunächst davon aus, daß wir so eine Art Sekretärin in leitender Position sind.« (Mandy Walker)

»Die Neugier, was denn wirklich hinter den geschlossenen Toren vor sich geht, ist unermeßlich. Sie bombardieren mich mit Fragen. Inzwischen bin ich dazu übergegangen, den Leuten beim ersten Zusammentreffen nicht zu sagen, was ich mache.« (Beverly Day Walker)

»Die Leute sind ungeheuer neugierig. Wenn ich Urlaub mache

und den Leuten erzähle, daß ich Bestattungsunternehmerin bin, dann geht's los: ›Bah, wie können Sie das nur machen?‹ Oder: ›Das ist schon recht seltsam für eine Frau!‹ ›Wie sieht so ein Körper aus nach einem Autounfall?‹ ›Was passiert mit den Särgen?‹ Ich kann das nicht ausstehen. Am liebsten würde ich mich dann betrinken; richtig auf den Putz hauen. Deshalb sage ich heutzutage, daß ich in einem Büro arbeite.« (Sally Smith)

Männliche und weibliche Kunden unterscheiden sich in ihren Einstellungen:

»Kleine, alte Damen sind immer sehr erfreut, daß ich eine Frau bin. Sie äußern: ›Das ist ja wunderbar. Eine Frau. Ich war nicht besonders erpicht auf einen Mann mit all den Vergewaltigungen und Morden heutzutage.‹ Manchmal fühlen sich auch kleine Männer bei einer Bestattungsunternehmerin besser aufgehoben, weil sie verständnisvoller ist. Ich kann durchaus dasitzen und einem kleinen Mann die Hand halten, während über die Kinder und den Garten gesprochen wird. Meine männlichen Kollegen bringen dieses Mitgefühl nicht auf oder nehmen sich vielleicht nicht die Zeit dafür. Beide Geschlechter teilen einem ihre Geheimnisse mit. Eine hinterbliebene Person wird eventuell zugeben: ›Wissen Sie, Gladys und Arthur waren nicht verheiratet, aber ihre zwei Kinder wissen nichts davon.‹ Oder: ›Sie hatte neun Jahre lang ein Verhältnis, es ist nicht sein Kind!‹ Man muß zuhören können. Sie erzählen uns das alles, weil wir Bestattungsunternehmerinnen sind – und weil sie wissen, daß wir nichts weitersagen werden. Es ist wie bei einer Beichte. Wahrscheinlich erzählen sie uns Frauen mehr.« (Sally Smith)

Bestimmte Fähigkeiten werden als das Besondere von Frauen angesehen:

»Frauen werden im allgemeinen zuhören und nicht dazwischenreden. Wir sind mitfühlend, gehen auf ihre Stimmungen ein. Einige sind froh, daß Tantchen Doris gegangen ist, weil sie so viel Schmerzen hatte. Aber wenn jemand ein Kind verloren hat, das ist absolut verheerend. Eine Frau kann das nachempfinden.« (Mandy Walker)

Einige dieser Unternehmerinnen setzten ihre in früheren Jobs erworbenen Fähigkeiten ein:

»Ich benutze mein altes Können als Friseuse. Die Leute bringen Fotos mit. ›Mama hatte ihren Scheitel auf dieser Seite. Sie hatte kurzes, lockiges Haar.‹ Also nehme ich meine heizbaren Lockenwickler und mache sie so zurecht, wie sie ausgesehen hat.« (Mandy Walker)

»In meiner früheren Tätigkeit habe ich Gemeindezentren und Bars geführt, hatte immer mit Leuten zu tun. Das ist eine große Hilfe.« (Sally Smith)

Beverly hatte eine Pension geführt, bevor sie ihr Bestattungsinstitut eröffnete, und sieht da gewisse Ähnlichkeiten:

»Man hat mit Leuten zu tun. Manchmal hat man komische Kunden. Man braucht die gleiche Freundlichkeit, aber noch mehr Takt und Mitgefühl.«

Verständigung und Mitgefühl waren die Worte, die ich immer wieder hörte.

»Mitgefühl ist die wesentliche Eigenschaft, die Unternehmerinnen in diesem Beruf haben müssen. Sie verhalten sich verständnisvoller, vor allem bei Kindern. Wenn sie selber Mütter sind, gibt ihnen das ein gewisses zusätzliches Etwas, das männliche Kollegen nicht haben.« (Sally Smith)

»Frauen können sich gut verständigen. Die Leute möchten, daß man sich die ganze Geschichte anhört, vom dem Augenblick an, als der Körper krank wurde, bis zum eigentlichen Todesmoment. Geduld ist ausschlaggebend. Einige Männer können das ebenso, aber es gibt viele, die es nicht fertigbringen.« (Beverly Day Walker)

Die Tatsache, daß der oder die »liebe Verblichene« bald nur noch ein Knochenhaufen sein wird, läßt sie die Dinge äußerst realistisch sehen. Und dennoch strahlen sie Wärme aus. Beverly versucht, den Räumlichkeiten ihrer Firma etwas Behaglichkeit, einen femininen Touch zu geben:

»Ich habe versucht, es etwas schlichter und heimeliger zu gestalten. Ich wollte fort von dem Schwarz und Violett. In unserer Totenkapelle sind Teppich und Gardinen aufeinander abgestimmt. Rosa und geblümt.«

Bestattungsunternehmerinnen haben meine Erfahrung bestätigt, daß Männer und Frauen auf unterschiedliche Weise trauern:

»Männer werden nicht weinen. Sie sind hart. Ein Mann wird eher einen Spaziergang um den Häuserblock machen als vor mir zu weinen. Bricht ein Mann tatsächlich einmal zusammen, dann entschuldige ich mich. Wir sollten sie nicht in Verlegenheit bringen. Wenn eine Frau alleine da ist und weint, dann gehe ich um meinen Tisch herum, lege meine Arme um sie oder halte ihre Hand.« (Mandy Walker)

»Männer sind gefühlsmäßig zurückhaltender. Frauen schauen genauer hin. Sie werden sofort merken, wenn das Haar des Verstorbenen nicht in der richtigen Weise gekämmt ist. Wenn es irgendwelche Sorgen gibt, dann werden Frauen es aussprechen, Männer dagegen nicht.« (Beverly Day Walker)

»Frauen weinen leichter. Männern ist es peinlich zu weinen. Viele männliche Kunden sind wütend. Es muß doch irgend jemandes Fehler sein!« (Sally Smith)

Alle Bestattungsunternehmerinnen ziehen es vor, ein Begräbnis mit den Hinterbliebenen zu planen als etwa mit den Sterbenden. Letzteres hat vielfach etwas mit dem Beschützen von Männern zu tun.

»Ich habe herausgefunden, daß Frauen ihre Männer auch dann noch beschützen, wenn sie selber im Sterben liegen. Ich habe ein Begräbnis zusammen mit einer Frau in die Wege geleitet, der man gerade zwei Wochen gegeben hatte, die dann aber noch sechs Wochen lebte. Es war so bedrückend, weil sie noch so jung war und ich jene sechs Wochen quasi mit ihr verbracht habe. Sie wählte selber ihre Blumen aus, ihren Sarg, die Kirchenlieder, alles. Ihr Ehemann überließ uns das alles. Als sie gestorben war, rief er nur an, daß wir kommen und sie holen sollten. Ich nahm sie mit und sagte ihm, daß er alles weitere mir überlassen solle. Sie beschützte ihn, als sie im Sterben lag. Ich beschützte ihn, als sie tot war.« (Beverly Day Walker)

Wenn man längere Zeit mit Bestattungsunternehmerinnen zusammen ist, fällt auf, wie schnell die Unterhaltung über Leichen nicht mehr störend wirkt. Die Menschen jedoch, die nichts mit dem Geschäft zu tun haben, sind fasziniert und interessiert, überschütten die Unternehmerinnen mit Fragen.

»Die Leute fragen, ob die Einzelteile zusammengenäht werden. Wie lange es dauert, bis jemand verbrannt ist. Die Lieblingsfrage ist die, ob der Sarg zusammen mit dem Körper verbrannt wird.« (Sally Smith)

»Wie sehen die Toten aus, fragen sie. Selbstverständlich werden sich in einem Körper, der schon längere Zeit liegt, Maden bilden. Der Mund wird voller Maden sein. In den Ohren werden Maden sein. Der Bauch ist der erste Bereich, der sich auflöst. Er wird grün, also ist klar, daß Maden darin sind.« (Mandy Walker)

»Sind die Särge wasserdicht? Die Leute sind ganz besonders beunruhigt, wenn sich in der Gegend natürliche Quellen befinden. Sie sind wasserdicht, innen ausgeschlagen und versiegelt. Neun von zehn Leuten fragen wegen der Zeitung. Sie wollen es in der Zeitung haben. Sie wollen zwar nicht über den Tod sprechen, aber sie wollen, daß er zur Kenntnis genommen wird.« (Beverly Day Walker)

Die Leute äußern die absurdesten Wünsche und wollen, daß die seltsamsten Andenken mit in den Sarg gegeben werden. So gut wie alles kann mit den Toten beerdigt werden, aber wenn der Sarg eingeäschert wird, sind Spraydosen und Objekte, die unter Druck stehen, nicht erlaubt. Wertgegenstände müssen kontrolliert werden.

»Einige Särge werden regelrecht angefüllt. Ein Bauunternehmer wollte seine elektrische Poliermaschine mitnehmen. Dazu Dosen mit Bier, seine Zigaretten, sein Feuerzeug und etwas Kleingeld. Als er lebte, war er bekannt gewesen wegen seines Kleingeldes.« (Beverly Day Walker)

»Die Kinder legten beim Begräbnis ihres Vaters Teddybären und Fotografien von sich in den Sarg. Der Jüngste meinte, zu Weihnachten würde Papa sicher etwas fehlen, und malte ihm deshalb eine Karte mit dem Weihnachtsmann im Himmel! Als ein Gärtner gestorben war, legte die Familie Rosen aus seinem Garten in den Sarg.« (Sally Smith)

»›Können wir die Asche ihres Hundes in dem Sarg ausstreuen?‹ Oder: ›Wir haben die Katze ausstopfen lassen. Kann sie mit Mama in den Sarg?‹ Man darf nicht entsetzt reagieren. Also sagt man: ›Nun ja, ich sehe keinen Grund, weshalb nicht.‹ Man benötigt die Genehmigung vom Krematorium, aber wenn es kein Gesetz dagegen gibt, kann man nichts dagegen unternehmen. Ein Mädchen, das sich weigerte zu glauben, daß ihr Freund tot war, wollte unbedingt Fotografien, Zigaretten, Feuerzeug, ja sogar den Haustürschlüssel in die Aschenurne legen. Sie gab die Begründung: ›Weil er zurückkommen wird und dann hineingehen möchte. Wenn er zurückkommt, möchte ich, daß er einfach so in das Haus hineingehen kann. Ich werde dasitzen, und er wird durch die Tür dort hereinkommen.‹« (Mandy Walker)

Persönliche Wünsche, in welchen Kleidern die Kunden ihre Verstorbenen begraben sehen möchten, werden ebenfalls mit den Bestattungsunternehmerinnen erörtert.

»Viele Männer wollen, daß ihre Frauen in verführerischen Nachthemden beerdigt werden. Oft rot. Ein Mann, der nur wenige Monate verheiratet gewesen war, wünschte seine Frau in ihrem Hochzeitskleid zu beerdigen. Kinder werden oft in ihren Lieblingsgummistiefeln beigesetzt. ›Hells Angels‹ werden in ihrer Lederkleidung und mit Sturzhelm begraben.« (Sally Smith)

»Die Leute sagen: ›Beerdigen Sie Mama oder Papa in ihren eigenen Kleidern.‹ Dann bringen sie einen Anzug und Krawatte oder Oberhemd und Schuhe. Aber nie denken sie an Unterwäsche oder Socken.« (Beverly Day Walker)

»Der absonderlichste Wunsch wurde von einem kleinen Kerl geäußert, dessen Schwester gestorben war, die einen Hochzeitsring aus 22karätigem Gold trug. Er forderte: ›Nehmen Sie ihn ab! Wenn Sie ihn nicht herunterbekommen, dann schneiden Sie den Finger ab!‹ Ich antwortete ihm: ›Wir werden den Finger ganz sicher nicht abschneiden. Wir werden aber versuchen, den Ring aufzuschneiden.‹ Eine sterbende Frau war besorgt, daß wir sie beerdigten, wenn sie noch nicht richtig tot sein würde. Sie bat, daß wir ihr die Kehle durchschneiden sollten, um sicherzugehen, daß sie tot war! Wir erklärten ihren Testamentsvollstreckern, daß wir das ablehnten, aber wir würden sie einbalsamieren. Wenn sie erst einmal einbalsamiert ist, dann ist sie auf jeden Fall tot.« (Sally Smith)

Das Einbalsamieren ist ein wichtiger Bestandteil des Leichenbestattergewerbes. Melanie Hunnaball, die früher einmal Empfangsdame bei einem Arzt gewesen und jetzt Bestattungsunternehmerin ist, beschreibt, wie ihr Mann Trevor, der zur Zeit als Präsident der »National Association of Funeral Directors« amtiert, ihr Interesse für das Einbalsamieren geweckt hat:

»Er sagte: ›Laß mich dir eine Verwandlung zeigen.‹ Er zeigte mir einen kleinen, alten Mann – nicht abstoßend, nur alt und verbraucht. Dann ging ich fort, und er widmete sich dem Einbalsamieren. Danach führte er mich wieder hinein. Der Mann sah toll aus. Danach habe ich immer mal verstohlen um die Ecke geschaut, wenn er wieder dabei war. Und jetzt hänge ich an der Angel.«[7]

Trevor Hunnaball, der sein eigenes Familienbestattungsunternehmen leitet, in welchem seine einundzwanzigjährige Tochter Polly gerade ihr erstes Begräbnis durchgeführt hat, beschreibt selber die fast gottähnliche Fähigkeit der Einbalsamierer, ein äußeres Erscheinungsbild so wiederherzustellen, wie es im Leben einmal gewesen ist:

»Dieser Typ hatte Gesichtskrebs. Wir hatten eine Einbalsamiererin mit Namen Ruth. Sie hat das Gesicht des Mannes mit Wachs und kosmetischen Hilfsmitteln wieder aufgebaut. Er hatte ein Loch im Kopf, in das man die Faust eines Kindes hätte hineinstecken können. Er mußte nach Griechenland zurücktransportiert werden, und der Sarg sollte dann dort wieder geöffnet werden.«[8]

Mandy Walker assistiert bereits beim Einbalsamieren, obwohl sie noch nicht ihren fünfjährigen Kurs für die Abschlußurkunde als Einbalsamiererin beendet hat:

»Die Leute sind immer neugierig, wie das Einbalsamieren vor sich geht. Man legt den Verstorbenen unbekleidet auf eine Platte. Für das einfache Einbalsamieren bringt man einen Schnitt in der Halsgegend an und unter dem Arm, wo die Blutadern durchschimmern; dann pumpt man die Konservierungsflüssigkeit in die Venen. Das ist nur eine hygienische Maßnahme, die den Körper innerlich säubert und konserviert. Das vollständige Einbalsamieren, damit der Körper für unbegrenzte Zeit konserviert bleibt, muß bis in die letzten Körperwinkel erfolgen. Hierfür setzt man an verschiedenen Punkten Injektionen. Erst muß man alles aus dem Bauch herausnehmen und in Gefäße mit chemischen Lösungen tun. Dann hat man den leeren Körper vor sich und läßt die Konservierungsflüssigkeit durch alle Blutadern des Körpers fließen. Die Innenseiten des leeren Körpers behandelt man gesondert. Danach wird der ganze Inhalt wieder hineingestopft. Der Kopf ist schon ein bißchen schrecklich, wenn man es das erste Mal sieht. Der Hinterkopf wird aufgesägt, die Haut abgelöst und nach vorne über das Gesicht geklappt, damit man von hinten an das Innere des Kopfes herankommt. Als ich nach dreijähriger Mitarbeit das erste Mal in den Raum hineinkam, war alles, was ich sah, ein vollständiger Mensch, der jedoch kein Gesicht hatte. Ich konnte es nicht fassen. Es war grauenvoll, wie in einem Film von Steven Spielberg. Eine Kreatur aus dem All, total glatt, die Innenseite vom Kopf ganz glatt von innen nach außen gewendet.«

Das Einbalsamieren ist nötig, wenn sich das Begräbnis für mehrere Wochen oder sogar Monate hinauszögert.

»Manchmal müssen wir einbalsamieren, wenn wir an mehr als zehn Tagen zwischen Tod und Bestattung heißes Wetter haben. Natürlich fragen wir zuerst. Es liegt auf der Hand: Wenn man ein Stück Fleisch aus dem Kühlschrank herausnimmt und offen liegen läßt, wird es bald stinken. Körper verderben ebenso schnell.« (Mandy Walker)

Im Gegensatz zur verbreiteten Meinung liegt die Belastung bei diesem Beruf nicht in solch makabren Begebenheiten, sondern in den ungewöhnlichen Arbeitszeiten und in der Hetzjagd des Arbeitsablaufs.

»Ich habe niemals dienstfrei. Ich bin schon am Morgen dort, bevor das Telefon klingelt, und sitze oft bis spät in die Nacht.« (Sally Smith)

»Es hört nie auf. Bevor sie gekommen sind, mußte ich eine Dame mit dem Leichentuch zudecken. Wenn sie wieder fort sind, muß ich zu der Familie hingehen. Dann muß ich den Körper abholen, zwei Pfarrer aufsuchen und mich mit einem Krankenhaus herumschlagen. Danach muß ich die Asche eines Pfarrers in seinem alten Kirchhof beisetzen. Dann kommt ein Ehepaar vom Buckingham-Palast, um ein Begräbnis in die Wege zu leiten. Früher habe ich in der Wohnung über dem Büro gewohnt. Die Leute kannten keine Hemmungen. Sie riefen an oder kamen selbst am Weihnachtsfeiertag mitten in der Nacht. Es war so etwas wie ein Haus der offenen Tür. Jetzt wohnen wir ein paar hundert Meter weiter weg. Ich bin immer telefonisch erreichbar, so daß sie mit mir sprechen können, aber sie können mir nicht mehr die Tür einrennen.« (Beverly Day Walker)

Bestattungsunternehmerinnen müssen bei allem Mitgefühl eine gewisse Distanz bewahren. Außer wenn ihnen der Verstorbene bekannt war, betrifft sie der Kummer des Kunden nicht direkt. Wenn es sich um das Begräbnis eines persönlichen Freundes handelt, ist es schon schwerer, distanziert zu bleiben.

»Als meine Freundin mit 48 Jahren starb, während sie Badminton spielte, war ich zutiefst betroffen. Desgleichen, als der Vater meiner Schulfreundin plötzlich an Gürtelrose gestorben war. Mir wurde klar, daß ich doch noch Gefühle hatte. Man kann auch zu abgehoben gegenüber Fragen des Todes werden. Von Zeit zu Zeit braucht man wohl einen kleinen Schock, um den Tod wieder in den richtigen Blickwinkel zu rücken.« (Beverly Day Walker)

Leichenbestatterinnen, besonders wenn sie Mütter sind, geben zu, daß sie sich gefühlsmäßig nicht heraushalten können, wenn es um den Tod von Kindern geht.

»Beisetzungen von Kindern sind immer gefühlsbeladen. Unmöglich, das fortzuschieben. Wenn ich ein Baby beigesetzt habe und am nächsten Morgen meinen 16 Monate alten Enkel sehe, drücke ich ihn noch fester, küsse ihn noch inniger. Ein kleines Mädchen war gestorben, weil ein elektrisch betriebenes Fenster im Auto hochgegangen war und sie erdrosselt hatte. Jetzt ermahne ich mein ältestes

Mädchen: ›Laß ihn bloß nie in ein Auto mit elektrisch betriebenen Fenstern.‹« (Sally Smith)

»Die schwerste Aufgabe in meiner Tätigkeit ist ein Kinderbegräbnis. Es beeinflußt auch das eigene Familienleben. Gerade habe ich ein Begräbnis von einem kleinen Jungen, der überfahren wurde, hinter mich gebracht. Mutter und Kind gingen auf dem Bürgersteig, ein Auto geriet außer Kontrolle, stieß sie um und tötete das einjährige Kind. Die Mutter hatte überlebt und lag im Krankenhaus, deshalb wandte ich mich an den Vater. Er wußte nicht, was sie wollten, er wußte überhaupt nicht, was tun. Ich mußte sie beruhigen, daß ich alles veranlassen würde, mich um alles kümmern würde.«

Der Leichenbeschauer teilte Mandy Walker mit, daß er das Kind, wäre es sein eigenes, nicht in dem Zustand würde sehen wollen. Er schlug ihr vor, der Familie davon abzuraten, das Baby zu sehen.

»Das beschäftigte mich mehr als alles andere. Ich wollte, daß die Eltern ihn sehen sollten. Da ich selber Mutter bin, wäre es das gewesen, was ich gewollt hätte. Sie hatten das Baby in die Kühlkammer gelegt, und ich ging, um ihn mir anzusehen, als niemand sonst da war. Sein Körper wies eine Menge Verfärbungen auf. Ich bat seine Eltern um ein paar seiner Kleidungsstücke und ein Paar Fausthandschuhe. Sie konnten keine finden, deshalb bat ich um Erlaubnis, die Fäustlinge meiner kleinen Tochter nehmen zu dürfen. Ich brachte den Einbalsamierer dazu, daß er alles versuchte, die Haut so weit als möglich zu bleichen, aber es wollte nicht klappen. Jedesmal, wenn ich mit dem Baby allein war, tauchte jemand von der Firma auf, um mich davon abzuhalten. Sie meinten wohl, daß ich darüber zusammenbrechen würde. Ich hatte bereits die Männer in der Firma ärgerlich angefahren, weil sie den falschen Sarg genommen hatten. Sie waren sich einig, daß ich mich zu sehr hatte hineinziehen lassen, weil es um ein Baby ging, und wollten mich deshalb nicht mit dem Kind allein lassen.«

Ein Todesfall in der eigenen Familie kann ebenfalls dazu beitragen, daß selbst bei einer Leichenbestatterin die Maske fällt.

»Nach fünf Jahren in diesem Geschäft war ich der Meinung: Sollte jemand aus meiner Familie sterben, würde ich schon gut damit fertig werden. Als dann aber mein Papa plötzlich mit einem Aorten-Aneurysma zusammenbrach und wenige Stunden später starb, war es hart. Dank meiner Verbindungen ging im Krankenhaus alles schnell, und man gab mir alle wichtigen Informationen. Meine Mutter wurde von

Weinkrämpfen geschüttelt, also mußte ich selber die Ruhe bewahren und mich um sie kümmern. Doch dann erblickte ich einen von unseren früheren Leichenbestattern, der jetzt im Leichenschauhaus des Krankenhauses arbeitete. Sobald ich ihn sah, waren die Tränen nicht mehr aufzuhalten. Es war etwas in der Art: ›Einer meiner Kollegen ist jetzt hier, und so darf ich loslassen.‹« (Sally Smith)

Die Firma von Sally Smith kümmerte sich um die Bestattung ihres Vaters. Ihre Mutter und ihr Bruder wollten den Körper noch einmal sehen. Deshalb ging sie vorher hin, um zu überprüfen, ob noch etwas gerichtet werden mußte:

»Das Haar in der richtigen Weise gebürstet. Mit der Brille und den Zähnen alles in Ordnung. Wenn man einen Leichnam gut herrichtet, trägt das immer zum Trost der Angehörigen bei. Man muß darauf achten, daß das Gesicht nicht verzerrt ist. Lippenstift und Lidschatten sollten die richtige Farbe haben. Aber ich habe die anderen die meiste Arbeit bei Papa machen lassen. Ich weiß, was mit Körpern geschieht. Am Tag, nachdem ihn die Familie gesehen hatte, fing Papa an zu verwesen. Im Sommer verwesen Körper schneller. Bei einem Gewitter kippen sie über Nacht um. Bei den Augen sieht man es zuerst. Sie nehmen eine grünliche Farbe an. Wenn der Fäulnisprozeß bei Nase und Mund ankommt, ist auch das ganze Gesicht schnell erfaßt. Erst wird es grün, dann schwarz. Es ist so, als ob man ein Stück Schweinefleisch in der Küche draußen vergißt; es stinkt. Es ist alles andere als angenehm. Man kann noch Formalin injizieren, doch nachdem ich das erste Anzeichen entdeckt hatte, konnte ich es einfach nicht ertragen, meinen Papa verfaulen zu sehen.«

Trotz ihres intimen Umgangs mit der Macht, die sie ganz ungezwungen als Gevatter Tod bezeichnen, entdeckte ich, daß Bestattungsunternehmerinnen eine spottfreudige, geistreiche Clique sind. Sie finden, daß ihre Arbeit durchaus erfreulich, oft sogar amüsant ist. Sie erinnerten sich an absurde Momente.

»Wir hatten richtig tiefen Winter. Überall Eis und Schnee. Gefrierender Nebel. Sie hatten es geschafft, das Grab auszuheben. Ich hatte die Begräbnisfeier gehalten. Dann trat der Pfarrer vor, um die letzten Worte zu sprechen. Er rutschte auf dem Eis aus und fiel in die Grube. Mein Kollege Malcolm ging hin, um ihn herauszuholen und fiel zu ihm in das Grab hinein! Der Sarg wurde an der Seite abgesetzt. Einer der Sargträger wollte ihnen helfen und fiel auch hinein. Am Ende war auch noch der andere Träger darin verschwunden.

Jetzt waren vier in dem Grab. Die Hälfte der Trauernden krümmte sich vor Lachen.« (Sally Smith)

»Es war erst mein sechstes Begräbnis. Für einen Amerikaner der Luftstreitkräfte. Die Luftwaffenleute drapierten die US-Fahne über den Sarg und legten seinen Hut und die Handschuhe obendrauf. Sie bestanden darauf, den Sarg zu schultern und zu tragen. Wir dagegen benutzen ein Fahrgestell, aus dem einfachen Grund, weil sich der Sarg nicht mehr selbständig machen kann, wenn er erst einmal auf den Rädern steht. Die Methodistenkapelle hatte ein sehr enges Kirchenschiff. Die Amerikaner entschieden, daß sie mit sechs Männern an den Sargseiten nicht durchkommen konnten. Deshalb sollte einer vorne und einer hinten den Sarg tragen. Sie wollten den Sarg auf den Böcken am anderen Ende des Ganges zum Altar absetzen, verfehlten diese aber. Der Sarg fiel auf den Holzboden. Das Echo setzte sich durch das ganze Gebäude fort. Ich zitterte wie ein Blatt im Winde. Unser guter Ruf dahin! Niemand wird mehr zu uns kommen! Dann mußte ich plötzlich lachen. Mir war klargeworden, daß es der Fehler der Luftwaffenleute war. Ich hätte zwar nicht zulassen sollen, daß sie die Sache in die Hand nahmen. Aber jetzt würde ich nicht mehr eingreifen.« (Beverly Day Walker)

Tatsache ist, daß Bestattungsunternehmerinnen ihre Arbeit lieben. Sie sprechen von kaum etwas anderem. Es kann keinen Zweifel daran geben, daß diese Frauen eine tiefe Befriedigung aus ihrer Tätigkeit ziehen. Aber worin genau liegt diese Befriedigung?

»Ich kann mir nicht vorstellen, jemals etwas anderes zu tun. Ich habe das Gefühl, daß ich den Leuten helfen kann, wenn sie an einem Tiefpunkt stehen. Viel tiefer kann man nicht hinabgleiten, als wenn man damit leben muß, daß ein geliebter Mensch tot ist. Jemandem da hindurchzuhelfen, zu erleben, daß man am Ende des Tages von jemandem angerufen wird, der sagt: ›Ohne Sie hätte ich das nie durchgestanden‹, das besagt alles.« (Sally Smith)

»Es gibt keinen anderen Job, den ich für diesen eintauschen würde. Mein Belohnung ist die innere Befriedigung, weil Familien so erleichtert sind, daß alles gut überstanden ist. Für mich bedeutet es, daß ich ihnen habe helfen können, als sie keinen Schimmer hatten, was sie machen sollten.« (Beverly Day Walker)

Für Hinterbliebenenberaterinnen ist der unmittelbare Umgang mit der Trauer etwas, das sie oft zu ihren Familien nach Hause mitnehmen. Auch Bestattungsunternehmerinnen sagen, daß die Unterstützung durch ihre Familie unverzichtbar ist. Ehemänner und Lebensgefährten, mit denen ich gesprochen habe, schienen recht vertraut mit dem Beruf ihrer Partnerin zu sein und auch mehr oder weniger locker mit den Besonderheiten des Bestattungsgewerbes umzugehen.

Vor drei Jahren heiratete Mandy Walker einen Mann, den sie bereits seit zehn Jahren kannte und der zum Ausdruck brachte, daß er »völlig einverstanden« mit ihrem Beruf sei. Beverly Day Walker, die ebenfalls vor drei Jahren ihren Elektromechaniker geheiratet hatte, meinte:

»Glücklicherweise stand ich bereits in dem Beruf, so daß er wußte, worauf er sich einließ! Er interessiert sich nicht für die Beerdigungen, aber er ist auch nicht ablehnend eingestellt. Er kommt kaum einmal ins Büro und nie in den Vorbereitungsraum. Er zieht es vor, mich zu Hause zu erleben.«

»Mein Mann Dave ist wunderbar. Er ist auch unten in der Totenkapelle gewesen und gut damit zurechtgekommen. Er ist mein Freund, mein Gefährte, mein Liebhaber, einfach alles. Er ist immer ansprechbar. Ich kann nach Hause kommen, ihn anschreien, wenn etwas falsch gelaufen ist. Ich kann weinen. Er ist immer da und ermuntert mich: ›Erzähle es mir.‹ Ich kann mit ihm über alles sprechen: über den Index in der ›Financial Times‹, Menstruationsschmerzen, Leichen. Mit solch einer Beziehung zu Hause kann ich alle Belastungen bei der Arbeit meistern.« (Sally Smith)

Die Einstellung ihrer Kinder zum Tod und Sterben ist für die Frauen von überragender Bedeutung:

»Tod ist bei uns zu Hause ein offenes Gesprächsthema. Deena, meine siebenjährige Tochter, hört mich mit ihrem Stiefvater über den Tod reden; sie weiß, welcher Art meine Arbeit ist. Noch hat sie keinen toten Körper gesehen, aber sie wird. Mein fünfzehnjähriger Sohn Ross hat bereits einen gesehen. Er begleitet mich zu Terminen in der Totenkapelle. Sein Schulpraktikum wird er in unserer Bestattungsfirma absolvieren. Einmal hatten wir ein wunderschönes, kleines Mädchen, das gestorben war, zu gut für diese Erde. Ich nahm Ross mit, um sie anzuschauen. Er war nicht übermäßig erschüttert. Er bestätigte, wie schön und hübsch sie aussah. Dann saß er da und dachte nach. ›Ich bin hier und sie nicht mehr‹, meinte er. Meine Kinder haben dadurch eine andere und sehr positive Einstellung gewonnen.« (Mandy Walker)

»Meine Kinder haben nicht die geringste Angst vor dem Tod. Die Jüngste kommt hierher, seit sie vier Jahre alt ist. Sie kommt in die Totenkapelle, hebt die Tücher hoch und gibt ihren Kommentar: ›Schau dir diese kleine, alte Dame an. Ist sie nicht süß?‹ Meine Älteste dagegen läßt sich hier nicht blicken. Sie verabscheut den Ort und denkt, daß es ein merkwürdiger Job ist, den ihre Mutter da betreibt. Aber sie hat keine Angst vor dem Tod.« (Sally Smith)

Zwangsläufig haben alle Bestattungsunternehmerinnen, die ich kennengelernt habe, sorgfältige Pläne für den eigenen Todesfall ausgearbeitet. Einige davon waren ganz anders, als ich erwartet hatte. Obwohl mir in mehreren Bestattungsinstituten versichert wurde, daß die beschleunigte Verrottung mittels einer Spezialbelüftung im Sarg heutzutage umweltfreundlicher sei als die Verbrennung, entschieden sich die meisten Unternehmerinnen gegen eine Erdbestattung.

»Da ich selber in diesem Beruf stehe, habe ich jedem gesagt, was ich möchte. Auf keinen Fall eine Erdbestattung. Ich lasse mich verbrennen. Und das auch nicht von meiner Firma! Ganz sicher nicht, solange ich jung bin. Ich will nicht, daß sie meine Überreste anstarren! Sollte ich alt und jenseits von allem sein, dann würde es mich nicht mehr so sehr kümmern. Colin und ich haben über unseren Tod gesprochen. Er ist sicher, daß er zuerst gehen wird. Sollte es so sein, dann werde ich ihn zu mir nach Hause holen, seine Asche an einem Ehrenplatz aufbewahren. Wenn ich dann sterbe, werde ich verbrannt, und meine Asche kommt in Colins Urne dazu. Jemand muß das Ganze gut mischen, dann kann er nie mehr von mir fortgehen. Danach werden wir auf dem Friedhof von Trumpington beigesetzt. Wir werden einen Grabstein haben, auf dem stehen soll: ›Weint nicht um uns, weil wir geliebt haben und geliebt wurden.‹« (Mandy Walker)

»Wenn ich sterbe, soll sich meine Firma um mein Begräbnis kümmern. Ich weiß, dort werde ich in guten Händen sein. Ich habe keine Angst vor dem Tod, aber es wird mir schwerfallen, meine Familie und meine Freunde zu verlassen.« (Sally Smith)

»Ich mag in keinem kalten Loch liegen, deshalb lasse ich mich verbrennen. Mein Mann will auch verbrannt werden und wünscht sich, daß meine Asche zusammen mit seiner beigesetzt wird. Mir dagegen ist es gleichgültig, wo meine Asche verstreut wird. Sollte er vor mir sterben, bin ich mir nicht sicher, ob ich seine Trauerfeier abhalten würde. Das wäre ein ganz besonderer Prüfstein!« (Beverly Day Walker)

Durch den intimen Umgang mit dem Tod haben Bestattungsunternehmerinnen eine ganze Menge über sich selbst gelernt.
»Meine ganze Lebensphilosophie hat sich dadurch geändert. Ich warte nicht mehr auf später. Ich möchte das meiste aus dem machen, was ich habe, solange ich hier bin. Ich sage immer, was ich denke. Ich hasse es, wenn Colin zur Arbeit geht und wir uns vorher gestritten haben. Jetzt sage ich immer, was ich meine, bevor wir uns für den Tag trennen. Ich kann es nicht ertragen, wenn dicke Luft ist, wenn ich zu Bett gehe.« (Mandy Walker)

»Ich bin mir viel mehr der Sterblichkeit meiner Eltern bewußt. Ich nehme jetzt jeden Tag so, wie er kommt. Ich plane nichts mehr zu weit im voraus. Ich freue mich nicht mehr endlos auf den nächsten Sommerurlaub. Wenn wir meinen, daß wir eine Pause nötig haben, dann machen wir das sofort am kommenden Wochenende. Ich messe die Zeit nach Wochen, denn wenn jemand heute stirbt, wird er in der nächsten Woche begraben.« (Bevery Day Walker)

Der einzige Zukunftsplan, an dem Beverly festhält, hat mit der Ankunft ihres ersten Babys zu tun, das in wenigen Monaten erwartet wird:

»Ich habe mich selber immer in der Rolle des Kindes gesehen, der Tochter. Jetzt muß ich lernen, mich in der Rolle der Mutter zu sehen. Vorübergehend wird sich in der Firma einiges ändern. Ich werde in einigen Dingen den Platz mit Papa tauschen. Anfangen werde ich dann wieder mit Teilzeitarbeit. In diesem Stadium werde ich Begräbnisse weder leiten noch arrangieren, weil ich das Leiten und Arrangieren als einen einheitlichen Vorgang ansehe. Ich weiß, daß diese Firma meinen Stempel trägt, aber zugleich den Stempel meiner Familie; und sie wird in ihren Händen liegen, bis ich zurückkomme. Wenn dann das Baby etwas älter ist, werde ich wieder zur Ganztagsarbeit zurückkehren. Ich habe vor, zu meinem Kind völlig offen über den Tod zu sein. Ich möchte Kinder ermutigen, an Beerdigungen teilzunehmen.«

Wenn mehr Frauen, die bereits offen über Tod und Sterben denken, sich in spezifisch weiblicher Weise mit der Durchführung von Beerdigungen befassen, dann können vielleicht Begräbnisse wieder zu bedeutungsvollen Veranstaltungen werden, vor denen Kinder keine Angst haben und Erwachsene sich nicht schnell verdrücken müssen.

Sechstes Kapitel

WITWEN UND ANDERE
VERGESSENE EXISTENZEN

Vor einigen Jahren gab es im britischen Fernsehen eine freche Serie über drei Frauen, deren Ehemänner Bankräuber waren, die alle bei einem Überfall starben. Sie hinterließen ein energiegeladenes, weibliches Trio, das die Familiengeschäfte weiterführte.

Die Serie nannte sich »Witwen«.

Das Spektakel zeigte Frauen in starken, unabhängigen Rollen. Es stellte hinterbliebene Frauen in den Mittelpunkt, die über Schneid, Durchsetzungsvermögen und ein ausgedehntes Netz von Helfern verfügten. Es wurde zu den besten Fernsehzeiten gesendet und hatte hohe Einschaltquoten.

Witwen, so konnte man meinen, müssen an der Spitze allgemeiner Wertschätzung stehen.

Die Wahrheit sieht ganz anders aus. Auch wenn Witwen in einem Fernsehschauspiel voller Schwung und höchst amüsant erscheinen mögen, so gelten sie »im Leben« als gezeichnete Spezies der weiblichen Bevölkerung. Ein Stigma, das aufgedeckt werden sollte.

Die Wahrheit ist, daß allein in Großbritannien mehr als drei Millionen Witwen nicht mit ihren täglichen Nöten und Bedürfnissen zurechtkommen. Sie können ihre besonderen Probleme nicht lösen und ihre gesellschaftlichen Verbindungen mit anderen nicht aufrechterhalten. Oder sie werden ganz von der Kommunikation ausgeschlossen. Sie werden wie Frauen im Verborgenen behandelt.

Im Verborgenen wächst die Gruppe.

Jedes Jahr werden allein in Großbritannien 200000 Frauen zu Witwen. Frauen mit mehr als 50 Jahren bilden mit 17 Prozent der Gesamtbevölkerung eine der größten Gruppen in Großbritannien. Die Hälfte dieser weiblichen Bevölkerung lebt ohne Mann. Rund 750000 davon haben nie geheiratet, halb soviel sind Geschiedene, der Rest dieser Gruppe über 50 Jahre – mehr als viermal soviel – sind Witwen. Mehr als ein Viertel aller Frauen über 65 Jahre sind Witwen. In den USA sind Witwen ebenfalls zahlenmäßig stark vertreten und werden in ähnlich abwertender Weise behandelt. Schon die Tatsache, daß viele Witwen betagt sind, bedeutet, daß sie einer Diskriminierung aufgrund des Alters oder wegen des Todestabus ausgesetzt sind.

Sie sind zu einer ständig wachsenden Bevölkerungsgruppe Geächteter geworden. Es sind Frauen, die im sozialen Gefüge zum Störfaktor werden. Sie stören ein Gefüge, das sich um drei fest verankerte Ideologien aufbaut: Um die Einstellung zum Tod, um die staatlich abgesegnete Ehegemeinschaft und um die sexuelle Aktivität. Alle drei schränken Frauen in ihrem Lebensraum ein, und Witwen verstoßen schon durch ihr Vorhandensein gegen deren Regeln.

Während der Tod im Fernsehen eine Angelegenheit von Faszination und Gefahr, von Gesprächen und Diskussionen ist, wird er im häuslichen Bereich als nicht erwähnenswert von der Bildfläche verbannt. Der Makel des Todes, der Witwen anhaftet, drückt ihnen das Siegel einer gesellschaftlich verabscheuungswürdigen Gruppe auf – so, als sei ihnen ein Zeichen auf die Stirn gemalt. In den meisten Gesellschaften sehen sich diejenigen, die eine enge Verbindung zu einem verstorbenen Menschen hatten, selber als »vom Tod gezeichnet« und werden von ihren Mitmenschen ebenso gesehen. Die Dauer einer solchen Einschätzung ist von Kultur zu Kultur unterschiedlich. Bis zu einem gewissen Grad formt die Art, wie eine Gesellschaft mit den Toten umgeht, auch die Umgangsweise mit den Hinterbliebenen. Die Frauen, die ich interviewt habe, wollten darüber sprechen.

Niemand will hinhören.

»Nachdem Kostas, mein zweiter Mann, gestorben war, fühlte ich mich in einer Zwangsvorstellung gefangen, ähnlich wie nach der Scheidung von meinem ersten Mann. Ich wurde obsessiv. Ich konnte nur noch an Kostas denken. Ich wollte nur noch über seinen Krebs sprechen, über seine Behandlungen. Warum sie versagt hatten. Was ich empfunden hatte. Als Kostas tot war, hatte ich vergeblich versucht, Bücher über die Dinge zu finden, die Frauen über den Tod wissen möchten. Es gab keine. Da ich selber Redakteurin bin, weiß ich über Bücher Bescheid. Da ich Witwe bin, weiß ich über den Tod Bescheid. Ich denke, der Schlüssel zu diesem Buch liegt darin, daß Frauen über ihren Schmerz sprechen wollen. Ich wollte, ich wäre Griechin gewesen wie meine Schwiegermutter, die schrie und sich über Kostas' Körper warf. Es war das, was ich am liebsten getan hätte, aber niemand hat mir die Erlaubnis dazu gegeben. Reden und Klagen, das ist bei ihnen der Brauch. Vielleicht sollte Reden für uns Frauen hier zum Brauch erhoben werden.« (Ellen, Witwe aus New York, 62 Jahre alt, verwitwet mit 54 Jahren)

Fünf Monate nach Kostas Tod gab Ellen ein Abendessen zur Erinnerung an ihren Ehemann, der ein ausgezeichneter Koch gewesen war. Man sollte sich bei einem vorzüglichen Mahl an ihn erinnern. Aber es lief nicht so, wie es gedacht war:

»Ich kochte seine Lieblingsgerichte für unsere Freunde. Das Abendessen, das Kostas zubereitet haben würde, wenn er noch gelebt hätte. Ich wollte, daß ihre Gedanken zu seiner Kochkunst, zu seinem Leben zurückwandern sollten. Ich wollte, daß sie sagen würden: ›Ellen, das hier ist fast so gut wie Kostas' Essen!‹ Oder: ›Ich frage mich, was Kostas heute gekocht hätte?‹ Ich wünschte mir, daß sie etwas über ihn sagen würden. Sie sagten nichts! Nicht einer der Anwesenden erwähnte auch nur seinen Namen. Ein Gang nach dem anderen wurde serviert. Ein fürchterliches Schweigen um seinen Namen. Sie sprachen über alles mögliche, aber nicht über meinen Mann, ihren Freund, zu dessen Ehre und Erinnerung ich dieses Mahl bereitet hatte.

Ganz zum Schluß erwähnte ein mutiger Gast das Wort Tod, obwohl er Kostas' Namen nicht aussprach. Ich dachte: ›Gott sei Dank. Endlich.‹ Ich hatte vorgehabt, einen Toast auf Kostas auszubringen, aber dann war ich zu bestürzt, um noch das Glas zu heben. Ich sprach ihn still für mich. Aber das Glas ließ ich auf dem Tisch stehen. Ich quälte mich durch das Abendessen, gelähmt, verschreckt und verletzt.«

Auf der anderen Seite vom Großen Teich, in Großbritannien, ist es genauso tabu, über den Tod zu sprechen:

»Sofort nach Johns Tod wollte ich den Leuten davon erzählen, wie seine Angina immer schlimmer geworden war. Über seine Kurzatmigkeit, die immer stärker werdenden Schmerzen, und wie tapfer er gewesen war. Ich wollte darüber sprechen, wie es war, wenn er plötzlich ins Krankenhaus gebracht werden mußte und ebenso plötzlich wieder nach Hause durfte. Daß man dann nie wußte, welcher Besuch der letzte sein würde. Am letzten Tag hörte ich bei meiner Ankunft die Alarmglocke läuten. Sein Herz hatte aufgehört zu schlagen, bevor ich ihn noch einmal sehen konnte. Eine Krankenschwester kam und sagte, wie leid es ihr täte. Ob ich eine Tasse Tee haben wolle? Sie blieb nicht, um ein paar Worte mit mir zu wechseln.« (Enid, 79 Jahre alte Witwe aus Großbritannien)

Das war vor acht Jahren. Aber Enid versucht noch immer, über John zu sprechen. Die Menschen um sie herum wehren sich dagegen.

»Mein Sohn schreckt davor zurück, wenn ich über den Vater spreche. Meine Tochter hat in den acht Jahren niemals seinen Namen ausgesprochen. Vielleicht ist es ja zu tief gegangen, um es in Worte zu fassen. Aber es ist immer da, dieses Schweigen zwischen uns.«

Einige partnerlose Frauen haben eine Taktik entdeckt, die es anderen Leuten leichter macht.

»Wenn man es schafft, ihre Abwehrhaltung zu überbrücken, dann bringen sie es sogar fertig, mit einem zu sprechen. Ich habe versucht, den Leuten den Umgang mit mir zu erleichtern. Der Verkäufer beim Gemüsehändler fragte: ›Wie geht es Ihnen? Ich nehme an, Sie sind sehr traurig?‹ Ich gab ihm die Antwort: ›Danke für die Nachfrage. Ja, es ist traurig. Ich habe gehört, daß Ihre Tochter bald noch ein Kind bekommt.‹ Ich erwähnte einfach irgend etwas, um das Gespräch vom Tod abzulenken.« (Roberta, Witwe aus Großbritannien, 48 Jahre alt)

Die Tabus um den Tod, die derartig traurige Mauern des Schweigens aufbauen, betreffen alle hinterbliebenen Frauen. In unserer Gesellschaft werden Witwen als lebende Erinnerung an die »unaussprechliche Wahrheit des Todes« entweder ignoriert oder von gesellschaftlichen Aktivitäten ausgeschlossen. Doch bei partnerlosen Frauen wird das Warnzeichen, das generell von den vom Tode Betroffenen ausgeht, durch zwei weitere Einschränkungen verschlimmert. Eine Gesellschaft, die auf der Ehe basiert, belegt jene Frauen mit einem Stigma, die nicht als Ehepartnerinnen leben. Eine Ideologie, die der sexuellen Aktivität einen hohen Rang einräumt, setzt Frauen, die nicht länger als sexuell aktiv angesehen werden, auf die schwarze Liste.[1]

In einer auf Ehegemeinschaft fixierten Kultur müssen sich Witwen mit dem niedrigen gesellschaftlichen Wert abfinden, den man der übriggebliebenen weiblichen Hälfte aus einer zuvor angesehenen Partnerschaft beimißt. Bei gesellschaftlichen Anlässen werden Besucher noch weitestgehend als Paare eingeladen. Hierbei erscheint eine Frau, die früher einen Partner hatte, als bemitleidenswert oder bedrohlich. Ihre Lebensgeschichte endet, wenn ihre Beziehung mit ihrem Mann zu Ende ist.

»Die Leute sagen immer, sie seien alle nett, aber wenn man irgendwo eingeladen ist, wo nur Paare sind, wird man geschnitten; oder sie fühlen sich bedroht. Sie hörten nicht etwa auf, mich einzuladen, o nein. Aber ich hörte auf, hinzugehen. Seit zwei Jahren bin ich zur Einsiedlerin geworden. Wenn man hingeht und ihr Freund wagt es, mit einem zu sprechen, dann merkt man, daß sie Angst haben.« (Mania, Witwe aus Jamaika, 49 Jahre alt)

»Nachdem David an einem Hirntumor gestorben war, hatte ich einfach keine Lust mehr, alleine auszugehen. Doch dann bin ich zu einer Weihnachtsparty gegangen. Ich kannte sie alle. Früher hatte ich ihre Parties mit Speisen und Getränken beliefert. Es war die Hölle. All die Ehepaare. Auf eine seltsame Weise schienen sie Angst vor mir zu haben. Bereits nach eineinhalb Stunden verabschiedete ich mich: ›Ich muß jetzt wirklich nach Hause gehen. Ich erwarte einen Anruf.‹ Meine Gastgeberin meinte: ›Du kannst nicht einfach davonlaufen, es wird nichts an den Tatsachen ändern.‹ Aber ich konnte nicht länger bleiben. Sie hätten an den Tatsachen viel ändern können, wenn sie weniger auf paarweises Zusammensein fixiert gewesen wären.« (Georgina, im Partyservice tätige Witwe aus Großbritannien, 60 Jahre alt)

Ein Jahr später, als sie sich etwas stärker fühlte, setzte Georgina auf ihren Unternehmungsgeist:

»Die Familie regte an, ich solle mit einer verwitweten Freundin in ein Hotel nach Griechenland fahren. Es war eine Tortur! Alle waren paarweise dort. Tanz! Jeden Abend war Tanz. Man hört die Musik und erinnert sich daran, daß man früher mit seinem Mann auch zum Tanzen war. Ich grub meine Fingernägel in meine Handflächen, damit ich nicht durchdrehte.«

Wie sich aus Georginas Fall ableiten läßt, führt berufliche Unabhängigkeit nicht unbedingt zu weniger persönlicher Einsamkeit.

»Beruflich waren Kostas und ich unabhängig, beide mit getrennten, erfolgreichen, beruflichen Laufbahnen, ich als Redakteurin, er als Filmkritiker. Aber unser gesellschaftliches Leben fand immer als Paar statt. Plötzlich war ich die überzählige Frau, wo immer ich hinkam. Erst 54 Jahre alt. Sie hatten sich noch alle. Ich war die Mahnung, daß einer von ihnen sterben könnte. Wenn sie mich nicht sahen, wurden sie nicht an ihre eigene Verwundbarkeit erinnert. Schließlich wurde die Einsamkeit unerträglich, so daß ich immer mehr versuchte, Freundschaft mit alleinstehenden Menschen zu pflegen, mit denen ich durch meine Arbeit zusammenkam. Ich fühlte mich weniger einsam. Trotzdem war ich noch immer die andere. Dort standen sie, und dann stand ich auch noch dort. Ich war mit dem Tod in Berührung gekommen.« (Ellen, Witwe aus New York, 62 Jahre alt)

Die Fixierung auf die Ehegemeinschaft deckt sich mit dem nachdrücklichen Bestehen auf sexueller Zusammengehörigkeit. Wie ich bereits in einem früheren Buch über weibliche Ehelosigkeit beschrieben habe, erhebt unsere Kultur den Anspruch, daß wir alle eifrige Anhänger geschlechtlicher Aktivität zu sein haben. Das wird als wertvoll und gesundheitsfördernd sowie, viel wichtiger noch, als allgemeingültige Richtschnur angesehen. Ehelosigkeit wird als eine Art Krankheit eingestuft. Frauen, die ehelos leben, werden als anormale Erscheinung abqualifiziert. Dabei spielt es keine Rolle, ob sie diesen Zustand selber gewollt haben oder er ihnen aufgezwungen worden ist. Natürlich leben viele Witwen enthaltsam. Einige fühlen sich unverschuldet durch den Verlust ihres sexuellen Partners dauerhaft betroffen. Andere finden dadurch, daß sie gezielt und leidenschaftlich eine eigenständige Entscheidung treffen, zu einem erfüllteren Leben, als sie es als Partner in einer geschlechtlich aktiven Ehegemeinschaft hatten. Doch wo auch immer ihre Gründe liegen mögen, sie werden alle gleich negativ beurteilt.[2]

»Meine Freunde, soweit es sich um Paare handelt, versuchen immerzu, mich mit einem Typen zusammenzubringen. Sie sind sich sicher, daß es das Bett ist, was ich vermisse. Schließlich bin ich erst 36 Jahre alt! Aber es geht mir nicht um Sex. Ich fühle mich unendlich wohl in meiner Ehelosigkeit. Das einzige, was ich tatsächlich vermisse, ist die Gesellschaft des Typen. Man konnte sich ausgezeichnet mit ihm unterhalten.« (Lou, New York, hinterbliebene Partnerin, 36 Jahre alt)

»Als Sam gestorben war, blieb da ein Loch. Wir waren für Jahre Sam und Sammi gewesen. Wir betrieben unsere Praxis gemeinsam. Sammi und Sam. Leuchtende, blaue Buchstaben über der Tür. Ich hätte nie einen anderen Mann haben wollen. Doch als alleinstehende Frau schrieben sie mich ab als eine Person, die nicht mehr in ihre Runde paßte. Es wurde zu einem weiteren Gesprächsthema, das

179

sie scheuten. Wahrscheinlich machte mich das noch einsamer.« (Sammi, Witwe aus Montreal, 39 Jahre alt)

In unserer Kultur wird man, sofern man partnerlos und ehelos lebt, als zweite Wahl angesehen. Vom Tod betroffen zu werden ist etwas, das einem auf keinen Fall passieren sollte. Zumindest nicht, wenn man eine Frau ist.

Witwen sind eine Tabugruppe. Witwer sind das nicht. Hier besteht ein großer Unterschied zwischen den Geschlechtern, der beachtet werden sollte.

Witwer sind in unserer Gesellschaft nicht in ähnlicher Weise benachteiligt. Nach dem Tod der Ehefrau wird ein Witwer zum Gegenstand größter Beachtung. Da ist ein Mann, der bemuttert werden muß. Gewöhnlich von anderen Frauen. Nach dem Tod der Ehefrau wird ein Witwer sofort erstrebenswert, interessant und sexy. Frauen ermuntern ihn, sich auszusprechen. Sie ziehen ihn aus den Tiefen heraus.

Stirbt der Ehemann, wird die Witwe zum bemitleidenswerten Geschöpf, unter Umständen sogar ein bißchen verabscheuungswürdig. Etwas, dem man ausweichen sollte. Sie ist plötzlich nicht mehr erstrebenswert, sondern uninteressant; sie wird entweder als sexuell abstoßend oder als raubtierhaftes Wesen betrachtet. Nur selten wird sie zum Sprechen ermuntert. Manchmal folgt das große Schweigen, weil die hinterbliebene Witwe andere an den eigenen Tod oder den des Partners erinnert.

Organisationen, die sich der Witwen annehmen und sie beraten, kämpfen ständig mit dieser Mauer des Schweigens. Ich habe mit einigen der Frauen gesprochen, die mit Witwen zusammenarbeiten.

»Manche Witwen sind traurig, andere bitter, weil sie niemanden haben, mit dem sie sprechen können. Einige lehnen Frauen ab, die ihre Partner noch haben. Eine Witwe, die Liebende auf einer Parkbank sah, murmelte: ›Oh, laßt euch doch in Ruhe, ihr Esel!‹ Die Hälfte unserer Witwen sind ein Leben lang versorgt worden und möchten, daß es so weitergeht. Die andere Hälfte wurde nie versorgt, aber würde jetzt gerne damit anfangen. Nur selten verlieren sie das Gefühl, daß ihr verstorbener Ehemann noch da ist. Manche schlafen mit seiner Jacke auf der Bettdecke, damit sie ihn noch riechen können. Wenn sie einen anderen Mann treffen, dann meinen sie, es würden trotzdem immer drei in einem Bett liegen.« (Kate Johnson von der »National Association of Widows«, dem »Nationalen Witwenverband«)

In der Organisation wurde darauf hingewiesen, daß für viele Witwen der Verstorbene sowohl der beste Freund als auch der sexuelle Partner gewesen war.

»Sie machten alles gemeinsam. Wenn die Witwen jetzt zum Einkaufen gehen, denken sie noch immer: ›Wird Fred das haben wollen? Ich werde das für Fred mitnehmen.‹ Es ist so, als hätten sie einen Arm oder ein Bein verloren. Es fehlt etwas Entscheidendes, und sie wollen darüber sprechen.« (Kate Johnson)

»Wir spielten gerade Scrabble, als er den Schlaganfall hatte. Den ganzen Winter hindurch spielten wir zweimal in der Woche. Er röstete die Kastanien, und ich schüttete etwas Port in die Gläser. Wir waren diejenigen in unserem Freundeskreis, die am engsten miteinander verbunden waren. Er starb, als er dabei war, zu gewinnen. Ich deckte ihn gut mit einer dicken Wolldecke zu, dann saß ich da und hielt seine Hand. Ich war nicht verschreckt. Ich hätte wochenlang dort sitzen können.« (Winnie, Witwe aus Großbritannien, 76 Jahre alt)

Manche Nachbarn, die anfänglich hilfsbereit waren, haben sich später zurückgezogen. Mehrere Witwen beschrieben das Gefühl, »eine Last zu sein«:

»Plötzlich war ich die Frau ohne Mann, der man einen Gefallen erweisen mußte, wie etwa Hilfe beim Rasenmähen, oder indem man mich zum Supermarkt mitnahm. Nun, wenn es wirklich das war, was ihren Rückzug bewirkte – das Problem hatte ich schnell gelöst! Ich lernte das Autofahren und kaufte mir einen neuen, leichteren Rasenmäher.«

Das haarsträubendste Beispiel, wie man eine Witwe in das Schweigen verbannt, passierte einer achtzigjährigen Freundin. Sie und ihr Partner hatten einen Sommerurlaub in der Sonne geplant. Sie verließen London mit ihrem Gepäck und voller Hoffnungen. Fuhren mit dem Gatwick-Expreß zum Flughafen. Plötzlich hatte er einen Schlaganfall. Innerhalb weniger Sekunden war er tot. Sie rief den Schaffner. Er meinte, daß er nichts machen könne, bis sie in Gatwick ankämen, wo sie eine Ambulanz erwarten würde. Meine Freundin saß 40 Minuten lang schockiert und ungläubig neben dem Körper ihres toten Partners in einem überfüllten Eisenbahnwagen. Nicht eine Person sprach mit ihr. Nicht eine Person bot ihr Hilfe an.

Plötzlicher Tod ist bereits ein Trauerfall, der vom Hinterbliebenen höchste Kraft erfordert. Plötzlicher Tod in einem Umfeld des Gemiedenwerdens ist ein Trauma, das man nie vergessen wird.

Die Forschung hat ergeben, daß die Isolierung das beherrschendste Thema für hinterbliebene Witwen ist.

»Witwen, besonders die älteren, rufen uns an, und kommen mit allen möglichen, vorgeschobenen Fragen, wie Klärung von Pensionsansprüchen, Hilfe bei Sozialzuwendungen. Aber was eigentlich dahintersteckt, ist die Suche nach einer Möglichkeit, sprechen zu können. Niemand spricht mit ihnen, folglich ist die Isolierung ihr größtes Problem.« (Lynne Davis von der »National Association of Widows«)

Die Autorin Margaret Powell erzählte, als sie noch als Vertreterin von Tür zu Tür ging, habe sie viele Witwen getroffen, die herzergreifend dankbar gewesen seien, daß jemand auftauchte, mit dem sie sprechen konnten:

»Eine Witwe mittleren Alters, die anscheinend recht wohlhabend war, versicherte mir, daß sie jeden Vordruck von der Gemeindeverwaltung oder von der Regierung sorgfältig ausfülle. Als Begründung dafür führte sie an: ›Für einen kurzen Zeitraum gibt es mir das Gefühl, daß ich noch lebe und meine Existenz irgendwo zur Kenntnis genommen wird.‹«[3]

Hinterbliebene Frauen aus einer Partnerschaft – sowohl lesbisch als auch heterosexuell –, die laut Gesetz nicht verheiratet gewesen sind, sehen sich einer ähnlichen sozialen Herabsetzung ausgesetzt wie Witwen. Doch zudem wird ihnen noch eine schändliche rechtliche Behandlung zuteil. Später werfe ich auch einen Blick auf die emotionalen Probleme, die bei lesbischen Hinterbliebenen entstehen. Jetzt möchte ich zunächst darauf hinweisen, daß deren rechtliche und finanzielle Probleme in dieser Gesellschaft einfach übergangen werden. Weder hinterbliebene lesbische noch heterosexuelle Frauen aus nichtehelichen Partnerschaften haben in Großbritannien Anspruch auf gesetzlich festgelegte Witwenbezüge. Selbst die besten Organisationen scheinen keine Anhaltspunkte zu finden, um ihnen zu helfen.

»Wir können uns mit partnerlosen Witwen unterhalten. Aber sie können nur dann Mitglieder in unserer Organisation werden, wenn sie verheiratet gewesen sind. Oft kommen lesbische und unverheiratete Frauen, die jahrelang in einer Zweiergemeinschaft gelebt haben, als Hinterbliebene zu uns und bitten verzweifelt um Hilfe. Wir müssen sie dann woanders hinschicken.« (Kate Johnson, Fürsorgebeamtin bei der »National Association of Widows«)

Viele Frauen lehnen es ab, Witwenorganisationen beizutreten, weil sie vermeiden möchten, mit dem Stigma »Witwe« gekennzeichnet zu werden. Die Autorin Jeanette Kupfermann berichtet, daß sie auf ihrer eigenen Reise durch die Witwenschaft nicht fähig gewesen sei, das Wort auch nur in den Mund zu nehmen:

»Witwen waren andere Menschen; sie hatten nichts mit mir zu tun.«

Für sie waren das entweder schwarz gekleidete Menschen aus dem Mittelmeerraum mit blaßgelber Gesichtsfarbe und »wild funkelnden Augen« oder Frauen mit bläulicher Haartönung, die in Hotels in Eastbourne lebten.

»Immer wieder stieß ich in Zügen auf sie, wenn sie zu ihren Töchtern nach Plymouth oder Aberdeen reisten. Die meisten Witwen, die ich getroffen habe, schienen ständig unterwegs zu sein – von einem Verwandten zum nächsten weitergereicht –, eine Art vergessenes Frauenregiment auf der Durchreise.«[4]

Unbestreitbar hat das Wort häßliche Assoziationen. Die reiche semantische Geschichte des Begriffs Witwenschaft vermittelt erschütternde Anhaltspunkte darüber, wie das Patriarchat Witwen einstuft.

Das altenglische »widewe« – althochdeutsch »wituwa« – hat seinen Ursprung in der indoeuropäischen Wurzel »widh«, was soviel heißt wie »leer sein« oder »getrennt sein«. Die Sanskrit-Wurzel »vidh« bedeutet »einer Sache verlustig sein« oder »einer Sache nicht genügen«. Joseph T. Shipley erklärt in seinem Herkunftswörterbuch (»Dictionary of Word Origin«): »Nachdem die Heirat aus zweien eins gemacht hat, ist die Witwe eine Frau, die ihres eigentlichen Lebenszwecks beraubt worden ist.« Andere Autoren bestätigen diese Ansicht: »Sie war eine Witwe, dies seltsame, weibliche, eigenständige Gebilde, das einst mit einer dualen Persönlichkeit ausgestattet war und jetzt nur noch die Hälfte von dem ist, was es einst war.« Diese Deutungen werden nicht in gleicher Weise auf Männer angewandt.[5]

Kulturübergreifend sind Schweigen und Ehelosigkeit eng mit der Vorstellung von Witwenschaft verbunden. Der hebräische Begriff für Witwe, »Almanah«, stammt von dem Wort »alem« ab, das soviel bedeutet wie »unfähig zu sprechen«. Die Witwe wird so zur »Schweigenden«. Bonnie Bowman Thurston weist in einer Untersuchung über die Stellung von Witwen in der frühen Kirche darauf hin, daß

Jesus' positive Haltung gegenüber Witwen etwas darstellte, was es noch nie gegeben hatte, da diese ganz allgemein keinen rechtlichen Anspruch auf sprachliche Äußerung hatten.

Nach dem hebräischen Verständnis von Witwenschaft war es »das Schicksal, das von Frauen am meisten gefürchtet und beklagt wird«. Starb ein Ehemann, bevor er alt war, so galt das als Vergeltung für seine Sünden; und diese Vergeltung war ganz offensichtlich auch durch seine Frau verschuldet worden. Als Witwe zurückzubleiben galt als Schande.[6] Im alten Griechenland hatte die Witwe nur wenige gesetzlich verankerte Rechte. Sie durfte sich um das Vermögen ihres Ehemannes kümmern, bis ein Erbe eingesetzt wurde oder bis der Vormund ihrer Kinder die Verantwortung übernahm. Das griechische Wort für Witwe ist »chera«, das aus der indoeuropäischen Wurzel »ghe« entstanden ist und die Bedeutung »verlassen«, »leer« bzw. »Schlechtes oder Unbrauchbares auslesen« hat. Das Wort »chera« bezeichnet auch eine Frau, die nicht sexuell aktiv ist.[7] Sicher war es ein früheres Ideal, daß eine Witwe dem Andenken ihres verstorbenen Ehemannes bis zu ihrem eigenen Ableben in keuscher Trauer treu bleiben mußte. Das Schlüsselproblem war der Witwenstatus, denn eine ungewöhnliche Stellung hat sie schon immer in der Gesellschaft eingenommen. Wenn das »jungfräuliche Mädchen« das Eigentum ihres Vaters war und die »Ehefrau« das Eigentum ihres Mannes, wem sollte dann die Witwe gehören? Wem hatte sie ihren Gehorsam anzubieten? Margaret Wade Labarge, die Nachforschungen über Frauen im mittelalterlichen Leben betrieben hat, vertritt die Ansicht, daß eine arme Witwe das Eigentum des toten Ehemannes blieb. Allerdings sah die mittelalterliche Gesetzgebung vor, daß die Witwe Anspruch auf ein Drittel der Besitztümer ihres Mannes hatte. Daher befand sich eine Witwe, die über eigene Geldmittel verfügte, plötzlich in einer stärkeren Position als die meisten Frauen ihrer Zeit. Zwar konnte sie nicht frei darüber verfügen und war oft den Einschüchterungsversuchen und Gewalttätigkeiten anderer ausgesetzt, die ihre gesetzlichen Rechte zu Fall zu bringen versuchten. Dennoch konnte manche Witwe »ihre Persönlichkeit im rechtlichen Sinn zurückgewinnen und zum ersten Mal in ihrem Leben eigenständige Entscheidungen treffen«.[8]

Ungefähr im sechzehnten Jahrhundert fand das Wort »vidual« Eingang in die englische Sprache. Der Begriff leitet sich vom lateinischen Wort »viduus« ab, was soviel wie »mittellos« bedeutet und darauf hindeutet, daß Witwen wieder in der Rolle der Mittellosen gesehen wurden. Auf der einen Seite wurde von ihnen erwartet, daß sie sich einer keuschen, passiven Verhaltensnorm anpaßten. Zum anderen ging man – wie de facto heutzutage auch – ganz allgemein davon aus, daß eine Frau mit heterosexuellen Erfahrungen diese Gewohnheit aufrechterhalten möchte, mit oder ohne Tod. So schlich sich der Begriff der »lustigen Witwe« mit seiner merkwürdigen Mischung aus Furcht und Neid in den Sprachgebrauch ein. Der Schlüssel war wieder einmal das Geld. Je wohlhabender eine Witwe war, um so weniger erschien es – in den Augen von Männern – angebracht, auf ihrer Keuschheit oder Treue gegenüber dem toten Gatten zu bestehen.

Antonia Fraser, die über Frauen aus dem siebzehnten Jahrhundert geschrieben hat, gibt zu verstehen: Für »jene, die etwas aus der Wiederheirat einer Frau gewinnen konnten, besonders für den voraussichtlichen zweiten Ehemann, rief kein Anblick mehr Begeisterung hervor als der einer wohlhabenden Witwe. Sobald eines dieser Geschöpfe gesichtet wurde, ging ein großes Horrido los und artete in einer Verfolgung aus, die nur mit unserer zeitgenössischen Jagd auf eine Erbin verglichen werden kann; außer, daß der Fuchs in diesem Fall älter und deshalb raffinierter war«.[9]

In diesem Bild entpuppt sich die Witwe allmählich wieder zu einer Frau mit Stärke. Es ist das Wort, nicht die Frau, das den negativen Unterton in sich trägt. Die Strategie der Wortgebung und Bezeichnung hat einschneidende Folgen: Frauen richten ihr Leben so ein, daß sie die Erfordernisse des Etiketts erfüllen. Zum Glück rebellieren einige Frauen dagegen. Lynne Caine ist eine davon:

»Witwe ist ein hartes und verletzendes Wort. Es kommt aus dem Sanskrit und bedeutet ›leer‹. Ich bin schon zu lange leer gewesen. Ich habe nicht vor, als Witwe in einer Schublade abgelegt zu werden. Ich bin eine Frau, deren Mann gestorben ist, ja. Aber keine Bürgerin zweiter Klasse, keine einsame, dumme Gans. Ich bin eine Mutter und eine arbeitende Frau, eine Freundin, eine sexuelle Frau, eine lachende Frau, eine interessierte Frau, eine lebensfrohe Frau.«[10]

Lynne Caine ist stark, hat viel Willenskraft und stürmt allen Hindernissen zum Trotz voran. Ich kann mich ihr dabei nur anschließen.

Der Ausspruch von der einsamen, dummen Gans und von der Bürgerin zweiter Klasse verweisen auf zwei besondere, unglückselige Merkmale von Frauen, die nach einem Trauerfall partnerlos zurückbleiben. Genau diese beiden Kennzeichen möchte ich hier untersuchen und verdeutlichen.

In Lopatas Studie aus dem Jahr 1979 über Witwen in Chicago, die bereits durchschnittlich elf Jahre als Hinterbliebene lebten, äußerte die Hälfte, daß die Einsamkeit ihr Hauptproblem sei.[11] Verlust, Entbehrung und Einsamkeit sind untrennbar miteinander verknüpft. Alle befragten Witwen erwähnten zumindest beginnende Einsamkeit; und alle sahen den Grund des Übels in der mangelnden Bereitschaft der Menschen, sie über den Tod sprechen zu lassen. Das Schweigen wird durch das Ausweichen noch drückender.

»Die Leute weichen auf die andere Straßenseite aus, wenn sie mich kommen sehen. Ich lebe noch immer in dem Dorf, wo wir jeden kannten. Freunde und Nachbarn kauften meine Pflanzen, blieben für einen Schwatz stehen. Aber niemand mag mit mir reden, seit mein William tot ist. Meine alte Mutter hat mir den Rat gegeben: ›Sprich mit den Pflanzen. Sie werden dann besser wachsen!‹ Jetzt spreche ich mit den Pflanzen über William. Ich entscheide mich für den Platz, wo er sie eingesetzt hätte und welchen Dünger er genommen hätte. Ich bin so einsam, daß ich mit dem Gedanken spiele fortzuziehen.« (Janet, britische Witwe, betreibt einen Laden für Gartenbedarf, 54 Jahre alt)

Das unterschiedliche Alter von Witwen scheint erstaunlicherweise kaum einen Einfluß darauf zu haben, wie sie behandelt werden. Mania, die Krankenschwester aus Jamaika, wurde bereits in ihren Zwanzigern nach dem Tod ihres jungen Mannes zur Einsiedlerin. Sie erklärt hierzu:

»Ich war 25 Jahre alt, als mein Mann an einer Herzkrankheit so entsetzlich verschied. Meine Töchter waren noch in Jamaika. Mein Mann war hierher gekommen wegen eines Jobs am Bau. Ich folgte ihm hierher und bekam unseren Sohn, der gerade zwei Jahre alt war, als es meinem Mann plötzlich so schlecht ging. Als ich im Krankenhaus eintraf, war er bereits tot. Jetzt pflege ich die alten, sterbenden Leute, niemand ist da, mit dem ich sprechen kann. Alle überlassen mich mir selbst.«

Wenn es um das Ausweichen geht, scheint das Alter kaum eine Rolle zu spielen. Allerdings geht die Forschung davon aus, daß das Alter durchaus die Art und Länge des Leids beeinflußt, das Frauen empfinden. Studien von Sanders, Parkes und Weiss führen aus, daß junge Witwen für einen kurzen Zeitraum stärker psychisch leiden, ältere Witwen dagegen vielfach Langzeitprobleme haben, die sich schließlich physisch offenbaren.[12]

Eine betagte Witwe beschrieb die Schwierigkeiten, die sie hatte, als sie das Grab ihres Mannes besuchen wollte: »Es ist ein langer Weg dorthin, also nehme ich immer ein Taxi. Wenn ich den Namen des Friedhofs nenne, sind die Taxifahrer absolut still oder pfeifen peinlich berührt vor sich hin. Ich habe dann das Gefühl, daß ich sie aufmuntern muß.«

Wenn man Trauerfälle mit Blick auf Risikofaktoren untersucht, dann ist das Alter sicher ein solcher Faktor, aber die Isolierung kann kaum als Risikofaktor angeführt werden. Es ist das Zusammenspiel mit anderen Faktoren – wie gesellschaftliche Unterstützung, Wirtschaftslage, Religion –, die einen Einfluß darauf haben, wie Frauen mit Trauer fertig werden. Ein Hauptproblem in jedem Alter ist die geringe gesellschaftliche Unterstützung. Glücklicherweise haben sich viele ältere Witwen heutzutage einem Kreis anderer Witwen anschließen können, die durch ähnliche Erlebnisse hindurchgegangen sind. Ich entdeckte eine Gruppe von Witwen über 65 Jahren, die aus ihrem Leben ein äußerst positives und freundschaftliches Miteinander gemacht hatten. Sie lebten in einem kleinen städtischen Anwesen mit voneinander unabhängigen Maisonette-Wohnungen und Häusern.

Als ob Isolierung und Schweigen noch nicht schwer genug wären, spottet die wirtschaftliche Lage der meisten Witwen vielfach jeder Beschreibung. Diese unverkennbaren Zeichen von gesellschaftlicher Mißachtung und skandalöser Armut sind auch nicht etwa auf bestimmte Länder begrenzt.

Witwen werden weltweit gemieden. Weltweit sind Witwen arm. Viele Berater sind überzeugt, daß der Ärger mit dem Geld einer der häufigsten Gründe ist, die zu pathologischer Trauer führen. Viele Witwen hatten alle finanziellen Belange ihren Partnern überlassen und waren dann verängstigt und überfordert, wenn sie sich plötzlich mit Versicherungen, Bankangelegenheiten und Schulden auseinandersetzen sollten.

Witwen werden durch die geschlechtsspezifische Trennung von Arbeitsbereichen bestraft. Haben sie einen Vollzeitberuf ausgeübt, werden sie üblicherweise am unteren Ende der Lohnskala angesiedelt gewesen sein. Viele betagte Witwen werden aber – wenn überhaupt –

wohl eher in Teilzeitjobs gearbeitet haben, was ihnen kein Anrecht auf Unterstützung gibt. Der häufigste Fall ist jedoch, daß ältere Witwen gar nicht gearbeitet haben und deshalb nicht nur ihren Partner, sondern auch noch ihre Hauptquelle für ein finanzielles Auskommen verloren haben. Witwen gehören zu den ärmsten Bevölkerungsgruppen unserer Gesellschaft.

Wir sollten einen genauen Blick auf die wirtschaftlichen Gesichtspunkte werfen.

In Großbritannien zählen drei Millionen Witwen zum ärmsten Teil der Bevölkerung. Trotz einer Politik der gleichen Bezahlung für alle bleiben den meisten beschäftigten Frauen nur die weniger einträglichen Arbeitsbereiche, die sogenannten Frauenberufe. Stirbt der Ehemann einer jungen Frau, wird sofort von ihr erwartet, daß sie wieder ins Berufsleben geht, an Umschulungen teilnimmt und dann eine Arbeit in den niedrig bezahlten Bereichen findet. Seit dem Jahr 1988 erhält eine Frau unter 45 Jahren keine Witwenpension, außer ihre Kinder gehen noch zur Schule. Sie erhält lediglich eine kleine Witwenabfindung, eine (zum Zeitpunkt dieser Niederschrift) einmalige Zahlung von 1000 englischen Pfund.

Hat eine Witwe unter 45 Jahren abhängige Kinder, für die sie noch die Kinderbeihilfe erhält, dann hat sie Anspruch auf einen Zuschuß für verwitwete Mütter, aber nur so lange, bis ihre Kinder die Schule verlassen. Danach kann sie laut Auskunft von »Widows' Advisory Trust«, einer Witwenberatungs-Treuhandgesellschaft, eventuell pensionsberechtigt sein, aber auch nur, wenn sie 45 Jahre oder darüber ist. Wird eine Frau zwischen 45 und 55 Jahren Witwe, hat sie Anspruch auf eine Witwenrente, die nahe an der Armutsgrenze liegt und deren voller Betrag sich auf 56,10 Pfund pro Woche beläuft – plus 9,75 Pfund für das erste abhängige Kind und 10,85 Pfund für jedes weitere. Die Witwenrente wird jedoch nur dann in voller Höhe ausgezahlt, wenn die Frau mit 55 Jahren oder darüber Witwe geworden ist. Das bedeutet, daß Frauen mittleren Alters zwischen 45 und 55 Jahren finanziell das Nachsehen haben. Ihre altersbezogene Rente wird für jedes Jahr, das sie zum Zeitpunkt der Witwenschaft unter 55 Jahren gewesen ist, um 7 Prozent gekürzt.

Witwen in unterschiedlichen Lebensumständen können sich ähnlichen finanziellen Zwangssituationen gegenübersehen. Trotzdem werden sie vom Staat nicht in gleicher Weise mit Ausgleichszahlungen bedacht. Die Höhe der Rente hängt davon ab, wie alt die Frau ist, wenn sie entweder Witwe wird oder ihr Zuschuß für verwitwete Mütter endet. Wichtig dabei ist: Wenn eine Frau kein Anrecht auf eine Rente hatte, als sie Witwe wurde – oder ihr Zuschuß für verwitwete Mütter endete –, dann wird sie niemals eine Witwenrente erhalten. Gegenwärtig versucht der britische Nationalverband für Witwen, ein Anspruchsverfahren für einen Kinderzuschuß in die Wege zu leiten. Ziel der Bemühungen ist es, daß die Zahlungen für die Kinder einer Witwe fortgeführt werden, auch wenn sie nochmals heiratet. Da jedoch die Organisation, die sich für die Interessen der Witwen einsetzt, finanziell ebenso schlecht dasteht wie die Witwen selbst, steckt das Anspruchsverfahren noch in den Anfängen.[13]

Großbritannien ist nicht das einzige Land, das seine Witwen mit recht kümmerlichen finanziellen Mitteln ausstattet. In Kanada leben fast 60 Prozent aller Witwen unterhalb der offiziellen Armutsgrenze. In den USA verweist Leslie A. Morgan auf die Ergebnisse einer Gruppe – der »National Longitudinal Surveys Cohort of Mature Women« (abgek. NLS), welche die Lage erwachsener Frauen überprüft, und kommt zu dem Schluß:

»Aus den Erfahrungen der NLS-Frauen nach Beendigung einer Ehe läßt sich entnehmen, daß die staatlichen Vorkehrungen für eine nacheheliche Einkommensunterstützung bei der zahlenmäßig recht großen Minderheit von verwitweten, getrennt lebenden und geschiedenen Frauen völlig unzureichend sind.«

Bereits ein Jahr, nachdem sie verwitwet waren, wurden 23,5 Prozent der Witwen als »arm« bezeichnet. Acht Jahre später waren 34,5 Prozent arm.[14]

In Neuseeland werden, wie die Maori-Autorin Ngahuia Te Awekotuku und die neuseeländische Politikerin Marilyn J. Waring hervorheben, nur Männer als vollständige Personen mit Fähigkeiten und Rechten angesehen. Dagegen werden Frauen – vor allem Maori-Frauen – durch ihre Funktionen bestimmt, die sie im Zusammenleben mit Männern erfüllen. Noch ausgeprägter und in einer ganz spezifischen Weise definiert man Witwen durch ihre Verbindung zum Tod und zu toten Männern.

Das dort geltende Gesetz der ehelichen Zugewinngemeinschaft (»The Matrimonial Property Act«) ist einst – mit Blick auf die Situation von Schwangeren und häusliche Tätigkeiten – als große Errungenschaft gepriesen worden. In Wirklichkeit hält es einen Status aufrecht, der sich daran orientiert, wer der Einkommensträger ist. Und das ist in den meisten Fällen noch immer der Ehemann. Im Jahr 1984 schrieben Waring und Te Awekotuku:

»Nach fünfzehn Jahren Ehe und drei Kindern ist die Arbeit der Frau eines armen Mannes nichts wert; nach fünfzehn Jahren Ehe und drei Kindern ist die Arbeit einer Millionärsfrau eine halbe Million Dollar wert. Die Arbeit einer Witwe ist noch immer wertlos.«[15]

In einem Jahrzehnt haben sich die Summen geändert, aber die Arbeit einer Witwe wird noch immer als wirtschaftlich unbedeutend eingestuft.

In Pakistan, wo es keine angemessenen sozialen Dienste gibt, können alleinstehende Witwen wie auch verlassene Ehefrauen ins finanzielle Abseits geraten. Miriam Habib, führendes Mitglied des Gesamtverbandes pakistanischer Frauen (»All Pakistan Women's Association«) und früheres Mitglied beim pakistanischen Ausschuß für Frauenrechte (»Pakistan Women's Right Committee«), berichtet vom Leidensweg einer jungen Witwe: Der arbeitende Ehemann starb plötzlich in jungen Jahren und ließ sie notleidend, ohne Besitz und mit drei kleinen Kindern zurück. Tapfer versuchte die schlecht ausgebildete Witwe, die Familie durch ihr Geschick im Umgang mit der Nadel zu unterhalten. Tag und Nacht bestickte sie die Samtoberteile von Abendschuhen für drei Rupien das Paar. Es gab keine andere Möglichkeit, für ihren Unterhalt zu sorgen. Die Notlage dieser jungen Witwe ist bezeichnend für viele. Neben häuslichen Routinearbeiten verrichten die Witwen noch Akkordarbeit.

Und vollbringen wahre Wunder. Sie besticken Schultertücher, häkeln Tischdecken und stellen Dinge aus feinen Gold- und Silberfäden her, von denen die Touristen begeistert sind. Für die Käufer vor Ort produzieren sie die beliebten kunsthandwerklichen Arbeiten aus dem pakistanischen Belutschistan. Die Zwischenhändler streichen den Profit ein, während die Mehrheit der pakistanischen Witwen am Rand der Armut lebt und vergeblich versucht, durchschnittlich sieben Kinder pro Familie zu ernähren.[16]

Ähnlich ist die Lage in sudanesischen Dörfern. Dort betätigen sich Witwen als Kleinhändler, indem sie ihre eigenen Produkte und die anderer Frauen verkaufen. Trotzdem erzielen sie dabei nicht mehr als das Existenzminimum. Das belegt zum Beispiel eine Untersuchung, die auf dem Kunsthandwerkermarkt der Frauen in Omdurman durchgeführt wurde: Hier waren es hauptsächlich Witwen mittleren Alters, die in Hütten oder im Schatten von Bäumen saßen und frische Landwirtschaftsprodukte oder wunderschöne, aber wenig einträgliche Heimarbeiten anboten.[17]

In Gesellschaften, in denen Männer jüngere Frauen heiraten, bedeutet ein Trauerfall in jugendlichen Jahren, daß junge Witwen viele Jahre lang finanzielle Not erdulden müssen. Im Iran zum Beispiel sind 23 Prozent der Frauen zwischen 45 und 54 Jahren bereits Witwen. Bei den Frauen zwischen 55 und 64 steigt der Anteil sogar auf 48 Prozent.[18]

Armut ist, wie wir sehen, weltweit ein vorherrschendes Merkmal von Witwen. Allerdings macht es Hoffnung, wenn man feststellt, daß dadurch der Geist der Frauen nicht gebrochen worden ist. Seien es ältere Frauen mit faltigen, vom Leben gezeichneten Gesichtern, seien es jüngere mit verletzt blickenden Augen und den entsprechenden Lebensgeschichten – das Leben hat sie um ihre Erwartungen betrogen, aber nicht um ihre Hoffnungen. Nur wenige haben aufgegeben.

»Solange Bill lebte, habe ich mich niemals um irgend etwas gekümmert, das mit Geld zu tun hatte. Er machte die Steuererklärungen, bezahlte die Rechnungen. Jetzt habe ich nur sehr wenig Geld, aber ich habe auf die harte Tour gelernt, wie man es zusammenhält, sogar spart, und ich weiß, wo alles hingeht.« (Witwe aus Großbritannien, 60 Jahre alt)

»Als er starb, wußte ich nicht, was ein Lieferschein war. Drei Jahre später wurde ich neben seinem Bruder Direktoriumsmitglied des Familienbetriebes in der Bekleidungsbranche. Ich vermarkte jetzt Mode mit Pariser Flair.« (Witwe aus Großbritannien, 52 Jahre alt)

»Ich war total verängstigt. Ich war wie eine Puppe gewesen! Hatte meine Kinder aufziehen müssen. Ich wußte, daß ich wieder von vorne anfangen mußte. Ich ging zurück auf die Schule. Machte einen Buchführungskurs im College. Dadurch habe ich mein Vertrauen zurückgewonnen.« (Amerikanische Witwe, 37 Jahre alt)

Geldmangel ist bedrückend, muß aber nicht die verheerendste Erscheinung im Leben einer Witwe sein. Jeanette Kupfermann, selber eine Witwe, spricht über die »zerstörte Identität« einer Witwe.[19] Daß Witwen als »unsauber« oder unberührbar gelten, daß sie, wie ihre Trauer, vor der Öffentlichkeit versteckt werden, kann schwerwiegendere Folgen haben. Selten werden sie als unabhängige Wesen anerkannt, meist sind sie nur das sexuelle Eigentum eines toten Ehemannes.

In Japan verschlimmern sich für viele Witwen die Auswirkungen der Verarmung durch die psychologischen Folgen, die sich aus einer Kombination von Todestabu und sexueller Unterdrückung ergeben, gemäß der die zentrale weibliche Rolle die der Hausfrau ist. Japans einengende Familienideologie bedeutet, daß die Aussicht einer Frau auf ein eigenes Leben kurz und ihre finanzielle Zukunft, sollte ihr Mann sterben, erschreckend ist. In ihrer Jugend kann sie nur selten über ihre frühen zwanziger Jahre hinaus planen. Danach hat sie zuerst für ihren Ehemann, dann für ihre Kinder dazusein.

Die meisten japanischen Ehefrauen sind wirtschaftlich völlig von ihrem Ehemann und gefühlsmäßig von ihren Kindern abhängig. Sollte der Ehemann sterben, ist es sehr wahrscheinlich, daß eine japanische Ehefrau der Mittelschicht auf Sozialhilfe angewiesen ist, weil sie kein eigenes Einkommen hat.

Der Unterschied zwischen dem Status von Ehefrauen und dem von Witwen ist beträchtlich. Sobald ihr Mann tot ist, wird die Witwe als überflüssig angesehen. Kulturell bedingt ist es ihr untersagt, für irgend etwas außer ihrer Familie Interesse zu zeigen. Fällt dieser Dreh- und Angelpunkt plötzlich fort, passiert es leicht, daß sie in Depression und Altersschwäche verfällt. Die Untersuchung eines japanischen gerontologischen Forschungsinstitutes weist nach, daß erstens mehr ältere Frauen – die meisten davon Witwen – als Männer altersschwach werden, und daß zweitens die weitverbreitete Senilität von Witwen die Geschichte japanischer Frauen widerspiegelt, die immer davon abgehalten worden sind, ihren Geist und ihre Talente fortzubilden.

Die japanische Journalistin Keiko Higuchi enthüllt die Tatsache, daß in einer Kultur, in der die Selbstmordrate von alten Frauen höher ist als in irgendeinem anderen Land, die älteren Frauen noch immer glauben, daß »Frauen nur dazu da sind, um für die Männer zu sorgen«.[20]

Die Behandlung von Witwen in Japan ist ein Spiegelbild der Vorgänge an anderen Plätzen dieser Erde, trotz unterschiedlicher Sitten. Durch die Jahrhunderte und überall auf der Erdkugel können wir die Geschichte von Witwen als Bürgerinnen zweiter Klasse verfolgen, die in einem vielschichtigen Netzwerk von Sexismus, Altersdiskriminierung und Verleugnung der eigenen Persönlichkeit gefangen sind.

Bereits im Jahr 1936 schrieb A.L. Cochrane in einem Artikel unter der Überschrift »A Little Widow is a Dangerous Thing« (»Eine kleine Witwe ist eine gefährliche Sache«) über die Entdeckung, daß bei dem Stamm der Shuswap in Britisch-Kolumbien die Witwen in Trauer abgesondert wurden und es ihnen verboten war, den eigenen Körper zu berühren. Tassen und Kochgefäße, die sie benutzten, durften nicht von anderen Leuten angefaßt werden. Um ihre erzwungene Isolierung vom Rest des Stammes sicherzustellen, mußten sie ein Schwitzhaus an einem Flußarm bauen, wo sie die ganze Nacht hindurch regelmäßig schwitzten, badeten und danach ihren Körper mit Fichtenzweigen abrieben. Ihre beschämende Bußübung wurde noch dadurch intensiviert, daß Dornenbüsche als Bett und Kopfkissen dienten und zugleich weitere Dornenbüsche um dieses Lager gelegt wurden. Ihre Anwesenheit galt als so unglückverheißend, daß es Jägern verboten war, in ihre Nähe zu kommen.[21]

Die Shuswap sind nicht die einzige Volksgruppe, für die Witwen eine Gefahr darstellen. Die Witwen der Agutainos von Polawan dürfen nur zu einer Tageszeit nach draußen gehen, wenn es unwahrscheinlich ist, daß sie andere Leute treffen. Denn jeder, der sie erblickt, schwebt in Gefahr, einen plötzlichen Tod zu erleiden. Um auch eine zufällige Tragödie dieser Art zu vermeiden, muß die Witwe während ihres Ausgangs als Warnsignal mit einem Holzstock gegen die Bäume schlagen.[22]

Richard Huntington und Peter Metcalf, die sich im Jahr 1979 bei dem Stamm der Berawan im zentralen Nordborneo aufhielten, beschreiben Witwen, die nach dem Tod ihres Mannes für elf Tage in eine winzige Zelle eingepfercht werden, direkt neben dem Leichnam. Sie dürfen nicht baden, müssen ihre Notdurft in ein Loch im Boden verrichten und bekommen nur minderwertige Nahrung. Der Anthropologe Hertz nimmt an, daß die Witwe zum Teil deswegen eingesperrt wird, weil sie als unrein gilt, aber auch, um sie leiden zu lassen, da der Verstorbene eine »rachsüchtige Seele« hat. Mit ihrem Leiden soll sie die Bosheit des Toten ablenken. So teilt sie im übertragenen Sinn seinen Zustand, damit dieser in der Realität keine Auswirkung haben kann. Witwer sind zwar ebenfalls in ihrer Freiheit eingeschränkt, werden aber nicht eingesperrt.[23]

Wie ist heute die Situation in zeitgenössischen Kulturen?

Die afrikanische Autorin und frühere Erziehungsministerin in Ghana, Ama Ata Aidoo, erzählt uns, daß die ausschließlich dem weiblichen Körper vorbehaltenen, besonderen Merkmale als schmutzig gelten. Deshalb wird eine Frau während der Menstruation, in den ersten 40 Tagen nach der Geburt eines Kindes und, was noch bezeichnender ist, während der Zeit im unmittelbaren Anschluß an ihre Witwenschaft wie eine Unberührbare behandelt. Während ein Witwer für höchstens 40 Tage – oft sehr viel kürzer – nach dem Tod seiner Frau allein bleiben muß, wird eine Witwe für ein ganzes Jahr von der Gemeinschaft ferngehalten.[24] In Kuwait haben sich Witwen unter den Bedingungen islamischen Rechts dem Idda-Ritual zu unterwerfen: eine obligatorische Periode der Zurückgezogenheit, die vier Monate und zehn Tage dauert.[25]

Zara, eine junge Muslime, erläuterte:

»Wir betrachten es als Schutz für die Tugend der Witwe. Sollte sie noch ein Kind ihres toten Mannes in sich tragen, dann wird Idda in den vier Monaten und zehn Tagen dies beweisen, so daß niemand auf den Gedanken kommt, das Kind könne von einem anderen Mann sein. Männer sehen Idda als ein Zeichen des Respekts gegenüber ihrem toten männlichen Verwandten an. Stirbt die Ehefrau, müssen sich die Männer natürlich nicht zurückziehen.«

Kürzlich ist ein rechtlich interessanter Fall über die gesellschaftliche Rolle einer afrikanischen Witwe bekannt geworden. Sie wollte über die sterblichen Überreste ihres toten Mannes bestimmen und ein Mitspracherecht haben, wo er begraben werden sollte. David William Cohen und E.S. Atieno Odhiambo (1992) berichten darüber, was nach dem Tod des angesehenen kenianischen Rechtsanwaltes Silvanus Melea Otieno, bekannt unter dem Kürzel SM, passierte. Sechs Monate währte der hitzige Kampf zwischen Virginia Wambui Waiyaki Otieno, seiner Witwe, und den Umir Kayer, dem Clan ihres Ehemannes. Es ging um die Frage, ob sie ihn auf der Farm in der Nähe von Nairobi begraben durfte, wo sie gelebt hatten, oder ob der Clan das Recht hatte, seine sterblichen Überreste zurückzuholen und an seinem Geburtsort in Westkenia beizusetzen.

Wilde Debatten wurden um rechtliche, historische und soziale Ansichten geführt, darüber, wer für die Beseitigung der Leiche zuständig sei und welche Rechte einer Witwe zugestanden werden könnten. Virginia Wambui kündigte energisch an, daß sie ihn auf ihrer beider Farm beerdigen werde, da er ihr Ehemann sei und somit ihr gehöre. Als dies keinen Erfolg hatte, lieferte ihr Rechtsanwalt die Begründung, daß SM außerhalb der Stammesgesetze der Luo gelebt und das Ehepaar eine »moderne Ehe« geführt habe, wodurch Virginia Wambui das alleinige Anrecht auf die sterblichen Überreste ihres Mannes erworben hätte. Das Berufungsgericht entschied jedoch zugunsten des Clans; und Wambui erklärte: Frauen, besonders Witwen, »werden in Kenia diskriminiert ... Man hat mir das Recht verweigert, meinen eigenen Mann zu begraben«.

Wambui war sehr angesehen als eine der führenden Persönlichkeiten unter den kenianischen Frauen. Sie war ein politisches Mitglied im »Nationalen Frauenrat von Kenia« (»National Council of the Women of Kenya«) und in den fünfziger Jahren eine radikale Verfechterin kenianischer Unabhängigkeit. Während der Gerichtsverhandlungen wurde dies jedoch mit keinem Wort erwähnt. Ihr Rechtsanwalt zog es vor, ihren politischen Rang zu ignorieren, und entschied sich für die Argumentationslinie »der guten Ehefrau, des guten Ehemannes, der guten Ehe und der modernen Familie«. Sie verlor.

Die beiden Autoren vertreten die Ansicht, daß die Witwe Wambui durch juristische Spitzfindigkeiten »zum Schweigen« gebracht wurde. »Indem der tote Körper ihres Ehemannes durch den Rechtsstreit wieder zum Leben erweckt worden war, wurde Wambui, als sie ihren Anspruch auf seine sterblichen Überreste geltend machte, ihrerseits gesellschaftlich für tot erklärt.« Der Clan ihres Mannes vertrat vor Gericht den Standpunkt, daß man generell einer Witwe nicht die Verantwortung übertragen könne, die Beerdigung ihres Gatten zu arrangieren. Weil Frauen heiraten und demzufolge ihren Hausstand an vielen verschiedenen Orten errichten könnten, würde das bei der Beerdigung und bei Gedenkveranstaltungen für den Toten zu einem geographischen Chaos führen.

Ihr Ehemann wurde an seinem Geburtsort beigesetzt. Seine Witwe erschien nicht zu seiner Beerdigung. Obwohl sie alle gesetzlichen Rechte verloren hatte und die seelische Belastung fürchterlich war, wurde ihre Weigerung, an dem Begräbnis teilzunehmen, in gewisser Weise als ein Triumph für die Frauen von Kenia angesehen. Weil sie die Teilnahme verweigerte, »konnte SM vom rituellen Standpunkt gesehen nicht wieder in das Reich des Todes zurückkehren, denn dazu hätte es des Rituals bedurft, daß die Witwe ihren Mann betrauert und beerdigt«.[26] Eine Sozialarbeiterin der Luo, die sich über die Ungerechtigkeit des Falles ausließ, meinte:

»Vielleicht war die Hauptsorge des Präsidenten als Mann, daß hier kein Präzedenzfall geschaffen wurde, aus dem heraus sich die Frauen gegen die patriarchalischen Sitten hätten auflehnen können.«

In einigen Teilen Westkenias haben Witwen viele sexuelle Freiheiten. Die Witwen der Nandi müssen sich, ganz im Gegensatz zu den Ehefrauen, in der Öffentlichkeit nicht zurückhalten. Sie können in Bierhallen gehen und mit Männern diskutieren. Sie können sich auch einen Liebhaber zulegen. An häusliche Pflichten sind sie nicht gebunden und können durch die Hauseigentumsordnung der Nandi über Besitz aus eigenem Recht verfügen.[27]

Im Gegensatz dazu gelten einige ostafrikanische Witwen noch immer als »Ehefrau des Grabes«. Wenn ein Ehemann stirbt, wird von der Ehefrau erwartet, daß sie einen Verwandten ihres toten Mannes heiratet.[28] Es gibt auch matrilineare oder matrilokale Gesellschaftssysteme, in denen der Einfluß und die Rechte der Frau vorherrschend sind. Die Bantu sprechenden Kwaya, bei denen die mütterliche Linie ausschlaggebend ist, überlassen den Witwen die Wahl, ob sie wieder heiraten, allein bleiben oder in einer Leviratsehe – als Ehefrau des Bruders des Verstorbenen – leben wollen. Aber in patrilinearen Gesellschaften, wie bei den Nilotic sprechenden Luo und bei den Bantu sprechenden Kwia, wird Witwen nicht erlaubt, eine neue Ehe einzugehen, weil Ehefrauen zur Familienlinie des toten Ehemannes gehören und deshalb von ihren Schwägern versorgt werden müssen. Diejenigen, die versuchen, sich außerhalb der vorgeschriebenen Verwandtengruppe wieder zu verheiraten, werden wie Prostituierte behandelt und als »schlechte Mütter« gebrandmarkt.[29]

Die global verbreitete Vorstellung, daß eine Witwe die »Ehefrau des Grabes« werden muß, daß sie zum sexuellen Eigentum eines toten männlichen Partners wird, kann absurde Auswirkungen auf das Selbstwertgefühl einer Frau haben.

Wir haben im zweiten Kapitel gesehen, wie von griechischen Witwen in Potamia verlangt wird, daß sie bis an ihr Lebensende schwarze Kleider tragen. In ganz Griechenland neigen Witwen dazu, sich an diese Sitte zu halten. Margaret Papandreou, Gattin des ehemaligen Ministerpräsidenten sowie Mitbegründerin und frühere Präsidentin der »Griechischen Frauenunion«, stellte es so dar:

»Der Status einer Witwe ist hoch, aber die schwarze Kleidung ist eine Warnung für andere Männer, sich von ihr fernzuhalten, da sie weiter mit dem Mann verheiratet ist, der gestorben ist und dem sie treu bleiben muß. Das scheint mir der Gipfel patriarchalischen Anspruchdenkens zu sein … Treue nach dem Tod.«[30]

Dieser Anspruch auf Treue nach dem Tod ist auch in Palästina stark verankert, in einer Gesellschaft, die wie in anderen arabischislamischen Ländern sexuelle Kontakte nur zwischen verheirateten Ehepartnern akzeptiert, auch wenn diese Norm in der Praxis für Männer gelockert ist.

Israel ist interessant im Hinblick auf die symbolischen Handlungen, die sich aus dem Witwentum ergeben. Unter dem traditionellen Leviratsgesetz wird eine Witwe ohne Kinder automatisch – ob sie es wünscht oder nicht – zur Ehefrau des Bruders ihres Ehemannes. Obwohl heute nur noch selten nach dieser Sitte verfahren wird, steht es im Prinzip keiner Witwe frei, sich wieder zu verheiraten, außer der Bruder des Ehemannes gibt sie nach der alten Tradition der »Chalitza« frei. Die Witwe und ihr Schwager tauschen bestimmte Sätze aus und spucken auf den Boden; dann kniet die Witwe nieder, um dem Schwager einen Schuh auszuziehen. Wenn er dies zuläßt, befreit er sie von der Pflicht, ihn zu heiraten.

Die Autorin Shulamit Aloni, politische Kolumnistin und früheres Knessetmitglied, glaubt, daß israelische Witwen in vieler Hinsicht noch immer als Eigentum ihres toten Ehemannes betrachtet werden. Sogar heute noch können Schwäger ihre Einwilligung zur Auflösung verweigern:

»Das kleinste Übel, das die Verweigerung der ›Chalitza‹ mit sich bringt, ist, daß eine Frau sich nicht wiederverheiraten kann. Erpressung ist bei dieser Angelegenheit aber ebenfalls im Spiel, weil der Bruder des toten Ehemannes auch der Erbe ist und ›Chalitza‹ verweigern kann, wenn er nicht einen Teil des Besitzes der Witwe erhält, einschließlich der Pension und aller anderen Ausgleichszahlungen, die ihr vielleicht zustehen.«[31]

Heute, in den neunziger Jahren, hat dieser patriarchalische Brauch überwiegend symbolischen Charakter. Doch der aufgezwungene Sexismus, der sich in solchen Symbolen offenbart, beeinträchtigt die Selbsteinschätzung und die Selbstachtung aller Witwen. In einer modernen, demokratischen Gesellschaft wie der in Israel sollte man am allerwenigsten auf solche Dinge stoßen, zumal man sich dort damit brüstet, daß Frauen und Männer gleichberechtigt seien.

Historisch gesehen haben sich viele Gesellschaften die symbolisierenden Maßnahmen von Ausschluß, Isolierung und ewiger Treue gegenüber dem toten Gatten zunutze gemacht – bis hin zu dem entsetzlichen Extrem des Sati-Brauchs, der Witwen dazu verdammt, sich zeremoniell auf den Scheiterhaufen ihrer toten Ehemänner lebendig verbrennen zu lassen.

Dieses Ritual beschränkte sich in Indien weitestgehend auf Witwen der oberen Kasten, obwohl es sich auch bis in die unteren Volksschichten verbreitete. Der gesellschaftliche Hintergrund dafür, daß das Leben einer Frau in dieser Weise geopfert wurde, war eine ganze bestimmte Religion: Sie verbot jegliche Wiederverheiratung und lehrte gleichzeitig, daß der Tod des Ehemannes durch die Fehler der Witwe verursacht worden sei, durch ihre Sünden in einer vorherigen Inkarnation, wenn nicht in dieser. Oft war die geopferte Witwe wenig mehr als ein Kind, das mit zehn oder elf Jahren mit einem sechzig- oder siebzigjährigen Mann verheiratet worden war. Katherine Mayo erzählt in ihrem umstrittenen Buch »Mother India« (»Mutter Indien«):

»Daß einer Frau ein so grauenhaftes Schicksal wie das der Witwenschaft widerfahren sollte, konnte nur einen Grund haben – die Ungeheuerlichkeit ihrer Sünden in einer früheren Inkarnation. Von dem Augenblick an, wenn ihr Ehemann gestorben ist, bis zur letzten Stunde ihres Lebens muß sie durch Schande, Leiden und Selbstopferung für diese Sünden büßen, unausweichlich und unauflöslich an den Dienst für seine Seele gekettet. Ob als Kind von drei Jahren, das nichts von der sie bindenden Ehe weiß, oder ob tatsächlich als Ehefrau, die mit ihrem Mann zusammengelebt hat, der Fall bleibt derselbe.«[32]

In Ländern, die den Sati-Brauch unterstützen, wird die Witwe vielfach durch intensiven Druck seitens der angeheirateten Verwandten dazu getrieben, Selbstmord zu begehen. Wenn sie sich dem Gedanken der Selbsttötung widersetzt, kann es durchaus sein, daß sie mit langen Stangen in das Feuer gestoßen wird, angeblich aus religiösen Gründen. Doch oft ist das wahre Motiv, daß man sich ihres Erbes bemächtigen will oder vielleicht auch ihre Kinder unter Kontrolle bekommen möchte.

Trotz dieser erwiesenen Tatsache vermitteln viele männliche Gelehrte aus dem Westen durch ihren Sprachgebrauch den Eindruck einer verbalen Komplizenschaft mit diesen Frauenmorden, indem sie diesen Mißbrauch als »rituellen Selbstmord« hinstellen oder behaupten, eine Witwe habe sich »dem Brauch gemäß« verhalten. Durch einen grammatikalischen Taschenspielertrick erwecken sie den Anschein, die weiblichen Opfer seien die treibende Kraft für ihre Selbstzerstörung. Mary Daly hat diese Praxis sehr zutreffend als Frauentotschlag bezeichnet.[33]

Obwohl Sati bereits im Jahr 1829 gesetzlich verboten wurde, obwohl es wiederholte Gesetze gegen diesen Brauch gegeben hat, hält er sich beharrlich in schrecklichen Ausmaßen, am meisten als ganz alltägliche Angelegenheit in vielen Teilen Indiens und anderen Ländern des asiatischen Subkontinents. Weit davon entfernt, eine aus der Mode gekommene Sitte zu sein – eine falsche Annahme, mit der wir uns im Westen oft selbst beruhigen –, hat sich die rituelle Witwenverbrennung seit Jahren ausgebreitet und taucht in Asien, Afrika, Amerika sowie Australien und, laut Aussage von Cochrane, Parkes und anderen Forschern, auch in Europa auf.

Es gibt also wenig Anlaß für behagliches Zurücklehnen oder Gratulationen.

Feministinnen jedoch kämpfen mit diesem Problem. Gail Omvedt schreibt in einem Bericht aus dem Jahr 1990, daß »in den letzten paar Jahren die Sati-Sitte in dramatischer Weise wieder aufgelebt ist«, und sie bestätigt, daß »die Frage von Gewalt gegen Frauen zum alles beherrschenden Thema der neuen Befreiungsbewegung von Frauen in Indien geworden ist«.[34] In Nepal, einer überwiegend ländlichen Gesellschaft, gibt es eine starke Frauenbewegung, die sich gegen das uralte asiatische Patriarchat zur Wehr setzt. Aber alte Traditionen sind schwer zu bekämpfen. Untersuchungen, die von einer indischen Kommission über den Status von Frauen durchgeführt wurden, haben ergeben, daß ein großer Prozentsatz der Bevölkerung noch immer eine derartige Unterdrückung von Witwen billigt.

In der religiösen Sichtweise hinduistischer Fundamentalisten wird die Witwenverbrennung weiterhin als ein Mittel angesehen, das den Entwicklungsprozeß der Seele des toten Ehemannes fördert. Solch ein grotesker Glaube besteht noch immer weiter trotz gegenteiliger Erkenntnisse, die zeigen, daß eine derartige Praxis nirgendwo in den bedeutenden heiligen Schriften der Hindus – die »Sastra«-Vorschriften und das »Gesetzbuch des Manu« – auch nur erwähnt wird. Das führt uns nachhaltig vor Augen, wie sehr sich die Vorstellung von der Frau als Eigentum des toten Ehemannes hat durchsetzen können. Die Autoren Michael Allen und S.N. Mukherjee fanden in einer Studie über Frauen in Indien und Nepal heraus, daß die Stellung einer Witwe in der hinduistischen Kastengesellschaft noch immer zwiespältig ist. Auch wenn die Witwe noch lebt, ist sie doch durch die enge Identifikation mit ihrem verstorbenen Ehemann gesellschaftlich gestorben, wird sie noch immer in Verbindung mit ihm gesehen und ist in höchstem Maße unrein.[35]

Trotz des Verbots von Sati, trotz neuer Reformgesetze ist die Lage indischer Witwen sehr schwierig, auch wenn sie nicht mehr lebendig verbrannt werden. Obwohl das Hindu-Gesetz zur Wiederverheiratung den Witwen eine gewisse rechtliche Unterstützung gewährt, wenn diese wieder heiraten wollen, ist ein hoher Prozentsatz der Öffentlichkeit noch immer dagegen. Shashi Jaln hat sich im Jahr 1988 mit der Einstellung von 400 verheirateten Hindufrauen der Mittelschicht befaßt und folgendes herausgefunden: Zwar befürworteten 82,5 Prozent der Frauen aus ihrer repräsentativen Auswahl eine Wiederheirat von »Witwen, deren Ehe nicht vollzogen worden war« (diejenigen, die keine Kinder hatten und wahrscheinlich noch unberührt waren), aber nur ein Viertel sprach sich dafür aus, wenn die Witwe Kinder hatte. In den Familien der Befragten hatten tatsächlich nur 3,5 Prozent der Witwen wieder geheiratet; und diese niedrige Zahl scheint typisch zu sein.[36] Zu oft werden Witwen ihrer Besitztümer beraubt, werden sie in bleibende Absonderung gezwungen und sind einer wenig verständnisvollen, angeheirateten Verwandtschaft auf Gedeih und Verderb ausgeliefert. Germain Greer weist darauf hin, daß im Gegensatz zu manchen Fällen, in denen eine Frau mittleren Alters mit einem Ehemann als starke und zufriedene Frau auftreten kann, eine Witwe mittleren Alters, sollte sie ihr Todesurteil überlebt haben, eine Ausgestoßene ist.[37]

Mit diesen Tatsachen vor Augen grenzt es fast an ein Wunder und ist sicher erwähnenswert, wie gut und tapfer sich die meisten Witwen durchzusetzen wissen.

Einige Witwen gewinnen ihre Kraft, indem sie sich zu einer neuen Identität bekennen. Das bezeichnende Gefühl der Unvollständigkeit, die plötzliche Ungewißheit, die Verwirrung über den gesellschaftlichen Status, die Unsicherheit mit Blick auf den Selbstwert ... all diese Erfahrungen müssen durchlebt und umgesetzt werden, um eine neue Frau entstehen zu lassen. Witwen bestätigen aber, daß man zu einem neuen Gefühl des Selbstvertrauens finden kann, wenn man sich aus seiner Trauer herausarbeitet. Neue Gelegenheiten können sich auftun. Neue Freunde.

»Ich habe wahrscheinlich 30 Prozent meiner Freunde und Bekannten verloren, die in mir nur die Ehefrau von Jacques gesehen haben. Trauer bringt alle Beziehungen zu einem Ende – nicht nur die persönliche mit dem Menschen, den man verloren hat, sondern auch die mit anderen Leuten ... Die Freunde, die man nach einem

Trauerfall gewinnt, sind etwas Besonderes. Sie sind ein Teil der neuen Identität. Sie haben einen nie als Teil eines Ehepaares gekannt.«[38]

Andere Witwen gewinnen ihre Kraft aus alten, früheren Freundschaften, für gewöhnlich Frauen, deren Treue Jahrzehnte, Scheidungen und Todesfälle überdauert hat. Für sie wird Freundschaft zum Rettungsanker. Für viele Witwen hat sich das Tor zu einer neuen Art von Leidenschaft geöffnet, zu einer Quelle dauerhafter Lebensfreude.

In Joan Barfoots neuem Roman »Charlotte and Claudia Keeping in Touch« (»Charlotte und Claudia bleiben in Kontakt«) geht es um zwei solche Freundinnen: Charlotte, die niemals geheiratet, aber eine ganze Reihe von Affären gehabt hat, und Claudia, die ihrem Ehemann Bradley, der sie systematisch und boshaft betrogen hat, 47 Jahre lang treu geblieben ist. Jetzt sind sie beide in ihren Siebzigern und erinnern sich an die guten Zeiten und die vielen Geheimnisse aus ihrer Kindheit. Nach Bradleys wirklich fürchterlichem Tod ist Claudia aus einer bitteren Ehe in ein Vakuum entlassen, das sich durchaus zu einer tragischen Witwenschaft hätte entwickeln können. Sie schreibt an Charlotte, die sie in den letzten fünf Jahren nicht mehr gesehen hat, und berichtet ihr von Bradleys Tod:

»Hast du jemals mit einem sterbenden Menschen zusammengelebt? ... Die Haut verändert sich. Sie verliert wohl Feuchtigkeit und Beweglichkeit, irgend etwas jedenfalls, so daß sie nicht mehr richtig lebendig erscheint ... Aber oh, Charlotte, was ich nicht wußte und was das Schlimmste war, das war der Geruch. Sein Atem, sein Körper, alles verändert und gräßlich. So als ob er bereits tot wäre, bevor er tot war ... Was du auch die ganzen Jahre gedacht haben magst, er war immer in meinem Leben, auf die eine oder andere Weise. Ich glaube, ich weiß erst seit kurzem, wieviel das war, sein Teil von mir ... Ich habe wirklich das Gefühl, daß so eine Art Amputation stattgefunden hat: Irgendein Glied oder Organ ist plötzlich nicht mehr da, und wenn es auch nicht unbedingt lebenswichtig ist, komme ich mir ohne es doch irgendwie verkrüppelt vor ...«

Claudia erinnert Charlotte daran, wie ihre Freundschaft begann, als sie beide sechs Jahre alt waren:

»Habe ich dir jemals erzählt, wie unbeschreiblich glücklichund selig ich war, als du mich gefragt hast, ob wir zusammen gehen sollten, wenn wir uns für die Pause oder zum Seilspringen aufgestellt haben, oder wenn wir von der Schule nach Hause gegangen sind? Ehrlich, weißt du, ich glaube, ich war nicht einmal so aufgeregt, als ich mich das erste Mal verliebt habe ... Ich nehme an, du weißt, daß es nach einem bestimmten Punkt im Leben sehr schwer wird, wirkliche Freunde zu gewinnen. Es fehlt einfach so viel, was sie nicht wissen können – und was man auch über sie nicht wissen kann. Es wird fast unmöglich, genügend Punkte und Lücken im Lebensablauf zu füllen, damit sie aufholen können.«

Claudia schließt, indem sie zugibt:

»Ich bin einsam, Charlotte, ich fühle mich allein gelassen. Nicht unbedingt, weil Bradley fort ist, aber weil ich mich fürchte.«

Charlottes Antwort kommt postwendend. Sie lädt Claudia ein zu kommen. Aufgeregt treffen sie sich auf dem Bahnhof.

»Claudia setzt ihre Koffer ab. Charlotte, endlich! ... Oh, schau nur, sie lächelt. Bis zu dem Augenblick, als sie sich anlächelten und aufeinander zugingen, hatte Claudia nicht bemerkt, daß sie Angst davor gehabt hatte, daß irgend etwas Wesentliches sich geändert haben könnte. ›O Char, ich bin ja so *glücklich*, dich wiederzusehen.‹ Sie hat ein Gefühl, als müsse sie tanzen. Sie stehen sich auf Armes Länge einander gegenüber. Claudia sieht Tränen in Charlottes Augen und fühlt ebenfalls welche aufsteigen. Sie umarmen sich fest. Leute gehen um sie herum, und einige lächeln.«

Claudia hätte sich nicht zu sorgen brauchen. Nichts hat sich an ihrer Freundschaft geändert. Aber alles ändert sich plötzlich in ihrem Leben, das sie 70 Jahre hat alt werden lassen. Ich möchte Joan Barfoots gekonnte Überraschungen nicht vorwegnehmen, aber ich möchte doch sagen, daß Witwenschaft in der Wärme einer guten Freundschaft zwischen Frauen ein Anlaß zum Feiern sein kann und zugleich die Möglichkeit eröffnet, trauern zu dürfen.[39]

Siebtes Kapitel

ERDRÜCKENDER TOD:
MÜTTER VERLIEREN KINDER

Es bringt nichts, einen Verlust gegen einen anderen abzuwägen.
Das weiß ich.

Es ist sinnvoller, die Auswirkungen einer besonderen Todesart auf die speziellen Gruppen, die davon betroffen sind, zu untersuchen. Den Versuch machen, ihre Bedürfnisse zu verstehen.
Das weiß ich.

Und doch.

Ich habe mit Müttern gesprochen, mit vielen Müttern, deren Kind gestorben ist. Ich denke an den Tod eines Kindes.

Ich bin Mutter einer aufgeweckten, 27 Jahre alten Tochter. Sie ist gesund und glücklicherweise sehr lebendig.

Und doch.

Ich muß immer an ihren Tod denken.

Ein Jahrzehnt lang habe ich mich um drei weitere Mädchen gekümmert und war daran beteiligt, sie aufzuziehen. Eines ist jetzt wieder auf dem College, eines beim Militär, und das dritte, bereits mit einem eigenen Kind, arbeitet mit Tieren. Alle sind gesund. Lebhaft. Lebendig.

Trotzdem muß ich immer an ihren Tod denken.

Bei zwei Stieftöchtern und einem Stiefsohn habe ich die Rolle der Stiefmutter übernommen. Sie sind jetzt alle erwachsen, zwei leben im Ausland, gesund, voller Leben und Erwartungen.

Fast unmöglich, an sie als tot zu denken. Jetzt jedoch fast unmöglich, nicht an ihren Tod zu denken.

Ich stelle mir das Unvorstellbare vor. Ich denke an das, was undenkbar erscheint. Es ist verrückt, so herumzuphantasieren. Es bringt nichts, einen Verlust gegen einen anderen abzuwägen. Jeder Tod ist einmalig. Jeder Schmerz kommt bei der betroffenen Frau auf besondere Weise zum Ausdruck. Aber ich spüre, wie Angst in mir aufsteigt. Ich greife zum Telefon. Ich rufe meine Tochter an. Sie ist stark beschäftigt mit ihrer Arbeit in einem Verlagsbüro. Ich ermahne sie:»Paß auf dich auf.«

»Mama! Ich passe immer auf mich auf! Was ist los? Hast du angenommen, nur weil ich am letzten Wochenende reichlich unter Druck stand, würde ich von der nächsten Brücke hinunterspringen?«

Ich ringe nach Luft.

Sie beruhigt mich sofort:»He! Ist ein Witz. Sollte nichts als ein Witz sein. Mir geht es gut.«

Dann dämmert eine Erkenntnis in ihr auf:»Oh, sag mir bloß nicht, es ist das Buch! Der Tod scheint wirklich deine Nerven anzugreifen. Beruhige dich erst einmal. Ich rufe dich später an.«

Ja, es ist dieses Buch. Genauer, es ist dies ganz spezielle Kapitel. Es ist nicht unverständlich, daß die Vorstellung von nur einem möglichen Todesfall so an meinen Nerven zerrt. Der Tod eines Kindes ist die unausgesprochene Horrorvision eines jeden Elternteils. Er überfällt die Betroffenen immer völlig unvorbereitet. Das trifft zu, wenn der Tod plötzlich eintritt – ein Zugunglück, ein Feuer, ein gekentertes Boot, ein plötzlicher, tödlicher Herzanfall, ein Absturz von einem Felsen – oder wenn der Tod nach einer sich lang hinziehenden Krankheit kommt. Es trifft ebenso zu, wenn ein Baby tot zur Welt kommt oder wenn ein Kind zur Grundschule geht, wenn ein Teenager in gefühlsmäßige Turbulenzen gerät, ein junger Erwachsener einen sicheren Arbeitsplatz hat oder – wie so viele heutzutage – wenn er verärgert in einer Schlange auf seine Arbeitslosenunterstützung wartet.

Der Schmerz einer Mutter kümmert sich weder um das Alter noch um die Lebensphase.

Bereits vorhandene Forschungsergebnisse zeigen, daß das Trauma, das der Tod eines Kindes bei beiden Elternteilen auslöst, wesentlich komplexer ist, daß das Verlustempfinden länger andauert als bei irgendwelchen anderen Todesfällen. Jane Littlewood sieht das so:

»Während Trauer weltweit als schmerzhafter Vorgang anerkannt ist … wird der Verlust eines Kindes zu einer einmalig vernichtenden Erfahrung für die Eltern des Kindes. In zeitgenössischen westlichen Gesellschaften wird ein solcher Tod fast immer als allzu früh empfunden, weil er für die Menschen im Widerspruch zu den als selbstverständlich angenommenen Erwartungen steht und nicht den Vorstellungen von einem vollen Lebenszyklus entspricht. Heutzutage kann man davon ausgehen, daß die Kinder ihre Eltern überleben werden ... Folglich rechnen nur wenige Eltern mit dem vorzeitigen Tod ihrer Kinder.«[1]

Weil es der natürlichen Ordnung entspricht, daß wir vor unseren Kindern sterben, ist das Gefühl, daß es sich bei dem Gegenteil um einen »unnatürlichen Vorgang« handelt, der entscheidende Störfaktor.

»Compassionate Friends«, eine internationale Organisation von hinterbliebenen Eltern, ist der Ansicht, daß diese Frauen und Männer »in eine Zukunft blicken, in der ihre Träume und ihr Streben unerfüllt bleiben«. Da jeder Mitarbeiter oder Berater in der Organisation ein hinterbliebener Elternteil sein muß, haben ihre Erfahrungen zu der Überzeugung geführt, daß es »keinen traurigeren Tod« gibt – ein Wahlspruch, der ihr Bild in der Öffentlichkeit prägt.[2]

C.M. Sanders hat in einer empirischen Studie den Verlust von Ehepartnern, Eltern sowie Kindern miteinander verglichen und ist zu dem Schluß gekommen, daß diejenigen, die den Verlust eines Kindes beklagten, den Schmerz in seiner höchsten Intensität erlebten und daß ihre Reaktionen am vielfältigsten waren. Ein Grund für die unterschiedlichen Reaktionen könnten die verschiedenen Umstände sein, die den Tod eines Kindes begleiten.[3]

Meine Nachforschungen haben ergeben, daß der Schock, unter dem die Mutter nach dem Tod eines Kindes steht, sich auf besondere Zusammenhänge zurückführen läßt, durch die ihr Verlustempfinden und ihr Ausdruck von Schmerz anders sind als bei dem Vater.

Die biologische Erfahrung der Geburt sowie die soziale Rolle der Mutterschaft, die Mütter in dieser Gesellschaft zum wichtigsten Elternteil macht: All das zusammen begründet den Unterschied. Der Schmerz einer Mutter über den Verlust ihres Kindes wird nicht dadurch geringer, daß sie noch andere Kinder hat oder sich dazu entschließt, wieder ein Kind zu bekommen. Forscher haben bestätigt, daß Mütter von Zwillingen, von denen einer stirbt, ebenso stark um das Baby trauern wie Mütter, die ein einzelnes Kind verlieren. Stirbt das einzige Kind einer Mutter, verliert sie zugleich die Rolle als Mutter. Wenn eines von mehreren Kindern stirbt, verliert die hinterbliebene Mutter ihre Familie in der Form, wie sie vorher war, weil der Tod die Familienstruktur unumkehrbar verändert hat. *Hinterbliebene Mütter können ihren Verlust »nicht überwinden«, sie bauen ihr Leben um diesen Verlust herum neu auf.*

Je nach Alter des Kindes, je nach Ursache und Umständen des Todes, je nach Charakter und Lebenserfahrung der Eltern werden die psychologischen sowie sozialen Folgen und Veränderungen nach dem Tod eines Kindes für beide Elternteile unterschiedlich sein. Die Forschung besagt, daß die beiden erstgenannten Faktoren wichtiger sind als der dritte. Doch es gibt noch ein viertes, bedeutsames Element, das des Geschlechts. Es sind die Mütter, für die der Tod eines Kindes zu einem Teil der besonderen weiblichen Betrachtungsweise wird, die den Tod als etwas von innen erlebt. Komplizierte Verbindungen ergeben sich nicht nur aus dem Geburtsvorgang, sondern bereits aus der Möglichkeit, gebären zu können, und aus der Reaktion von Frauen auf den Tod.

Die Journalistin Anne Chisholm hatte schon immer den vierjährigen Sohn Jess ihrer Schwester Clare geliebt und sich viel um ihn gekümmert. Als Clare neunundzwanzigjährig mit Krebs im Sterben lag, beschloß Anne, die selber einige Fehlgeburten erlitten hatte, daß sie nach Clares Tod – der einige Monate später eintrat – ganz offiziell die Verantwortung für Jess' Erziehung übernehmen würde:

»Damit bekam ihr Sterben eine seltsame Art von Unterton, der durch das Leben des Kindes hörbar wurde, so daß die zwei Dinge für mich ganz eng miteinander verbunden waren. Ihr Leben verebbte, und mein Leben kam mit der Flut der Verantwortung für sein Leben zurück.«[4]

Wenn das Kind einer Frau stirbt, blickt sie vielleicht zurück und sieht die Zusammenhänge in einem besonderen Licht:

»Es gab nicht viel, was mir Angst machte, bis ich die zwei Mädchen hatte. Dann natürlich hat man immer Angst um sie. Man ist schließlich ihre Mutter. Man hat die Pflicht, für sie zu sorgen, und sobald man jemanden umsorgt, dann kommt die Angst. Aber bei Lizzie mit ihrem besonderen Gesundheitszustand versuchte ich, nicht zu ängstlich zu sein. Ich ließ sie auf dem Jahrmarkt sogar richtig Karussell fahren.« (Juno, 35 Jahre alt, Kindergärtnerin, deren Tochter Lizzie neunjährig an einer Dauer-Immunschwäche starb)

»Man ist sich als Mutter in schlimmer Weise der Tatsache bewußt, daß wir alle geboren werden, um zu leiden. Wir leiden von dem Augenblick an, wenn unsere Kinder geboren sind. Wir machen uns Sorgen, wenn wir sie ins Bett legen. Werden sie am nächsten Morgen noch leben? Ich bin ein optimistischer Mensch, aber als Ben geboren wurde, fing ich an, mich zu sorgen. Er riß das Bügeleisen herunter, fiel von einer Leiter, hatte eine Gehirnerschütterung nach einem Fahrradunfall. Ich sorgte mich und versuchte, nicht zu genau hinzusehen. Das Seltsame an der Sache ist, ich machte mir Sorgen, bis er 18 Jahre alt war und zu seiner letzten Reise aufbrach. Plötzlich hörte ich auf, mich zu sorgen. Welch bittere Ironie! Er ist nie zurückgekommen.« (Shirley Cooklin, Autorin, deren Sohn Ben achtzehnjährig auf See starb)

»Bevor es vor vier Jahren passiert ist, war ich eine relativ ruhige Mutter. Wie jede normale Mutter mit fünf Kindern habe ich natürlich Angst davor gehabt, daß die Kinder Unfälle haben oder überfahren werden könnten ... eine unter der Oberfläche lauernde Schreckensvorstellung, die sich während meiner ersten Schwangerschaft mit Greg einstellte. Davor hatte ich solche Dinge gemacht wie mit Leuten als Sozia auf einem Motorrad mitfahren. Ab dem Augenblick, als ich mit Greg schwanger war, wurde ich vorsichtig, besonders wenn es um irgendeine Form des Reisens ging. Ich meine, dies ist eines der bisher noch nicht angesprochenen Dinge im Zusammenhang mit dem Kinderkriegen. Daß mit den Kindern die große Angst kommt.« (Annie, Mutter, deren Sohn Greg Selbstmord beging)

Dorothy Jones, Hinterbliebenenberaterin, bestätigt die Worte dieser Frauen:

»Nachdem mein erstes Kind geboren war, wurde ich ängstlich. Bereits während der Schwangerschaft hatte ich das Gefühl, daß ich in eine besondere Beziehung zum Tod trat, die Männer nie erfahren können; es war die Angst, daß mein Kind sterben könnte. Fast mit der Minute seiner Geburt tauchte so etwas wie eine kosmische Verantwortlichkeit auf. Es kam mir so vor, als sei die Persönlichkeit meiner Mutter in mich herabgestiegen. Damit wurde der Tod zu etwas, daß von innen kam. Die Angst um meine Kinder hatte eher etwas mit meiner Psyche zu tun als mit Kräften von außen. Die gleiche Geschichte habe ich von vielen Patientinnen gehört.«

Den Rückgang der Kindersterblichkeitsrate kann man als eine große Leistung der abendländischen Gesellschaft einstufen. Obwohl noch immer jedes Jahr ungefähr 10000 Kinder in Großbritannien sterben – mehr als die Hälfte davon bei Unfällen auf der Straße oder im Haus, der Rest durch lebensbedrohende Krankheiten –, ist der Tod in der Kindheit nicht mehr eine allgemeine Erfahrung wie früher in diesem Jahrhundert. In Deutschland zum Beispiel liegt die Zahl toter Kinder weit unter einem Prozent aller Sterbefälle: 1995 starben dort etwas mehr als 4000 Säuglinge im ersten Lebensjahr und ungefähr 2400 Kinder zwischen einem und fünfzehn Jahren.

Daß junge Menschen jetzt an AIDS und den dadurch verursachten Krankheiten sterben, bedeutet nicht, daß wir uns an diese Ungeheuerlichkeit gewöhnt haben. Wir im Westen betrachten den Tod von jungen Menschen noch immer als unzeitgemäß. Den Tod von Kindern finden wir schrecklich. Diese Einstellung beeinflußt auch unseren Umgang mit Eltern, deren Kinder gestorben sind. Sie beeinflußt die Art, wie wir uns gegenüber Kindern verhalten, wenn es um Tod und Verlust geht.

Die Tatsache, daß Todesfälle in der Kindheit erheblich zurückgegangen sind, wird kaum ein Trost für trauernde Eltern sein; denn es gibt jetzt weniger andere Eltern, die ihre bitteren Erfahrungen teilen. Zugleich sind sie von Eltern mit lebenden Kindern umgeben, deren größte Angst der Tod ihrer Nachkommen ist. Diese Angst hat zur Folge, daß es uns sogar noch schwerer fällt, mit sterbenden Kindern als mit sterbenden Erwachsenen zu sprechen. Viele Eltern haben das Wort »Tod« vermieden und statt dessen gesagt: »Großvater hat sich für ganz lange schlafen gelegt«; oder wenn es sich um die Lieblingstante der Kinder handelte: »Sie ist auf eine lange Reise gegangen, von der sie nicht mehr zurückkommt.« Wen mag es da erstaunen, wenn einige dieser Kinder eine Reisephobie entwickelt oder Angst vor dem Zubettgehen bekommen haben.

Wenn Kinder in einem Haus aufwachsen, in dem der Tod ein unaussprechliches Geheimnis ist, wenn ein sterbendes Kind oder die Geschwister, deren Schwester oder Bruder stirbt, über Ängste und letzte Wünsche sprechen möchten, dann kann es durchaus sein, daß man sie nicht läßt. Gelegentlich sind Mütter »im Schutz« ihrer anderen Kindern oder mit Angehörigen zum Krankenhaus an das Krankenlager eines sterbendes Kindes gekommen, so daß eine offene Aussprache zwischen Mutter und Kind unmöglich wurde.

»Jetzt bedaure ich es. Ich wünschte, ich hätte mit ihr über das Sterben gesprochen. Aber sie war erst sieben Jahre alt, und ich bin mir nicht sicher, wer wen schützen wollte!« (Mutter, deren Kind an Leukämie starb)

Die gleiche Angst bringt uns dazu, daß wir noch weniger mit denen sprechen, deren Kinder gestorben sind, als wir es mit anderen Hinterbliebenen tun. A.T. Rando, die sich wissenschaftlich mit den Verlusterfahrungen von Eltern befaßt hat, beschreibt die Verhaltens-

weise der anderen Menschen als »äußerst merkwürdig und gefühl-
los«. Eltern beklagen sich oft darüber, daß sie sich wie »gesellschaftlich Aussätzige« vorkommen.[5]

Sehr viel häufiger als etwa die Väter sind es die Mütter, die immer
wieder über den Tod ihres Kindes sprechen wollen.

»Ich weiß, daß meine Schwester die ganze Zeit nur über Tonys
Tod sprechen möchte. Er war 14 Jahre, so alt wie mein Sohn. Sie waren mehr wie Zwillinge als wie Vettern. Tony starb bei einem Autounfall, mein Sohn überlebte mit Verletzungen. Ich fühle mich schuldig. Deshalb fällt es mir schwer, ihr zuzuhören. Ich besuche sie nicht
mehr so regelmäßig, wie ich es früher getan habe.« (Mutter, 36 Jahre
alt)

Wie beeinflußt das Alter des Kindes zum Todeszeitpunkt sowohl
das Schweigen um das Thema Tod wie auch die Reaktion der Mutter?

Wenn Kinder zwischen einem Jahr und dem Erwachsenenalter
sterben, so ist dieser Tod für die Mütter zumindest rechtlich anerkannt, und ihr elterlicher Schmerz wird im gesellschaftlichen Umfeld
zur Kenntnis genommen.

Der Tod eines Fötus oder eines Kleinkindes wird jedoch weithin
überhaupt nicht beachtet; folglich wird der Schmerz der Mutter vielfach übergangen.

Die hier angesprochenen Todesarten sind:

- Fehlgeburten
- Induzierte Schwangerschaftsabbrüche
- Totgeburten
- Perinataler Tod (tritt innerhalb der ersten sieben Lebenstage
  nach der Geburt ein)
- Neonataler Tod (tritt während der ersten 28 Lebenstage ein)
- Plötzlicher Kindstod (jedes Jahr sterben in Großbritannien
  rund 2000 Babys plötzlich und unerwartet, wovon in 1500 Fäl-
  len plötzlicher Kindstod diagnostiziert wird)

Wie kann man mit den Folgen fertig werden, wenn dem medizinischen Fachpersonal und Freunden gleichermaßen jegliches Verständnis fehlt? Wie soll man mit einem Verlust umgehen, wenn in
der Gesellschaft die Wahrnehmung fehlt, daß jeder Verlust ein »ech-
ter« Tod ist? Frauen berichten darüber, wie schwer es ist.

FEHLGEBURTEN UND
INDUZIERTE SCHWANGERSCHAFTSABBRÜCHE

Frühe Verluste sind oft – obwohl nicht notwendigerweise – traumatisch, weil die meisten Frauen von Anfang an mit der Schwangerschaft ein lebendes Baby verbinden. Wenn die Schwangerschaft mit einer Fehlgeburt endet, dann stellt das den Verlust all dessen dar, was ein Baby für sie bedeutet hat. Das trifft zu unabhängig davon, ob der Verlust nun früh oder spät in der Schwangerschaft eintritt. Wie Nancy Kohner es ausdrückt, ist es mehr die persönliche Bedeutung des Verlustes und nicht das Schwangerschaftsalter des Babys, das sich in dem Ausmaß des Schmerzes ausdrückt.[6]

Ein Kind kann mit 28 Tagen, 28 Wochen oder 28 Jahren sterben. Das Leid der Mutter kennt keine Zeitunterschiede.

Das sollte als Tatsache akzeptiert werden.

Dann wird auch klar, daß die der Mutter gewährte Unterstützung und Betreuung sich an einem feinen Verständnis dafür orientieren muß, was ein solcher Tod bedeutet, nicht aber an dem Schwangerschaftsstadium, in dem sich der Tod ereignet.

Selbst nach einer sehr frühen Fehlgeburt kann Müttern damit geholfen werden, daß man sie den Körper sehen läßt. Wenn es einen Körper gibt. Gibt es keinen, kann man Müttern dadurch beistehen, indem man ihnen soviel medizinische Informationen wie möglich gibt. Unglücklicherweise gibt es bei vielen Fehlgeburten und Schwangerschaftsabbrüchen keinen Körper.

»Das ist das, was mich am meisten belastet hat, die Fehlgeburt war mein totes Kind. Aber einen Körper habe ich nicht gesehen. Das Ganze wurde fast so behandelt, als hätte es gar nicht stattgefunden. Aber es war doch mein Kind, das gestorben war, kein nichtvorhandenes Wesen!« (Mutter mit früher Fehlgeburt)

Es ist ungeheuer wichtig, die feinen Unterschiede zwischen den verschiedenen Verlustarten – wie etwa die Bedeutung, die frühe oder späte Fehlgeburten haben können – mit Vorsicht zu behandeln. Der Zeitfaktor bei einer Schwangerschaft bedeutet nicht, daß verschiedene Frauen immer in gleicher Weise reagieren. Eine frühe dritte oder vierte Fehlgeburt für eine Frau, die ein Kind ersehnt hat, kann einschneidender sein als eine sehr späte Fehlgeburt für eine Frau, die der Schwangerschaft mit zwiespältigen Gefühlen gegenüberstanden hat.

Eines bleibt gleich: Sind Verlustgefühle vorhanden, halten sie oft sehr lange an – manchmal erstrecken sie sich über Monate, ja, sogar über Jahre. Und jeder Verlust bestätigt eindringlich die weibliche Wahrnehmung des Todes als etwas, das von innen kommt.

Wenn der Tod durch einen induzierten Schwangerschaftsabbruch herbeigeführt wird, dann ergeben sich oft zusätzliche Probleme, die entweder durch den gesellschaftlichen Druck oder durch persönliche Schuldgefühle entstehen. In Großbritannien wurden allein für das Jahr 1989 annähernd 170000 Abtreibungen für Frauen im Alter zwischen 15 und 45 Jahren registriert, und viele weitere sind ungemeldet geblieben; in Deutschland gab es 1995 insgesamt etwa 98000 amtlich erfaßte Schwangerschaftsabbrüche.

In den letzten drei Jahrzehnten hat sich bei den Methoden und in der Durchführung von Abtreibungen vieles zum Besseren gewandelt; aber ob nun in den sechziger Jahren »wüste Schlachthausmethoden« üblich waren, oder ob in den neunziger Jahren »kunstgerechte Operationstechniken« vorherrschen, die Erinnerungen vieler Frauen bleiben an diesen Tod gekettet. Heutzutage liegt der Schmerz – wenn er noch fühlbar ist, und dabei wird die Erfahrung jeder Frau anders sein – im allgemeinen nicht im chirurgischen Eingriff, sondern in dem Verlust eines Teils von einem selbst.

TOTGEBURT, PERINATALER TOD, NEONATALER TOD

»Die Ärzte sagten mir, mein Baby sei tot, aber ich konnte es nicht begreifen. Ich beschloß, sie Karen zu nennen, und habe auch weiterhin Babykleidung für sie gekauft. Sogar während der Wehen hoffte ich noch immer, daß die Ärzte unrecht hatten. ›Lassen Sie mein Mädchen nicht sterben! Lassen Sie es nicht sterben!‹ schrie ich immer wieder. Als sie tot geboren wurde, war es für mich das schlimmste Schockerlebnis der Welt.« (Mutter, 28 Jahre alt)

Die Aussage dieser Mutter ist typisch. Die zuvor ausgesprochene medizinische Vorwarnung war einfach fortgeleugnet worden. Viele Mütter, die ebenfalls vorgewarnt worden waren, hatten trotzdem ihren ungeborenen Kindern Namen gegeben. Hatten Kinderzimmer für das Baby eingerichtet. Sprachen später über »Stephens Raum« oder über »Shirleys Kinderzimmer«. Ich fand heraus – wie auch Jane

Littlewood in ihrer Studie über den Tod von Kindern –, daß Mütter es ganz allgemein vorzogen, die Totgeburt ihres Kindes als eine Geburt anzusehen, auf die dann der Tod gefolgt war, und nicht etwa als einen Fötus, der bei der Geburt bereits tot war.[7]

Manchmal erfolgt die Vorwarnung so früh, daß dadurch aus einer möglichen freudigen Schwangerschaft ein Horrorfilm wird. Einer Mutter wurde bereits im fünften Monat mitgeteilt, daß sie ein totes Baby in sich trüge. Es wurde ihr geraten, daß es »sicherer« sei, die Schwangerschaft einschließlich der Wehen zu Ende zu führen. Ihre Belohnung war, ein totes Kind zur Welt zu bringen. Vom körperlichen Standpunkt mochte es ja sicherer sein, aber zum Zeitpunkt der »Geburt« (oder des Todes) schwebte sie selber in höchster Gefahr. Ihr psychischer Zustand war nicht stabil. Sie entband das tote Kind. Sie verließ das Entbindungsheim. Drei Wochen später ließ sie sich aus eigenem Antrieb in die psychiatrische Abteilung eines Allgemeinkrankenhauses einweisen.

Ein weiteres mit der Totgeburt verbundenes Problem ist, daß ein »nicht lebensfähiger Fötus« keinen rechtlichen Status hat und dadurch noch mehr dem Schweigen und der Unsichtbarkeit unterworfen wird. Gegenwärtig wird in Großbritannien wenigstens eins von hundert Babys entweder tot geboren – das heißt, es ist tot nach der vierundzwanzigsten Schwangerschaftswoche gemäß den Richtlinien der »Stillbirth (Definition) Act« (»Definitionsgesetz für Totgeburten«) aus dem Jahr 1992, oder es stirbt kurz nach der Geburt. Die Zahlen aus dem Jahr 1990 – als die rechtliche Definition noch ein Baby betraf, das nach einer Schwangerschaft von 28 Wochen tot geboren wurde – belegen, daß in Großbritannien 3721 Babys tot geboren wurden und daß 3616 innerhalb der ersten vier Lebenswochen starben. Nach einer rechtlich definierten Totgeburt verlangt das Gesetz eine Bescheinigung sowie die amtliche Registrierung, und der Körper muß entweder begraben oder eingeäschert werden. Solche Grundanforderungen bieten eine Art Hilfsgerüst für den Umgang mit dem Tod, was Müttern eine Unterstützung sein kann. Zugleich beinhalten sie bestimmte moralische Ansprüche, die sich aus der Tatsache ergeben, daß dem Fötus ein Status zuerkannt wird. Wird jedoch ein Baby vor dem gesetzlich festgelegten Alter der Lebensfähigkeit tot geboren, entfallen alle derartigen Anforderungen. Keine offiziellen Statistiken. Keine allgemein festgelegten Vorgehensweisen.

»Wenn wir ein Baby sehen, das, sagen wir, in der einundzwanzigsten Schwangerschaftswoche tot geboren worden ist, haben wir immer das Gefühl, daß es noch hätte leben können. Wir fühlen uns hilflos, so, als hätten wir versagt. Mütter sehen das auch so. Es ist ihr Baby, das gestorben ist. Aber in den Augen des Gesetzes ist es nichts als ein nicht lebensfähiger Fötus. Eigentlich müssen wir gar nichts tun! Aber in unserem Krankenhaus haben wir uns etwas zur guten Gewohnheit gemacht. Wir lassen die Mütter ihr Baby halten, ihm Lebewohl sagen. Wir geben ihnen sogar eine medizinische Bescheinigung, wozu wir rechtlich nicht verpflichtet sind.« (Krankenschwester in einem britischen Krankenhaus)

Die Hinterbliebenenberaterin Jenni Thomas, die mit einer Entbindungs- und speziellen Babybetreuungsstation zusammenarbeitet, betont, wie wichtig Fotografien für den Trauerprozeß sind. Selbst wenn Eltern nicht ausdrücklich um ein Foto bitten, legt Jenni Thomas den Krankenhäusern nahe, trotzdem eines zu machen. Denn den Eltern wird vielfach erst später bewußt, daß sie keinerlei Dokument von ihrem Kind haben. Ferner brauchen Mütter soviel Information wie nur möglich darüber, was genau unternommen wurde, um ihr Kind zu retten. Die Wortwahl ist dabei ausschlaggebend. Wichtig ist, daß die Mütter hören, daß ihr Baby »tot« ist, nicht etwa »verloren«, was mangelnde Sorgfalt implizieren würde.[8]

Heutzutage haben viele Krankenhäuser ihre Vorgehensweisen verbessert. Manche machen bereits routinemäßig Fotos von Totgeburten, geben den Eltern Fotografien, das Namensschildchen oder eine Haarlocke. Jenni Thomas war an der Gründung der neuen Institution »Child Bereavement Trust« (»Kindesverlust-Stiftung«) beteiligt, die hinterbliebenen Eltern psychologische Unterstützung sowie andere Hilfen anbietet und auch Erkenntnisse aus eigenen Beratungserfahrungen an Fachleute weitergibt, die mit dem Tod von Kindern, mit Fehl- und Totgeburten, neonatalem Tod und Abbrüchen wegen Mißbildungen zu tun haben.

Ja, vieles hat sich gebessert.

Aber mehr, noch viel mehr, muß getan werden.

Wieder – wie bei fast jedem Tod, der in diesem Buch behandelt wird – steht und fällt alles mit der Kommunikation, die vielfach nicht zustande kommt.

Die Forscher Stringham, Wolff und Bourne berichten alle über die nachgeburtliche Verschwörung des Schweigens innerhalb des

Krankenhauspersonals. Dies Schweigen bestätigt das Gefühl der Mütter, daß solch ein Tod »unaussprechbar« ist.

Diese geringe Bereitschaft, verbal Mitgefühl zu zeigen, kann sich bis in die öffentliche Gemeinschaft ausdehnen. Viele Allgemeinmediziner sprechen nur widerwillig mit ihren Patientinnen über die Auswirkungen von Totgeburten. Sie und ebenso manchmal die Familie oder Freunde tun so, als ob der Todesfall nie stattgefunden hätte.

Auch wenn perinataler und neonataler Tod ebensosehr unter dem Mangel an gesellschaftlicher Kenntnisnahme leiden wie Totgeburten und ebenso Gefühle von Schuld und Hilflosigkeit hervorrufen: die Tatsache, daß das Kind – und sei es auch nur für wenige Tage – gelebt hat, bedeutet oft, daß sich das medizinische Personal etwas mehr damit befaßt hat.

PLÖTZLICHER KINDSTOD

Selbstvorwürfe waren wieder einmal das verbreitetste Merkmal, das ich aus den Berichten der Frauen entnehmen konnte. Die Wissenschaftler Donnelly, Raphael und Littlewood haben alle bestätigt, daß das Schuldgefühl besonders stark ist nach einem plötzlichen Kindstod. Er ist die häufigste Todesursache im ersten Lebensjahr eines Kindes und tritt am häufigsten in der Altersgruppe zwischen zwei und vier Monaten auf.[9] Die Ursache für den plötzlichen Kindstod ist noch immer unbekannt. Auch ist es nicht möglich vorherzusagen, welches Baby am meisten gefährdet ist. Oft erscheinen die Kinder äußerst gesund vor dem Tod, der plötzlich und unvorhersehbar eintritt und dadurch den Schmerz der Mutter noch erheblich vertieft.

Zu allem Unglück komplizieren auch andere feindselige Faktoren den Vorgang und tragen zur weiteren Verwirrung der Frau bei. Die Polizei wird gerufen. Nachdem kein offensichtlicher Grund für den Tod des Kindes zu finden ist, kann sogar Kindesmißbrauch unterstellt werden. Unter Umständen fragen sowohl Beamte wie auch Verwandte die Eltern schonungslos über Vorgänge aus, die sich direkt vor dem Tod ereignet haben. Selbst wenn die Mutter allmählich darüber beruhigt werden kann, daß weder sie noch – sofern ein zweiter Elternteil beteiligt ist – ihr Partner in irgendeiner Weise verantwortlich sind, kann sie die völlige Unerklärbarkeit des Todes rat- und hilflos machen.

Glücklicherweise sind zwei freiwillige Organisationen entstanden, die sich speziell mit den Bedürfnissen der Mütter beschäftigen: die »Foundation for the Study of Infant Death« (»Stiftung für die Kindstod-Forschung«), abgek. FSID, und die »Stillbirth and Neonatal Death Society« (»Gesellschaft für Totgeburt und Neonatalen Tod«), abgek. SANDS. Sie sind weit mehr als reine Hilfsagenturen; sie betreiben Öffentlichkeitsarbeit, engagieren sich in der Forschung, geben Rat und Informationen und setzen sich entschlossen dafür ein, das öffentliche Bewußtsein zu wecken.

TOD VON KINDERN, JUGENDLICHEN, JUNGEN ERWACHSENEN

Das Alter des Kindes und die Ursachen des Todes haben besondere Auswirkungen auf die Mutter. Bedeutsam sind jedoch auch die Verhaltensweisen, die bei allen hinterbliebenen Müttern gleich sind, unabhängig von Alter oder Ursache.

Um zunächst bei einigen Unterschieden anzufangen: Tod durch Unfall, plötzlich und unerwartet – die häufigste Todesursache von Menschen zwischen 15 und 34 Jahren –, läßt die Überlebenden völlig unvorbereitet, schockiert und schutzlos zurück. Zum Schmerz kommt der Zorn hinzu, oft ein Ausbruch von unbändiger Wut, weil bei solch einem Tod vielfach ein gewisser Grad an Verantwortung mit ins Spiel kommt. Raphael stellt dar, wie sehr dies für beide Elternteile zutreffen kann:

»Heftiger Zorn wegen des Unfalls – ein Haß auf den Fahrer des Wagens zum Beispiel, der Wunsch, zuzuschlagen und Rache zu nehmen – kann die Reaktionen eines Elternteils beherrschen. Dieser Zorn kann sich gegen außenstehende Organisationen, gegen den Ehemann oder die Ehefrau richten. Eine traumatisch neurotische Verhaltensweise ist häufig die Folge, wenn ein Elternteil bei dem Todesfall zugegen oder in irgendeiner Weise darin verwickelt war.«[10]

Einige von mir befragte Väter, deren Kinder bei Unfällen gestorben waren, empfanden diese ohnmächtige Wut. Wünschten Rache.

»Der verdammte Kerl auf seinem Motorrad hat Tommy das Leben genommen. Sieben Jahre! Das Kind war sieben! Eigentlich dürfte der Kerl gar nicht weiterleben! Er dürfte keine Arme haben, um so ein verdammtes Rad zu fahren.« (Vater, dessen siebenjähriges Kind bei einem Verkehrsunfall starb)

Todesfälle, die sich in der Jugend ereignen, können besonders belastend für Mütter sein, wenn es zuvor Kämpfe wegen Eigenständigkeit und Unabhängigkeit gegeben hat. Verkehrsunfälle – sehr häufig im Teenageralter – führten auch dazu, daß Eltern versuchten, sich gegenseitig die Schuld zuzuschieben. Jane Littlewood fand heraus, daß es besonders die Väter waren, die ihren Zorn gegen die Ehefrauen richteten und nicht in der Lage waren, den Tod von Kindern als Unfall zu akzeptieren.

»Ein Mann berichtete, daß er seiner Frau Nachlässigkeit vorgeworfen hatte, nachdem seine dreijährige Tochter ertrunken war. Seit er jedoch an Treffen bei den ›Compassionate Friends‹ teilnahm, bemerkte er, daß viele Väter verstorbener Kinder sich ähnlich verhielten, und gab sich daraufhin ganz bewußt Mühe, den Tod als einen unglücklichen, unvorhersehbaren Unfall hinzunehmen. Trotzdem war er weiterhin verärgert über etwas, was er als eine unbegreifliche Verhaltensweise seiner Frau ansah. Sie war dabeigewesen, als der Körper ihrer Tochter im Teich eines Nachbarn gefunden worden war, und bekam seitdem Angstzustände, sobald sie irgend etwas im Wasser treiben sah.«[11]

Ich habe mit einer Mutter gesprochen, deren achtjährige Tochter sich von ihrer Hand losgemacht hatte, hinter dem Hund, der aus seinem Halsband geschlüpft war, auf die Straße gelaufen war und von einem Bus niedergerissen wurde. Die Selbstvorwürfe der Mutter waren entsetzlich. Seit der Zeit konnte sie mit keinem Bus mehr fahren. Ihre Selbstvorwürfe waren vielen Müttern vertraut, deren Kinder bei Unfällen umgekommen waren.

Das Verhalten jener Mütter kann als »krankhaft ängstlich« beschrieben, als »unbegreiflich« angesehen werden, aber es ist eine verbreitete und verständliche Reaktion.

Oft führen Todesfälle durch verschiedene Arten von Krebs, besonders nach langen Zeiträumen der Ungewißheit, zu schwerwiegender, psychosozialer Belastung. In mehreren Studien wird nachgewiesen, daß wenigstens 50 Prozent der Eltern nach einem solchen Tod psychiatrische Hilfe nötig hatten. Einer Studie zufolge begingen 8 Prozent der Mütter Selbstmord.[12]

Bedingt durch die medizinischen Fortschritte der letzten Jahre bei der Behandlung von Krebs im Kindesalter kann man heute sagen, daß sich die Überlebenschancen wesentlich erhöht haben. Krebs im Kindheitsalter wird oft mehr als eine chronische, ständig lebensbedrohende Erkrankung denn als tödliche Krankheit angesehen. In diesen Fällen müssen sich die Mütter mit langen Zeiträumen der Ungewißheit abfinden. Läßt sich der Tod der Kinder schließlich nicht mehr verhindern, dann kann nach Meinung der Forschung eine positivere Umgangsweise mit dem Krebstod über drei Schlüsselfaktoren erreicht werden, die bereits während der Krankheit des Kindes angelegt sein sollten:

1. Offene und ehrliche Information sowie Unterstützung des Kindes während des ganzen Krankheitsverlaufs;
2. Während der Krankheitsdauer wird der wichtigste der beiden Eltern von wenigstens einer Person ständig unterstützt;
3. Eine gleichbleibende, das Leben als sinnvoll betrachtende Philosophie, die von den Eltern während der Krankheit aufrechterhalten wird.[13]

Ich fand heraus, daß bei den Müttern später die Gefühle der Hilflosigkeit längst nicht mehr so stark waren, wenn sie bei der Betreuung ihrer sterbenden Kinder halfen. Einige Frauen berichteten, daß ihre Schuldgefühle um so geringer waren, je mehr man sie in die Betreuungsaufgaben einband, besonders wenn sie beim Waschen helfen oder den Schwestern sogar beim Verabreichen der Medizin assistieren durften.

Für Mütter, die sich zu Hause um die tägliche Pflege eines todkranken Kindes kümmerten, gab es kein Leugnen des Todes. Was sie am stärksten empfanden, war ein verzweifelter Drang, über die jeweiligen Stadien der Krebskrankheit zu sprechen.

Genau das machte die Autorin Janet Taylor, die ihre sechzehnjährige Tochter Brigie in den letzten Phasen der Krebserkrankung zu Hause betreute. Nach dem Tod ihrer Tochter verfaßte sie einen haargenauen, detaillierten Bericht über jede Minute im Krankheitsverlauf, weil sie es als »zwingende Notwendigkeit empfand, diese Erfahrung mit einer größeren Bevölkerungsgruppe zu teilen, mit all denen, die den Tod fürchten, besonders den von jungen Menschen«. Für sie ist es eine tiefgreifende Erfahrung, die ihrer ganzen Familie innere Kraft und starke Verbundenheit gebracht hat. Ihre Ehrlichkeit ist bewegend. Sie macht keinen Versuch, über Belastung und Schwierigkeiten zwischen einer pflegenden (und damit überlasteten) Mutter und ihrer sterbenden Tochter hinwegzugehen.

In den letzten Phasen der Krankheit wurde Brigie verwirrt. Der Arzt vermutete, daß es sich um zerebrale Sekundärerscheinungen handelte, und gab ihr Acetomorphin. Oft konnte Janet nicht verstehen, was ihre Tochter wollte. Brigie gab schließlich ihre Versuche auf, Erklärungen zu geben, und sank mit einem »resignierten Blick oder in stiller Wut« zurück. Die Frustration auf beiden Seiten erreichte ihren Höhepunkt, als Janet nach mehreren Nächten völlig übermüdet war, denn die Nachtruhe wurde ständig unterbrochen, nachdem beide sich zum Schlafen bereit gemacht hatten:

»Brigie konnte irgendwie keine bequeme Lage finden, und ich konnte nicht verstehen, was sie sagte ... Mehrere Male veränderten wir die Stellung und versuchten es auch mit dem Nachtstuhl. Langsam warf sie mir feindselige Blicke zu und murmelte ›Mum‹ in einem Ton unterdrückter Wut ... Sie lehnte sich nach unten und ergriff meinen Schlafsack, gab mir zu verstehen, daß sie auf der Matratze schlafen wollte ... Ich konnte nur eines tun, sie so weit als möglich mit allen verfügbaren Kissen abstützen, doch ich wußte, daß es schlecht für ihr Atmen war. Lange konnte es nicht gutgehen, aber ich legte mich auf ihrem Sofa hin und sehnte mich nach Schlaf. Fünf Minuten später waren wir wieder auf. Jetzt war es langsam so weit, daß mir der Geduldsfaden riß, und als sie wieder auf dem Sofa lag, explodierte ich. Zorn war vielleicht wirkungsvoller, wo das Dauerleiden nichts mehr änderte.

›Also Brigie, ich weiß, daß du krank bist, und es tut mir sehr leid. Aber ich muß heute nacht etwas schlafen, damit ich mich morgen wieder um dich kümmern kann. Deshalb laß uns jetzt mit dem Hin und Her aufhören und zur Ruhe kommen!‹ Das schien die Luft zu reinigen, und wir schliefen.«[14]

Der Konflikt zwischen den Bedürfnissen der Mutter und denen ihres sterbenden Kindes, der Zusammenstoß zwischen dem natürlichen Drang zur Ungeduld und dem Gefühl, daß man keine Ungeduld zeigen darf, waren Zwangslagen, in denen sich viele Mütter befanden.

Es ist an der Zeit, einen Blick auf diese und ähnliche Situationsmuster zu werfen.

Die Hauptprobleme, die sich in den Berichten aller Mütter wiederholten, waren folgende:

Während das Kind stirbt

1. Das Verhältnis der Mutter zu den Ärzten; die Sprache der Medizin;

2. Häusliche Pflege versus Krankenhauspflege;
3. Fragen der Ungewißheit;
4. Unterstützungsmöglichkeiten;
5. Das Verhalten von Geschwistern und Vätern;
6. Der gegenseitige Schutz von Mutter und Kind; Zorn, Schuld; Gespräche mit dem sterbenden Kind über den Tod;
7. Wie schlechte Nachrichten überbracht werden;
8. Das Verlangen, möglichst viele Informationen über letzte Worte und letzte Minuten zu erhalten;
9. Das Verlangen, das sterbende oder tote Kind in den Armen zu halten.

Nach dem Tod
1. Das Bedürfnis zu sprechen, Videos und Fotos zu machen, passende Beerdigungen und Gedenkfeiern zu arrangieren;
2. Trauererfahrungen: anders als die von Vätern; Eheschwierigkeiten;
3. Das Gefühl von Verstümmelung, der Verlust von Kompetenz, Verlust des Ich;
4. Unterstützungsmöglichkeiten und Verhaltensweisen von Freunden und Fachleuten;
5. Spiritualität;
6. Anerkennung des Todes;
7. Auswirkungen des Todes auf Mütter; Veränderungen im Charakter.

Um bestimmte Hauptmerkmale zu veranschaulichen, greife ich auf die Berichte von vier Frauen zurück, die beispielhaft für viele andere stehen:
1. Shirley, Autorin; weiß, geschieden, alleinerziehend, gehört der Mittelschicht an; Sohn Ben, achtzehn Jahre, ertrinkt auf hoher See.
2. Mania, Krankenschwester; schwarze Jamaikanerin, verwitwet, gehört der Arbeiterklasse an; Sohn Peter, dreiundzwanzig Jahre, stirbt an einem Herzanfall.
3. Juno, Kindergärtnerin; weiß, verheiratet, gehört der Arbeiterklasse an; Tochter Lizzie, neun Jahre, stirbt an einer Immunschwächekrankheit.
4. Netty, Rechtsanwältin; weiß, alleinerziehend, gehört der Mit-

telschicht an; bei Tochter Frieda, die heute noch lebt, wird im Alter von vier Jahren ein Aneurysma im Kopf festgestellt, an dem sie fast stirbt; lebt mit lebensbedrohender Erkrankung.

PROBLEME, WÄHREND EIN KIND STIRBT

Wenn ein Kind stirbt, brauchen Mütter Unterstützung. Im persönlichen wie im beruflichen Bereich. Juno hatte Glück:
»Meine Arbeitskolleginnen waren wunderbar. Die Mütter in Lizzies Schule stellten einen Arbeitsplan auf. Sie brachten Lunchpakete und Flaschen mit Tee; wenn ich fröstelte, tauchten Strickjacken von irgendwoher auf.«

Mütter müssen sich auch aussprechen dürfen. Aber die Entscheidung darüber, ob mit einer sterbenden Tochter oder einem sterbenden Sohn über den Tod gesprochen werden soll, muß jede Mutter mit Blick auf ihre eigene Kraft und ihre Beziehung zu ihrem Kind für sich allein treffen.

»Wir haben immer positiv mit Lizzie gesprochen, wir konnten uns nie dazu entschließen, über den Tod zu sprechen. Sogar, als sie in den letzten zehn Tagen vor ihrem Tod an das Beatmungsgerät angeschlossen war und man uns sagte, daß sie uns hören könne, sprachen wir nur Positives. Davor, als sie aufgehört hatte zu kämpfen, hatte ich daran gedacht, es ihr gegenüber zu erwähnen. Doch dann kam sie zweimal aus dem Operationssaal zurück und sagte: ›Du läßt mich doch nicht sterben?‹ Und da habe ich natürlich geantwortet: ›Nein! Nein, es wird dir bald wieder gutgehen.‹«

Geschwister und Väter sterbender Kinder können ein weiterer Grund zur Sorge sein. Während der Krankheit von Lizzie hatten sich Juno und Tommy die Betreuung des Kindes immer streng geteilt.

»Als sie im Krankenhaus war, wechselten wir uns ab, jeder zwei Nächte im Krankenhaus, zwei Nächte zu Hause. Aber zum Ende hin konnte es Tommy nicht mehr ertragen, im Krankenhaus zu bleiben. Er lief regelrecht davon. Also kam er jeden Abend zu Besuch, und ich blieb die ganze Nacht. Er wurde nicht damit fertig. Mütter können das, weil es von ihnen erwartet wird. Mir ist nie der Gedanke gekommen, daß es harte Arbeit war. Es war mein Job. Ich war ihre Mutter. Ich ging auch weiter meiner Arbeit nach, während ihr Vater bei ihr war. Ich arbeitete einige Stunden am Tag. Dann rief er an und sagte:

›Sie hat so fürchterliche Schmerzen. Ich kann ihr nicht helfen. Du mußt kommen.‹ Aus irgendeinem Grunde meinte er wohl, ich sei stark. Es bleibt einem nichts anderes übrig, als stark zu sein. Kein Elternteil kann ein Kind mit Schmerzen ertragen. Aber sie brauchte Bestärkung. Sie brauchte keine jammernde Mutter.«

Ein zweites Kind in der Familie bringt zusätzliche Probleme. »Nancy fühlte sich abgeschoben. Sie war erst elf Jahre alt, und achtzehn Monate lang hat sie so gut wie nichts für die Schule getan. Wir haben das gar nicht richtig mitbekommen, weil wir auch nicht richtig bei ihr waren. Ich merkte, daß ich sie im Stich gelassen hatte, aber wir haben es dann doch noch geschafft. Jetzt, wo sie seit Lizzies Tod unsere volle Aufmerksamkeit hat, entwickelt sie sich sehr gut.«

Wenn ein Kind im Krankenhaus liegt, ist das Verhältnis der Mutter zu den Ärzten entscheidend. Ebenso entscheidend ist, wie weit sie die Sprache der Medizin versteht (oder nicht versteht).

Junos problembeladene Beziehung zum medizinischen Beruf fing sehr früh an. Ihre Tochter Lizzie hatte seit der Geburt einen Immundefekt, aber das fand man erst heraus, als sie bereits fünf Jahre alt war.

»Seit Jahren hatte sie ein chronisches Brustleiden, Ohrenentzündungen, dreimal die Windpocken. Ihr Immunsystem funktionierte einfach nicht. Aber es dauerte Jahre, bis mir die Ärzte sagten, was sie hatte. Immer wieder wurde sie untersucht, doch genau diagnostizieren konnte man ihre Krankheit nicht. Wir waren beide arbeitslos mit einem ständig kranken Kind, aber wir konnten keine Beihilfe beantragen, weil Lizzies Krankheit keinen Namen hatte.«

Im Jahr 1990 fiel Lizzie von ihrem BMX-Rad und bekam Probleme mit einem Bein. Sie zog sich eine schwere Gürtelrose zu. Dann eine zweite. Dann eine Brustinfektion. Schließlich entdeckte man, daß ein Fleck auf ihrer Lunge, den man ursprünglich als Abszeß behandelt hatte, ein Tumor war.

»Ewig lange sagten mir die Ärzte nicht, wie ernst es war. Der Tumor wuchs. Der Facharzt hat mich nie angelogen. Aber ich hatte keine Ahnung von der Fachsprache. Ich habe ihn nie verstanden. Ich fühlte mich nie selbstsicher genug, um zu fragen: ›Können Sie mir im Klartext wiederholen, was sie gerade gesagt haben?‹ Der Thoraxchirurg war da besser. Er sprach so mit mir, daß ich Bescheid wußte. Er erklärte, daß sie aufgemacht werden müßte, aber jemanden mit einem Lungentumor aufzumachen würde bedeuten, daß der

Tumor sich eventuell ausdehnte. Aber wenn sie nicht aufmachten, wüßten sie nicht, was es war. Ob auf die eine oder andere Weise, sie sei nicht zu retten. Er sagte das zwar nicht mit genau diesen Worten, aber was sie meinten, war klar. Ich verstand. Mein Mann Tommy ging einfach fort. Er wollte jene Worte nicht verstehen. Nancy, Lizzies Schwester, verhielt sich ebenso. Sie ging auch fort. Sie sagte zu mir: ›Wenn ich fortlaufe, wird nichts passieren, weil Lizzie niemals sterben würde, bevor ich zurückkomme!‹ Ich denke, ihr Vater machte es ebenso.«

Für Juno war es ein Glücksfall, eine Kinderärztin zu haben, die offen, ehrlich und auch bereit war, eigene Gefühle zu zeigen.

»Mit Carol konnte man so einmalig reden. Sie war die einzige Ärztin, die ich mit ihrem Vornamen anredete. Sie war mir eine gute Freundin. Sie war ein Mensch, der sehr stark mit seinem Körper agierte. Sie berührte einen immer; und wenn sie sich nur in den Arm einhängte oder Augenkontakt suchte, immer war man sich ihrer völligen Aufmerksamkeit sicher. Nie hetzte sie plötzlich davon. Jemand, der pausenlos hinaus- und hereinrennt, ist wenig hilfreich. Immer redete sie mit Lizzie über ihre Krankheit. Lizzie sprach gut auf sie an, weil sie Carol sehr mochte, was für jeden, der Lizzie kannte, einer Meisterleistung gleichkam. Lizzie war eine äußerst hitzige, eigenwillige Nervensäge. Sie war stark und stur. Machte uns das Leben schwer. Eine richtige Kämpferin. Deshalb war es auch so grauenhaft, als sie das Kämpfen aufgab. Carol verstand Lizzies Ängste. Niemals wurden ihr Behandlungen aufgezwungen. Aber Carol und das Pflegepersonal verstanden es immer, sie irgendwie zu überreden.«

Juno, anfangs voller Hemmungen und verwirrt, setzte sich mit ungeklärten Fragen auseinander.

»Je schwächer Lizzie wurde, um so stärker wurde ich und fragte auch mehr. Lizzie kann nicht mehr selber kämpfen, also muß ich es tun. Carol war eine Ärztin, die mir zuhörte, mich in die Arme nahm und, wo immer möglich, auf meine Wünsche einging. Sie teilte die Ängste um Lizzies Gesundheit. Ich glaubte an das, was sie sagte, weil ich direkte Antworten bekam. Sie drückte sich um keine Fragen herum. Sie war nicht nur eine Ärztin, die sich um ein krankes Kind kümmerte, sie war jemand wie ich, der auch Gefühle hatte. Sie war eine der Ärztinnen, die immer bereit waren, Auskunft zu erteilen.«

Die Art und Weise, wie schlechte Nachrichten überbracht werden, ist etwas, an das sich Mütter immer erinnern. Lizzie war auf der

Intensivstation. Als Juno auf »das Schlimmste« wartete, kam Carol mit dem Facharzt herein.

»Der Facharzt redete, redete, redete über ich weiß nicht was. ›Lungen und größer geworden und haben alles getan, was wir konnten, und der Rest liegt bei Lizzie.‹ Für mich bedeutete das alles nicht viel. Meinte er vielleicht, Lizzie konnte jetzt wieder kämpfen und leben, oder meinte er, ja, sie wird sterben? Das alles sagte er nicht. Aber Carol weinte. Der Facharzt ging. Er ließ mich und Carol weinend zurück. Dann dachte ich, ja, sie stirbt. Ich brauchte Carol nicht zu fragen. Worte waren nicht mehr nötig. Ich war so dankbar dafür, daß sie mir zeigte, was sie fühlte.«

Das war um zwölf Uhr mittags. Lizzie starb am selben Abend um sieben Uhr in den Armen von Juno. Ein Kind halten, ein Kind berühren, das ist ausschlaggebend.

»Großeltern, Onkel, Tanten, Massen von Leuten und der Priester kamen, um Abschied zu nehmen. Aber Nancy lief fort. Tommy benahm sich unbeschreiblich. Er brach auf der Intensivstation zusammen. ›Laß dich bloß nicht so bei Lizzie sehen‹, sagte ich. Wirklich pampig. ›Nun komm schon! Wenn sie denn gehen muß, laß sie gehen!‹ Aber er war in einem fürchterlichen Zustand. Er konnte sich nicht beruhigen. Die Krankenschwestern machten den Vorschlag, daß Nancy hereinkommen solle, um das Beatmungsgerät anzuschauen, damit sie keine Angst mehr vor irgendeiner gräßlichen Maschine hatte. Nancy hielt es sechs Minuten aus, was gar nicht so schlecht war. Dann lief sie hinaus mit den Worten: ›Mag nicht! Mag nicht!‹ Lizzie starb auf eine gute Weise. Sie war nicht in einem fremden Land verhungert oder umgebracht worden. Sie saß auf meinen Knien. ›Ist dir kalt? Brauchst du eine Decke?‹ Ich bat die Schwestern, den Piepton von der Herzmaschine abzustellen. Es machte mich verrückt. Da wartet man, daß jemand stirbt, und es geht Piep, Piep. Deshalb sagte ich: ›Lassen Sie die Maschine an, aber stellen Sie das Geräusch ab. Und dann drehen Sie das Ding so herum, daß ich es nicht sehen kann.‹«

Ich weiß genau, was Juno meinte. Zwei Jahre später lag Carol, Junos Ärztin, meine Freundin, selbst sterbend auf der Intensivstation in dem Krankenhaus, wo sie Juno über Lizzies Tod hinweggeholfen hatte. Wir, ihre Freunde und ihre Tochter, saßen an ihrem Bett und warteten auf ihren Tod, immer mit dem Piep, Piep in den Ohren. Keine von uns brachte Junos Kraft und Durchsetzungsvermögen auf,

223

jemanden zu bitten, das Geräusch abzudrehen. Es ist ein Ton, den man nie vergessen wird.

Netty, die Rechtsanwältin, deren Tochter Frieda fast gestorben wäre und deren Zukunftsaussichten weiterhin problematisch sind, sah sich mehreren gleichgearteten Herausforderungen gegenüber wie Juno. Netty, die jetzt 39 Jahre alt ist, wurde mit 31 Jahren durch künstliche Befruchtung schwanger. Seit Friedas Geburt lebt sie allein mit ihrem Kind, nimmt aber einmal alle zwei Wochen die reguläre Unterstützung der Kinderfürsorge durch eine befreundete Frau in Anspruch, die in derselben kleinen Stadt lebt.

»Natürlich gab es mit meinen Eltern erst einmal Schwierigkeiten wegen der Geburt, aber seit das Kind da ist, sieht alles ganz anders aus. Frieda ist jetzt ihr ausgemachter Liebling. Trotzdem würde ich sie nicht um Unterstützung bitten. Bevor Frieda krank wurde, fühlte ich mich von der Außenwelt abgeschnitten. Aber als bekannt wurde, daß Frieda sehr krank war, tauchten alle aus ihren Verstecken auf. Während Friedas erster Erkrankung stellten die Frauen Arbeitspläne auf, sorgten für Essen, sprachen mit mir und halfen, wo es nur ging, derweil ich bei Frieda im Krankenhaus blieb. Mir wurde erst dadurch klar, daß ich ein Teil einer Gemeinschaft bin.«

Mit 18 Monaten wurde Frieda erstmals krank. Eine Bluterkrankung als Folge einer Virusinfektion. Der Körper bildete weiterhin Antikörper, die dann die roten Blutkörperchen zerstörten.

»Ihre Blutgefäße platzten. Überall ein roter, fleckiger Ausschlag. Dann auch noch Blut im Stuhlgang. Ihr Blutbild verschlechterte sich so sehr, daß sie ins Krankenhaus mußte. Ich fühlte mich schuldig. War es etwas, das ich verursacht hatte? Woran ich bereits dachte, das war die Sache mit HIV, obwohl das lächerlich war, da ich nichts gemacht hatte, daß eine Gefahr hätte sein können. Schließlich ließ ich einen Bluttest machen, um für mich selbst den Beweis zu haben, daß meine Ängste unbegründet waren. Ich hatte mich wirklich optimal um sie gekümmert. Ich konnte einfach nicht verstehen, weshalb dieses zufriedene Baby plötzlich einen Körper haben sollte, der nicht mehr richtig funktionieren wollte. Es sah fast so aus, als ob sie keinen Spaß mehr am Leben hatte. Ich kam zu dem Schluß, daß es spirituell gesehen etwas sein mußte, das sie bereits mitgebracht hatte. Irgendwelche Dinge, mit denen sie sich auseinandersetzen mußte.«

Netty mußte sich auch damit auseinandersetzen. Frieda erholte sich wieder. Vorübergehend. Zwei Jahre lang, wenn sie vielleicht auch zarter als andere Kinder war, spielte und aß sie, war gut oder böse. Dann fiel sie mit vier Jahren im Park von einer Rutsche. Sie schlug hart mit dem Kopf auf. Dann bekam sie eine Grippe, von der sie sich nicht erholen konnte, und wurde schwach und lustlos. Irgend etwas stimmte ganz und gar nicht. Sie wurde wieder ins Krankenhaus eingewiesen.

»Es war ein seltenes Krankheitsbild. Ein Aneurysma in ihrem Kopf. Es blockierte den Kanal, durch den die Rückenmarksflüssigkeit abfließt. Es ist wie eine große Ausbuchtung in einem Blutgefäß. Wie ein Becken voller Blut. Zwei Fachärzte, ein Neurologe und ein Chirurg, orteten es bei einer szintigraphischen Untersuchung. Als erstes setzten sie von außen eine Drainage in den Kopf, damit der Druck, der sie so lustlos machte, von dem Gehirn genommen wurde. Dann operierten sie ein zweites Mal und setzten eine Überbrückungsverbindung, welche die Flüssigkeit innerhalb des Körpers von ihrem Schädel nach unten in den Bauch abfließen ließ. Man sagte mir, daß sie diesen Defekt seit der Geburt gehabt habe. Das Gehirn sei auch dauerhaft geschädigt, aber bisher habe es einen Ausgleich schaffen können, indem andere Teile des Gehirns die Funktionen des geschädigten Teils übernommen hätten. Die Ärzte meinten jedoch, daß die Zukunftsaussichten nicht sehr gut seien.«

Für einige der wenigen Kinder mit einem Hirnaneurysma gibt es Operationsmöglichkeiten. Aber dort, wo Friedas Aneurysma sitzt, kann man nicht operieren. Das Risiko wäre zu groß.

»Man stelle sich nur vor, daß solch eine Operation daneben ginge. Sie könnte sterben. Deshalb wird jetzt alles getan, um statt dessen ihre Lebensqualität zu verbessern, selbst wenn es dadurch ein kurzes Leben werden sollte. Sollte sie wieder sehr krank werden, ist ihre Zukunft ungewiß. Sie könnte eine geringfügige Behinderung davontragen, körperlich oder geistig oder beides. Sie könnte sterben. Es könnte alles zwischen diesen zwei Extremen sein. Es erfordert viel Kraft, sie nicht übermäßig zu beschützen. Es wird schwierig, wenn sie bockig ist. Es fällt mir auch schwer, Anspruch auf ein eigenes Leben zu erheben, weil ich mir immer bewußt bin, daß schon morgen etwas Schreckliches passieren kann. Ich muß mich dazu zwingen zu denken, daß sie aufwachsen wird, auch wenn ich keine Gewähr dafür habe, daß sie noch lange hier sein wird.«

Diese Diagnose war der Ausgangspunkt von Nettys lang andauernder Beziehung zum medizinischen Beruf. In einer Hinsicht hatte sie mehr Glück als Juno. Ihr Beruf, ihre Ausbildung und ihr Selbstbewußtsein halfen ihr sehr.

»Ich denke schon, daß mir die richtigen Informationen gegeben wurden. Anfänglich hatte ich einige Mühe, alles zu verstehen, und versuchte, so viel als möglich zu lernen. Es ist auch gar nicht so einfach. Diese Ärzte haben Jahre mit den Naturwissenschaften verbracht, während ich im Fach Biologie nicht einmal das Niveau der mittleren Reife erreicht habe. Ich vertraue ihrem Urteil. Die Tatsache, daß sie gesagt haben: ›Wir wissen nicht‹, gibt mir das Gefühl, daß sie nichts nur der Technologie wegen unternehmen werden. Ich hätte mich sowieso, auch bei kürzerer Lebenserwartung, für eine gute Lebensqualität entschieden anstelle eines weniger guten Lebens mit einer Hirnschädigung. Das ist auch der Weg, den die Ärzte eingeschlagen haben. Da wir uns auf der gleichen Ebene befinden, aus der Mittelschicht kommen, bedeutet das natürlich, daß wir die gleiche Sprache sprechen, daß ich ihnen hinreichend ebenbürtig bin und sie davon ausgehen können, daß ich mich auch nach ihren Maßstäben mit all der nötigen Sorgfalt um Frieda kümmere. Als sie das erste Mal ins Krankenhaus kam, wurde mein Beruf in großen Buchstaben in meinen Unterlagen vermerkt. Seitdem haben sie sich angewöhnt, mich mit etwas Vorsicht zu behandeln. Als das erste Mal eine Untersuchung an der Wirbelsäule gemacht werden sollte, mußten sie Rückenmark entnehmen, und dafür mußte Frieda eine Narkose bekommen. Der Narkosearzt war völlig durcheinander, als ich Fragen stellte. Um ihn noch mehr durcheinanderzubringen, erzählte ihm jemand, daß ich Rechtsanwältin sei. Als wir dann miteinander sprachen, ließ ich ganz zufällig einfließen: ›O ja, ich befasse mich auch mit Fällen von medizinischer Fahrlässigkeit!‹ Er war es gewesen, der dann den Vermerk in meinen Unterlagen machte. Aber das war auch das einzige Mal, wo ich das Gefühl hatte, daß ich besonders behandelt wurde, weil ich sie hätte verklagen können.«

Ein bemerkenswerter Umstand ist, daß das Krankenhauspersonal Friedas ungewöhnliche Geburtsumstände verständnisvoll akzeptiert hat.

»Ich mußte erklären, daß ich nicht wußte, wer Friedas Vater war, weil sie ein Selbstinseminations-Baby ist. Ich habe Pluspunkte, weil ich notfalls alle entscheidenden medizinischen Fakten herausfinden kann, so daß sie mich als verantwortungsbewußten Elternteil akzeptieren. Sie haben sich mit der Tatsache abgefunden, daß Frieda eine große, hilfsbereite und unkonventionelle Familie hat, hauptsächlich Frauen. Es hat sie beeindruckt, was sehr für sie spricht. Andere würden sich vielleicht abwenden. Sie nehmen es auch hin, daß ich immer von meiner Freundin Celia begleitet werde, die Friedas Vormund ist. Sie ist von Anfang an in alle Besprechungen einbezogen worden.«

Netty mußte wie Juno eine Entscheidung treffen, ob sie mit ihrer Tochter über das Sterben sprechen sollte. Wie Juno hat sich Netty dafür entschieden, jeden Tag wichtig sein zu lassen, ständig ermunternden Rückhalt zu bieten und nicht über den Tod zu sprechen. Aber sie spürt, daß es einen unterbewußten Bereich gibt, der Frieda den Grund für ihre Zartheit, für ihre Nähe zum Tod ahnen läßt.

»Sicher ist es keine bewußte Wahrnehmung. Aber nachdem sie so krank geworden war, lebte sie in einer leichten und seltsam anmutenden Weise, als ob sie wüßte, daß sie eigentlich nur bis zu ihrem vierten Jahr leben sollte. Es sah so aus, als ob sie nur deshalb soviel geben konnte, weil ihr Leben wahrscheinlich kurz sein würde. Nach der Erkrankung entstand der Eindruck, als ob sie sich in einem Schwebezustand befand, als ob sie dachte: ›Gut, das war denn mein Leben. Ich habe getan, weswegen ich geschickt worden bin, was soll ich jetzt tun?‹ Es dauerte 18 Monate, bis sie diesen Zustand überwunden hatte; aber jedes Jahr, am Jahrestag ihrer Erkrankung, wird ihr Zustand labil. Sie hat auch ein paar Anfälle gehabt. Als die Überbrückung gesetzt wurde, war gerade die Baumblüte vorbei. Das ist jetzt zwei Jahr her. Jedesmal, wenn danach die Blüten von den Bäumen fielen, ging es plötzlich bergab. Ich bin überzeugt, daß ihr Geist weiß, wie die Dinge liegen, aber sie scheut sich, mir die Fragen zu stellen, auf die ich dann antworten müßte: ›Ja, du bist fast gestorben‹; oder: ›Nein, ich weiß nicht, was vielleicht noch passieren wird.‹ Interessant ist, daß sie im Gegensatz zu anderen Kindern nicht über die Zukunft sprechen mag. Ich habe sie in ein Museum mitgenommen, in dem praktische Dinge gemacht werden, wo Kinder Bilder über das malen, was sie tun möchten, wenn sie älter werden. Sie wollte entschieden nichts damit zu tun haben. Ich mache ihr keine Angst. Ich lüge nicht. Aber ich rede nicht von der Zukunft. Ich vermeide das Thema völlig.«

Netty hat eine praktische Maßnahme ergriffen, um die Gegenwart zu sichern, wenn nicht sogar die Zukunft, und ist mit Frieda zu einem Heiler gegangen.

»Ich fühlte, daß die Flamme in ihrem Inneren, die bereits angefangen hatte zu flackern, wieder stärker und gleichmäßiger geworden war.«

· Netty meint, daß es ihr sehr hilft, mit anderen Frauen zu sprechen, aber auch das bringt Probleme mit sich.

»Nicht-Mütter verstehen es nicht. Vom Intellekt her könnten sie es ja noch verstehen, aber es fehlt das Einfühlungsvermögen. Sofern man nicht selbst ein Kind gehabt hat und nicht selber das Gefühl kennt, daß es das Zentrum des Universums ist, kann man nicht gleich empfinden. Mütter mit Kindern, die gesund sind, können es zwar verstehen, aber das Gefühl der Bedrohung macht sie nervös. Müttern mit Kindern, die schwer behindert sind, fällt es ebenfalls schwer. Ihre Kinder haben Hirnschäden, müssen noch mit zwölf Jahren Windeln tragen, brauchen Rollstühle. Es grenzt schon an Zumutung, ausgerechnet sie wegen meiner Sorgen um Friedas Zukunft um Hilfe zu bitten. Das gleiche gilt für Mütter, deren Kinder gestorben sind. Gefühlsmäßig bin ich erschöpft durch die ewige Auseinandersetzung mit der Tatsache, daß mein Kind jederzeit sterben kann. Aber noch lebt sie. Die Verluste der anderen sind das, was auch mir zustoßen könnte.«

Für Mania, die Krankenschwester aus Jamaika, und Shirley, die britische Autorin, deren beider Söhne plötzlich an einem Herzschlag beziehungsweise durch Ertrinken starben, gab es keine Vorbereitung auf den Tod, keine Möglichkeit, irgendwelche Kraftreserven aufzubauen.

Manias Ehemann starb mit 35 Jahren an einem Herzschlag. Sie war mit 25 Jahren Witwe. Ihr Baby Peter, das mit ihr in Großbritannien lebte, war gerade zwei Jahre alt. Ihre zwei Töchter waren noch in Jamaika. Erst beschützte sie Peter, dann verlagerte sich das Gewicht.

»Er war meinem Mann wie aus dem Gesicht geschnitten. Zwischen uns war so viel innige Liebe, daß ich nichts lieber tue, als über ihn zu sprechen. Wie er seine ersten Schritte machte, wie die ersten Zähne durchkamen. So etwas kann man mit sonst niemandem erleben. Er wuchs auf zum Familienoberhaupt, obwohl er der Jüngste war. Er war mein allerbester Freund. Die Mädchen und ich, wir verließen uns ganz auf ihn. Er suchte meine Autos aus. Sogar meine Männer suchte er aus. ›Schau, Mama, laß mich ihn erst testen, bevor du dich auf mehr einläßt. Du kannst ihm gleich sagen, sollte er dich schlecht behandeln, bekommt er es mit mir zu tun!‹«

Ein Mann, für den Peter noch zu jung zum Testen war, das war sein Stiefvater.

»Ich ging fort, und meine vierzehnjährige Tochter Sandra blieb zu Hause, um für die Schulprüfung zu lernen. Am Abend kam ich nach Hause. Die Tür nach hinten hinaus war offen. Die Tochter verschwunden. Ich geriet in Panik. Vielleicht hatte sie jemand entführt. Ich rief die Polizei an. Schließlich war es sieben Uhr, aber mein Mann kam nicht nach Hause. In der Nacht dann rief Sandra aus New York an. Sie waren zusammen abgehauen. Sie hatten eine Liebesaffäre gehabt, hier in meinem Haus, und ich hatte nichts gemerkt. Monate später kommt sie zurück, klopft an meine Tür mit einem Koffer in der Hand. Ich habe sie aufgenommen. Schließlich bin ich ihre Mutter. Aber mein Sohn Peter wollte nicht mehr mit ihr sprechen. Er war so betroffen wegen mir. Mein zweiter Ehemann schwor, wie unendlich leid ihm das alles tue. Er sagte, es sei der Fehler meiner Tochter gewesen, sie habe sich an ihn herangemacht! Aber ich habe meine zweite Ehe aufgelöst. Das war ein weiterer Tod. Seitdem verließ ich mich immer mehr auf Peter. Ich bin davon ausgegangen, daß ich vor ihm sterben würde. Eine Mutter nimmt das meistens an. Im Spaß sagten wir, daß er mich in ein Heim bringen könne, wenn ich alt würde. Dann wurde er richtig ärgerlich. ›Mama, sag so etwas nicht! Ich kann nicht zwei Mütter haben. Was du für mich getan hast, kann niemand sonst tun. Ich würde dich nie in ein Heim bringen. Das ist mein feierliches Versprechen.‹«

Wird die Erwartung von Frauen, ihre Kinder zu überleben, zerstört, dann wird auch ihre Welt zerstört. Am Tag vor Peters Tod sahen sich Mutter und Sohn zweimal. Ihre letzte Erinnerung ist die von Gelächter.

»Auf dem Weg zur Arbeit schaute ich in meiner kleinen Stammkneipe vorbei. Wenige Minuten später erschien Peter. ›Was machst du denn hier, Stinkerchen?‹ fragte ich. Wir gaben uns immer irgendwelche Namen, so nah standen wir uns. ›Ich wollte sehen, wie es dir geht‹, erwiderte er. Ich sagte noch, daß er auf sich aufpassen solle. An jenem Abend ging ich nach der Arbeit auf eine Tasse Kaffee bei meiner älteren Tochter vorbei. Da tauchten auch Peter und Dorry, sein Mädchen, dort auf. ›Warum verfolgst du mich eigentlich auf Schritt und Tritt?‹ fragte ich. ›Still, Stummelchen, du bist zu klein, um zu widersprechen. Ich muß schließlich auf dich aufpassen!‹ scherzte er.«

Peter brachte Mania zum Auto. Am Tor gab er ihr einen Kuß. »Mama, ich habe dich sehr lieb«, sagte er. Manias Antwort war: »Ich habe dich auch lieb, mein Sohn!« Sie verabredeten sich für das Wochenende. Am nächsten Morgen erreichte Mania am Arbeitsplatz ein Anruf vom Krankenhauskaplan:

»Es tut mir leid, Ihnen das sagen zu müssen. Peter ist tot.«

Später erfuhr Mania von seiner Freundin Dorry, daß sie und Peter an jenem Abend sofort zu Bett gegangen waren. Um Mitternacht wachte sie auf und hörte »seltsame Geräusche« in seiner Stimme, die vom Fußboden herkam. Schläfrig meinte sie: »Steh auf!« und fiel wieder in den Schlaf. Vielleicht hat Peter es ja versucht, aber akute Schmerzen in der Brust ließen ihn in ein Koma fallen. So fand ihn Dorry, als sie aufwachte. Die Sanitäter konnten ihn nicht wiederbeleben. Bis sie das Krankenhaus erreichten, war es zu spät. Mania versuchte alles, um nicht Dorry die Schuld zuzuschieben, aber der Zorn mußte sich Luft machen.

»Wenn schnell auf ihn reagiert worden wäre, als er am Boden lag, wenn sie schon da eine Ambulanz gerufen hätte, dann hätte man vielleicht noch etwas tun können. Ich möchte sie nicht dafür verantwortlich machen. Sie leidet. Sie lebt mit dem Schuldgefühl. Das einzige, was ich damit sagen will, ist, wenn man schon hört, daß mein Sohn auf dem Boden liegt, dann sollte man aufstehen und nachschauen, was los ist. Dann könnte ich sagen, zumindest ist alles versucht worden.«

Manias religiöser Glaube trug letzten Endes dazu bei, den Zorn in Akzeptanz umzuwandeln:

»Tatsächlich gab es ja nichts, was sie hätte tun können. Wenn er geboren war, um auf die Art zu gehen, dann war es Gottes Wille, daß er geboren wurde, um auf diese Art zu gehen. Und doch, in der einen Minute noch voller Leben. Genau wie mein junger Ehemann, sein Vater. Und in der nächsten Minute, das Herz, und vorbei. Genau wie mein Mann.«

Bei jedem plötzlichen, grausamen Tod müssen sich Mütter mit vielschichtigen Schmerzreaktionen auseinandersetzen. Ereignet sich der Todesfall jedoch bei einer großen Katastrophe – wie bei einem Feuer, einem Unfall auf dem Sportplatz, einem Flugzeugabsturz oder einem Schiffsuntergang –, dann wird der Schmerz noch intensiver. Während alle Eltern den Tod ihrer Kinder als vorzeitiges Ereignis einstufen, das außerhalb der »natürlichen« Lebensordnung stattfindet, wird der Verlust durch eine Katastrophe als doppelter Schlag empfunden, weil Katastrophen ebenfalls Ereignisse sind, die außerhalb der Erwartungen und der Kontrollmöglichkeiten des täglichen Lebens liegen. Einige Eltern werden vielleicht sogar über das Fernsehen direkte Zeugen der Katastrophe oder sehen es als Wiedergabe nach dem Ereignis. Andere hören die Nachricht vielleicht über den Rundfunk.

Shirley Cooklin war eine von ihnen. Sie weiß, wie es zugehen kann. Hörte die Stimme aus dem Radio, die ihr den Tod direkt ins Haus brachte.

Shirley hatte einen Spaziergang gemacht. Die Rhododendren blühten. Es sind die Rhododendren, an die sie sich erinnert. Sie kam zum Mittagessen zurück. Sie drehte das Radio an:

»Eine Kurzmeldung. Zwölf Worte: ›Ein britischer, voll getakelter Kutter ist heute vor der Küste Bermudas gesunken.‹ Es gab nur neun Überlebende. Wie erstarrt wartete ich darauf, daß der Sprecher den Namen des Schiffs bekanntgab. Er sagte ›The Marques‹. Bens Schiff. Ich wußte, daß er nicht unter den neun sein würde.«

Das Segeln bedeutete alles im Leben ihres jungen Sohnes Ben. Er war gerade 18 Jahre, hatte sein Abitur gemacht und wollte nun einen Traum wahr machen: über die hohe See in die Karibik segeln, als Wettkampfteilnehmer in einem Windjammerrennen. Einen Monat zuvor hatte er ohne Autopilot den Atlantik in einem kleinen Schiff überquert. Shirley war fast wahnsinnig geworden vor Sorge.

»›Wie lange wirst du fort sein?‹ hatte ich gefragt. Er wurde böse. Sagte nur: ›Ich weiß nicht! Drei Jahre oder für immer!‹ Eine ausgesprochene ›Misch-dich-nicht-immer-in-mein-Leben-ein‹-Haltung.«

Dieses Mal hatte Shirley wesentlich weniger Angst, da Ben auf einem größeren Schiff war, das eine Funkverbindung besaß und von der offiziellen Prüfstelle als sicher zertifiziert worden war. Er hatte sie angerufen, um ihr mitzuteilen, daß sie das Rennen gewonnen hatten. Sobald sie Kanada erreicht hätten, würde er nach Hause fliegen.

»Es war ein R-Gespräch. Nur dies eine Mal sagte ich nicht: ›Dieser Anruf kostet mich eine Stange Geld!‹ Ich fragte: ›Hast du mich lieb, Ben?‹ Er sagte: ›Ja. Und sag dem alten Herrn, daß ich ihn auch liebhabe!‹ Das war ungewöhnlich. Es war wie ein allerletztes Gespräch. In jener Nacht habe ich kein Auge zugetan. Ich wurde buchstäblich vom Sturm hin- und hergeworfen. Ich glaube, ich war in dem Sturm dort bei ihm. Doch da ich seine Stimme gehört hatte, war ich oberflächlich beruhigt.«

Nach der Radiomeldung trieb Shirley für Tage auf einem Meer der Ungewißheit. Als schließlich die Namensliste mit den Überlebenden herauskam, war Bens Name nicht dabei.

»Was besonders schmerzlich ist, wenn man jemanden auf See verliert – es gibt keinen bestimmten Zeitpunkt, ab dem man sich seiner Trauer hingeben kann. Ein Zeitpunkt, ab dem man genau weiß, daß das eigene Kind tot ist. Noch für Monate glaubte meine Tochter, daß Ben auf einer einsamen Insel sei und zurückkommen werde.«

Wenn Mütter schon die Körper ihrer Kinder nicht bergen können, dann werden sie alles tun, um jede Einzelheit der letzten Lebensmomente zu erfahren. Shirley fuhr zum Londoner Flughafen, um dort die Überlebenden zu empfangen.

»Alle Väter hatten Flachmänner dabei, wir hatten es alle nötig. Ich ging auf diesen blonden, achtzehnjährigen Jungen zu. Geradeso wie auf einer Cocktailparty sagte ich: ›Guten Tag. Ich bin Bens Mutter.‹ Er schaute mich an und sagte dann: ›Ich war sein Bruder.‹ Dann brachen wir beide in Tränen aus. Es war schrecklich für sie gewesen; sie hatten zugesehen, wie ihre Freunde vor ihren Augen versanken. Das letzte, was ich Ben geschickt hatte, war eine Khakihose und ein T-Shirt aus einem Laden für Restbestände. Jetzt weiß ich, daß ich meinem Sohn sein Leichentuch geschickt habe. Ich mußte einfach herausfinden, was er getragen hatte. Ob er jemals etwas gewaschen hatte. Wie er mit dem Fischessen zurechtgekommen war. Er haßte Gräten. Ich mußte jede kleine Einzelheit wissen. Es war gesagt worden, daß er nicht mehr rechtzeitig von Bord gekommen sei. Das war eine Lüge. Er war über Bord gespült worden.«

Shirley mußte sich – wie Annie, deren Sohn sich selbst umgebracht hat – mit noch mehr Lügen auseinandersetzen. Gravierende Unrichtigkeiten. Die Einzelangaben auf der Sterbeurkunde waren falsch. Das Alter war falsch. Die nächsten Angehörigen waren falsch eingetragen. Noch bedeutsamer war, daß die Angabe, das Schiff sei überprüft und als sicher ausgewiesen worden, sich auch als falsch erwies. Shirley war entschlossen, den Schmerz in aktives Handeln umzuwandeln. Sie wollte genau herausfinden, wie ihr Sohn umgekommen war – und wer schuld daran hatte.

Shirley kämpfte mit Erfolg darum, daß zwei Untersuchungen stattfanden, eine öffentliche und eine interne in der Prüfstelle. Es galt nachzuweisen, daß das Schiff nicht seetüchtig gewesen und man mit dem Rennstart bei stürmischem Wetter eine große Gefahr eingegangen war. Sie verklagte auch die offizielle Prüfstelle und den Schiffseigner.

»Ich mußte Prozeßkostenhilfe in Anspruch nehmen. Ich hatte kein Geld. In diesem Land wird der Tod eines Kindes nicht wie ein persönlicher Verlust behandelt, es sei denn, man wurde von dem Kind finanziell unterstützt. Die Beamten sagen, man habe nichts verloren. Ich war nicht bereit, es als einen Akt höherer Gewalt hinzunehmen. Ich versank nicht in Trauer. Ich bin ein Mensch der Tat. Monatelang konnte ich das Wort ›Tod‹ nicht aussprechen, bis ich Artikel über das Geschehene geschrieben, gerichtliche Verfahren eingeleitet, es vor der Öffentlichkeit ausgebreitet hatte. Ich hatte immer Ben vor Augen, wie er mit einem ärgerlichen Gesichtsausdruck dastand und sagte: ›Du verstehst es doch, eine Menge Wirbel wegen anderer Leute zu machen. Wenn du es jetzt nicht für mich kannst, dann taugt das Ganze nicht viel.‹ Ich sorgte für solch einen Wirbel.«

PROBLEME NACH DEM TOD EINES KINDES

Sofort nach dem Tod: Versorgen des Kindes
»Der Priester nahm jeden von der Station mit in die Kapelle. Er bemühte sich darum, daß es nicht zu traurig wurde. Aber ich wollte all diese Leute nicht sehen. Ich wollte wissen, wo Lizzie in jener Nacht sein würde. Hinunter in die Totenkapelle, dann in das Leichenschauhaus, weil bei ihrer seltenen Erkrankung eine Obduktion erforderlich war. Sie baten um meine Einwilligung. Aber in jenem Stadium der Trauer hat man keine Empfindungen. Es ist recht gleichgültig, worum man gebeten wird. Man sagt ja. Das eigene Leben ist einem fremd geworden. Es ist, als ob man sich allein in einem anderen Lebensraum bewegt.« (Juno)

»Als Peter noch lebte, sah ich ihn häufig zweimal am Tag. Als er tot war, sah ich ihn zweimal am Tag. Ich ging morgens und abends in die Totenkapelle. Ich saß dort auf dem Sofa und schaute ihn an. Hätte ich das nicht getan, wäre ich vielleicht daran zerbrochen.« (Mania)

233

»Ich wollte den Sarg aussuchen. Fünf Freunde kamen mit zum Leichenbestatter, um mich zu unterstützen. Es war nichts mit ihnen anzufangen, sie weinten ohne Unterbrechung. Ich war ganz gefaßt. Es ist ein kaltes Geschäft. Man bekommt einen Katalog in die Hand gedrückt. Wenn das Kind unter zwölf Jahren ist, bezahlt die Regierung den Sarg. Auch der Leichenwagen wird bezahlt. Ich entschied: ›Ich verzichte auf das, was mir die Regierung gibt! Ich will einen weißen Sarg!‹ Ich bat den Krankenhauspriester, eine Totenmesse zu lesen, danach organisierten wir eine Feier zu Ehren von Lizzies Leben. Die Kinder kamen aus der Schule und sangen ihre Lieblingslieder. ›Wir sind die Fischerleute, und du bist der Fisch.‹ Alle Eltern wurden gefragt und erlaubten ihren Kindern zu kommen. In drei Reihen saßen sie alle da und schluchzten. Bis zum heutigen Tag sprechen die Kinder mit mir über Lizzie, wenn sie mir auf der Straße begegnen, weil sie an ihrer Beerdigungsfeier teilgenommen haben. Auch während der Feier wurde über sie gesprochen. Sie erzählten, wie sie gewesen war. Sagten, daß sie bockig und eigenwillig war. Es störte mich nicht, weil sie wirklich schlimm gewesen war. Jeder berichtete von seinen Erinnerungen. Wie sie zum Beispiel mit sieben Jahren dem Priester weisgemacht hatte, daß sie schwanger sei.« (Juno)

»Am Beerdigungstag habe ich darauf bestanden, daß der Sarg während des ganzen Gottesdienstes offen blieb. Ich stand daneben und schaute meinen Sohn an. Tot. Ein Sarg bleibt manchmal offen, aber dann sitzen die Leute. Ich wollte nichts als dort neben ihm stehen, das tat mir gut. Ich stand und schaute und habe auch ein Video davon gemacht. Hätte ich es nicht auf Video aufgenommen, wäre etwas nicht vollständig gewesen. Ich spiele es oft ab. Wenn ich alt bin und meine Sinne noch beieinander habe, kann ich mich hinsetzen und es mir anschauen. Es mag seltsam klingen, aber es gibt mir inneren Frieden.« (Mania)

Noch wichtiger als das Begräbnis war für Mania, daß Peter einen Grabstein haben sollte:

»Ich arbeitete doppelte Schichten von sieben Uhr in der Früh bis neun Uhr am Abend, um das Geld zusammenzubekommen. Endlich hatte ich 850 Pfund gespart. Ich wollte erst hingehen, um den Grabstein zu bezahlen, und danach die Blumen, die ich besorgt hatte, holen und an sein Grab bringen.«

Die Sonne brütete auf den Autofenstern. Die Blumen auf dem

Rücksitz wurden welk. Mania entschloß sich, ihren Plan zu ändern und erst die Blumen auf den Friedhof zu bringen. Ihre Handtasche ließ sie im Wagen. Sie schloß die Türen ab und ging zum Grab. Nur fünf Minuten war sie fort. Aber in den fünf Minuten brachen Diebe das Autofenster auf, nahmen die Handtasche und stahlen die 850 Pfund.

»Ein Schmerz folgt dem anderen. Das waren meine ganzen Ersparnisse. Ich hätte auch Ferien damit machen können. Eine Erholung hatte ich nötig. Aber ich wollte, daß Peter zuerst seinen Grabstein bekam.«

Gespräch und Unterstützung

»Ganz am Anfang ist es besonders wichtig, daß man Gelegenheit zum Reden bekommt. Man möchte immer weiterreden, damit einem nichts verloren geht. Es könnten Gedächtnislücken entstehen. Immerzu denkt man: ›Ich könnte vergessen, wie sie ausgesehen, wie sie gesprochen hat.‹ Natürlich trifft das nicht zu. Aber wir haben überall Fotos von Lizzie stehen. Andere Menschen wollen nicht über sie sprechen, außer man bringt selber das Gespräch darauf. Es steckt eine unbestimmte Angst in ihnen. Ich habe herausgefunden, daß es am besten ist, wenn man mit anderen Frauen spricht.« (Juno)

Das Tabu um den Tod sorgt dafür, daß die Zahl der Zuhörer gering bleibt.

»Als ich reden wollte, war der Rest der Welt nicht dazu bereit. Ich versuchte es, indem ich zu den ›Compassionate Friends‹ ging, aber das war eine große Gruppe, was mich einschüchterte. Einige waren schon so lange in Trauer, daß ich meinte, nicht so recht in ihren Bund hineinzupassen. Ich saß da mit dem Gedanken: ›Wie können sie nur damit leben? Sie müssen besondere Fähigkeiten haben.‹« (Juno)

»Wir sprachen immer über Ben. Wir lachten eine Menge über ihn, weil er solch ein ulkiger Typ gewesen war. Jetzt ist es neun Jahre her, und es ist noch immer so. Die meisten Leute sind aus sich herausgegangen, haben die Arme um mich gelegt und teilgenommen. Ich habe sogar wunderbare Briefe von Leuten bekommen, die ich nie gesehen habe. Indem ich darüber geschrieben habe, konnte ich etwas zu meinem Lebensunterhalt beitragen. Ich habe mehrere Artikel und ein Stück für die BBC geschrieben.« (Shirley)

»Zwischen Peter und mir bestand eine so innige Liebe, daß es mir

235

einfach Freude macht, über ihn zu sprechen. Aber einige Leute, die sich Freunde nennen, insbesondere Nachbarn, wenden sich ab. Ich möchte, daß sie mit mir sprechen. Am Arbeitsplatz sind sie alle froh, daß ich wieder da bin ... Ich habe gesagt, daß sie ruhig seinen Namen erwähnen können; aber eine Frau hat sich mit keinem Wort geäußert. Nicht: ›Wie stehen die Dinge?‹, nicht: ›Wie geht es Ihnen?‹, nicht: ›Es tut mir leid.‹ Warum verhält sie sich so? Gibt sie mir die Schuld am Tod meines Sohnes?« (Mania)

Reaktionen von Geschwistern und ihre Bedeutung
»Nancy sammelte alles, was sie von Lizzie finden konnte, alle ihre Bilder, Spielsachen, Bücher; und jedesmal weinte sie, wenn sie die Dinge anschaute. In der Schule fragte sie immer wieder: ›Wie ist es, wenn man ein Einzelkind ist?‹ Eines Tages sagte jemand zu ihr: ›Das wirst du niemals erfahren, Nancy, weil du immer eine Schwester gehabt hast, auch wenn sie nicht mehr hier ist. Für dich wird es deshalb immer anders sein.‹ Das hat sie akzeptiert. Aber wir hatten eine Krankenschwester im Sozialdienst, die anderer Meinung war. Sie erzählte mir fortwährend, wie sehr Geschwister leiden. Daß sie sich wie ausgestoßen fühlen. Jetzt mache ich mir mehr Sorgen um Nancy, ebenso wie sie um mich. Ich weiß nicht, was ich machen würde, wenn sie nicht da wäre. Wäre sie nicht gewesen, hätte ich mich umgebracht. Ich wollte sterben, um selber zu sehen, wo Lizzie war. Um sicher zu sein, daß sich jemand um sie kümmerte. Ich wollte für nur fünf Minuten gehen, aber danach zurückkommen. Nancy ist die Fessel, die mich auf dieser Erde hält.« (Juno)
»Die Folgen für die Geschwister werden nicht genügend beachtet. Für meine Tochter Rebecca war es sehr schwer. Als Elternteil muß man sich damit abfinden, daß ein Kind nur eine Leihgabe ist. Aber für sie war er die ganze Familie und Zukunft. Ich mache mir jetzt mehr Sorgen um sie. Ich habe Angst, wenn sie mit der U-Bahn fährt. Ich habe Angst um sie, weil es Gewalt gegen Frauen gibt. Bis zu Bens Tod hatte sie eigentlich nur herumgealbert. Plötzlich entschied sie, sich im sozialen Bereich nützlich zu machen. Sie hatte das besondere Verständnis dafür bekommen, was es heißt, zu leiden.« (Shirley)

Jahrestage und andere Auslöser
»Zuerst versetzten mich nur Spielzeug und Fotos in Unruhe. Jetzt sind es die Jahreszeiten. Sie starb am 29. Januar, so daß der erste

Weihnachtsfeiertag der schlimmste Tag für mich ist. Es ist dann so einsam. Alle Leute behaupten, daß der Tag fröhlich und festlich ist, aber die Leute bleiben unter sich, sie besuchen niemanden. Ich würde lieber nach draußen gehen und mich in einer Menschenmenge bewegen.« (Juno)

»Es war mir unmöglich, in die Heide hinaufzugehen und den Leuten beim Drachensteigen zuzuschauen. Er war besonders gut darin gewesen. Dann stand er mir immer als kleiner Junge vor Augen. Auf dem Markt bekam ich feuchte Augen, wenn ich kleine Jungen sah.« (Shirley)

Spiritualität

»Wir sind katholisch, und deshalb weiß ich, daß Lizzie im Jenseits lebt. Aber meine Religiosität hat sich in nichts aufgelöst. Wenn es jemanden da oben gibt, warum läßt er dann all die Menschen hier dermaßen leiden? Lizzies Geist ist hier. Wenn draußen eine Menge Kinder miteinander spielen, dann höre ich sie aus deren Mitte heraus rufen.« (Juno)

»Ich praktiziere keine Religion, aber ich glaube an etwas, das sich außerhalb des Hier und Jetzt befindet. Ich glaube daran, daß die menschlichen Wesen im Grunde genommen gut sind. Diese Güte muß irgendwie weiterleben. Ich bin überzeugt, daß ich Ben eines Tages auf irgendeine Weise wiedersehen und mit ihm zusammensein werde. Sein Geist lebt weiter.« (Shirley)

Trauer

Die Trauer um den Tod eines Kindes ist eine komplizierte Angelegenheit, weil eine Mutter nicht nur über den Verlust einer für sie einmaligen Persönlichkeit hinwegkommen muß, sondern weil die Trauer auch davon beeinflußt wird, was das Kind für die Mutter bedeutet hat. Kinder können einige oder alle der folgenden Merkmale verkörpern:

- Teil des Ichs, Teil des Körpers;
- Eine Urquelle der Liebe;
- Die Verbindung der Mutter mit der Zukunft;
- Vergebliche Erwartungen;
- Einige der eigenen Talente und Eigenschaften der Mutter;
- Wegfall der mütterlichen Kraft und Kompetenz.

Gefühl der Amputation, Verlust des Ichs, Verlust der Kompetenz
»Obwohl Lizzie zweifelsohne eine äußerlich von mir getrennte Person war, fehlt ein Teil von mir. Ein ganzes Stück von mir ist einfach nicht mehr da.« (Juno)

»Wenn man ein Kind verloren hat, sitzt man da und denkt: ›War ich nun eine gute Mutter?‹ Man versucht, sich nicht selbst die Schuld zu geben.« (Mania)

»Nur eine Frau, die ein Kind verloren hat, kann wirklich verstehen. Wir fühlen alle, daß wir das Kainszeichen tragen. Ich merke, daß ein Teil von mir völlig tot ist. In vielerlei Hinsicht macht es einen hart und streng. Die Schwester meiner Freundin starb an Krebs. Sie war relativ alt. Ich war brutal. ›Nun ja, zumindest ist sie nicht erst 18‹, sagte ich. Wenn ich die Sirenen von Ambulanzen hörte, heiterte es mich auf. Weil es der Schmerz von irgend jemandem war. Aber zugleich war der Gedanke da, es ist nicht Ben. Es kann niemals mehr Ben sein. Niemand kann ihm noch einmal wehtun. Ich habe einen Teil von mir verloren, indem ich ihn verloren habe. Ich habe jetzt mehr Kompetenz, nicht weniger. Niemand kann mir jemals wieder etwas fortnehmen. Was kann man einer Person noch antun, die ihren einzigen Sohn verloren hat?« (Shirley)

Mütter und Väter trauern auf unterschiedliche Weise
Ich fand heraus, daß ungeachtet des Alters eines Kindes Mütter im allgemeinen ihre Trauer leichter zum Ausdruck bringen als Väter. Im allgemeinen scheinen hinterbliebene Väter ihre Gefühle weniger zu zeigen, aber es ist unklar, ob sie tatsächlich weniger Gefühle haben oder ob sie ihre Trauer nur nicht nach außen tragen wollen.

»Bens Vater trauerte ganz offen. Ich habe ihn beneidet. Ich kann mich erinnern, daß ich ihn vor Schmerz habe schreien hören. Die Trauer einer Mutter ist wahrscheinlich anders als die eines Vaters, weil sie sich immer für das Leben ihres Kindes verantwortlich fühlt, mit diesem Gefühl der Verpflichtung.« (Shirley)

Ich habe viele Väter gesehen, die sich dem traumatischen Miterleben, wie ihre Kinder an einer sich lang hinziehenden Krankheit starben, einfach entzogen haben. Viele andere versteiften sich darauf, daß sie über Tod und Trauer nicht sprechen wollten. Junos Mann war ein typisches Beispiel dafür.

»Auf der Intensivstation hat Tommy Gefühle gezeigt. Seitdem hat er niemals mehr welche gezeigt. Er liebte sie, sie standen sich sehr nah, er muß sie vermissen, aber er sagt nie etwas. Er steht auf, geht zur Arbeit, kommt nach Hause, steht auf. Das ist sein ganzes Leben. Nach außen hin zeigt er keinerlei Trauer. So scheinen Männer auf der ganzen Welt zu sein. In einer Hinsicht hat er sich überhaupt nicht geändert. Er ist noch immer gelassen, immer gleichmäßig. Tommy redet über Lizzie in der Vergangenheit. Beschränkt sich auf das, was sie getan hat. Aber das Wort ›tot‹ spricht er nie aus. Er redet nie mit mir darüber, wie er sich fühlt. Er ist zufrieden so; also soll man ihn in Ruhe lassen. Ob ihn das Ganze erst in späteren Jahre mit voller Wucht treffen wird, das weiß ich nicht. Er ist offen mit Nancy. Er wird ihre Fragen immer genauestens beantworten, aber mit langen Gesprächen will er nichts zu tun haben.«

Die Kommentare anderer sind ein Echo auf das Verhalten von Tommy:

»Natürlich ist mir der Verlust unserer Jüngsten sehr nahegegangen. Das wäre bei jedem Vater so. Sie war ein tolles Mädchen. Sieben Jahre alt mit dem Kopf einer Siebzehnjährigen! Rote Locken. Dort ist sie auf dem Bild. Aber es hat mir nicht geholfen, darüber zu reden. Ich war nie ein Freund von vielen Worten. Zu meiner Freundin sagte ich: ›Alles Gerede wird sie nicht zurückbringen. Der Mistkerl, der sie mit seinem Motorrad überfahren hat, er ist es, mit dem man reden müßte!‹ Das Weinen ist nicht mein Ding und würde sie auch nicht zurückbringen.« (britischer Vater, 40 Jahre alt, lebt mit einer Partnerin zusammen)

»Julie stürzte von der Rutsche im Schwimmbecken der Erwachsenen ab. Sie hätte gar nicht dort sein dürfen. Mein Gott, wie zerschmettert Kopf und Gesicht waren! Es war das erste Mal, daß ich geweint habe, seit ich ein Kind war. Nicht damals. Nicht zu der Zeit. Da hatte ich zu viel zu tun. Ich mußte mich um die anderen Kinder kümmern. Aber später dann auf dieser Campingreise. Ich nahm die zwei kleinen Jungen mit. Julie hätte mit von der Partie sein sollen. Es wäre ihre erste Campingtour in der Wildnis gewesen. Das hätte ihr gefallen, der kleinen Rabaukin. Als wir dann beim Barbecue waren, alle sangen und niemand Julie erwähnte, da merkte ich plötzlich, daß ich schluchzte.« (amerikanischer Vater, 35 Jahre alt, alleinerziehender Elternteil)

»Anne und ich konnten nicht gemeinsam um Tims Tod trauern, weil wir so unterschiedlich damit umgingen. Sie war eine großartige Mutter, deshalb war sie völlig am Boden zerstört. Es war nicht so, daß ich etwa nichts empfunden hätte, aber ich hatte niemals das Bedürfnis, es zu zeigen. Sie weinte die ganze Zeit. Ich versuchte, sie dazu zu bewegen, mehr zu tun, weil ich meinte, daß man so besser darüber hinwegkommen könne.« (kanadischer Vater, 30 Jahre alt, verheiratet)

Trauern auf unterschiedliche Weise bedeutet manchmal, daß sich Eheleute nicht gegenseitig unterstützen können. Manchmal kann dieser Mangel an Verständnis auch dazu führen, daß die Beziehung zwischen den Eltern zerbricht. Die Forscher Feeley und Gottlieb weisen auf dies besondere Risiko hin, das zum Zusammenbruch der Ehegemeinschaft führen kann. Sie haben vier Faktoren bestimmt, die entscheidend für diesen Mangel an sprachlichem Verständnis sind:

1. Nachlassen in der allgemeinen Kommunikation;
2. Unfähigkeit, miteinander über den Tod zu sprechen;
3. Schwierigkeiten, die beiderseitigen Gefühle um den Tod des Kindes zu teilen;
4. Unfähigkeit der Ehepartner, dem anderen aufmerksam zuzuhören und mit dem anderen zu empfinden.[15]

Trauer: Darüber hinwegkommen oder nicht?
Gemäß psychoanalytischer Theorie folgt die »normale« Trauer einem ganz bestimmten Muster. Zuerst kommen Schock, Betäubung und eine Art Leugnen. Dann folgt die Erkenntnis, die mit einem tiefen Schmerz verbunden ist. Am Ende, so sehen es zumindest die Theoretiker, sollten die Problemlösung sowie die Neuorientierung des Lebens stehen.

»Ich habe das ganze Zeug über Trauerphasen gelesen. Ich habe alles über Tod und Sterben gelesen. Ich kann einen gewissen Zusammenhang zu dem herstellen, was sie sagen, aber nichts gibt wirklich das wieder, was ich empfinde. Mütter kommen über ihren Schmerz nicht hinweg. Sie bewegen sich nicht durch bestimmte Phasen. Man setzt über und fängt wieder von vorne an. Es ist wie ein Kreis, den man nochmals abschreitet, man kehrt zum Ausgangspunkt zurück und wiederholt alles. Man geht seinen eigenen Weg. Ich hatte ein schlechtes Gewissen wegen des Schmerzes, der nicht verschwinden wollte. Jetzt habe ich mich damit abgefunden, daß er nie verschwinden wird.« (Juno)

Viele Psychoanalytiker und Hinterbliebenenberater sind überzeugt, daß die Trauer in einer bestimmten Zeitspanne »verarbeitet«

werden sollte, die sie als »angemessen« bezeichnen. Gelingt dies nicht, wird es als pathologisch angesehen. Übermäßige oder zu geringe Trauer wird als Unfähigkeit eingestuft, sich an die neuen Verhältnisse anzupassen. Die Trauer der Menschen bewegt sich jedoch auf Bahnen, die sich nicht in Schemata einordnen lassen. Einige unterdrücken oder übergehen ihre Trauer für Monate oder Jahre. Andere verzehren sich vor Kummer oder Sehnsucht nach einem verstorbenen Menschen über einen viel längeren Zeitraum, als es Menschen in der Umgebung für »angemessen« erachten. Die Wahrheit ist, daß sich für die Mütter, mit denen ich gesprochen habe, diese Verhaltensmuster überschneiden. Es gibt keine feste Reihenfolge. Oft gibt es kein Ende der Trauer.

Ich habe gegenüber diesem pathologischen Modell für Trauer und Verlust meine Vorbehalte – wie auch die Forscher Wortman und Silver. Für mich ist diese Theorie in sich widersprüchlich. Die Annahme, daß die hinterbliebene Person in einer bestimmten Zeitspanne bestimmte Gefühle durchleben soll und daß, sofern ihr das nicht gelingt, dies ein untrügliches Zeichen für Verleugnung und Verdrängung und somit ebenfalls anormal ist, setzt Frauen einem großen Erwartungsdruck aus, was letztlich »normale« Funktionsweisen sind und was nicht. Ebenso werden die Erwartungen, die Menschen in anderen Krisensituationen aneinander haben, von dieser Vorgabe geprägt.

Die Fachliteratur suggeriert zwar die Ansicht: Wer sofort Zeichen tiefster Trauer erkennen läßt, findet wesentlich leichter in das Alltagsleben zurück; wem es dagegen schwerfällt, sich dem Schmerz hinzugeben, hat später erhebliche Schwierigkeiten, weil die unterdrückte Trauer unter unerwarteten Komplikationen zutage tritt. Neueste Forschungsergebnisse lassen aber auf das genaue Gegenteil schließen. Ich habe mehrere Frauen kennengelernt, die ihre schwere Trauer sofort zeigten, aber auch noch später unter schweren Depressionen litten. Mütter, deren Kinder in der Kindheit gestorben waren und die anfänglich keine übermäßige Trauer zeigten, hatten später nicht zwangsläufig größere Schwierigkeiten.[16] Mit diesem scheinbaren Mangel an sofortiger Trauer bewältigten sie nicht nur ihre persönlichen Verlustgefühle, sondern trugen gleichzeitig dazu bei, daß jene, für die sie weiter dasein mußten, besser mit ihren Verlustproblemen zurechtkamen. Shirleys Fall ist ein ausgezeichnetes Beispiel:

»Nachdem ich mich zwei Jahre lang mit dem Gerichtsverfahren herumgeschlagen hatte, meinte jemand zu mir, ich müsse mich nun endlich mit meiner Trauer auseinandersetzen, weil ich das bislang versäumt hätte. Aber ich konnte doch nicht zulassen, daß jemand meinen Sohn umbrachte, und selber dabei sitzenbleiben und sagen, das macht alles nichts. Wenn man ein Kind verloren hat, muß man die Wahrheit wissen; das ist unerläßlich. Es ist das Stück von mir, das nicht mehr da ist, fehlt, tot ist. Aber es gibt auch noch andere Menschen, an die ich denken muß. Meine Verantwortlichkeit ihnen gegenüber. Als Mutter habe ich meine Trauer nicht überwunden. Ich glaube nicht einmal, daß ich das möchte. Denn das würde bedeuten, daß ich den Menschen vergessen habe. Er wäre nicht länger ein Teil meines Lebens.«

Desgleichen läßt die Einstellung, eine lange Trauerphase sei ein Fall von »chronischer Trauer« und könne somit als mangelhafte Anpassung etikettiert werden, wiederum unberücksichtigt, daß der Umgang mit der Trauer vom individuellen Charakter oder von geschlechtsspezifischen Unterschieden abhängt.

Änderungen im Charakter hinterbliebener Mütter
»Ich war immer ein sehr zurückhaltender, introvertierter Mensch, bis ich Lizzie verloren habe. Es gibt nichts, was mich jemals in gleicher Weise treffen könnte. Nichts kann mehr wirklich wichtig sein. Es gibt auch keinen Grund, sich noch vor irgend etwas zu fürchten. Das Schlimmste im Leben habe ich hinter mich gebracht. Deshalb kann ich jetzt selbstbewußt auftreten. Eine gestärkte Persönlichkeit. Was ich meine, das spreche ich auch aus.« (Juno)

»Ich bin viel härter geworden. Ich habe eine Abneigung gegen Menschen, die wegen Belanglosigkeiten jammern. Ich habe das Gefühl, daß ich mich jetzt um das Leben kümmern muß. Der Tod war die stärkste Realität. Jemand, den ich geliebt habe, ist mir ohne ersichtlichen Grund genommen worden. Das Leben ist ein Geschenk, und wir sollten uns jeden Tag darüber freuen, daß wir leben, und sollten entsprechend unseren Fähigkeiten das Beste daraus machen. Mir kommt es so vor, als müsse ich jetzt für zwei leben. Ich habe die Pflicht, das Beste aus meinem Leben zu machen, weil Ben sich seines Lebens nicht mehr erfreuen kann. In gewisser Weise bin ich positiver geworden, weniger verletzlich. Ich möchte, daß mehr Kinder große Dinge erleben, nicht weniger. Deshalb habe ich die ›Ben-Bry-

ant-Stiftung‹ ins Leben gerufen, um benachteiligten Jugendlichen
die Möglichkeit zu geben, das Segeln auf sichere Weise zu erlernen.
Um ihnen eine Alternative zu Konflikten mit dem Gesetz zu geben!
Um ihnen zu zeigen, wie man auch leben kann!« (Shirley)

»Ich bin jetzt eine starke Frau. Die Leute auf der Beerdigung haben gesagt, daß sie nicht wüßten, woher ich die Kraft nähme, so ruhig dazustehen und in seinen Sarg zu schauen. Wo nehme ich die
Kraft zum Weitermachen her? Meine Kraft kommt von Peter. Ich
habe sie von ihm, damit ich weiterhin ein sinnvolles Leben führen
kann.« (Mania)

Fürchten sich hinterbliebene Mütter vor dem Tod?
»Nein, jetzt nicht mehr. Wenn Lizzie mit allem in der Weise, wie sie
es tat, fertig werden konnte, ihre Krankheit ertragen konnte, dann
kann ich es auch. Aber ich möchte nicht plötzlich sterben. Ich
möchte Zeit genug haben, Lebewohl zu sagen. Ich habe Lizzies Begräbnis so wunderbar in Erinnerung, daß ich mein eigenes voraus-
planen möchte.« (Juno)

»Ich fürchte mich nicht mehr so vor dem Tod wie früher. Was
nicht heißen soll, daß ich sterben möchte. Aber da ist das Gefühl,
daß ich vielleicht Ben wiedersehen werde. Daß er nur vorher gegangen ist. Also versuche ich, jeden Tag bewußt als das Heute zu erleben; jeden Tag noch bewußter zu gestalten. Um Frieden in und mit
meinem Leben zu haben.« (Shirley)

Lichman, Wortman und Williams (1987), die sich mit den Lang-
zeitwirkungen von Kindesverlust – oder Verlust des Gatten – durch
Autounfälle befaßt haben, sind zu dem Ergebnis gekommen, daß
viele solcher Hinterbliebener selbst noch nach sieben Jahren zutiefst
verzweifelt waren. Ihrer Ansicht nach ist es äußerst schwierig, eine
Zeitspanne für die Trauerbewältigung festzulegen, und sie bestätigten, daß viele Menschen ihre Verluste nie bewältigen können.[17]

Wir alle bekennen uns insgeheim zu der Lüge, daß Trauer ein
Ende haben muß. Mütter leben mit dieser Lüge, soweit sie es körper-
lich und geistig verkraften können. Sie lachen, oder sie wüten. Ihr
Leben geht weiter, aber die Verlustgefühle hören nie auf.

Achtes Kapitel

KREBS: ERSCHEINUNGSBILD,
SEX UND SPRACHE

Es gibt zwei Sprachen, die mit Krebs zu tun haben. Die Sprache der Mediziner. Klinisch kalt. Hauptsächlich männlich. Viel Rhetorik. Wenig Verständnis. Dann die Sprache des Körpers. Symbolik der Gestalt. Ausdruck des Geschlechts. Auf äußere Erscheinung abgestimmt. Jede Krankheit spricht stark von innen heraus. Es ist nicht der Fehler der Frauen, daß es der Körper ist, der spricht, wenn Krebs seine Schrift in ihn eingraviert. Die Sprache einer Frau spricht.

Achten Sie zunächst auf die Worte eines männlichen Chirurgen. Eine überhebliche Salbaderei über den Körper. Körper mit Krebs. Abgeschriebene Hoffnungen:

»Ab in den Müll mit der Brust! Das ist es, was wir machen müssen. Krankheit, sie ist voller Krankheit. Da hat sich ein malignes Infiltrat in Ihren Körper eingeschlichen. Brüste wie die da gehören in den Müll oder müssen verbrannt werden. Machen Sie sich keine Sorgen, das Ding dort wird Ihnen nicht mehr lange Kummer machen!«

Brüste gehören in den Müll. Malignes Infiltrat. Brüste müssen verbrannt werden. Gerade richtig für den Verbrennungsofen. Männliche medizinische Ausdrucksweise. Kalt und klinisch. (Wobei klinisch mit brutal gleichzusetzen ist.)

Achten Sie jetzt auf das, was die Patientin sagt:

»Ich konnte es einfach nicht fassen, daß er in dieser Weise über meinen Körper sprach. Er starrte ununterbrochen auf meine Brüste. Nicht ein einziges Mal hat er mir ins Gesicht geblickt. Das Ganze erinnerte mich plötzlich an das fürchterliche Erlebnis vor 15 Jahren, als ich meine Abtreibung hatte. Damals sagte der Chirurg zu mir, daß er ›verbrennen würde, was nicht erwünscht ist‹! Als er dann sah, wie ich würgte und weinte, meinte er: ›Na, na, es war doch nur ein Scherz.‹ Aber er hatte über meinen Körper gesprochen und über das, was mein Baby hätte sein können. Jetzt, wo ich Krebs habe, redete dieser von meinen Brüsten, als ob sie ebenfalls nicht erwünscht seien!« (Penny, Frau mit Krebs, 44 Jahre alt)

Penny ist nicht die einzige Frau mit Krebs, der eine derartige körperfeindliche Sprache zugemutet wird. Hören Sie ein paar weitere Aussagen:

»Der Facharzt sagte nicht, was ich hatte, er sagte nur, was er machen wollte. Er quetschte meine linke Brust wirklich grob zwischen Finger und Daumen. Dann äußerte er: ›Die Brust da taugt nichts mehr. Wir werden sie entfernen. Wir haben gute Plätze dafür. Besser dort als an ihrem Körper.‹« (Ali, Britin mit Brustkrebs, 42 Jahre alt)

Brüste, die nichts mehr taugen – fort in den Verbrennungsofen. Der beste Platz dafür. Besser als am Körper.

Die männliche medizinische Sprache fordert uns auf, unsere Körperteile als entbehrlich, ausbeutbar und bar jeder Verbindung zur Person zu sehen.

»Ein Leben lang habe ich an dem Lernprozeß gearbeitet, meine Brüste zu akzeptieren, daran zu glauben, daß sie schön seien, und jetzt wird mir gesagt, ich solle es einfach so hinnehmen, daß sie abgeschnitten werden.« (Frau mit Brustkrebs, 1991)[1]

Zwei Wochen vor ihrem fünfzigsten Geburtstag wurde der Schriftstellerin Audre Lorde von ihrem Arzt mitgeteilt, daß sie jetzt Leberkrebs hätte, entstanden aus Metastasen vom Brustkrebs, weswegen sie vor sechs Jahren eine Brustamputation hatte machen lassen. In der Fachzeitschrift zum Thema Krebs, die sie drei Jahre lang erhielt, schrieb sie:

»An den meisten Tagen glaube ich 22 Stunden lang nicht daran, daß ich Leberkrebs habe. An den meisten Tagen. Die anderen zwei Stunden des Tages sind die wahre Hölle, und dann gibt es obendrein in den zwei Stunden noch soviel Arbeit, die mein Kopf bewältigen muß, mit der ganzen Angst und den Ungewißheiten. Ich wünschte, ich wüßte einen Arzt, dem ich wirklich vertrauen und mit dem ich alles durchsprechen könnte. Treffe ich die richtige Entscheidung? Ich weiß, ich muß auf meinen Körper hören. Wenn es eine Sache gibt, die ich aus all der Arbeit seit meiner Mastektomie gelernt habe, dann ist es die, daß man sehr genau auf die Botschaften hören muß, die der Körper aussendet. Aber manchmal widersprechen sie sich.«[2]

Widersprüchlichkeiten sind offensichtlich bei Krebs und zeigen sich auch in der sprachlichen Darstellung.

Die Tatsachen sind klar und einfach. Sie bringen Un-Ruhe und Un-Wohlsein.

Um die Jahrhundertwende machten in den USA alle Krebsarten lediglich ein Zwanzigstel aller Todesfälle aus. Im Jahr 1900 erreichte Krebs in Amerika nur eine Todesrate von 4 Prozent. Heute sind es 23 Prozent. Krebs ist die zweithäufigste Todesursache unter allen Krankheiten. Er droht die Herzkrankheiten zu überrunden und zum größten Todesbringer zu werden. Einer von drei Amerikanern wird sich irgendwann in seinem Leben mit irgendeiner Krebsart auseinandersetzen müssen. Hiervon werden zwei Drittel an der Krankheit sterben. Die Krebsstatistik in Deutschland sieht ähnlich aus, obwohl hier fast jeder Zweite an einer Erkrankung des Herz-/Kreislaufsystems stirbt: 1995 wurden fast 213 000 Krebstote registriert – mehr als 24 Prozent aller Sterbefälle.[3]

In Großbritannien wird jeder Dritte irgendwann einmal von Krebs betroffen sein, und Epidemiologen schätzen, daß 75 Prozent dieser Krebserkrankungen durch die Ernährung und die Umweltbelastung verursacht werden. Die Nahrung, die wir zu uns nehmen, und die Umweltverschmutzung, der wir uns aussetzen – oder der wir ausgesetzt sind –, zählen zu den alltäglichen Faktoren, die eine Rolle spielen. Brustkrebs ist eine Krebsart, die durch eine erbliche Prädisposition – etwa, wenn man eine nahe Verwandte hat, welche die Krankheit vor der Menopause bekommen hat – für Frauen ein erheblich erhöhtes Risiko darstellt.[4]

Es ist daher der Brustkrebs, der zu einem rapide wachsenden Frauenproblem geworden ist. Kaum erstaunlich. Auch in den USA wird immer häufiger Brustkrebs diagnostiziert; er ist dort die Haupttodesursache bei Frauen zwischen 35 und 45 Jahren (Zahlen von 1991). In Kanada ist Brustkrebs eine der drei großen Krebstodesarten. Für Frauen ist er lange die Nummer eins gewesen, noch vor Lungen- und Dickdarmkrebs. Tod durch Lungenkrebs, der dramatisch auf dem Vormarsch ist, hat jetzt die Anwartschaft auf den ersten Platz angetreten.[5]

In Deutschland ist es nach wie vor der Brustkrebs, der von allen Krebserkrankungen die meisten weiblichen Todesopfer aufweist. 1995 starben weit über 18 000 Frauen an Brustkrebs, mehr als 12 000 an Dickdarmkrebs und über 8000 an bösartigen Tumoren der Luftröhre, Bronchien und Lunge. In der aktuellen Liste der Sterbeursachen von Frauen nimmt der Brustkrebs hinter verschiedenen Erkrankungen des Herz- und Kreislaufsystems den fünften Platz ein.[6]

Die Sterblichkeitsrate für Brustkrebs ist in Nordamerika gleichge-
blieben mit etwa 33 bis 50 Prozent – abhängig davon, wie die Statistik berechnet wird –, während die Häufigkeit zuzunehmen scheint.
Das Durchschnittsalter beim Ausbruch von Brustkrebs wird immer
niedriger, was bedeutet, daß mehr und mehr Frauen unter 30 Jahren
mit der Diagnose rechnen müssen.[7]

Brustkrebs wird, sofern er früh genug entdeckt wird, sowohl in
den USA als auch in Großbritannien als eine der eher »überlebba-
ren« Krebsarten eingestuft. In Großbritannien haben Frauen mit
Krebs im Frühstadium, wenn sie sofort behandelt werden, eine Hei-
lungschance von 30 Prozent und auf lange Sicht eine gute Über-
lebenschance: 84 Prozent werden noch nach fünf Jahren leben. In
Kanada liegt die Überlebensrate für Brustkrebs bei 74 Prozent. Was
jedoch erschüttert, ist die reine Zahl der Todesopfer pro Jahr.

So viele Frauen.

In Großbritannien wird jedes Jahr 25 000 Frauen mitgeteilt, daß
sie Brustkrebs haben, das sind 500 pro Woche. Dort ist Brustkrebs
die Hauptform von Krebs bei Frauen und liegt damit an vorderster
Stelle auf der Welt, was die Häufigkeit betrifft. Eine von zwölf
Frauen wird irgendwann in ihrem Leben Brustkrebs bekommen.
Großbritannien hat auch weltweit die höchste Todesrate: 28 Todesfälle auf 100 000 Frauen; und Brustkrebs ist der Hauptgrund für frühzeitigen Tod von Frauen im Alter zwischen 35 und 45 Jahren.

Im Jahr 1992 lagen für Brustkrebs folgende Zahlen vor:
26 000 neue Krankheitsfälle pro Jahr;
16 000 Todesfälle pro Jahr;
5 000 Todesfälle von Frauen unter 65 Jahren;
20 Prozent, wenn man alle Krebsarten bei Frauen nimmt[8].
Eine erschreckende Statistik.

Hinter jeder statistischen Einzelzahl steht eine individuelle Frau, deren Leben und Glück bedroht sind, wenn sie die Diagnose Krebs hört.

Ja, Brüste in den Verbrennungsofen zu werfen ist das große Geschäft. Doch es ist ein Geschäft im verborgenen. Ein Problem von
Frauen, über das sie nur widerstrebend sprechen. Erstens, weil nur
wenige Menschen überhaupt darüber sprechen, zweitens, weil man
sich in der medizinischen Diskussion einer besonderen Redeweise
bedient. Die medizinische Sprache, die viel dazu beigetragen hat,
das Tabu um den Tod aufzubauen, erreicht einen haarsträubenden
Höhepunkt, wenn es darum geht, Krebs zu brandmarken. Wie viele

Aussagen von Ärzten gezeigt haben (s. drittes Kapitel), hat die sprachlich gezielte Stigmatisierung in der Medizin dazu geführt, daß etwas, was letztlich nur eine Krankheit ist, als »schlecht«, »bösartig« oder als »die Geißel« hingestellt wird. Für leidende Frauen ist eine solche Sprachgebung nicht hilfreich.

Selten wird Krebs beim Namen genannt.

Bei meinen Nachforschungen in Italien entdeckte ich, daß die Frauen über »male« sprachen, was so viel wie »böse« oder »schlecht« bedeutet. Viele italienische Ärzte informieren häufig nur die Familie der Patientin, daß sie Krebs hat, aber selten informieren sie die Patientin selbst. In britischen Krankenhäusern teilen männliche Ärzte üblicherweise den Frauen mit, daß sie eine »bösartige Erkrankung« haben. Frauen, die diese Information erhielten, sagten aus, daß sie keine Ahnung gehabt hätten, ob sie nun Krebs hatten oder nicht.

Ein zeitgenössischer Facharzt, Amerikaner, männlich, chirurgischer Experte und mit dem Krebstod vertraut, erinnert sich an seine Vorgänger, die Krebs als »den stinkenden Tod« bezeichneten. Er erläutert:

»Bis vor weniger als 100 Jahren die Brustamputation zu einer gängigen Operation wurde, war die gefürchtetste Komplikation bei Brusttumoren nicht der Tod, sondern die übelriechenden, ständig nässenden Wunden, durch welche die Brustwand der unglückseligen Frau langsam aufgefressen wurde. Genau das ist der Grund, weshalb unsere Vorväter ›Karkinoma‹ als den ›stinkenden Tod‹ bezeichneten.«[9]

Ach, die Vorväter. Nicht übermäßig aufgeklärt.

Unser zeitgenössischer Facharzt, Amerikaner, männlich, unser chirurgischer Experte, mit dem Krebstod vertraut, ist sicher klüger. Scharfsinnig. Aufmerksamer gegenüber den Gefühlen von Frauen. Aufrichtig. Offen. Würde eine Krankheit sicher beim Namen nennen. Würde unglückselige Frauen sicher wissen lassen, was Sache ist. Wir wollen seine Worte nochmals lesen.

Ach! Ja, natürlich: nicht »Krebs«, sondern »Brusttumor«.

Vielleicht hat ihm die Geschichte das eingegeben. Machen wir uns also auf den Weg vorwärts, fort von den Vorvätern. Im späten achtzehnten Jahrhundert hat Giovanni Morgagni, Autor eines Lehrbuches, das als Markstein der pathologischen Anatomie gilt, die Krebskrankheit seiner Patienten als eine »sehr schmutzige Krankheit« beschrieben. Zwei Jahrhunderte später versichert uns Sherwin

B. Nuland, daß »*maligne Tumore* weiterhin als abstoßende Quellen von Selbsthaß und Verfall, als demütigende Abscheulichkeit angesehen werden, die hinter mildernden Umschreibungen und Lügen verborgen werden müssen«.[10] (Hervorhebung von mir)

Es gibt keinen Krebs. Es gibt nur mildernde Umschreibungen und Lügen.

Wozu führen die Lügen? Wie wirken sich die unzutreffenden Bezeichnungen auf Frauen aus?

Der Chirurg ist sachkundig:

»Frauen mit Brustkrebs zogen sich von Freunden zurück, sonderten sich zu Hause ab und verbrachten ihre letzten Monate als Einsiedlerinnen, manchmal sogar fern von ihrer eigenen Familie.«[11]

Ach! Aber das ist doch die Vergangenheit gewesen. Fürchterliche Dinge sind den Frauen in der Vergangenheit zugestoßen. Frauen mit Krebs. Frauen, die auf einen »stinkenden Tod« zugegangen sind. Aber doch heute nicht mehr.

Der Chirurg zögert. Streift seine rituellen Handschuhe über. Rückt den Gesichtsschutz zurecht. Denkt über die Gegenwart nach: »Noch gar nicht so lange her, während meiner Ausbildungszeit … Ich habe ein paar solcher Frauen gesehen, die schließlich dazu hatten überredet werden können, in die Klinik zu kommen, weil ihre Situation untragbar geworden war.«[12]

Ich bin sicher, daß dieser Facharzt in seiner aufrechten, klinisch besorgten Art – Amerikaner, männlich, ein Krebsexperte – selber der Wahrheit ins Auge geschaut und seinen Patientinnen geholfen hat, ihr ebenfalls ins Auge zu schauen.

»Wir zögern noch immer, das Wort ›Krebs‹ in Gegenwart eines Patienten oder dessen Familie auszusprechen, wenn sie davon bedroht sind. Die widerwärtige Assoziation, die sich mit dem Wort verbindet, ist ein weiterhin lebendiges Erbe, dessen Tilgung zu den schwierigsten Aufgaben unserer Generation gehört.«[13]

»Bedroht?« Sagte er »bedroht«? Bei solch einer heftigen, in die Zukunft weisenden Beurteilung der Krankheit können sich Frauen, sofern sie sich diese Krankheit zuziehen, tatsächlich bedroht fühlen. Demoralisiert nicht nur durch die Krankheit als solche, sondern auch noch durch das Wissen, daß ihre besondere Krankheit als bösartig angesehen wird. Ihr Körper als unheilträchtig. Ihr Habitus als verabscheuungswürdig. Patienten, die bereits sehr hinfällig sind, bekommen das Etikett »das Krebsopfer« verpaßt. Der Kern der

Krebszelle ist bekannt als »der Nucleus mit dem bösen Blick«. Wie Chirurg Nuland eingestand:
»Von allen Krankheiten, die von ihnen behandelt werden, ist Krebs diejenige, für die Chirurgen ganz ausdrücklich den Begriff ›Der Feind‹ geprägt haben.«[14]
Wie können Frauen, wenn sie solche Tiraden hören, noch glauben, daß sie sich nur eine Krankheit zugezogen haben? Sie können es nicht. Sie tun es nicht. Hören sie den Bericht dieser Frau:
»Ich war 43 Jahre alt an dem Morgen, als ich meinen Krebs entdeckte. Mein Ehemann, mit dem ich fast 20 Jahre zusammen gewesen war, hatte mich kürzlich verlassen. Ich wankte noch immer unter dem Ansturm der Scham, zurückgewiesen worden zu sein, und unter dem neuen, kräfteraubenden Kampf, als Frau allein mit zwei Kindern im Teenageralter überleben zu müssen ... Krebs: es ist ein fürchterliches Wort. Nur schon der Gedanke an Krebs läßt in fast allen von uns Gefühle der Angst und des Abscheus aufkommen. Es ist ein bösartiges Ding, das wächst und vernichtet, verstümmelt und tötet ... Es ist zum Kern einer tief in mir sitzenden Wut geworden. Krebs – noch immer unsere moderne Metapher für das Böse.«[15] (Judith Brady, Amerikanerin, 43 Jahre alt, 1991)
Es sind die Sprache und die Vorstellungen vom Bösen, die oft zum Ausweichen verleiten. Wenn unser Chirurg Nuland – ähnlich wie viele andere – etwas erörtert, das er die »Böswilligkeit von Krebs« nennt, dann beweist er, daß er sich von diesem Sprachgebrauch nicht lösen kann. Krebs, so tönt er, ist »dieser grauenhafte Kurier des Todes«. Die beiden eng miteinander verbundenen, charakteristischen Begriffe von »Autonomie« und »Anaplasie« bestimmen das moderne, medizinische Verständnis von Krebs. Wenn Nuland als moderner, medizinischer Wissenschaftler das Wort »Autonomie« benutzt, dann beschwört er das Bild von Zellen herauf, die sich »wie Mitglieder einer barbarischen Horde von Amokläufern aufführen – führerlos und ziellos, aber mit einer zielstrebig verfolgten Absicht: alles auszuplündern, was in Reichweite ist«.[16] Anaplasie heißt soviel wie »ohne Form«. Die anaplastische Zelle erzeugt anaplastische Nachkommenschaft. Ihre Fähigkeit, sich zu vermehren und neue Tumore zu erzeugen, ist unbegrenzt, so daß Nuland und seine Kollegen sie als »unsterblich« betrachten.[17]
Krebs ist amoralisch, weil er keine Regeln kennt, und unmoralisch, weil er keine andere Absicht kennt, als Leben zu zerstören. Krebs ist als der Angreifer unsterblich gemacht worden.

Frauen werden verschüchtert und kraftlos. Frauen sind verängstigt, ausgehöhlt und zum Schweigen verurteilt. Durch das sprachliche Maschinengewehrfeuer ebensosehr wie durch eine Krankheit, die man, vernünftiger betrachtet, als einen Prozeß fehlgeleiteter Reifung sehen sollte, das Resultat eines mehrstufigen Wachstums- und Entwicklungsvorgangs, der in seinen Endstufen schiefgelaufen ist.

Aber die chirurgische Sprache ist nicht vernünftig. Nulands Fachsprache, so charakteristisch für die männliche Darstellung von Krebs, ist schonungslos und metaphorisch. Sie dient nur dem einen Zweck, die Reaktionen der Frauen, die sich mit der Krankheit auseinandersetzen müssen, ins Unkenntliche zu verzerren und zu belasten. Folgen sie seinem apokalyptischen Szenario von Krebs als Seuche, von Krebs als Feind, von Krebs als teuflischem Eindringling in weibliche Körper:

»Krebs, nichts weniger als ein heimlicher Widersacher, zieht in der Tat mit einer boshaft überschwenglichen Freude am Töten ins Kampfgetümmel. Die Krankheit hat sich auf eine nie endende, ungehemmte, einkreisende, Hütten und Zufluchtsstätten verbrennende Vernichtungsexpedition begeben, auf der sie keine Regeln beachtet, keinen Befehlen gehorcht und alle Widerstände niederwalzt in einer Todesorgie der Verwüstung ... Die Krebszellen sind in einer Weise niederträchtig, die weit über das hinausgeht, was sich aus dem wissenschaftlichen Begriffsinhalt des Wortes ›bösartig‹ ableiten läßt. Tatsächlich drückt ›böswillig‹ das Ganze zutreffender aus, weil es den Schluß auf ein Element des willentlich Bösen zuläßt.«[18]

Die rachsüchtigen Schmähungen eines großen Teils der modernen medizinischen Terminologie, die Krebs als »mörderische Zellen« mit »mörderischen Unterwanderungsmethoden« sieht, lassen sich aus den Beschreibungen früher griechischer, männlicher Ärzte ableiten. Sie gaben dem einen Namen, was ihre Augen und Finger wahrnahmen an harten Schwellungen und Geschwüren, die meistens an der Brust sichtbar wurden oder sich aus dem After oder der Scheide herauswölbten. Um sie von einfachen Schwellungen, die »oncos« genannt wurden, zu unterscheiden, benutzten sie den Begriff »karkinos« oder »Krebs«, der aus dem Indoeuropäischen herkommt und »hart« bedeutet. »Karkinoma« kennzeichnete ein bösartiges, tumorartiges Gewächs. Zu der Zeit sagte man von Karkinoma-Patienten, daß sie »schwermütig« seien.

Mit gutem Grund, wie ich annehme.

Nuland bezieht sich auf eine Krebsbeschreibung aus dem zweiten Jahrhundert nach Christus, die von Galenos stammt, dem führenden Deuter und Textsammler der griechischen Medizin. Sicher einer seiner Helden. (Bestimmt keiner der meinen.)

»Das Auftreten dieser kriechenden, alles unterwandernden, steinigen Masse, im Zentrum geschwürig aufgewölbt, die er so oft an den Brüsten von Frauen sah, ist ›genau wie die Beine eines Krebses, die sich aus allen Teilen seines Körpers ausbreiten‹. Und es sind nicht nur die Beine, die sich immer weiter und tiefer in das Fleisch des weiblichen Opfers eingraben – das Zentrum frißt sich gleichermaßen direkt durch die Frau hindurch.«[19]

Wie die Autorin Susan Sontag bereits beschrieben hat, haben sich in den letzten Jahren militärische Metaphern in alle Bereiche der heutigen Medizin eingeschlichen, ganz besonders bei AIDS und Krebs. Krankheit wird als eine Invasion fremder Organismen gesehen, auf die der Körper mit eigenen militärischen Operationen reagiert, indem er zum Beispiel die immunologische »Abwehr« mobilisiert.

Die Sprache der Chemotherapie ist zur Sprache der Aggression geworden.

Durch den Mißbrauch militärischer Metaphern werden Leitbilder dafür geschaffen, wie man sich gefürchtete Krankheiten als fremde »Außenseiter« vorzustellen hat. Der Weg von dämonisierter Krankheit hin zur fehlerhaften Eigenschaft ist damit für den Patienten vorgeschrieben. Susan Sontag, die an Krebs litt, zeigt, wie Mythos und Aberglaube die Patienten lange Zeit davon abgehalten haben, realitätsbezogen über ihre Krankheit zu denken.[20]

In früheren Jahren sah man die Tuberkulose oft in sentimentaler Weise als etwas an, das die Besonderheit einer Persönlichkeit hervorhob. Sie wurde als eine Krankheit betrachtet, die talentierte, übersensible und sehr leidenschaftliche Menschen heimsuchte. Diese Überzeugungen sind heutzutage völlig überholt. Dafür haben ähnliche »Fiktionen von Verantwortlichkeit« und die Annahme, daß die Krebsdisposition eines Patienten auf seinen Charaktereigenschaften beruht, ihren Platz eingenommen.

»Krebsopfer« wird Anerkennung (oder Tadel) zuteil, wenn sie ihre Wut unterdrücken, ihre sexuellen Gefühle unausgedrückt lassen oder psychisches und spirituelles Scheitern hinnehmen. Auch wenn das Wort »Opfer« vielleicht in Verbindung mit dem Wort

»Verantwortlichkeit« gebraucht werden kann, auch wenn »Opfer« den Eindruck von Unschuld vermittelt, läßt die unerbittliche Logik, die alle miteinander verknüpften Begriffe beherrscht, schnell von Unschuld auf Schuld schließen. Frauen werden dazu getrieben, sich für die Krankheit, an der sie leiden, schuldig zu fühlen.[21] Das sollte nicht gutgeheißen werden.

Männliche militärische Metaphern tragen entscheidend zur Stigmatisierung bestimmter Krankheiten und darüber hinaus der Personen bei, die daran leiden. Als Susan Sontag selber Krebspatientin war, machte sie besonders wütend »zu sehen, wie allein der Ruf dieser Krankheit das Los derer erschwerte, die daran litten«. Viele Mitpatientinnen, die sie bei der Einweisung ins Krankenhaus und später als ambulante Patientin während der Chemotherapie in verschiedenen amerikanischen und französischen Krankenhäusern traf, zeigten Abscheu und Scham vor ihrer eigenen Krankheit.[22]

Die metaphorischen Fallstricke, welche die persönliche Erfahrung von Krebs so verfälschten, hatten sehr reale Auswirkungen auf die Frauen, die sie während ihrer Zeit als Patientin traf, und ebenso auf die Frauen, die ich während meiner Nachforschungen kennengelernt habe.

Sie machen es den Frauen schwerer, das Tabu um den Tod zu durchbrechen.

Sie hemmen Frauen, sich rechtzeitig um eine Behandlung zu kümmern.

Sie halten Frauen davon ab, größere oder entschlossenere Anstrengungen zu unternehmen, damit sie angemessene Hilfe bekommen.

Sie unterstützen das irrationale Zurückschrecken vor sinnvollen Maßnahmen wie der Chemotherapie.

Sie führen zu unproduktiven Selbstvorwürfen.

Sie fördern die Vorstellung, daß Krebs mit Tod gleichzusetzen ist.

Metaphorische Schikanen führen immer zu etwas, das Erving Goffman eine »ruinierte Identität« nennt.

Frauen, die Krebs haben, sehen sich selbst als befleckt. In Schande gestürzt. Etwas, dem ausgewichen werden muß. Jene ohne Krebs sehen Krebsopfer als befleckt. In Schande gestürzt. Etwas, dem ausgewichen werden muß.[23]

Wichtigste Voraussetzung ist, daß weibliche Patienten Krebs als eine Krankheit erkennen. Eine ernste Krankheit. Aber nur eine Krankheit. Nicht der Giftzahn einer Schlange. Es ist kein Fluch. Es ist keine Strafe. Es sollte keine peinliche Angelegenheit und kein Zeichen der Schande sein.

Es sollte nicht zu Darstellungen wie den folgenden führen.

»Meine Familie sah meinen Brustkrebs als Stigma. Ein paar Tage vor der Mastektomie besuchte ich meine Mutter. Während ich dort war, griff ich mir das Telefon und erzählte allen, daß ich Krebs hätte. Ich mußte Unterstützung mobilisieren. Meine Mutter sagte, sie habe niemandem davon erzählt. Sie meinte, sie sei nicht auf die Idee gekommen, daß man über Brustkrebs auch sprechen könne. Nachdem ich die Leute in ihrem Dorf, wie den Pfarrer und eine Cousine im Chor, unterrichtet hatte, wurde mein Name auf die Gebetsliste gesetzt. Die Leute wußten also, was ich hatte, aber keiner erwähnte es auch nur mit einem Wort.« (Merle, Krankenschwester im Sozialdienst. Brustkrebs, 47 Jahre alt)

»Nachdem die erste Brust entfernt worden war, sprachen meine Schwester und Mutter widerwillig mit mir darüber, weil ich ihnen erklärte, daß es sein müsse. Wir sind nicht sehr gesprächsfreudig in unserer Familie. Unangenehme Dinge werden unter den Teppich gekehrt. Aber ich mußte laut aufschreien und brauchte jemanden zum Zuhören. Dann wurde mir mitgeteilt, daß auch die zweite Brust entfernt werden müsse. Ich mußte das Ganze vernünftig durchsprechen. Ich wußte, daß fast keine Zeit dazu blieb. Der Chirurg versetzte mich in Panik. Er schüchterte mich ein, aber er ließ sich auch auf keine Ausweichmöglichkeiten ein. ›Ich kann nicht nur den Knoten herausnehmen. Das wäre nicht klug. Die da muß ganz weg. Und das schnell!‹ Dabei riß er mein Hemd hoch und wieder herunter, ohne mir ins Gesicht zu sehen. Ich war kein menschliches Wesen für ihn. Er behandelte meinen Körper nicht so, wie er seinen Körper hätte behandelt haben wollen!

Meine Schwester war im Ausland. Meine Mutter sagte, es bringe sie zum Weinen, wenn sie über solche Dinge sprechen müsse. ›Es ist so ein gräßliches Wort. Versuche, das Wort nicht zu gebrauchen, wenn dein Vater in der Nähe ist.‹ Ich war psychisch völlig am Ende. Ich hätte mich ertränkt, wenn ich nicht die Kinder gehabt hätte. Ich hatte das Gefühl, daß es falsch wäre, mit ihnen darüber zu sprechen, sie waren vierzehn und sieben Jahre alt. Keine Erwachsenen kamen mehr in meine Nähe. Ich meinte, die Pest zu haben. Er nahm die zweite Brust ab, und ich kehrte an meinen Arbeitsplatz zurück, wo die Leute hofften, daß es mir besser ginge, sich aber zurückzogen, sobald Pausenzeit war. In unserem Büro gibt es nur zwei weitere Frauen. Die Architekten sind alles Männer. Eine der Frauen mied mich, als ob sie Angst hätte, sich anzustecken. Sie sind die erste Person, die ausdrücklich wollte, daß ich über Krebs spreche.« (Anne, 38 Jahre alt, Assistentin bei einem Architekten, Brustkrebs)

Es sollte nicht zu diesen Darstellungen kommen. Oder zu Tausenden von ähnlichen. Aber trotzdem ist es so. Es ist so, weil männliche Fachärzte an dem »lebendigen Erbe widerwärtiger Assoziationen« festhalten und davon leben. Dr. Karl Menninger will uns weismachen, daß »allein das Wort Krebs einige Patienten umgebracht haben soll, die sonst nicht (so schnell) der bösartigen Erkrankung, an der sie litten, erlegen wären«. Dr. Menninger ermahnt Arztkollegen dazu, in jedem Fall zu vermeiden, daß Patienten »mit einem verdammenden Index-Zeichen« beklebt werden. (Bitte lesen Sie »Krebs« anstelle von »verdammendem Index-Zeichen«!)

Wenn das Zeichen oder Etikett sich durchsetzen würde, müßten hochangesehene Chirurgen Frauen nicht länger als Patientinnen mit Krebs brandmarken, sondern bräuchten Brüste nur noch als »Index-Titten« auszuweisen.

Dr. Menninger, eine medizinische Vaterfigur und streng auf Geheimhaltung bedacht, bekennt salbungsvoll:

»Unsere Funktion ist, diesen Menschen zu helfen, und nicht, sie noch mehr zu peinigen.«[24]

Aber Frauen fühlen sich gepeinigt. Durch Geheimhaltung und medizinischen »Schutz« mehr gepeinigt als nötig wäre.

»Ich lebte mit meiner Mutter zusammen. Sie war über 70 Jahre alt und hatte die Parkinsonsche Krankheit. Ich kümmerte mich fast ausschließlich um ihre Betreuung. Wir sprachen immer über alles. Dann bekam ich Brustkrebs. Ich wußte, ich mußte es vor ihr geheimhalten. Jeder in ihrer Generation betrachtet es als die Pest.« (Frau, 44 Jahre alt, Brustkrebs, 1994)

»Ich weiß, daß ich Krebs habe, obwohl die Ärzte das Wort nie benutzt haben. Im Krankenhaus fühlte ich mich zu überwältigt, um nachzufragen. Ärzte scheinen nicht viel Zeit für uns Patienten zu haben. Ich weiß nicht, was sie meinen Söhnen mitgeteilt haben, aber niemand in der Familie nimmt das Wort in den Mund. Ich nehme an, sie wollen mich beschützen oder sich selbst. Ich weiß, was mir fehlt, und ich möchte die anstehenden Dinge in aller Offenheit regeln, bevor ich sterbe. Aber es gelingt mir nicht, mir über diesem dauernden: ›Sprich doch nicht so, Mama! Du hast noch Jahre vor dir! Du wirst uns alle überleben!‹ Gehör zu verschaffen.« (Frau, 68 Jahre alt, Krebs, 1994)

Durch ihre Erfahrungen als schwarze Frau, die jahrelang selber an Krebs gelitten und dagegen gekämpft hatte, sah sich die Schriftstellerin Audre Lorde dazu veranlaßt, die Einrichtung eines feministischen politischen Diskurses über Krebs voranzutreiben. Sie bestätigt:

»Aus unsinniger Sorge, bei anderen könnten Gefühle der Schuld und Verzweiflung ausgelöst werden, oder durch den Glauben an den Mythos, daß über Geheimhaltung eine Art Selbstschutz erreicht werden kann, wird von Krebsüberlebenden erwartet, daß sie schweigen.«[25]

Mythos oder Heimlichtuerei können keinen echten Schutz bieten. Eigene Heilkräfte können nicht durch unsinnige Geheimhaltung angeregt werden.

Solange es keinen Krebs gibt, sondern lediglich mildernde Umschreibungen und Lügen, werden der Tod und die zu ihm führenden Krankheiten tabu bleiben. Mildernde Umschreibungen für Krebs, Lügen gegenüber Krebspatienten, Lügen durch Krebspatienten gegenüber Familien und Freunden: all dies zeigt das Ausmaß, wie gewaltig die Aufgabe ist, einen Weg zu einem vernünftigen Verhältnis zum Tod zu finden.

»Außerhalb des Strahlenlabors oder des Ärztesprechzimmers sind wir [die Frauen] voreinander unsichtbar, und allmählich werden wir vor uns selbst unsichtbar. Wir zweifeln langsam an unseren Kräften, die wir zweifelsohne einst hatten. Und wenn wir erst einmal unsere Kräfte anzweifeln, dann hören wir auch auf, sie zu gebrauchen. Wir berauben unsere Kameraden, unsere Liebhaber, unsere Freunde und letztlich auch uns unserer selbst.«[26] (Audre Lorde)

Schweigen scheint der leichtere Weg zu sein, doch die Schweigenden sind kraftlos. AIDS-Aktivisten haben diese soziale Realität längst in einer Weise erkannt, wie es den Frauen mit Krebs bisher noch nicht gelungen ist. Eine Ironie, wenn man an die extrem hohe Zahl von Frauen denkt, die an Krebs sterben, verglichen mit der Zahl von Frauen, die an AIDS sterben.

Frauen mit Krebs müssen sichtbar werden. Frauen mit Krebs müssen es als Krankheit sehen. Eine ernste Krankheit, aber nur eine Krankheit. Es ist kein Fluch. Es ist keine göttliche Gerechtigkeit oder die Hinrichtung für ein Verbrechen. Krebs ist eine gnadenlose Krankheit, aber es ist keine Bestrafung. Es sollte kein Anlaß für Gefühle der Beschämung sein oder gar als Zeichen für Schande herhalten. Es sollte nicht zu diesen Darstellungen führen. Es sollte nicht zu solchem Leid führen.

Aber doch ist es so.

Es ist so, weil auch Ärztinnen zu Opfern dieses lebendigen Erbes widerwärtiger Assoziationen werden. Weil auch sie vor dem Krebs zurückschrecken. Weil auch sie sich hinter bösartigen Erkrankungen verbergen. Weil auch sie es sich in den beschönigenden Umschreibungen bequem machen.

Es gibt keinen Krebs. Es gibt nur beschönigende Umschreibungen und Lügen.

»Krebs ist ein Wort, das böse Geister beschwört. Vielleicht ist das der Grund, weshalb meine Ärztin das Wort ›Krebs‹ nicht gebrauchte, als sie mir meinen Zustand erklärte. Statt dessen erzählte sie mir: ›Ihr Untersuchungsergebnis deutet auf eine große, bösartige Geschwulst im unteren Teil des Dickdarms hin.‹ Ich konnte nicht fassen, was sie mir da mitteilte.

Will sie mir damit sagen, daß ich Krebs habe?

›Die Untersuchungen lassen erkennen, daß der Tumor einige Zentimeter groß ist und in dem unteren Bereich des Darms sitzt‹, fuhr sie fort und zeichnete mit dem Bleistift eine Skizze des Dickdarms auf, der für mich aussah wie eine sich windende Schlange, die gerade zubeißen will.

Will sie mir sagen, daß ich Krebs habe?«[27] (Janice Coombe Epps)

Was haben Ärztinnen dazu zu sagen?

»Ärzte benutzen nicht immer das Wort ›Krebs‹. Vielleicht wollen wir Schutz gewähren, indem wir Gewächs oder Tumor sagen. Das machen wir alle, bis wir uns der Diagnose ganz sicher sind. Ich weiß nicht, ob es nur darum geht, uns zu schützen, oder um die Dinge einfacher zu machen. Das Wort ›Krebs‹ hat noch immer ähm, äh, also, es hat Assoziationen, die äußerst ernst, äußerst deprimierend sind. Wir drücken uns um solche Dinge etwas herum. Wir vermitteln lieber den Eindruck von Hoffnung. Deshalb kann es dann tatsächlich passieren, daß wir eher ›Ihre Leukämie‹ sagen als ›Ihr Krebs‹, weil es den Anschein vermittelt, daß man damit den Kampf aufnehmen kann. Es ist positiver.« (Eileen Baildam, Fachärztin)

»Ich habe immer zu Patienten gesagt, daß sie große, bösartige Geschwülste hätten, oder ich benutzte auch Worte wie ›gefährlich‹ oder sogar ›möglicherweise unheilbar‹. Teilweise war es die Folge meiner Ausbildung, teilweise waren es meine eigenen Ängste oder die Sorge um die Ängste der Patienten. Ein Versuch, es ihnen so nach und nach zu erklären. Dann habe ich selber Brustkrebs bekommen. Da erst wußte ich, wie wichtig eine offene, ehrliche Diagnose war, damit ich die richtige Unterstützung bekommen konnte.« (Dr. Helen Hoffman)

»Bösartige Erkrankung ist der allgemein benutzte Begriff bei einem Krankheitsbild, das nicht gutartig ist. Ein Gewächs ist ein Tumor, und man kann einen bösartigen oder einen gutartigen Tumor haben. Es stimmt, daß viele Ärzte ihren Patienten mitteilen, daß sie einen Tumor haben oder sogar ein Gewächs. Meiner Ansicht nach wollen sie sich dadurch selber schützen. Das heißt nicht, daß sie sich für den Fall schützen wollen, daß sie sich geirrt haben, sondern sie wollen ihre eigenen Gefühle schützen. Es bedeutet, daß sie dem Patienten nur die halbe Wahrheit erzählen. Manchmal ist es schwer, den Patienten die ganze Wahrheit zu sagen. Manche sind nicht in der Lage, die Wahrheit in einer Sitzung zu verarbeiten, also ist es eine Angelegenheit, zu der man immer wieder neu ansetzen muß. Dabei bekommen sie es scheibchenweise verabreicht. Wenn man Eltern mitteilt, daß ihr Kind Leukämie hat, sollte man dazusagen, daß es sich dabei um Blutkrebs handelt. Damit sie schon vom Wortgebrauch wissen, daß es Krebs ist. Ich nehme übrigens die Interviews auf Tonband auf, damit die Familie sie mit nach Hause nehmen und dort abspielen kann. Sonst gehen sie manchmal fort, ohne das Wort ›Krebs‹ richtig gehört zu haben. Aber manche Ärzte wollen sich selbst schützen, und sie fassen es dann nicht immer in Worte, die der Patient versteht.« (Dr. Eve Jones)

Gewohnheiten wie diese, eine Sprache, die irreführt, die darauf schließen läßt, daß eine bestimmte Krankheit etwas Beschämendes ist, macht eine realistische Aussprache über Krebs und den möglichen Tod für Frauen sogar noch schwerer.

Glücklicherweise gibt es einige Ärztinnen und Psychologinnen wie Stephanie Oates, Psychologin an einem Krebszentrum, die Gruppendiskussionen leiten, in denen über Krebs in einer angenehmeren Weise gesprochen wird:

»Ich hatte das Gefühl, etwas erreicht zu haben, als wir die Leute zum Kichern brachten über die Art, wie andere darüber sprechen. Eine Frau erzählte, wie sie von jemandem angerufen worden sei, der gesagt habe: ›Ich habe gehört, Sie haben Krebs! Ich hoffe wirklich, daß Sie ein glückliches Ende haben werden!‹ Eine andere Frau berichtete, daß eine Freundin zu ihr gekommen sei und gemeint habe: ›Du bist so mutig, weil, wenn ich das hätte, was du hast, würde ich mich erschießen!‹ Niemand mag den Namen erwähnen. Zum Schluß brachten wir es sogar fertig, darüber zu kichern. Wir sind nicht diejenigen, die Probleme haben. Es sind die da draußen. Es ist deren Mangel an Verständnis. Es ist deren Problem!«

Pat Kitto, Beraterin und Heilkundige an einem Krebszentrum, versucht auf ihre Weise, mit dem Problem fertigzuwerden: »Krebs ist das gehaßteste Wort aus dem Wörterbuch. Das ist schon immer so gewesen. Als meine Mutter Dickdarmkrebs hatte, sprach der Arzt das Wort nicht aus. Er sagte nur: ›Wir werden Ihre Mutter ins Krankenhaus aufnehmen.‹ Bei meinen Patientinnen bemühe ich mich, offen damit umzugehen. Wir stellen uns die Dinge vor, und wir veranschaulichen sie. Wir stellen uns den Krebs im Körper vor, aber nicht unbedingt als etwas Böses, das den Körper auffrißt. Wir nehmen Frauen mit Krebs nicht als ›sterbende Menschen‹ wahr, sondern als lebende Frauen.«

Pat Kitto ist eine von vielen Heilkundigen, die daran glauben, daß manchmal das Unmögliche möglich werden kann.

»Eines Tages kam eine Frau mit einem Knoten in der Brust in das ›Zentrum für Natürliche Gesundheit‹. Sie hatte schon immer Angst vor Krebs gehabt. Sie sollte ins Krankenhaus aufgenommen werden, wo zunächst eine Biopsie gemacht und dann eventuell die Brust abgenommen werden sollte. Manchmal sagen sie sogar dann, wenn sie sich nicht absolut sicher sind, es sei besser, die Brust zu entfernen. Männer verstehen sich sehr gut darauf, Dinge von Frauen zu entfernen. Wir riefen uns den Knoten vor unser inneres Auge und konnten tatsächlich sehen, wie er verschwand. Sie setzte sich sehr intensiv mit diesem Bild auseinander. Dann ging sie ins Krankenhaus. Einige Zeit später erhielt ich diesen ungewöhnlichen Brief: ›Also, ich bin aus dem Krankenhaus entlassen. Der Arzt sagte: »Jetzt wollen wir mal sehen, wo der Knoten sitzt.« Sie konnten ihn nicht finden!‹ Das ist nicht so ungewöhnlich, wie sie vielleicht annehmen könnten.«

Kitto war der Ansicht, daß Frauen schneller als Männer auf die Idee der bildlichen Vorstellung reagieren.

»Wenn man einer Frau sagt, sie solle sich vorstellen, ein Omelett zu machen, dann sieht sie die Pfanne und die Eier vor sich, ehe sie irgend etwas tut. Wogegen mir Männer oft erzählen, daß sie nicht wüßten, was mit innerer bildlicher Vorstellung gemeint sei. Im ganzen gesehen sind Frauen mehr mit ihrem Körper verbunden. Wenn Frauen Teile ihres Körpers abgeschnitten werden, dann ist das kein rein mechanischer Vorgang. Wenn sie Brustkrebs haben, dann taucht das Bild vor ihnen auf: ›Dies ist der Platz, wo ich mein Kind an mich gedrückt habe‹, oder: ›Dies ist der Platz, wo ich mein Kind gestillt habe.‹«

Die Sprache von Krebs wird auf den Körper geschrieben. Auf weibliche Körper. Ganz besonders Brustkrebs hat tiefgreifende Auswirkungen auf den Sex, der sowohl von einem Tabu des äußeren Erscheinungsbildes wie auch von einem Todestabu eingeschlossen wird.

Hören Sie, was Frauen zu sagen haben, die sich mit den Klischees herumschlagen:

»Ich bin schon ein bißchen eitel und mache mir Gedanken darüber, wann es an der Zeit ist, daß ich aufhöre, mein graues Haar zu färben. Aber seit der Mastektomie ist mir die äußere Erscheinung sehr viel wichtiger geworden. Da ich im Gesundheitswesen tätig bin, war damals natürlich meine Hauptsorge, ob sich der Krebs ausgebreitet hatte. Wie lange würde ich noch haben? Ich sorgte mich sehr um Dan, meinen Partner. Wie er wohl reagieren würde, wenn ich starb.

Doch dann wurde ich noch bedrückter als befürchtet bei dem Gedanken, eventuell eine Brust zu verlieren. Wie würde ich dann aussehen? Was würde Dan empfinden? Diese Gefühle kamen erst allmählich nach der Operation auf. Anfangs war ich euphorisch. Sechs Wochen lang ging ich herum und zeigte es jedem, der es sehen wollte. Als ich dann die Prothese bekam, da traf mich die Keule! Eine fürchterlich unsensible Frau war schuld daran. Jetzt war ich auf Talfahrt. Meine Gestalt kam mir wesentlich abstoßender vor, als ich es jemals für möglich gehalten hätte. Ich verabscheute es, an einem Spiegel vorbeizugehen. So viel von dem, was ich gelesen habe, dreht sich nur darum, wie man früher war, aber nicht, wie man jetzt ist. Die Leute wollen einem das Gefühl vermitteln, daß man genauso aussehen kann wie früher, wenn man eine Prothese trägt. Aber man ist nicht so wie früher. Der beste Artikel, den ich gelesen habe, war im MS-Magazin, das eine ganzseitige Fotografie einer einbrüstigen Frau zeigte, die sich eine Rose über ihre Narbe hatte tätowieren lassen, und auf der anderen Magazinseite stand ein langes Gedicht darüber, wie man eine einbrüstige Frau liebt und mit ihr schläft. Es war hinreißend. Es tat gut, Fotos zu sehen von Frauen, wie wir es sind, und nicht nur von netten Damen mit zwei Brüsten und in den typischen Posen. Ich muß mich damit abfinden, wie und was ich bin. Man sollte mir die Wahrheit sagen. Damit ich weiß, daß ich nicht mehr die gleiche bin. Aber Frauen wird nicht dabei geholfen, sich mit den Realitäten abzufinden. Im Krankenhaus wird Frauen, die eine Brustamputation hinter sich haben, empfohlen, sogar unter ihrem Nachthemd den Gummibusen zu tragen. Sie sollen ihn nach Hause mitnehmen und dann mit ihrem Partner im Bett liegen mit diesem Stück Schaumstoff. Damit sich andere Leute wohl fühlen!« (Merle, Krankenschwester im Sozialdienst, Brustkrebs)

Das Wohlbefinden anderer Leute. Das ist der springende Punkt. Prothese oder keine Prothese? Es geht um eine Entscheidung. Eine Gesellschaft, die einem Modell weiblicher Schönheit den Vorrang einräumt, das sich mit schmaler Taille, schlanker Figur und vor allem mit zwei Brüsten zeigt, sorgt dafür, daß diese Entscheidung nicht frei erfolgen kann. Unsere Kultur hüllt alles, was mit Krebs zu tun hat, in Schrecken und Schweigen: Diese Tatsache bedeutet, daß Frauen, die gelernt haben, die Gefühle anderer Menschen mit Samthandschuhen anzufassen, dann im Fall von Krebs genau das tun. Und dabei wahrscheinlich die eigenen Gefühle übergehen oder sich ihrer nicht einmal bewußt sind.

»Weil ich sowieso eine Prothese bekommen werde, weiche ich allen diesbezüglichen Fragen von Fremden aus. Ich würde gerne sagen: ›Ja, ich habe eine Brustamputation gehabt.‹ Aber ich habe Angst, daß ich die andere Person in eine schwierige Situation bringen könnte. Männer sind am schlimmsten. Sie können es nicht ertragen.« (Emma, Kanadierin, 36 Jahre alt, Brustkrebs)

»Ich wollte die Art von Frau sein, die auch ohne Prothese auskommen konnte. Manchmal gelingt mir das. Relativ oft trage ich sie nicht. Aber ich muß gewisse Unterschiede machen. Im Schwimmbad trage ich Spezialeinlagen. Während ich früher meine Kleidung im allgemeinen Umkleideraum abgelegt habe, mache ich das jetzt nicht mehr. Ich weiß, daß die anderen Leute erschrecken würden. Ich habe mir vorgenommen, es trotzdem bald zu tun, aber ich werde mich zuvor absichern, daß nur Freunde um mich herum sind. Als ich noch in der Krankenpflege gearbeitet habe, empfand ich, wenn ich einer Frau mit einer Mastektomie begegnete, immer nur Mitgefühl, niemals: O

Schreck, laß nach! Jetzt möchte ich gerne glauben, daß andere Frauen ebenso mitfühlend empfinden.« (Merle)

Die Grundeinstellung am Arbeitsplatz beeinflußt die Entscheidungen von Frauen:

»Bei der Arbeit trage ich die Prothese immer. Das mache ich, weil ich nicht möchte, daß die Leute als erstes sehen, daß ich nur eine Brust habe. Obwohl viele meiner Klienten Bescheid wissen, möchte ich nicht gleich zu Beginn die ›Mastektomie-Frau‹ sein. Auch wenn ich mich im Hinblick auf Krebs politisch engagiere, möchte ich es nicht zu meiner Karriere machen. Ich möchte mich nicht völlig davon in Anspruch nehmen lassen.« (Merle)

Ironischerweise empfinden Berufstätige im Gesundheitswesen mehr als andere, daß man von Patienten nicht erwarten sollte, sich keine Sorgen um die eigene Gesundheit zu machen.

»Ich arbeite in einem Job, in dem es meine Aufgabe ist, mich um das Wohl anderer Menschen zu kümmern. Die Patienten können mich nicht aus der Ruhe bringen. Ich arbeite fast nur mit Frauen zusammen, und Brustkrebs ist das, wovor sich die meisten Frauen fürchten. Es ist unser unerbittlichster Killer, und deshalb ist es durchaus realistisch, sich davor zu fürchten.« (Merle)

Wie gehen Frauen mit ihrer Empfindlichkeit in bezug auf die äußere Gestalt um? Merle hat sich zu buddhistischen Übungen zurückgezogen:

»Eine Menge buddhistischer Gespräche und Gedanken drehen sich um Tod und Vergänglichkeit. Deshalb war es sehr nützlich. Ich fertigte eine riesige Zeichnung über mein Trauma der äußeren Gestalt an. Auf meiner Prothese steht der Name ›Wahres Leben‹ (der Name der Firma). Das war etwas so abstoßend Widerliches, diese Verlogenheit, daß ich mein ›Wahres Leben‹ zeichnete, wie es mit einem Dolch an der Tür des chirurgischen Ersatzteilbüros befestigt ist! Dann weinte ich drei Tage lang und fühlte mich nachher viel besser!«

Unterstützung von Freunden. Unterstützung von Partnern. Sie können unerläßlich sein, um das Selbstwertgefühl von Frauen wiederherzustellen:

»Meine Freundinnen waren einzigartig. Sie kochten, duschten mich, wuschen mir die Haare, waren ganz und gar für mich da. Es ging ihnen nah, daß ich litt. Ich werde mich immer an sie wie an ein Gebet erinnern, weil ich mich gehalten und getragen fühlte.« (Merle)

»Da ich in Italien arbeite, wo es für eine Frau an Wahnsinn grenzen würde, kein Gummiteil zu tragen, bin ich fast zur Ausgestoßenen geworden. Normal zu sein heißt dort, gut zurechtgemacht, gut gekleidet zu sein und zwei Brüste haben. Meine Mastektomie hat vor vier Wochen stattgefunden, und ich trage noch immer ein Hemd, und darunter ist alles flach. Sicher bekomme ich eine Prothese, damit meine Kleider wieder ordentlich sitzen, aber meine frauliche Erscheinung wird sich dadurch nicht wesentlich bessern. Mit meiner Fraulichkeit war das schon immer so eine Sache. Ich bin jungenhaft, habe keinen vollen, gerundeten Körper. Aber ich genieße die Unterstützung eines Mannes, der mir in jeder Minute klarmacht, daß er mich nicht wegen meiner Brüste und meines Hinterns liebt. Ich habe mich gerade einer Gruppe italienischer Frauen angeschlossen, die alle Brustamputationen durchgestanden haben. Ihre Unterstützung ist wunderbar. Nur unsere Ansichten über die äußere Gestalt gehen etwas auseinander.« (Marie, 36 Jahre alt, Brustkrebs, lebt in Rom)

In Italien wird es zu einer aufreibenden Hindernisjagd, eine Prothese über die soziale Krankenbeihilfe zu bekommen. Lassen wir Marie erzählen, ein paar Wochen später:

»Die italienische Bürokratie ist für Frauen entsetzlich. Wenn man ein Gummiteil und einen dazu passenden Büstenhalter haben möchte, geht man zu seinem Arzt bei der nationalen Gesundheitsbehörde. Dort holt man sich eine Bescheinigung, die einen als eine bestimmte Art von Invaliden ausweist. Dann bekommt man eine zweite Bescheinigung vom Chirurgen, die besagt, daß man tatsächlich operiert worden ist. Dann geht man zum Drogisten, um ihm die Papiere zu zeigen und die Sachen anzuprobieren. Schließlich bekommt man einen Kostenvoranschlag, den man wieder zur Gesundheitsbehörde bringt, die Wochen, eventuell sogar Monate braucht, um zu entscheiden, ob sie tatsächlich gewillt ist, das Geld dafür bereitzustellen. Warum kann ich nicht einfach die Narbe zeigen und sagen: ›Also los! Ich versuche doch nicht, euch wegen dieses verdammten Gummiteils auszurauben!‹«

Wenn es schon schwer ist, die äußere Erscheinung aufrechtzuerhalten, wird es bei der Sexualität noch schwieriger:

»Es war sechs Monate nach der Operation. Ich traf ihn beim Tanzen. Wir gingen zwei Monate miteinander. Ich habe mich nie ausgezogen. Als ich mich einigermaßen sicher fühlte, erzählte ich es ihm. Sein Gesicht war völlig ausdruckslos, aber er sagte all die richtigen Dinge und hielt mich fest im Arm. Während unserer ersten Nacht im

Bett versuchte er es zwar, aber ich wußte gleich, daß es nicht klappen würde. Er fühlte sich offenbar abgestoßen. Er berührte immer wieder mein Gesicht, aber schaute nicht auf meinen Körper. Weiß der Himmel, wen er bumste, aber sicher nicht mich!« (Melanie, Amerikanerin, 34 Jahre alt, Brustkrebs)

»Ich hatte meine Beziehung mit Julia, meiner Geliebten, vor der Operation abgebrochen. Meine Wunden und Brüste mußten heilen. Freundinnen sagten immer wieder: ›Versuch es doch mit einem Klub.‹ Ich habe immer gern getanzt. Ich raffte meinen ganzen Mut zusammen. Zur Sicherheit nahm ich ein Buch mit, da ich nicht wußte, wie eine einbrüstige Frau die Runde macht. Die lesbischen Frauen in dem Klub erschienen mir unglaublich jung. Sicher hatte keine von ihnen eine Mastektomie hinter sich. Sie würden es nicht verstehen. Dann kam eine Frau, die wirklich sexy aussah, zu mir herüber, und ich zuckte zurück. Sie meinte, sie habe das Buch auch gerade gelesen, und ob es nicht wirklich gut sei? Wir unterhielten uns den ganzen Abend. Sie drängte mich nicht zu tanzen. Ich war wie erstarrt vor lauter Angst, sie könnte meine Flachheit spüren. Eine Woche später rief sie mich an. Wir haben es langsam angehen lassen, und vergangene Nacht haben wir uns geliebt. Sie war erstaunlich sanft und fragte, ob sie meine Brüste küssen dürfe. ›Ich habe keine! Kannst du nicht sehen, daß ich keine habe?‹ rief ich ärgerlich. ›Du gefällst mir. Und du fühlst dich gut für mich an‹, sagte sie.« (Sharon, Britin, 38 Jahre alt, Brustkrebs)

»Unsere Beziehung war immer gut, und Dan war auch da, als die Verbände abgenommen wurden. Sexuell gesehen hat er wesentlich weniger Schwierigkeiten als ich. Ich war völlig durcheinander, als ich ihn das erste Mal mit einer Erektion sah. Ich war verzweifelt und dachte, das sei absonderlich. Ich kam mir absonderlich vor. Aber er dachte offenbar nicht, daß ich absonderlich war. Gut war, daß er sehr energisch wurde. Soweit ich über Männer in der Situation informiert bin, verhalten sie sich gewöhnlich sehr rücksichtsvoll und versuchen, sich der Frau anzupassen. Doch davon wollte er nichts wissen! Ich brauchte jemanden, der mir zeigte, daß ich noch immer begehrenswert war. Er war sagenhaft. Jetzt kann ich mit nacktem Oberkörper vor einem Spiegel sitzen, während Dan mir zuschaut.« (Merle)

Als bei der Fotografin Jo Spence Brustkrebs diagnostiziert wurde, fing sie mutig damit an, mit Selbstporträts ihre Krankheit und Sterblichkeit, ihre verinnerlichten Gefühle um ihren Körper, den kostbaren Besitz ihrer Brüste und selbst ihr Bedürfnis nach einer Art von Absicherung während der Operation zu dokumentieren.

Ich schaute mir eine ihrer Fotografien ihrer Ausstellung »Aus dem Krebsprojekt« an (gemeinsam durchgeführt mit Terry Dennet, 1982). Es war ein Selbstporträt mit dunkler Brille, nackt bis zur Taille, und eine Brust war mit kühnen Lettern gekennzeichnet: »Eigentum von Jo Spence«. Eine Bildunterschrift, die an der Fotografie befestigt war, lautete: »Meine Brust am Abend vor dem Gang zum Krankenhaus festgehalten«. Sie erklärte dazu:

»Als mir klar wurde, daß ich eine Brust verlieren könnte, traf ich die Entscheidung, daß ich ein Foto von der Stelle haben wollte, die für die Amputation vorgesehen war. Ich schrieb auf die Brust ›Eigentum von Jo Spence‹. Ich nahm das Foto mit ins Krankenhaus wie einen magischen Fetisch, der mich beschützen sollte – mich erinnern sollte, daß ich ein Recht über meinen Körper hatte.«

Vom Zeitpunkt der ersten Krebsdiagnose an, als sie noch eine Mastektomie verweigerte, statt dessen eine Lumpektomie (Entfernung eines Knotens) machen ließ und diese durch traditionelle chinesische Heilmethoden ergänzte, wandte sie zehn Jahre lang die Fotografie als Mittel an, um ihr Recht zu dokumentieren, selber über ihren Körper zu bestimmen. Auf diese Weise schuf sie eine Reihe von witzigen und aufrüttelnden Bildern von einer gefürchteten und auslaugenden Krankheit.

Bis zu ihrem Tod im Jahr 1992 wurde Jo Spence nie müde, den Krebs mit Mut und Kreativität zu bekämpfen. Immer teilte sie ihre Erfahrungen als »Frau mit Körperbewußtsein« und als »Feministin mit Geist« mit anderen, indem sie versteckte Wahrheiten über Krankheit und Sexualität ans Licht brachte. Immer war sie kampfbereit und engagiert dabei, das doppelte Tabu um Erscheinungsbild und Tod aufzubrechen.

Welche Sprache Chirurgen im Umgang mit Krebs verwenden und wie sie weibliche Körper behandeln, wirkt sich auf die Reaktionen von Patientinnen sehr unterschiedlich aus.

»Der Arzt, der meinen Krebs diagnostizierte, sagte zu mir, nachdem er erfolglos versucht hatte, eine Nadel in die harte Masse meiner linken Brust zu stoßen: ›Also, das ist sicher Krebs. Die da‹, und dabei deutete er auf meine Brust, ›muß herunter.‹ Ich brach völlig zusammen, und dann machte ich mich auf den Weg, um eine zweite Meinung zu hören.«[28] (Judith Brady, Amerikanerin, 43 Jahre alt)

»Zu der ersten Beratung nahm ich eine Freundin mit, aber mir wurde nachdrücklich gesagt, daß der Facharzt die Patientinnen nur allein empfangen würde. Ich wollte die Freundin als Zeugin dabeihaben, ebensosehr zur Sicherheit des Arztes wie zu meiner Beruhigung. Mir wurde keine Wahl gelassen. Die einzige Wahl war die Mastektomie. Es hörte sich brutal an, aber ich dachte: ›Nun gut, er ist der Fachmann.‹ Es war eine Paniksituation. Niemand sagte auch nur einmal zu mir: ›Lassen Sie sich etwas Zeit. Suchen Sie auch noch anderswo Rat.‹ Ich gewann den Eindruck, daß ich geliefert war, wenn ich nicht sofort zustimmte. Schlußvorhang für mich. Innerhalb einer Woche war ich zur Operation im Krankenhaus. Mir wurde weder eine Therapie noch eine Brustkrebsberatung angeboten.« (Doreen, Dentistin, Brustkrebs)

Nach der ersten Operation war Doreen weinerlich, ängstlich und hatte Panikattacken. Da ihr keine Alternativen bekannt waren, meinte sie schließlich, damit leben zu können. Der Krebs kam zurück. Wieder wurde ihr kaum die Möglichkeit zur Aussprache gegeben, keine Wahl, keine Absicherung. Nachdem bei der zweiten Operation der Einschnitt nach einer völlig anderen Methode gemacht wurde, so daß ihr Körper jetzt in alle Himmelsrichtungen mit tiefen Narben verunstaltet ist – was sie mir anhand einer Reihe von erschütternden Fotos zeigte –, hat sie nach sorgfältigen Überlegungen ein langwieriges Verfahren gegen der Facharzt aufgenommen und ihn der Fahrlässigkeit bei Ausübung seines Berufes beschuldigt.

»Es wurde kein Versuch gemacht, die zwei Einschnitte in eine Richtung laufen zu lassen oder dafür zu sorgen, daß sie einander ähnelten. Da, wo früher meine Brüste waren, verlaufen die Schnittnarben jetzt in total unterschiedlichen Winkeln zueinander. Ich fühle mich psychisch beeinträchtigt. Makabre Gedanken sind mir durch den Kopf gegangen. Hat er hier ein Ritual zelebriert? Ist er ein Freimaurer? Hat er eine Befriedigung besonderer Art daraus gezogen? In wessen Hände war ich da geraten, als ich in der Narkose lag? Die Personen, die mit dem Skalpell hantieren, schüchtern uns immer ein, selbst wenn sie nett zu einem sind. Was er bestimmt nicht war. Bei jeder Konsultation setzte er mich unter Druck. Er bestand immer darauf, mich allein zu sehen, und immer mit nacktem Oberkörper. Ich hatte das Gefühl, daß er mich ständig demütigte. Ich war stumm vor Angst. Stellte nie die Fragen, die ich, wie ich jetzt weiß, hätte stellen sollen. Sie waren in meinem Kehlkopf unter Verschluß.«

Sie bat ausdrücklich um eine Lumpektomie, doch der Chirurg lehnte ab.

»Er sagte schroff: ›Ich kann keine Lumpektomie machen. Es ist zu nahe an der Brustwarze.‹ Dann hob er seine Hände und quetschte meine Brust wirklich grob. Ich hatte Angst, meinte aber, daß es schließlich seine Aufgabe war. Dann fuhr er fort: ›So wird Ihre Brust aussehen, wenn ich nur den Knoten herausnehme!‹ Dabei quetschte er, bis nur noch ein kleiner Huckel zu sehen war. Er hätte es auf einem Stück Papier aufzeichnen oder mir ein Foto zeigen können. Aber er fummelte an mir herum. Es war makaber und gezielt einschüchternd.«

Man hatte Doreen glauben gemacht, daß die zwei Narben auf ihrem Brustkorb einem Spiegelbild gleichen würden.

»Aber die Narben sind breit und nicht symmetrisch. Er sagte wiederholt: ›Nach zwei Jahren könnte ich zwei Prothesen einbauen.‹ Doch wie sollte das geschehen? Es gibt keine Möglichkeit, es so zu machen, daß es hinterher einigermaßen aussieht. Er hat den Einschnitt bis zum Brustbein gezogen. Dort gibt es kein Brustgewebe mehr. Selbst Frauen mit einem Riesenbusen, den ich nicht hatte, haben keine Brüste bis hin zum Brustbein. Bis in die Achselhöhle geht die Narbe hinauf. Die längstmögliche Linienführung, der längste Einschnitt, den man überhaupt nur machen konnte.«

Doreen setzte sich hin und schrieb den ersten einer längeren Reihe von anklagenden Briefen.

»Ich sagte, wenn er wegen seines Traumautos zum Mechaniker gegangen wäre, weil er einen neuen Kotflügel brauchte, und der Mechaniker dann den Kotflügel eines Käfers am Mercedes angebracht und gesagt hätte ›Hier ist Ihr Auto! Beste Wertarbeit!‹, dann hätte er das sicher unter keinen Umständen akzeptiert. Und so ist es bei mir, ich bin auch nicht bereit, das zu akzeptieren. Ich habe das Gefühl, daß ich brutal mißhandelt worden bin. Man hat mich einfach von der Bildfläche gefegt. Ich mußte meinen Job als Dentistin aufgeben. Ich komme mir vor wie eine Frau, die vergewaltigt worden ist. Ich will versuchen, Schadenersatz in Höhe seines dicken Jahreseinkommens zu bekommen. Wenn er Patientinnen so behandelt wie mich, dann verdient er es nicht, überhaupt irgendwelches Geld zu bekommen.«

Doreens Darstellung ist kein Einzelfall. Es ist eine Wiederholung der schrecklichen Erlebnisse, welche die Schriftstellerin Audre Lorde

zu erdulden hatte. Als man bei ihr sechs Jahre nach der Mastektomie Leberkrebs feststellte, schrieb sie am 8. November 1986 in New York City in ihr Tagebuch:
»Wenn ich das Ganze in einer sinnvollen Weise zu Papier bringen will, dann sollte ich mit der Geschichte ganz von vorne beginnen.

›Ziemlich großer Tumor im rechten Leberlappen‹, sagten die Ärzte. ›Da sich eine Menge Blutgefäße darin befinden, heißt das, daß er sehr wahrscheinlich bösartig ist. Wir müssen sofort aufmachen und nachschauen, was getan werden kann.‹ ›Immer langsam‹, war meine Antwort. ›Ich muß mich erst auf die Sachlage einstellen und versuchen, daß ich innerlich damit klarkomme‹, war meine Begründung. Denn ich brauchte etwas Zeit, um den Schock zu verarbeiten, mußte Zeit gewinnen, um die Situation zu überdenken, damit ich nicht in Panik handelte. Nicht einer von ihnen sagte: ›Ich kann das respektieren, aber nehmen Sie sich nicht zu viel Zeit für die Überlegungen.‹

Im Gegenteil, mein einfacher Anspruch, auf bestimmte Vorgänge in meinem Körper hören zu wollen, rief bei einem angesehenen Spezialisten für Lebertumore solch eine aggressive Reaktion hervor, daß ich sofort tiefstes – wenn auch nicht unbedingt sinnvolles – Mißtrauen hegte.

Was der Arzt hätte sagen können, und worauf ich auch gehört hätte, war: ›In Ihrem Körper breitet sich eine ernstzunehmende Krankheit aus; und was auch immer Sie zu tun gedenken, Sie sollten sie nicht ignorieren oder die Entscheidung, was Sie letztlich tun wollen, hinauszögern, weil die Krankheit nicht verschwinden wird, ganz gleich, für was Sie es halten.‹ Wenn er mir eine Verantwortlichkeit für meinen eigenen Körper zugestanden hätte. Statt dessen sagte er zu mir: ›Wenn Sie nicht genau das tun, was ich Ihnen jetzt sage, und das ohne irgendwelche Fragen, dann werden Sie eines gräßlichen Todes sterben.‹ Mit genau diesen Worten.

Ich hatte das Gefühl, daß die Kampflinien in meinem Körper in Alarmbereitschaft gesetzt wurden.«[29]

Während ihres Besuches bei diesem Spezialisten für Lebertumore in einem führenden Krankenhaus von New York City waren die ersten Leute in weißen Kitteln, die hinter ihren Computern versteckt Fragen an sie stellten, nur daran interessiert, wie weit sie durch eine Krankenversicherung abgesichert war und in welcher Form die Bezahlung stattfinden sollte. Solche im Vordergrund ste-

henden Faktoren entschieden darüber, welche Kategorie von Pla-
stik-Identitätskarte ihr zugestanden wurde. Ohne solch eine Plastik-
Identitätskarte wurde niemand, wie schwer krank er auch sein
mochte, nach oben zum Arzt vorgelassen.

»Von dem Augenblick an, als ich in das Sprechzimmer des Arztes
hineingeführt wurde und er meine Röntgenaufnahmen sah, ging er
dazu über, mich wie ein Kind zu behandeln, eine Methode, die er offenbar gut beherrschte. Als ich ihm mitteilte, daß ich mich noch
nicht endgültig für eine Leberbiopsie entschieden hätte, warf er
einen Blick auf mein Krankenblatt. Rassismus und Sexismus reich-
ten sich über seinem Tisch die Hände, als er sah, daß ich an einer
Universität lehrte. ›Na ja, Sie sehen ja wie ein ganz intelligentes
Mädchen aus‹, meinte er und starrte während der ganzen Zeit, als er
sprach, auf meine eine Brust. ›Es hieße den Kopf in den Sand stek-
ken, wenn Sie diese Biopsie nicht sofort machen ließen.‹ Dann sagte
er weiter, daß nicht er dafür verantwortlich gemacht werden könne,
wenn ich eines Tages schreiend vor Todesqualen in einer Ecke seines Sprechzimmers landen würde!«[30]

Audre Lorde gab sich alle Mühe, daran zu glauben, daß dieser
Arzt ernstlich von dem Wunsch geleitet wurde, einen Weg zu finden,
den er als einziges Heilmittel für ihren kranken Körper ansah. Ihr
Glaube an solch eine hypothetische Vorstellung wurde jedoch erheblich erschüttert durch sein Gesprächshonorar von 250 Dollar
und den nachfolgenden medizinischen Bericht an ihren Hausarzt,
der einige, angeblich klinische Betrachtungen über ihren »fettleibi-
gen Bauch« und die »verbliebene Hängebrust« enthielt.[31]

Ein stärkerer Zusammenstoß zweier Standpunkte ist für mich
kaum möglich, als der zwischen dieser widerlich sexistischen, schändlich erniedrigenden medizinischen Sprache und der Sprache eines
weiblichen Körpers, dem jede Reaktion durch solche gefühllosen
Äußerungen brutal verweigert wird.

Wie anders können die Erfahrungen mit einer Krebsdiagnose
und einem Behandlungsplan aussehen, wenn hilfswillige – am besten sachkundige – Freunde zu den Beratungen zugelassen werden,
wenn man Alternativmöglichkeiten anbietet und die Patientin ermuntert, darüber nachzudenken, wenn sich der Chirurg der Patientin gegenüber so verhält, als ob er ihre Gefühle versteht.

»Italienische Ärzte sind nicht daran gewöhnt, daß Frauen über
alles informiert werden wollen. Aber ich bin eine gut unterrichtete

Person. Ich bestehe auf meinen Rechten. Es war mir gleichgültig, ob ich es den Ärzten mit meinen Fragen schwer machte. Sehr höflich wiederholte ich immer wieder auf italienisch: ›Es ist mein Recht als Patientin.‹ Ich bin nicht hochnäsig. Ich versuche, äußerst höflich zu sein, aber ich bestehe darauf, zu bekommen, was ich mir vorstelle. Ich bekam alle Informationen. Die Ärzte erkannten, daß sie ganz offen mit mir sein konnten. Ich erhielt genaue Auskunft über Optionen. Ich entschied mich, nicht nur eine Teiloperation machen zu lassen. Ich hatte meinen Vater an Krebs sterben gesehen. Ich hatte gerade miterlebt, wie meine Mutter an Krebs gestorben war. Sie konnten alles abschneiden. Ich wollte das Risiko auf ein Minimum reduzieren. Ich wollte sichergehen, daß mir wenigstens weitere sechs Jahre blieben, ohne in Sorge schweben zu müssen, einen anderen Krebs zu bekommen. Ich war pingelig und hartnäckig, so daß sie mir die Wahrheit sagten.« (Marie, Rom, 1994)

Obwohl viele Frauen zunächst Angst davor haben, eine Brust zu verlieren, werden sich viele, wie Marie, erstaunlich realistisch der Tatsache bewußt, daß es ihre vorrangige Sorge sein sollte, den Krebs loszuwerden.

Es kann sich als sehr vorteilhaft erweisen, ein informiertes Mitglied des medizinischen Berufstandes zu sein, wenn es darum geht, die Wahlmöglichkeiten richtig zu beurteilen, die von den Medizinern angeboten werden.

»Ich bin immer wieder erstaunt über die Unwissenheit gewöhnlicher Leute, wenn es um medizinische Dinge geht. Es ist kein Wunder, daß man mit einer besseren Behandlung rechnen kann, wenn man weiß, worum es geht. Ich war erst Lehrerin, dann Krankenschwester und bin jetzt viele Jahre in der Medizin tätig. Man lernt, daß man mit dem Tod kein falsches Spiel treiben oder sonstwie herummachen kann. Man hört nicht so nebenbei: ›Oh, das ist ein kleiner Knoten.‹ Man wird sofort fragen: ›Ist es ein Tumor? Ist er bösartig? Wie weit fortgeschritten ist das Ganze?‹ Ich wußte, daß ich zu einer Hochrisikogruppe gehörte, die in das abendländische medizinische Modell hineinpaßt. Immer die Pille genommen, keine Kinder, Mittelklasse, ehemalige Raucherin. Ich habe 15 Jahre lang geraucht. Deshalb war ich vorbereitet, als ich den Knoten entdeckte. Ich setzte sofort alles in Gang, was medizinisch notwendig war. Erzählte es allen möglichen Leuten, weil ich alle Optionen gründlich durchsprechen wollte.« (Merle, Krankenschwester im Sozialdienst)

Zwei von Merles engen Freundinnen waren Beraterinnen für Brustkrebspatientinnen. Sie bestand vernünftigerweise darauf, daß eine von ihnen sie zu jedem Gespräch mit dem Facharzt begleitete: »Sie war sowohl Krebskrankenschwester als auch Brustkrebsberaterin. Der Chirurg hat sich vielleicht etwas unter Druck gesetzt gefühlt, aber er trug es mit Fassung. Es ist ohnehin ein Unterschied, mit jemandem zu sprechen, der keine Angst vor der Sprache hat, der realistische Optionen haben will und die Zeit, darüber nachzudenken.«

Da sie selbstbewußt war und sich so ruhig als möglich zeigte, wurde Merle ein Maximum an Informationen und Wahlmöglichkeiten gegeben.

»Ich hätte eine Lumpektomie haben können oder eine Strahlentherapie. Aber der Knoten war an einer ungünstigen Stelle, mehr zur Mitte zwischen den Brüsten hin als unter dem Arm. Also wäre die äußere Form hinterher recht seltsam gewesen. Außerdem führt die Strahlenbehandlung oft dazu, daß der Rest der Brust klumpiger und fibröser wird. Ich wollte nicht am Ende mit einer seltsamen, harten, fibrösen Ausbuchtung dastehen. Weil es mir dann auch nicht mehr möglich gewesen wäre, einen neuerlichen Knoten darin zu ertasten. Ich wollte auch keine Brandflecken von der Strahlentherapie. Ich hatte nicht das Gefühl, daß man mir eine überzeugende Auskunft über verbliebene Zellen hätte geben können.«

Merles Beraterinnen schlugen beide die Mastektomie vor: Obwohl die Folgen einer Brustamputation anfänglich schwieriger zu bewältigen sein würden, könnten so in ihrem Fall spätere Komplikationen vermieden werden. Sie wählte die Mastektomie.

Merles Darstellung zeigt in auffälliger Weise, wie sinnvoll die Brustkrebsberatung ist, die Doreen erst sehr spät im Behandlungsablauf angeboten worden war. Da Brustkrebs eine Krankheit ist, die unübersehbare Auswirkungen auf Frauen hat, ist ein erster Versuch unternommen worden, ihr als einem besonderen Problem von Frauen auch öffentlich Aufmerksamkeit zu schenken, obwohl noch immer nicht genug getan wird. In Großbritannien sind in einigen großen Krankenhäusern Brustkrebs-Beratungsschwestern eingegliedert worden; ihre Dienste werden auch von einigen Gesundheitsbehörden angeboten. Ihre Rolle kann so gesehen werden, daß sie den staatlichen Gesundheitsdienst menschlicher gestalten.

Eine solche Verbindungsschwester, die auf einer Brustkrebsstation arbeitete, erläuterte Forschern ihre Tätigkeit so: Ihre Aufgabe bestehe darin, den Frauen zu helfen, sich darüber klarzuwerden, was Brustkrebs bedeutet und mit welchen Erfahrungen er verbunden ist. Diese Beratungsschwestern setzen sich auch mit solchen Fragen auseinander wie: »Werde ich sterben?« Dies geschieht nicht unbedingt in der Weise, daß sie sich der Möglichkeit bedienen, an die klinischen Daten heranzukommen; vielmehr lassen sie die Frauen selber über die Möglichkeit des Todes sprechen.[32]

In Großbritannien geben einige Landesgruppen praktische Informationen. Das sind »Mastectomy and Breast Care Association of Great Britain« (»Verband Großbritanniens für Brustamputation und Brustfürsorge«), »British Association of Cancer United Patients« (»Britischer Verband Vereinigter Krebspatienten«) und »Cancer Link« (»Krebs-Ring«). Alle erteilen Rat. Selbsthilfegruppen von Frauen mit Brustkrebs können auch in Deutschland über Gesundheitszentren, Arztpraxen oder die lokalen Gesundheitsbehörden ausfindig gemacht werden.

Es ist äußerst wichtig für Frauen mit Krebs, daß sie andere Leute finden, mit denen sie die Probleme durchsprechen können – und das in einer Sprache, die ihnen verständlich ist und sie nicht in Panik versetzt. Es ist unmöglich, alles zu wissen, was nötig ist, um vernünftige Entscheidungen zu treffen. Aber je mehr Informationen Frauen erhalten, um so besser werden sie ihren Krebs unter Kontrolle haben.

»Zur entscheidenden Strategie in meinem Kampf ums Überleben gehört, daß ich mich selber um meine Gesundheit kümmere, daß ich ausreichend Informationen sammle, um die Entscheidungen, die meinen Körper betreffen, zu verstehen und daran teilzuhaben. Es sind meistens Entscheidungen, die von Leuten getroffen werden, die mehr über Medizin wissen als ich. Zugleich werden mir dadurch wichtige Vorgehensweisen vermittelt, wie ich mich auch in anderen Bereichen meines Lebens kämpferisch durchsetzen kann.«[33] (Audre Lorde, 1986)

Audre Lorde, die stolze, schwarze Aktivistin mit nur einer Brust, ist mittlerweile an Krebs gestorben. Sie hat uns jedoch ein Vorbild hinterlassen, von dem wir alle lernen können.

Frauen mit Krebs müssen ihr Leben leben und nicht ihren Tod fürchten. Wenn Krebs seine Schrift auf dem Körper hinterläßt, dann ist es der Körper, der spricht. Die Sprache der medizinischen Berufe muß sich darauf einstellen. Es gibt Krebs! Also nicht länger beschönigende Umschreibungen, nicht länger Lügen!

Neuntes Kapitel

SÖHNE? HABE ICH SÖHNE?

Ich warf einen kurzen Blick auf einen ausgezeichneten Text der Offenen Universität über Tod und Sterben. Dabei fiel mir auf, daß ein Mensch, der an der Alzheimerschen Krankheit leidet, mit »sie« bezeichnet wird.[1] Die Wahl des Pronomens wirft ein bezeichnendes Licht auf eine wichtige Tatsache, die jedoch selten erwähnt wird: Auf vielfältige, hervorstechende Weise ist die Alzheimersche Krankheit eine Frauenkrankheit.

Der größte Teil dieses Kapitels beschäftigt sich mit den Gründen für diese wenig bekannte Tatsache. Es gibt einen Überblick über die Krankheit, vermittelt ein Bild von der Bedeutung und dokumentiert die Probleme, die sie für Frauen mit sich bringt.

Um jedoch zu verstehen, wie sich die Krankheit auf Frauen – sowohl auf Patientinnen als auch auf Betreuerinnen – auswirkt, habe ich zuerst Ausschau nach Frauen gehalten, mit denen ich darüber sprechen konnte.

»Sprich mit Janet Gibbons«, sagten meine Freunde aus der Medizin. »Sie hat ein ganz besonderes Interesse daran.«

Sie erzählten mir nichts darüber, was ihr besonderes Interesse an der Krankheit ausmachte.

Janet war Fachärztin. Vor vielen Jahren war sie von England nach Kanada ausgewandert. Sie hatte ein Zuhause gefunden, eine Partnerschaft, hatte umgeschult, ihre medizinischen Spezialkenntnisse erweitert und ein besonderes Interesse an der Neurologie entwickelt. Ehrgeizig und beliebt wie sie war, fand ihre Forschungsarbeit viel Anerkennung. Nachdem sie nun fast 50 Jahre alt war, hätte man meinen können, daß ihre Karriere eine interessante Richtung einschlagen würde. Doch kürzlich hatte es einige seltsame Andeutungen gegeben, daß Janet eventuell vorzeitig aus dem Arbeitsleben ausscheiden würde. Eines der Gerüche deutete an, daß sie dazu gezwungen sein könnte.

Ich war sehr neugierig, sie kennenzulernen.

Sie hatte ein strenges, ausdrucksvolles Gesicht, kräftiges, dunkles Haar, das wirkungsvoll zu einem einzigen Zopf geschlungen war; und sie war ungeheuer aufmerksam. Ich hatte das Gefühl, daß sie dauernd in Alarmbereitschaft nach irgendwelchen Anzeichen stand. Aber Anzeichen wofür?

Wir saßen in ihrem mit Blumen angefüllten Sprechzimmer, und ich begann das Gespräch: »Man hat mir gesagt, Sie hätten ein besonderes Interesse an der Alzheimerschen Krankheit.«

Sie lachte heiser auf. »Ja, das stimmt. Obwohl ich, um genau zu sein, darauf hinweisen muß, daß es sich dabei nicht um mein spezielles Forschungsgebiet handelt.«

Sie sprach in dem festen, vorsichtigen Ton, wie ihn Ärzte gebrauchen, die vertraut sind mit dem Unterschied zwischen genauer Voraussage und reiner Vermutung:

»Das größte Problem bei der Alzheimerschen Krankheit ist, daß wir den Auslöser noch nicht gefunden haben. Ärzte sind wie Detektive. Sie verzweifeln, wenn sie den Anfangsgründen nicht auf die Spur kommen können. Ohne die Ursache können wir auch keinen Weg zur Heilung finden.«

Ich weiß, daß die Wissenschaftler bisher vergeblich nach der Ursache und nach Heilmitteln gesucht haben. Der Grund hierfür liegt in der allopathischen Medizin des Abendlandes: Ihr zufolge kann jede Krankheit in Begriffen von Ursache und Wirkung beschrieben werden; und Pathophysiologen versuchen noch immer, erste Ursachen ausfindig zu machen. Aber was sich hinter der Alzheimerschen Krankheit verbirgt und was die westliche Medizin dabei bewirken kann, das alles steckt noch in einem erschreckend frühen Stadium. So wie Janet sind auch andere Ärzte der Verzweiflung nahe:

»Eine der größten Geißeln unserer Zeit [ist] die Krankheit, ... die als ›altersbedingte Demenzerkrankung vom Alzheimer Typus‹ bezeichnet wird, [welche] uns das zusätzliche Ärgernis beschert, daß die auslösende Ursache den Wissenschaftlern weiterhin unbekannt geblieben ist, seit die Medizin im Jahr 1907 erstmals auf das Problem aufmerksam wurde ... Seitdem wissen wir kein bißchen mehr darüber, was die Krankheit heilen könnte und wodurch sie ausgelöst wird.«[2] (Dr. Sherwin B. Nuland, 1994)

»Die Forschung kann vielleicht gewisse medikamentöse Behandlungen bereitstellen, die das Fortschreiten der Alzheimerschen

Krankheit verlangsamen oder die Symptome zurückdrängen. Es gibt jedoch keine vorhersehbare Aussicht auf Heilung.«[3] (Dr. Nori Graham, Vorsitzender der »Britischen Gesellschaft für die Alzheimersche Krankheit«)

Zur Zeit gibt es noch keine medikamentöse Behandlung, die das Fortschreiten der Krankheit wirkungsvoll verhindert. Es dauert gewöhnlich fünf bis sieben Jahre, bis die Krankheit zum Tod der bzw. des Leidenden führt. Gelegentlich verlangsamt sich der Prozeß auf eine Dauer von zehn bis fünfzehn Jahren, aber häufig schreitet die Krankheit erheblich schneller voran, so daß es nur drei bis fünf Jahre sind. Aber voranschreiten wird sie immer.

So, als wäre Janet meinen Gedanken gefolgt, sagte sie:

»Wir wissen, daß die Krankheit unerbittlich voranschreitet. Einen Rückgang der Krankheitssymptome gibt es nicht. Die Verschlechterung des Geisteszustandes bei der betroffenen Person ist in jedem Fall irreversibel. Immer führt sie mit Sicherheit zum Tod. Es kommt unvermeidlich zu diesem herzzerreißenden Abstieg einer Frau, die Kontakt zu anderen Menschen und Kontrolle über sich selbst hatte, in einen Zustand, wo jeder Kontakt und jegliche Selbstkontrolle verlorengehen. Es ist ein Abstieg in die totale Verkümmerung aller Hirnfunktionen. Für diejenigen unter uns Ärzten und Betreuern, die aus besonderen Gründen ein Interesse an der Krankheit haben, ist es sehr schwer.«

Für wenige Sekunden bekam ihre gleichmäßige, bestimmende Stimme einen scharfen, betroffenen Klang. Mit einem kurzen Blick auf ihre Uhr und einem Griff nach ihren Unterlagen fuhr sie lebhaft fort:

»Mein besonderes Interesse an der Alzheimerschen Krankheit ist Ruth. Ich muß jetzt zu ihr hinfahren. Wenn Sie Zeit haben und wenn Sie etwas von dem wissen wollen, was ich weiß, dann kommen Sie mit.«

Wir fuhren zehn Meilen durch die Landschaft von Ontario bis zu einem Vorort mit großem Baumbestand. Im Auto versorgte sie mich mit weiterer Information:

»Ruth ist 52 Jahre alt. Seit drei Jahren leidet sie an den ersten Anzeichen für den Ausbruch der Alzheimerschen Krankheit. Es fing an, bevor sie 50 Jahre war. Das ist sehr jung!«

Obwohl diese Demenzerkrankung vom Alter abhängig ist, befällt die Alzheimersche Krankheit eine beträchtliche Anzahl jüngerer Menschen wie Ruth, manche bereits, wenn sie Mitte 40 sind. In

Großbritannien bekommt 1 von 1000 Personen im Alter zwischen 40 und 65 Jahren die Alzheimersche Krankheit. Die britische Alzheimergesellschaft schätzt, daß es gegenwärtig rund 17000 jüngere Personen mit einer Demenzerkrankung gibt, obwohl gleichzeitig darauf hingewiesen wird, daß die Schätzung eher eine Unterbewertung der realen Situation ist.[4] In den Vereinigten Staaten trifft die Alzheimersche Krankheit mehr als 11 Prozent der US-Bevölkerung über 65 Jahren, und wenn man auch noch die Leute unter 65 einschließt, dann steigt die Gesamtzahl schätzungsweise auf 4 Millionen.

Obwohl die Krankheit bei jüngeren Frauen seltener auftritt – das Verhältnis ist eins zu tausend, davon zwei Drittel Frauen –, sind die Symptome die gleichen, aber können dann sogar noch größere Ängste hervorrufen. Wenn eine Frau einer Arbeit nachgegangen ist, dadurch denselben finanziellen Anteil zur Haushaltsführung beigetragen und ein intensives gesellschaftliches Leben geführt hat, dann erweisen sich die Folgen als absolut verheerend.

Nach Aussage von Dr. Janet Gibbons ist es genau das, was Ruth widerfahren ist.

Ruth war Krankenschwester in einem Krankenhaus gewesen, wo Janet früher gearbeitet hatte. Als sich die ersten Anzeichen der Krankheit zeigten, waren diese so zaghaft und verwirrend, daß scheinbar selbst dem Krankenhauspersonal nicht bewußt wurde, was sich da anbahnte.

»Es war, als ob wir alle darauf vertrauten, daß Krankenschwestern, Ärzte oder Sozialhelfer gegen die Krankheit immun sein müßten, besonders wenn sie jung waren. Glaubten wir wirklich, daß nur Nicht-Mediziner die Alzheimersche Krankheit bekommen konnten? Heute kann ich es gar nicht fassen, wie dumm wir alle waren. Es begann damit, daß Ruth sich im Krankenhaus verlief, in dem sie jahrelang gearbeitet hatte. Sie fing an, einige Namen zu vergessen. Sie wurde reizbar, schien ihr sonniges Gemüt und ihre Sanftheit zu verlieren. Ein- oder zweimal brauste sie auf. Wurde aggressiv. Dann merkte sie, daß sie mit den Etiketten auf den Flaschen nicht mehr klarkam, als sie versehentlich ein paar Medikamente durcheinanderbrachte. Sie schob es auf schlechter werdende Augen oder zu starke Anspannung, und wir gaben uns alle damit zufrieden. Anfänglich hielten die Vorgesetzten ihre Schwierigkeiten für Zerstreutheit, dann für zu starke Belastung, dann schlugen sie einen anderen Kurs ein und entschieden, daß sie nachlässig geworden sei. Schließlich wurden sogar Drohungen wegen groben Fehlverhaltens laut. Die Ärzte brauchten sehr lange, bis ihnen klar wurde, was da passierte. Auch ich mache mir Vorwürfe, daß ich es nicht eher erkannt habe. Ich war zu sehr in meine Arbeit vertieft. Irgendwelches Durcheinander im Hause konnte ich nicht gebrauchen. Ich konnte nicht erkennen, was vor meinen Augen ablief. Vielleicht wollte ich es auch nicht.«

Janet sprach noch immer sehr distanziert, aber es ließ sich doch ein leidenschaftlicher Unterton des Bedauerns heraushören.

»Ruths Krankheit befindet sich noch in einem frühen Stadium, aber sie schreitet schnell voran. Das Schlimmste kommt erst noch. Ich habe zwar Erfahrung mit Demenzerkrankungen, aber in diesem Fall, fürchte ich, wird es mir nicht sehr viel helfen.«

Janet beschloß, mir mehr über Ruths Zustand zu erzählen, damit ich nicht zu erstaunt reagierte, wenn ich mit ihr zusammentraf.

»Manchmal tauchen noch Reste von Erinnerung an die jüngere Vergangenheit auf, sogar ein verschwommenes Festhalten an Dingen der Gegenwart. Manchmal fällt ihr wieder ein, daß sie Krankenschwester gewesen ist, dann wieder nicht. Natürlich habe ich ihr gesagt, daß sie die Alzheimersche Krankheit hat. Es ist mir nicht leichtgefallen, obwohl ich als Ärztin immer daran interessiert gewesen bin, die Tabus niederzureißen, die viele Ärzte mit dem Sterben verbinden. So viele von uns betrachten den Tod als Feind. Man lehrt uns zu glauben, daß wir ihn mit genügend Geschick bezwingen können. Nun ja, die Alzheimersche Krankheit können wir noch nicht bezwingen. Deshalb ist es wahrscheinlich gut, daß ich den Tod nicht als Feind empfinde, sondern als Teil eines Vorgangs, der mit der Geburt beginnt.«

Am Anfang ihrer Krankheit wußte Ruth, daß sie bis zu ihrem Tod allmählich die Kontrolle über alle Funktionen verlieren würde. Sie und ihre Ärzte hatten darüber gesprochen, was das für ihr häusliches Leben bedeutete, nachdem sie auch ihre Arbeit aufgegeben hatte.

»Sie war tapfer, als sie es noch verstand. Jetzt hat sie die Fähigkeit verloren, es zu verstehen, und so müssen wir anderen tapfer sein.«

Das Auto hielt an. Wir hatten »Redlands« erreicht, ein großes Haus, in der charakteristischen kanadischen Schindelbauweise, die man sonst in Ontario nicht häufig antrifft.

»Ruth kommt aus dem Osten«, erklärte Janet. »Es wurde extra so gebaut.«

Wir gingen durch das Gartentor hinein in eine blühende Farbenpracht. Eine hochgewachsene Frau mit goldbraunem, von grauen Fäden durchzogenem Haar pflückte Blumen und sortierte sie zu Bündeln. Zu ihren Füßen standen zwei riesige Vasen und eine kleine Kreidetafel. Auf der Tafel war in fetten, schwarzen Buchstaben eine Liste niedergeschrieben:

ANZIEHEN
FRÜHSTÜCK
FRAU LLOYD KOMMT
KAFFEE
EINKAUFEN MIT FRAU LLOYD
BLUMENPFLÜCKEN
JANET ZURÜCK
MITTAGESSEN MIT JANET

Wir gingen zu Ruth hinüber, und Janet überprüfte die Tafel in ihrer genauen, aufmerksamen Art, die mir bereits aufgefallen war. Die ersten zwei Punkte waren mit zittriger Hand durchgestrichen worden. Janet ließ sich bestätigen, daß Frau Lloyd, eine Teilzeit-Sozialhelferin, Ruth zum Einkaufen mitgenommen hatte.

»Das hier ist Sally. Sie schreibt gerade ein Buch über Tod und Sterben, und wie Frauen damit umgehen!« Ihre Stimme wurde etwas ironisch. »Sie spricht mit vielen Frauen, Ruth, Frauen, wie wir es sind.«

Über diese eher harsche Vorstellung war ich erstaunter als etwa Ruth. Sie lächelte mich leicht an und sagte:

»Ich war eine Krankenschwester, nicht wahr? Ich habe eine Menge vom Tod gesehen ... glaube ich ... nicht wahr?«

Sie drehte sich zur Bestätigung ihrer Worte zu der Ärztin um. Janet versicherte mit viel Wärme: »Du warst eine sehr gute Krankenschwester.«

Das Haus war hell und luftig, drinnen viel rötliches Holz und Bambus, honig- und rostfarbene Jalousien vermittelten eine warme, rustikale Atmosphäre.

»Ich werde das Mittagessen herrichten. Ruth, würdest du bitte die Sachen auf den Tisch legen.« Janets Stimme war forsch, fest und freundlich. Eine Frau, die daran gewöhnt ist, anderen Anweisungen zu erteilen.

Gehorsam ging Ruth in den Wohnraum, zögerte am Tisch, schaute etwas betroffen, erblickte dann erleichtert ein paar große, rote Bodenkissen und legte sich darauf unweit vom Eßtisch nieder.

Janet kam herein, sah sie und lachte. Aber ihren Augen schauten betrübt.

»Ich habe nicht ›hinlegen‹ oder gar ›niederlegen‹ gesagt. Ich habe gesagt: ›Leg die Sachen auf den Tisch.‹ Oh, meine arme Ruth, das ist schwer für dich.«

Sie streichelte kurz über Ruths Haar und bedeutete mir dann, mit in die Küche zu kommen: »Sie sehen, was los ist?«

»Ich meine schon. Ruth ist nicht Ihre Patientin?«

»Nein, offiziell ist sie nicht meine Patientin. Wir haben eine Ärztin und eine Fachärztin. Sie ist meine Lebensgefährtin, damit ist sie in anderer Weise natürlich meine Patientin. Wir kennen uns seit dreißig Jahren. Ruth war dreiundzwanzig Jahre alt, geschieden, mit dreijährigen Zwillingsbuben, als wir uns während meines ersten Aufenthaltes in Kanada kennenlernten. Als ich später zurückkam, um ganz hier zu leben, beschlossen wir, zusammenzubleiben. Also könnte man sagen, daß sie jetzt immer meine Patientin sein wird, weil sie meine Partnerin ist. Was und wie ich es letztlich machen werde, das weiß ich nicht.«

Sie machte den grünen Salat fertig, mischte Salatsauce unter und steckte den Kopf in die Türöffnung zum Wohnraum, um nachzuschauen, was Ruth machte, und wiederholte dann:

»Ich weiß es nicht. An manchen Tagen habe ich das Gefühl, daß ich überhaupt nichts mehr weiß. Im Moment halte ich an meinem Job fest, halte meinen Kopf zusammen – so eben – und bewältige unseren Alltag, indem ich Frau Lloyd an den Vormittagen beschäftige. Wenn es irgend geht, komme ich zum Mittagessen zurück und, wenn möglich, zum Tee, kehre dann zur Arbeit zurück, komme spät nach Hause und bringe noch Arbeit mit. Dies ist noch das frühe Stadium. Ruth ist sich zumindest zeitweise ihres Zustandes bewußt, noch kann sie mir helfen, ihr zu helfen. Bald wird es nicht mehr so sein.«

»Und dann?« fragte ich.

»Ach! Und dann? Dann … Ich weiß es nicht …«

Ich erinnerte mich an die Gerüchte über ihr mögliches Ausscheiden aus dem Berufsleben. Ich fragte nach ihrer Laufbahn und ihren Plänen. Janet bedachte mich mit einem harten, zynischen Blick.

»Laufbahn oder Laufmädchen? Das immerwährende Frauenproblem! Ich bin ihr eine Menge schuldig, unserer Partnerschaft, aber ich schulde auch mir sehr viel. Meiner Arbeit, die Hunderten von Menschen Nutzen bringen kann. Ich liebe meine Arbeit. Dazu tauxt auch das erschreckende Finanzproblem auf. Gäbe ich die Arbeit auf, wovon sollten wir leben? Sicher könnten wir nicht so wie jetzt leben. Aber ebenso verbietet es sich für mich, sie in ein Heim zu bringen. Also, ich weiß es nicht – lassen Sie uns zu ihr gehen und essen.«

Das Gespräch am Mittagstisch war leicht und unbeschwert. Ruth entspannte sich jetzt, da Janet zu Hause war und die Verantwortung übernommen hatte. Janet sprach in kurzen, einfachen Sätzen und erwartete, daß ich das gleiche tat.

Janet und ich knabberten uns noch durch den knackigen Salat, und ich genoß kanadische Teigrollen mit Kohlfüllung und flüssigem Käse, als Ruth plötzlich unruhig wurde. Sie fing an, die Teller und Gabeln hin- und herzuschieben, nahm sie vom Tisch und stapelte sie auf dem Teppich übereinander. Janet hatte ein wachsames Auge auf sie.

»Es besteht keine Eile, schon abzudecken, meine Liebe. Wir sind noch nicht fertig mit dem Essen. Bleib sitzen, bis wir fertig sind.«

Ruths Finger rieben über das Tischtuch. Ihre Augen gingen ängstlich zur Tür, wo sie auf Janets Aktentasche verweilten.

»Wirst du heute spät nach Hause kommen, Janet?«

»Nein. Ich werde heute abend früh zu Hause sein. Tom kommt zum Abendessen.«

»Tom? Wer ist Tom?« Ruths Angst war augenscheinlich.

»Tom ist dein Sohn, Ruth. Einer deiner Zwillingssöhne.«

Es gab eine Pause. Beide Frauen waren still, während Ruth ein Muster auf dem Tischtuch zeichnete.

»Söhne? Habe ich Söhne?«

Die Betroffenheit in ihren Augen kam jetzt auch offen in ihren Worten zum Ausdruck.

»Ja«, sagte Janet fest. »Du hast zwei Söhne. Zwillinge. Tom und Andrew.«

»Kommen sie oft hierher?«

»Nein, das tun sie nicht. Sie kommen selten, wenn überhaupt. Deshalb werde ich auch heute abend früh zu Hause sein.«

»Söhne? Habe ich Söhne? Zwillinge. Du meine Güte. Wirst du heute spät nach Hause kommen, Janet?«

Janet ermunterte Ruth, ihr in aller Ruhe zu helfen, den Tisch abzuräumen und das Geschirr in die Küche zu bringen. Sie löschte die Morgenliste von der Kreidetafel und ersetzte sie durch die Worte:

AUSRUHEN NACH DEM MITTAGESSEN
BLUMENZWIEBELN SETZEN
MUSIK ANMACHEN
JANET FRÜH ZU HAUSE
ABENDESSEN MIT JANET UND TOM
TOM IST DEIN SOHN
TOM IST EIN ZWILLING

Janet überzeugte Ruth, sich auf dem Sofa auszuruhen, während sie den Abwasch machte.

»Der heutige Abend wird ein großes Ereignis sein. Keiner ihrer Söhne hat sie seit zwei Jahren besucht. Tom kann es nicht ertragen zu sehen, wie sich der Zustand seiner Mutter zusehends verschlechtert. Er wird sie heute sehr verändert vorfinden. Alles, was komplex oder kompliziert ist, kann sie nicht mehr begreifen. Theaterstücke oder Filme kann sie nicht mehr erfassen, noch kann sie im Fernsehen etwas verstehen oder gar einer schnellen Konversation folgen. Das Lesen geht langsam und fällt ihr recht schwer. Ich schreibe in Großbuchstaben auf ihre Tafel. Sie schaut sich noch immer gerne Fotografien an, aber vielfach erkennt sie die Leute nicht mehr. Früher sind wir oft ganze Tage lang mit unseren Kameras losgezogen – es scheint ein Jahrhundert her zu sein.«

Sie seufzte und äußerte sich dann verärgert über den anderen Sohn:

»Andrew hat noch früher aufgehört, sie zu besuchen. Er hat eine Heidenangst davor, daß die Krankheit erblich sein könnte. Es stimmt auch, daß bei frühem Ausbruch der Alzheimerschen Krankheit ein paar genetische Faktoren mitspielen. Beide Zwillinge sind beunruhigt, aber sie scheinen sich mehr um ihre eigene Haut zu sorgen als um ihre Mutter.«

Ruths Fähigkeiten, jemanden oder etwas wiederzuerkennen, lassen nach; deshalb bekümmert sie das Verhalten ihrer Söhne weniger als etwa Janet. Dr. Jonathan Miller, Präsident der »Britischen Gesellschaft für die Alzheimersche Krankheit«, weist darauf hin, daß die grausamste Folge dieser Krankheit die ist, daß der Partner, Freund oder das Kind des Leidenden, die sich unermüdlich um die Betreuung und Unterstützung kümmern, nicht mehr erkannt werden. Er fügt hinzu:

»Die Tatsache, daß wir bislang nicht in der Lage sind, die Ursache oder eine Heilmöglichkeit zu finden, macht die Tragödie noch schlimmer.«[5]

Inzwischen führt Ruths nachlassende Wiedererkennungsfähigkeit dazu, daß das Paar zunehmend isolierter wird.

»Freunde, die früher regelmäßig herübergekommen sind, kommen nicht mit der Tatsache zurecht, daß sie manchmal nicht mehr weiß, wer sie sind. Sie werden traurig, ärgerlich oder kommen einfach weniger. Ich muß mich mit der Tatsache abfinden, daß ein Zeitpunkt kommen wird, ab dem sie auch mich nicht mehr erkennen wird. Als Ärztin ist mir das vom wissenschaftlichen Standpunkt her klar, aber gefühlsmäßig kann ich es mir nicht eingestehen.«

Wie schätzt eine Frau, die für einen Elternteil, Partner, Ehemann, Freund oder eine Schwester sorgt, die Länge der Zeit ein, bis der Patient nicht nur unfähig ist, mit Knöpfen und Reißverschlüssen umzugehen, sondern tatsächlich vergißt, wozu Knöpfe und Reißverschlüsse da sind? Wie lange wird es dauern, bis sie oder er den Namen der Kinder, der Eltern oder sogar den eigenen Namen vergißt? Was passiert, wenn die Leidenden die eigene Vergeßlichkeit vergessen?

Janet setzt sich täglich mit diesen unbeantworteten Fragen auseinander und ebenso mit einer Unzahl praktischer Probleme, die – wie Facharzt Sherwin Nuland hervorhebt – ein Zustand mit sich bringt, den man treffend die Krankheit des 36-Stunden-Tages genannt hat.

»Bald wird man sie sogar für kurze Zeit nicht mehr allein lassen können. Dann werde ich die großen Entscheidungen für mich treffen müssen. In den letzten drei Monaten habe ich beobachtet, wie ihr Zeitgefühl schlechter geworden ist. Es treten bereits kurze Phasen auf, wo sie den Tag mit der Nacht verwechselt, auch wenn das noch nicht von Dauer ist. Sie muß ein stabiles Umfeld haben, sie braucht Ordnung. In neuer Umgebung bekommt sie Angstzustände.«

»Heißt das, daß Sie nicht mehr viel fortgehen?«

Janet nickte. »Kaum noch. Die Betreuung einer Alzheimer-Kranken ist sogar schon im frühen Stadium zeitraubend. Und ich habe noch Hilfe, was bei vielen Frauen nicht der Fall ist. Aber ich weiß, daß die Hilfe wegfallen wird, wenn sich ihr Zustand verschlechtert. Die Leute mögen sich nicht in der Umgebung von Alzheimer-Kranken aufhalten. Weil die Krankheit sowohl den Körper als auch den Geist angreift, werden sie von allen als Verrückte angesehen – oder am Ende gar als dahinvegetierendes Etwas. Viele Pflegeheime oder Altenheime nehmen sie gar nicht erst auf.«

Es sieht so aus, als verlöre Ruth nicht nur langsam ihre Kommunikationsfähigkeit, sondern sie wandert auch bereits umher, ein beständiges Symptom der Alzheimerschen Krankheit.

»Die frühen Abende sind am schlimmsten. Sie wird sehr ruhelos. Wenn sie dann nicht eingeschlossen ist, kann es sein, daß sie ohne die entsprechende Kleidung hinausgeht. Ich habe schon erlebt, wie sie sich verlaufen hat, nur noch auf dem Boden saß und weinte. Manchmal wacht sie in der Nacht auf und versucht, sich anzuziehen, aber sie schafft es nicht ohne Hilfe, so daß ich sehr wenig Schlaf bekomme. Wenn ich mich früh am Morgen um Patienten kümmern muß, ist das sehr schlimm. Gelegentlich macht sie das Bett naß. Das wird in Zukunft häufiger sein. In einem Jahr oder zweien wird sie völlig inkontinent sein. Ich weiß, was mich erwartet, aber ich weiß nicht, wie ich darauf reagieren werde.«

Die abwehrenden Reaktionen anderer Leute werfen allmählich einen Schatten über ihrer beider Leben. Ruths Fehlleistungen bringen die Leute aus der Fassung, so daß sie aufhören, sie gemeinsam einzuladen.

»Sie laden noch mich ein«, fuhr Janet fort. »Sie haben das Gefühl, daß ich vor etwas bewahrt werden muß, was sie die ›Situation‹ nennen. Aber ich mag nicht ohne sie gehen. Ich bin glücklicher zu Hause, wo ich versuche, mich mit irgendwelchen Forschungen zu beschäftigen, wenn sie sich Gartenkataloge anschaut oder schließlich einschläft.«

Für Janet verbirgt sich viel Ironie in der Situation, daß sie und ihre Partnerin zehn Jahre zuvor darüber gescherzt hatten, wie nützlich es sei, daß Ruth als Krankenschwester den Beruf einer Betreuerin gewählt hatte.

»Ich pflegte zu sagen: ›Um so besser, wenn sich jemand um mich kümmern kann!‹ Was für ein schlechter Scherz! Jetzt scherzen wir nur noch wenig. Manchmal zeigt sich für wenige Minuten in einem kurzen Aufflackern die alte, komische Ruth. Aber nein – im ganzen gesehen habe ich meine Gefährtin verloren.«

Sie seufzte und hörte auf, mit mir zu reden. Dann, so als ob sie sich über etwas völlig Unpersönliches ausgelassen hätte, sagte sie kalt:

»Es kann nur schlimmer werden. Wir müssen jetzt gehen. Ich kann es mir nicht leisten, zu spät zu kommen.«

Wir zogen unsere Jacken an und begaben uns zur Tür. Ruth kniete sinnend vor der Kreidetafel. Janet ging zu ihr hinüber und drückte sie an sich. Ruth erwiderte die Umarmung. Nicht ein einziges Mal während meines Aufenthaltes auf Redlands hatte es Anzeichen gegeben, daß Ruths Geist oder Körper vergessen hatte, wer Janet war. Ich rief mir die Worte der Ärztin in Erinnerung:
»Dies sind die ersten Anzeichen für den Ausbruch der Alzheimerschen Krankheit. Wir sind in einem frühen Stadium der Krankheit, aber sie schreitet schnell voran. Das Schlimmste kommt erst noch.«

Würde das Schlimmste sein, daß Ruth vergaß, wer Janet war? Würde das Schlimmste eintreten, wenn Janet sich entschied, ihre blühende Laufbahn aufzugeben, um sich in Vollzeit um Ruth zu kümmern, und dann später die Entscheidung bereute? Oder würde es schlimmer sein, wenn sie sich dafür entschied, ihre Arbeit nicht aufzugeben und statt dessen eine Vollzeitbetreuung zu bezahlen, oder wenn sie Ruth in einem Heim unterbrächte – und sie dann gegen Ruths eventuelle Angstzustände und gegen ihre eigenen, sie ständig begleitenden Schuldgefühle ankämpfen müßte?

Keine der Entscheidungsmöglichkeiten wäre leicht. Keine der Folgen sicher. Unsicherheit ist der Grundtenor dieser unheilbaren Krankheit. Das einzig Sichere war, daß Ruth mit jedem Tag hinfälliger würde, bis sie unfähig wäre, zu denken, zu lernen, sich auseinanderzusetzen, sich zu erinnern oder irgendwelche ihrer geistigen und körperlichen Funktionen zu kontrollieren, bis sie schließlich sterben würde. Aber wann das letztere eintreffen würde, war ebenso unsicher. Es gibt keinen Anhaltspunkt, um beurteilen zu können, wann der Tod eintreten würde.

Als hätte sie meine Gedanken gelesen, erschien Janet hinter mir mit meiner Tasche.

»So viele Unsicherheiten«, sagte sie. »Kein Hinweis, um den richtigen Weg zu finden. Inzwischen schlittern wir hier, solange ich mich um meine anderen Patienten kümmere, von einer Krise in die nächste.«

Sie rief zu Ruth hinüber: »Versuch, dich nicht um irgend etwas zu sorgen. Ich werde bald wieder zu Hause sein.«

Als ob sie nicht verstanden hätte, fragte Ruth: »Wirst du heute spät nach Hause kommen, Janet?«

»Nein. Ich werde heute abend früh zu Hause sein. Tom kommt zum Abendessen.«

»Tom? Wer ist Tom?«

»Tom ist dein Sohn, Ruth. Du hast zwei Söhne. Zwillinge. Tom und Andrew. Ich habe es auf deine Tafel geschrieben.«

»Tafel? Ja. Sohn?«

Als wir die Haustür öffneten, hörte ich, wie Ruth tränenerstickt flüsterte: »Söhne? Habe ich Söhne? Zwillinge? Du meine Güte! Wirst du heute spät nach Hause kommen, Janet?«

Janet hatte eine Verabredung in der Innenstadt, so daß ich einverstanden war, daß sie mich im Zentrum absetzte. Sie hielt vor einem dieser großen Buchläden.

»Kaufen Sie sich ein heiteres Buch. Trennen Sie sich ein wenig vom Tod!« bemerkte sie humorvoll und winkte mir zum Abschied zu.

Ich ließ mich hineintreiben und war durchaus gewillt, mich ein wenig vom Tod zu trennen. Die Bücher von Jane Rule, einer guten, kanadischen Romanautorin, fielen auf den Regalen ins Auge. Ich nahm wahllos einen Roman heraus. Oder vielleicht war es gar nicht so wahllos. War da vielleicht etwas anderes am Werk? Das Buch hatte den Titel »Memory Board« (»Gedächtnistafel«). Lassen Sie mich Ihnen kurz den Anfang der Geschichte erzählen, und dann können Sie selber urteilen.[6]

David und Diana Crown, jetzt in ihren Sechzigern, sind Zwillinge, die sich einst sehr nahegestanden haben, sich dann aber über vierzig Jahre durch voneinander abweichende Gesinnungen und unterschiedliche Lebensstile fremd geworden sind.

David hat unter einer verbitterten Ehefrau und den Anforderungen einer großen Familie gelitten. Diana ist eine erfolgreiche Ärztin gewesen, die ihr halbes Leben mit Constance verbracht hat, einer einstmals energischen, unabhängigen Gärtnerin, die zu Beginn des Romans gebrechlich geworden ist. Diese Frau verliert ihr Gedächtnis und befindet sich scheinbar im ersten Stadium von etwas, das die Alzheimersche Krankheit sein könnte, obwohl der Krankheit kein klinischer Name gegeben wird.

Diana hat ihre medizinische Karriere aufgegeben, um für Constance zu sorgen. Merkwürdiger Zufall – die erste Szene, in der wir den zwei Frauen begegnen, spiegelt fast haargenau mein erstes Zusammentreffen mit Janet und Ruth wider.

In Jane Rules Roman befinden sich die zwei Frauen im Schlafzimmer. Constance steht unentschlossen neben Kleidungsstücken, die Diana am Vorabend herausgelegt hat.

»Habe ich schon geduscht?«
»Nein«, sagte Diana lächelnd.
Während Constance duschte, nahm Diana eine kleine Tafel ...
und schrieb die Liste für den heutigen Tag darauf ...

KLEIDER ANZIEHEN
FRÜHSTÜCK
DIE MORGENSCHAU
BLUMENZWIEBELN AUS DEM BEET NEBEN DER GARAGE
HERAUSNEHMEN
MITTAGESSEN
AUSRUHEN
BESORGUNGEN AUF DER HAUPTSTRASSE
SPAZIERGANG AM STRAND
ABENDESSEN MIT DAVID[7]

Diana, die Ärztin, lehnt die Tafel gegen die Gartenkleidung von Constance und geht hinunter, um das Frühstück zu machen. Constance erscheint am Frühstückstisch, angezogen und mit der Tafel in Händen, auf welcher der erste Punkt ausgestrichen ist.
»David wer?« fragte sie.
»Mein Bruder.«
Constance starrte fort von Diana auf die leere Tafel ihres Gedächtnisses.
»Mein Zwillingsbruder.«[8]
In »Memory Board« hat David nach einem Zeitraum von vier Jahrzehnten beschlossen, sich an dem Abend selbst zum Essen einzuladen. Obwohl Diana Constance mehrere Male erklärt, daß ihr Zwillingsbruder kommen wird, ist sie sich nicht sicher, ob Constance wissen wird, wer er ist. Ihre Befürchtungen erweisen sich als richtig. Während des Essens fragt Constance David höflich:
»Kennst du uns?«
»Nicht so, wie ich es mir wünschen würde«, erwiderte David ...
»Vermißt du deine Arbeit?« fragte David, wandte sich mit seiner Frage aber mehr an Constance als an Diana.
»Habe ich jemals gearbeitet?« fragte Constance.[9]
Während des Essens nimmt Constance' Verwirrung zu. Sie wendet sich an David:
»Ich weiß nicht, wer du bist«, sagte Constance.
»Er ist mein Bruder, mein Zwillingsbruder, David.«[10]

Als sich David an dem Abend nach dem Essen verabschiedet hat, schläft Constance friedlich, und jeder Schimmer einer Erinnerung an den Abend ist aus ihrem Gedächtnis entschwunden. Am Morgen wird sie nichts mehr davon wissen, daß sie einen Besucher hatten. Auch wird sie niemals in der Lage sein, sich daran zu erinnern, daß Diana, ihre Ärztin und Partnerin, einen Zwillingsbruder hat.

Zwillingsbruder? Hast du einen Zwillingsbruder?

Jane Rules Roman vermittelt ein unheimliches und genaues Spiegelbild der Fallstudie über Janet und Ruth. Die Symptome und Probleme in den zwei Geschichten ähneln sich in bemerkenswerter Weise. Wir sehen die charakteristischen Abläufe, welche die Krankheit und das schwere Leben der Betreuer überschatten, und das in jeder Lebenssituation, wo immer die Alzheimersche Krankheit auftritt.

Die Abläufe schließen, wie wir gesehen haben, ein:
Schwierigkeiten einer frühen Diagnose;
Entscheidung, ob Zurückhaltung oder Offenheit;
Beschäftigungsprobleme bei jungen Frauen mit Alzheimer;
Frühes Ausscheiden der Betreuer aus dem Arbeitsleben;
Finanzielle Entbehrungen;
Listen und beschriftete Gegenstände, um anfänglichen Problemen zu begegnen;
Verhaltensmuster der Leidenden:
Stimmungswechsel;
Aggressivität;
Persönlichkeitsveränderung;
Umherwandern;
Unfähigkeit, Dinge und Menschen wiederzuerkennen;
Frage, ob Betreuung zu Hause oder in einer Institution;
Verluste der Leidenden:
Verlust des Gedächtnisses, der Urteilsfähigkeit, logischer Denkvorgänge;
Verlust der Körperfunktionen;
Verlust der Selbstkontrolle;
Verlust der Identität, des Selbst;
Verluste der Betreuer:
Verlust der Kameradschaft;
Verlust des sexuellen Partners;

Verlust eines Elternteils oder eines Verwandten;
Verlust des Vertrauten, des Gesprächspartners;
Verlust der Antriebskraft; körperliche Erschöpfung; seelische Belastung;
Emotionaler Verlust;
Der Rückzug der Kinder;
Gesellschaftliche Isolation, gesellschaftlicher Tod:
Verlust von äußeren Interessen, von Verbindungen, von Freunden;
Zu erwartender Schmerz;
Schmerz- und Schuldgefühle nach der Krankheit;
Furcht vor genetischem Erbe.

Das Schlüsselproblem jedoch, das allen Abläufen zugrunde liegt, ist das der Unsicherheit.

Ich werde mich zunächst mit jedem einzelnen der Hauptprobleme befassen, dann einen Blick auf die Unsicherheit werfen, die das Prisma ist, durch das wir das Gesamtverhältnis von Frauen zum Tod und Sterben erkennen können. Da die Krankheit aber auch eine große Anzahl von Männern trifft, ist es zunächst wichtig festzustellen, in welcher Weise sich die Alzheimersche Krankheit auf Frauen auswirkt; und es muß festgestellt werden, welche besonderen Gesichtspunkte, die einer Studie über die Alzheimersche Krankheit entnommen sind, sich mit denen decken, die sich durch meine Studie hindurchziehen.

Über die Alzheimersche Krankheit, eine Krankheit mit hochgradigem Verstandesverlust, ist bekannt, daß sie unerbittlich und stetig fortschreitend die Nervenzellen in der Hirnrinde angreift, die unmittelbar mit unseren sogenannten höheren Funktionen des Gedächtnisses, der Lernfähigkeit und des Urteilvermögens in Verbindung steht.

Dabei wird übersehen, daß mit der Krankheit drei besondere Folgen für Frauen verbunden sind.

Als erstes bekommen wesentlich mehr Frauen als Männer, grob gerechnet zwei Frauen gegenüber einem Mann, die Alzheimersche Krankheit, eine der Haupttodesursachen in einigen westlichen Gesellschaften. Es wird geschätzt, daß diese Zahlen und dies Verhältnis ansteigen werden.

Obwohl die Krankheit auch jene in der mittleren Lebensphase

(40 bis 65 Jahre) treffen kann, handelt es sich weitgehend um eine schwere Erkrankung, an der ältere Menschen leiden; und gegenwärtig leben Frauen länger als Männer, woran sich auch in Zukunft wohl wenig ändern wird. Heutzutage leiden daran allein in Großbritannien mehr als eine halbe Million Menschen (meist über 65 Jahre). In Großbritannien sind Frauen die Hauptopfer.

Im Jahr 1991 gab es 500000 Alzheimer-Kranke im Alter von mehr als 40 Jahren; 334000 dieser Fälle waren Frauen. Innerhalb der nächsten 30 Jahre werden sich ungefähr 154000 neue Fälle entwickeln. Es wird von annähernd zweiundvierzig neuen Demenzfällen pro Tag über die nächsten zehn Jahre gesprochen, und das in demselben Verhältnis von zwei Frauen auf einen Mann, wobei sehr wahrscheinlich ist, daß der Anteil von Frauen weiterhin zunehmen wird. Aller Voraussicht nach werden bis zum Ende dieses Jahrhunderts insgesamt mindestens 667000 Frauen – eventuell bis zu einer Million – an der Alzheimerschen Krankheit leiden.[11]

In den USA sucht, wie wir bereits gesehen haben, die Alzheimersche Krankheit mehr als 11 Prozent der Bevölkerung über 65 Jahren heim. Die Gesamtzahl der von der Krankheit betroffenen Amerikaner (einschließlich derer unter 65 Jahren) erreicht ungefähr 4 Millionen. Auf die Geschlechter bezogen ergibt sich das gleiche Muster. In den USA sind Frauen die Hauptopfer.

International gesehen zählen altersbedingte Demenzerkrankungen, wobei die Alzheimersche Krankheit die überwiegende Form darstellt, zu den großen Geißeln der zeitgenössischen Gesellschaft. Weltweit leiden daran schätzungsweise 50 Millionen Menschen über 65 Jahren. Weltweit sind Frauen die Hauptopfer.

Die geschlechtsspezifischen Merkmale der Krankheit sind auch weltweit die gleichen. In weniger entwickelten Ländern ist der Unterschied in der Lebensdauer zwischen Frauen und Männern noch ausgeprägter. Die Weltgesundheitsorganisation WHO geht davon aus, daß die Zahl von älteren Frauen mit Alzheimer unverhältnismäßig zunehmen wird.[12]

Im Westen haben die Verbesserungen bei der körperlichen Gesundheit dazu geführt, daß Herzkrankheiten, Schlaganfälle und Krebs zurückgehen oder zumindest behandelt werden können. Die Ironie liegt nun darin, daß die Menschen als Folge davon zwar länger leben, aber nun mit großer Wahrscheinlichkeit Opfer versagender geistiger Kräfte sowie von Verwirrung und Demenzerkrankungen werden.

So sind es hauptsächlich Frauen, die zu Nutznießerinnen der letzten Ironie medizinischer Technologie werden.

Eine wachsende Mehrheit in einer älter werdenden Gesellschaft sind Frauen, von denen viele leider bald werden erkennen müssen, daß wir uns auf dem Weg zur Feminisierung des Alters befinden.

Bis zum Alter von 45 Jahren sind die Zahlen von Männern und Frauen in etwa gleich, doch dann öffnet sich die Kluft allmählich. In unserer heutigen Gesellschaft kann man davon ausgehen, daß eine Frau im Durchschnitt annähernd zehn Jahre länger leben wird als die ihr nahestehenden Männer. Feminisierung des Alters bedeutet, daß sie fast sicher ihren Mann überleben wird und unter Umständen auch ihre ältesten Söhne.

Zwischen den Jahren 1901 und 1979 ist die Zahl der Frauen mit mehr als 65 Jahren doppelt so schnell gestiegen wie die der Männer. Heute, in der Mitte der neunziger Jahre, sind Frauen über 65 die am schnellsten wachsende Gruppe der britischen Bevölkerung. Am Ende dieses Jahrhunderts werden in Großbritannien die meisten der eine Million Menschen mit mehr als 85 Jahren Frauen sein. Es ist nur allzu naheliegend, daß dann eine von fünf Frauen an einer Form von Demenzerkrankung leiden wird, und höchstwahrscheinlich wird das die Alzheimersche Krankheit sein.

Die Defizite sind unberechenbar. Frauen mit Alzheimer werden die Orientierung, all ihre Fähigkeiten und schließlich ihr Gedächtnis verlieren.

Betreuer, die selber alt und oft sehr gebrechlich sind, werden sich um die Leidenden kümmern, und zwei Drittel dieser Betreuer werden Frauen sein. Damit folgen wir dem gleichen Muster, das sich durch dies ganze Buch zeigt, daß nämlich in der heutigen Zeit Frauen die Hauptlast der Betreuung tragen, die jede unheilbare Krankheit mit sich bringt. Ihre Verlustempfindungen sind desgleichen eine selten erwähnte Angelegenheit. Viele Frauen haben ihren Arbeitsplatz und ihre finanzielle Sicherheit aufgegeben, um für die Alzheimer-Kranken zu sorgen, die täglich ein Stück ihrer Identität verlieren. Kein Wunder, daß diese betreuenden Frauen oft im besten Fall die Geduld verlieren und im schlechtesten Fall das Gefühl haben durchzudrehen.

Die erdrückenden Zahlen und trostlosen Tatsachen um die Alzheimersche Krankheit stellen das erste bedeutende Problem von Frauen dar.

Das zweite ist das eng miteinander verknüpfte Problem des Alterns und der Diskriminierung auf Grund des Alters.

In unserer vergreisenden Gesellschaft, in der sich die Altersdiskriminierung besonders gegen Frauen richtet, verbinden sich mit dem Altern als solchem und den daraus entstehenden Krankheiten sehr unterschiedliche Assoziationen für die beiden Geschlechter.

In der westlichen Kultur bedeutet Altersdiskriminierung für sich gesehen – soweit sie vom Sexismus getrennt werden kann –, daß wir generell ältere Leute abwerten, die ökonomisch nicht mehr produktiv sind. Wir isolieren alte Männer und Frauen. Wir schieben ihre Fähigkeiten beiseite, wir schätzen ihre Klugheit gering ein, wir verweigern ihnen den gesellschaftlichen Status, wir versagen ihnen den Respekt.

Altersdiskriminierung wird zu einem vernichtenden Werkzeug, wenn sie sich mit unserem kulturellen Todestabu verbindet, weil es dazu führt, daß wir die Realität der fortschreitenden Jahre leugnen, daß wir unsere zunehmende Gebrechlichkeit leugnen, daß wir die nahende Zeit des Sterbens leugnen.

Zeichen des Alters bergen Zeichen des Todes in sich. Deshalb tarnen und ignorieren wir sie.

In unserer maskulin dominierten Welt bedeuten Tabus um den Tod und das Alter, wenn sie Teil des vorherrschenden Sexismus sind, daß, da es kein offizielles Pensionsalter für Frauen als Betreuerinnen gibt, ihre als selbstverständlich hingenommene Arbeit konsequent abgewertet wird.

Lassen Sie uns eine Weile über die Doppelmoral des Alterns nachdenken. Sie führt dazu, daß wir ältere Männer als »markant«, ältere Frauen als »runzlig« bezeichnen. Wir sagen, das weiße Haar eines Mannes ist »vornehm«, aber wenn wir das graue Haupt einer Frau sehen, behaupten wir, daß sie »das Beste hinter sich hat«.

Wie viele von uns fangen bereits in den frühen Vierzigern an, das mit grauen Fäden durchzogene Haar in einem flammenden Rot oder einem kühnen Blauschwarz zu färben? Ich weiß aus eigener Erfahrung: Wenn man einmal mit der Färberei anfängt, ist es schwer, wieder aufzuhören. Da kommen dann die berühmten feministischen Tendenzen plötzlich nicht mehr zum Zug! Nehmen sie mich: Ich bin eine, man könnte sagen, waschechte Feministin, die hartnäckig beteuert, daß es die Fixierung auf die äußere Erscheinung ist, die für die Unterdrückung der Frauen sorgt. Doch einmal im Monat kann man mich dabei ertappen, wie ich mich regelmäßig dem Diktat unterwerfe, eine schwarze Haarfarbe vorzutäuschen!

Wenn Frauenkörper sich verändern und weniger anziehend werden, wird uns Frauen das Gefühl vermittelt, daß damit ein lebenswichtiges Gut verlorengegangen ist. Der Mythos der Reife bringt Männer dazu, sich sexuell als attraktiv zu empfinden, zwingt Frauen jedoch das Gefühl auf, Großmütter oder Matronen zu sein. Aber selbst diese Begriffe sind nur so lange anwendbar, wie die Frauen ihre natürlichen Fähigkeiten bewahren. Wenn eine Frau die Alzheimersche Krankheit bekommt und ihre natürlichen Fähigkeiten verliert, dann wird sie sogar als noch nutzloser, grotesker und verabscheuungswürdiger angesehen als ein Mann mit dieser Krankheit.

Sowohl Männer als auch Frauen sind chronischen Erkrankungen ausgesetzt, aber einige der bedrückenden Fragen späterer Jahre – Armut, ständige Betreuung von anderen, längeres Leben als alle Verwandten und Freunde – sind vorzugsweise ein Problem der Frauen. Da jedoch Forscher und maßgebliche Experten zumeist Männer waren, sind die besonderen Anliegen von Frauen übersehen worden. Weil Frauen statistisch und politisch als Frauen unsichtbar sind, hat man sich mit ihren Bedürfnissen nicht in gebührender Weise befaßt.

Das dritte Merkmal der Alzheimerschen Krankheit, das für Frauen besondere Bedeutung hat, ist, daß mehr Frauen als Männer die Menschen mit dieser Krankheit betreuen.

Diese Tatsache folgt dem geschlechtsspezifischen Muster, das in unserer Gesellschaft für die Betreuung aller Krankheiten gilt, wie im vierten Kapitel gezeigt worden ist. Von den 6 Millionen Betreuern der Alzheimer-Kranken sind in Großbritannien mehr als 60 Prozent Frauen; von diesen Frauen sind 2,1 Millionen alleinige Betreuer, doppelt so viel wie Männer.[13]

In einer Untersuchung, die von der »Britischen Gesellschaft für die Alzheimersche Krankheit« organisiert wurde, ist festgestellt worden, daß mehr als die Hälfte, nämlich 52 Prozent, der weiblichen Betreuer unter 65 Jahre alt ist. Drei Viertel von ihnen betreuen einen Verwandten zu Hause; die Hälfte verbringt damit über 80 Stunden pro Woche, was mehr als einer doppelten durchschnittlichen Arbeitswoche gleichkommt. Die Untersuchung zeigte auch, daß weibliche Betreuer dreimal so häufig für Eltern sorgen wie männliche Betreuer. 33 Prozent der Leute, die bei der Untersuchung über diese Demenzerkrankung erfaßt wurden, waren Ehefrauen, und 24 Prozent waren Mütter. Es waren mehrheitlich Betreuerinnen, die sich sowohl um andere Frauen kümmerten als auch um Ehegatten, männliche Partner, Brüder und Freunde.

Diese Zahlen geben natürlich nur die Lage von Betreuern wieder, die Mitglieder der »Britischen Gesellschaft für die Alzheimersche Krankheit« sind.[14]

Eine umfassendere Studie würde wohl Tausende weiterer, verarmter und benachteiligter Frauen zeigen, die sich um Menschen mit fortschreitender Degeneration der Hirnzellen bemühen – sehr wohl wissend, daß sie selbst zu Opfern werden können, wenn sie älter werden, nur daß dann wenige lebende Verwandte oder Freunde geblieben sein werden, die sich um sie kümmern können.[15]

In nicht-westlichen Ländern ist die Situation noch schlimmer. In Afrika zum Beispiel dezimiert AIDS die Bevölkerungsgruppe mittleren Alters, die unter anderen Umständen die Betreuung älterer Leute sowie unheilbar Kranker übernehmen würde. In Ländern mit einer neuen, hohen Todesrate und schwacher Wirtschaftslage wird eine zunehmende Zahl von älteren, weiblichen Alzheimer-Kranken zusehen müssen, wie sie ohne viel Hilfe zurechtkommt.

Wenn Frauen die Betreuung von unheilbar Kranken übernehmen, dann wird ihrer Tätigkeit kaum Beachtung geschenkt. Organisationen, die mit der Krankheit zu tun haben, räumen dies ein.

»Es ist durchaus bekannt ... wird aber häufig vergessen ... daß die Mehrheit der Betreuer Frauen sind: Ehefrauen, Schwestern oder Töchter.«[16]

Wenn Männer sich der Betreuung annehmen, wird ihre Tätigkeit anerkennend im Scheinwerferlicht der Öffentlichkeit präsentiert. Im Falle der Alzheimerschen Krankheit haben, im Gegensatz zu diversen anderen Krankheiten, auch einige Männer die Betreuung übernommen. Es ist diese Minderheit, auf die sich ein großer Teil des Medieninteresses konzentriert. Und doch ist es nur das, was man bei Frauen im Umgang mit der Alzheimerschen Krankheit sowie im Umgang mit den meisten anderen Krankheiten als selbstverständlich voraussetzt.

Was sind die Hauptschwierigkeiten, mit denen sich Betreuerinnen auseinandersetzen müssen?

Fehldiagnosen sind ein häufiges Problem. Ruths Fall zeigt uns, wie Arbeitgeber oft die ersten Anzeichen von Alzheimer bei jüngeren

Frauen fälschlicherweise als etwas einstufen, das von Überlastung bis zu grober Verfehlung reicht. Die Folgen können Entlassung oder Arbeitslosigkeit sein, die den Verlust von Pension und von Rechten aus einer langen Dienstzeit nach sich ziehen. Wird dann später die Diagnose auf Demenzerkrankung gestellt, führt das in den seltensten Fällen dazu, daß diese Rechte wiederhergestellt werden.

Auch den Ärzten fehlt der Durchblick. In einer kürzlich durchgeführten Untersuchung sagten 92 Prozent der Betreuer aus, daß die Allgemeinmediziner dringend eine Ausbildung benötigen, die sie besser befähigt, diese Krankheit zu erkennen. Ein Drittel der Betreuer berichtete, daß Ärzte mehr als ein Jahr brauchten, bis sie die Alzheimersche Krankheit richtig diagnostizierten.[17]

Clive Evers, Ausbilder bei der »Britischen Gesellschaft für die Alzheimersche Krankheit« und stellvertretender Direktor beim »Britischen Alzheimerverband«, gab zu, daß noch immer viele Allgemeinmediziner auf die ängstlichen Fragen von Familien antworten: »Also, was können Sie in dem Alter schon erwarten?«

Patty, eine britische Therapeutin am »Krebszentrum von Bristol«, die zehn Jahre lang ihre Mutter umsorgt hat, mußte diese Erfahrung machen:

»Die ersten Anzeichen traten auf, als sie als Angestellte in einer Schiffsagentur in Bristol arbeitete und vergaß, wo das Büro war. Sie mußte meinen Vater telefonisch um Hilfe bitten. Unser Arzt erklärte ihr, das seien die Wechseljahre, und die Vergeßlichkeit sei eine Begleiterscheinung ihrer spröden Knochen!«

Bei vielen Frauen, die mit schwierigen Wechseljahren zu kämpfen haben, wächst die Unsicherheit. Sie warten vergeblich auf Hilfe, wenn sie auf derart haarsträubendes Unvermögen wie bei Pattys Arzt treffen.

Für Frauen, die mit jemandem zu tun haben, der im Übermaß solche Symptome wie Verwirrung, Gedächtnisverlust oder Persönlichkeitsveränderung aufweist, geht kein Weg daran vorbei, sich einzugestehen, daß sie nicht nur Zeugen der bedrückenden Auswirkungen einer normalen Altersschwäche sind. Die Alzheimersche Krankheit ist nicht das natürliche Resultat des Alterungsvorganges. Es ist eine Krankheit. Der Unterschied zwischen normaler Vergeßlichkeit und den ersten Anzeichen für den Ausbruch der Alzheimerschen Krankheit liegt im völligen Verlust des Kurzzeitgedächtnisses, was ein Merkmal der Demenzerkrankung ist. Eine vergeßliche Person kann man an das Ereignis erinnern, das sie vergessen hat. Für den Alzheimer-Kranken ist es, als ob das Ereignis, das fünf Minuten vorher stattgefunden hat, niemals passiert wäre.

Viele von uns verlieren schon mal Dinge, wenn sie älter werden. Ich vergesse manchmal meine Schlüssel. Aber das ist kein Anzeichen für die Alzheimersche Krankheit. Erst dann, wenn man vergißt, wofür die Schlüssel da sind, dürfte etwas ernstlich nicht in Ordnung sein. Jeder kann vergessen, eine Zigarette auszudrücken, aber Alzheimer-Kranke werden vergessen, warum sie das tun müssen. In ähnlicher Weise können sie vergessen, weshalb es unbedingt notwendig ist, das Gas abzustellen, Rechnungen zu bezahlen, sich zu waschen, sich anzuziehen und im Haus zu putzen. Sie vergessen die Bezeichnung der Geräte, mit denen sie essen, oder auch, wie man ißt. Einige Frauen, die nicht mehr fähig sind zu kauen, können ersticken, weil sie vergessen haben, wie man kaut.

In den Anfangsstadien können Schiefertafeln oder Listen, wie Constance und Ruth sie benutzten, nützliche Hilfsmittel sein.

Eva, eine siebzigjährige amerikanische Witwe, sagte: »Ich bin froh, daß man mir gesagt hat, daß ich die Alzheimersche Krankheit habe. Jetzt weiß ich, was ich habe, und schreibe mir alles auf, was ich tun muß, und streiche es dann aus, wenn ich es tue.«

Alles, was eine Frau tun kann, um ihr Gedächtnis wachzuhalten, ist einen Versuch wert. Clive Evers, stellvertretender Direktor beim »Britischen Alzheimerverband«, sagte, daß die oft in Tageszentren und auf Krankenhausstationen eingesetzten Techniken zur Realitätsorientierung auch sinnvoll zu Hause angewandt werden können. Diese Techniken beinhalten: das Beschriften jedes Objekts, die Benennung des dazugehörenden Stellplatzes, Beschriften von Körperteilen, Kleidungsstücken, betonte Nennung von Namen aller Personen, die angetroffen wurden, ständiger Verweis auf Zeit, Ort und Grund für die Anwesenheit dort, Konzentration darauf, wo Dinge gefunden werden können, wo andere Leute sind und welches Verhältnis sie zu den Patienten haben. Alles, was einer Frau helfen kann, ihr Identitätsbewußtsein zu bewahren, kann den schlimmsten Teil dieser Krankheit für kurze Zeit hinauszögern.

Die Schwierigkeiten der Ärzte liegen in den verwischten Trennlinien zwischen den bekannten Merkmalen des Alterns und den ersten Anzeichen für den Ausbruch der Alzheimerschen Krankheit. Das Problem besteht seit 90 Jahren.

Obwohl der deutsche Neurologe Alois Alzheimer bereits im Jahr 1907 als erster beobachtete, wie die Hirnzellen bei einer einundfünfzigjährigen Frau dahinsiechten, und er über die Symptome berichtete, die viereinhalb Jahre später zum Tod der Frau führten, entwickelte sich die öffentliche Aufmerksamkeit und das berufliche Interesse nur sehr langsam. Das lag größtenteils an eben diesen verwischten Trennlinien.

Wie wir in Ruths Fall gesehen haben, können andere medizinische Leiden der Alzheimerschen Krankheit in vielem gleichen. Frauen, die diverse Medikamente einnehmen, können unter Gedächtnisverlust, Verwirrung und Depression leiden. Übermäßiger Alkoholgenuß kann ähnliche Symptome hervorrufen, desgleichen Blutarmut oder Ernährungsmängel.[18]

Schilddrüsenleiden, Zuckerkrankheit, Nieren- oder Leberprobleme, Lungenkrankheiten, Gallensteine und Syphilis können ebenfalls eine vorübergehende geistige Verwirrtheit verursachen, die jedoch nicht die Alzheimersche Krankheit sein muß. Hirn- und Nervenleiden wie die Parkinsonsche Krankheit oder eine Multi-Infarkt-Demenz (nach einer Reihe von kleinen Schlaganfällen) können auch zur Ursache eines nachlassenden Gedächtnisses werden.

Die Diagnosen sind nicht leicht.

Die Überzeugung der New Yorker Witwe Eva, daß es wichtig für sie gewesen sei, die Diagnose zu kennen, wirft ein bezeichnendes Licht auf ein anderes Problem, dem sich Ärzte in den USA, in Kanada und in Großbritannien gegenübersehen. Janet Gibbons – wie so viele Ärztinnen – ließ sich nicht davon abbringen, daß sie »das Tabu, das die meisten Ärzte mit dem Sterben verbinden«, durchbrechen wollte. In dem Bewußtsein, daß »zu viele von uns den Tod als Feind ansehen«, war sie entschlossen, mit Ruth offen über deren Tod zu sprechen.

Entscheidungen darüber, ob Diskretion oder Offenheit angebracht ist, sind schwer zu treffen. Eine wahrheitsgetreue Diagnose bedeutet ein unerbittliches Zugehen auf den Tod. Sie kann sowohl der Patientin wie auch der Betreuerin helfen. Jedoch hängt das von ihren Charakteren ab. Eine Patientin, die noch klar bei Sinnen war und eine genaue Diagnose erhalten hatte, erzählte mir, daß sie viel zu viel Zeit habe, um über ihr entsetzliches Los nachzudenken. Eva dagegen, die amerikanische Listenschreiberin, hatte Erleichterung empfunden.

Die Furcht niederzuringen ist ein Teil jenes Kampfes. Die Besorgnisse reichen von der schrecklichen Angst, allein zu sein, bis zur Furcht, verfolgt zu werden. Schnell kommt Angst davor auf, daß man Objekte nicht mehr »richtig bezeichnen« kann. Man denke an Ruth, die »Sachen auf den Tisch legen« mit »hinlegen« durcheinanderbrachte. Andere Frauen berichteten von Ehemännern, für die »City« zu »See« wurde, und von Müttern, die glaubten, »See« sei ein Bücherregal. Auf erschütternde Weise fehlt jegliche Abstimmung zwischen dem Gedanken, der im Kopf entwickelt wird, und den Worten, die nötig sind, um den Gedanken auszudrücken. Eine Frau mit der Alzheimerschen Krankheit, die ich im Krankenhaus besuchte, wollte, daß ich ihr beim Anziehen des Nachthemdes half, aber sie bat mich, das Radio anzustellen.

Welcher Art die Demenzerkrankung eines jeden Leidenden ist und welches Ausmaß – zu welchem Zeitpunkt auch immer – der Fall angenommen hat, hängt proportional von der Anzahl und Lage der in Mitleidenschaft gezogenen Hirnzellen ab. Die Tatsache, daß die Gesamtheit der Nervenzellen abnimmt, reicht eigentlich aus, um den beunruhigenden Gedächtnisschwund und andere drastische kognitive Fehlleistungen zu erklären. Jedoch macht sich zusätzlich noch eine starke Abnahme von Acetylcholin bemerkbar, einer chemischen Substanz, die von den Zellen für die Informationsweitergabe benötigt wird.

Dies sind die Grundzüge von dem, was zur Zeit über die Alzheimersche Krankheit bekannt ist. Viel ist es nicht. Eindeutig sind diese Grundlagen zu spärlich, um daraus eine direkte Verbindung herzustellen zwischen strukturellen und chemischen Forschungsergebnissen einerseits und bestimmten Erscheinungen bei den Patienten andererseits.

Obwohl die Ursache noch immer unbekannt ist, können einige Verhaltensmuster heute genau vorhergesagt werden. Sonderbare Gedankenfolgen decken sich mit merkwürdigen Verhaltensabläufen. Plötzliche Stimmungswechsel sind bezeichnend. Der Bericht über Ruths Wechsel von Freundlichkeit zu Gereiztheit ist typisch.

Angela, eine britische Ehefrau, die ihren Ehemann sieben Jahre lang betreute, wies besonders auf die Bestürzung hin, die aufkommt, wenn ein sonst freundlicher Mann aggressiv wird:

»Er hat nie auch nur unseren Hund gescholten; plötzlich erhob er den Stock gegen mich. Er war immer ein würdevoller, freundlicher Vater gewesen. Plötzlich fing er an, durch die Straßen zu wandern –

mit einem Hemd bekleidet, aber ohne Hosen. Vor unseren Söhnen ließ er seine Hosen herunter, entblößte sich und bedachte sie mit anstößigen Worten.« (Angela)

In späteren Krankheitsstadien kann es sein, daß der Kranke keine Erinnerung daran hat, was vorher gewesen ist, und keinen Zusammenhang zu dem findet, was sich daraus ergibt. Eine Frau, die ich im Krankenhaus traf, gebrauchte das Wort »Liebe« gegenüber einem Mann, den sie nicht kannte, und holte dann brutal zum Schlag gegen ihn aus. Eine andere Frau, die früher eher überpenibel in Fragen der Hygiene gewesen war, saß völlig durchnäßt in ihrem eigenen Urin und beschmierte sich mit ihrem Kot, bevor die Schwestern sie daran hindern konnten. Sie hatte keine Ahnung, was sie da machte.

Zum Ende hin ist die Unfähigkeit, einen Menschen wiederzuerkennen, die größte Belastung, die viele Betreuerinnen erwartet. Dies und die Schwierigkeiten einer frühen Diagnose sowie finanzielle Entbehrungen sind die drei Hauptprobleme, mit denen sich die »Britische Gesellschaft für die Alzheimersche Krankheit« beharrlich auseinandersetzt.

»Es war alles nicht so schlimm, solange er noch wußte, daß ich seine Frau war. Aber nach vier Jahren hatte er keinen Schimmer mehr. Sich um einen Mann zu kümmern, den man all die Jahre gekannt hat und der einen nur noch feindselig anstarrt mit diesem toten, starren Blick – das ist grauenvoll. ›Wer bist du? Ich kenne dich nicht. Mach, daß du rauskommst!‹« (Angela)

»Mutter schaute mich nur an und meinte: ›Du bist ein nettes Mädchen. Ich hatte mal eine Tochter wie dich.‹ Sie war wie ein leerer Fernsehschirm. Gelegentlich konnte man auf einen Knopf drücken, und dann erschien sie auf der Mattscheibe.« (Patty)

Ständige Rastlosigkeit ist ein weiteres Merkmal, das so häufig zur Abendbrotzeit auftritt, daß die Ärzte dafür den Ausdruck »Sonnenuntergangssyndrom« geprägt haben. Manche gehen davon aus, daß die Körperuhr außer Kontrolle geraten ist, so daß es durch völlig falsch gesteuerte Einschätzungen zur Rastlosigkeit kommt. Zum Beispiel sind die Kranken in dem Glauben, daß sie auf jetzt bereits erwachsene Kinder warten, die einem Schulbus aus lang vergangenen Zeiten entsteigen sollen, oder sie leben in der Vorstellung, daß sie auf einen Zug warten, der sie von der Arbeit nach Hause bringen soll.

Im Fall von Pattys Mutter führte der Wanderdrang schließlich zum Tod.

»Sie wanderte häufig völlig nackt durch die Straßen. Während jenes ganzen Jahres ihrer Wanderschaft war sie inkontinent. Manchmal merkte sie es noch und war dann total am Boden zerstört. In ihren lichten Momenten bat sie uns, ihr ein Kissen über den Kopf zu stülpen und sie zu töten. Auf einem ihrer Wandergänge mitten in der Nacht fand sie keinen Halt, fiel die Treppe hinunter, brach sich beide Hüften und starb wenig später daran. Meine Hauptempfindung war große Erleichterung, daß endlich alles ein Ende gefunden hatte.« (Patty)

Pattys Erleichterung wurde innerhalb von Stunden nach dem Begräbnis von einem neuen Schmerz abgelöst.

»Ich war gerade von der Beerdigung nach Hause zurückgekommen und hatte mich schlafen gelegt, als am frühen Morgen die Polizei gegen meine Tür hämmerte, um mir mitzuteilen, daß mein Bruder mit seinem Auto verunglückt war, wobei sich der Wagen überschlagen und Feuer gefangen hatte. Ich benahm mich wie ein Vollidiot. ›Das kann nicht sein!‹ rief ich aus. ›Ich war gerade auf der Beerdigung meiner Mutter. Sie müssen den falschen Mann haben.‹ Aber es stimmte. Er lag mit schwersten Verbrennungen im Krankenhaus und war dem Tode nahe. Zunächst überlebte er als verbranntes Menschenwrack; 65 Prozent seiner Körper- und Gesichtshaut waren verbrannt. In tiefer Depression brachte er sich schließlich um, und ich stand da und mußte es seinen zwei kleinen Kindern sagen. Die Monate der Ungewißheit, als man nicht wußte, ob er sich umbringen würde oder nicht, brachten die ganze Ungewißheit zurück, die ich während der Jahre mit meiner an Alzheimer erkrankten Mutter erlebt hatte.« (Patty)

Nachdem Patty sowohl ihren Bruder als auch ihre Mutter betreut hatte, mußte sie sich jetzt um den Unterhalt der zwei Kinder kümmern und ihren schwerkranken Vater versorgen, der ein Jahr später starb, während sie neben ihm am Bett saß. Patty war wie eine Eiche, die ständig am Rande des Zusammenbruchs steht – und ihre Geschichte zieht sich durch dies ganze Buch hindurch. Als Überlebende einer ganzen Serie von Todesfällen in der Familie, alle innerhalb von zwei Jahren, äußerte sie, daß es ihr wie ein »Familienholocaust« vorkomme.

Was sie jedoch von Anfang an als Betreuerin einer Alzheimer-Kranken gelernt hatte, waren Stärke und Durchhaltevermögen (»wie eine Eiche«, wiederholte sie oft), die gebraucht wurden, um gegen die Ungewißheiten der Alzheimerschen Krankheit anzukämpfen.

Was sie außerdem als Dauerbetreuerin gewinnen konnte, war inneres Wachstum.

»Ich denke, der Tod wird deshalb gefürchtet, weil nicht darüber gesprochen wird. Doch obwohl ich miterlebt habe, wie meine ganze Familie, einer nach dem anderen, innerhalb von Monaten ausgelöscht wurde, habe ich mich nicht davon abhalten lassen, weiter über den Tod zu sprechen. Ich habe keine Angst vor dem Tod. Ich bin daran gewachsen.« (Patty)

Als sie über die Krankheit ihrer Mutter nachdachte, rückte sie zwei Aspekte in den Mittelpunkt:

1. Die Tatsache, daß sie meinte, keine andere Wahl zu haben, als die Betreuung zu übernehmen;

2. die Fragen der Ungewißheit, die für diese Demenzerkrankung so bezeichnend sind.

Dies sind tatsächlich die zwei entscheidenden Merkmale, die das Verhältnis von Frauen zur Alzheimerschen Krankheit bestimmen, so daß ich meine Nachforschungen über diese Krankheit mit einer Analyse dieser zwei Merkmale abschließen möchte.

Die vorliegende Studie hat bereits gezeigt, daß in dieser Gesellschaft Frauen oft weniger aus persönlichen Beweggründen die Hauptbetreuung von unheilbar Kranken übernehmen, sondern weil sie dem Druck gesellschaftlicher Wertvorstellungen und Erwartungen ausgesetzt sind.

Töchter, Schwestern, Ehefrauen und Freundinnen, die sich verpflichtet fühlen, für andere zu sorgen, wenden dafür selten weniger als 20 Stunden in der Woche auf. Manchmal können es auch 80 Stunden werden.

Die meisten dieser Frauen sind mehr als 55 Jahre alt; die Hälfte davon kümmert sich um jemanden, der über 75 Jahre alt ist. 80 Prozent versorgen einen Verwandten. Die Hälfte von ihnen kümmert sich um Eltern oder Schwiegereltern. 20 Prozent der Frauen haben diese unbezahlte, anstrengende Aufgabe bereits seit mehr als fünf Jahren verrichtet.

In den meisten Fällen sind auch Männer da – Ehemänner, Söhne oder Brüder –, welche die Verantwortung übernehmen oder zumindest teilen könnten. In den meisten Fällen machen es die Männer nicht.

Dies sind Tatsachen. Diese Tatsachen beruhen auf unfairen Erwartungen über die Pflege, die in unserer Gesellschaft vorherrschen.

Die Tatsache, daß Frauen in der Pflege die Hauptlast tragen, wirkt sich auch auf ihre Aussichten im Erwerbsleben aus. Eine kürzlich erschienene Untersuchung über die Alzheimersche Krankheit ließ erkennen, daß 60 Prozent der Betreuer im arbeitsfähigen Alter gezwungen waren, ihren Arbeitsplatz aufzugeben oder in den vorgezogenen Ruhestand zu gehen, damit sie die Vollzeitbetreuung für jemanden übernehmen konnten. Die Untersuchung fand auch heraus, daß wesentlich mehr Frauen als Männer hierfür den Arbeitsplatz aufgaben. Von denen, die Betreuer wurden, als sie noch unter 65 Jahren waren, verloren 41 Prozent durch diese Entscheidung ihre Rechte auf die volle Pension.

Als Janet überlegte, ob sie die Medizin aufgeben sollte oder nicht, um in Vollzeit für Ruth zu sorgen, war ihr klar, daß dies mit Sicherheit finanzielle Entbehrungen mit sich bringen würde. Der Unterschied zwischen Janet und vielen anderen Frauen ist der, daß sie als Ärztin über gewisse Geldmittel verfügt und eine gewisse Wahlmöglichkeit hat. Die meisten Frauen haben weder das eine noch das andere.

Trotz des so optimistisch bezeichneten »Equal Pay Act and Sex Discrimination Act« (»Gesetz über gleiche Entlohnung und sexuelle Diskriminierung«) haben wir noch immer nichts, was einer gleichen Bezahlung oder Nicht-Diskriminierung ähnelt. Ein Demenzkranker in einem Haushalt bedeutet unermeßliche Mehrausgaben für Frauen, deren Einkommen ausnahmslos niedriger ist als das von Männern. Die Armutsrate bei Frauen über 65 Jahren ist mehr als doppelt so hoch wie die bei Männern über 65. Zweiundvierzig Prozent der Leute mit niedrigen Einkommen oder unter dem »Armutsniveau« sind Menschen jenseits der 65, was aufgrund unserer Lebenserwartung heißt, daß die meisten von ihnen Frauen sind.

Die Gründe für die Armut der Frauen, die sich durch die Betreuung von Alzheimer-Kranken noch ernstlich verschärft, sind politischer Art. Wenn die versteckte Erwartung, daß Frauen für die Pflege zuständig sind, die Betroffenen dazu zwingt, ihren Arbeitsplatz zu verlassen, werden diese, wenn und sobald sie versuchen, in das Arbeitsleben zurückzukehren – nach dem Tod eines Alzheimer-Patienten –, in Jobs mit niedrigen Löhnen gedrängt oder müssen feststellen, daß sie »nicht vermittelbar« sind, weil ihnen die laufende Berufspraxis fehlt. Niedrige Löhne, niedrige Beihilfesätze und das Fehlen einer ausreichenden sozialen Betreuung sind das Resultat politischer Entscheidungen, die unsere Gesellschaft formen, und nicht nur zufällige Ereignisse im Leben einzelner Frauen.

Viele Beihilfen, um die sich Betreuerinnen oder Patientinnen bemühen, werden noch immer auf der Grundlage des Familienstandes festgesetzt, das heißt, es wird davon ausgegangen, daß die finanziellen Bedürfnisse einer Frau über eine heterosexuelle Beziehung mit der Person, mit der sie zusammenlebt, abgedeckt sind. Die Geschichten von Ruth, Janet, Diana, Constance, Patty, Eve, Angela und anderen machen die Heimtücke einer solchen Politik deutlich. Sexuelle Diskriminierung, Heterosexismus, Rassismus und niedrige Bewertung von unbezahlter Pflegearbeit durch Frauen verdüstern die Lage für viele, die mit der Alzheimerschen Krankheit zu tun haben.

Die neue Regierungspolitik in Großbritannien, die einen erhöhten Anteil der Pflegekosten auf allgemeine Pflegedienste übertragen will, wird sich in skandalöser Weise auf Frauen auswirken. In Großbritannien geben Betreuer mit mehr als 80 Jahren, die mit großer Wahrscheinlichkeit für einen Partner mit einer Demenzerkrankung sorgen, das meiste Geld dafür aus, daß sie selber die Pflege durchführen. 20 Prozent der über Achtzigjährigen, die in einer Untersuchung aus dem Jahr 1992 erfaßt wurden, gaben mehr als 300 Pfund pro Monat von ihrem Einkommen für die Pflege aus. Dies ist mit 66 Pfund die Woche mehr als die derzeitige staatliche Grundpension für eine einzelne Person (54,15 Pfund) und fünfmal soviel wie die Pflegeprämie (11,15 Pfund). Die Mehrheit der über Achtzigjährigen, die derart bestraft werden, sind Frauen.

Jüngste Forschungen haben gezeigt, daß das, was wir »allgemeine Pflege« nennen, in Wahrheit »unbezahlte Arbeit von Frauen« ist. Dies erspart dem Staat zwischen 15 und 24 Milliarden englische Pfund pro Jahr.[19]

Im Alzheimer-Bericht aus dem Jahr 1992 heißt es: »Die am weitesten verbreitete, jederzeit verfügbare Behandlungsmöglichkeit (für Alzheimeropfer) liegt in der Liebe und Unterstützung, die nur ein Betreuer geben kann.«

Unbestreitbar.

Aber diese »weitverbreitete und jederzeit verfügbare Liebe und Unterstützung« wird zum größten Teil von Frauen gegeben, für die der Preis finanzielle Entbehrungen, körperliche Krankheit, gesellschaftlicher Ausschluß, Streß, Einsamkeit und völliges Fehlen von gesellschaftlicher Anerkennung heißt.

Wie selbstverständlich die pflegerische Rolle der Frau in Verbindung mit der Alzheimerschen Krankheit oft gesehen wird, läßt sich aus der einprägsamen Darstellung in der bedeutenden Fallstudie eines hochangesehenen amerikanischen Facharztes zum Thema Tod und Sterben ersehen. Dr. Sherwin B. Nuland beschreibt den Fall einer Frau Whiting, die hingebungsvoll für ihren von der Alzheimerschen Krankheit befallenen Ehemann sorgte, zuerst zu Hause, danach Tag und Nacht mit Hilfe von Schwestern in einem Pflegeheim. Von ihren drei Kindern wurde ihr weder geholfen, noch besuchten diese ihren Vater, der früher ein starker Mann gewesen und jetzt nur noch ein urindurchtränktes, dahinvegetierendes Etwas war.

»Die drei Kinder sahen sich nicht in der Lage, Zeugen der völligen Zerstörung ihres innig geliebten Vaters zu werden, und eigentlich war das auch gut und richtig so. Sie leisteten der Mutter seelischen Beistand, indem sie sich bemühten, ihr emotionale Unterstützung zu geben, damit sie die Aufgaben erfüllen konnte, von denen sie wußten, daß diese nur von ihr erbracht werden konnten.«[20]

Dr. Nulands deutliche Bereitwilligkeit zu akzeptieren, daß es ausschließlich Frau Whitings Aufgabe war, für ihren Mann zu sorgen, und daß die erwachsenen Kinder sich völlig zu Recht fernhielten, ist unerhört.

Dr. Nuland ist nicht nur überzeugt, daß Frau Whiting das machte, was »keine Schwester, kein Arzt, kein Sozialarbeiter ... machen konnte«, sondern daß Frau Whiting es auch machen sollte, weil sie eine Frau ist, eine Mutter und die Ehefrau jenes Mannes.[21]

Dr. Nuland berichtet uns weiter:

»Die noble Gesinnung und Loyalität von Janet Whiting sind keine einmalige Erscheinung, sind wahrscheinlich sogar mehr oder weniger die Norm. Insoweit ist Janets Verhalten tatsächlich nichts Außergewöhnliches, zumal jene, die professionelle Hilfe anbieten, fast immer davon ausgehen, daß die FAMILIEN [meine Großbuchstaben, SC] in den seltensten Fällen die von ihnen erwartete Rolle im Pflegeprozeß in Frage stellen werden.«[22]

Dr. Nuland stellt fest, daß »Janet das machte, was fast jeder in ihrer qualvollen Situation machen würde. Sie beschloß, solange sie konnte, selber die Pflege von Phil zu übernehmen«.[23]

Dr. Nuland, ich muß eine strenge Berichtigung vornehmen. Nicht jeder in jener qualvollen Situation würde das machen. Oder glauben, daß er das machen sollte. Die eigenen erwachsenen Kinder der

Whitings machten es nicht. Ruths eigene Zwillingssöhne machten es nicht. Aber fast jede Frau in der qualvollen Situation macht es oder hat das Gefühl, daß sie es machen sollte. Es sind nicht die Familien, die in den seltensten Fällen ihre Rolle als Pfleger in Frage stellen, es sind die Frauen in diesen Familien.

Im Jahr 1990 erklärte die »Sozialkommission des Britischen Unterhauses«:

»Viel zu lange sind die Betreuer die nicht gebührend gewürdigten Partner in unserem Sozialsystem gewesen. Ihre Dienste sind als selbstverständlich hingenommen worden. Sie sind als unerschöpfliche Quelle angesehen worden, aber nicht als Menschen mit eigenen Bedürfnissen.«

In den USA und Kanada wie auch in Großbritannien bilden Frauen die Mehrheit der Betreuer von sterbenden Leuten. Es sind Frauen in der Betreuerrolle, die lange die nicht gebührend gewürdigten Partner gewesen sind. Es sind Frauen, die nicht als Menschen mit eigenen Bedürfnissen gesehen werden. Kommt es dann einmal zu einer Analyse über die Betreuer von sterbenden Männern und Frauen, dann wird das Vorhandensein von Geschlechtern ausgeblendet.

Diese Studie und diese Autorin weigern sich, in das gleiche Horn zu blasen.

Der aufreibende, aber versteckte Preis der Pflegearbeit ist eine der wenigen Gewißheiten im Zusammenhang mit der Alzheimerschen Krankheit. Alles andere ist ungewiß, wie Patty, Janet, Eva und die anderen Frauen bezeugt haben. Die wohl beunruhigendste Ungewißheit, die Betreuer empfinden, ist die Angst, daß auch sie vielleicht die Krankheit bekommen könnten.

»Ich habe Mama drei Jahre lang versorgt. Zuerst schlug sie um sich, dann, in ihrem letzten Jahr, saß sie zusammengerollt auf dem Fußboden und gab muhende Geräusche von sich. Sie untersuchte ihre Zehen, als ob sie nicht zu ihr gehörten. Ich konnte es nicht mehr ertragen und fing an, zu zittern und Dinge zu vergessen. Nach kurzer Zeit konnte sie nicht mehr alleine essen, so daß der Arzt sagte, man solle die Zahnprothese herausnehmen, damit sie nicht daran ersticken könne. Sie merkte, daß mit ihr etwas nicht stimmte, und fuhr fort, zu muhen und mich anzuspucken. Nach einem weiteren Jahr der Betreuung wurde ich selber sehr konfus und geriet in Panik, die Krankheit nun selber zu bekommen.« (Jean)

Jeans Panik ist bezeichnend für viel Betreuer. Die Forschung bestätigt, daß Streß zu bestimmten Arten von Verwirrung führen kann, besonders im Anschluß an die Betreuungstätigkeit, wenn jemand gestorben ist. Laut einer britischen Studie litten über 50 Prozent der Betreuer an Angstzuständen, Gedächtnisverlust, Schlaflosigkeit und Bluthochdruck.[24]

Die Alzheimersche Krankheit ist jedoch nicht ansteckend. Man kann sie sich nicht »einfangen«.

Ob es eine genetisch bedingte Veranlagung gibt oder nicht, wie Ruths Zwillingssöhne Andrew und Tom befürchteten, ist weniger sicher. Die Forschung nimmt an, daß grundsätzlich eine Erblichkeit vorhanden sein könnte, aber die Erkenntnisse beschränken sich auf den frühen Ausbruch (40 bis 65 Jahre) der Alzheimerschen Krankheit.

Die Forschung weist darauf hin, daß es bei dem Chromosom 21 eine Anomalie gibt, die durch die Überproduktion von Amyloid verursacht wird, einem Protein, das man im Gehirn von Alzheimer-Kranken gefunden hat. Jedoch sind damit die Voraussetzungen für eine genetische Prädisposition noch nicht zufriedenstellend nachgewiesen. Man hat gewisse physische und biochemische Veränderungen festgestellt, die während des Krankheitsverlaufes auftreten, aber ihre eigentliche Rolle ist noch unklar. Ein Beispiel: Bei einer Biopsie der Hirnrinde eines Patienten zeigt sich, daß die Menge an Acetylcholin, ein Hauptstimulans für die chemische Weitergabe von Nervenimpulsen, um 60 bis 70 Prozent geringer geworden ist. Einige Wissenschaftler glauben, daß Acetylcholin eine wichtige Rolle dabei spielt, die Produktion von Amyloid im Körper zu steuern. Es sieht so aus, daß, wenn der Acetylcholin-Spiegel niedrig ist, dann der des Amyloids ansteigt.

Die wissenschaftliche Kontroverse tobt. Einige Neurobiologen sind überzeugt, daß Amyloid die Degeneration der Nervenzellen verursacht. Andere glauben, daß es sich nur um die Folge eines Zusammenbruchs eben dieser Nervenzellen handelt. Während die Wissenschaftler Punkte sammeln und über das Thema debattieren, leben Frauen mit der Alzheimerschen Krankheit und Frauen, die mit ihnen verwandt sind, weiterhin in Angst. Und Männer ebenfalls. Wie Ruths Zwillingssöhne. Wie Jeans zwei Brüder und zwei Söhne, die alle mit mir über ihre Befürchtungen gesprochen haben. Alles, was wir zur Zeit genau sagen können, ist, daß Verwandte von Patienten, bei denen die Krankheit im Alter zwischen 40 und 65 Jahren begann, einem gewissen genetischen Risiko ausgesetzt sein können, obwohl es nicht auf alle Abkömmlinge der kranken Person zutreffen wird. Es kann auch eine Generation überspringen.

Glücklicherweise ist die Gruppe unter 65 Jahren relativ klein. Familien mit Alzheimer-Kranken über 65 Jahren brauchen sich sehr viel weniger Sorgen über eine genetische Veranlagung machen, da eine solche Möglichkeit bisher noch nicht überzeugend nachgewiesen worden ist.[25]

Genetische Ungewißheiten fügen sich in die Kette von Ungewißheiten ein, die das Kennzeichen der Alzheimerschen Krankheit sind. Gerade wegen dieses Merkmals und weil es eine Krankheit ist, die besonders Frauen übermäßig heimsucht, kann man sie als eine Metapher für die vielen Ungewißheiten verwenden, denen Frauen gegenüberstehen, wenn sie auf das Sterben und den Tod zugehen. Viele Frauen, die sich im frühen Stadium der Alzheimerschen Krankheit befinden oder jemanden mit der Krankheit betreuen, benutzten das Gespräch und die Tränen als ihre Art und Weise, mit der ungewissen Gewißheit des Todes fertigzuwerden.

Obwohl die Ungewißheit ein Wesenszug des Lebens überhaupt ist, hat es sich die moderne Medizin heutzutage zur Aufgabe gemacht, auf diesem Gebiet für Verbesserungen zu sorgen. Jetzt, wo geschicktes wissenschaftliches Eingreifen den Tod hinauszögert, nimmt die Ungewißheit im Hinblick auf das Sterben und den Tod aber noch zu.

Die ungewisse, langwierige, chronische Krankheit hat sich gegenüber den wahrscheinlich eindeutigeren Fällen von unheilbaren Krankheiten, die zu einem schnellen Tod führen, in den Vordergrund geschoben. Fortschritte in der medizinischen Technologie haben für sterbende Frauen und deren Betreuer neuen Streß hervorgebracht.

Technologische Neuerungen bedeuten, daß das Leben oft um jeden Preis verlängert wird, ohne Rücksicht auf die Lebensqualität. Dies hat zu erhöhter Sorge bei Patientinnen und Betreuerinnen geführt. Im Fall der Alzheimerschen Krankheit gibt es nur zu häufig kaum etwas wie ein »wirkliches Leben«, das noch zu verlängern ist. Aber Bewegungen, die bestimmte Kriterien für die Einschränkung einer Behandlung anerkannt haben möchten, haben natürlich neue Unsicherheiten hervorgerufen, jetzt in der Beziehung zwischen den Berufsvertretern der Gesundheitsindustrie und denen, die sterben.

»Die ständig vielfältiger werdende Palette von therapeutischen und technologischen Möglichkeiten, mit fortgeschrittenen Krankheiten umzugehen, kann den medizinisch unsicheren Standpunkt darüber, wie weit einer Politik des Lebens gegenüber einer Politik des Sterbens der Vorzug gegeben werden soll, in noch größere Bedrängnis bringen.«[26]

Mit den meisten Krankheiten ist ein gewisses Maß an Ungewißheit verbunden. Bei der Alzheimerschen Krankheit jedoch sind Pläne und Ziele für die Sterbenden und für die Lebenden, die gefühlsmäßig mit den ersteren sterben, mit Ungewißheiten übersät.

Wenn Frauen dem Tod durch diese Demenzerkrankung entgegengehen, sehen sie sich nicht nur praktischen Ungewißheiten gegenüber, sondern sie kämpfen auch noch mit existentiellen Ungewißheiten. Mit denen im eigentlichen Sinne von Existenz. Wenn die Identität entgleitet, wenn das Selbst verschwimmt, müssen Frauen sich selbst und einander fragen: Was bedeutet es, ein Individuum zu sein? Was bedeutet es, Frau zu sein? Was bedeutet es, Mutter zu sein?

Als Mutter frage ich mich selbst, wie es sein muß, wenn man sich nicht mehr an das erste Mal, als die Tochter bis zum Ende des Beckens schwamm, erinnern kann? An das erste Mal, als sie am Abend so spät nach Hause kam, daß man sie hätte umbringen können? An die ärgerlichen Male, als der Sohn die Telefonrechnung ins Uferlose trieb? Oder an die erstaunlichen Male, als die Kinder einen mit Blumen und Umarmungen verwöhnten?

Wie muß es sein, nicht mehr zu wissen, wessen Kinder sie sind? Oder am Ende nicht zu verstehen, was die miteinander zusammenhängenden Begriffe Mutter und Tochter oder Mutter und Sohn bedeuten? Was, wenn man seine Kinder zwar noch erkennen kann, diese einen aber nicht mehr besuchen wollen?

Ein kürzlich erschienener Bericht über die Alzheimersche Krankheit führt nur knapp und klar aus:

»Söhne und Töchter können sich oft nicht mit der Tatsache abfinden, daß ein Elternteil an einer Demenzerkrankung leidet.«[27]

Was bedeutet es, Mutter zu sein, wenn man gar nicht mehr weiß, daß man Söhne hat?

Söhne? Habe ich Söhne?

Zehntes Kapitel

SELBSTMORD: SCHOCK UND STIGMA

Viele Mütter werden, sogar wenn sie in tiefste Depression abgeglitten sind, vom Selbstmord abgehalten durch den Gedanken, welche Auswirkungen das auf ihre Kinder haben könnte. Es gibt jedoch einige, die auch nicht durch das Wohl der Kinder davon abgeschreckt werden.

Ich hatte gerade die Zeilen oben geschrieben, als ich von einer Freundin eine kurze Mitteilung erhielt, die jene Feststellung in tragischer Weise unterstreicht:

»Es tut mir leid, dir das in einer kurzen Notiz mitteilen zu müssen, aber Pearls Leiche ist im Fluß nahe Oxford an Land gespült worden.«

Pearl, eine achtundvierzigjährige Mutter von zwei minderjährigen Kindern, Gilly und Sam, war zehn Jahre lang meine Nachbarin in einer kleinen Stadt im Norden gewesen. Wir hatten im Frauenzentrum zusammen gearbeitet und waren beide an der Friedensbewegung beteiligt gewesen.

Pearl trug grelle, bunte Kleidung und band sich ihr Haar mit scharlachroten Bändern zusammen. Meiner Ansicht nach war sie eine ausgesprochen zornige Frau und eine sehr komische dazu. Plötzlich erinnere ich mich an sie auf einem Frauenmarsch. Sie trug geblümte Latzhosen, schwenkte ihren in fluoreszierenden Farben gestreiften Wollhut in einer Hand und ein Spruchband in der anderen. Seltsam, was einem so einfällt, wenn sich jemand das Leben genommen hat.

Pearl war in höchstem Maße depressiv gewesen, rein und raus aus dem Krankenhaus, und hatte bereits einen Selbstmordversuch hinter sich. Ich hatte angenommen, daß sie »wegen der Kinder« einen zweiten, ernsthaften Versuch unterlassen würde. Das mag zwar eine klischeehafte Auffassung sein, aber schließlich eine, die durch die Forschung belegt ist. Ich lag falsch mit meiner Annahme. Pearl

308

wurde vergangene Woche als vermißt gemeldet. Niemand wußte, wohin sie gegangen war. Sie wurde zuletzt von Gilly, die jetzt 15 Jahre alt ist, auf einer Brücke über den Fluß gesehen. Als Gilly merkte, daß ihre Mutter scheinbar nicht nach Hause zurückkommen wollte, rannte sie los, um Hilfe bei ein paar Erwachsenen zu holen. Das ist das letzte Mal gewesen, daß der Teenager seine Mutter lebend gesehen hat. Als sie zum Fluß zurückkam, war die Mutter verschwunden. 24 Stunden später fand die Polizei Pearls Körper mit dem Gesicht nach unten im Fluß.

Wie werden Gilly und Sam mit Pearls Tod fertig werden? Welche Fragen werden sie sich selber stellen?

Es erscheint völlig paradox, daß Pearl – eine Frau, die jeder Form von Gewalt abgeschworen und sich für Frieden und gemeinschaftliches Handeln eingesetzt hatte – letztendlich in ihrer Lebensmitte durch Gewalt und allein gestorben sein soll. Sie muß sich gefragt haben: Wie bin ich vom Weg abgekommen? Wo habe ich versagt? Ich frage mich: Wo haben wir, ihre Gemeinschaft, ihre Freundinnen und Bekannten, versagt?

Rational gesehen weiß ich, daß sowohl ihre als auch meine Fragen nicht den eigentlichen Punkt treffen. Es sind die falschen Fragen. Aber zufällig sind es die Fragen, die immer wieder gestellt werden, zum einen von denen, die drauf und dran sind, Selbstmord zu begehen, zum anderen von denen, die zurückbleiben. Ich stellte sie mir selber, als ich versuchte, Selbstmord zu begehen. Ich stellte sie, als meine Mutter versuchte, Selbstmord zu begehen, und dann an den Folgen starb. Ich stelle sie mir jetzt, wo Pearl sich umgebracht hat.

Obwohl Selbstmord ein endgültiger, individueller Akt zu sein scheint, hat er weitreichende soziale Konsequenzen.

Die Folgeerscheinungen, die jede(n) Hinterbliebene(n) ohne Rücksicht auf Geschlecht und Rasse treffen, sind von Forschern wie Wertheimer und Staudacher klar und anschaulich belegt worden: Die Unterlagen zeigen, daß sich alle in Krisensituationen befinden. Es werden Probleme aufgeworfen, die von dem Schock, dem Stigma, der Gewalt, der Schuld, den Vorwürfen und der Unfähigkeit, den Grund für die Tat zu verstehen, herrühren und die alle mit dem Suizid zusammenhängen.[1]

Weniger Beachtung ist dem Umstand geschenkt worden, daß Selbstmord eine Tat ist, die vielfach von Männern und Jungen begangen wird, was tiefgreifende, oft katastrophale Auswirkungen auf Frauen und Mädchen hat.

Wie viele Hinterbliebene gibt es?

Bernhardt und Praeger (1983) schätzen, daß jeder Selbstmord mindestens fünf Familienmitglieder oder »wichtige andere« betrifft. Lukas und Seiden (1987) nehmen an, daß zwischen sieben und zehn Menschen »persönlich in Mitleidenschaft gezogen« werden.[2] Die Kette der Trauer ist lang.

Wahrscheinlich gibt es in Großbritannien jedes Jahr zwischen 40000 und 80000 neue Hinterbliebene nach Todesfällen, die als Selbstmord protokolliert worden sind. Eine große Anzahl von Todesfällen, die fälschlicherweise als »Unfälle« deklariert oder in gerichtlichen Feststellungen ohne Nennung der Todesursache aufgeführt worden sind, werden Trauernde hinterlassen, die jeweils in die Dutzende gehen können.

Es ist sicher sinnvoll, erst einmal die Statistiken zu betrachten, die das Übergewicht männlicher Selbstzerstörung, die Gründe für geschlechsbedingte Unterschiede und die Folgen für Frauen veranschaulichen.

Jedoch ist die Bedeutung des Verhältnisses von Frauen zum Selbstmord nicht nur ein Zahlenspiel. Deshalb betrachte ich als zweites bestimmte Probleme für weibliche Hinterbliebene von Suizidopfern, die als primärer Elternteil, als Schwestern oder Partnerinnen durch die geschlechterbezogene Umgangsweise mit der weiblichen Identität geformt worden sind. Unterschiedliche, geschlechtsbedingte Verhaltensmuster bedeuten unterschiedlich wahrgenommene Folgen speziell für Frauen, auch wenn es um Probleme geht, die alle Hinterbliebenen betreffen. Kulturelle Vorgaben, die Frauen so einordnen, daß sie nur etwas aus ihren gesellschaftlichen Beziehungsverhältnissen heraus gelten, machen die Unterschiede noch größer: Unterschiede, wie Frauen mit Schuld, Gefühlen der Machtlosigkeit umgehen – die aus ihrer strukturspezifischen Situation entstehen, sich aber nach dem Selbstmord eines Nahestehenden noch verschlimmern –, mit chronischem Schmerz, der durch Zurückweisung noch intensiviert wird, und mit Zorn, den viele Frauen nur schwer ausdrücken können.

Das Stigma und das Schweigen, die das Todestabu verstärken, treffen die Frauen hart, die über Selbstmord in einem Ausmaß sprechen möchten, wie es Männer nicht tun.

Drittens betrachte ich das Vermächtnis, das weiblichen Hinterbliebenen durch charakteristische Vorgehensweisen bei männlichen Selbstmorden – gewöhnlich gewalttätig – hinterlassen wird. Die ersten drei Betrachtungen beziehen sich auf die Stellung der Frauen als Hinterbliebene von Suizidopfern. Eine vierte Betrachtung ist eine Analyse der Faktoren, die Frauen dazu bringen, selber von einem Selbstmord abzusehen.

STATISTIK: GESCHLECHTSSPEZIFISCHE UNTERSCHIEDE BEIM SELBSTMORD UND DIE FOLGEN FÜR WEIBLICHE HINTERBLIEBENE

Eine genaue Untersuchung der Selbstmordraten zeigt, daß zwei Drittel der erwachsenen Selbstmörder Männer sind, die Frauen in ihrem Schmerz, beladen mit Schuldgefühlen, aber gelegentlich auch voller Erleichterung zurücklassen.

In diesem Jahrhundert hat das Verhältnis zwischen den männlichen und weiblichen Selbstmordzahlen beträchtlich geschwankt. Obwohl sich heutzutage mehr Frauen umbringen als in den frühen Jahren dieses Jahrhunderts, machen Männer noch immer ungefähr 67 Prozent aller Suizide aus. Dieses geschlechtsbezogene Mißverhältnis wächst.

Gegenwärtig sind in Großbritannien 4667 männliche Todesfälle aus einer offiziellen Gesamtzahl von 8000 pro Jahr registriert worden: eine gewaltige Untertreibung der tatsächlichen Zahlen. In Deutschland sind zuletzt (1995) immerhin 12 888 Suizidfälle amtlich erfaßt worden. Der Hauptgrund für dieses Spitze-des-Eisbergs-Syndrom ist das Stigma, das dem Suizid anhaftet.

Nach Aussage der Samariterorganisation haben die Selbstmorde von Männern zwischen den Jahren 1975 und 1987 um 38 Prozent zugenommen. Die Zahlen wachsen täglich. Die Selbstmorde bei Frauen sind jedoch über den gleichen Zeitraum nur um 20 Prozent gestiegen. In den USA zeigt sich ein ähnliches Muster; dort nehmen sich Männer dreimal so häufig wie Frauen selbst das Leben. Dem entsprechen die Zahlen für Deutschland, wo 72 Prozent aller Selbstmorde von Männern begangen worden sind.[3]

Wer sind diese Männer?

Unterlagen aus den USA vermitteln Einblicke. Eine beträchtliche Gruppe sind ältere Männer. In Amerika bilden weiße Männer über

50 Jahren ungefähr 10 Prozent der Gesamtbevölkerung, stehen aber für 28 Prozent der Selbstmorde.[4]

Ärzte gehen davon aus, daß Männer vor den Belastungen einer körperlichen Krankheit, der Einsamkeit und Depression kapitulieren. Soziologen vermuten, daß der Tod bei Männern nach dem Ende des Arbeitslebens unter Umständen beschleunigt wird, wenn sich entweder nachlassende Arbeitsfähigkeit zeigt oder die Fähigkeit abnimmt, unabhängig von anderen zu funktionieren, oder wenn die Kraft schwindet, die Kontrolle über sich selbst zu bewahren. Diese drei Beschleunigungsfaktoren werden als maßgeblicher dafür angesehen, wie sich Männer ihr Leben einrichten, als für die Art, wie Frauen das ihre organisieren.[5]

Stehen diese Männertode in irgendeinem Zusammenhang mit bestimmten Gruppen von Frauen? Läßt sich zum Beispiel einiges aus der Tatsache ablesen, daß viele dieser Männer alleinstehend sind, daß also keine Frauen als Betreuerinnen, Trösterinnen oder Köchinnen für sie tätig sind?

Scheinbar ist es so.

Männer, die Selbstmord begehen, besonders die mittleren Alters, sind oft unverheiratet und haben häufig erst kürzlich den Tod ihrer Mutter hinnehmen müssen. In mehreren Studien wird darauf hingewiesen, daß für erwachsene, alleinstehende Männer, die mit ihrer Mutter zusammenleben, ein großes Selbstmordrisiko besteht, wenn diese stirbt. Bereits im Jahr 1971 hat Bunch nachgewiesen, daß 60 Prozent der alleinstehenden Männer, die Selbstmord begingen, während der drei vorhergehenden Jahre ihre Mutter verloren hatten. Im Gegensatz dazu ist der Verlust von Eltern relativ selten das auslösende Moment bei verheirateten Männern und Frauen, die Selbstmord begehen. Diese Mutter-und-Sohn-Muster werden durch zeitgenössische Forschungsarbeiten untermauert.[6]

Die andere wichtige Kategorie sind heranwachsende Jungen, die zwei Drittel einer neuen Hochrisikogruppe von Teenagern und Twens bilden. Mögliche Gründe für den Selbstmord von Mädchen im Teenageralter werden später erörtert. Beide Geschlechter werden für gewöhnlich lebende Mütter als primären Elternteil haben.[7]

Heute liegt in den USA der Selbstmord als Todesursache für junge Männer an dritter Stelle. Eine von den »Regierungszentren für Krankheitsüberwachung in den USA« im Jahr 1991 durchgeführte Untersuchung fand heraus, daß 27 Prozent von 11 631 Oberschülern

»ernsthaft überlegt« hatten, sich im vorherigen Jahr das Leben zu nehmen. Einer von zwölfen hatte es dann auch tatsächlich versucht.[8]

In Großbritannien sind die sechzehn- bis vierundzwanzigjährigen Jungen und Mädchen die anfälligste Gruppe, aber bei den Jungen ist Selbstmord die zweithäufigste Todesursache, die nur noch von Verkehrsunfällen übertroffen wird. In Deutschland weisen vor allem die Altersgruppen zwischen 20 und 35 sehr hohe Selbstmordraten auf.[9]

Getreu dem Verhaltensmuster in unserer Kultur, welche die Aktivitäten von Männern – sogar wenn sie tot sind – wesentlich höher einstuft als die von Frauen, gehen die Forschungsarbeiten der Frage nach, weshalb sich Männer das Leben nehmen. Weniger befaßt sich die Forschung damit, welche Auswirkungen solche Selbstmorde auf weibliche Hinterbliebene haben.

Colin Murray Parkes macht darauf aufmerksam, daß Struktur und geordneter Ablauf in einer Familie durch Trauerfälle immer gestört werden, aber ein Verlust durch Selbstmord wird oft als Zurückweisung der zentralen stützenden Funktion einer Familie gesehen.[10]

Es ist wesentlich, erstens zu betonen, daß es die Mutter ist, die meistens die stützende Person im Mittelpunkt der Familie ist, und zweitens nochmals hervorzuheben, welche ganz besondere Bedeutung die Zurückweisung für Frauen hat.

Beraterin Dorothy Jones deutet es so:

»Viele Frauen finden Scheidung, Trennung und Zusammenbruch von Beziehungen schlimmer als den Tod, weil die meisten Todesfälle nicht selbstgewählt sind, so daß sie nicht diese fürchterliche Zurückweisung fühlen. Die eine Todesart, die das widerspiegelt und weit darüber hinaus geht, ist der Selbstmord, weil er auch selbstgewählt wird. Der Schmerz danach ist oft nicht auflösbar.«

Wenn dieser Schmerz der einer Mutter ist, dann scheint die Aufgabe, mit dieser Zurückweisung fertigzuwerden, die Kraft eines Herkules zu erfordern. Mütter, deren Kinder sich das Leben genommen haben, beschreiben ihre Empfindungen:

»Das Gefühl, ausgelöscht worden zu sein«;

»exkommuniziert«;

»das Gefühl, als Eltern in die Verbannung geschickt worden zu sein«;

»als Mutter ausgestoßen«;

»fortgeworfen«;
»das Gefühl, emotional verleugnet worden zu sein«;
»überflüssig«.

Ich will hier keine Abstufung von Verlusten vornehmen, da jeder Tod einer geliebten Person für den Hinterbliebenen niederschmetternd ist. Trotzdem legen die soziologische Forschung und Erfahrungsberichte von Frauen nahe, daß erstens jeder Tod durch Selbstmord, weil selbstgewählt und selbstverursacht, wahrscheinlich schwerer als ein natürlicher Tod zu bewältigen ist; zweitens, daß der Tod eines Kindes durch Selbstmord für beide Elternteile schwerer wiegen wird als andere elterliche Verlusterlebnisse. Wo die Betreuung der Kinder primär durch die Mütter erfolgt, taucht bei dem Selbstmordtod eines Kindes sofort die Frage nach der Mutterbindung sowie die Angst vor Zurückweisung auf.

Mütter sind dann dazu gezwungen, eine neue Rolle zu übernehmen. Sie sind wider Willen zu Hinterbliebenen geworden. Mütter von Toten.

Diese Mütter haben als besondere Gruppe mit eigenen Bedürfnissen bisher nur unzureichendes forscherisches Interesse gefunden. Das rührt teilweise von der Tatsache her, daß die Bedürfnisse aller Hinterbliebenen übersehen worden sind; teilweise folgt es auch aus der mangelnden Erkenntnis, daß die Reaktionen von Frauen auf Selbstmord sich von denen der Männer unterscheiden.

Bis in die siebziger Jahre hinein gingen die Bedürfnisse der Hinterbliebenen in der soziologischen Betrachtung unter, die vorwiegend den Opfern galt. Dann endlich überprüften die Forscher Barraclough und Shepherd (1976, '77, '78), Carol Staudacher (1988) und Alison Wertheimer (1991) die Erfahrungen derer, die zurückgeblieben waren, aber sogar sie widmeten den besonderen Bedürfnissen von Frauen nicht genügend Aufmerksamkeit.[11]

KONFLIKTE, DENEN MÜTTER GEGENÜBERSTEHEN

Welchen besonderen Fragen sehen sich hinterbliebene Mütter gegenüber?

Es werden in ihren Grundzügen die gleichen Fragen sein wie bei Frauen, die nach einem plötzlichen Todesfall – einschließlich

Schock, mangelnder Vorbereitungsmöglichkeit und ohne Abschied – weiterleben müssen. Es wird keine Gelegenheit mehr gegeben haben, mit der toten Person über wichtige Dinge zu sprechen. Fragen, die sich aus der Beziehung ergeben haben, können niemals mehr beantwortet werden. Konfliktbeladene Gefühle können nicht mehr geklärt werden. Sie werden mit anderen Müttern das Gefühl der Amputation teilen, das Shirley Cooklin das »Kainszeichen« nannte. Aber Mütter von Toten, die sich ihnen durch Selbstmord entzogen haben, werden noch zusätzliche Lasten zu tragen haben.

Annies Geschichte kann einigen Aufschluß geben. Gemeinsame Fäden in Annies Geschichte können vielleicht das Gefühl der Isolierung bei anderen weiblichen Suizidhinterbliebenen etwas mildern.

Ich sprach mit Annie in einem alten Bauernhaus in einem ruhigen Dorf auf dem Lande, wohin sie, ihr Ehemann Rick und ihre verbliebenen Kinder umgezogen waren, nachdem ihr zweiundzwanzigjähriger Sohn Greg sich vor vier Jahren in ihrem Londoner Haus das Leben genommen hatte.

Als erstes fiel mir auf, wie ihre vier Kinder und zwei Stiefkinder scheinbar ihr ganzes Leben und ihren Körper beanspruchten.

Als wir miteinander sprachen, drückte sie Maisie, eine zappelige, rotblonde Vierjährige, an sich, bevor sie sich einen Weg durch ein wüsten Haufen von Spielzeug bahnte, um den Fortschritt des achtjährigen Eddy an seinem Computer zu kontrollieren und dann im Vorbeigehen ein Fotoalbum mitzunehmen.

»Da ist Eddy, ein bißchen wild wie gewöhnlich. Maisie ist ein weiterer Rotschopf wie Greg. Jetzt der einzige in der Familie. Es gibt nur dies eine Foto von ihnen zusammen. Ich hatte gerade Maisie bekommen. Ich hatte eben entbunden, als Greg sich, wie ich vermute, auf das Sterben vorbereitete. Verrückt das Ganze, nicht wahr? Maisie war eine Frühgeburt, mußte in den Inkubator. Ich war auf der Intensivstation, so daß ich sie nicht sehen konnte. Rick hat eine ganze Ladung von Filmen verschossen, ließ sie innerhalb einer Stunde entwickeln und abziehen, so daß ich mein neues Baby sehen konnte. Sehen Sie, da ist Maisie! Da ist Greg hinter ihr und grinst. Damals, als ich das Bild sah, dachte ich: ›Das ist mal wieder verdammt typisch Greg! Ich will nur Bilder von meinem Baby. Ich will nicht auch noch seinen großen Kopf draufhaben!‹ Das ist jetzt das einzige Foto, das ich von ihnen zusammen habe. Zwei Wochen später war Maisie aus dem Inkubator heraus. Ich war aus der Intensivstation heraus, und Greg war tot.«

Das Telefon im Bauernhaus läutete. Annie nahm aufgeregt ein Auslandsgespräch von ihrer Tochter Poll entgegen – die Älteste seit Gregs Tod –, die in Spanien Lehrerin ist.

»Poll ist drauf und dran, in den Fernen Osten zu gehen, um dort zu arbeiten. Ich bin bereits recht besorgt. Seit Greg gestorben ist, schwebe ich immerzu in Sorge um die Kinder, die noch da sind.«

Annie war bis zum Tod von Greg eine »ziemlich ruhige« Mutter gewesen. Jetzt ist sie ängstlich. Diese Angst, die während der Schwangerschaft kommt, und wenn sie dann noch in bitterer Weise durch den Tod eines Kindes bestätigt wird, ist eine Erfahrung, die nur einer Frau zuteil werden kann.

Sie nahm das Album von Maisie wieder auf und wechselte zu einem Foto ihres Sohnes Jack, der jetzt bei der BBC arbeitet. Auf dem Foto lehnt sich Jack gegen Greg, Schulter an Schulter, und beide grinsen über einen Witz. Natürlich scheint die Sonne. Es war der Sommer vor Gregs Tod.

»Sie standen sich als Brüder sehr nahe. Alle meine Kinder gehörten zu den ›Woodcraft Folk‹ [eine Art Pfadfindergruppe], so daß sie eine Menge zusammen machten und gemeinsame Freunde hatten. Ricks Kinder, Dolphus und Jemma, sind im gleichen Alter wie meine Großen. Auch sie haben eine ganze Zeit bei uns gelebt. Wir hatten viel Spaß in der Familie ...«

Ihre Stimme wird immer leiser. Annie ist sich ihrer neuen Besorgtheit um ihre Sprößlinge sehr bewußt. Als Sozialtherapeutin, die früher sehr karrierebewußt war, ist sie nicht immer so gewesen.

»Durch Gregs Tod hat sich mein ganzes Denken auf die Kinder konzentriert. Als Feministin ... bevor er starb ... denke ich, habe ich eine Menge Zeit damit vertan, mich insgeheim über die Ansprüche der Kinder zu ärgern, doch durch seinen Tod sind diese Empfindungen jetzt sehr viel milder geworden. Ich habe mich dafür entschieden, Kinder zu haben, und sie haben gewisse Bedürfnisse. Die Situation, wo beide Ehepartner arbeiten und die Kinder in Tagesstätten sind – man könnte dies auch als Frevel ansehen –; aber ich glaube nicht, daß es sehr zufriedenstellend ist. Es muß andere Lösungen geben.«

Angesichts ihrer veränderten Vorstellungen wurde Annie ironischerweise ausgerechnet auf dem Begräbnis von einem Familienmitglied mit Worten angegriffen.

»Meine älteste Schwester, wirklich eine Kuh, ließ es so heraus, daß sie nicht erstaunt sei, daß Greg Selbstmord verübt habe, weil ich eine so fürchterliche Mutter gewesen sei und meine Karriere an die erste Stelle gesetzt habe. Bevor er starb, hätte ich über einen solchen Ausspruch nur lachen können. Aber jetzt kann ich es nicht mehr. Es ist nicht nur, daß man sich schuldig fühlt, wenn das eigene Kind stirbt, man hat auch kein Vertrauen mehr. Man muß seine elterlichen Fähigkeiten völlig neu bewerten.«

Annies Gefühl, daß ihre Mutterrolle in Frage gestellt worden war, ist eine charakteristische Reaktion. Für einige Mütter bedeutet Selbstmord den Verlust eines Einzelkindes und damit das plötzliche Ende ihrer elterlichen Identität.

»Jemand sagte zu mir, ich sei ›gut dran‹, weil ich weitere Kinder hätte. Daß es schlimmer sei, das einzige Kind zu verlieren. Ich kann das nicht bestätigen. Es gibt keine Abstufungen. Ich habe noch immer Greg verloren. Es ist der Verlust der ganz bestimmten Person, der unerträglich ist. Die niederdrückende Traurigkeit, daß man nicht mehr miterleben kann, wie sich die Träume des Kindes erfüllen, ändert sich nicht, ob man nun weitere Kinder hat oder nicht.«

Annie wiederholt damit den von vielen Frauen betonten Leitgedanken vom unersetzbaren Verlust und die damit verbundene Reaktion auf den Tod. Es gibt keine Abstufungen. Obwohl wir nicht davon ausgehen können, daß der Tod eines Kindes durch Selbstmord zwangsläufig schlimmer ist als der Verlust eines Eltern- oder Geschwisterteils, so besteht doch kein Zweifel, daß Mütter von Suizidopfern es als den schmerzlichsten Verlust empfanden, der ihnen jemals zustoßen konnte.

Durch die Haltung der Gesellschaft wird es noch schwerer gemacht, mit dem chronischen Schmerz fertig zu werden, der einem Selbstmord folgt. Die Leute fühlen sich unangenehm berührt bei dem Gedanken, daß sich jemand für den Tod entscheidet. Das Thema löst starke Gefühlsregungen aus. Keir sagt dazu:

»In Wahrheit wollen wir es gar nicht so genau wissen … Betrachtungen über die Tat als solche, die Art der Durchführung – die Überdosis, das Ertränken, das Erhängen –, erfüllen uns mit Entsetzen.«[12]

Daß sich kein Mensch finden läßt, mit dem sie sprechen können, ist ein Dauerthema von weiblichen Hinterbliebenen und scheint für sie wichtiger zu sein als für Männer. In Alison Wertheimers Studie setzten sich die von ihr interviewten 50 Personen aus 36 Frauen und 14 Männern zusammen, weil »offenbar weniger Männer als Frauen gewillt waren, über ihren Trauerfall zu sprechen«.[13]

Wertheimers Erfahrung deckt sich mit der von Lukas und Seiden (1987), die herausfanden, daß in den USA männliche Hinterbliebene von Suizidopfern durchgängig weniger bereit waren zu sprechen. Sie nahmen an, daß dies so war, weil die Männer der Ansicht waren, es sei für sie weniger notwendig, mit anderen Menschen über ihren Schmerz zu sprechen.[14]

Ich fand heraus, daß der Wunsch von Frauen nach vertraulicher Aussprache – über Zorn, Schuld oder schwierige Entwicklungen innerhalb der Familie – nicht nur durch das Schweigen in der Öffentlichkeit verstärkt wurde, sondern auch durch die private Abwehr von männlichen Partnern, Brüdern oder Söhnen. In verschiedenen Fällen, wo Ehepaare in einen familiären Suizidfall verwickelt waren, habe ich zunächst die Frau angesprochen. Wenn ich später auch den Mann ansprach, dann weigerte er sich meistens, etwas zu sagen. In der Zeit, die ich während meiner Untersuchung bei Annie verbrachte, fragte ich ihren Ehemann Rick, ob er es sinnvoll fände, mit mir über Gregs Tod zu sprechen. In einer freundlichen, angenehmen Weise erklärte er:

»Sie sind sicher besser dran, wenn Sie mit Annie sprechen. Aus mir würden Sie nicht viel herausbekommen.«

Das war eine charakteristische Antwort vieler Männer aus Ehegemeinschaften, die sich mit einem Selbstmord auseinandersetzen mußten.

Selbst mehrere Jahre nach dem Suizid des Kindes möchten Mütter Einzelheiten noch einmal durchleben:

»Vier Jahre nach Gregs Tod wird nicht mehr viel darüber gesprochen. Die Leute möchten nichts mehr davon hören. Man sehnt sich danach, jemanden zu finden, der – so wie Sie es getan haben – sagt: ›Wie ist er gewesen?‹ Seit Jahren sind Sie die erste Person, die das gesagt hat. Niemals fragt jemand danach.« (Annie)

Wie ist er gewesen? Schüchtern, still, mit »einer gewissen Ausstrahlung, zuverlässig, ein angenehmes Gefühl, ihn um sich zu haben«. Er versuchte nie, die Aufmerksamkeit auf sich zu ziehen, war als Teenager ungewöhnlich ruhig und hatte keine schwierige Jugend.

»Ich habe den Leuten immer erzählt: ›Ich habe niemals Probleme mit Greg bekommen. Greg war immer erstaunlich.‹«

Interessanterweise wurde die Auffassung von Greg als »Musterkind« von anderen Eltern wiederholt, wenn sie die Suizidopfer beschrieben. Mütter äußerten häufig, daß das Kind »besonders«, »erstaunlich« oder – am allermeisten – »problemlos« gewesen sei. Das schien nicht in gleicher Weise in den Berichten über Kinder der Fall zu sein, die auf andere Art gestorben waren. Es sei daran erinnert, daß Juno ihre Tochter als »äußerst hitzige, eigenwillige Nervensäge« beschrieb.

Ein Teil von Gregs offensichtlich »problemloser Jugend« ließ sich auf eine Schüchternheit zurückführen, die von einer akuten Lese- und Rechtschreibstörung herrührte. Das machte, wie ich vermute, ihm mehr zu schaffen, als seine Familie annahm. Intellektuell paßte er nicht sonderlich gut in diesen Haushalt hinein. Sein gleichaltriger Stiefbruder Dolphus war akademisch und sozial höchst qualifiziert. Seine Schwester Poll, nur neun Monate jünger, war in seiner Klasse, holte ihn ein und überflügelte ihn innerhalb eines Schulhalbjahres.

»Seine Rechtschreibung war haarsträubend, seine Schrift unleserlich; wir zogen ihn alle auf. Weil er es nicht übelnahm, haben wir wahrscheinlich nicht gemerkt, wie weh es ihm getan hat.« (Annie)

Unweigerlich bekam Greg Schwierigkeiten mit Antragsformularen. Zu Hause half ihm Annie. Doch auf der Universität, als Freunde Arbeitsanträge ausfüllten und Greg keine Unterstützung von Annie hatte, »schenkte er es sich eben«.

»Auf dem College bekam er nur eine Drei, fühlte sich überlastet. Schaffte es einfach nicht. War der Meinung, er hätte es besser machen können. Einige seiner Möglichkeiten hat er sausenlassen. Er hatte fürchterliche Schulden, keine Arbeitsmöglichkeit. Sonst war er im Sommer nach Hause gekommen, hatte vorübergehende Jobs angenommen. Aber in diesem Sommer wollte er nicht nach Hause kommen. Er sagte: ›Nein, ich kann nicht. Nein! Ich muß unabhängig werden.‹ Er empfand ganz stark, daß seine Kindheit vorüber war. Er mußte jetzt unbedingt erwachsen werden. Aber er merkte, daß er es nicht weit gebracht hatte …«

Ganz sicher beging Greg nicht nur aus einem einzigen Grund Selbstmord, wie etwa, weil er sich schulisch als Versager fühlte. Er hatte eine Mutter und einen Stiefvater, die ihn liebten und ihm halfen. Aber es könnte ein sehr entscheidendes Element gewesen sein. Wie Elisabeth Kübler-Ross betont, wird unseren Kindern in einer auf Wettbewerb, Karrieredenken und Zielbewußtsein ausgerichteten Gesellschaft vermittelt, daß sie sich gemäß deren Bedingungen zu entwickeln haben. Kübler-Ross gibt die Geschichte – wie sie ihr von der entsetzten Mutter erzählt wurde – eines elfjährigen Jungen wieder, der sich selbst umgebracht hat:

»Er kam mit einem langen Gesicht von der Schule zurück. Niemand schenkte dem große Beachtung, außer meinem Mann, der ihn kurz vor dem Abendessen direkt darauf ansprach. Er mag es nicht, wenn jemand mit einem langen Gesicht am Tisch sitzt. Auf die Frage seines Vaters: ›Was ist los mit dir?‹ gestand unser Sohn, daß er zwei schlechte Noten von der Schule mitgebracht hatte. Mein Mann war ärgerlich und sagte: ›Es ist dir offenbar gleichgültig. Wenn es dir gleichgültig ist, ist es uns auch gleichgültig.‹ Er befahl dem Rest der Familie, meinen Sohn während des Essens nicht mehr anzuschauen ...«

Früh am nächsten Morgen hörten sie einen Schuß und fanden ihn tot. Tot, weil er zwei schlechte Noten von der Schule heimgebracht hatte! Wie Kübler-Ross dazu bemerkt:

»Ich glaube, das ist die Tragödie unserer erfolgsorientierten Gesellschaft, daß wir unseren Kindern tausendmal erzählen: ›Ich habe dich lieb, wenn du gute Noten heimbringst. Ich habe dich lieb, wenn du gut durch die Oberschule kommst. Du lieber Himmel, wie sehr würde ich dich lieben, wenn ich eines Tages sagen könnte: mein Sohn, der Herr Doktor.‹ Und so entehren sich unsere Kinder selber, um uns zu gefallen, um unsere Liebe zu kaufen – die nie gekauft werden kann.«[15]

Wenn dies ein weiteres Beispiel unserer kulturellen Norm ist, wie sich die männliche, erfolgsorientierte Haltung gegenüber dem Leben und die männliche, erfolgsorientierte Einstellung gegenüber dem Tod auswirkt, dann wäre es doch eindeutig sinnvoller, statt dessen die überwiegend weibliche Umgangsweise mit Leben und Tod zu übernehmen. Kinder, so betont Kübler-Ross, sind liebenswert, ob sie etwas zustande bringen oder nicht.

Annie sieht den Konflikt für Jugendliche, die nicht in das leistungsorientierte Schema hineinpassen, als ein »Dilemma der achtziger Jahre« an:

»Greg wollte einen sanften Job, er war mehr ein Mensch, der andere betreuen wollte. Aber im Jahr 1989 verhielt sich jeder konkurrenzorientiert, rücksichtslos und nur darauf bedacht, möglichst viel Geld zu machen. Auch er wollte über genügend Geld verfügen. Er stand unter dieser Art von Druck.«

Dieser Konflikt wird für viele Heranwachsende zum Problem. Nehmen wir den Fall von Amy, einer jungen amerikanischen College-Studentin. Drei Jahre lang hatte sie gegen Schock und Schmerz angekämpft, nachdem ihr neunzehnjähriger Bruder Tim sich an einem Haken in ihrer gemeinsamen Bude erhängt hatte. Dann erreichte sie selber das neunzehnte Lebensjahr, nur um mit eigenen Augen zu sehen, wie sich ihr vierundzwanzigjähriger Freund Toby – der beste Freund ihres toten Bruders – im Auto seines Vaters vergast hatte.

»Die ganze Zeit schwebe ich in Angst, wer der nächste Junge in unserer Gruppe sein wird, der sich um die Ecke bringt. Ich kam vom College zurück und fand ihn im Auto. Es war nur drei Jahre her, daß Mama vom Supermarkt zurückkam und Tim fand, wie er da am Haken in der Bude hing. Niemals in meinem Leben werde ich die Art vergessen, wie Mama geschrien hat. Ich kann ihnen gar nicht sagen, wie grauenhaft er aussah, als er da wie ein Stück Schlachtvieh am Haken hing und blutete. Man sagte uns, er hätte es erst mit einer Rasierklinge versucht. Warum haben sie das gemacht? Tim wollte damals gerade mit der Ausbildung als Beschäftigungstherapeut anfangen. Manche Leute meinten, das sei ein weibischer Beruf für einen jungen Mann, aber er war ganz scharf darauf. Wie konnte er uns allen das nur antun, wir standen uns so nahe als Familie? Toby und ich wollten zusammenleben. Ich war in der Ausbildung als Juristin, deshalb bereiteten wir Toby auf ein Leben als Hausmann für unser erstes Kind vor, bis ich mich in meinem Beruf niedergelassen haben würde. Einige Leute hielten uns für verrückt, aber wir waren ganz ruhig und gelassen. Jetzt geht in meinem Kopf alles drunter und drüber. Vielleicht war er doch nicht glücklich damit. Offenbar habe ich ihn nicht gut genug gekannt, sonst würde ich jetzt nicht schreien: ›Warum hat er das gemacht?‹«

Gregs Wunsch nach einem »sanften« Job, seine Persönlichkeit als ein »betreuender Mensch«, Tims Plan, Beschäftigungstherapeut zu werden, was einige als »weibisch« beurteilten, und Tobys Entschluß, Hausmann zu werden, deuten auf wesentlich stärkere geschlechtsspezifische Zusammenhänge hin, als Annies Version vom »Dilemma der achtziger Jahre« zugeben will.

GESCHLECHTSSPEZIFISCHE ZUSAMMENHÄNGE

Die Gründe, die sich hinter dem selbst herbeigeführten Tod junger Männer verbergen, sind nicht leicht herauszufinden. Ein Forscher vermutete, daß jugendliche Selbstmorde vor »einem Familienhintergrund mit hochgradigen Spannungszuständen, mit offenen Feindseligkeiten und ungelösten Abhängigkeiten« auftreten.[16]

Andere Forscher sind gegenteiliger Meinung. In einigen Fällen mag es ja zutreffen, aber es kann nicht für die enorme – und steigende – Zahl von Suizidfällen bei jungen Männern gelten. In Haushalten, wo ich ausführlich mit Müttern, Geschwistern und Freundinnen gesprochen habe, stieß ich auf einige Konflikte zwischen den Geschlechtern, auf einige ungelöste Abhängigkeiten, oft – wie in Gregs und Annies Fall – auf eine unfreiwillige, von einem ewigen Hin und Her geprägte Abhängigkeit von Müttern, manchmal auch von älteren Schwestern. Ein typisches Beispiel war Janine, die in der psychiatrischen Fürsorge tätig ist. Ihr jüngerer Bruder, ein unter Dauerstreß stehender Direktor bei der BBC, stürzte sich vom Centrepoint hinab, einem der höchsten Gebäude Londons.

»Von Kindheit an spielte ich die Rolle der älteren Schwester. Doch in unserer Familie wurde nicht viel über mögliche Gefühlsverwirrungen gesprochen. Deshalb kümmerten wir uns auch nicht weiter darum, als er exzentrisch und depressiv wurde. Er zog sich völlig in sich zurück. Sprach nicht mehr mit mir oder seiner Frau. Ich ärgerte mich genauso wie sie darüber, wie wenig er im Haus mithalf, und brach jeden wechselseitigen Gedankenaustausch mit ihm ab.«

Janine, die ihn sogar in seiner Ehezeit bei Krisen bemuttert hatte, »gab ihn in gewisser Weise auf«.

»Als er nichts mehr sagte und jede persönliche Nähe fehlte, hatte ich genug davon, diese Rolle weiterzuspielen. Ich wurde ungeduldig, daß er nicht damit herauskam, was mit seinen Gefühlen los war. Ich glaube, das fällt Männern besonders schwer. Sie ordnen ihr Leben in bestimmte, feste Bereiche ein. Als er dann wirklich in gefühlsmäßiger Bedrängnis war, schwieg er. Er plante seinen Tod und sprang. Das Schuldgefühl überwältigte mich völlig. Ich weiß, daß ich nicht verantwortlich war. Es gab eigentlich nichts, was ich hätte tun können, weil er sich nicht öffnete. Aber da stand ich nun, ausgebildet in der psychiatrischen Fürsorge, seine Schwester, mit allen Voraussetzungen für eine Betreuung, und hatte die Zeichen nicht erkannt.«

Einige Fallstudien bestätigen Janines Ansicht, daß Männer nicht das Gefühl haben, es sei ihnen erlaubt, über Gefühle zu sprechen. Viele wollen auch gar nicht. Einige weibliche Hinterbliebene sagten, sie hätten nicht hartnäckig genug versucht, die anliegenden Fragen zu besprechen.

»Ich habe nie begriffen, wie sehr Toby nach Tims Tod am Boden war. Vielleicht reden Jungen ja nicht darüber, was sie füreinander empfunden haben. Er sagte nur immer, er sei ›ein bißchen deprimiert‹. Irgendwie habe ich es nicht richtig eingeschätzt. Mehr so in der Art, weil er mich liebte, glaubte ich, daß wir es zusammen schon schaffen würden. Es kann sein, daß ich die Dinge nie ausreichend mit ihm durchgesprochen habe. Ich frage mich jetzt, was ich da angerichtet habe. Ich habe das Gefühl, daß ich Schuld daran trage. Ich weiß, daß es nicht so ist, aber ich empfinde es so.« (Amy)

Wie Janine weiß Amy vom Kopf her, daß nicht sie für den Selbstmord verantwortlich ist, und doch empfindet sie Schuld und macht sich Vorwürfe. Annie bedauert ebenfalls die unzureichende Kommunikation:

»Ich war schwanger mit Maisie, die Schwangerschaft verlief sehr schwierig. Ich mußte den dreijährigen Eddy beruhigen, der verstört war, weil ich immer wieder ins Krankenhaus mußte. Eines Abends ging ich zu Greg nach oben und ertappte mich, wie ich dachte: ›Es ist wirklich schwer, mit Greg zu sprechen.‹«

Greg hatte einen Zusammenbruch, nachdem er, wie Annie es sah, »einen lächerlichen Job für einen zurückhaltenden Jungen« als Verkäufer für Doppelglasfenster und gleichzeitig als Raumpfleger angenommen hatte. Es war ein Job, der nicht einmal seine Miete abdeckte, ihn aber davon abhielt, nach Hause zu kommen.

»Er rutschte tiefer und tiefer in Schwierigkeiten. Ich war durch meine Schwangerschaft gebunden. Schließlich kam er an seinem Geburtstag im Oktober zu Besuch, um mit uns darüber zu sprechen, daß er einen Job als Pflegeassistent in einem Heim für geistig behinderte Kinder annehmen wollte. Er war schon immer an Pflegearbeit interessiert, er war sozial eingestellt, er wollte andere betreuen. Er beschloß, den Job anzunehmen, aber er fühlte sich niedergedrückt. Seine Version war, er sei ›ein bißchen deprimiert‹. Ich interpretierte es so, daß er Schulden hatte. Ich traf Vorbereitungen, um ihn zu seinem neuen Job zu bringen und dort dafür zu sorgen, daß er seine Ordnung bekam. Dann setzten die ersten meiner starken Blutungen ein, so daß Rick ihn hinbringen mußte. Das war eine weitere schlimme Entwicklung.«

Gregs Worte »ein bißchen deprimiert« sind genau dieselben wie die von Toby. Kein Stichwort war aufrüttelnd genug, daß es die Frauen aufgegriffen hätten. Annies Situation als Mutter einer sie stark beanspruchenden Familie wird vielen Frauen nur zu geläufig sein. Es ist unmöglich, jedem gleich viel Zeit zu widmen. Greg kam zu Besuch und erzählte ihr, daß er schlecht zurechtkomme mit einem alle Kräfte erfordernden, behinderten Kind. Sie war inzwischen behindert durch eine alle Kräfte erfordernde Schwangerschaft und wurde zehn Tage vor Gregs Tod in höchster Eile ins Krankenhaus gebracht.

»Mit meiner Schwangerschaft lief weiter alles schlecht. Blut, nichts als Blut. Greg sagte, er fühle sich ein bißchen als Außenseiter, fühle sich irgendwie fremd, äußerte, er sei ein Versager, kein guter Mensch. Ich blutete immer weiter. Schließlich schafften sie mich ins Krankenhaus, wo die Blutungen so stark wurden, daß Maisie als Frühgeburt durch einen Notfall-Kaiserschnitt zur Welt kam. Alle dachten, ich würde sterben. Also hasteten alle Kinder, einschließlich Greg, nach Hause. Ich konnte sie nicht sehen. Auf der Intensivstation sind keine Besucher zugelassen.«

Viele junge Männer wie Greg, wie Tim und wie Toby sahen sich in gewisser Weise »als Versager«. Aus einigen meiner Fallstudien geht hervor, daß auf Jungen ebensoviel Druck ausgeübt wird, in eine wettbewerbsfähige Rolle zu schlüpfen, wie auf Mädchen, die noch immer mehr in betreuende Tätigkeiten hineingezwungen werden. Jungen, die sich in »sanfterer« Weise betätigen oder in weniger ehrgeizige Berufe einsteigen wollen, werden noch immer in die »harten« Jobs gedrängt. Manche jungen Männer, die Arbeiten in pflegerischen Berufen aufgenommen oder es tatsächlich vorgezogen haben, zu Hause zu bleiben und sich um die Kinder zu kümmern, haben es schwer gefunden, so etwas zu machen und sich gleichzeitig noch als Männer zu fühlen.

Einige dieser Jungen sind jetzt tot.

Ich will damit nicht sagen, dies sei ein Hauptgrund für ihren Selbstmord gewesen oder erkläre sogar eine große Anzahl solcher Todesfälle; aber zumindest war es ein häufiges Element, wie ich aus den Beschreibungen über tote junge Männer entnehmen konnte. Viele hatten zwiespältige Einstellungen zu ihrem Zuhause und zu ihren Müttern gehabt: zwiespältig in dem Sinn, daß sie sehr stark an sie gebunden waren, aber zugleich fühlten, daß sie ihren eigenen Weg gehen sollten, was oft zur Folge hatte, daß sie eine Tätigkeit aufnahmen, die ihnen eigentlich nicht lag.

Die Gründe für Selbstmord dürfen nicht nur unter einem einzigen Blickwinkel betrachtet werden. Der Akt des Selbstmords ist nicht nur ein einzelner Akt, den man herausgreifen und analysieren kann, ohne zugleich das ganze Leben und den Hintergrund zu beleuchten, vor dem er stattgefunden hat. Selbstmord ist Teil eines Entwicklungsprozesses. Er hat seine Wurzeln in Umständen, die bereits seit langem bestanden haben. Er wird ausgelöst durch psychologische Motive, durch soziale, kulturelle, ethnische und religiöse Faktoren.

Das Geschlecht – wie die gesellschaftliche Klasse und ethnische Zugehörigkeit – ist ein wichtiger Leitfaden. Aber es ist ein Leitfaden, der vernachlässigt worden ist. Ihn zu verfolgen, kann etwas dazu beitragen, einen Sinn hinter einigen Todesfällen zu erkennen, die den Zurückgebliebenen so sinnlos erscheinen.

Die vorliegende Studie zeigt wiederholt, daß es Unterschiede in der Art gibt, wie Männer und Frauen den Tod sehen. Viele Männer brachten zum Ausdruck, daß Leben etwas mit »Tun« oder »Aktivität« zu tun hat. Wenn die Zeit der Aktivität vorüber zu sein scheint, dann ist das für manche soviel wie der Tod. Wenn wir uns mit der emotionalen Geschichte eines Suizidopfers befassen, müssen wir uns die gesellschaftlichen Zwänge und kulturellen Erwartungen anschauen. In unserer Gesellschaft stehen diese alle in Beziehung zum Geschlecht. Die Forschung weist nach, daß viele Suizidopfer hohe Erwartungen und einen Drang zum Perfektionismus hatten sowie unrealistische Anforderungen an sich selbst stellten. Das Geschlecht ist ein wichtiges Element, das hineinpaßt in dieses Bündnis äußerer und innerer Kräfte, die dann schließlich zum Suizid führen.

Gibt es bestimmte geschlechtsspezifische Verhaltensmuster, nach denen sich Frauen auf »Experten« verlassen oder wie sie von Ärzten, der Polizei und den Leichenbeschauern behandelt werden? Verhaltensweisen, die das traumatische Erlebnis noch verschärfen können?

Annies Beschreibung vom Tod ihres Sohnes weist auf einige Schlüsselfaktoren hin.

»Ich blutete noch immer von den Nachwirkungen der Gebärmutterentfernung und bemühte mich, mein Baby zu stillen, als ich nach Hause zurückkehrte. Das nächste Mal, als ich Greg sah, war an dem Tag, als er nach Hause kam, um zu sterben. Er kam um fünf Uhr morgens an, kalt, naß und dreckig. Ganz zerzaust und aufgelöst. Er berichtete Rick, er sei plötzlich aufgestanden und habe einfach seinen Arbeitsplatz verlassen. Er wirkte sonderbar und merkwürdig, aber ich war zu sehr mit mir selbst beschäftigt.«

Eine Stunde später kam Greg vom obersten Stockwerk herunter, wo die älteren Kinder schliefen und ihr eigenes Bad hatten, um sich in Annies Badezimmer niederzulassen, das ein von allen benutzter, fast öffentlicher Raum war. Er ließ die Tür offen, nahm aus dem Schrank Aspirin, Paracetamol, Durchfalltabletten und Rehydrationspillen, legte sie alle in einem Kreis um sich herum und fing wie in einem Ritual damit an, sie zu sich zu nehmen. Sein Stiefvater erblickte ihn, trat schnell hinzu, nahm seinen schluchzenden Stiefsohn in die Arme und ermunterte ihn, doch ganz nach Hause zu kommen, damit sie sich um ihn kümmern konnten. Dann ging er im Glauben, die Episode sei damit erledigt, um Annie zu informieren.

»Er kam herein und sagte: ›Ich will dich nicht beunruhigen, aber Greg hat versucht, eine Überdosis Tabletten zu nehmen. Doch ich bin sicher, daß es nur ein Aufschrei nach Hilfe war. Er hat nichts genommen.‹ Ich nahm Ricks Worte als bare Münze. Als ich dann mit Greg sprach, gab er zu, daß er bereits Tabletten geschluckt hatte. Ich brachte ihn dazu, Salzwasser zu trinken. Er übergab sich ... wollte aber nicht sagen, wo er während der ganzen Nacht gewesen war. Doch plötzlich kam er mit dieser Tragetasche daher und holte eine Flasche Wein und eine Schachtel Schokolade heraus, die er für uns gekauft hatte. Offenbar war er mit einer bestimmten Hoffnung nach Hause gekommen, konnte sich aber nicht artikulieren. Er wurde noch seltsamer. Gab seltsame Töne von sich – Geräusche –, kein Sprechen, nur ›hörgh‹ ... ›hah‹ ... ›hörgh‹. Er war sichtlich irgendwie verrückt. Es war unglaublich schwer, etwas mit ihm anzufangen. Nicht aggressiv. Nur völlig verschlossen. Stellte man eine Frage, grunzte er nur. Wie eine verrückte Person.«

Annies sofortige Entscheidung, Fachleute wie ihren Hausarzt und einen Psychiater zu Rate zu ziehen, stieß auf wenig Resonanz. Als sie ihren Arzt bat, zu kommen und nach Greg zu schauen, meinte jener, sie solle ihn in die Praxis bringen.

»Ich erklärte: ›Ich darf nicht mit dem Auto fahren. Ich habe gerade eine Hysterektomie hinter mir. Ich habe ein zu früh geborenes Baby, das noch nicht richtig auf der Reihe ist. Es regnet in Strömen. Mein Sohn versucht, sich das Leben zu nehmen. Würden Sie bitte kommen?‹«

Der Hausarzt kam widerstrebend, bestätigte, daß Greg suizidgefährdet sei, schlug vor, daß man sich mit einem Psychiater in Verbindung setzen solle, versuchte es selber, vergeblich, und vergaß dann, ein zweites Mal zu telefonieren. Inzwischen kam und ging Gregs »Verrücktheit«.

»Kurz nachdem er sich so verrückt verhielt, hatte er diese lichten Momente, in denen er normal zu sein schien. In einer solchen Phase wanderte er hinunter, machte sich ein Käsebrot und holte sich ein großes Glas mit Milch, gerade so wie der alte Greg. Obwohl ich in panischer Angst schwebte, war ich irgendwie beruhigt, weil ich dachte, daß ich professionelle Hilfe in Bewegung gesetzt hätte und annahm, daß ein Psychiater kommen würde.«

Aufgrund ihrer Erziehung ist es für Frauen, selbst für reife, intelligente Frauen, normal, sich auf die Ansicht von männlichen Experten zu verlassen. In diesem Fall dauerte die Sicherheit nicht lange. Kein Psychiater stellte sich ein. Der Regen klatschte herunter. Greg, mit wildem Blick und sonderbaren Bewegungen, in Doc Martins (das sind stiefelartige Schuhe), ohne Socken, bekleidet mit seinen Boxershorts, stieß die Haustür auf und stürzte hinaus. Annie versuchte, ihn zurückzuhalten.

»Das war der Augenblick, wo ich dachte, daß etwas Entsetzliches passieren würde. Wird er sich unter einen Zug stürzen? Wir wohnten in der Nähe einer Eisenbahnbrücke. Ich lief hinterher und rief: ›Greg, bitte geh nicht!‹ Er blickte mir direkt in die Augen und stieß mich zurück. Es bedeutete: Misch dich nicht ein. Das war nicht die Art, wie sich Greg jemals verhalten haben würde.«

Es vergingen einige Stunden. Es regnete noch immer. In ihrer Verzweiflung rief Annie ihre Freunde, um eine Suchaktion zu starten. Dann rief sie den Hausarzt an, schließlich die Polizei.

»Als die Polizei ankam, befürchtete ich, daß er vielleicht schon tot war. Die Polizisten waren so umständlich. Immer wieder fragten sie: ›Haben Sie ein Foto? Ohne Foto können wir nicht suchen!‹ In dem Augenblick fiel Greg tropfnaß zur Haustür herein. ›Hörgh, hörgh, grunz, grunz‹.«

Dieses Mal erkannte selbst der Hausarzt die Dringlichkeit. Er schickte nach einem Psychiater. Als ihre Kinder und ihr Mann ankamen, fühlte sich Annie vorübergehend wohler.

»Obwohl mir vom Kopf her bewußt war, daß es sich bei ihm um einen totalen Zusammenbruch handelte, hatte ich das Gefühl, daß ja bald Fachleute da sein würden, um zu helfen. Ich bat ihn eindringlich, nicht wieder hinauszugehen. Er lächelte leicht und meinte: ›Oh, sicher nicht, Mama.‹ Wußte er da schon, was er tun würde, oder war es ein weiterer lichter Moment, wo der alte Greg durchkam? Ich saß lange Zeit bei ihm. Ich hatte den ganz starken Eindruck, daß er nicht allein gelassen werden durfte. Aber womit wir alle leben müssen, ist, daß es einfach unmöglich war, mit ihm zusammen zu sein. Zu schmerzlich. Ich ging nach unten, um das Baby zu stillen, und bat Poll und Jack, ihn nicht allein zu lassen.«

Die jungen Leute waren jedoch zu betroffen, um es lange bei ihm auszuhalten, und kamen statt dessen herunter, um Suppe und Tee für ihn zu machen.

»Wir fanden es alle unerträglich, nur so mit ihm zusammen zu sein. Man möchte etwas tun, also macht man Tee. Wir wollten alle etwas tun, aber wir wollten nicht mit ihm zusammensein müssen.«

Zehn Minuten später befand sich Greg wieder allein im Treppenflur. Nasser Mantel. Nackte Füße. Plötzlich ein schreckliches Krachen. Greg war durch die Tür auf die Dachterrasse hinausgeschossen und hatte sich kopfüber hinuntergestürzt.

»Wir hatten das Haus wegen seiner unglaublich hohen Dachterrasse gekauft. Panoramablick auf London. Welch bittere Ironie! Vorher hatte ich noch alle Pillen und Rasierklingen versteckt, aber an diese verdammte Terrasse hatte ich nicht gedacht. Ich stillte gerade das Baby, als Jack herunterkam und sagte: ›Er liegt unten im Nachbargarten.‹ Ich bekam einen Adrenalinschub. ›Poll, schnell, geh hin!‹ Aber sie erwiderte: ›Nein, ich nicht. Ich gehe nicht.‹ Dann sagte ich: ›Jack, geh! Bitte geh!‹ Er entgegnete: ›Mama, ich kann nicht.‹ Also hörte ich auf, Maisie zu stillen, und dachte, nun gut, dann muß ich eben gehen. Scheinbar glückselig lag er da im strömenden Regen. Kein Blut. Ich versuchte, ihn so zu drehen, daß er nicht erbrach oder erstickte. Dann hörte ich diese furchtbaren Geräusche aus seinem Hals, ›kkkrch‹. Ich lief und telefonierte nach einem Krankenwagen. Als die Polizei und der Arzt ankamen, hoffte ich noch immer, weil sich die Fachleute seiner annahmen.«

Annies Geistesgegenwart war erstaunlich. Sie raffte Windeln und Babytücher zusammen, packte Maisie warm ein, zog sich ihren Mantel über und versuchte, in den Polizeiwagen einzusteigen, wo sie Greg hineingelegt hatten.

»Der Polizist wehrte ab: ›Hier ist kein Platz mehr! Wer sind Sie überhaupt?‹ Ich gab zurück: ›Ich bin seine Mutter.‹ Der Polizist blieb hart: ›Ach so, nein, Sie können nicht mit herein. Sie müssen anderweitig hinterherkommen.‹ Heute weiß ich, daß sein Hinterkopf wie eine Eierschale zertrümmert war. Sie wußten, daß es keine Hoffnung mehr gab. Aber ich wußte es nicht. Die Verhaltensweise der Experten war so abschätzig und abscheulich.«

Bis sie im Krankenhaus angekommen waren, während Annie der Polizei gefolgt war, wußte jeder, außer Gregs Mutter, daß er keine Chance hatte. Man setzte sie in den Raum für Verwandte, damit sie dort auf Neuigkeiten warten konnte. Trotz ihrer Angst verließ sich Annie weiterhin auf die Autorität. In Abständen tauchte eine Krankenschwester auf und teilte mit, daß Greg geröntgt würde, daß er szintigraphisch untersucht würde, daß er am Beatmungsgerät hinge, nicht atmen könnte.

»Weil sie es in dieser medizinischen Sprache brachten, schien es etwas zu sein, das zu bewältigen war. Plötzlich wurde ich euphorisch. Ein Wohlgefühl überflutete mich. Ich fühlte mich wunderbar, voller Hoffnung, optimistisch. Es würde schon alles gut werden. Es war ein so starkes Gefühl, daß ich einen Blick auf meine Uhr warf. Es war halb acht. Ich dachte, dies ist der Augenblick, ab dem, wie sie sagen werden, er wieder angefangen hat zu atmen. Wenige Minuten später hörte ich jemanden sagen: ›Haben Sie den Kaplan verständigt?‹ Da wußte ich Bescheid. Sie sagten mir damit, daß er um halb acht gestorben war.«

Für Annie, wie für viele Hinterbliebene, war das nächste Trauma, wie die schlechte Nachricht überbracht wurde.

»Ich lief in dem Raum auf und ab. Nichts passierte. Dann kam eine Krankenschwester herein. ›Setzen Sie sich.‹ Warum muß man sich hinsetzen? Kippt man vielleicht gleich um? Dann kam der Arzt. Er sagte nicht schlicht: ›Ihr Sohn ist tot.‹ Er überschüttete mich mit einem langatmigen Geschwafel über die ganzen medizinischen Eingriffe, all die brillanten Dinge, die sie unternommen hatten. Und dann kam der große Höhepunkt: ›Es tut mir leid, wir haben ihn nicht retten können!‹«

Eine Mutter, die nach einem Suizid zurückbleibt, muß wie die Hinterbliebenen von Mordopfern die Kraft aufbringen, ihren persönlichen Gram vor aller Öffentlichkeit zu tragen. Charakteristisch für den Suizidtod ist, daß die Polizei darin verwickelt ist, daß die Medien sowie anstrengende Publicity-Haie sich darauf stürzen und die private Trauer zur öffentlichen Neuigkeit ummünzen. Wenn diese

Experten wenig hilfsbereit oder abschätzig sind, wird die Belastung unerträglich.

Der dramatische Tod eines jungen Menschen ist immer eine Tragödie und deshalb eine Schlagzeile wert. Für die Presse werden schlechte Neuigkeiten zu guten Neuigkeiten. Für den Hinterbliebenen wird schwerer Kummer noch schwerer.

»In Gregs Todesnacht hörte ich eine Nachtigall singen. Normalerweise gibt es keine Nachtigallen im Dezember in Greenwich. Am nächsten Tag kam die Polizei. Würde Maisie auch sterben? Sie hatte ständig Schüttelfrost. Sollte ich sie zu mir ins Bett nehmen? Nein, sie würde ersticken. Sollte ich sie so hinlegen? Nein, sie würde vor Kälte sterben. Die Polizei wollte sichergehen, daß es kein verdächtiger Tod war. Die Bürokratie hatte uns im Griff. Maisie hatte Gelbsucht, konnte nicht richtig atmen. Ich stille leidenschaftlich gern, aber meine Milch versiegte, bevor die gerichtliche Untersuchung eingeleitet wurde. Ich heulte wie ein Tier an dem Tag nach Gregs Begräbnis. Ich konnte Maisie nicht genügend Aufmerksamkeit schenken. Sie würde an Unterernährung sterben. Ich setzte mich mit der Obduktion auseinander. Dann kam eine wunderbare Frau von einer speziellen Betreuungseinrichtung für Babys und redete mir zu, Maisie eine Zusatzmahlzeit zu geben und meinem Körper eine Ruhepause zu gönnen. Sie schaute Maisie an: ›Lächelt sie schon?‹ Lächeln! Also, so etwas Albernes! Alles, was ich tun konnte, war, sie ansehen und heulen. Jeder schaute sie an und weinte. Niemand lächelte ihr zu. Ich geriet in Panik, daß sie aufwuchs und ihr ganzes Gefühlsleben falsch ausgerichtet sein könnte. Ich mußte mich also entscheiden. Entweder du stirbst, in welchem Fall du zusehen solltest, daß du die Sache schnell erledigst. Oder du lebst, hast ein neues Baby, einen dreijährigen Jungen, weitere wunderbare Kinder, in welchem Fall du dich bemühen solltest, die Sache einigermaßen anständig über die Bühne zu bringen. Das bedeutete unter anderem, sich mit all den Beamten auseinanderzusetzen. Es bedeutete zu lächeln, auch wenn einem nicht danach zumute war. Also lächelte ich das Baby an, ich lächelte die Beamten an und bin in den vier Jahren in meinen unvergossenen Tränen fast ertrunken. Bis zum heutigen Tage beiße ich die Zähne zusammen, verstecke ich meinen Schmerz, weil da so viele Menschen sind, an die ich denken muß.«

Genau so, wie uns Amys Fall gezeigt hat, daß Männern kulturell bedingt nicht zugestanden wird, ihre Gefühle auszudrücken oder

Probleme durchzusprechen, so beleuchtet Annies Fall, wie Frauen in ein Verhalten hineingewachsen sind, daß sie dazu veranlaßt, auf andere zu eigenen Lasten Rücksicht zu nehmen. In Krisensituationen werden sowohl Frauen als auch Männer durch kulturellen Zwang eingeengt und können einander oft nicht helfen.

Wie in vielen Suizidfällen wurden in der gerichtlichen Untersuchung bedeutende Fakten falsch erfaßt.

»Bei der gerichtlichen Untersuchung haben sie eigentlich alles falsch gemacht. Ich hatte zu einer Version der Vorgänge gefunden, mit der ich in Zukunft zu leben haben würde. Greg hatte sich dafür entschieden, zu sterben. Ich würde damit leben müssen. Dann löschte der amtliche Leichenbeschauer meine Version einfach aus. Er behauptete, daß das, was ich als wahr erkannte, nicht wahr sei. Er wollte keine Bestätigung auf Selbstmord erteilen. Ich wußte aus dem, was ich in Schriften von Durkheim und Douglas gelesen hatte, daß dies dazu dienen sollte, mich zu schützen. Aber das tat es nicht. Leichenbeschauer werden alles tun, um eine Bestätigung ohne Angabe der Todesursache ausstellen zu können, und das nur wegen des Stigmas; außer es existiert eine eindeutige Notiz, die besagt: ›Ich habe mich umgebracht, weil mich niemand liebt!‹ Die Selbstmordstatistiken sind ein einziger Witz! Ich wollte keine solche Feststellung ohne Angabe der Todesursache. Mich kümmerte kein Stigma. Mich bekümmerte, daß Greg tot war. Der Leichenbeschauer meinte: ›Wir wissen doch nicht, ob es nicht nur die Suche nach ein bißchen Aufmerksamkeit war, die dann falsch gelaufen ist.‹ Jetzt hatte dieses Kind einen ganzen Tag lang gelitten und auf einen Moment gewartet, wo er allein war, um seinen Plan durchführen zu können. Und doch kamen sie jetzt mit dieser schauerlichen Möglichkeit daher.«

In Gregs Fall waren der Pathologe und andere Beamte sogar noch weniger gewissenhaft.

»So gut wie jede Tatsache haben sie falsch protokolliert. Der Pathologe stellte fest: ›Dies war ein junger Mann von 1,68 Meter Größe.‹ Greg war über 1,78 Meter groß. Über wen sprechen sie eigentlich? Kann das Gesetz ihm nicht einmal die Ehre erweisen, sein Größe richtig zu messen. Diese kleinen Dinge machen schon etwas aus. Sie gaben auch falsche Maße über die Höhe der Dachterrasse und über die Entfernung vom Haus an. Man sollte meinen, daß derartige Leute in der Lage sein sollten, richtig zu messen! Nicht einmal das können sie ordentlich machen.«

Gregs Fall deutet auf die traumatischen Auswirkungen hin, die eine Fehldiagnose auf weibliche Hinterbliebene haben kann. Soziologen (Durkheim, Douglas, Atkinson) haben zu verstehen gegeben, daß das Suizidstigma ein ausschlaggebender Grund für amtliche Leichenbeschauer ist, Todesfälle häufig mit einem falschen Etikett zu versehen.[17]

Diese systematischen Fehler in den Urteilen der zuständigen Leichenbeschauer machen genaue Schätzungen über das Ausmaß an Suizidfällen schwierig. In Britannien beläuft sich die offizielle Zahl auf 4361 Selbstmorde im Jahr (Zahlen von 1989 für England und Wales). Überträgt man dies auf Weltebene, würden sich schätzungsweise 1000 Menschen pro Tag das Leben nehmen: fast jede Minute ein Selbstmord. Doch dies sind nur die amtlich erfaßten Selbstmorde.[18]

Diese notorisch unzuverlässigen Zahlen führen zu einer groben Fehleinschätzung darüber, welches Ausmaß dieses Problem weltweit hat.

Alvarez (1974) hat angenommen, daß eine genaue Schätzung ein weiteres Viertel bis ein halbes Mal soviel zusätzlich ergeben könnte. Chambers und Harvey (1989) sind sogar zu dem Schluß gekommen, daß die richtige Größenordnung mehr als doppelt so hoch liegt wie die veröffentlichten Zahlen.[19] Diese gewaltige statistische Abweichung ergibt sich aus der bewußten Umbenennung von Selbstmorden als häusliche Unfälle, Jagdunfälle, Herzanfälle oder versehentliche Einnahmen einer Überdosis. In Großbritannien müssen gerichtliche Untersuchungen stattfinden; die Absicht der Opfer muß eindeutig nachgewiesen werden. Die amtlichen Leichenbeschauer, die sich dafür entscheiden, keine Bestätigung auf Selbstmord zu erteilen, gebrauchen den versteckten Hinweis, daß Selbstmord dem Ruf einer Familie schaden könnte. Aber Frauen, die Empfänger dieser wohlgemeinten Maßnahme sind, betrachten sie vielfach als völlig unannehmbar.

Andere Gründe für die voneinander abweichenden Zahlen sind:

Der Wunsch der Familie, die Schuld, Vorwürfe und Schande zu umgehen. Manche Hinterbliebene ersuchen sogar verständnisvolle Ärzte, irgend etwas anderes auf den Totenschein zu schreiben.

Der unterbewußte Wunsch, Selbstmord als einen Unfall hinzustellen.

Eine wohlmeinende und schweigende Verschwörung von amtlichen Leichenbeschauern, Familie und Freunden, die Selbstmord als »Unfall« bezeichnen, damit die Hinterbliebenen nicht ihren Anspruch auf Leistungen aus Lebensversicherungen verlieren.

Manchmal hat das Suizidopfer den Selbstmord so getarnt, daß es wie ein Unfall aussieht, um der Familie weiteren Schmerz zu ersparen.

Die Forschung zeigt, daß Verleugnungen, Vermeidungen, Wunschvorstellungen und noch stärkere Schuldgefühle die Folge von Verschleierungen sind. Das Verleugnen macht es schwerer, mit der Trauer fertig zu werden. Die falsche Bezeichnung eines Selbstmords bedeutet, daß die Hinterbliebenen nicht glauben müssen, daß die Person wirklich sterben wollte. Um diesen falschen Rechtstitel zu rechtfertigen, muß der Hinterbliebene unter Umständen negative Gefühle verleugnen, die entweder vom Opfer gehegt wurden oder von ihm, der mit solchen Empfindungen zurückbleibt, weil er verlassen worden ist.

Wie Adrienne Rich in »Women and Honor: Notes on Lying« (»Frauen und Würde: Anmerkungen über Lügen«) sagt:

»Indem wir andere belügen, belügen wir uns letztlich selbst. Wir verleugnen die Bedeutung eines Ereignisses oder einer Person und berauben uns so selbst eines Teils unseres Lebens. Oder wir benutzen ein Stück der Vergangenheit oder Gegenwart, um ein anderes damit auszublenden. So verlieren wir sogar den Glauben an unser eigenes Leben. Das Unterbewußtsein fordert die Wahrheit ebenso wie der Körper.«[20]

Eine redliche Beziehung zwischen einer Frau und einer Person, mit der sie sehr vertraut gewesen ist und die sich das Leben genommen hat, muß ein Prozeß sein, bei dem stets die Wahrheit gesagt wird. Und diese Wahrhaftigkeit muß fortdauern, auch wenn einer der beiden tot ist. Weil Frauen sich als eine machtlose Gruppe in einer Gesellschaft bewegen, die auf den Lügen der Mächtigen aufgebaut ist, beharren Frauen besonders nachdrücklich darauf, der Wahrheit ihrer gemachten Erfahrungen treu zu bleiben, sogar dann, wenn es tiefen Schmerz mit sich bringt.

DAS STIGMA UND DIE ROLLE DER GESCHLECHTER

Das Stigma macht Selbstmord zu einem Tod, den andere möglichst nicht erwähnen. Gesellschaftliche Ablehnung macht die Hinterbliebenen zu Opfern einer Verschwörung des Schweigens. Ihr Verlust verbindet sich mit Schande.

Wie Barraclough es ausdrückt:

»Selbstvorwürfe, weil man nicht vermocht hat, den Tod zu verhindern, und ein Gefühl, stigmatisiert zu sein, können sehr lange andauern.«

Wie Raphael betont:

»Der Tod als solcher bringt Schande, Stigma und Schuld mit sich. Verwickelte, vielleicht sogar krankhafte Trauererscheinungen werden das am ehesten zu erwartende Ergebnis für die Hinterbliebenen sein.«[21]

Colin M. Parkes weist darauf hin, eines der traurigsten Merkmale des Selbstmordes sei die Tatsache, daß er unter Umständen das einzige ist, an das man sich bei dem Opfer erinnert, und das auch noch mit Angst.[22]

Aber Frauen, die einen Selbstmord in ihrem Umfeld erleben, sehen sich dem gleichen Problem gegenüber.

»Ich bin zu einer Frau geworden, der ein bezeichnendes Merkmal anhaftet: Ich bin die Frau, deren Sohn Selbstmord begangen hat. Das ist eine erschreckende Tatsache. Das ist die Art und Weise, wie Leute über einen reden, aber nicht mit einem. Es ergeben sich daraus Schwierigkeiten in der sozialen Kommunikation, zum Beispiel, wann und wie man es den Leuten sagen soll.« (Annie)

Mit dem Stigma müssen sich auch Schwestern, Töchter und Freundinnen auseinandersetzen. Der Bruder der Therapeutin Patty tötete sich selbst, nachdem er einen Tag nach dem Tod ihrer Mutter, die an der Alzheimerschen Krankheit gestorben war, bei einem Autounfall schwere Verbrennungen erlitten hatte. Patty stand nicht nur verlassen mit ihrer doppelten Trauerbelastung da – und einem betagten, sterbenden Vater –, sondern zudem noch mit dem quälenden Wissen, daß sich niemand für seinen Selbstmord interessierte.

»Seine Freunde, die sich nach dem Autounfall mit den fürchterlichen Verbrennungen um ihn versammelt hatten, gaben jetzt auf. Sie lebten wohl in der Vorstellung, daß dieser Tod mit Schande beladen sei. Die Leute waren nach dem Tod meiner Mutter sehr nett zu uns gewesen, ebenso nach dem Unfall meines Bruders und während seiner Krankheit, aber bei Selbstmord darf man nicht mit der gleichen Reaktion rechnen. Die Leute wechselten zur anderen Straßenseite hinüber. Ich hatte das Gefühl, daß ich eigentlich mit einer

Glocke durch die Straßen hätte gehen und ausrufen müssen: ›Unsauber!‹ Ich hatte den Eindruck, daß ich mir ein Plakat um den Hals hängen sollte mit der Aufschrift: ›Haltet euch fern! Haltet euch fern!‹ Glauben Sie mir, die Leute hielten sich fern. Es ist Selbstmord, worüber wir hier reden!«

Deena, deren Vater sich vergast hatte, ist eine Ausnahme: Sie bestätigt das Stigma, ohne das Gefühl zu haben, daß sie lügen sollte.

»Meine Brüder vertreten den Standpunkt, daß sich mit dem Tod unseres Vaters so etwas wie Schande verbindet. Wenn sie jemand danach fragt, was passiert ist, dann antworten sie normalerweise, daß er an einem Herzanfall gestorben ist. Ich empfinde es nicht als Schande. Und ich bin nicht bereit, zu lügen. Darauf bin ich sogar recht stolz. Es hebt mich ab. Jeder sieht so schockiert aus. Jeder weiß, daß Leute es tun, aber niemand kennt jemanden mit einem Verwandten, der es getan hat. Ich werde nicht über den Tod meines Vaters schweigen.«

Wo liegen die Wurzeln für dieses Gefühl der Schande?

Ein Zusammenhang läßt sich sowohl in der Religion wie in der Wissenschaft finden. Diejenigen, die religiös sind, sehen Selbstmord als Sünde an, als moralisches Verbrechen und als unnatürliche Handlung. Vom religiösen Standpunkt gesehen ist Selbstmord tabu. Diejenigen, welche die wissenschaftliche Seite vertreten, sehen Selbstmord als Thema für die klinische Forschung an und reduzieren menschliche Todesqual auf kalte Statistiken. Beide Gruppierungen, besonders die Berufsmediziner, sehen Selbstmord im wesentlichen deshalb als verwerflich an, weil er unserer hochgeachteten Idee, daß das Leben etwas Heiliges ist, zuwiderläuft.

Die neurochirurgische Fachärztin Carys Bannister betrachtete die Selbstmorde junger Leute mit besonderer Besorgnis:

»Man kann schon wütend auf sie werden, weil es so aussieht, als sei das Leben für sie nichts wert. Ich habe ein gewisses Verständnis für sie, aber trotzdem meine ich, daß es ein vergeudetes Leben ist.«

Der amerikanische Facharzt Nuland, der glaubt, »sich selbst das Leben zu nehmen ist fast immer die falsche Handlungsweise«, spricht für viele Ärzte. Sie sehen nur zwei Ausnahmen für diesen Standpunkt: zum einen das »unerträgliche Gebrechen eines erdrückend hohen Alters«, zum anderen die »im Endstadium auftretenden Verheerungen einer unheilbaren Krankheit«.[23]

Fachleute im Gesundheitsdienst stehen unbeugsam hinter dem

Suizid-als-Stigma-Syndrom. Erkenntnisse aus so frühen Studien wie die von Sudnow (1967) und aus kürzlich durchgeführten wie die von Littlewood (1992) zeigen, daß in Krankenhäusern und bei Ärzten sogar im Angesicht des Todes der Gesichtspunkt des gesellschaftlichen Wertes und Ranges im Vordergrund steht. Menschen, die Selbstmord versucht haben, stehen auf der niedrigsten gesellschaftlichen Stufe aller sterbenden Menschen.[24]

Sehr unterschiedlich fallen die Bemühungen aus, um Leute wiederzubeleben, die als »tot bei der Ankunft« gelten. Es hängt stark von ihrem Ansehen ab. Wenn die Person reich, berühmt oder ehrenwert ist, werden wahrscheinlich Wiederbelebungsversuche unternommen. Wenn sich dies als vergeblich erweist, dann wird ihr Selbstmord als »Unfall« deklariert, weil diese Todesart einen höheren Wert hat.

»Dieser unglaublich ehrenwerte Doktor aus Cornwall wurde von einem Kollegen mit halb durchschnittener Kehle und der Rasierklinge neben sich aufgefunden. Später wurde sein Selbstmord als ›bedauernswerter Unfall‹ hingestellt. Mit einem einfachen Mann macht man sich nicht soviel Mühe.« (Jessie, ehemalige Krankenhausschwester)

Was mit Selbstmördern innerhalb der Krankenhausstruktur passiert, ist ein Prozeß der Entpersönlichung. Vorzeitiger Tod durch Krankheit oder grundlose Gewalt kann nur von sehr wenigen aus den Legionen derer, die betreuen, ohne jede Gefühlsregung hingenommen werden. Aber vorzeitiger Tod durch Selbstzerstörung löst eine völlig andere Stimmungslage aus.

»Diese Stimmungslage kann nicht mit Gefühllosigkeit beschrieben werden ... Schon vom Wort ›Selbstmord‹ fühlen wir uns in einer Weise berührt, die uns aus der Fassung und in Verlegenheit bringt. Wir scheinen uns von dem Subjekt des Selbstmords in der gleichen Weise abzutrennen, wie sich der Selbstmörder von dem Rest der Menschheit abtrennt, wenn er über das Schicksal nachdenkt, das er zu wählen beabsichtigt. Für jene, die nichts damit zu tun haben, und jene, die zurückbleiben, ist es unmöglich, den Vorgang zu verstehen.«[25] (Sherwin, B. Nuland)

Wenn Frauen Leichen identifizieren, heißt das nicht, daß sie »den Vorgang verstehen«, aber sie werden an dem Punkt kaum das kalte Urteil des medizinischen Personals fällen. Sehr viel aufschlußreicher ist die Tatsache, daß ihre Reaktion und ihr Leben durch solche Urteile beeinflußt werden. Chirurgen haben mir versichert, daß das medizinische Personal im allgemeinen kein Mitleid fühlt, obwohl es den Suizid als unerklärlich empfindet. Bedeutsam ist, daß sogar weibliche Hinterbliebene dazu neigen, diese harte Haltung einzunehmen, wenn sie im Gesundheitsdienst berufstätig sind.

»Menschen, die einen Selbstmord versuchen und dann im Krankenhaus landen, sind eine absolute Zeitverschwendung. Sie belegen die teuren Betten und nehmen die kostbare Energie jener von uns in Anspruch, die versuchen, kranke Leute zu betreuen, für die es sich lohnt.« (Jessie, ehemalige Krankenhausschwester, Hinterbliebene eines Suizidopfers)

»Fehlgeschlagene Selbstmorde werden anders behandelt. Sie haben eine Überdosis genommen, wollten die Aufmerksamkeit auf sich lenken! Jemandem, der wirklich krank ist, wird dadurch das Bett fortgenommen. Man könnte noch sagen, daß sie geistig krank sein müssen, weil sie es versucht haben, aber das trifft auch nicht immer den Kern. Es ist wie das kleine Mädchen, das sagt: ›Gut, ich werde dich schon dazu bringen, mich zu lieben: Ich schlucke einfach ein paar Pillen.‹« (Deena, Krankenhausschwester, deren Vater sich vergast hat)

Fast die Hälfte der Frauen, die eine Überdosis nehmen – Frauen bevorzugen diese Methode –, sterben daran. Die Überlebenden, die im Krankenhaus landen, werden nicht nur vom männlichen medizinischen Personal zur Seite geschoben, sondern ebenso von anderen Frauen im Krankenhausdienst. Erfahren »erfolgreiche« Selbstmörder, die als Leichen im Krankenhaus ankommen, eine bessere Behandlung?

»Sie kommen direkt ins Leichenschauhaus. Wir bekommen sie erst gar nicht auf die Station. Und dort wird ihnen auch nicht viel Respekt erwiesen!« (Hannah, Krankenhausschwester, Hinterbliebene eines Suizidopfers)

Forschungsstudien zeigen, daß Hannah Recht hat. Einer Selbstmordleiche wird weniger Respekt gezeigt als der Leiche von jemandem, der an etwas anderem gestorben ist. Hier gilt die Theorie: Wenn Menschen ihrem eigenen Leben keinen Wert beimessen, dann brauchen auch nicht die sozialen Zwänge beachtet werden, die andere Personen vor der Schändung ihrer Körper schützen.

Familien empfinden sich häufig durch Assoziationen als stigmatisiert. Ein Ring des Schweigens legt sich um den trauernden Haushalt. Als unausgesprochene Furcht lauert die Sorge, welches Haushaltsmitglied das nächste sein wird, das stirbt. Kinder können es sogar als Drohung aussprechen:

»Wie lange muß ich noch warten, bis Mama stirbt?« (der achtjährige Eddy zu seinem Vater Rick, vier Jahre nach Gregs Tod)

Später dann, ärgerlich darüber, daß Annie ihn wegen einer Ungezogenheit bestraft hatte, sagte Eddy:

»Sicher liebst du mich nicht. Ich werde zurück nach Hause gehen und wie Greggie vom Dach springen.«

Kinder können grausam sein. Sie möchten manchmal einfach um sich schlagen. Es jemandem heimzahlen. Eventuell ihrer Mutter. Schließlich hat die Mutter in ihren Augen den Selbstmord nicht verhindert. Es ist ihr nicht gelungen, einen Verlust zu verhindern, den Kinder nicht verstehen können. Kein Verlust wie eine verlorene Murmel oder einen Ball. Bei dem Ball hat man die Chance, daß er unversehrt gefunden wird. Muß wohl irgendwohin gerollt sein. Sogar eine schimmernde Glasmurmel wäre nicht zerschmettert worden. Wäre nicht in Einzelteile auseinandergebrochen. Nicht so wie ein Kopf. Der Kopf eines Bruders, der viele Meter unterhalb des Daches, von dem er hinabgesprungen war, auf dem Boden zerschmettert wurde. Wenn so etwas passiert, ist es kein Wunder, wenn einige Kinder außer sich geraten. Oder zornig werden. Vielleicht auch in sich gekehrt und schweigsam. Selbstmord führt zu unberechenbaren Situationen innerhalb einer Familie.

»Ich habe Tagebuch darüber geführt, wie Eddy in den letzten vier Jahren getrauert hat, weil Kinder nicht in der Weise trauern, wie man es erwartet. Er sagt Dinge wie: ›Ich habe eine Angst in meinem Bauch, als ob ich verfolgt würde. Sogar wenn ich versuche, mit dir darüber zu sprechen, meine ich, verfolgt zu werden.‹« (Annie)

GEISTESKRANKHEIT?

Das Stigma um den Selbstmord hat seine Wurzeln in dem Mythos der Geisteskrankheit. Von der Gesellschaft konstruierte Vorstellungen über geistige Krankheit bedeuten, daß Selbstmordopfer in verschiedenen Kulturen oder zu verschiedenen Zeiten als »geistig gesund« oder »geistig gestört« gelten können. Aber es gibt keinen Nachweis, der zur Annahme berechtigt, daß Selbstmord eine zwangsläufige Folge von

Geisteskrankheit ist. Wenn sich jemand selbst umbringt, ist das per definitionem kein Hinweis auf eine bestimmte Art von Geistesgestörtheit. Wie uns die Forschung berichtet, werden selbstmörderische Handlungen in den meisten Fällen von solchen Menschen begangen, die zutiefst unglücklich, aber nicht zwingend geisteskrank sind.[26]

Einige Frauen ziehen es vor zu glauben, daß die tote Person »vorübergehend geistig gestört« gewesen ist.

»Mein Bruder hatte an einer Krankheit gelitten, die ihn wohl psychisch depressiv machte. Obschon ich glaube, daß Menschen das Recht haben, Selbstmord zu begehen, war er folglich nicht im Vollbesitz seiner geistigen Kräfte, um dieses Recht für sich in Anspruch zu nehmen. Es gelang ihm, alles glänzend zu tarnen, aber er war fehlgeleitet, er war verrückt.« (Janine, über ihren Bruder)

Ihre Ansicht ließ sich teilweise von ihrer psychiatrischen Ausbildung ableiten, aber später wurde sie durch ihre Arbeit als Feministin dazu gebracht, ihre ursprüngliche Diagnose zu überdenken:

»Das könnte meine eigene Rationalisierung gewesen sein, weil ich mich nicht der Tatsache stellen wollte, daß er beschlossen hatte zu sterben.«

Manchmal kann es sein, daß das problematische Etikett »Geisteskrankheit« von einer Hinterbliebenen nur deshalb auf das Opfer angewandt wird, weil sie Schutz vor ihren eigenen Gefühlen der Machtlosigkeit sucht.

Annie war als Sozialtherapeutin mit der zweifelhaften Anschauung von »Verrücktheit« durchaus vertraut, hatte aber dennoch Schwierigkeiten, sich beim Tod ihres Sohnes davon zu distanzieren. Trotzdem stand sie fest zu ihrer Überzeugung, daß das Gericht Gregs Tod als »Selbstmord« hätte deklarieren sollen, weil er eine »verstandesmäßige« Entscheidung getroffen hatte. Später allerdings schätzte sie seine Denkfähigkeit neu ein. Zu dem Zeitpunkt, als Greg äußerte, er sei »ein bißchen deprimiert«, stellte sie seine geistige Gesundheit ebensowenig in Frage wie Amy, als Toby denselben Satz gebrauchte. Als Greg sich »ein bißchen als Außenseiter« fühlte, war Annies Interpretation damals, daß er Schwierigkeiten mit seinem Job hatte. Heute ist ihre neue Beurteilung die, daß Greg in jenen letzten Tagen hin- und herschwankte zwischen »Verrücktsein« und »lichten Momenten« von Normalität.

Weibliche Hinterbliebene nehmen Zuflucht zu der Vorstellung von geistiger Labilität, um sich vor dem Gefühl zu schützen, zurückgewiesen worden zu sein. Es ist tragisch, daß sie nie wissen werden, ob ihre Einschätzung richtig ist. Aber auf lange Sicht verzerrt gefühlsmäßige Unwahrhaftigkeit die Trauer der zurückgelassenen Frau. Tatsache ist, daß viele Frauen und Männer, die in dem anerkannten Sinn des Wortes »geistig gesund« sind, die Wahl treffen, sich das Leben zu nehmen.

Weil Selbstmord oft mit Geisteskrankheit in Verbindung gebracht wird, kann es dazu führen, daß Hinterbliebene sich Gedanken darüber machen, ob die »Krankheit« vielleicht »erblich« ist. Im klinischen Sinn des Wortes ist Selbstmord keine Krankheit und kann nicht vererbt werden. Es bleibt jedoch das Problem, daß die Sterblichkeitsrisiken von Hinterbliebenen eines Suizidopfers größer sind als für andere vergleichbare Gruppen – allerdings mehr aufgrund von Depressionen als durch Erblichkeit.

Viele Hinterbliebene, vor allem Kinder von Eltern, die sich umgebracht haben, machen Selbstmordversuche, und einige mit Erfolg. Das Beweismaterial ist widersprüchlich. Zwar ist in der Studie von Lukas und Seiden dargelegt worden, daß von siebzehn Kindern, deren Eltern Selbstmord begingen, fünf Selbstmordversuche unternahmen und zwei sich töteten. Doch im Gegensatz dazu hat Alison Wertheimers Studie gezeigt, daß Hinterbliebene eines Suizidopfers den Tod für sich selber nicht in Betracht ziehen, obgleich er ihnen nicht mehr fremd ist.[27]

Meine eigene Studie hat die positiven Ergebnisse von Wertheimer bestätigt. Obwohl viele sich an einem bestimmten Punkt nach dem Tod sehnten und mehrere kurzzeitig daran dachten, hat nicht eine der Zurückgelassenen sich das eigene Leben genommen.

GEWALT

Wenn ein gewaltsamer Tod erfolgt, haben viele Frauen noch mehr das Gefühl, daß geistige Unzurechnungsfähigkeit ein Faktor gewesen ist. Mehrere Frauen, deren Ehemänner oder Väter sich erhängt hatten, meinten, daß die Männer »verrückt sein mußten«, um etwas »so Schreckliches« zu tun.

»Als ich darüber nachdachte, wie sich mein Mann an dem großen Nagel im Schuppen erhängt hatte, empfand ich die Art, wie er es gemacht hatte, als ebenso gestört wie ihn selber – wie die Tatsache, daß er es überhaupt getan hatte.« (Susan)

340

Selbstmord ist ein Akt der Aggression, aber die Ausführungsweisen können mehr oder weniger gewaltsam sein. In unserer Gesellschaft wenden Männer im allgemeinen gewaltsame Methoden an, um sich umzubringen. Frauen nicht.

Männer töten sich meistens mit Schußwaffen, durch Erhängen, Erstechen oder durch den Sprung von hohen Gebäuden. Frauen nehmen oft eine Überdosis Tabletten. Allerdings gibt es auch hierbei von Land zu Land manche Unterschiede: In Deutschland beispielsweise ist der Tod durch Erhängen, Erdrosseln oder Ersticken sowohl bei Männern (mit 56 Prozent aller männlichen Suizidfälle) als auch bei Frauen (41,4 Prozent) die bei weitem häufigste Selbstmordart.

Das Beweismaterial läßt einen Zusammenhang zwischen den gewalttätigen Suiziden von Männern und der Tatsache erkennen, daß männliche Gewalt das beunruhigendste Merkmal unseres Lebensalltags ist. Männer verhalten sich oft gewalttätig gegenüber Frauen, vielfach gerade gegenüber denen, mit denen sie aufs engste verbunden sind. Da von Frauen erwartet wird, daß sie in ihrem täglichen Leben mit sexuellem Mißbrauch, Schlägen, sexueller Belästigung und Vergewaltigung fertig werden, ist es nicht weiter verwunderlich, eher schon vorhersehbar, daß es auch den Frauen überlassen bleibt, sich mit den Folgen tödlicher männlicher Gewalt auseinanderzusetzen.

In den USA sind heutzutage für die gestiegene Anzahl gewaltsamer Tode junge Männer verantwortlich. Es handelt sich dabei um die dritthäufigste Todesursache bei jungen Menschen. Die Zahl der Tode durch Schußwaffen ist pro Kopf siebenmal so hoch wie in Großbritannien. Bei Kindern und Jugendlichen hat sich die Häufigkeit von Selbstmorden in den letzten 30 Jahren verdoppelt, ein Anstieg, der hauptsächlich dem Gebrauch von Schußwaffen zuzuschreiben ist. Feuerwaffen werden in den USA bei 55 Prozent der Selbstmorde eingesetzt.

Nach Aussage von Dr. Sherwin B. Nuland wählen amerikanische Männer, wenn sie keine Schußwaffen nehmen, etwas, das er mäßigend als »altmodische« Methoden bezeichnet, wie Erhängen und Erstechen.[28]

Für Großbritannien ergibt sich ein ähnliches Bild. Die am häufigsten gewählte Methode – in drei von zehn Fällen – ist das Erhängen. Manchmal wird das Erhängen mit anderen Methoden kombiniert. Im Gegensatz dazu erfolgen weniger als ein Fünftel aller weiblichen Selbstmorde durch Erhängen.

Wenn Erstechen, Schußwaffengebrauch oder Erhängen beim ersten Mal nicht zum Erfolg führen, wird es ein Mann wahrscheinlich außerdem mit Pillen und Gas versuchen. Manchmal wird bei einem schlecht geplanten Selbstmord gepfuscht. In seiner Verzweiflung wird der Mann es weiter versuchen, bis er sein Ziel erreicht. Ich fand heraus, daß Männer, die sterben wollten, ihr ganzes Trachten einzig und allein auf dieses Ziel ausrichteten.

»Erst nahm Papa Paracetamol und Whisky. Als das nicht klappte, befestigte er den Staubsaugerschlauch am Autoauspuff und vergaste sich. Er war entschlossen, es zu schaffen.« (Deena, Krankenschwester)

»Mein Freund sprang unter einen Zug in Deutschland, unserer Heimat. Er hatte sich in den Kopf gesetzt, eine Methode zu finden, bei der er sicher sein konnte, nicht gerettet zu werden. Er schrieb in seinem kurzen Brief, daß er sich gefragt habe, welche Methode er wählen solle, und daß für ihn das schlimmste gewesen wäre, noch am Leben zu sein nach dem Versuch, sich zu töten.« (Clara, Hinterbliebene)

Hartnäckig verfolgte, gewaltsame Methoden können dazu führen, daß der Körper eines Mannes entdeckt wird – gewöhnlich von einer Frau –, der Verletzungen aufweist, Schußwunden hat, vergiftet ist und schließlich noch am Strick hängt.

»Ein Doktor schnitt sich die Kehle rundherum auf, dann, um sicherzugehen, schnitt er sich die Pulsadern an beiden Handgelenken auf, dann, nachdem er bereits aus drei Wunden blutete, ging er und setzte sich in das kochendheiße Badewasser. Seine Frau war natürlich diejenige, die ihn so fand.« (Jessie, frühere Krankenhausschwester)

Jessies Schwiegervater bediente sich einer ganzen Reihe gewaltsamer Methoden, bevor seine Frau ihn fand.

»Wills Vater hatte sein Leben lang zur Miete gewohnt. Als sein Vater dann das Geld hatte, kaufte er einen Bungalow, konnte aber mit der Verantwortung nicht fertig werden und wurde depressiv. Eines Tages schnitt er sich zu drei Vierteln die Kehle durch und lag dann über den ganzen neuen Teppich blutend da, bis Wills Mutter über ihn stolperte. Weil er ein angesehener Mann war, wurde es vom Arzt vertuscht. Hätte man das nicht gemacht, wäre er wahrscheinlich in eine psychiatrische Klinik gekommen. So wäre uns allen Schlimmeres erspart geblieben. Beim zweiten Mal schluckte er alle im Haus verfügbaren Tabletten, dann machte er sich selbst den Garaus mit einer Flasche Paraquat [ein Kontaktherbizid]. Danach stirbt man schreiend vor Todesqualen und unter fürchterlichen Krämpfen. Die arme Mutter von Will fand ihn, wie er sich im Todeskampf hinter dem Sofa wand.«

Der Fall eines amerikanischen Ehepaares, Tom und Madeleine, ein Arzt im Ruhestand und eine Lehrerin, ist ähnlich charakteristisch für viele Selbstmorde von Männern. Das Ehepaar hatte jahrelang geplant, wie sie sich den Ruhestand schön gestalten wollten, und mußten plötzlich entdecken, daß Tom keinen Geschmack an einem Leben ohne Beruf und die damit verbundene Betreuung anderer fand. Er versank in tiefe Verzweiflung. An einem Nachmittag, nachdem sie gemeinsam die Obstbäume beschnitten hatten, fuhr Madeleine weg, um ihre Mutter zu besuchen:

»Unterwegs fiel mir plötzlich ein, daß ich Mutters Geburtstagsgeschenk vergessen hatte. Also fuhr ich zurück bis in die Einfahrt. Ich konnte in den Garten hineinsehen. Tom hing an einem der Bäume. Gott sei Dank war ich so rechtzeitig da, daß ich ihn noch herunterholen konnte. Aber das Bild werde ich nie vergessen.«

Toms Motiv für den Selbstmord paßt in das männliche Verhaltensmuster, das oft nach dem Ausscheiden aus dem Arbeitsleben zum Vorschein kommt. Außerdem ist da noch Toms ganz persönliche psychische Situation, die zu dem Gesamtbild beiträgt, und das Gefühl völliger Orientierungs- und Haltlosigkeit, das allen Suizidgefährdeten vertraut ist. Aber seine Entscheidung für eine gewaltsame Methode nimmt, wie die von Jessies Schwiegervater, keine Rücksicht auf die Reaktion einer Ehefrau.

Die Gewalt intensiviert das Gefühl von Ungläubigkeit und von Unwirklichkeit. Barbarische Methoden lösen vielschichtige Trauerreaktionen aus. 67 Prozent solcher Selbstmorde werden von Männern begangen. Frauen sowie unmittelbare Betreuer und Helfer sind die ersten Leidtragenden. Finden die Überreste.[29]

Vermutlich gibt es einen weiteren Grund für den Tod durch Erhängen (besonders bei jungen Männern): der zeitgenössische Kult der »Auto-Erotik«. Dazu gehört das Hängen während des Masturbierens oder der Befriedigung durch sadomasochistische Rituale, wobei allerdings das angestrebte Ziel nicht der Tod ist, sondern ein spektakulärer Orgasmus. In vielen Fällen geht diese Geschichte allerdings schief, und die jungen Männer sterben.

Simpson und Knight haben folgendes dazu zu sagen:

»Als Ausnahmen von suizidalem Erhängen müssen Vorkommnisse eingeordnet werden, die bei jungen Männern als Mißgeschick enden können, wenn diese sich versuchsweise erhängen oder sich aufhängen, um die masochistischen Freuden von simpler Unterdrückung, von Schmerz oder von sexueller Perversion zu genießen. Solche Leichen werden oft nackt aufgefunden, manchmal auch in Frauenkleider gehüllt, angekettet, mit Vorhängeschlössern versehen, mit Heftpflasterstreifen verklebt, und in Sichtweite davon sind Pin-up-Fotos von verlockenden, nackten Frauen aufgestellt. *Mädchen beteiligen sich nicht an diesen gefährlichen Perversionen ...* Diese Fälle dürfen nicht mit Selbstmorden verwechselt werden. Es sind Unglücksfälle – wie der Urteilsspruch des Leichenbeschauers bestätigt.«[30] (Hervorhebung von der Autorin)

Trotz Simpsons und Knights Warnung werden diese Fälle oft durch eine andere seltsame Marotte des amtlichen Leichenbeschauers fälschlicherweise als Selbstmorde deklariert. Anstelle des Urteils »Tod durch Unfall« oder »Tod durch Mißgeschick« kann es passieren, daß der Leichenbeschauer eine Beurteilung auf Selbstmord abgibt, weil er glaubt, daß dies der trauernden Familie mehr Schutz gewähren wird. Wieder werden hier, wie im umgekehrten Fall, die Selbstmordstatistiken erheblich verfälscht, und eine angemessene Trauer, die sich nur auf ein ehrliches Urteil stützen könnte, wird durch diese Handhabung für die Zurückgebliebenen sehr erschwert.

Mehrere Homöopathen haben eine interessante Begründung für geschlechtsbedingte Unterschiede bei Suizidmethoden herausgestellt. Sie sehen das Erhängen symbolisch als eine strikte Trennung des Kopfes vom Körper.

»Wenn Männer feststellen, daß der Kopf nicht mehr richtig arbeitet, daß Dinge nicht mehr wunschgemäß erreicht werden, dann wird der Kopf dadurch buchstäblich vom Rest des Körpers abgetrennt. Der intellektuelle Prozeß ist bedroht.«[31]

Einige Soziologen betrachten die männliche, gewaltsame Methode, von hohen Gebäuden hinabzuspringen, als Illustration der »moralischen Laufbahn« eines Mannes: Diese führt vom Gefühl des Erfolgs hinab – einen langen Weg hinab – zum absoluten Scheitern. Bestätigung findet diese Ansicht durch die große Anzahl von Selbstmördern in der Zeit des großen Börsenkrachs an der Wall Street, als Geschäftsleute von Wolkenkratzern in den Tod sprangen.

Diese Betrachtungen bestätigen, wie sehr Männer vom Erfolg abhängen; sie vernachlässigen jedoch in typischer Weise völlig die Auswirkungen von Gewalt auf Frauen und Kinder.

»Meine Tochter Biddy verweigerte ihrem Mann die Scheidung. Daraufhin schluckte Kevin eine Überdosis Tabletten und raste dann mit einer Axt durch das Haus, hackte alle Möbel kurz und klein und versetzte Biddy und die sechsjährige Bunny in Todesangst. Das Mädchen redet noch heute von ihrem Vater mit dem Beil.« (Jessie)

Der amerikanische Forscher E.S. Shneidman (1982) berichtet, daß Menschen, die entweder den Körper eines durch gewaltsame Selbsttötung Verstorbenen entdeckt haben oder Zeugen eines gewaltsamen Selbstmordversuches geworden sind, unter Umständen Jahre brauchen, um mit dem erschütternden Erlebnis fertig zu werden. Die Bilder werden wahrscheinlich nie völlig verschwinden.[32]

Wenn die Todesart gewaltsam gewesen ist, wird weiblichen Hinterbliebenen oft vom medizinischen Personal oder der Polizei geraten, den Körper nicht mehr anzuschauen. Einige Frauen mögen vielleicht froh darüber sein, aber sie verleugnen damit für sich die Realität des Todes. Es läßt ihnen keine Chance, Abschied zu nehmen, und schürt vielleicht noch wildere Phantasien über den grauenhaften Zustand des Körpers.

FAKTOREN, DIE FRAUEN DAFÜR ANFÄLLIG MACHEN ODER DAVON ABHALTEN, SELBSTMORD ZU BEGEHEN

Meine Untersuchungsergebnisse auf diesem Gebiet sind interessant, aber nicht ganz schlüssig, so daß für ihre Bestätigung weitere Forschungen nützlich wären. Zwei Erklärungsmuster jedoch haben sich bisher ergeben.

1. Frauen, die sexuell mißbraucht worden oder schweren Formen männlicher, sexueller Gewalt ausgesetzt gewesen sind, haben allem Anschein nach ein größere Neigung zum Selbstmord als Frauen, die solche Erfahrungen nicht gemacht haben.

2. Frauen, die abhängige Kinder haben, fühlen sich oft davon abgehalten, Selbstmord zu begehen, sofern sie nicht unter die Kategorie der Hinterbliebenen von Blutschandedelikten fallen.

1. Hinterbliebene von Blutschandedelikten und sexuellem Mißbrauch
Ich beschäftigte mich mit zwei Gruppen von Frauen. Die erste

Gruppe waren junge, heranwachsende Mädchen, die das verbleibende Drittel von Selbstmorden in der Jugend ausmachen.

Die Forschung beweist, daß viele heranwachsende Mädchen, die sexuell mißbraucht worden sind, sich ständig mit Selbstmordgedanken tragen und es häufig auch versuchen; manche haben Erfolg. Elisabeth Kübler-Ross wies im Jahr 1983 darauf hin, daß »viele kleine Mädchen jahrelang mit Inzest und körperlichem Mißbrauch gelebt haben und nicht in der Lage gewesen sind, sich einem Erwachsenen anzuvertrauen aus Angst um ihr Leben, falls sie solches auch nur wagten«. Als sie dies schrieb, war in den USA der Selbstmord bei Kindern zwischen 6 und 16 Jahren der dritthäufigste Todesgrund, und in vielen Gemeinden, in denen sie arbeitete, hatten bis zu 30 Prozent der Teenager Selbstmord versucht oder begangen.

Von Kübler-Ross' ersten 100 Inzestfällen, die kleine Kinder betrafen, war mehr als der Hälfte mit dem Tod gedroht worden, wenn sie auch nur irgendwelche Andeutungen machten, daß »etwas mit ihnen geschehen war«.

»Es erübrigt sich, noch zu betonen, daß sie vor Schrecken erstarrten, wenn sie in der Obhut eines sie mißbrauchenden Vaters, Großvaters oder Onkels zurückgelassen wurden, und einige zogen es vor, auf eigenen Wunsch zu sterben, als die Qualen noch länger zu erdulden.«[33]

Die zweite Gruppe von Frauen bestand aus Erwachsenen, die Hinterbliebene aus Inzestvergehen waren, bevor sie zu Selbstmordopfern wurden. Nach Aussage von Hinterbliebenenberaterinnen waren viele davon Mütter, aber für sie verband sich mit der Mutterschaft keine positive Lebenseinstellung, die zu einem Hindernis für Selbstmord hätte werden können.

»Einige Frauen, die ich regelmäßig treffe, sind entweder als Kind oder im jungen Erwachsenenalter Opfer starker Gewalttätigkeit geworden. Das führt dazu, daß sie mehrere Selbstmordversuche machen, bis sie es schließlich schaffen, sich selbst umzubringen.« (Donna, Hinterbliebenenberaterin)

»Diese Frau, die als Kind mißbraucht worden war, schleppte ihre niedrige Meinung von sich selbst um die ganze Welt und griff Männer auf, die sie wie Dreck behandelten. Dies bestätigte ihre Selbsteinschätzung. Als sie schließlich ein Verhältnis mit einem netten jungen Mann zustandebrachte, der sie gut behandelte, sagte sie zu mir: ›Es ist nicht gut. Ich verdiene es nicht, zu leben und nach eigenen Kindern zu schauen.‹ Sie versuchte sich umzubringen.« (Dorothy, Hinterbliebenenberaterin)

Dorothy beriet suizidgefährdete Frauen, die laufend sexuell mißbraucht worden waren. Sie war der Meinung, daß sie sich letztendlich wahrscheinlich aus einer Verzweiflung heraus umbrachten, die von dem vergangenen Mißbrauch innerhalb der Familie herrührte und zu ständigen Selbstvorwürfen führte.

»Eine Frau lebte im emotionalen Sumpf. Ihre sämtlichen Beziehungen waren für sie Dreck. Ihre Mutter hatte sie als Kind immer wieder darauf hingewiesen, daß sie nie aus dem Bad kommen solle, ohne völlig angezogen zu sein, oder einer der Männer in der Familie würde sie sich nehmen. Eines Tages, als sie acht Jahre alt war, lief sie nur in ein Badetuch gewickelt heraus, und ihr Bruder sowie dessen Freunde vergewaltigten sie mehrere Male. Das haben sie dann jahrelang so weitergemacht. Sie gibt sich die Schuld, weil sie nur mit einem Badetuch verhüllt herausgekommen ist. Sie kann noch immer nicht einsehen, daß es nicht ihr Fehler war.« (Dorothy)

Diese Frau heiratete, hatte drei Kinder und will nur eines – sich umbringen. Ihre Ehe wiederholt die Themen ihrer Kindheit.

»Er zwang sie dazu, Sex mit ihrem Hund zu haben. Dann brachte er sich selbst um. Jetzt hat sie das Gefühl, daß sie nicht tiefer sinken und vor allem nicht mehr weiterleben kann. Jede Nacht träumt sie und hört die Stimme ihres toten Ehemannes, die sie ermuntert: ›Los! Los! Bring dich um!‹ Sie hat ihm immer in allem gehorcht, und deshalb meint sie, es tun zu sollen. Ich hoffe sehr, daß ihr meine Arbeit mit ihr helfen wird.«

Glücklicherweise haben meine Untersuchungen auch zu positiveren Erkenntnissen geführt. Die Mehrheit der Frauen, mit denen ich gesprochen habe, neigt nicht dazu, Selbstmord zu begehen.

2. Hinterbliebene von Todesfällen

Gruppe 1: Frauen, die durch andere Todesfälle als Selbstmord zurückgeblieben sind.

Würden sie Selbstmord in Betracht ziehen? Wenn ja, unter welchen Umständen? Ein paar Frauen äußerten, daß sie aus einem oder mehreren der nachfolgend aufgeführten Gründe daran denken würden:

1. Wenn sie alt, inkontinent oder völlig allein seien, ohne Familie oder Freunde.

2. Wenn sie für andere zu einer »fürchterlichen Last« geworden seien, oder wenn sie meinten, daß es besser sei, »aus dem Weg zu sein«.

3. Wenn sie die »freie, autonome Wahl« hätten und die Umstände dies auch zuließen; einige Frauen erläuterten diese Aussage mit der Feststellung, daß sie nicht das Gefühl einer tatsächlich freien Wahl hätten, weil ihr Leben mit dem anderer verknüpft sei.

4. Wenn sie die motoneuronische Erkrankung hätten oder sonstwie unheilbar krank wären, ohne jede Hoffnung auf Genesung; einige Frauen nahmen an, daß Selbstmord eher in Betracht käme, wenn sie keine Kontakte zur Familie oder zu Freunden hätten.

Die Mehrheit der Frauen sagte, daß sie unabhängig von Trauer und Krankheit aus einem oder mehreren der folgenden Gründe keinen Selbstmord begehen würden:

1. Feste religiöse Überzeugung.

2. Ein starkes, spirituelles Empfinden – nicht auf irgendeine bestimmte Religion bezogen –, daß wir alle in einen Lebensprozeß eingebunden sind und es deshalb falsch wäre, sich selbst zu töten.

3. Eine »lebensbejahende« Einstellung; trotz Schmerz oder schlechter Gesundheit wollten sie so viel als möglich aus diesem Leben herausholen.

4. Es war ihre Aufgabe, für andere dazusein.

5. Sie waren für ihre Kinder verantwortlich.

6. Sie konnten es nicht über sich bringen, ihre Lieben zu verlassen.

7. Sie setzten Hoffnung auf eine eigene Zukunft, wenn die von ihnen Abhängigen erwachsen sein würden; ungeachtet irgendwelcher persönlicher Schwierigkeiten wollten sie ihre Hoffnungen verwirklichen.

8. Selbsttötung sei selbstsüchtig.

9. Sie lehnten Gewalt ab und sahen Selbstmord als gewaltsam an.

Schlußfolgerungen: Frauen, die durch andere Todesfälle als Selbstmord zurückblieben, hatten entweder einen ausgeprägten Sinn für Spiritualität und Kontakte mit Familie und Freunden, oder der Wunsch nach Frieden und die Hoffnung auf eine Zukunft ließ sie von Selbstmordgedanken Abstand nehmen.

Gruppe 2: Hinterbliebene von Suizidopfern. Einige Aussagen:

»Ich werde nie das Warum verstehen. Nie werde ich damit fertig werden. Es wird nur so aussehen, als ob ich damit fertig werde. Ich bin so zornig. Wie kann sie es wagen, mich einfach so zurückzulassen? Wenn ich jedermann mit meinem Tod bestrafen könnte, dann würde ich es tun – aber letztlich würde ich es dann wohl doch nicht tun.« (Gay, Tochter starb an Überdosis)

»Das Schuldgefühl will nicht verschwinden. Ich denke noch immer, daß es mein Fehler gewesen ist. Aber ich kann es ihnen nicht antun, sie sind auf mich angewiesen.« (Sarah, Sohn ist von einer Brücke gesprungen)

»Ich fühle mich beraubt und sehr verängstigt. Ich möchte jeden umhegen, der mir noch geblieben ist. Ich möchte sie nicht so verlassen, wie ich verlassen worden bin.« (Kathleen, Ehemann hat sich erschossen)

»Der Todessprung meines Bruders hat mich nicht selbst an Selbstmord denken lassen, weil ich Suizid als eine Verleugnung des Lebens ansehe. Es hat mich dazu gebracht, mehr über das Leben nachzudenken. Ich fühle mich in den Lebensprozeß eingebunden.« (Janine, Bruder sprang von einem hohen Gebäude)

»Ich denke die ganze Zeit über sie nach. Bereits seit Jahren wollte sie aufgeben, und ich habe versucht, sie davon abzuhalten. Ich bin jetzt so verzweifelt, wie sie es wahrscheinlich gewesen ist, aber ich bin nicht krank, lediglich verzweifelt. Ich bin ein sehr spiritueller Mensch, und schon deshalb werde ich mich nicht umbringen.« (Susie, Lebenspartnerin nahm eine Überdosis)

»Ich kann mir nicht vorstellen, mir das Leben zu nehmen. Vaters Tod hat mich regelrecht verfolgt. Aber ich bin nicht mutig genug oder verrückt. Ich habe zwei Kinder, die seine Enkel waren. Er hat nicht daran gedacht. Es ist eine sehr egoistische Tat.« (Deena, Vater vergaste sich im Auto)

»Was man tun möchte, wenn das eigene Kind tot ist – ebenfalls sterben. Ich lag mit Lungenentzündung im Bett und überlegte, wie ich die Kinder mit mir nehmen könnte. Als ich mich wieder erholte, kam ich zu dem Schluß, daß ich wegen der beiden Kleinen weitermachen müsse, besonders wegen Maisie. Jemand machte die Bemerkung: ›Sie wird für dich wie ein Sonnenstrahl sein.‹« (Annie, Sohn sprang in den Tod)

»Ich fühle mich betrogen, deshalb bin ich wütend, aber auch erleichtert nach all den Jahren der Anspannung. Eigentlich sollte man sich ja nie erleichtert fühlen. Manchmal meine ich, daß es besser wäre, Schluß zu machen, dann aber, an einem anderen Tag, denke ich, daß ich noch zu sehr im Leben stehe, um so etwas zu machen.« (Shirley, Bruder sprang unter einen Zug)

Schlußfolgerungen: Nachweise, die belegen sollten, daß Hinterbliebene von Suizidopfern eher einen Selbstmord in Betracht ziehen würden, haben sich als falsch erwiesen. Lebensbejahung, Passivität, Verantwortung für Kinder, Abneigung gegen Egoismus, Spiritualität und das Wissen um die Folgen von Selbstmord haben sich abschreckend ausgewirkt.

Überprüft man nochmals die Bemerkungen der beiden Gruppen, kristallisieren sich mehrere Strukturen heraus, die verdeutlichen können, weshalb es Frauen schwerer fällt als Männern, Selbstmord zu begehen:

1. Sie haben die Auswirkungen von Selbstmord am eigenen Leib erlebt.

2. Stärkeres Empfinden für Bindungen.

3. Bedeutung spiritueller Gefühle.

4. Gefühl der Verpflichtung, für andere sorgen zu müssen.

5. Geringeres Bewußtsein der eigenen Bedürfnisse.

6. Erkennen von erwachenden Bedürfnissen; Hoffnungen für die eigene Zukunft.

7. Starke Ablehnung von Gewalt.

8. Wahrnehmung von Selbstmord als negativen und selbstsüchtigen Akt.

9. Verantwortungsgefühle für die Nachkommen.

10. Angst, liebgewordene Menschen zu verlassen.

(In einer Tabelle über die Ängste, die beide Geschlechter vor dem Tod hegen, ist die größte Angst der Frauen die, nahe Freunde verlassen zu müssen. Dafür entschieden sich 54 Prozent der Frauen, denen man eine Auswahl solcher Ängste vorgelegt hatte.)[34]

Innerhalb dieser Denkmuster – wovon viele miteinander verbunden sind – erwies sich bei Frauen, die hinterbliebene Mütter waren, als beständigstes Merkmal das fortdauernde Verantwortungsgefühl für ihre Kinder. Mit Blick auf die Einstellungen von Frauen zum Selbstmord gibt dies Anlaß zu Optimismus.

Elftes Kapitel

AIDS: DER SOZIALE TOD
UNTER GEHEIMHALTUNG

AIDS kann jeden treffen. Frauen. Männer. Kinder. Heterosexuelle. Homosexuelle. Schwarze oder Weiße.

AIDS ist keine Schwulenkrankheit. AIDS ist keine Männerkrankheit. AIDS trifft auch Frauen.

Weshalb sage ich dies? Wissen wir das nicht schon längst? Ist die Wahrheit darüber nicht etwas, das wir in den Nachrichten hören? Auf dem Fernsehschirm sehen? In den Zeitschriften lesen?

Nun gut, vielleicht.

Klein gedruckt. Als Fußnote unter der noch immer vorherrschenden Medienmythologie, die uns vermitteln möchte, daß AIDS etwas ist, das anderen passiert. Den »fröhlichen« Schwulen, die jetzt gar nicht mehr so fröhlich sind (und das zu Recht). Das ist mir häufig zu Ohren gekommen. Ich habe solche Geschichten miterlebt. Habe Berichte gesehen, die verkünden, AIDS sei keine Krankheit von Frauen. Nun gut, nicht direkt eine Krankheit von Frauen. Eine zunehmende Voreingenommenheit gegenüber jeder Form von gleichgeschlechtlicher Partnerschaft bezieht jedoch kaum wahrnehmbar auch lesbische Frauen ein, die nun wirklich die Gruppe von Leuten sind, die körperlich am allerwenigsten einem Risiko ausgesetzt sind. Die Medienmythologie möchte uns überzeugen, daß AIDS andere Frauen nicht weiter betrifft. Die Familien anderer Frauen. Die Kinder anderer Frauen. Die anfängliche Hysterie aus dem Jahr 1981 – als die ersten gemeldeten Fälle nur Schwule betrafen – förderte die irrige Ansicht von einer »Männerseuche Homosexueller« und verdeckte die Risiken für alle Frauen. Ich wiederhole, AIDS ist keine Krankheit »schwuler Männer«. Das Virus macht keine diskriminierenden Unterschiede. Die Menschen machen sie.

Es ist Zeit für Zahlen. Zeit für Fakten.

AIDS kann jeden treffen.

Am 1. Dezember 1994, dem Welt-AIDS-Tag, zeigen die Zahlen,

daß 19,5 Millionen Menschen weltweit HIV-positiv sind. Allein in Großbritannien haben sich mindestens 21718 Leute mit dem HIV-Virus infiziert; von ihnen leiden 9025 an AIDS und über 6000 sind daran gestorben (Zahlen bis März 1994). Viel mehr Leute, als wir wissen, haben sich angesteckt. Viele davon wissen es vielleicht noch gar nicht selbst, viele davon haben vielleicht Angst, es herauszufinden – wegen der Vorurteile und der Diskriminierung, gegen die sie dann gezwungen sind, sich zu wehren.

AIDS kann Frauen treffen.

Obwohl das genaue Ausmaß von HIV-Infektionen weltweit bei Frauen nicht bekannt ist, zeigen Unterlagen, daß Millionen bereits HIV-positiv sind und weitere Millionen sich bis zur Jahrhundertwende wahrscheinlich infiziert haben werden. Wie die Weltgesundheitsorganisation WHO berichtet, deutet diese Verbreitung darauf hin, daß die HIV-Infektion bei Frauen »weltweit eine der Hauptherausforderungen für das öffentliche Gesundheitswesen, für die Pflegedienste und für die sozialen Unterstützungssysteme« wird.[1]

Nach Angaben der WHO waren 1990 auf der ganzen Welt mehr als 10 Millionen Menschen – und 1993 bereits 13 Millionen Männer, Frauen und Kinder – mit HIV infiziert, dem Virus, das zum »Acquired Immune Deficiency Syndrome« (AIDS) führt. Mehr als ein Drittel davon waren Frauen, von denen sich die meisten über den heterosexuellen Geschlechtsverkehr angesteckt hatten. Weltweit entstanden im Jahr 1993 drei von vier HIV-Infektionen durch heterosexuelle Übertragung beim Geschlechtsverkehr.

Ungeachtet der Tatsache, daß die WHO in industrialisierten Ländern einschließlich der USA und Großbritanniens hervorhebt, der Hauptweg für die HIV-Übertragung sei weltweit der heterosexuelle Geschlechtsverkehr, hält sich noch immer der Eindruck, daß HIV und AIDS nur bestimmte Minderheitengruppen betrifft wie homosexuelle Männer, Süchtige, die sich Drogen spritzen, und Empfänger von Bluttransfusionen oder Blutprodukten.[2]

In Afrika, wo die HIV-Infektion unter Frauen vermutlich am meisten verbreitet ist, hat die Krankheit viele tausend Frauen befallen. Schätzungen der WHO aus dem Jahr 1992 für die südlich der Sahara liegenden Länder Afrikas ist zu entnehmen, daß dort Anfang 1993 insgesamt 600000 Frauen und eine vergleichbare Anzahl von Kindern an AIDS erkrankt gewesen sind. In Zentral-Ostafrika, Südafrika und in einigen Teilen der Karibik sind die Zahlen für HIV-infizierte

Frauen und Männer gleich hoch. Vorwiegend durch heterosexuellen Geschlechtsverkehr. Obwohl das erste Auftreten von AIDS in Lateinamerika und in der Karibik sich auf Männer konzentrierte, die ungeschützten homosexuellen Geschlechtsverkehr hatten, hat sich die Infektion zunehmend auf Frauen ausgebreitet, da dort eine große Zahl von Männern mit beiden Geschlechtern verkehrt.[3]

Viele Frauen sind Partnerinnen von bisexuellen Männern, Drogensüchtigen oder von Männern mit der Bluterkrankheit. Viele Frauen haben sich über das Spritzen von Drogen infiziert, einige haben mit dem Virus verunreinigte Bluttransfusionen bekommen. Bis zum Dezember 1992 hatte das Gesundheitsministerium von Großbritannien 19000 Fälle von HIV und fast 7000 von AIDS für Britannien ermittelt.[4] Zwar handelte es sich bei drei von vier dieser 7000 Fälle um homosexuelle und bisexuelle Männer, doch die heutigen AIDS-Fälle spiegeln die Situation der HIV-Übertragungen von vor einem Jahrzehnt wider, da bei AIDS wenigstens zehn Jahre vergehen können, bis sich die ersten Symptome zeigen. Bis zum Jahr 1993 hatte sich das Muster so geändert, daß bereits eine von drei Infektionen Heterosexuelle betraf.

Bis zum Juni 1994 waren allein in Großbritannien von den 22 101 Menschen mit HIV 2995 Frauen. Im Jahr 1988 gab es 61 Fälle von AIDS bei Frauen in Großbritannien. Bis zum September des Jahres 1994 zeigten die Zahlen, daß von den seit Beginn der Meldepflicht im Jahr 1982 gemeldeten 9865 AIDS-Fällen 837 Frauen waren. Von 68 Prozent aller Betroffenen weiß man, daß sie gestorben sind. In Großbritannien hatte man im Zeitraum eines Jahres bis zum September 1994 festgestellt, daß die Zahl der AIDS-Fälle von Männern um 12 Prozent gestiegen war und gleichzeitig die von Frauen fast ebenso stark zugenommen hatte, und zwar um 11 Prozent von 196 auf 218. Die zum Welt-AIDS-Tag am 1. Dezember 1994 herausgegebene Statistik verdeutlicht, daß im Vorjahr der siebenunddreißigprozentige Anstieg von AIDS bei Frauen in Großbritannien besonders hoch war – ebenso wie der Anstieg von HIV-Infektionen durch heterosexuellen Geschlechtsverkehr, die um 42 Prozent zunahmen.

Eine britische Hochrechnung geht davon aus, daß das Auftreten von AIDS unter homosexuellen Männern nach 1997 wohl nicht mehr ansteigen wird. Dagegen erwartet man, daß die Häufigkeit von AIDS bei Menschen mit heterosexuellem Verkehr stetig zunehmen wird. Dies wird schwere Auswirkungen auf Frauen und Kinder haben.[5]

Die USA melden die höchste Zahl an HIV-infizierten Frauen in der industrialisierten Welt. Bis zum Ende des Jahres 1990 waren mehr als 13 000 Frauen und mehr als 2500 Kinder mit AIDS angesteckt worden, das ist die höchste Zahl von AIDS-Fällen bei Frauen und Kindern in der industrialisierten Welt. Diese Fälle stellen nur die Spitze des Eisbergs dar und sind laufend gestiegen. In den USA machen Frauen mehr als 10 Prozent aller AIDS-Fälle aus. Schätzungen aus 24 Bundesstaaten gehen davon aus, daß landesweit 3 von 2000 gebärfähigen Frauen HIV-positiv sind. Das Infektionsausmaß bei schwarzen Frauen ist hier fünf- bis fünfzehnmal so hoch, ein Hinweis auf die eigentlichen Faktoren, die dazu beitragen, das Virus in vielen Teilen der Welt weiter zu verbreiten: Benachteiligung und Armut. New York ist der am schlimmsten betroffene Bundesstaat und steht für etwa ein Viertel aller AIDS-Fälle im gesamten Land; und mehr als 17 Prozent der Infizierten sind hier Frauen.

Die Haupttodesursache von Frauen im Alter zwischen 25 und 34 Jahren in New York City ist AIDS. In den USA läßt sich ein Drittel der Fälle auf heterosexuellen Geschlechtsverkehr zurückführen, obwohl die Mehrheit der weiblichen Fälle vom Drogenspritzen herrührt. Relativ groß ist in Deutschland der Anteil von Frauen, die aufgrund einer HIV-Infektion sterben; denn sie machen bereits 14,4 Prozent aller Todesfälle aus.[6]

Zahlen. Zahlen. Zahlen.

Der Ritt auf einer Achterbahn von erschreckenden und sensationellen Statistiken.

Ja. Aber ...

Was diese Zahlen und Tatsachen beweisen, ist, daß AIDS jeden treffen kann. Frauen sind nicht immun. Frauen sind gefährdet.

Als eine Gesellschaft, die AIDS noch immer als eine Männerkrankheit von Schwulen beiseite schiebt, haben wir diese Tatsachen noch nicht anerkannt. Das hat zur Folge, daß die Auswirkungen von HIV und AIDS auf Frauen noch immer völlig unzureichend dokumentiert sind. Dies Problem ist zum Teil auch dadurch aufgetreten, weil es, als anfänglich in den USA über AIDS berichtet wurde, scheinbar in erster Linie Männer betraf, homosexuelle Männer. Sie hatten die Macht und das Geld, die Krankheit und damit verbundene Forschungsprojekte zu einem politischen und gesellschaftlichen Hauptanliegen zu machen – etwas, das Frauen versagt worden ist, die zum Beispiel gleiches für den Brustkrebs erreichen wollten.

Heute jedoch können es sich Frauen ebensowenig leisten, AIDS zu ignorieren, wie sie es sich leisten können, Brustkrebs zu ignorieren. Frauen brauchen finanzielle Unterstützung und politischen Einfluß, um die Unsichtbarkeit wie auch die Krankheit selbst zu bekämpfen. Einige AIDS-Probleme betreffen ganz speziell nur Frauen. Wenn Frauen gefährdet sind, dann sind es ebenso alle zukünftigen Kinder, die sie vielleicht zur Welt bringen. Die Infektion kann zwischen sexuellen Partnern weitergegeben werden und von der Mutter zum neugeborenen Kind. Schätzungen für das Jahr 2000 gehen davon aus, daß bis dahin weltweit die Mütter von 10 bis 15 Millionen Kindern an AIDS gestorben sein werden.[7] Das besondere Problem, das AIDS für Frauen mit sich bringt – und das nur für Frauen –, ist die mögliche Krankheitsübertragung auf den Fötus bei der Geburt. Zusätzlich zum Risiko für sie selbst und für ihre Kinder fällt ihnen wie bei jeder Krankheit die Aufgabe zu, AIDS-Kranke zu betreuen. Obwohl AIDS keine Schwulenkrankheit ist, hat ihre frühere Darstellung als eine solche und die umgehende Reaktion der homosexuellen Männerwelt dazu geführt, daß auch lesbische Frauen als Helferinnen in der Gesundheitsfürsorge und als politische Mitarbeiterinnen in AIDS-Projekten tätig waren und immer noch sind. Wie homosexuelle Männer sind sie nicht nur durch das allgemeine Tabu um den Tod in den Schmutz gezogen, besudelt und zum Schweigen gebracht worden, sondern auch durch eine zusätzliche Rufmordkampagne gegen einen Tod, der die Folge einer übel beleumdeten Krankheit ist.

Die zwei wichtigsten Fragen, die in diesem Kapitel behandelt werden, lauten daher: Wo stehen die Frauen in der Debatte um AIDS, und wie fügt sich AIDS in den Mechanismus des Schweigens um den Tod ein?

DER PLATZ DER FRAUEN IN DER DEBATTE UM AIDS

Aktuelle Informationen zum Zeitpunkt dieser Niederschrift besagen, daß weltweit Frauen für 40 Prozent der AIDS-Fälle stehen und weltweit 10 Prozent aller Menschen mit AIDS Kinder sind, die von Müttern geboren wurden, die HIV-positiv sind.[8] Es ist bisher zu wenig Forschungsarbeit geleistet worden, um genaue Infektionsmuster bei Frauen beschreiben zu können. Doch gibt es eine interessante, noch nicht beendete Studie in San Francisco unter dem Namen »AWARE«

(»BEWUSST«) – eine Abkürzung für »Association for Women's AIDS Research and Education Project« (»Verband der AIDS-Forschung für Frauen und Aufklärungsprojekte«). Die Studie umfaßt 550 Frauen und untersucht deren Risiko einer HIV-Infektion als Folge heterosexueller Kontakte. Entweder hatten die Frauen in den drei vorangegangenen Jahren eine heterosexuelle Beziehung mit einem Mann, der einem AIDS-Risiko ausgesetzt war, oder sie hatten in dieser Zeit mehrere sexuelle Beziehungen zu Männern – genauer definiert als fünf oder mehr Geschlechtspartner. Erste Auswertungsergebnisse zeigen, daß bei mehr als 5 Prozent der Antikörper-Test positiv gewesen ist. Das ist eine zu geringe Zahl, um irgendwelche Rückschlüsse zu ziehen, aber im Vergleich zu den Frauen mit einem negativen Testergebnis stellte sich heraus, daß die Frauen der »positiven« Gruppe mit größerer Wahrscheinlichkeit Partner besaßen, die bisexuell waren, sich Drogen spritzten oder AIDS hatten.[9]

Frauen gehen ein Risiko ein, sich mit dem HIV-Virus zu infizieren, wenn sie

- Drogen spritzen und Nadeln, Spritzen und anderes Besteck mit anderen gemeinsam benutzen;
- ungeschützten Geschlechtsverkehr mit einem HIV-infizierten Mann haben;
- künstlich mit dem Samen eines HIV-infizierten Mannes befruchtet werden;
  (heute ist das kaum noch möglich, wenn der offizielle Weg beschritten wird, weil Spermaproben und Spender genau getestet und in Zeitabständen wieder geprüft werden;)
- Bluttransfusionen mit HIV-verseuchtem Blut bekommen;
  (in den USA, in Großbritannien und Deutschland ist dies Risiko weitestgehend beseitigt).

Eine Bestattungsunternehmerin hatte etwas über Bluttransfusionen zu sagen:

»Wenn jemand an AIDS gestorben ist, wird alles streng geheimgehalten. Die Leute nähern sich einem vorsichtig und flüstern: ›Sie werden das doch nicht verbreiten, nicht wahr?‹ Weshalb schämen sie sich eigentlich? Die letzte Person, mit der ich zu tun hatte, bekam AIDS durch eine Bluttransfusion. Warum sich deshalb schämen?«
(Mandy Walker, Bestattungsunternehmerin)

Ja, weshalb eigentlich?

In den USA geht man davon aus, daß die offiziellen Zahlen für Frauen mit AIDS zu tief gegriffen sind, weil noch immer viele Ärzte nicht erwarten, daß Frauen AIDS bekommen können. Dann gibt es noch eine weitere Schwierigkeit, wenn es um die Entdeckung von AIDS bei Frauen geht. Weil die Krankheit ursprünglich nur über die Symptome definiert worden ist, die sich zuerst bei Schwulen gezeigt haben, bleiben Begleitinfektionen, die ein Teil von AIDS-definierenden Erkrankungen bei Frauen sein können, noch immer unentdeckt oder unbeachtet. Ein weiterer Grund für diese Verschleierung von Tatsachen ist, daß Frauen sich unter Umständen schämen zuzugeben, daß sie gefährdet sind, weil sie sich Drogen spritzen oder einen bisexuellen Partner haben.

»Ich wußte, daß Sam homosexuell gewesen war, aber als er mich bat, mit ihm zusammenzuleben, glaubten sowohl er als auch ich, daß jene Tage vorüber seien. Sie waren es nicht. Aber ich wußte es nicht bis nach unserer Eheschließung, als er krank wurde. Als ich meinen Eltern davon erzählte, meinte mein Vater: ›Wie konntest du nur so jemanden heiraten?‹ Sam ist im vergangenen Jahr gestorben, ich bin HIV-positiv und habe nur noch sehr wenig Hoffnung. Aber trotz der Reaktion meiner Familie bedaure ich meine Beziehung zu Sam in keiner Hinsicht.« (Alice, Frau aus New York, 33 Jahre alt)

In den USA bilden diejenigen, die sich Drogen spritzen, die größte Gruppe von Frauen mit AIDS, ungefähr die Hälfte. In England geben jüngste Zahlen Aufschluß, daß zwischen 10 und 20 Prozent der Frauen, die sich Drogen injizieren, bereits HIV-infiziert sind. In Edinburgh ist die Zahl noch höher, annähernd die Hälfte. Dies ist ein Indiz für die Schwierigkeit – zumindest in der Vergangenheit –, sterile Nadeln zu bekommen: das Ergebnis von Versuchen der Polizei, den Drogenverbrauch durch die Verknappung von Injektionsnadeln zu regulieren.

Der Verzicht auf Drogen bedeutet nicht immer die Rettung der Frau.

»Sie hatte alle möglichen Probleme ... Hautausschläge, Schwindelgefühl, Empfindlichkeit gegen Sonnenlicht, Magenschmerzen und entsetzliche Müdigkeit ... Joan meinte, sie könnte AIDS haben. Aber da sie seit dem Jahr 1980 oder '81 keine Nadeln mehr benutzt hatte, sah ich darin nur eine Art Panik ... Natürlich hätte sie zu einem Arzt gehen sollen, aber Joan hatte keine Krankenversicherung, und wir hatten nicht viel Geld ... schließlich beantragte sie Sozialhilfe, um in den Genuß von Medicaid zu kommen. Sie konnte kaum noch das Haus verlassen ...«

Im Februar 1987 wurde in New York City bei Joan AIDS diagnostiziert. Ihre Geliebte Jennifer Brown erinnert sich an die Fehler, die während ihres Krankenhausaufenthaltes gemacht wurden.

»An einem Tag, als ich Joan besuchte, waren ihr linker Arm und auch das Handgelenk völlig steif, ihr Hals war wie verrenkt, ein Mundwinkel hing herunter. Ich dachte, sie hätte einen Schlaganfall gehabt.«

Die Ärzte kümmerten sich nicht darum, bis sie fast unbeweglich dalag. Joan glaubte, daß es sich um eine Abwehrreaktion gegen ein Medikament handelte, und sollte damit recht behalten. Ihre Lähmung war ein Nebeneffekt der Medizin Compazine, die sie gegen die Übelkeit eingenommen hatte. Für eine Weile ging es ihr dann besser. Sie verließ das Krankenhaus und wurde von ihrer Partnerin betreut. Aber sie litt unter der Schande und dem Schweigen, beides Begleiterscheinungen von AIDS und Drogen.

»Bei den meisten unserer Freunde scheute sie davor zurück, sie zu sehen. Sie wollte nicht, daß sie erfuhren, daß sie AIDS hatte, wegen der Drogengeschichte, die sich dahinter verbarg.«

Wegen einer nicht erkannten AIDS-definierenden Infektion verlor sie dann am Ende allmählich ihre Sehkraft. Sie beschloß, sich umzubringen.

»Joans Tod war gräßlich und unerwartet, obwohl wir oft über ihren Wunsch zu sterben gesprochen hatten. Ich fand diese Botschaft in unserer Wohnung ... ›Es ist Zeit, dem menschenunwürdigen Dasein ein Ende zu setzen. Wir müssen uns für einen gnädigen Tod der unheilbar Kranken auf dieser Erde einsetzen. Eine Überdosis Opium, Morphium oder Heroin hätte meinen Tod weniger schmerzvoll, weniger abstoßend und weniger gewaltsam gemacht.‹«

Jennifer Brown trauert noch immer um ihre Partnerin und widmet sich jetzt ganz der AIDS-Arbeit. Sie glaubt:

»Für die meisten Leute ist das ein abschreckendes Thema. Auch wenn der Tod heute ein ebenso großes Tabu ist, wie es Sex einst war, müssen wir endlich damit anfangen, über unsere schizophrene Haltung zu diesem Thema zu sprechen. Man sollte nicht die Augen davor verschließen.«[10]

Viele Frauen, die sich Drogen injizieren, sind in doppelter Weise gefährdet, AIDS zu bekommen – zum einen durch das direkte Infektionsrisiko, und zum andern als Sexualpartnerinnen von Fixern.

In den USA, wo 73 Prozent der Frauen mit AIDS Schwarze oder Hispanos sind, vertreten die Gesundheitsbeamten die Meinung, dies reflektiere die Tatsache, daß in den genannten Bevölkerungsgruppen der Gebrauch von injizierbaren Drogen stärker verbreitet sei. Aber die sozialen Umstände im Leben schwarzer Frauen – die geringe Zugangsmöglichkeit zu Gesundheitsprogrammen, die große Armut wie auch Rassismus und Sexismus – setzen sie einem viel größeren Risiko aus. Das sollte von den Gesundheitsbeamten auch berücksichtigt werden.

Einigen weiblichen Drogenabhängigen mit positivem Antikörper-Test hat man die zahnärztliche Behandlung und chirurgische Operationen verweigert, ja sogar die ärztliche Betreuung ihrer Drogenprobleme. Dies läßt sich teilweise auf die unbegründete Angst von Helfern im Gesundheitswesen zurückführen, daß sie sich mit HIV anstecken könnten (sie zumindest sollten es besser wissen!); teilweise hängt es mit der mörderischen Anschauung zusammen, daß Drogenabhängige – wie homosexuelle Männer – nur das bekommen, was sie verdienen.

In einigen Ländern sind Frauen HIV-Infektionen durch heterosexuelle Kontakte besonders schutzlos ausgeliefert: wenn sie möglicherweise finanziell total von Männern abhängig sind, wenn sie für nicht mehr als das Dach über dem Kopf völlig auf Ehemänner oder männliche Partner angewiesen sind, oder wenn sie sogar von ihren Familien in die Prostitution verkauft werden. Diese Frauen werden kaum die Kraft haben, darauf zu bestehen, daß Männer während des Verkehrs Kondome tragen.

Eine neue Untersuchung in Ruanda in Zentralafrika hat ergeben, daß mehr als ein Drittel der Frauen zwischen 19 und 21 Jahren, die nach eigenen Angaben nur mit ihren Ehemännern geschlafen hatten, mit HIV infiziert waren. Organisationen wie »Society for Women and AIDS in Africa« (»Gesellschaft für Frauen und AIDS in Afrika«) starten gegenwärtig eine Kampagne zum Schutz der Gesundheit von Frauen, indem deren gesellschaftlicher Status verbessert wird. Bildung kann ein Weg sein, um die Möglichkeiten zum Geldverdienen zu fördern, ohne daß auf die Prostitution zurückgegriffen werden muß.[11]

Forscher sind überzeugt, daß es leichter für Männer ist, das Virus beim heterosexuellen Geschlechtsverkehr auf die Frauen zu übertragen, als für eine Frau, es an den Mann weiterzugeben. Auch dies versetzt Frauen wieder in eine besonders schutzlose Situation. Die erheblich höhere Zahl der Frauen, die AIDS durch heterosexuellen Kontakt mit Männern bekommen als umgekehrt, läßt einen äußerst bedeutsamen Schluß zu: Während für Männer heterosexuelle Kontakte bisher weniger gefährlich für die Verbreitung von AIDS waren als homosexuelle Kontakte, ist für Frauen heterosexueller Verkehr ein ernstzunehmender Risikofaktor. Bereits vor fünf Jahren waren in den USA von allen gemeldeten AIDS-Fällen bei Menschen, bei denen der einzige Risikofaktor im heterosexuellen Verkehr bestanden hatte, mehr als 75 Prozent Frauen. Fünf Jahre später ist dieser Prozentsatz noch gestiegen.[12]

Trauerprobleme für Frauen in Partnerschaften mit AIDS-kranken Männern
Die Tatsache, daß AIDS ansteckend ist, bedeutet, daß eine Partnerin oder Ehefrau von jemandem, der an AIDS stirbt, sich mit der Frage auseinandersetzen muß, ob sich bei ihr diese Krankheit auch zeigen wird. Steht eine solche Frau der Möglichkeit ihres eigenen Todes in einem oft tragisch jungen Alter gegenüber, wird das ihre Trauer in einer Weise erschwerend beeinflussen, die Frauen unbekannt bleibt, die einen Menschen durch eine andere Krankheit verloren haben. Es kann sich erheblich auf ihre Haltung gegenüber dem toten Partner auswirken. Ich habe Frauen kennengelernt, deren Liebe zu ihren Männern daraufhin verworren und zwiespältig war.

»Ich bin zornig und fühle mich betrogen, nicht nur verlassen«, war der Satz einer Frau, der später von anderen Frauen – wieder und wieder – ausgesprochen wurde.

Diese Empfindungen hatten zusammen mit dem Stigma um diese Krankheit zur Folge, daß einige weibliche Hinterbliebene in ihrem Kummer von anderen Leuten abgewiesen wurden.

Sind lesbische Frauen durch AIDS gefährdet?
Von Partnerschaften lesbischer Frauen wurde generell angenommen, daß sie das geringste Risiko für eine HIV-Infektion und AIDS in sich bergen. Sicher hat es sehr wenige dokumentierte Fälle gegeben, wo eine Übertragung von Frau zu Frau stattgefunden hat. Jedoch sind Risiken nicht mit bestimmten gesellschaftlichen Gruppen verbunden, sondern hängen von der Lebensweise ab, und somit bietet eine lesbische Sexualität und lesbische Identität aus sich heraus kei-

nen Schutz. Das Spritzen von Drogen oder möglicherweise unge-
schützter oraler Sex sind für lesbische Frauen ebenso riskant wie für
jeden anderen.

Lesbische Frauen können gelegentlich Sex mit Männern haben,
die gefährdet sind.

Lesbische Frauen, die ausschließlich Verkehr mit Frauen haben,
hatten vielleicht früher Sex mit Männern.

Einige lesbische Frauen sind Prostituierte, die von Zuhältern
oder durch finanzielle Gründe unter Druck gesetzt werden. Unter
Umständen sehen sie sich dazu gezwungen, Geschlechtsverkehr mit
männlichen Kunden zu haben, ohne Kondome zu gebrauchen.

Einige lesbische Frauen injizieren sich Drogen oder teilen das
Drogenbesteck mit anderen.

Einige lesbische Frauen haben unter Umständen Bluttransfusionen bekommen, bevor 1985 die Schutzkontrollen so verschärft wurden, daß seither Risiken weitestgehend ausgeschlossen sind.[13]

Viele lesbische Frauen, ob allein oder in weiblicher Partnerschaft
lebend, wollen Kinder haben und planen dies durch künstliche Befruchtung, was sie einem Risiko aussetzen kann.

Obwohl lesbische Frauen in der Praxis die am wenigsten gefähr-
dete Gruppierung zu sein scheint, sind Nachteile für ihr gesellschaftliches und politisches Leben entstanden, da das Bild, das die Massenmedien von AIDS vermittelt haben, zu einer zunehmenden
Abneigung gegen Homosexualität und zu einer antilesbischen Einstellung geführt hat. Die Verbindung zwischen der Furcht vor AIDS
und der Homophobie kann sich auch auf die Rechte lesbischer
Frauen – wie auch auf die homosexueller Männer – auswirken, zum
Beispiel bei der Wohnungsbeschaffung, Versicherung, Erwerbstätig-
keit usw. Lesbische Frauen berichten von größerer Gewaltbereit-
schaft gegen sie aufgrund von AIDS. Als Helferinnen im Gesundheitsdienst und in AIDS-Projekten – wofür sie sich in beträchtlicher
Anzahl freiwillig melden – haben sie täglich mit der Betreuung von
Frauen und Männern mit AIDS zu tun.

Lesbische Frauen, die eine künstliche Befruchtung in Erwägung
ziehen, versuchen häufig, auf diese Weise sicherzustellen, daß sie die
alleinige Vormundschaft und Obhut ihres Kindes zuerkannt bekommen. Die verbreitete Abneigung britischer und amerikanischer Gerichte, lesbischen Müttern das Sorgerecht oder auch nur den Zugang
zu ihren Kindern zu gewähren, ist bereits hinreichend dokumentiert

und basiert auf der unsinnigen Annahme, daß lesbische Frauen keine »guten Mütter« sein können. Die gesteigerte Feindseligkeit gegenüber Homosexualität während der AIDS-Krise hat den Gerichten neue Einwände gegen lesbische Mutterschaft geliefert. In den USA wurde einer lesbischen Mutter das Besuchsrecht verweigert, weil der Richter befürchtete, daß sie ihre Kinder mit AIDS anstecken könne.

Wenn hochstehende Persönlichkeiten des juristischen Berufsstandes eine derartige Ignoranz und Homophobie an den Tag legen können, ist es kaum erstaunlich, daß lesbische Frauen überall darauf stoßen.

Kürzlich sind sowohl die künstliche Befruchtung in Kliniken als auch die Selbstbefruchtung – wobei Frauen sich selber spritzen, ohne die Hilfe von Ärzten oder offiziellen Spenderorganisationen – zum Anlaß von Besorgnis geworden. Der ursprüngliche Grund waren vier Fälle in Australien, wo Frauen mit infiziertem Samen künstlich befruchtet worden waren, was dann dazu geführt hat, daß einige Kliniken Proben von Spendersamen fortgeworfen haben; andere Kliniken schließen ihre Pforten ganz. Die meisten Kliniken untersuchen jetzt mögliche Spender genauestens auf eine HIV-Infektion, und einige lesbische Frauen aus Großbritannien haben es geschafft, eine künstliche Befruchtung über den staatlichen Gesundheitsdienst zu erreichen. Doch im allgemeinen betrachtet der medizinische Berufsstand in Großbritannien die künstliche Befruchtung nur als einen Weg, heterosexuellen Ehepaaren zu einem eigenen Kind zu verhelfen. Die Kosten, die bei einer Samenbank entstehen, sind für Frauen mit niedrigem Einkommen unerschwinglich. Frauen, die sich daraufhin für die Selbstbefruchtung entscheiden, könnten deshalb gefährdet sein, wenn sie Samen verwenden, ohne daß dessen Spender vorher genauestens untersucht worden ist.

Frauen als Betreuerinnen von Menschen mit AIDS

Obwohl Frauen sich auch selber AIDS zuziehen können, ist es doch ihre Rolle als Betreuerin, durch die AIDS am nachhaltigsten in ihr Leben eingegriffen hat.

Die Gesellschaft erwartet von Frauen, daß sie als Ehefrauen, Partnerinnen und Mütter ihre kranken Kinder, Ehegatten, männlichen Partner und Eltern betreuen. Wie wir bereits in den vorherigen Kapiteln gesehen haben, sind die finanziellen und sozialen Lasten aufreibend, die den Frauen damit aufgebürdet werden. Die Betreuung von

AIDS-Kranken jedoch ist noch um vieles komplizierter. Mehrere Mütter homosexueller Söhne berichteten von dem doppelten Schock, der sie traf, als sie zum einen von der Krankheit, zum anderen von der sexuellen Ausrichtung ihrer Söhne erfuhren, was dann die Betreuung zu einer zwiespältigen Angelegenheit werden ließ.

»Ich hatte schon immer den Verdacht, daß Richard homosexuell war, aber weder sein Vater noch ich haben es jemals erwähnt. Ich fand es zu schrecklich. Er wohnte woanders und brachte nur gelegentlich seinen ›Freund‹ mit nach Hause. Natürlich haben wir ihnen getrennte Schlafzimmer gegeben. Als Richard nach dem Tod seines ›Freundes‹ kränker und kränker wurde, befürchtete ich das Schlimmste, aber mein Ehemann hegte nie den geringsten Verdacht. Ich beschloß, Richard nach Hause zu holen und ihn zu versorgen, bis er starb, aber ich bat ihn darum, seine Krankheit gegenüber der Familie nie mit Namen zu nennen. Es waren 18 Monate des Grauens. Letztes Jahr ist er gestorben, aber bald, für mein eigenes Seelenheil, werde ich mich daran begeben, herauszufinden, was eigentlich in seinem Vater und in seinem jüngeren Bruder vorgegangen ist.« (Mary, Mutter aus Großbritannien, 58 Jahre alt)

Die siebzigjährige Dichterin April Ryedale war eine weitere Mutter, die offen über ihre Empfindungen sprach, mit denen sie konfrontiert wurde, als sie ihren Sohn Christopher betreute, der an AIDS starb.

»Bevor er die Krankheit bekam, wußte ich sehr wenig davon, nur, daß es die moderne Pest war. Mein Mann ist acht Jahre vor Christopher gestorben. Gott sei Dank. Ich weiß nicht, wie er damit fertig geworden wäre. Es wäre ihm bestimmt schwerer gefallen als mir, es hinzunehmen. In der Zeit, als ich mich beraten ließ, merkte ich, daß ich es nur über mein äußerst liberales Denken akzeptieren konnte, gefühlsmäßig war ich sehr wütend auf Christopher.«

Christopher selbst wußte nur zu genau, wie sich das Stigma auf Familien auswirkt.

»Er wollte nicht, daß man erfuhr, daß es AIDS war. Er meinte, meine Enkel, die in unserer Nähe wohnten, könnten in der Schule Schwierigkeiten bekommen, wenn die Leute wüßten, daß ihr Onkel AIDS hatte. Er war homosexuell und machte keinen Hehl daraus, und er hatte Drogen genommen. Er war 36 Jahre alt; er hat immer gesagt, daß er zu allen Risikogruppen gehöre. Es habe nichts gegeben, das er nicht getan hätte, das nicht hätte der Grund sein können! So, ja, ich war zornig, aber ich fühlte, es war meine Aufgabe, an seiner

Seite zu sein. Als er es der Familie mitteilte, schrieb ich ihm herzlich und sagte ihm, daß er jederzeit kommen könne, wenn er krank sei. Ich fühlte mich in der Lage, ihm gegenüber fürsorglich zu sein, wenn ich an ihn wie an eine Frau dachte, nicht wie an einen törichten Mann, der eine dumme Sache gemacht hatte. Die ganze Zeit, als ich mit ihm schwanger war, dachte ich an ihn als ein Mädchen. Ich nannte ihn Mary Judith, und dann kam doch ein weiterer kleiner Junge zur Welt. So war es am Ende dann auch leichter, für ihn zu sorgen mit der Vorstellung, daß er ein Mädchen sei. Ich habe nie gewußt, was es heißt, jemanden mit der Krankheit zu pflegen. Ich meinte, als eine Betreuerin, die seine Mutter war, würden von mir sicher höhere Fähigkeiten erwartet werden. Er blieb bei mir, krank, so unendlich krank, bis kurz vor seinem Ende. Ich dachte, wenn Christopher sterben will, werde ich ihm helfen zu sterben. Als seine Mutter war ich mir völlig klar darüber, daß das der Grund war, weswegen ich da war, und daß ich es auch tun würde.«

Christopher jedoch informierte seinen Berater, daß er allein sterben wollte.

»Es handelte sich um ein schreckliches Mißverständnis zwischen uns. Ich dachte, er wollte, daß ich ihm helfen solle, sein Leben abzukürzen, als es zum Ende hin so furchtbar wurde. Aber Christopher konnte nicht sterben, solange er merkte, daß ich wollte, daß er stürbe.«

April erinnert sich an die Spannungen in der Mutter-Sohn-Beziehung:

»Nach ein paar Wochen war es die Hölle, mit Christopher im Haus überhaupt noch klarzukommen, obwohl wir uns so nahe standen. Er brauchte eine Mutter wie mich, gegen die er sich auflehnen konnte, sogar noch am Ende. Er mußte sich mit mir anlegen. Aber es gehört sich nicht für Mütter, zu wünschen, daß ihre Söhne sterben mögen. Es war eine schreckliche Entscheidung, ihn gehen zu lassen, mit der Betreuung aufzuhören. Doch er war zweifach inkontinent. Die Begleiterkrankungen machten sich gehäuft bemerkbar. Er hatte Herpes, Soormykose, alles. Er hatte Warzen auf seinem Pimmel. Aber schließlich war auch mir klar, daß ich ihn nicht länger bei mir behalten konnte und sollte. Was immer es war, das ich noch meinte, für ihn tun zu müssen, etwas in ihm machte es zunichte.«

Christopher wurde für seine letzten Wochen in ein Sue-Ryder-Heim verlegt.

»Ich sah ihn mehrere Male. Er hing am Morphiumtropf, aber er wimmerte auch dann noch, wenn er völlig narkotisiert war. Dies ist der einzige Mensch, dessen Sterben ich vollständig miterlebt habe. Es ist mein Sohn. Wenn ich ihn besuchte, als er im Koma lag, versuchte ich, mich außerhalb des Sichtkreises seiner leicht geöffneten Augen zu halten. Ich hielt seine Hand ganz vorsichtig, um ihn nicht zurückzuholen. Es war sehr schwer, daß ich nicht seine Mutter sein durfte. Sehr schwer. Söhne weisen ihre Mütter entweder zurück, oder sie können sich nicht trennen. Wir hatten die Probleme unserer Beziehung nicht aufgearbeitet. Ich trauerte, während er im Sterben lag. Als er tot war, rief ich meine Schwester und meine Tochter, daß sie kommen und ihn anschauen sollten. Er ruhte in Fötusstellung auf dem Kopfkissen, den kleinen Kopf seitwärts geneigt, 1,82 Meter lang. Ich küßte ihn und ging. Sie müssen verbrannt werden. Man will die AIDS-Körper nicht lange herumliegen haben. Ich war dabei, Gedichte über Christopher zu schreiben. An jenem Morgen um 8.30 Uhr schrie ich nur in den Kosmos hinaus. Ich sagte: ›Sie können den Körper meines Sohnes doch nicht verbrennen.‹ Als wir einen Monat später seine Asche erhielten, schrieb ich vier Gedichte und nannte sie ›Mein Sohn, Mein Sohn‹. Wir verstreuten die Asche im Garten meiner Tochter Laura unter einer Esche. Heute wachsen dort Schneeglöckchen und Osterglocken.«

April Ryedale glaubt wie andere Mütter in dieser Studie, daß sie niemals über ihre Trauer hinwegkommen wird, aber ihre Lyrik ist das positive Ergebnis, das aus dem Tod des Sohnes entstanden ist.

»Wenn man noch so spät im Leben zur Dichterin wird, dann entspringt das direkt aus dem Schmerz, der in irgendeiner Form ausgedrückt werden muß. Ich hatte immer Gewißheit gewollt, jetzt weiß ich, daß es keine gibt. Dennoch, wie schmerzlich diese Trennung auch immer sein mag, ich sehe sie niemals als endgültig an.«

WO AIDS SICH IN DIE ZENSUR UND DAS SCHWEIGEN UM DEN TOD EINFÜGT

Man sollte annehmen, daß Bestattungsfirmen, die täglich mit dem Tod umgehen, AIDS lediglich als eine Krankheit ansehen. Das ist nicht so. Hören sie, was Bestattungsunternehmerinnen dazu zu sagen haben:

»Einige Bestattungsfirmen weigern sich, irgend etwas mit AIDS-Fällen zu tun zu haben. Der örtliche telefonische Hilfsdienst für AIDS-Kranke war auf mich zugekommen, weil es von mehreren Firmen abgelehnt worden war. Die Dame vom Hilfsdienst wies darauf hin: ›Wissen Sie, er wird in einem besonderen, versiegelten Sack aus dem Krankenhaus herauskommen. Es ist ein Reißverschluß dran! Wären Sie bereit, es zu machen?‹ Als ich ihr das zusicherte, war sie ganz überwältigt. Meinte, daß wir uns mit AIDS abgäben, sei die beste Sache seit der Erfindung der Bratkartoffel.« (Sally Smith, Bestattungsunternehmerin)

»Wenn wir einen AIDS- oder HIV-Körper vom Krankenhaus abholen, ist immer ein großes Plastikschild am Zeh befestigt als Hinweis, daß jener Körper an etwas Scheußlichem gestorben ist. Wir machen in solchen Fällen auch keine Einbalsamierungen, weil man sich an den Körperflüssigkeiten anstecken kann. Wir tragen sowieso immer Chirurgenhandschuhe, aber bei AIDS binden wir auch einen Mundschutz um. Einige Männer in unserer Firma äußern sich: ›Oh, der geile Bock!‹ Oder: ›Er ist ein schwuler, alter Esel!‹ Männer im Bestattungsgeschäft beurteilen AIDS noch abwertender als Frauen.« (Sally Smith)

Bestattungsunternehmerinnen stellen fest, daß die Freunde von an AIDS Verstorbenen sich bei Todesanzeigen sehr zurückhalten.

»Die Leute haben Angst, eine Anzeige in die Zeitung zu setzen, die etwas darüber aussagt, woran der Mensch gestorben ist. Oder sie geben die Anweisung, der Krebsforschung Geld zu geben – anstatt AIDS-Projekten. Sie möchten etwas in der Zeitung angeben, aber sie wagen es nicht. Ich helfe ihnen dann, eine liebevolle Botschaft hineinzusetzen, die sehr diskret ist.« (Mandy Walker, Bestattungsunernehmerin)

Nachrufe in Zeitungen sind aufschlußreich. Sie erzählen uns etwas über Einstellungen zum Tod. Sie erzählen uns etwas über Einstellungen zu AIDS. Sie offenbaren das Stigma und das Schweigen. Eine perfekte Verschleierungstaktik. Nachrufe erwähnen nicht, daß AIDS jeden treffen kann. Männer. Frauen. Kinder. Heterosexuelle. Homosexuelle. Schwarze oder Weiße. Nur auf Diskretion bedacht, ist die Wortwahl sehr begrenzt. Sie sind konservativ, wenn familiäre Grundwerte betroffen sind, verstecken sich hinter Vorurteilen, wenn es um die öffentliche Darstellung irgendwelcher Alternativen geht. Obwohl sie sich unmittelbar mit der Sterblichkeit befassen, unterstützen sie, daß bestimmte Todesarten totgeschwiegen werden.

Tania, Schwester und Vertraute von Toby, der mit nur 32 Jahren an AIDS gestorben ist, zeigte mir den Nachruf ihres Bruders, der von einem amerikanischen Bestattungshaus als Anzeige aufgegeben worden war. Tobys Nachruf und Tanias Geschichte vermitteln ein Bild davon, wie untrennbar AIDS stillschweigend mit Homosexualität und Tod verbunden wird.

Der Nachruf erwähnte natürlich nicht die Art der Krankheit. Er bestätigte lediglich seinen »tapferen Kampf gegen eine lange Krankheit«, pries ihn als einen »geliebten Sohn« treu sorgender Eltern, als einen »lieben Bruder« seiner drei älteren Geschwister und als »liebevollen Onkel« der drei Kinder seiner Schwester Tania sowie der drei Kinder seines »lieben Bruders« Bob.

Was mir auffiel, war die letzte Zeile der Anzeige. Diskret in eine Ecke ganz unten hineingequetscht, vor dem Datum der Gedenkfeier und der vorgeschlagenen Spendenmöglichkeit – natürlich keine wohltätige AIDS-Organisation, sondern Amnesty International, sicher ein ausgezeichneter und überaus respektabler Empfänger – war der Satz: »Ein ebenfalls trauernder Hinterbliebener ist sein naher Gefährte Robin Godstone.« »Naher Gefährte« war das äußerste, was ein traditioneller Nachruf bieten konnte, um auf die Trauer eines gleichgeschlechtlichen Liebhabers hinzuweisen, der 15 Jahre lang sein Partner war und an seiner Seite weilte, als er starb.

Man beachte das Wort »ebenfalls«.

Tobias Gee, Toby für seinen großen Familien- und Freundeskreis, wurde in London geboren, in Oxford und Yale ausgebildet. Seit dem Jahr 1988 lehrte er als Assistenzprofessor für politische Wissenschaften an einer amerikanischen Universität; er hatte sich als Spezialist für lateinamerikanische Politik international einen Namen gemacht und war der Verfasser bahnbrechender Berichte über die Erlebnisse von Folteropfern in Uruguay; er war Komponist, Tenor und Jazzpianist mit einer Vorliebe für Jerome Kern und Cole Porter. Seine Schwestern, beide Autorinnen, die 45jährige Ellie und die 43 Jahre alte Tania, erinnern sich, wie seine großen, gewandten Hände über die Klaviertasten glitten, wenn er spielte und »Every Time We Say Goodbye« und »The Way You Look Tonight« sang.

Toby Gee, der Goldjunge, vielversprechend wie Gold, der jüngste von vier Geschwistern einer Familie mit enger Verbundenheit. Vieles davon ist in Erfüllung gegangen. Dann AIDS, der Widersacher des goldenen Versprechens, der ihn fast fünf Jahre lang in den Abgrund zog, ohne daß die Familie, die so stolz auf ihn war, Verdacht schöpfte – oder es ihr enthüllt worden wäre. In dem Haushalt verschlossen wenigstens drei Mitglieder, sein Vater, seine Mutter und seine Schwester Tania, konsequent die Augen vor der Realität, wer er war und welchen Gefahren er ausgesetzt war – nicht weil er homosexuell war (AIDS, das möchte ich wiederholen, ist keine Schwulenkrankheit). Aber sein unbekümmertes Verhalten setzte ihn der Infektionsgefahr aus – und der Krankheit, die er sich letzten Endes zuzog.

Jedesmal, wenn er während seiner letzten fünf Jahre England besuchte, hatte sich sein Aussehen verschlechtert. Jedesmal, wenn sie sich verabschiedeten, lauerte die Ahnung von einer stigmatisierten Krankheit unter der Bewußtseinsoberfläche von Tanias Denken. Das Stigma hinderte sie daran, es sich selbst einzugestehen und, mehr noch, darüber mit ihm zu sprechen oder es mit den Eltern zu erörtern.

»Es war eine seltsame Beziehung, weil ich so etwas wie eine zweite Mutter für ihn war. Ich war acht Jahre alt, als er geboren wurde. Ich hegte sowohl mütterliche als auch schwesterliche Gefühle. Ich machte mir fürchterliche Sorgen um ihn. Als er 21 Jahre alt war, stellte sich in Oxford heraus, daß er schwul war. Ich kann mich noch erinnern, wie mein Vater sagte: ›Ich will aber keinen Schwulen als Sohn!‹ Meine Mutter meinte: ›Wir hätten ihn nie nach Oxford schicken dürfen.‹ Ganz offen gesagt, meine Reaktion war: ›O Gott, wie furchtbar! Wie entsetzlich!‹ Ich fühlte mich wie beraubt, als er es mir sagte. Um wirklich ehrlich zu sein, und das bedeutet zugleich, daß ich von der Sache her völlig falsch liege, muß ich zugeben, daß ich dachte, es müsse sich um eine Art Krankheitsbild handeln. Ich nahm an, daß etwas mit ihm nicht in Ordnung sei. Ich liebte ihn sehr und konnte die Vorstellung nicht ertragen, daß er ein Ausgestoßener der Gesellschaft sein sollte, ein ›andersartiger‹ Mensch. Ich wünschte mir, daß er heiraten möge und Kinder bekäme. Inzwischen hat sich meine Haltung sehr geändert, doch ich habe immer noch das grundsätzliche Gefühl, daß Homosexualität so etwas wie ein Problem ist, etwas moralisch Unrechtes, aber ich halte mich sehr zurück, weil ich weiß, daß es nicht richtig ist, so etwas zu äußern.«

Tobys Eltern wie auch seine Schwester hatten eine voneinander abweichende private und öffentliche Einstellung.

»Meine Mutter sagte, es sei die fürchterlichste Sache, die ihr jemals widerfahren sei. Sie meinte, es sei die größte Tragödie ihres Lebens. Sie äußerte die Befürchtung, daß sie niemals darüber hinwegkommen werde. Das war, was sie privat sagte, aber in der Öffentlichkeit gab sie sich völlig tolerant. Seine Freunde wurden zu Hause willkommen geheißen. Einmal zu Weihnachten kam sein Liebhaber, ein Franzose, und meine Eltern überreichten ihm eine Flasche Chanel No. 5 als Weihnachtsgeschenk. Vom offiziellen Standpunkt war das in Ordnung, aber hinter Tobys Rücken wurde gegluckst, gekichert und gelacht.«

Nach Tobys Tod im Jahr 1994 verfaßte seine ältere Schwester Ellie, eine britische Journalistin, eine offene und bewegende Würdigung ihres Bruders. Ellie rief in Erinnerung, wie Toby auf Tanias Hochzeit Ogden Nash vertonte; Angelpunkt seiner Komposition war der Vers: »Ach, die Gefahr könnte so schnell enden, vor den Schlichen aller Fremden, wären Freunde und Verwandte nur bereit, für mehr Freude und Offenheit.«

Ellies ironischer Kommentar war, daß das »den Nagel auf den Kopf traf, wie ich fürchte«.[14]

Tania glaubt, daß er sich die Krankheit als junger Twen in New Yorker Badehäusern zugezogen hat.

»Toby hat später gesagt, er habe AIDS durch Affären neben seiner eigentlichen Beziehung mit Robin bekommen. Er fühlte sich schuldig wegen seiner Untreue. Sein Partner Robin hatte überhaupt kein Verlangen nach anderen Partnern. Ich empfand Tobys Promiskuität als unnatürlich. Ich gebe es nicht gern zu, aber es kam mir dann so vor, als ob gerade seine häufigen Partnerwechsel ihm das Ganze eingebrockt hätten.«

Vom intellektuellen Standpunkt gesehen wußte Tania, daß Sexualität etwas ist, das aus der Gesellschaft heraus entsteht, daß jeder sich auch für einen homosexuellen Lebensstil entscheiden kann. Vom intellektuellen Standpunkt wußte sie, daß Heterosexualität zur Norm erhoben worden ist, wodurch der Anschein erweckt wird, daß einzig sie »die richtige und normale Verhaltensweise ist« – und nicht etwa nur eine aus einer ganzen Reihe anderer sexueller Möglichkeiten. Vom gefühlsmäßigen Standpunkt jedoch war ihr klar, daß ihr ganzes Denken stark von den gesellschaftlichen Vorgaben beeinflußt war.

»Ich drehte mich im Teufelskreis einer Gleichung, die mir vorrechnete, daß ein schlechtes Geschlechtsleben einer Krankheit gleichkommt und im Tod enden kann.«

Tanias Bemerkungen über häufige Partnerwechsel werfen ein bezeichnendes Licht auf einen Hauptpunkt in den Fehlinformationen über AIDS. Ebenso wie AIDS anfänglich als Schwulenkrankheit angesehen wurde, ist es auch immer mit Promiskuität in Verbindung gebracht worden. In ihrem Buch »AIDS: The Deadly Epidemic« (»AIDS: Die tödliche Epidemie«) verkünden uns Graham Hancock und Enver Carim, daß HIV eindeutig übertragen wird »durch Drogenabhängige, die Spritzennadeln zu mehreren gemeinsam verwenden, und durch Sex jeglicher Art mit häufigem Partnerwechsel«, offenbar mit einer infizierten Person.[15]

Diese Feststellung birgt einige Ungereimtheiten. Als erstes versäumen es die Autoren, genau aufzuführen, was genau unter »Sex mit häufigem Partnerwechsel« zu verstehen ist. Ihre Worte vermitteln den Eindruck, daß weniger die Art, wie man Sex hat, ausschlaggebend ist, als vielmehr die Anzahl der verschiedenen Leute, mit denen man Sex hat. Sie unterstellen, daß man wahrscheinlich kein AIDS bekommen wird, wenn man seine sexuelle Aktivität auf eine Person beschränkt. Jedoch bietet das Leben mit nur einem Partner keinen Schutz vor AIDS, wenn der Partner bereits mit HIV infiziert ist. Noch hilft einem die Monogamie etwas, wenn man Sexualpraktiken betreibt, die das Übertragen des Virus möglich machen.

Die zweite Ungereimtheit bei der Vorstellung, »Sex mit häufigem Partnerwechsel« übertrage AIDS, besteht darin, daß Leute glauben können, ein jeder, der mit HIV infiziert ist oder AIDS hat, müsse »häufig den Partner gewechselt« haben. Das ist nicht der Fall. Wie Diane Richardson hervorhebt, gibt es stichhaltige Beweise dafür, daß sich auch bei Menschen, die nur eine einzige sexuelle Begegnung gehabt haben, später AIDS entwickelt hat. Obwohl die Möglichkeit einer HIV-Infektion mit wiederholtem Verkehr wächst, so wie auch die Aussicht auf eine Schwangerschaft zunimmt, reicht bereits ein einziger Geschlechtsverkehr aus, um sich das Virus zuzuziehen.[16]

Aus Tanias Feststellung ergibt sich noch ein drittes Problem: »Häufiger Partnerwechsel« bedeutet nicht nur Unterschiedliches für unterschiedliche Leute, sondern hat auch – obwohl Tania es mit Blick auf ihren Bruder abwertend gebraucht hat – ganz allgemein unterschiedliche Folgen, die davon abhängen, ob sich der Ausdruck auf eine Frau oder einen Mann bezieht. Die Tatsache, daß wir in unserer Gesellschaft mit einer sexuellen Doppelmoral leben, heißt, daß es Männern eher als Frauen zugestanden wird, mehrere sexuelle Partner zu haben. Wenn Frauen sich mit etwas abgeben, das als »Gelegenheitssex« bezeichnet wird, dann gilt das bei ihnen als tadelnswerter als bei Männern. Als Beispiel sei hier die Art und Weise angeführt, wie Prostituierte, und nicht ihre männlichen Kunden, ausgesondert und beschuldigt werden, daß sie AIDS durch heterosexuelle Übertragung verbreiten.[17]

Auch wenn die Anzahl von Partnern unser Risiko, mit dem Virus infiziert zu werden, durchaus beeinflussen kann, so verursacht die Promiskuität doch kein AIDS. Es ist von entscheidender Bedeutung zu erkennen, daß eine zurückgeschraubte Anzahl von Geschlechtspartnern das Infektionsrisiko nicht wesentlich reduzieren wird, wenn nicht sicherere Sexpraktiken angewandt werden. Tania ging davon aus, daß »Leute mit häufigem Partnerwechsel« – auf ihren Bruder übertragen bedeutete das homosexuelle Männer – in die Kategorie der Hochgefährdeten einzuordnen seien.

Es sind nicht bestimmte Menschengruppen, für die ein hohes Infektionsrisiko besteht, sondern bestimmte Verhaltensweisen.

Die Vorstellung von Risikogruppen kann Leute, die sich nicht mit solchen Gruppen identifizieren, die sich aber durch ihr Verhalten einem Risiko aussetzen, dazu verführen anzunehmen, AIDS könne ihnen nichts anhaben. Viele verheiratete oder in Partnerschaft lebende Männer zum Beispiel müssen weder homosexuell noch bisexuell sein, können aber äußerst riskanten sexuellen Aktivitäten mit einem anderen Mann nachgehen, was dann schwerwiegende Folgen für ihre Ehefrauen oder Partnerinnen hat, denen sie zumeist nichts davon erzählen.

In einer Hinsicht hat Tania dies verstanden, weil sie später auf die Unterschiede bei sexuellen Verhaltensweisen hingewiesen hat: gesicherter versus ungesicherter Sex – wie auch auf Unterschiede bei der Partneranzahl. Für sie wurde dies belegt durch Tobys Umgang mit seinem Partner Robin und Tobys Umgang mit anderen Männern. Auf einer anderen Ebene jedoch ließ sie sich von der Vorstellung leiten, daß die Homosexualität als solche, ohne Rücksicht auf sicheres oder riskantes Verhalten, ein Weg zu einer Krankheit war, die unweigerlich zum Tod führt.

Toby lebte mit Robin in den USA und ließ erst im Jahr 1985 einen HIV-Test machen, als er seinen Vater besuchte, der sich im St. Mary's Hospital in England einer Bypass-Operation unterzogen hatte.

»Später erzählte er mir, daß ihm im selben Krankenhaus die Nachricht in einer haarsträubenden Weise überbracht wurde. Er war als externer Patient in der Abteilung für Geschlechtskrankheiten gewesen. Er ging den Korridor entlang, nachdem er gerade meinen Vater besucht hatte, als ihn ein Arzt aufhielt und sagte: ›Oh, übrigens, Ihr Test war positiv!‹ Papa befand sich gerade auf der anderen Seite einer Glastrennwand.«

Wie ausschlaggebend es ist, in welcher Weise eine schlechte Nachricht überbracht wird, ist ein ständiges Thema dieser Studie. Die Art und Weise, wie Toby die Neuigkeit seiner möglicherweise tödlichen Krankheit erfuhr, ist ein Beweis für das bisweilen erschreckend schlimme – wirklich unverzeihliche – Verhalten in medizinischen Kreisen.

Zu dem Zeitpunkt und auch während Tobys langer Krankheit verschloß Tania vor allen Anzeichen der Wahrheit die Augen. Als sich erste AIDS-typische Krankheitssymptome zeigten, weigerte sie sich, diese als solche zu erkennen. Wenn Toby deprimiert und verzweifelt zu Besuch kam, weigerte sie sich, entsprechende Fragen zu stellen.

»Später wurde mir klar, daß er mich insgeheim jahrelang darum gebeten hatte, es als erste auszusprechen. Aber ich habe keines seiner Signale aufgegriffen. Immer wieder schickte er Fotografien von sich. Ich dachte nur: Wieso immer noch mehr Fotos? Doch tief in meinem Herzen wußte ich, daß er sie schickte, weil er bald sterben würde. Wenn ich sie mir jetzt anschaue, sah er entsetzlich dürr und überanstrengt aus. Er und sein Partner kamen Weihnachten zu Besuch. Er war erschreckend dünn und fürchterlich bedrückt. Alle Schwingungen zwischen uns teilten mir mit, daß sich beide wegen AIDS Sorgen machten. Ich fragte ihn ganz bewußt nicht danach. Bei einem Besuch wollte er meinen Kindern keinen Kuß geben. Er küßte die Luft. Das war, bevor wir wußten, wie es übertragen wird. Die Unwissenheit war unvorstellbar. Ein anderes Mal leckte er an einem Eis. Ich griff danach und meinte: ›Laß mich auch mal lecken!‹ Er sprang zurück, als wenn ich ihn mit einer Waffe bedroht hätte. Er riß das Eis wieder an sich und rief aus: ›Nein! Nein!‹ Wenigstens da hätte ich es wissen sollen. Na ja, ich muß es gewußt haben, aber ich wollte es nicht zugeben.«

Tania war nicht – und ist nicht – allein in ihrer Unwissenheit. Sogar heutzutage noch glauben viele Menschen, daß es möglich ist, AIDS durch den normalen Alltagskontakt mit einer infizierten Person zu bekommen. Das ist nicht der Fall. Niemand kann sich mit HIV infizieren, nur weil er sich in der Nähe eines Kranken aufhält, weil er mit einer infizierten Person ißt oder sie berührt. Niemand kann sich durch die Berührung von Objekten anstecken, die ein mit dem Virus Infizierter angefaßt hat. Niemand hat sich angesteckt, weil er aus der gleichen Tasse getrunken, im selben Schwimmbecken geschwommen, die gleiche Kleidung oder Handtücher benutzt hat. Das HIV-Virus ist anfällig. Außerhalb des Körpers stirbt es schnell ab. Es gibt keine Beweise dafür, daß es durch die Luft oder durch flüchtigen Kontakt verbreitet werden kann.

Als sich Toby jedoch AIDS zuzog, betrachtete seine Familie – wie noch viele Familien heutzutage – die Krankheit als ein Ungeheuer. Sie umgaben das Thema mit einer Mauer des Schweigens, die wirklich nützliche Erkenntnisse nicht durchdringen konnten.

»Natürlich, ganz tief drinnen war ich zutiefst beunruhigt wegen AIDS. Aber über den Tod wurde niemals gesprochen. Ganz sicher wurde in der Öffentlichkeit nach solchen Todesfällen nicht viel Trauer oder Schmerz gezeigt. Wir kannten nur Horrorgeschichten. Meine Tante hatte einen Untermieter, der an AIDS starb. Ich kann mich erinnern, wie meine Mutter sagte, daß die Wohnung, nachdem er tot war, einfach nicht mehr vermietet werden konnte, weil niemand sie haben wollte. Alle waren der Meinung, daß sie ausgeräuchert werden müsse.

Bei einem von Tobys Besuchen machte ich beim Abendessen einen Witz darüber, wieviel Glück ich doch gehabt hätte, daß ich in die Pubertät gekommen war, als die Pille auf den Markt kam, und daß ich es geschafft hatte, noch gerade rechtzeitig vor AIDS zu heiraten. Ich machte einen Scherz, und er wirkte sehr angespannt. Mir ging durch den Kopf: ›Oh, ist das taktlos von mir gewesen?‹ Dann schob ich den Gedanken beiseite. Einige Zeit, bevor AIDS tatsächlich bei ihm ausbrach, wäre er fast an Hepatitis B gestorben. Niemand wurde dadurch aufmerksam. Niemand fragte: ›Woher hat Toby diese fürchterliche Krankheit?‹ Er war gerade von Südamerika zurückgekommen, so daß die Familie annahm, er hätte sie sich mit verunreinigtem Wasser geholt. Niemand wollte es wissen ...«

Als AIDS ein öffentliches und heftig umstrittenes Thema wurde, kam bei Tania und Ellie der Verdacht auf, ihr Bruder könne in Gefahr sein. Als Toby bereits sein positives Testergebnis hatte, rief Ellie, die auch in den Vereinigten Staaten lebte, ihn an und fragte ihn, ob er bereits einen Test als Vorsichtsmaßnahme hätte machen lassen.

»Ich wagte nicht, ihn zu fragen. Aber er erzählte Ellie, er würde keinen Test machen lassen, weil es ihm lieber sei, es nicht zu wissen. Wenn ich daran denke, daß er bereits den positiven Test hinter sich hatte, als wir solche Gedanken langsam in Erwägung zogen!«

In einem anderen Zeitungsartikel, den Ellie nach Tobys Tod schrieb, ging sie davon aus, daß seine Entscheidung, die Krankheit bis zu einem unerträglich späten Stadium vor seiner Familie geheimzuhalten, typisch für sein Bestreben gewesen sei, jede drohende, negative und pessimistische Regung zu überspielen, um diejenigen, die ihm lieb waren, zu schützen. Sie sah es als eine persönliche Entscheidung seinerseits an, aber natürlich haben das Tabu und die gefühllose Haltung der Gesellschaft – von Tobys Familie verinnerlicht – maßgeblich zu jener Entscheidung beigetragen. Ellie nimmt an, daß es Tobys Angst vor den deprimierenden und entstellenden Symptomen wie Geistesschwäche, Funktionsstörungen, Ruhr, Blindheit, Tuberkulose und Follikulitis war: dem typischen »Schweren Tod« – wie er in medizinischen Kreisen genannt wird –, der noch schwerer wird, wenn Schande und Schuld dazukommen. Dadurch wurde es so unendlich schwer für ihn, die Krankheit einzugestehen. Heute ist Tania überzeugt, daß er das Gespräch gebraucht hätte und sie für ihren Teil ihm keine Gelegenheit gegeben hat, das Tabu zu durchbrechen.

»Es bedrückt mich, daß ich ihm nicht geholfen habe, seine Last loszuwerden. Jetzt weiß ich, daß es genau das war, worum er mich insgeheim immer gebeten hat. Er hat sich sogar über meine Mutter von einem britischen Arztfreund AZT (Azidothymidin) schicken lassen. Meine Mutter mußte sich schon sehr dumm stellen. Als sie schließlich den Arzt anrief und fragte: ›Weshalb soll ich das Zeug an Toby schicken? Ist er HIV-positiv?‹, antwortete dieser Mensch doch glatt: ›Man sollte das Zeug in jedem Fall nehmen, ob man positiv ist oder nicht!‹«

Damit sich das HIV-Virus vermehren kann, benötigt es ein Enzym mit Namen »Reverse Transkriptase«. Ein Medikament, das die Produktion dieses Enzyms verhindert, könnte ebenso die Ausbreitung des Virus verhindern. AZT (Azidothymidin), ein die Vermehrung der Viren hemmendes Medikament, soll in diese Richtung wirken. Es hat sich herausgestellt, daß durch die Verwendung von AZT, das bei »Burroughs Wellcome« hergestellt wird, das Leben einiger Patienten verlängert werden kann, obschon es toxische Nebenwirkungen hat, die zu einer schweren Anämie führen können. Es ist kein Heilmittel gegen AIDS, weil es die Viren nicht abtöten kann, auch wenn es ihre Vermehrung hemmt. Noch ist nicht klar, wie die Langzeitauswirkungen bei Einnahme von AZT aussehen werden, aber es hat zumindest einen gewissen Erfolg gebracht. Das ist ein

Grund, weswegen Toby es sich von England schicken ließ. Der andere Grund war sein vergeblicher Versuch, eine Botschaft als »Flaschenpost« über den Atlantik zu schicken.

Im Sommer des Jahres 1989 kam er zu seinem halbjährlichen Familienbesuch. Zu diesem Zeitpunkt, erinnert sich Tania, hatte er nächtliche Schweißausbrüche, Krebs am vorderen Gaumen seines Mundes und litt außerdem an einer Art Hautkrebs, dem Karposi-Sarkom, bekannt als KS. Dies ist eine der beiden häufigsten Krankheitsbilder bei Menschen mit AIDS, die zum Tode führen können.

»Ich holte ihn am Bahnhof ab. Plötzlich konnte ich sehen, daß er AIDS hatte. Ich sah es jetzt einfach. Es war niederschmetternd. Ich sagte zu ihm: ›Toby, dein Haar fällt aus. Was ist los mit dir?‹ Er erwiderte: ›Nein, nein, es fällt nicht aus. Mir fehlt gar nichts. Was redest du nur?‹ Er stellte seine Koffer ab. Ich ging auf einen Spaziergang hinaus in den Regen, die Tränen liefen mir die Wangen hinab. Ich dachte, wenn er gesagt hätte: ›O Gott, fallen mir die Haare aus, wirklich?‹, dann wäre das der Toby gewesen, den ich kannte, weil er sehr eitel war. Aber die Tatsache, daß er gesagt hatte: ›Nein, es fällt nicht aus!‹, brachte mir schließlich die volle Erkenntnis. Jahrelang hat er versucht, mir das zu übermitteln, und ich habe ihn nicht gelassen.«

Es dauerte noch weitere sieben Tage, bis Toby, als er zusammen mit seiner Schwester den Abwasch vom Abendessen machte, das Schweigen durchbrach und Tania zwang, offen über AIDS zu sein.

»Plötzlich sagte er mit einer entsetzlich formellen Stimme: ›Mein Berater hat mir gesagt, daß ich dir einige sehr schlechte Nachrichten überbringen muß.‹ Er ließ das Wort ›Berater‹ fallen, weil er wußte, daß ich darauf würde reagieren müssen. Ich fragte: ›Berater? Weshalb brauchst du einen Berater?‹ Er gab zurück: ›Ich habe da diese schlimme Nachricht, die ich dir mitteilen muß.‹ Im Grunde sträubte er sich dagegen, das Wort auszusprechen. Er wollte, daß ich es für ihn aussprach. Ich sagte: ›Ich weiß, was du mir sagen willst.‹ Er fragte: ›Was will ich dir denn sagen?‹ Ich war noch immer nicht bereit. Ich tastete mich mit den Worten heran: ›Du willst mir sagen, daß du HIV-positiv bist.‹ Er ließ nicht locker: ›Ich fürchte, es ist schlimmer als das.‹ Ich brach in Tränen aus, weinte an seiner Schulter. Er fuhr fort: ›Ich habe keine Tränen mehr. Ich habe alle Tränen vergossen. Ich habe dies fünf Jahre mit mir herumgeschleppt … Jetzt habe ich es akzeptiert.‹ Plötzlich kam Papa in die Küche und erkundigte sich: ›Was ist denn hier los?‹ Wir machten ein paar fadenscheinige Ausflüchte. Ich wiegelte ab: ›Nichts! Gar nichts!‹ Papa ging aus der Küche hinaus, und Toby meinte: ›Ich bedaure absolut nichts. Ich hatte ein wunderbares Leben. Ich schäme mich für nichts, was ich getan habe. Ich habe alles das getan, was ich tun wollte. Als man mir gesagt hat, daß ich HIV-positiv sei, hätte ich aufgeben können oder weitermachen, alles erreichen, was ich erreichen wollte, und genau das habe ich getan.‹«

Anfänglich stießen Tobys fehlende Scham und sein ausgeprägtes Selbstwertgefühl bei seiner Schwester und auch bei der Familie auf wenig Widerhall.

»Es war gräßlich. Ich hatte das Gefühl, dies ist die schlimmste Sache, die ich mir vorstellen kann. Meine schlimmsten Befürchtungen haben sich bestätigt ... Aber in gewisser Weise war das auch der schlimmste Augenblick. Was auch hinterher kam, nichts war mehr so fürchterlich wie dieser Tiefschlag.«

Toby erzählte es seinen Eltern, die sich weigerten, es zu glauben. Tania erinnert sich:

»Mein Vater sagte: ›Komm Toby, komm Toby, das ist alles nur dein Angstzustand. Du bist albern. Du machst dir Sorgen um etwas, das es nicht gibt.‹ Wenn meine Mutter aus der Fassung gebracht ist, stürzt sie sich auf die Belletristik. Sofort vertiefte sie sich in ein Buch. Sie hatte dies Buch bei allen Mahlzeiten dabei. Sie sprach kein Wort, sie konnte nicht aufhören mit dem Lesen. Mir fiel das Los zu, es meiner Schwester zu sagen. Irgend jemand sagte es meinem Bruder.«

Aber außerhalb der direkt betroffenen Familie fiel ein neuer Vorhang des Schweigens.

»Sofort ordnete Toby an, es war wie eine Familieninstruktion: ›Sagt niemandem etwas davon. Haltet es ganz geheim, wir möchten alle nicht, daß es jemand weiß.‹ Mein Vater und meine Mutter waren fest dazu entschlossen. Ich habe mich immer meinen Eltern untergeordnet.«

In jenem Jahr organisierte Toby, obwohl er hoffnungslos krank war, die Party zum fünfundsiebzigsten Geburtstag ihrer Mutter. Dutzende von Verwandten kamen und gingen, brachten Geschenke und Champagner und riefen später an, um zu fragen, wieso Toby so entsetzlich elend aussähe.

»Diejenigen, die wußten, daß er schwul war, fragten mich: ›Hat er AIDS?‹ Ich hörte mich antworten: ›Nein, nein! Natürlich nicht. Wie kommt ihr nur darauf? Er hat nur zuviel gearbeitet.‹ Ich habe es meiner besten Freundin gesagt, ich mußte es jemandem sagen, aber ansonsten verbreitete ich Lügen.«

Während Tania litt und Ausflüchte machte, wurde Toby immer kränker. Er war wieder in England ins Krankenhaus eingewiesen worden, in einen neuen Gebäudeflügel, der von der Prinzessin von Wales eröffnet worden war.

»Das war sehr wichtig für meine Mutter. Sie meinte, dies sei eine in der Gesellschaft unaussprechliche Krankheit, aber wenn die Prinzessin es in Ordnung fände, dann sei es wahrscheinlich in Ordnung.«

Tania besuchte ihn regelmäßig, bot ihre Hilfe an, während sie noch selber versuchte, mit ihren Gefühlen ins reine zu kommen.

»Er war ein wandelndes, mit Geschwüren bedecktes Skelett. Völlig entstellt. Er hatte sein ganzes Haar verloren und trug so eine lächerliche Perücke. Da schwang viel mit, was den Eindruck von Tapferkeit vermitteln sollte. Der angestrengte Versuch, daß das Gesicht nichts von dem Entsetzen verriet. Wir sind gefühlsmäßig eine sehr zurückhaltende Familie. ›Ich liebe dich‹ zu sagen ist unmöglich ... Also brachte ich ihm Geschenke, Tonbänder, versuchte, ihn etwas abzulenken. Einmal machte er die Bemerkung: ›Tania, deine Besuche sind mir mehr wert als die von allen anderen.‹ Das war seine Art, ›Ich liebe dich‹ zu sagen. Ich versuchte inzwischen, die Hintergründe seiner Krankheit zu verstehen. Ich denke, ich wußte, man konnte heterosexuell sein und AIDS bekommen, aber ich verband es doch mehr mit dem Gebrauch von Drogen oder der Bluterkrankheit. Ich räumte zwar ein, daß es nicht so sehr vom Sex herkam ... aber ich glaubte noch immer – oh, wie schrecklich das klingt –, daß AIDS eine Strafe für Sünde sei. Ich kann nicht abstreiten, daß sich ein Stück dieser Einstellung in unser Denken eingenistet hatte, obwohl wir alle beteuerten: ›Natürlich hast du nicht gesündigt oder irgend etwas Schreckliches gemacht. Selbstverständlich, jeder könnte es bekommen!‹ Oder wir sagten: ›Was ist schon so falsch daran, schwul zu sein? Letztlich doch nichts.‹ Aber ich bezweifle, ob wir es im tiefsten Innern unseres Herzens auch glaubten. Für mich gab es da viele Zwiespältigkeiten. Ich versuchte, einen Weg aus meiner eigenen Homophobie herauszufinden ... es könnte sein, daß ich damals in bezug auf mich selbst und meine Sexualität zwiespältige Gefühle hegte oder es vielleicht auch jetzt noch tue.«

Während Tania mit ihren sexuellen Gefühlen rang, kämpfte Tanias Mutter, die ihn ebenfalls täglich besuchte, mit ihren eigenen Problemen.

»Meine Mutter sagte immer wieder: ›Wo hat sich Toby das nur geholt? Wer hat es an Toby weitergegeben?‹ Als ich ihr sagte, er habe erzählt, daß er es wahrscheinlich von vielen verschiedenen Leuten bekommen, sich vielleicht viele Male infiziert hatte, konnte sie es nicht ertragen. Sie wollte nicht zuhören. Es war ihr Sohn. Sie konnte ihn sich nicht als Menschen mit häufigem Partnerwechsel vorstellen. Zu der Zeit verstand sie wohl gar nicht richtig, was das Schwulsein eigentlich war. Sie hatte die Vorstellung, es sei nur ein romantisches Liebesgefühl, das ein Mann für einen anderen hegte. Nichts weiter sonst.«

Tobys Mutter ist nicht die einzige, die mir bekannt war und es schwierig fand, sich mit der Frage auseinanderzusetzen, daß es sexuelle Vorgänge zwischen ihrem Sohn und einem anderen Mann gab. Bis zu dem Zeitpunkt jedoch, als es Toby gut genug ging, daß er das Krankenhaus verlassen und nach Amerika zurückkehren konnte, hatte seine Mutter für sich die Entscheidung getroffen, daß sie hinüberfliegen und ihn betreuen würde, wenn sich die Krankheit verschlimmerte. Wenige Wochen nach seiner Rückkehr in die Vereinigten Staaten bekam Toby eine andere Blutkrankheit. Seine Eltern flogen hinüber, damit sich seine Mutter mit Robin die Pflege von Toby während seiner letzten Monate teilen konnte. Jetzt wurde mehr das Leugnen des Todes – als das von AIDS – zur vorherrschenden Haltung.

»Ich hatte das Gefühl, ich sollte mit ihm über den Tod sprechen. Aber meine Mutter sprach sich entschieden dagegen aus: ›Wir dürfen ihn in keiner Weise deprimieren. Deshalb sind wir schließlich hier. Wir dürfen nicht nachgeben, dürfen nicht aufgeben.‹«

Auf Anweisung ihrer Mutter erzählte Tania den Leuten, daß Toby Lungenkrebs habe.

»Zu der Zeit versuchte ich, einen klaren Kopf zu bewahren. Erzählte meinen drei Kindern nichts davon. Natürlich wissen sie jetzt über alles Bescheid. Sie kamen mit zu seiner Beerdigung, aber damals habe ich die Sache sehr schlecht angepackt.«

Mit Toby ging es bergab. Seine Mutter rief Tania von Amerika aus an. Als eine schwesterliche Mutter stand Tania jetzt vor ihrem letzten Konflikt.

»Es war an dem Tag, als dem Irak der Krieg erklärt wurde. Den Leuten wurde empfohlen, nicht zu fliegen. Meine Mutter rief an und sagte: ›Es kann sein, daß ihm weniger als eine Woche bleibt. Du solltest besser sofort kommen.‹ Was sollte ich mit den Kindern machen? Eventuell würde ich irgendwo steckenbleiben, wenn ich ohne sie nach Amerika flog. Ich hatte das Gefühl, daß ich alles stehen- und liegenlassen sollte. Aber ich ließ nicht alles stehen und liegen. Mein Mann und ich hatten geplant, in der folgenden Woche hinüberzufliegen und die Kinder mitzunehmen, weil meine Eltern glaubten, daß es bei Toby einen Energieschub auslösen könnte, wenn er die Kinder sah. So wartete ich. Wir kamen hin, nachdem er gestorben war. Für lange Zeit fühlte ich mich schrecklich schuldig, weil ich nicht umgehend aufgebrochen war. Ich hatte die Wahl gehabt: meine Kinder oder mein Bruder. Aber zugleich hatte ich auch Angst davor gehabt, hinzufliegen, Angst davor, was ich dort zu sehen bekäme.«

Es war ein Konflikt, den viele Schwestern, die zugleich Mütter sind, nachempfinden können – ebenso wie viele Frauen, die aus dem Gleichgewicht gebracht worden sind durch die Art und Weise, wie AIDS den menschlichen Körper verwüsten und verheeren kann.

Tania kam noch rechtzeitig zur Einäscherung an.

»Das Bestattungsunternehmen schien erstaunt zu sein, daß die Familie bei der Verbrennung dabeisein wollte. Wir fuhren zu einer riesigen Lagerhalle, wie ein Flugzeughangar. Drinnen befand sich ein großer Verbrennungsofen. Weil es in diesem Bundesstaat sehr ökologisch zuging, erklärte man uns, sei Recycling überaus wichtig, so daß man auch keine Güter der Natur verschwenden wolle, indem man einen schönen Holzsarg verbrannte. Sein Körper war in einem Leichensack und lag in einem soliden Pappkarton, umweltfreundlich! Der Karton wurde auf einem alten, rostigen Rollwagen hereingeschoben. Mein Vater, meine Schwester, mein Bruder und ich standen da. Meine Mutter war nicht mitgekommen. Wir standen in einer Reihe wie in einer Fabrikhalle. Die großen, kräftigen Männer wuchteten den Karton von dem Rollwagen hoch und ließen ihn dann fallen! Er krachte hinab. Wir befürchteten, daß er aufspringen würde. Mein Vater bemerkte: ›Ja, er war schon immer ein gewichtiger Junge.‹ Meine Schwester und ich brachen in Tränen aus. Heulten und schluchzten. Ich habe noch nie so wie dort geweint. Ich hatte zu lange immer nur gelächelt. Als sie gerade auf den Knopf drücken wollten, der die Flammen auslöst, sagte mein Vater: ›Verzeihen Sie, darf ich das machen?‹ Er war immer schlecht mit Toby zurechtgekommen. Jetzt rollten ihm die Tränen über die Wangen. Dann drückte er zu.«

Danach gab es eine kleine, eilig vollzogene Begräbnisfeier, die von der Mutter arrangiert worden war. Tania erläuterte:

»Seltsamerweise waren überhaupt keine schwulen Männer dort. Meine Mutter war eine engagierte Christin, im Gegensatz zu Toby. So war das Ganze mehr eine Sache für Mama als für Toby. Sehr viel später gab es eine Gedenkzeremonie für ihn, die mehr seiner Einstellung entsprach.«

Vier Jahre danach trauert Tania noch immer. Noch immer versucht sie, ihre Gefühle über den Tod und AIDS zu verarbeiten.

»Sein Tod hat mich hypochondrischer gemacht, läßt mich besorgter um meine Kinder sein. Ich hege noch immer zwiespältige Gefühle, was Homosexualität betrifft, aber ich setze mich hart damit auseinander. Ich vermisse Toby sehr, nicht wie einen Bruder, mehr, als hätte ich eine Schwester verloren, wahrscheinlich weil er schwul war. Ellie ist seitdem in San Francisco sehr stark in der politischen AIDS-Arbeit engagiert. Ich unterstütze die Terence-Higgins-Stiftung. Sobald ich mit meinen Gefühlen ins reine gekommen bin, möchte ich ein ›Buddy‹ [ehrenamtlicher Mitarbeiter] werden. Als Antwort auf einen Artikel über Homophobie habe ich einen offenen Brief an den ›Guardian‹ geschrieben, in dem ich arauf hingewiesen habe, daß wir alle in unsere Herzen schauen müssen, um die Homophobie zu entdecken, die dort lauert. Sein Tod und die Briefe, die wir daraufhin erhielten, haben mich gelehrt, wie man sich gegenüber jemandem verhält, der gerade einen geliebten Menschen verloren hat. Einige Leute hatten keine Ahnung davon. Ich war empört über Leute, die überhaupt nicht reagierten und seinen Tod gar nicht zur Kenntnis nahmen. Aber die Briefe jener, die geschrieben haben, waren sehr tröstlich.«

Es hat aber auch einige positive Entwicklungen gegeben:

»Das Beste an der ganzen Sache ist, daß meine Mutter und ich über das Erlebte sprechen. Wir unterhalten uns jetzt wirklich über den Tod. Langsam machen wir alle eine Veränderung durch. Wäre Toby nicht gestorben, würden sich meine Eltern noch immer darüber grämen, daß er schwul war. Nachdem er tot ist, grämen sie sich über seinen Tod. Mein Vater ist jetzt viel weniger homophob. Das positive Ergebnis für mich ist, daß ich gelernt habe, Menschen dafür zu lieben, wer sie sind, solange sie hier sind. Gefühle nicht zurückzuhalten. Den Menschen, wenn man sie liebt, zu sagen, daß man sie liebt.«

Tanias schmerzvolle Erfahrung bestätigte ihr sehr nachdrücklich die Wahrheit der von Susan Sontag in ihrem Buch »AIDS and Its Metaphors« (»AIDS und seine Metaphern«) hervorgehobenen Tatsache, daß der vernichtende Ruf der Krankheit das Leiden derer, die sie haben, verstärkt und sie zwingt, die zusätzliche Bürde geheimer Schande zu ertragen.[18]

Tanias schonungslos ehrliches Eingeständnis ihrer Haltung gegenüber AIDS hat ihr dabei geholfen, an dem Leiden ihres Bruders und seinem Tod bis zu einem Punkt zu wachsen, der sie heute erkennen läßt, daß trotz des Stigmas und des damit verbundenen sozialen Todes es letztlich nichts als nur eine Krankheit ist. Eine Krankheit, die jeder, ganz gleich welcher Sexualität, bekommen kann. Männer. Frauen. Kinder. Homosexuelle. Heterosexuelle.

Ein überzeugender Beweis hierfür ist Clare Williams, 23 Jahre alt, heterosexuell, eine junge Frau, die gewohnheitsmäßig stets auf sicheren Sex geachtet hat und keine Drogenkonsumentin gewesen ist. Elf Monate nachdem sie als HIV-positiv getestet worden war, schrieb sie an den »Guardian« und wies darauf hin:

»Die Ignoranz und Selbstgefälligkeit der Leute erschreckt mich zutiefst. Wann werden die Leute endlich erkennen, daß wir alle gefährdet sind? Wenn ich HIV bekommen kann, dann kann es jeder.«

Clare wurde vergewaltigt.

Die Angst, vergewaltigt zu werden, teilen Frauen jeder Hautfarbe, jeden Alters oder sexuellen Neigung. Sie formt ihr tägliches Leben, hält sie davon ab, abends alleine auszugehen und erhöht – welche Ironie – ihre Abhängigkeit von männlichem Schutz. Jüngste Statistiken über sexuelle Gewalt bestätigen, daß diese Angst nur zu berechtigt ist. Seit dem Jahr 1980 haben Vergewaltigungen in Großbritannien um 100 Prozent zugenommen. AIDS fügt dieser Angst eine neue Dimension hinzu. Der Vergewaltiger kann mit HIV infiziert sein, was zu einer Übertragung bei dem erzwungenen Geschlechtsverkehr führen kann. Wenn eine Frau Rißwunden, Blutungen oder innere Verletzungen davonträgt, wird es leichter für das Virus, in den Blutstrom einzudringen. Einige Frauen haben, als sie bedroht wurden, behauptet, sie seien HIV-positiv, um damit die Vergewaltigung abzuwenden. Gelegentlich hatte das Erfolg. Manchmal aber hat dies noch zusätzliche Gewalt heraufbeschworen. Die öffentlich bekannte Tatsache, daß für beide Seiten die Möglichkeit besteht, durch Vergewaltigung AIDS zu bekommen, hat bisher noch nicht zu einer Abnahme von Vergewaltigungsdelikten geführt. Einige Forscher folgern, daß Vergewaltiger jetzt vielleicht Kondome benutzen oder andere Formen sexueller Gewalt ausprobieren werden, neben oder anstatt des Geschlechtsverkehrs.

Clare Williams war nicht in der Lage, ihren Angreifer abzuwehren.

»Ich bin ein Kind des AIDS-Zeitalters, wissen Sie. Ich kenne die Gefahren. Ich habe ein einziges Mal ungeschützten Sex gehabt ... als ich vergewaltigt wurde. Mir wurde auch nicht die geringste Chance gegeben, meinen Angreifer zu bitten, daß er doch so nett sein möge, ein Kondom zu tragen. Deshalb wird von nun an mein Bluttest immer sero-positiv sein.«

Im Anschluß an das traumatische Erlebnis wurde sie in einer Klinik getestet, und man fand heraus, daß sie, wie sie es selber ausdrückte, »eine von denen« war.

»Die Sorte Mensch, die, wenn sie sich zu ihrem Zustand bekennen, wahrscheinlich ihre Arbeit und ihren Partner verlieren, die vielleicht beobachten können, wie ihre Freunde die Tassen, aus denen sie getrunken haben, desinfizieren und entdecken müssen, daß ihre beste Freundin sie plötzlich nicht mehr in den gleichen Raum mit ihrem neugeborenen Baby lassen will ... ›Ich fühle mich entsetzlich dabei, aber du weißt, wie es ist.‹«

Heute weiß Clare – wovon sie sich elf Monate zuvor nicht einmal hätte träumen lassen können – genau, wie es ist. Plötzlich hat sich ihr Leben mit Schlagwörtern wie T-Helferzellen angefüllt. Plötzlich ist sie für ihre ältesten Freunde zu einer Bedrohung geworden. Ganz zuerst hat sie es nicht einmal ihrem Partner gesagt. Ihre Familie hat noch immer keine Ahnung. Später entschied sie, daß es wichtig für sie war, das Tabu zu durchbrechen.

»Ich will, daß meine Freunde Bescheid wissen, auch wenn es wirklich sehr schwer ist, es ihnen zu sagen. Ich ertappe mich, wie ich erst einmal ihre Ansicht herauszufinden versuche, wieviel sie über AIDS wissen, ob sie begreifen können, daß ich keine Bedrohung für sie bin, und wie diskret sie sein werden.«

Wenige Minuten, bevor sie ihr Testergebnis erfuhr, hatte sie außerhalb der Klinik ein Foto von sich machen lassen. Sie trug Jeans und ein scharlachrotes T-Shirt, das Haar fiel ihr ins Gesicht hinein.

»Ich habe mich nicht verändert. Jenes T-Shirt, jene Jeans, ich habe sie immer noch. Mein Haar fällt mir noch immer ins Gesicht ... Ich sehe noch genauso aus wie vor elf Monaten, ich verliebe mich noch immer, ich habe noch immer Spaß an langen Abendessen mit Freunden bei einer oder auch drei Flaschen Wein. Ich bin noch immer dieselbe Person. Es ist unsere Gesellschaft, meine Gesellschaft, die mich verändert wahrnimmt, als eine Bedrohung ihrer behaglich dahinfließenden Lebensweise. Ich bin eine dreiundzwanzigjährige, heterosexuelle, keine Drogen konsumierende, sicheren Sex praktizierende Frau.«

Auf eine Weise jedoch – so wundersam es erscheinen mag – ist Clare ein anderer Mensch geworden.

»Es ist nicht alles schlechte Nachricht. Mein Leben ist jetzt ausgefüllter ... Ich wage es nicht mehr, auch nur eine Sekunde zu verplempern. Solche Aussprüche klingen wie ein Klischee, bis es auf einen selber zutrifft. Daß ich meinen Job verloren habe, war ein Segen. Ich entschloß mich, aufs College zu gehen. Meine Beziehungen sind jetzt viel intensiver. Ich gehe ins Theater, ins Kino, zu Ballettaufführungen – so oft wie ich kann – ... Ich muß das ganze Glück des Lebens in vielleicht zehn Jahren unterbringen. Ich umgebe mich mit den Menschen, die ich liebe, und genieße eine neue Freiheit, die zu ignorieren, die ich nicht mag. Ich mache jetzt aus allem das Bestmögliche.

Man weiß das Leben nicht zu schätzen, bis man davon ausgehen kann, daß es einem fortgenommen werden wird. Ich habe das Gefühl, daß mir eine zweite Chance gewährt worden ist, mein Leben so wunderbar zu gestalten, wie ich kann. In so mancher Hinsicht bin ich sehr glücklich dran.«[19]

Clare ist selbstsicher. Sie weiß durchaus, was als klischeehafte Haltung ausgelegt werden könnte. Sie ist auf der Hut vor den Gefahren der Sentimentalität. Rührseligkeit, die düstere Seite einer Krankheit, die vom Stigma umwölkt ist. Sie empfindet wirklich, daß die ungewisse Zukunft ihre Fähigkeit gestärkt hat, erfüllt zu leben. AIDS kann jeden treffen. Wir alle sind Kinder des AIDS-Zeitalters. Es ist unsere Gesellschaft, welche diejenigen, die HIV-positiv sind, anders einstuft. Als Bedrohung für eine behaglich dahinfließende Lebensweise. Stärke, nicht Sentimentalität, kann für Frauen zu einem Hilfsmittel werden, die Krankheit unter einem anderen Aspekt zu sehen. Ein Mittel, um daran zu wachsen.

ÜBERGANGENE VERLUSTE

Die irische Dichterin Mary Dorcey beschreibt die Gefühlslandschaft einer Frau, die in einem Dubliner Pflegeheim stirbt. An ihrem Bett sitzt eine andere Frau.

»Unsere Hände, aneinander geklammert auf dem weißen Laken,
ticken weich und laut wie eine Zeitbombe
in der sterilen Behaglichkeit des Ortes.
›Weder Krankheit noch Trauer hier bitte‹, wo
Wunden jeden Tag frisch versorgt und
Nächte mit ›Schlafmittelchen‹ behaglich werden ...

Ehemänner kommen und gehen, liebende Hinwendung
nach Maß,
begrenzt auf festgelegte Besuchszeiten ...

Mit dem Abend kommt das Fernsehen,
Geplapper übertönt unser tröpfelndes Gespräch,
aber unsere Hände, verschlungen auf dem weißen Laken,
zittern mit einer Gewalt, die jede taktvolle Mauer
durchdringen muß, ob Kopfhörer oder erhobene
Zeitung. Und wenn ich dann endlich gehe, verfolgt mich
jedes Auge, bis Schwester Kavanagh, die berufene Mittlerin,

Alle Schatten der Unruhe vertreibt und
mit einer Stimme voll sanfter Warmherzigkeit
verkündet: ›Sie haben eine wundervolle Schwester!‹
Aber an jenem letzten Abend,
als ich dein Gesicht in meine Hände nahm,
schwankend zwischen Verlegenheit und Vorsicht,
und deine Lippen langsam küßte zum Lebewohl,

da schien die Bombe hochzugehen
in einem glitzernden Funkenregen, der

Die Station entflammt hätte,
wäre da nicht die Blitzaktion feuererprobter
Schwestern gewesen, die mit dem eisigen Gleichmut
einer lebenslangen Übung in Temperaturkontrolle
Vorhänge aufzogen, Kissen aufschüttelten, Thermometer
einführten und mich baten, draußen zu warten,
während sie deine Verbände wechselten.«[1]

Sie haben eine wundervolle Schwester.

Ja, aber sie ist nicht meine Schwester. Wie traurig, daß Sie Ihre
wundervolle Schwester verloren haben. Ja, aber sie war nicht meine
Schwester. Wie sie Ihnen fehlen muß, wie Sie um sie trauern werden,
so eine wundervolle Schwester! Ja, aber es ist nicht meine Schwester, die mir fehlt. Ich weiß, daß es mehr »nach Maß« wäre, wenn es
wie die Hinwendung einer Schwester aussähe, begrenzt auf festgelegte Besuchszeiten wie bei einem Ehemann. Schmerz, begrenzt
auf ein angemessenes Maß. Trauer, die sich innerhalb eines festgelegten Rahmens bewegt.

Aber so ist es nicht.

Es gibt eine Trauer, die außerhalb der Festungsmauern tobt. Sicher drinnen in der Festung, nehmen andere Frauen und Männer
nichts von dieser Trauer wahr. Würden es auch gar nicht wollen,
selbst wenn sie es könnten. Es ist sicherer – so denken sie –, drinnen
zu bleiben.

Doch auch, wenn man es einfach ablehnt zu verstehen, mit welchen Risiken manche Frauen leben, garantiert das weder eine grundlegende noch eine auf lange Sicht angelegte Sicherheit; auch dann
nicht, wenn man es einfach ablehnt, die Auswirkungen wahrzuneh-
men, die bestimmte Todesfälle, die mit dem Leichentuch des Schweigens verhüllt sind, auf jeden von uns haben können. Todesfälle von
Frauen, die andere Frauen geliebt haben. Deren Liebe eine Krankenstation hätte entflammen können. Wenn die Überwachung es zugelassen hätte. Draußen zu warten wurde der Frau in dem Dubliner
Pflegeheim bedeutet. Vor den Festungsmauern zu warten.

Weshalb schließen wir das Leid mancher Frauen einfach aus unserem Denken aus?

Haben wir Angst davor, daß die Trauer um einen Verlust, die wir nicht teilen können, uns in irgendeiner Weise beflecken könnte? Das Leugnen von Schmerz um Menschen gleichen Geschlechts kommt dem Leugnen von Unterschieden gleich. Es ist eine Verleugnung, wovon mir lesbische Frauen jeglichen Alters, jeglicher Gesellschaftsklasse und Hautfarbe berichtet haben. Mehr Frauen als man sich vorstellen kann, haben den Schwindel, eine Familienangehörige zu sein, zum Vorwand genommen, um sich selbst zu schützen und um Informationen zu erhalten.

»Als meine Partnerin, mit der ich viele Jahre – nun allerdings nicht mehr – ununterbrochen zusammenlebte, mit Krebs ins Krankenhaus ging, bekam ich es mit der Angst zu tun. Ich gehörte jetzt nicht einmal mehr zu ihrer ›angeblichen Familie‹. Man würde das dort nicht verstehen. Ich kannte die Krankenhausregeln. ›Ich werde sagen, daß ich deine Schwester bin‹, meinte ich zu ihr, bevor sie hineinging. ›So werden sie mich laufend informieren. Sie werden mir erlauben, dich jederzeit zu besuchen.‹« (Anna, lesbische Hinterbliebene)

Anna kam jeden Tag zu Besuch. Der Arzt gab ihr freundlich alle medizinischen Berichte über den gesundheitlichen Fortschritt ihrer »Schwester«. Familienangehörigen werden solche Berichte gegeben. Anna wußte, daß sie ihre frühere Partnerin nur geschwisterlich umarmen durfte. Denken Sie an die Frau im ersten Kapitel, deren Geliebte täglich kam.

»Sie weiß, wie sehr ich danach hungere, daß sie meinen Körper berührt. Aber da sie eine Frau ist, nimmt das Personal ihr Vorhandensein in meinem Leben nicht ernst.«

In jenem Krankenhaus zogen die Schwestern die Vorhänge zurück, erlaubten Liebenden gleichen Geschlechts keine Privatsphäre. In den Augen des Personals war sie keine Verwandte. Wäre sie es nur gewesen! Familientrauer hat in unseren heuchlerischen Verlustrichtlinien einen rechtsgültig verankerten Platz.

Dudley Cave, Gründer vom »Lesbian and Gay Bereavement Project« (»Projekt hinterbliebener Lesbierinnen und Homosexueller«) in Großbritannien, hebt hervor, wie oft ähnliche Situationen auftreten können:

»Manchmal wird die aufnehmende Krankenschwester den Namen des Partners nicht in die Rubrik ›nächste Angehörige‹ eintragen. Dann wieder sieht es so aus, als ob die Schwestern nicht wahrnähmen, daß der Freund oder die Freundin, der bzw. die den Patienten oder die Patientin besucht, ganz eindeutig ein ›besonderer‹ Freund oder eine ›besondere‹ Freundin ist. Deshalb werden die Partner dann auch nicht berücksichtigt, wenn der Patient kränker wird oder gar stirbt.«[2]

Anna war entschlossen, daß ihr das nicht passieren würde. Also machte sie einen Kompromiß. Sie log. Doch dadurch konnte sie ihre eigentlichen Gefühle in der Öffentlichkeit nicht mehr zeigen. Der Funkenregen einer verbotenen Liebe glitzerte nur noch in der Erinnerung. Auf der Station gingen keine Bomben hoch. Feuererprobte Schwestern sahen kein Feuer – oder wollten es nicht sehen –, das gelöscht werden mußte. Das Personal war bemüht, besorgt und freundlich.

Annas frühere Partnerin starb an Krebs. Im Krankenhaus zeigte man bei ihrem Kummer viel Mitgefühl. Man meinte wohl, daß man wüßte, was es heißt, eine Schwester zu verlieren.

Sie war aber nicht Annas Schwester.

Eine andere Frau, die in einem Krankenhaus an Brustkrebs starb, berichtete mir:

»Als wir den Krankenwagen gerufen hatten, sagte ich zu Janey, daß sie sich als meine Schwester ausgeben müsse. Meine richtige Schwester war in Australien. Ich wußte, dann würde man zulassen, daß Janey mit mir kam. Es würde keine Fragen geben. Meine Tochter war meine nächste Angehörige, so daß beide dort erscheinen konnten.« (Aileen, sterbende lesbische Frau)

Es wurden keine Fragen gestellt. Später, nach Aileens Tod, erzählte mir Janey, wie sehr sie das Täuschungsmanöver gehaßt hatte:

»Ich hatte das Gefühl, daß mir die Realität ihres Todes gewaltsam entrissen worden war.«

Zahllose andere Frauen sehen sich gezwungen, mit einem System, das sie ständig ausschließt, gemeinsame Sache zu machen. Dies System wird auch weiterhin einigen Frauen, die sterben oder trauern, schwer zu schaffen machen, wenn wir mit diesem Zustand nicht gründlich aufräumen. In den frühen Jahren der zweiten Welle der Frauenbewegung stand der Slogan »Schwesternschaft ist Stärke« für eine geeinte feministische Front. Er stand für die Freiheit von Diskriminierung für alle Frauen, nicht nur für eine Gruppe Auserwählter. Welch eine Ironie, daß eine vorgetäuschte Schwesternschaft heutzutage dazu benutzt wird, um Verlust und Trauer einer Zensur zu unterwerfen.

Der Tod erweckt Leidenschaft zu neuem Leben. Wie oft ist uns dies auf den vorhergehenden Seiten bestätigt worden. Aber einige Leidenschaften sind, sogar im Angesicht des Todes, nicht erlaubt. Wir haben im neunten Kapitel gesehen, in welch verzweifelter Lage sich Janet Gibbons befindet, die sich leidenschaftlich um die Betreuung ihrer Partnerin Ruth bemüht, die an der Alzheimerschen Krankheit leidet. Wenn Ruth vor Janet stirbt – was anzunehmen ist –, wird Janet wahrscheinlich erleben müssen, daß sie mehr als Betreuerin denn als Partnerin behandelt werden wird. Viele Menschen werden es einfacher finden, ihr gegenüber Mitgefühl zu zeigen, wenn sie den Verlust auf solche Weise einordnen können.

Das Sozialisationssystem der Gesellschaft schränkt Frauen auf umsorgende Rollen ein und macht sie von der Zustimmung der Männer abhängig. Das bedeutet, daß lesbische Frauen es wahrscheinlich schwerer als Homosexuelle haben, offen gegen den Strom zu schwimmen, auch wenn sie historisch gesehen für die Wahl ihrer Sexualität oder ihrer Lebensform keiner Bestrafung durch das Gesetz ausgesetzt waren. Womit sich lesbische Frauen haben auseinandersetzen müssen, war ihre Unsichtbarkeit im Leben, mit der sie wohl auch in Verbindung mit dem Tod konfrontiert werden. Es mag daher auch die Folge dieses Sozialisationssystems sein, daß lesbische Frauen, die ihre Geliebten betreuen, eher als »Schwestern« oder »Pflegerinnen« betrachtet werden. Genau die Art von Tätigkeit, die man für die Aufgabe der Frauen hält. Genau die Art von Tätigkeit, die Janet Gibbons noch immer ausübt. Lesbische Partnerinnen, die gleichzeitig Betreuerinnen gewesen sind, müssen damit rechnen, von zusätzlichen Verlusterfahrungen belastet zu werden, was in der Trauerforschung bisher kaum erwähnt worden ist.[3]

Gegenwärtig befaßt sich ein Großteil der Literatur zum Thema Trauer mit dem Verlust eines Verwandten: eines Ehepartners, eines Kindes, eines Geschwisterteils, eines nahen Familienmitgliedes. Das klinische Fachpersonal und Hinterbliebenenberater halten jede Menge Richtlinien bereit, um den Klienten durch ihren Trauerprozeß hindurchzuhelfen, sofern Verstorbene und Hinterbliebene heterosexuell sind.

Andere jedoch, die sich als einander nahestehende Mitglieder einer Familie fühlen, die aber nicht Teil einer Kernfamilie im traditionellen Sinn sind, werden wahrscheinlich nicht in der Lage sein, mit ihren Nachbarn, Kollegen oder Familie über ihren persönlichen

Schmerz zu sprechen. Das »Lesbian and Gay Bereavement Project« stellt fest, daß »jene, die unter Geheimhaltung lieben, ihre Trauer auch alleine tragen müssen«.[4] Die Trauer um Gleichgeschlechtliche ist verboten. Verluste werden nicht zur Kenntnis genommen. Nachbarn ahnen oft nicht, daß zwei Frauen (oder Männer), die zusammen unter einem Dach wohnen, Liebende sein können. So war eine Frau an das Projekt verwiesen worden, die überhaupt keinen Kontakt zu ihren Nachbarn hatte – bis ihre Partnerin starb und plötzlich eine Nachbarin an ihrer Tür klopfte, um nachzufragen, ob sie jetzt ein Zimmer zu vermieten habe, wo ihre Mitbewohnerin doch verstorben sei.[5]

Die Forscher Siegal und Hoefer weisen darauf hin, daß »es an Literatur mangelt, die sich mit dem Trauerprozeß von gleichgeschlechtlich orientierten Menschen befaßt, die den Grausamkeiten des anti-homosexuellen Stigmas in der Gesellschaft begegnen, während sie zur gleichen Zeit den Verlust eines Liebhabers oder ›Ehepartners‹ betrauern ... Weil die Gesellschaft ihre Mitglieder dazu anhält, sich gegenüber jenen abwehrend zu verhalten, die einen von der Norm abweichenden Lebensstil haben, ist es für Homosexuelle und Lesbierinnen schwer, Unterstützung zu bekommen, wenn sie über ihren Verlust trauern«.[6]

Die Gesellschaft billigt keine intimen gleichgeschlechtlichen Beziehungen, und es ist eben dieser Mangel an Billigung, der den Trauerablauf verlängert und kompliziert. Hinterbliebene lesbische Frauen sind einem doppelten Stigma ausgesetzt. Ihre Trauer, wie ihr Leben, versickert unter Umständen unbemerkt im Untergrund. Wahrscheinlich haben sie Hilfe von Hinterbliebenenberaterinnen wie auch von Freunden nötig. Es kann sein, daß sie nicht wissen, wo sie eine solche Unterstützung finden können.

Lesbische Mütter können in besonderer Weise betroffen sein, denn hier tritt ein weiteres Stigma zutage – fast ein Gefühl völliger Verständnislosigkeit, das den zwei Begriffen Lesbierin und zugleich Mutter anhaftet. In unserer Gesellschaft gilt noch immer eine simple Gleichung: Mütter sind gut, Lesbierinnen schlecht. Dies wird dadurch untermauert, daß Gerichte lesbischen Müttern selten das Sorgerecht für ihre Kinder zusprechen.

Einige ausgezeichnete Organisationen für hinterbliebene Mütter und Väter, wie das »Alder Centre« (»Erlen-Zentrum«) und die »Compassionate Friends« (»Mitfühlende Freunde«), erreichen lesbische Frauen nicht wirkungsvoll, die sich entweder in der Mit-Elternschaft für ein Kind sehen, das eine von ihnen vor der Partnerschaft bekommen hat, oder die sich für ein Kind verantwortlich fühlen, das sie als lesbisches Paar durch künstliche Befruchtung bekommen haben. Ein Mitarbeiter von »Compassionate Friends« äußerte sich zu gleichgeschlechtlichen Eltern:

»Ich habe nicht bemerkt, daß wir irgendwelche Paare von der Art haben, die mit ›Compassionate Friends‹ zusammenarbeiten.«

Aber Todesfälle von Kindern betreffen Paare »von der Art« ebenso wie heterosexuelle Paare. Für beide weibliche Partnerinnen, nicht nur für die biologische Mutter, ist vielleicht Beratung notwendig. Ganz sicher ist für beide erforderlich, daß solche Todesfälle im Rechtssinne anerkannt werden.

»Sonia war die biologische Mutter der Jungen. Sie hatte sie bekommen, als sie verheiratet gewesen war, bevor wir zusammenlebten. 15 Jahre lang habe ich dazu beigetragen, Tom und Kevin aufzuziehen. Als Tom bei einem Autounfall ums Leben kam, hatte jedermann Mitgefühl für Sonias schrecklichen Schmerz. Ich konnte nicht begreifen, daß sie nicht auch sahen, was ich durchmachte. Tom war auch mein Kind, so, als hätte ich ihn geboren. Sogar Leute, die uns gut kannten, sahen plötzlich in mir nur die ›helfende Freundin‹. Sie meinten, ich solle Sonia unterstützen. Natürlich tat ich das. Aber es gab so höllisch wenig Raum und Unterstützung für mich.« (Rory, hinterbliebene lesbische Mit-Mutter)

In einem Versuch, ein paar dieser Probleme in Großbritannien zu lösen, haben Bernard Williams und Dudley Cave, ein stellvertretender Laienpriester, das »Lesbian and Gay Bereavement Project« ins Leben gerufen, das seine Aufgabe darin sieht, allen hinterbliebenen lesbischen oder homosexuellen Menschen zu helfen. Vor zwölf Jahren hatte Cave in seiner Gemeinde eine Unterstützungsgruppe für Witwen eingerichtet; dann wurde ihm klar, daß nur wenige der regulären Unterstützungsprogramme für hinterbliebene Lesbierinnen und Homosexuelle zugänglich waren. Ursprünglich hatte er eine ähnliche Selbsthilfegruppe im Auge, wo Lesbierinnen und Homosexuelle zusammenkommen konnten, um sich in ihrer Trauersituation gegenseitig zu stützen. Aber als das Vorhaben bekannt wurde, erkannte er, daß eine telefonische Unterstützung und ein Beratungsdienst genau das waren, was diese Leute brauchten. Zunächst war ein heterosexueller Pfarrer in der Beratung tätig, bis Cave erkannte:

»Wir boten eindeutig nicht das an, was tatsächlich benötigt wurde.«

Heute muß jeder, der in der Beratung tätig ist, lesbisch oder homosexuell sein und sich zudem in dieser Identität wohlfühlen.

Gruppen von Freiwilligen nehmen jeden Abend ab 19.00 Uhr Anrufe entgegen: sowohl von denen, die erst kürzlich einen Verlust erlebt haben, als auch von Menschen, bei denen der Trauerfall vielleicht schon Jahre zurückliegt und die möglicherweise bisher noch nie die Gelegenheit hatten, ihre Gefühle auszudrücken. Der Mitbegründer Bernard Williams berichtet, die meisten Anrufer seien überglücklich, daß sie nicht länger etwas vortäuschen müßten. Vorherrschend sind Äußerungen von Zorn über den Tod, über die gesellschaftliche Einstellung bei Trauerfällen in gleichgeschlechtlichen Beziehungen und den damit verbundenen Schmerz. Einigen Anrufern kann auch eine psychotherapeutische Behandlung vermittelt werden, wenn sie es wünschen.

Das Angebotsspektrum des Projekts reicht vom praktischen Rat – wie die Angabe von verständnisvollen Ärzten und Rechtsanwälten sowie Informationen über wohlgesonnene Kirchenleute, die gewillt sind, Gedenkgottesdienste für gleichgeschlechtliche Paare durchzuführen – bis hin zu Auskünften und positiver Ermunterung für lesbische und homosexuelle Paare, ein Testament zu machen. Das Projekt druckt eigene Testamentsformulare und weist ausdrücklich darauf hin, daß ohne ein gültiges Testament ein gleichgeschlechtlicher Partner nicht erben kann und dann alle Güter den Verwandten des Verstorbenen oder, wenn es keine gibt, dem Staat übergeben werden.

Ich habe einige hinterbliebene lesbische Frauen kennengelernt, deren verstorbene Partnerin kein Testament gemacht hatte. In fast allen Fällen war eine enorme finanzielle Notlage die Folge – bis hin zum Verlust des Dachs über dem Kopf. Wenn dies dann noch zu der gefühlsmäßigen Belastung bei Auseinandersetzungen mit der Familie der verstorbenen Frau hinzukam, dann wurde die Situation dieser Frauen von ihnen selber als »unbeschreiblich« dargestellt, als »Gefühl, ständig attackiert zu werden«, oder als »Gefühl, eine Aussätzige in einer feindlichen Welt zu sein«.

Es sind die Einstellungen dieser »feindlichen Welt«, welche die Mitarbeiter des Projekts zu ändern versuchen. Dudley Cave hält Vorträge vor interessierten Gruppen und vor Pflegepersonal in verschiedenen Krankenhäusern. Auch andere Organisationen, wie die

Terence-Higgins-Stiftung, eine Hilfs- und Beratungsorganisation für AIDS-Kranke und ihre Familien, führen seit mehreren Jahren Kampagnen durch, um die Öffentlichkeit auf die Bedürfnisse von gleichgeschlechtlichen Partnern aufmerksam zu machen. Das »Lesbian and Gay Bereavement Project« hat ein Team von engagierten lesbischen Beraterinnen. Aber es kann nicht alles machen. Es kann nicht alle Frauen erreichen.[7]

War die Verstorbene lesbisch, kann die Frage des Begräbnisses zum Ausgangspunkt für Probleme um den Trauerfall werden oder diese erschweren. Bereits früher (im fünften Kapitel) hat sich gezeigt: Wenn ein Begräbnis der Beginn für einen langsamen Heilungsprozeß werden soll, um loszulassen und sich in ein Leben ohne jene bestimmte Person einzurichten, dann sollte das Begräbnis in einer Weise durchgeführt werden, die für die am nächsten Betroffenen richtig ist. Die in diesem Sinne wirksamsten Begräbnisse sind zugleich Ausdruck der Solidarität unter den Betroffenen und für die Einstellung des Verstorbenen. Wenn ein Begräbnis keinen Bezug zu dem Leben des Verstorbenen hat, oder, schlimmer noch, wenn es gegen ein grundlegendes Identitätsmerkmal des Verstorbenen verstößt, dann kann es den zurückbleibenden Menschen sogar Schaden zufügen.

Wenn Lesbierinnen sterben, können Beerdigungen nicht immer für alle Beteiligten in gleicher Weise bedeutungsvoll sein. Wenn eine lesbische Frau stirbt und sie mit ihrer Partnerin völlig zurückgezogen von der Außenwelt gelebt hat, kann es passieren, daß die hinterbliebene Frau vom Begräbnis ganz ausgeschlossen wird.

Die Autorin Alison Wertheimer erzählt die Geschichte von Mary und Betty, die mehr als 20 Jahre zusammen gelebt hatten und gemeinsam ein Pflegeheim für betagte Leute in einem kleinen Dorf führten, als Betty starb. Niemand in der Gemeinde wußte, daß sie ein Liebespaar waren. Es wurde ganz allgemein angenommen, daß Mary nur ihre Geschäftspartnerin verloren hatte. Als Mary erst ihre Geliebte und nachfolgend ihr Zuhause sowie ihre Lebensgrundlage verlor, hatte sie niemanden, an den sie sich wenden konnte. Schlimmer noch, am Begräbnistag mußte sie die betagten Heimbewohner betreuen und konnte sich deshalb nicht in der Öffentlichkeit zur Art und Schwere ihres Verlustes bekennen. Wie es Wertheimer ausdrücklich unterstrich: Hätte Mary in einer heterosexuellen Ehegemeinschaft gelebt, dann wäre im Dorf dafür gesorgt worden, daß sie zumindest am Tag der Beerdigung sich nicht um das Wohl der betagten Leute hätte kümmern müssen.[8]

Das Stigma, das einige lesbische Paare dazu zwingt – heutzutage wahrscheinlich eher solche, die betagt sind –, ihr Leben isoliert von anderen zu verbringen, verstärkt diese Isolation noch, wenn es um entscheidende Fragen der Beerdigung und des letzten Lebewohls geht.

Wenn eine verstorbene lesbische Frau ein Stück »außerhalb der gesellschaftlichen Norm« steht – vielleicht mit dem Wissen ihrer Partnerin, ihrer Kinder und Freunde, aber nicht mit dem Wissen ihrer Eltern –, dann kann es zu Konflikten um die Begräbnisfeierlichkeiten kommen. Ihre Vertrauten, besonders ihre Partnerin, möchten vielleicht eine Zeremonie, die ihrer Lebensform entspricht, während ihre Eltern sich eventuell, ob aus Gedankenlosigkeit oder aus anderen Gründen, entschieden für einen herkömmlichen, »konventionell« christlichen Gottesdienst aussprechen.

Rufen sie sich Tanias Geschichte über die Totenfeier ihres Bruders Toby ins Gedächtnis, die eine »Sache für Mama« und nicht eine »Sache für Toby« war: ein christliches Begräbnis ohne schwule Männer. Und doch hatte Toby, schwul und nicht christlich, für seine Familie immer »außerhalb der gesellschaftlichen Norm« gestanden! Viele Lesbierinnen leiden in ähnlicher Weise. Manchmal machen Blutsverwandte die Arrangements, übernehmen die gesamte Organisation der Beerdigung und sind darauf bedacht, die Teilnahme der hinterbliebenen Partnerin oder nahestehender Freundinnen auf ein Minimum zu beschränken oder sie gleich ganz von den Feierlichkeiten auszuschließen. Nimmt die Partnerin teil, kann es ihr passieren, daß sie irgendwo ganz hinten sitzt, weit weg von dem Geschehen, bei dem die offiziellen »Haupttrauernden« vorne die formellen Beileidsbekundungen entgegennehmen.

Allie und Nichole hatten elf Jahre lang als Liebespaar zusammengelebt. Sie standen für ihre Freunde und Nicholes Mutter »außerhalb der gesellschaftlichen Norm«, aber nicht für Allies Familie.

»Im vergangenen Sommer ging Allie mit ihrem Bruder zum Felsklettern. Ihr Plan war, eine Woche bei der Familie zu bleiben und dann nach Hause zu kommen. Sie hat niemals angerufen und ist niemals zurückgekommen. Sie ist am Berg tödlich verunglückt. Die Eltern dachten nicht daran, mich zu informieren, obwohl sie wußten, daß wir miteinander lebten. Offenbar ›wußten‹ sie ab einem bestimmten Zeitpunkt, daß wir eine sexuelle Beziehung hatten. Als ich ihnen sagte, daß ich alles Nötige für die Beerdigung in die Wege leiten würde, waren sie eisig. ›Da gibt es nichts für Sie in die Wege zu leiten. Die Familie wird alles unternehmen und versuchen, Versäumtes im Leben unseres armen Mädchens wiedergutzumachen. Wäre sie nicht fortgezogen in jene seltsamen Lebensumstände mit Ihnen und Ihresgleichen, dann wäre sie heute noch am Leben! Es besteht auch keine Veranlassung für Sie, an dem Begräbnis teilzunehmen.‹« (Nichole, lesbische Hinterbliebene)

Sogar wenn sich alle Beteiligten einig sind und eine Gedenkzeremonie zu Ehren der lesbischen Identität oder Einstellung der verstorbenen Frau wünschen, ist es nicht immer einfach, Kirchenleute oder Laienprediger zu finden, die einen Gottesdienst in dem angemessenen toleranten Geist halten. Bei der Beerdigung eines Homosexuellen bat ein Priester um Gottes Vergebung für den abnormen Lebensstil des Verstorbenen![9] Das »Lesbian and Gay Bereavement Project« ist dabei, eine Liste über »verständnisvolle« Priester, Pfarrer und Rabbis zu erstellen, die bereit sind, eine Begräbnisfeier abzuhalten, die den Wünschen der hinterbliebenen Person entspricht, und die darüber hinaus weiterführende Hilfestellung bieten können. Bei seinen Versuchen, geeignete Leute zu finden, die lesbische Gedenkfeiern abhalten, wird das Projekt gegenwärtig unterstützt von »Lesbian and Gay Christian Movement« (»Christliche Bewegung der Lesbierinnen und Homosexuellen«), »Quest« (»Suche«), »Gay and Lesbian Humanist Association« (»Humanitärer Verband für Homosexuelle und Lesbierinnen«), von der Unitarischen Kirche sowie von Londoner und verschiedenen regionalen lesbischen Telefondiensten.

Frauen können sich jedoch noch für eine andere Möglichkeit entscheiden, bevor eine Einäscherung vorgenommen wird: Sie können selbst eine einfache, aber dem Anlaß entsprechende Zeremonie organisieren, bei der die Lieblingsmusik der Verstorbenen gespielt und ihr Leben als lesbische Frau, als Familienmitglied, als Freundin und gegebenenfalls als Mutter gefeiert werden kann. Dies kann durch Lesungen und Würdigungen erfolgen, die von Freundinnen und der Familie vorgetragen werden. Das ist aber nur möglich, wenn Freundinnen und Familie das gleiche wollen und wenn völlige Offenheit herrscht.

Manchmal werden Kompromisse versucht. Um zu verdeutlichen, wie so etwas vonstatten gehen kann, möchte ich ein Fallbeispiel erzählen: die Auseinandersetzung um das Familienbegräbnis von

Phyllida, dem später eine lesbische Gedenkzeremonie folgte. Die 33 Jahre alte Bergsteigerin war eine der Frauen, die bei dem Flugzeugunglück von Katmandu im Jahr 1992 umgekommen waren.

Als Sozialhelferin für Frauen verfolgte Phyllida das Ziel, die Gesundheitsdienste für Frauen zu verbessern, und war mit dem Aufbau einer Einrichtung dieser Art beschäftigt. Ihre Freizeit verbrachte sie mit dem Bergsteigen. Viele ihrer Freundinnen waren Bergsteigerinnen und Kanutinnen. Ich habe mit dreien von ihnen gesprochen: mit Lana, einer College-Dozentin, mit Kirsten, einer Gemeindehelferin, und mit Marny, einer ehemaligen Krankenschwester und Sozialhelferin. Ihre Ansichten über Phyllida stimmten in bemerkenswerter Weise überein. Sie wurde beschrieben als eine Frau, die idealistisch, von Prinzipien geleitet, sehr uneigennützig und ein Mensch der Tat war – doch oft schwierig für andere Leute, die eine geringere Willensstärke und eine geringere diplomatische Durchsetzungskraft als sie selbst besaßen. Sie hatte keine feste Partnerin und lebte alleine; eine dauerhafte, äußerst herzliche Unterstützung erhielt sie von ihren Freundinnen. In ihrer Stadt gehörte sie einer feministischen Kontaktgruppe an, die aus eng miteinander befreundeten Lesbierinnen besteht. Laut Aussage von allen dreien war sie eine junge Frau, die sich selbst unnachgiebig bis an ihre Grenzen trieb. Bis zu ihrem Tod war ihre Bergsteigerei nichts Aufsehenerregendes. Sie hatte keine wirklich hohen Gipfel bestiegen. Dann, kurz vor ihrem Tode, entschied sie sich, mit einer Gruppe von praktisch Fremden loszufliegen, um eine Trekkingtour mitzumachen und dabei anspruchsvollere Bergziele allein anzugehen.

Ihre Freundin für die »Ferienbergsteigerei«, Lana, verabschiedete sich von ihr am Freitag. Kirsten, die acht Jahre lang ihre enge Freundin gewesen war, traf mit ihr am Samstag zum Frühstück zusammen.

»Sie hatte Sorge, daß sie zu langsam sein könnte. Vielleicht würde niemand sie mögen. Sie hatte alle möglichen Ängste. Sie geriet ganz aus dem Häuschen darüber, daß sie vielleicht nicht alles in den Rucksack hineinbekäme, deshalb packte ich ihn für sie. Sie ließ einen Brief bei mir zurück für den Fall, daß sie nicht zurückkäme. Er war in der Art eines Testaments, aber es war kein rechtsgültiges Testament. Dann machte sie sich in Richtung Süden auf den Weg zu ihren Eltern, die sie am Sonntag zum Flughafen bringen wollten.«

Das Flugzeug stürzte am Montag um die Mittagszeit ab. Lana erhielt eine Nachricht auf ihrem Anrufbeantworter:

»Es wurde um Rückruf bei einer Freundin gebeten. Ich rief an, und sie sagte: ›Hast du schon von dem Flugzeugabsturz gehört?‹ Ich erwiderte: ›O nein! Es kann nicht sein, daß sie es sind!‹ Dann hörte ich die Abendnachrichten um 6.00 Uhr im Radio. Sie waren es!«

Marny – sie bezeichnete Phyllida als die »ihr am nächsten stehende Person, seit sie eine Erwachsene geworden ist« – hörte die Nachricht vom Tod ihrer Freundin ebenfalls im Radio.

»Ich konnte es nicht glauben. Nicht an ihren Tod über den Rundfunk. Ich ging durch diese ganze Abfolge von Gedanken: Sie konnten es nicht sein, sie konnten nicht in jenem Flugzeug sein! Dann wieder dachte ich: O doch, sie können, und sie waren es. Dann kam die Bestätigung. Was für mich das schwerste an Phyllidas Tod war: Da er als unerwarteter Schock kam, konnte ich den eigentlichen Vorgang einfach nicht begreifen. Wenn jemand bei einem Flugzeugunglück stirbt, gibt es keinen Ablauf von Ereignissen; man begreift es nicht. Ich konnte das nicht einordnen. In der einen Minute lebte sie noch, in der nächsten war nichts mehr da. Die Leute versicherten, daß sie von allem nichts mehr gefühlt hätte. Aber darum geht es nicht! Was ist mit ihrem Geist, mit ihren Gefühlen in jenem Augenblick passiert? Ich werde von dieser Frage verfolgt und auch davon, was mit ihrer außergewöhnlichen Energie geschehen ist. Und ebenso verfolgt mich das, was um das Begräbnis herum passiert ist.«

Kirsten hörte die gleiche Nachrichtensendung.

»Ich fuhr gerade von der Arbeit nach Hause. Ich mußte an den Straßenrand fahren. Ich versuchte, mir selbst gut zuzureden. Vielleicht war sie ja nicht unter den 40 oder mehr Toten. Nach den Abendnachrichten um 7.00 Uhr wußte ich, daß es keine Überlebenden geben würde. Also öffnete ich den mir hinterlassenen Brief und rief dann ihre Eltern an. Ihre Mutter hatte es im Teletext gesehen. Nun mußten die ganzen fürchterlichen Vorbereitungen in Gang gesetzt werden. Herumtelefonieren, Einzelheiten für die Identifikation nach Pakistan übermitteln. Ihr Leben mit uns und das Leben mit ihren Eltern im Süden des Landes waren sehr unterschiedlich gewesen. Vielleicht wußten sie ja, daß sie lesbisch war, aber sie selber hatte es ihnen nie gesagt, und darüber gesprochen wurde nicht. Allerdings wurde ihnen klar, daß sie nicht wußten, wer ihre Tochter war und wer diejenigen waren, die ihrer Tochter so nahestanden. Deshalb waren sie zunächst auch dankbar dafür, daß ich sie angerufen hatte.«

Für beide Gruppen war es eine schwere Zeit; für Phyllidas Eltern nicht zuletzt deshalb, weil sie so wenig von den intimen Details aus dem Leben ihrer Tochter wußten. Phyllidas Freundin Lana flog mit den Identifikationsunterlagen nach Katmandu.

»Alles, was die Eltern wußten, war, was sie an Kleidung trug, als sie in das Flugzeug stieg. Wir kannten Phyllidas Zahnarzt, so daß Lana zahnärztliche Unterlagen mitnehmen konnte. Ich hatte ihren Rucksack gepackt und dabei ein kleines Päckchen zum Mitnehmen hineingelegt. Sie mußte es wohl ihrer Mutter erzählt haben, weil diese mich anrief und fragte, was ich in das Päckchen hineingetan hätte. Zu der Zeit hatte ich Mitleid mit ihnen, weil es alles so schwer für sie sein mußte.« (Kirsten)

Die Gefühlsregungen der Freundinnen bewegten sich auf sehr unterschiedlichen Pfaden. Lana empfand bei ihrer Rückkehr von Katmandu eher Erleichterung.

»Es war sehr schmerzlich, die Absturzstelle aufzusuchen, aber es hat mir unendlich geholfen. Man sah noch, wie das Heck des Flugzeugs aus dem Berghang herausragte. Wann immer ich – noch ewige Zeiten danach – ein Flugzeug sah, war es so, als ob ich das von dort sehen würde. Es bedeutete: Warum passierte es ihnen? Warum ihr? Warum jenes Flugzeug? Aber ich war etwas getröstet durch das Gefühl, daß sie alle wahrscheinlich unglaublich schnell gestorben waren.«

Marny dagegen konnte keinen Trost daraus ziehen und empfand nur großen Zorn.

»Ich war nicht eigentlich deshalb so zornig, weil sie tot war, sondern daß sie, verdammt noch mal, mich dazu gebracht hatte, dies oder das für sie zu empfinden. Sie war die mir am nächsten stehende Person, und jetzt war sie tot. Deshalb war ich zornig auf sie! Ich habe mit hinterbliebenen Menschen zusammengearbeitet, darum weiß ich, daß es ganz in Ordnung ist, diesen Zorn zu empfinden. Es hatte Zeiten gegeben, wo ich mich bemüht hatte, Phyllida mehr auf Distanz zu halten. Als sie tot war, kam das Schuldgefühl bei mir hoch: ›Ach, ich habe dich zurückgestoßen! Warum hast du mich dazu gebracht, dich zurückzustoßen? Und jetzt bist du tot.‹«

Der persönliche Zorn wandelte sich bald zu einem Gruppenzorn darüber, wie die Freundinnen von der Familie behandelt wurden. Als die Familie bekanntgab, daß sie trotz aller verständnisvollen Bemühungen seitens Phyllidas Freundinnen das Begräbnis in ihrem Sinne organisieren wollte, tauchten wachsende Spannungen auf.

Eine Busladung von 50 Frauen kam zu dem Entschluß, an dem Begräbnis teilzunehmen.

»Wir wollten einfach hinfahren, aber nichts war so, wie wir es geplant hatten. Wir hatten keine Ahnung, was uns dort erwartete.« (Kirsten)

Später beschlossen die Freundinnen, eine lesbisch-feministische Gedenkfeier abzuhalten, an welcher Phyllidas zweifellos besorgte Eltern nach eigener Aussage teilnehmen wollten.

»Zu der Zeit meinte ich, daß es für ihre Familie wichtig war, daß sie das Begräbnis organisierte. Phyllida hatte diesen Brief hinterlassen, der genau besagte, was sie wünschte, daß mit ihrem Haus und mit ihrem Geld geschehen sollte, aber nichts darüber sagte, wie mit ihrem Körper verfahren werden sollte. Ich dachte mir, daß wir zu ihrer Familienfeier fahren sollten und sie zu unserer kommen könnten. Ich kam gar nicht auf die Idee, daß sie uns und unsere Bedürfnisse ignorieren würden.« (Marny)

»Der Umgang mit ihrem Vater, einem sehr dominierenden Mann, gestaltete sich schwierig. Aber wir akzeptierten, daß der Familie das Recht zustand, die Beerdigung durchzuführen. Wir wußten nicht, was Phyllida gewollt hätte. Wir wußten, daß sie die Einäscherung vorzog, deshalb informierte ich ihre Eltern darüber. Hiervon abgesehen gab es keinen anderen Punkt, wo sie uns einbezogen. Sie fragten nicht, ob wir auf der Feier gerne etwas sagen würden. Sie fragten überhaupt nicht nach unseren Wünschen. Sie teilten uns nur mit, daß wir keine Blumen bringen sollten. Da wurde dann eine Freundin wütend und meinte: ›Hören Sie, wir verstehen, daß Sie nicht Berge von Blumen haben wollen. Aber es kommen ein ganzer Bus und noch mehrere Autos aus der Stadt Ihrer Tochter. Sicher dürfen wir doch einen Blumengruß von uns allen gemeinsam mitbringen!‹ Es gab nichts, bei dem sie uns in irgendeiner Weise berücksichtigten. Sie warteten nicht einmal unsere Ankunft ab, bevor sie mit der Feier begannen.« (Kirsten)

Der Autobus mit den Frauen und die Autos wurden unterwegs aufgehalten. Als sie schließlich am Beerdigungsort ankamen, hatte man keine Plätze für sie freigehalten. Die Freundinnen mußten sich irgendwie verteilen, die meisten von ihnen mußten ganz hinten stehen. Die Familie blieb bewegungslos vorne stehen, als die Frauen hereinströmten.

»Da wir ein wenig verspätet waren, mußten wir uns an dem Sarg vorbeiquetschen. Mir hat ihre Beerdigung überhaupt nicht gefallen. Es war eine ziemlich fürchterliche Angelegenheit. Eines dieser üblichen Begräbnisse. Ohne jede Verbindung zu Phyllidas Leben. Mir war nur nach Weinen zumute ... Ich war froh, daß ich mich an der Absturzstelle von ihr verabschiedet hatte.« (Lana)

»Eine Frau mit ihrem Kind im Kinderwagen mußte im Seitenschiff stehenbleiben, damit der Sarg hereingebracht werden konnte. Die Beerdigung hatte nichts mit der Phyllida zu tun, die wir kannten. Ein Laienpriester, ein Onkel von ihr, hielt die Ansprache. Was er von sich gab, machte uns unendlich wütend. Der Tag zuvor war ›Remembrance Sunday‹, der Gedenktag für die Gefallenen der beiden Weltkriege gewesen, folglich sprach er über den Tod im Krieg und durch Gewalt. Phyllida war durch und durch Feministin und Pazifistin gewesen, total gegen Krieg und Gewalt eingestellt und in dieser Hinsicht auch gegen die Männer. Dieser Mann sprach darüber, daß Phyllida eine eigenwillige Person gewesen und an die Universität gegangen sei; danach habe die Familie sie schweren Herzens ziehen lassen, als sie in eine Stadt im Norden übergesiedelt sei, um dort gute Werke unter Armen und Bedürftigen zu verrichten! Kein Wort in seiner Rede über ihr Leben, ihr Umfeld, ihre Freunde.« (Kirsten)

Als der Sarg hinausgetragen wurde, löste dies heftige Reaktionen bei der Gruppe von Freundinnen aus.

»Für viele von uns, die noch nie an solch einer konventionellen Beerdigung teilgenommen hatten, war es ein Schock zu sehen, daß diese Männer Phyllidas Sarg hochhoben. Eigentlich wäre das unsere Aufgabe gewesen. Es waren wieder einmal meine starken Hemmungen, die mich davon abhielten, nach vorne zu eilen und zu sagen: ›Was, zum Teufel, machen Sie da eigentlich? Ich werde sie hinaustragen. Sie ist meine Freundin!‹ Das war das, was ich am liebsten getan hätte.« (Kirsten)

»Die Beerdigung war grotesk. Hier war diese lesbische Feministin und wurde von ihrer traditionellen, sauberen Familie beerdigt. Sie wurde in einem Sarg von weiß der Himmel wieviel Männern getragen. Ich fühlte mich völlig fehl am Platze. Hier stimmte etwas ganz und gar nicht. Ich mußte mir ständig ins Gedächtnis rufen, daß das Ganze nicht für Phyllida getan wurde, sondern in erster Linie für ihre Familie.« (Marny)

Die Frauen berichteten mir, daß sie sich nicht nur von der Familie in ihren Bedürfnissen übergangen fühlten. Vielmehr hatten sie in der ganzen Hektik, Autos und Bus für die Teilnahme der Frauen zu beschaffen, auch selber versäumt, vorab in Gesprächen wichtige Fragen zu klären – was ihre eigenen Bedürfnisse sein könnten, und wie sie damit umgehen sollten, wenn sie ausgeschlossen würden. So stellte sich heraus, daß sich die meisten in der großen Ansammlung von Frauen nur abgewiesen und verstört fühlten, als sie fortgingen.

»Die meisten von uns verließen die Beerdigung mit Gefühlen der Wut. Ich bin überzeugt, daß die Trauer und der Schmerz der Familie echt waren, aber unseren Schmerz nahmen sie nicht zur Kenntnis. Ihnen ist nie auch nur der Gedanke gekommen, Marny oder mich um ein paar Worte zu bitten. Wir kamen uns wie Fremde vor. Welche Person es auch sein mochte, von der sie annahmen, sie zu kennen, und welche Person es auch sein mochte, von der wir annahmen, daß wir sie kannten: Mit großer Wahrscheinlichkeit waren es zwei völlig verschiedene Personen.« (Kirsten)

»Das Begräbnis ließ nur einen Schluß zu: Wir hatten keine Rechte. Obwohl Kirsten und ich ohne Zweifel sehr viel wichtiger für Phyllida gewesen waren als ihre Familie, war klar, daß wir keine Rechte hatten. Freunde haben keine Rechte, nur die Familie hat Rechte.« (Marny)

Wenn die Beerdigung die Frage nach einer Rangordnung für Trauer und übergangene Verlustgefühle aufgeworfen hatte, so ergaben sich neue Fragen, als die Gedenkfeier organisiert wurde, die den Verlust von Phyllida als Lesbierin, als Feministin und als Freundin würdigen sollte. Die erste beruht darauf, daß jeder Mensch eine tote Person in einem anderen Licht sieht: Wie leicht kann man dabei in die Falle geraten, die verstorbene Person nur als einen ganz bestimmten Menschen zu sehen. Die verstorbene Person kann so zu jemandem werden, den wir aus ihr machen.

»Weil Phyllida nicht mit einer einzelnen Partnerin gelebt hatte, wurde das Ganze von ihren Freundinnen gemeinsam arrangiert. Obwohl wir uns nicht alle kannten, fühlten wir uns miteinander verbunden. Es war leicht zu reden, leicht zu weinen. Es war sinnvoll, die Angelegenheit mit anderen Frauen durchzuplanen, weil wir dadurch gezwungen wurden, gewisse Dinge zu lernen. Wir fingen an mit: ›Ja, das war Phyllida!‹ Oder mit: ›Nein, so war Phyllida nicht!‹ Schließlich fanden wir uns mit der Tatsache ab, daß Phyllida zwar für uns und für ihre Eltern eine ganz andere Frau gewesen war, sie aber auch für jede ihrer Freundinnen eine völlig andere gewesen war. Doch als ich all jene Dinge aus ihrem Leben hörte, fühlte ich mich entsetzlich einsam. Warum war sie nicht hier? Jemand meinte: ›Das hier ist eine sehr bereichernde Erfahrung!‹ Ich wünschte, mein Leben wäre nicht hierdurch bereichert worden!« (Lana)

Ein zweites Problem hing mit der starken Anteilnahme in Phyllidas Gemeinschaft zusammen, die sich nach ihrem Tod zeigte. Für einige Frauen war es tröstlich. Für andere war es fast beängstigend.

»Phyllida hatte in der Gruppe einen nachhaltigen Eindruck sogar bei Leuten hinterlassen, die sie selber gar nicht gut gekannt hatte. Die ganze Gemeinschaft war in Trauer. Ich bekam Karten von Frauen, die ich kaum kannte, die aber wußten, wie wichtig sie für mich gewesen war. Wogegen mich alle Kollegen am Arbeitsplatz nur fragten: ›War sie verheiratet? Hatte sie Kinder?‹ Als ob nur eine Familie sie vermissen konnte.« (Kirsten)

»Phyllida gehörte zur feministisch-lesbischen Gemeinschaft. Man kann Lesbierin oder Feministin sein, muß aber nicht zu solch einer Gruppe dazugehören. Ich gehöre nicht dazu. Mir kommt es zu inzestuös vor. Sie war ganz unabhängig davon meine persönliche Bergsteigerfreundin. Andere Frauen meinten, weil sie nahe Freundinnen von Phyllida waren, müsse jene Freundschaft auch auf mich übertragbar sein. Man erwartete, daß ich meine Trauerarbeit innerhalb dieser eng miteinander verwobenen Gruppe leistete.« (Marny)

Die dritte Frage war, wie sehr Phyllidas Lesbentum in der Gedenkfeier verschleiert oder offenbart werden sollte.

»Wir verbrachten Tage damit, darüber zu diskutieren, ob wir es so arrangieren sollten, daß Phyllida für ihre Eltern ›außerhalb der gesellschaftlichen Norm‹ stehen würde. Wenn wir die Gedenkfeier in unserem Sinne abhalten wollten, würde sie ›außerhalb der Norm‹ stehen müssen. Ihre Eltern hatten zu verstehen gegeben, daß sie beabsichtigten zu kommen. Zuerst dachten wir, daß wir ihnen schreiben und mitteilen sollten, wer Phyllida war, und dann hinzufügen sollten, wenn sie noch immer kommen wollten, seien sie uns willkommen. Dann beschlossen wir – da Phyllida sich ja dafür entschieden hatte, für ihre Eltern nicht ›außerhalb der Norm‹ zu stehen –, daß wir eine Gedenkfeier abhalten wollten, die einer Frau und einer Feministin würdig war, bei der jedoch niemand aufstehen und sagen würde, daß Phyllida lesbisch gewesen war. Doch wenn man Ohren hatte, es zu hören, dann klang es aus allem heraus, was gesagt wurde. Es wurde ein Gedicht von Judy Grahn vorgetragen. Dann gab es noch einen Sprechgesang, in dem zehn von uns Sätze wie diesen sprachen: ›Ich könnte die Lippen jeder Frau berühren, nur um mich an dich zu erinnern.‹ Eine ganze Menge eindeutiges Material über enge Frauenfreundschaften.« (Kirsten)

Ob diese Gedenkfeier für Phyllidas Eltern ein größerer Erfolg war als ihre Begräbnisfeier für Phyllidas Freundinnen, kann nicht beantwortet werden, da mir die Version der Eltern fehlt. Ich fürchte, daß ihre Mutter und ihr Vater sich wohl in ähnlicher Weise ausgeschlossen fühlten, ganz gleich, wie großzügig die Freundinnen auch zu sein versuchten. Es gibt allerdings einen bedeutsamen Umstand, auf den hinzuweisen ist: Der Tod einer Tochter ist für heterosexuelle Eltern ein Verlust, der ohne den geringsten Schatten eines Zweifels in der Öffentlichkeit anerkannt wird. Wenn jedoch der Tod eine lesbische Frau aus dem Lebenskreis ihrer Gemeinschaft und ihrer Freundinnen holt, wird ein solcher Verlust in unserer Gesellschaft nur selten gebührend beachtet.

Worauf Phyllidas Geschichte ein bezeichnendes Licht wirft, ist nicht nur die Frage lesbischer Trauerfälle, sondern auch die nach dem Platz, den die Freundschaft in unserem System von anerkannten und gebilligten Verlusten einnimmt.

Ebenso wie bestimmte Todesarten – zum Beispiel Fehlgeburt, Totgeburt, neonataler und perinataler Tod – nicht zur Kenntnis genommen werden, ebenso wie die Trauer jener Menschen etwas Verbotenes ist, deren Beziehung keinen rechtsgültigen Status oder gesellschaftliche Billigung besitzt – seien es Frauen, die in einer eheähnlichen Gemeinschaft leben, unverheiratete Partner oder lesbische Liebende –, so wird auch Freundschaft als geringwertig eingeordnet, wenn es um Trauerfälle geht.

Die Forscher Homes und Rahe haben eine Tabelle über belastende Lebensereignisse aufgestellt. Sie führten an, daß eine Punktzahl von mehr als 150 auf eine Belastungsstufe hindeute, die Gesundheitsprobleme auslösen kann. Ganz oben in ihrer Skala stand der Tod des Ehemannes oder der Ehefrau. Hierfür gab es 100 Streßpunkte. An fünfter Stelle auf der Liste erschien der Tod eines nahen Familienmitgliedes mit einer Streß-Punktzahl von 63. Ziemlich weit unten in der Tabelle, auf Platz 15, wurde der Tod eines nahen Freundes aufgelistet, der ihrer Ansicht nach 37 Streßpunkte verdiente.[10]

Ich habe in diesem Buch immer wieder hervorgehoben, daß es keine Abstufung von Verlusten geben kann. Die Belastung durch einen bestimmten Trauerfall wirkt sich auf unterschiedliche Frauen auch unterschiedlich aus. Es hängt ab von ihrer inneren Kraft, ihrer geistigen Haltung und von der Beziehung, die zu der verstorbenen Person bestanden hat. Abstufungen in der Verlustbewertung nehmen weder Rücksicht auf die intellektuelle Sichtweise der Frau, die jenen Verlust erleidet, noch auf die sozialen Zusammenhänge des Todesfalls. Solange die Gesellschaft versucht, Leid quantitativ zu messen, werden Frauen weiterhin voneinander getrennt und weiterhin machtlos bleiben.

In der Geschichte und in der Literatur sind Frauenfreundschaften immer von großer Bedeutung gewesen. Oft dauern sie fort, wo heterosexuelle Liebesbeziehungen zerfallen. Im sechsten Kapitel (Witwen und andere vergessene Existenzen) habe ich mich auf die langjährige Freundschaft zwischen Charlotte und Claudia in Joan Barfoots Roman bezogen. Claudia erinnert sich an den Beginn der Freundschaft mit sechs Jahren: Sie war glücklicher und seliger gewesen, in der Schule Charlottes Freundin zu sein, als sie es je war, wenn sie sich verliebt hatte. Es ist Claudias Ehemann Bradley, der gestorben ist, und Charlotte, ihre beste Freundin, ist da, um sie zu trösten, zu unterstützen und sie in ein neues Leben mitzunehmen. Wie wird eine Freundin damit fertig werden, wenn die andere stirbt, die sie durch die Wechselfälle des Lebens begleitet hat? Noch wichtiger, wie wird die Welt außerhalb ihrer Beziehung reagieren? Als meine Freundin Carol starb, hatte ich insoweit Glück, als meine nahen Freunde und die Familie Verständnis für meine Trauer zeigten. Eine andere Freundin von Carol hatte weniger Glück. Als sie an ihren Arbeitsplatz kam, meinte eine Kollegin, die ihre Verzweiflung sah:

»Na ja, sie war schließlich nur eine Freundin, das ist doch nicht ganz so wie bei der Familie.«

Ich erinnere an Marnys Worte nach Phyllidas Beerdigung:

»Freunde haben keine Rechte. Nur die Familie hat Rechte.«

Trauer um einen Freund oder eine Freundin ist wie die Trauer um eine gleichgeschlechtliche Geliebte nicht krankhaft. Es ist nur eine andere Form von Trauer. Frauen trauern um Ehemänner, um männliche oder weibliche Geliebte auf unterschiedliche Weise. Sie trauern um Freunde auf andere Weise. Ich vermisse meine Freundin Carol, weil sie ein wesentlicher Teil meines Geisteslebens war. Eines Lebens aller Sinne. Wir teilten unsere Einstellungen, leidenschaftliche Begeisterung, extravagante Freuden und alberne Scherze. Der

Verlust meiner Freundin Carol ist nicht die Nummer 15 in einer Tabelle belastender Lebensereignisse. Er kann nicht abgetan werden mit den bewilligten 37 Streßpunkten für den Tod einer nahestehenden Freundin. Ich kann den Verlust mit nichts gleichsetzen, das ich kenne. Die durch den Fortgang meiner besonderen Freundin entstandene Lücke in meinem Lebensalltag ist nicht meßbar.

Gleiches wird, dessen bin ich mir sicher, für den Verlust eines Freundes oder einer Freundin in Ihrem Leben gelten.

Wir müssen daran arbeiten, daß solche Verluste angemessen zur Kenntnis genommen werden.

Wenn ein Buch über den geschlechtsspezifischen Umgang mit dem Tod und dem Sterben vollständig sein soll, muß es auch die Sterbesituation und die Trauergefühle von Freundinnen wiedergeben, die zwar, wie lesbische Liebende, den patriarchalischen Vorstellungen zuwiderlaufen, die aber vielleicht etwas Freude in das Leben einiger anderer Frauen gebracht haben.

Dreizehntes Kapitel

ERMUTIGENDE ERGEBNISSE

Obwohl das Problem der übergangenen Verluste noch ungelöst bleibt und der weiteren Auseinandersetzung bedarf, gibt es im Kampf gegen die Verdrängung des Todes auch einige ermutigende Ergebnisse, die Frauen auf anderen Gebieten erzielt haben. Ich widme dieses Kapitel drei starken, spirituell orientierten Frauen, deren phantasievolle Lebensphilosophie und umwälzende Arbeit die Verdrängung und Diskriminierung anfechten. Sie akzeptieren den Tod und beziehen daraus ihre Inspiration. Sie haben sich kreativ und auf ganz neue Weise mit dem Tod auseinandergesetzt.

Die erste: Helen Passant. Heute ist sie Heilpraktikerin und zuständig für ergänzende Therapien zur medizinischen Behandlung. Früher war sie Stationsschwester in einem Krankenhaus und mußte miterleben, daß betagte sterbende Patienten ihr Leben nicht mehr voll ausschöpfen konnten. Daraufhin entschied sie sich zu einem revolutionären Schritt, der ganz neue Betreuungsmöglichkeiten für die Sterbenden erschloß. Gegen die vorhersehbaren Widerstände setzte sie im Krankenhaus und im klinischen Alltag mit Erfolg die Aromatherapie, Massagen und Visualisierungstechniken durch.

Die zweite: Josefine Speyer. Die buddhistische Psychotherapeutin ist eine Mitbegründerin des »Natural Death Centre« (»Zentrum für den natürlichen Tod«), das eine Vorreiterrolle in der Bewegung für einen natürlichen Umgang mit dem Tod einnimmt. Sie leitet regelmäßig Arbeitskreise über die Organisation von Beerdigungen, die Selbstanfertigung von Särgen, über die beste Art, zu Hause zu sterben, und zu Gesprächen kurz vor dem Tod; zudem gibt sie Auskunft zu allen Themen, die mit dem Tod und dem Sterben verbunden sind. Das Zentrum veranstaltet sogar »Totenmahle«, bei denen zwischen 50 und 100 Personen ein Feinschmeckeressen zu sich nehmen und über die Sterblichkeit diskutieren. Im vergangenen Jahr hat das Zentrum den ersten »Britischen Tag der Toten« durchgeführt; Vorbild hierfür war das lebhafte und respektlose mexikanische Festival.

Die dritte Frau ist Dame Cicely Saunders, eine ehemalige Krankenschwester und Sozialarbeiterin, die später Ärztin wurde. Sie rief die weltumfassende Hospizbewegung ins Leben, die auf ihren Grundsätzen von Mitgefühl, Pflege, Verständigung und solider, wissenschaftlicher Forschung beruht. Die Offenheit gegenüber dem Tod und die Bereicherung des Lebens Todkranker bilden die Leitlinien der gesamten Bewegung. Dame Cicely Saunders leistete in der Schmerzbekämpfung Pionierarbeit: Sie praktizierte als erste die Schmerzlinderung durch ständige Dosierungen, was viel dazu beigetragen hat, eine der größten Ängste, die sich mit dem Sterben verbindet, zu verringern.

Alle drei Frauen haben äußerst kreative und höchst erfolgreiche Versuche unternommen, das Tabu um den Tod aufzubrechen. Sie ermuntern die Menschen nicht nur ständig zum Sprechen, sondern sie haben den Diskurs so verändert, daß es Sterbenden, ihren Freunden und der Familie inzwischen erlaubt ist, den Tod als positiv, anregend, ja sogar als komisch anzusehen. Sie haben außerdem die Voraussetzungen dafür geschaffen, daß die Gespräche und die letzte Suche der Menschen nach spiritueller Erkenntnis in einer angenehmen Umgebung stattfinden können.

Dies sind drei von vielen Frauen, die es im täglichen Umgang mit unheilbar Kranken geschafft haben, unsere Standardbehandlung sterbender Menschen so zu verändern, daß jedem einzelnen bis zum allerletzten Tag wertvolle und bereichernde Erfahrungen ermöglicht werden. Durch ihre Kontakte zu den Hinterbliebenen und durch ihre Bemühungen, die bisher als Norm geltende, generell negative Einstellung zum Tod zu ändern, verwandeln diese drei Frauen ganz wesentlich die Verlust- und Trauererfahrungen von anderen Frauen – und auch die von Männern.

HELEN PASSANT

Helen Passant ist inzwischen 60 Jahre alt; sie hat zwei Kinder und zwei Enkelkinder, einen wilden Haarschopf, ein ruhiges Auftreten und eine starke Ausstrahlung. Körperliche Berührung ist ihr wichtig. Nach vielen Jahren konventioneller Krankenpflege, in denen sie ver-

ärgerte, zerrüttete und oft geistesgestörte Patienten erlebte, die mit
so vielfältigen körperlichen Gebrechen behaftet waren, daß ihnen
letztlich weder Operationen noch Medikamente helfen konnten,
brachten sie Verzweiflung und Unzufriedenheit mit den traditionellen Methoden dazu, nach Alternativen zu suchen. Vor zehn Jahren,
auf ihrem ersten Workshop über Berührung und Massage, kam sie
plötzlich zu der Erkenntnis, daß Körperberührung bei der Betreuung
von Patienten einen Zugang zu ihren Gedanken und Vorstellungen
ermöglicht.

Täglich massiert sie betagte und sterbende Menschen; sie berührt
Glieder, die knotig, verrenkt und gezerrt sind, berührt alte Narben
und Wunden und stößt auf Risse der Seele, die jahrelang verborgen
wurden. Sie hält alte Männer und Frauen in einer Weise, in der sie,
wie sie selbst sagen, seit ihrer Kindheit nicht mehr gehalten worden
sind. Eine Frau, die sie massierte, erklärte ihr: »Darauf habe ich seit
93 Jahren gewartet!« Die Frau war 96 Jahre alt.

Während wir miteinander sprachen, gebrauchte sie unablässig
ihre Hände: Sie berührte meine Hand, um etwas zu unterstreichen,
berührte mein Haar oder das ihre, wenn wir über einige ihrer komi-
scheren Geschichten lachten. Als ich ihr zuhörte, hatte ich das seltsame Gefühl, beschützt zu sein. Tatsächlich ist es das Beschützen,
das Helen Passant als unabdingbar für ihre Arbeit mit den Sterbenden ansieht. Der Gedanke kam ihr sehr früh, als sie ein Kind von 13
Jahren war.

»Ich war ein neugieriges kleines Mädchen. Stöberte immer irgendwo herum. Ich hörte ein Gespräch zwischen meiner Mutter und
ihren Freundinnen. Sie erwähnten eine Frau, die mit Krebs im Sterben lag. Sie flüsterten. Jemand sagte ›fürchterlich … grausam‹. Dann
kam heraus, daß diese Frau in einem Schuppen im Sterben lag. Ihr
Mann konnte den Geruch nicht ertragen, deshalb hatte er sie in einem Bett im Schuppen unten im Garten untergebracht! Ich wußte,
wo sie wohnten, also schlich ich mich die Straße hinunter und durch
ihr Gartentor. Es war an einem heißen Ferientag im Sommer, der
Schuppen war aus Holz gezimmert, und der Geruch war entsetzlich.
Aber ach, die arme Frau! Sie lag auf einem Bett mit Decken, lag einfach so da und starb langsam im Garten. Wir können den Tod nicht
ertragen, deshalb schaffen wir solche Menschen aus dem Weg, und
ihr Mann hatte sie so weit als möglich aus dem Weg geschafft. Alle
Nachbarn wußten Bescheid, doch niemand ging hin und holte sie

aus dem Schuppen heraus. Als ich an ihrem Bett stand und ihre Hände ergriff, beschloß ich, daß ich Menschen wie sie beschützen mußte. Ich wollte Krankenschwester werden.«

Zwei Jahre später fragte der Pfarrer in Helens Kirchengemeinde, ob jemand die Leute besuchen würde, die krank zu Hause lagen. Helens erster Besuch galt einer Frau, die an Tuberkulose starb.

»Es war eine schlimme Erfahrung, weil es wirklich stank. Sie starb später im Krankenhaus, und als sie tot war, weigerte sich ihre Familie, mich zu sehen oder auch nur mit mir zu sprechen. Sie dachten, ich sei religiös, weil ich von der Kirche gekommen war. Heutzutage bin ich nicht mehr religiös, oder genauer, ich gehe nicht in die Kirche.«

Helen Passant ist jedoch zutiefst spirituell. Sie sieht die Spiritualität als den Kern ihrer Betreuung an.

»Beruflich gesehen ist das sehr wichtig bei meiner Arbeit. Wenn ich mit Patienten spreche, dann spreche ich zu ihrer Seele. Sie können mir nicht antworten, manchmal können sie überhaupt nicht mehr sprechen. Ich richte mich ganz einfach an den spirituellen Teil von ihnen; ich bin überzeugt, sie sprechen mit meiner Seele, auch wenn sie nicht mit Worten antworten können. Es werden Patienten zu mir gebracht, von denen es heißt, daß sie ›am Ende des Weges angekommen‹ seien. Für mich stehen sie eher am Anfang. Sie sterben vielleicht hier während meiner Betreuung – aber ich hoffe, daß sie als Ganzheit sterben; denn wir versuchen, Körper und Geist zusammenzuführen und der Seele so die Möglichkeit zu eröffnen durchzuscheinen.«

Wenn spirituelle Betreuung sich nicht um religiöse Glaubensinhalte dreht – was ist es dann? Für Frauen wie Helen bedeutet Spiritualität die Suche nach dem Sinn, und Religion stellt nur eine besondere Ausdrucksform davon dar.

Als Helen Passant Stationsschwester in einer Abteilung mit betagten Langzeitpatienten im Oxforder Churchill Hospital war, stellte sie fest, daß spirituelles Eingehen auf die Menschen wie auch eine gute pflegerische Betreuung innerhalb konventioneller medizinischer Strukturen oft nicht möglich waren. Sie wußte, sie mußte andere Wege gehen. Sie wußte auch, daß sie wahrscheinlich auf wenig Beifall stoßen würde.

»Ich wurde förmlich dazu getrieben, weil ich merkte, daß ich mich mit meinen Patienten nicht verständigen konnte. Sie hatten die

Parkinsonsche Krankheit, Demenzerkrankungen oder Schlaganfälle. Ich machte Dinge mit ihnen, aber ich drang nicht zu ihnen durch. Als ich an mir selbst die erste Massage erlebt hatte, die mich dazu brachte, daß ich am liebsten gesungen, getanzt und gelacht hätte, dachte ich mir, vielleicht könnte dies helfen. Zunächst war das Personal sehr skeptisch gegenüber meinem Einfall, Patienten mit Kräuterölen zu massieren, die ätherische Öle von Blüten, Blättern, Wurzeln und Beeren enthalten. Durch die Jahrhunderte hindurch sind solche Öle als Heil- und Entspannungsmittel verwendet worden, aber noch nie im offiziellen Gesundheitsdienst! Einige Krankenschwestern dachten, ich sei übergeschnappt! Als erste waren die Ärzte entzückt; und als die Schwestern nichts gegen mich ausrichten konnten, schlossen sie sich mir an.

Sie sahen, daß es den Patienten sofort besser ging. Die Massage regte sie an, über ihre Träume zu reden, sich ihren Ängsten vor dem Tod zu stellen. Eine Witwe mit Namen Violet, so gut wie stumm vor Furcht, fing an, von ihren Träumen zu erzählen. Zu Weihnachten erklärte sie, sie habe die Nase voll vom Krankenhaus. Ich fragte: ›Möchten Sie bei ihrem Mann sein?‹ Sie erwiderte: ›O nein! Noch nicht.‹ Als ich sie wenige Monate später massierte, erzählte sie: ›Ich habe geträumt, daß ich am Grab meines Mannes saß und er fragte: »Was hat dich zurückgehalten, meine Liebe?«‹ Da wußte ich, daß sie bereit war zu sterben. Die Massage und die Öle hatten ihr dabei geholfen, sich ihren Ängsten zu stellen.«

Helen Passant und ihr Stab spielten auf der Station Musik und heilende Klänge von Erde, Wasser, Feuer und Luft. Manchmal hielten sich Personal und Patienten an den Händen und gebrauchten Visualisierungstechniken, indem sie imaginäre Wanderungen durch Wälder mit Glockenblumen unternahmen. Sie merkten, daß Körperberührung in einer asexuellen Weise viel Gutes brachte. Patienten entdeckten, einige zum ersten Mal, einen Ausdruck der Liebe, an die keine Bedingungen geknüpft waren.

»Es war erstaunlich, wie sehr die Männer das schätzten. Allein durch die Berührung ihrer Muskeln konnte ich ihr Wohlgefühl spüren, selbst wenn sie nicht sprechen konnten. Diese armen Männer mit Schlaganfällen, die Gesichter völlig schief, manchmal sabbernd und mit halbgeschlossenen Augen, wollten die Leute nicht wie selbstverständlich gern in die Arme nehmen. Männer erwähnten nur selten den Tod. Sie fragten kaum einmal: ›Werde ich sterben?‹

Frauen dagegen äußerten häufig: ›Werden Sie bei mir sein, wenn ich sterbe?‹ Dennoch lebten die Frauen im allgemeinen länger.«

Als sie mit Patienten arbeitete, die an multipler Sklerose (MS) litten, gab es getrennte Stationen für Männer und Frauen. Als sie oben auf der Männerstation war, sagte sie zu einem Arzt: »Es ist physisch dunkler hier, und die Männer fühlen sich erbärmlich.«

Er gab zurück: »Ja, das stimmt. Sie werden merken, daß Männer mit Schlaganfällen und MS schlechter fertig werden als Frauen.«

Helen Passant erzählte mir:

»Es war tatsächlich physisch und psychisch heller auf der Frauenstation, weil die Frauen sprachen, sangen und etwas taten. Männer mit Schlaganfällen oder MS saßen einfach nur so da. Aber Frauen leben länger mit ihren Behinderungen, deshalb lernen sie, kreativ zu sein.«

In beide Stationen, wie auch in viele andere in dem Krankenhaus, brachte Helen Passant Licht. Aber trotz ihres außergewöhnlichen Erfolges bei den Sterbenden – oder vielleicht gerade deshalb – stieß sie bei dem älteren Personal zunehmend auf Feindseligkeit.

»Das Projekt entwickelte sich, weil die Leute über die Arbeit sprachen und die Station besuchten. Ich wurde gebeten, überall Vorträge zu halten, ich lehrte Massage auf anderen Stationen; dann traten plötzlich Schwierigkeiten auf. Das Krankenhaus wurde zu einer Stiftung gemacht. Der Leiter der Pflegedienste wollte meine Position in die einer Lehrschwester umwandeln, was sich überwältigend anhört, aber bedeutete, daß ich Schwestern in einem klinischen Rahmen unterrichten sollte, so daß ich Massage nicht mehr lehren durfte. Anfänglich wandte ich weiterhin Massagen und Aromatherapie an, doch dann bekamen wir eine neue Stationsschwester, die nichts für solche Therapietechniken übrig hatte. Da ich die Krankenschwestern nicht länger ermuntern durfte, in dieser Weise zu arbeiten, wollte ich nicht länger bleiben.«

Nach zehn ermutigenden Jahren ließ sich Helen Passant vorzeitig pensionieren.

»Man muß auf der Erfolgsleiter oben angekommen sein, bevor man etwas bewegen und verändern kann. Ich mußte Stationsschwester gewesen sein, bevor ich die Dinge nach meinen Vorstellungen angehen konnte. Aber wenn man etwas ändern will, muß man Mut haben. Manchmal bedeutet das, etwas anderes aufgeben.«

Heute hat ihr Mut dazu geführt, daß sie eine kleine Klinik in Oxford leitet, wo sie während eines Teils ihrer Zeit Patienten mit Tumoren, multipler Sklerose, Krebs, Parkinson und anderen Krankheiten massiert. Die verbleibende Zeit lehrt sie in Hospizen, privaten Krankenhäusern, Selbsthilfegruppen und Kliniken. Ebenso lehrt sie Patienten, wie sie ihre Betreuer massieren können, und sie lehrt häusliche Betreuer, wie sie Patienten massieren können.

Viele ihrer derzeitigen Patienten haben Krebs.

»Eine der Möglichkeiten, ihnen zu helfen, mit ihrem Lebensalltag fertig zu werden, ist, daß sie Massagen bekommen und zugleich lernen, andere zu massieren. Viele der Krebspatienten sind Frauen und ihre Betreuer Männer, und diese Art der Dynamik bewährt sich dabei sehr. Etwas, das Patienten genommen wird, ist ihre Fähigkeit zu geben, weil alles für sie gemacht wird. Wenn man nicht mehr geben kann, stirbt etwas in einem.«

Die Art, wie Helen Passant ihren Patienten ein Gefühl wiedergegeben hat, doch noch zu etwas nütze zu sein, ist bemerkenswert. Eine Frau mit Krebs, die keine Finger mehr und nur noch ein Bein hatte, wurde in ihrem Stuhl aufgerichtet. Mit einem ihrer verkrüppelten Fingerknöchel massierte sie das Bein einer Krankenschwester, die vor ihr auf dem Boden lag, den Fuß im Schoß der Patientin. Wenige Minuten später tauschten sie die Rollen. Die kranke Frau lächelte still vor sich hin.

»Es ist, als ob man ein Instrument spielen würde. Ich habe das Gefühl, ich spiele auf einer Harfe«, sagte sie.

Für jene, die Zweifel an der Wichtigkeit körperlicher Berührung haben, gibt es verschiedene medizinische Studien, welche die positiven Auswirkungen bestätigen. In einer Analyse über die Bedeutung der Körperberührung innerhalb der palliativen Betreuung berichtete S. Sims:

»Die körperliche Berührung wird nicht bloß als eine physische Wahrnehmung erfahren; sie wird ebenso emotional empfunden. Tröstende Maßnahmen, die Berührungen einschließen, können deshalb nicht nur ein wohliges Körpergefühl auslösen, sondern sie vermitteln auch der Psyche Trost.«[1]

Sims geht davon aus, daß durch Massage physische, psychische und kombinierte Körper-Seele-Effekte erzielt werden, die folgendes einschließen:

1. Anregung oder Beruhigung des zentralen Nervensystems;
2. Entspannung der Muskulatur;

411

3. Erhöhte Beweglichkeit, Dehnen von Verwachsungen der Muskelfasern;
4. Linderung von Schmerzen;
5. Erweiterung von Blutgefäßen, erhöhte Zirkulation und Lymphdrainage;
6. Lösung bronchialer Sekrete;
7. Abschwächung von Ängsten, Beruhigung des Geistes;
8. Erleichterter Umgang mit nahen Angehörigen und die Offenlegung von Problemen und Sorgen.[2]

Sterbende Menschen leiden oft an Wasseransammlung oder Ödemen, gewöhnlich in den Gliedmaßen. Die Haut schwillt an.[3] Häufig wird Massage als medizinische Maßnahme verschrieben, um sowohl die Lymphödeme (Schwellungen) zu behandeln als auch das Allgemeinbefinden des Patienten zu verbessern. 80 Prozent der sterbenden Menschen nehmen bewußt wahr, daß sie an Schwäche und zunehmender Mutlosigkeit leiden.[4] Diese Verzweiflung, die durch den fortschreitenden Verlust von Kraft und Beweglichkeit ausgelöst wird, kann durch Gespräche gemildert werden. Ein sehr bedeutender Beitrag, den die Massage bei Sterbepatienten leistet, besteht in der Art und Weise, wie sie die Verständigung fördert. Sterbende Menschen wollen sprechen, und Passants Behandlung hilft ihnen, genau das zu tun.

»Ich schule bei meinen Krankenschwestern sowohl das Vermögen der stummen als auch der gesprochenen Verständigung. Wenn Schwestern genau aufpassen, dann können ihre ungesprochenen Worte die richtigen Schwingungen übermitteln und heilen helfen. Ich fordere sie auf, ihre Geisteskraft auf die Patienten zu richten, ein Mantra oder ein Wort wie Liebe oder Friede oder Freude zu gebrauchen und sich still in ihrem Kopf darauf zu konzentrieren, während sie sich um die sterbenden Menschen bemühen. Anstatt zu denken: ›Ich habe Hunger‹ oder ›Wie lange ist es noch bis zur Pause?‹, wenn sie sich um die Patienten kümmern, bitte ich sie, sich auf ihr Inneres zu konzentrieren. Wenn sie erst einmal selber erfaßt haben, daß sterbende Patienten die feinsten Unterschiede wahrnehmen können, dann wird ihr ganzes Denken sehr viel konzentrierter.«

Helen Passant glaubt, daß Krankheit wie ein Freilegen ist. Daß sich bei sterbenden Patienten Schichten abschälen, so daß sie mehr hören, mehr riechen, mehr fühlen.

»Wenn sie sich körperlich erholen, hören sie die stillen Töne nicht mehr, weil sie sich wieder bedeckt haben. Das machen wir alle so.«

Wie viele Krankenschwestern und einige Ärztinnen plädiert Helen Passant weniger für das Behandeln als für das Heilen.

»Heilen bedeutet, den ganzen Ballast loszuwerden, so daß darunter etwas Reines zutage tritt. Heilen ist Akzeptanz und Liebe, die Fähigkeit, beides zu geben als auch zu empfangen. Ich glaube, das ist es, was die Sterbenden brauchen.«

Während Helen Passant weiterhin lehrt und praktiziert – und das nicht nur in England, sondern jetzt auch in den USA –, finden die ergänzenden Therapiemaßnahmen, die sie so erfolgreich angewandt hat, mehr und mehr Eingang in die konventionelle Medizin. Alternative Gesundheitsbetreuung bringt Kranken und Sterbenden inzwischen in vielen Einrichtungen sowohl seelische Erleichterung als auch Schmerzkontrolle. Viele Praktizierende in der Medizin und Patienten sind inzwischen davon überzeugt: Wenn das Lebensende näherrückt, können ergänzende Therapien wie Passants Massage, Visualisierung und Aromatherapie sowie Homöopathie, Osteopathie, Akupunktur, Reflexzonentherapie, Kräuterkunde und spirituelles Heilen die körperlichen und seelischen Nöte von sterbenden Menschen lindern. Medizinische Visualisierung kann bei der Behandlung von AIDS eingesetzt werden; Akupunktur ist häufig bei der Schmerzlinderung erfolgreich; spirituelles Heilen kann fruchtbar auf die Psyche der sterbenden Person einwirken; und Massage und Aromatherapie, die den Sterbenden ein Gefühl von Wohlbefinden vermitteln, können von inoffiziellen Betreuern erlernt und daher auch zu Hause angewandt werden. Die Homöopathie, mit der ich selber höchst bemerkenswerte, erfolgreiche Erfahrungen gemacht habe, ist ein ganzheitlicher Ansatz, der Krankheit verhindern, gute Gesundheit erhalten und bei unheilbarer Erkrankung helfen kann.

Ein weiteres erfolgreiches Beispiel alternativer Verfahrensweisen wird vom »Bristol Cancer Centre« gegeben, das bestimmte Ernährungs- und Verhaltensregeln bei der Behandlung von Krebskranken anwendet. Das Angebot von alternativen Therapeuten ist offensichtlich von Region zu Region unterschiedlich. Manchmal werden solche Dienste in einigen Hospizen und Krankenhäusern unentgeltlich angeboten. Andernorts sind sie nur privat zu haben, was die Inanspruchnahme für finanziell Benachteiligte einschränkt, obwohl es oft auch ermäßigte Tarife gibt. Jedoch ist es immer die Mühe wert, nach solchen Behandlungsmöglichkeiten zu fragen.

JOSEFINE SPEYER

Im Jahr 1975 war Josefine Speyer schwanger. Während der Schwangerschaft wollte sie sich einen Traum erfüllen und mit Pferd und Wagen durch die Lande fahren. Ihr Ehemann, der Psychotherapeut Nicholas Albery, machte sich für einen längeren Zeitraum von der Arbeit frei, um bei der Erfüllung ihres Wunschtraums dabeizusein. Für drei englische Pfund die Woche mieteten sie »Patience« von der »Gesellschaft zur Erhaltung von Kaltblutpferden«, trieben einen umgebauten Karren der Müllabfuhr auf und verwandelten ihn in einen einigermaßen bequemen Wohnwagen. Damit machten sich auf den Weg durch die wilden Gegenden von Wales, um nach einem Häuschen für den Winter und für die Geburt des Kindes zu suchen.

Josefine erinnert sich:

»Ich war entschlossen, das Baby zu Hause zu bekommen. Ich war nicht krank, warum sollte ich dann in ein Krankenhaus gehen?«

Sie fanden einen Platz am Fluß Teifi und einen willigen Arzt.

»Es macht mir nichts aus, wenn Sie in einem Heuschober entbinden«, meinte er zu Josefine. »Ich werde kommen, wohin immer Sie wollen.«

Himbeerblättertee, Übungen zu natürlichem Atmen und Visualisierungen hatten Josefine auf eine schnelle, schmerzfreie Wehenarbeit und Geburt vorbereitet. Die natürliche Geburt »zu Hause« war so »ekstatisch« gewesen, daß sie anfing, über den »natürlichen« Tod nachzudenken. Sicher würden die meisten Leute doch auch am liebsten in der Behaglichkeit ihres Zuhauses sterben, umgeben von ihren Lieben. Weshalb war das Zuhause nicht mehr länger der natürliche Platz, an dem die Menschen starben?

Der Funke für ihre Idee vom »Natural Death Centre« (»Zentrum für den natürlichen Tod«) hatte gezündet.

Ein paar Jahre später, als ihr Schwiegervater friedlich in ihrem Haus gestorben war, empfand das Ehepaar noch stärker, daß die Zeit für eine Bewegung für den »natürlichen« Tod reif war, sozusagen als Gegenstück zur Bewegung für die natürliche Geburt.

»Wir wollten die Grundsätze einer guten Hospizbetreuung auf die Sterbebetreuung zu Hause ausdehnen und dachten dabei nicht nur an jene, die an Krebs sterben. Es mochte vielleicht nicht jedem passen, aber warum sollten die Familien, die das wollten, bei der Betreuung von Sterbenden zu Hause nicht die volle Unterstützung des nationalen Gesundheitsdienstes erhalten? Warum sollte es keine finanzielle und praktische Hilfe für Betreuer geben?«

Im Jahr 1991 fing Josefine Speyer zusammen mit ihrem Mann an, ihren Traum in die Tat umzusetzen. Sie gründeten das »Natural Death Centre« in ihrem Londoner Haus, um die Unwissenheit und Vorurteile der Menschen gegenüber dem Tod zu untersuchen und zu bekämpfen. Sie errichteten eine Wohltätigkeitsorganisation für ihren Feldzug, der es den Leuten erleichtern sollte, das Krankenhaus zu verlassen und zum Sterben nach Hause zurückzukehren.

»Das Zentrum fungiert als eine Gesellschaft für das Sterben zu Hause. Wir nutzen die Macht der Medien und alle anderen Mittel, um die Idee zu verbreiten, daß es für Menschen möglich sein sollte, daheim zu sterben – was sich die Mehrheit wünscht.«

Speyers Vermutung ist richtig. Die meisten Leute ziehen es vor, zu Hause zu sterben. Aber das, was man vorzieht, ist nicht immer maßgeblich. Jedes Jahr sterben in Großbritannien 650000 Menschen; 15000 davon sind unter 20 Jahre alt. 180000 Kinder unter 16 Jahren wachsen in Familien auf, in denen ein Partner gestorben ist. Der Tod steht jedoch nicht mehr im Mittelpunkt des Lebens, da die Mehrheit dieser Tode nicht zu Hause eintritt. Im Jahr 1984 ereigneten sich drei von vier Todesfällen irgendwo sonst. In der Mitte der neunziger Jahre finden mehr als 60 Prozent der Todesfälle in Krankenhäusern statt. In städtischen Bezirken beträgt das Verhältnis sogar 70 Prozent.[5] In Skandinavien ist der Tod im institutionellen Rahmen sogar in noch größerem Maße üblich. Im Jahr 1991 ereigneten sich dort 90 Prozent aller Todesfälle im Krankenhaus. In Deutschland ist allerdings ein gegenläufiger Trend festzustellen: Der Anteil an Todesfällen in Krankenhäusern nimmt hier seit zwei Jahrzehnten langsam, aber kontinuierlich ab und betrug 1995 nur noch 48 Prozent.[6]

Trotz der Statistiken über den Tod außerhalb der eigenen vier Wände bleibt die Tatsache bestehen, daß für viele der Tod zu Hause die Idealvorstellung ist. In einer Studie aus dem Jahr 1990 über unheilbar kranke Krebspatienten ließen wesentlich mehr als die Hälfte erkennen, daß sie sich eine häusliche Betreuung bis zu ihrem Ende wünschten.[7] Eine Studie von Wilkes deckte auf, daß nur 31 Prozent der Angehörigen von Leuten, die zu Hause gestorben waren, im nachhinein äußerten, daß der Verstorbene es vorgezogen hätte, im Krankenhaus zu sterben.[8] Diese Untersuchung bestätigt nachhaltig Josefine Speyers Arbeit, die auf der Annahme beruht, daß eine menschliche und freundliche Hinwendung zum Tod schwerer wird, wenn sie in einer unpersönlichen Institution stattfindet.

Das »Natural Death Centre« ist umweltbewußt. Es werden Rat und Auskunft über preisgünstige »grüne« Beerdigungen angeboten und Kurse für die Anfertigung von Särgen aus wiederaufbereitetem Papier oder Holz abgehalten. Josefine und ihr Team sind bei Bestattungsunternehmern und Bestattungsinstituten auf entschiedenen Widerstand gestoßen.

»Die meisten Friedhöfe lehnen selbstgefertigte Särge oder in Eigeninitiative durchgeführte Beerdigungen ab. Wenn alles, was man möchte, ein Sarg ist, den wir für ungefähr 45 englische Pfund anfertigen lassen können, wird kaum ein Bestattungsdienst ihn ausliefern. Sie verlangen alles mögliche von 400 Pfund aufwärts. Viele Leute wünschen eine persönliche Einbindung in die Bestattungsabläufe, aber sie wollen es nicht in einer derart prunkvollen Weise hochstilisieren, daß es zu einer abgehobenen und unpersönlichen Angelegenheit wird. Geld auszugeben, was man nicht hat, wird nicht unbedingt zur Bewältigung der Trauer beitragen.«

Josefine Speyer ist der Ansicht, daß bei Diskussionen und guten Mahlzeiten das Todestabu aufgebrochen werden kann. Ihre Überzeugung hat dazu geführt, daß sowohl sehr ernsthafte Arbeitskreise als auch beschwingte Dinner stattfinden, bei denen der Tod das Hauptthema des Abends ist. Sie hat Christianne Heal, die Arbeitskreise über das Thema Tod leitet, gebeten, sich dem Zentrum als Kodirektorin anzuschließen.

Bei ihren Arbeitskreisen fordert Heal die Teilnehmer auf, darüber zu sprechen, was ihre Vorstellungen vom Tod beeinflußt hat: Eltern, Fernsehen, Bücher. Dann befassen sich die Teilnehmer mit Rollenspielübungen. Bei einem Arbeitskreis, an dem ich teilgenommen habe, forderte sie jeden von uns auf, über den Tod zu sprechen, während der Partner schweigsam blieb. Sie erwähnte allerdings nicht, wie lange wir sprechen sollten, bevor sie uns auffordern würde, aufzuhören. Ich fühlte mich recht unbehaglich, irgendwie außer Kontrolle geraten, weil es keine zeitliche Begrenzung gab und man nicht wußte, wann die Klappe fiel. Als ich ihr später über mein Unbehagen berichtete, lachte sie:

»Aber das ist es ja gerade, um was es beim Tod geht. Ungewißheit, und wie man damit fertig wird.«

Ganz sicher wurde den Leuten bei den Arbeitskreisen, an denen ich teilnahm, klar, wie sehr das Gespräch über den Tod direkt dahin zurückführte, über das Leben nachzudenken. In meiner Gruppe waren wir uns einig, daß wir fortgehen und darüber nachsinnen würden, was wir in unserem Leben anders machen wollten. Plötzlich wurde mir bewußt, daß es nur das Heute gibt. Ich faßte drei Entschlüsse: Als erstes wollte ich den Dachboden entrümpeln und den über Jahre angesammelten Plunder fortwerfen. Das zweite war, weniger Listen für die Zukunft zu machen und statt dessen all das wirklich durchzuführen, was ich mir für den jeweiligen Tag vorgenommen hatte. Der dritte Punkt war, in meiner Partnerschaft nicht mehr dem alten, wenig erfolgreichen Muster zu folgen und belastenden Fragen zum Gefühlsleben aus dem Weg zu gehen, sondern mich ihnen so offen wie möglich zu stellen, sobald der giftige Stachel auftauchte.

Ich muß dazu sagen, daß keiner dieser Entschlüsse leicht durchzuführen war. Sich mit dem Tod auseinanderzusetzen ist, wie Speyer zugibt, eine lebenslange Beschäftigung.

Speyers Totenmahle mit ihren vorzüglichen vegetarischen Gerichten und Weinen an einem mit Kerzen erleuchteten Tisch finden in einer eleganten und geistvollen Atmosphäre statt, bei der die Gäste das gesellschaftlich verpönte Thema der Sterblichkeit erörtern. Es sind Gastredner geladen, die über todesnahe Erlebnisse, spirituelle Phänomene und das Zurückbleiben nach Selbstmorden berichten und darüber sprechen, wie man Sterbende betreut.

Der erste lebhafte und respektlose »Britische Tag der Toten«, der vom Zentrum veranstaltet wurde, beinhaltete eine Musterschau handgemalter Särge, Debatten über Euthanasie, auf den Tod bezogene Poesie und Musik, Ausstellungen von Malereien, Fotografien und Glasgravuren zum Todesthema, einen Service für das Abfassen von Testamenten sowie erlesene Andenkenkästen und Gedenktafeln mit eingravierten Fossilien und Blumen, um an das Leben von Freunden und Angehörigen zu erinnern. Eine New-Orleans-Jazzband spielte wuchtige, gute Begräbnismusik; Harfen und Flöten begleiteten Lieder und Tänze rund um den Tod. Unter lebhafter Teilnahme der Zuhörerschaft wurde ein improvisiertes Theaterstück über Inschriften auf Grabsteinen aufgeführt, und zum Schluß fand ein vom Tod inspiriertes anglikanisches Abendgebet in der Kirche gleich neben der Festhalle statt.

Josefine und ihr Mann Nicholas haben auch ihr »Natural Death Handbook« (»Handbuch für den natürlichen Tod«) in der Öffentlichkeit vorgestellt. Es bietet gute Anhaltspunkte für Beerdigungen und Ratschläge, wie man eine persönliche Sterbeverfügung abfaßt – die den Einsatz von Hochtechnologie und Medikation begrenzt, denen man in Krankenhäusern ausgesetzt sein kann. Es enthält zudem eine Unterweisung für Menschen, die in der Krankenpflege oder Sterbebegleitung tätig sind, beschreibt eine legale Alternative zur aktiven Euthanasie bei unheilbar Kranken und berichtet zutiefst bewegend über einige mutige und »bewußt erlebte« Tode. Es gibt Informationen über Hospize, Krankenhäuser, hilfreiche Einrichtungen für die häusliche Pflege und soliden praktischen Rat – zur Hygiene, über das Wundliegen und sogar über den richtigen Umgang mit der Darmentleerung – für all diejenigen, die mit der Betreuung von sterbenden Angehörigen oder Freunden zu tun haben. Das Handbuch befaßt sich auch mit einigen außergewöhnlichen Begebenheiten unmittelbar vor dem Tod und wirft einen genauen Blick auf die Todesrituale in anderen Kulturen. Ziel des Buches ist es, die Menschen auf den Tod vorzubereiten. Auf den eigenen wie auch auf den anderer.

»Wir möchten den Leuten dabei helfen, ihr Leben wieder in die eigene Hand zu nehmen«, sagte Josefine Speyer.

Es ist bezeichnend, daß die weitgefächerte Palette des Buches – vom Spirituellen und Mystischen bis hin zum Praktischen und Verwaltungstechnischen – das Resultat ihrer eigenen, etwas eigenwilligen Mischung dieser vier Hauptelemente ist.

Der Kern der Zentrumsphilosophie spiegelt sich in ihrer persönlichen Vorstellung von spirituellem Bedürfnis wider. Sie verbindet damit sowohl die Suche nach dem Sinn als auch die Fähigkeit, die individuelle Erfahrungswelt eines jeden sterbenden Menschen zu betreten.

»Wir versuchen, den Menschen dabei zu helfen, am Ende ihres Lebens ein gutes Verhältnis mit anderen Menschen aufzubauen, weil es so aussieht, als ob es genau das ist, was sie wollen.«

Wie nicht anders zu erwarten, waren die Reaktionen auf Josefines Idee, ein Todeszentrum zu errichten, am Anfang feindselig.

»Außer, wenn jemand unheilbar krank ist oder gerade einen Verlust hat hinnehmen müssen, wird nicht über den Tod gesprochen. Die Leute meinten, wir seien verrückt! Aber wir waren nicht bereit aufzugeben.«

Wer sind die Klienten des Zentrums?

»Es kommen nicht viele junge Leute zu uns, ausgenommen junge Mütter in großer Verzweiflung, weil ihre Kinder gestorben sind. Wir beraten viele von ihnen telefonisch oder persönlich. Im allgemeinen begegnen wir eher älteren Leuten. Oft haben sie eine Heidenangst vor dem Tod. Sie machen sich Sorgen, was mit ihren Kindern und Familien passieren wird. Sie sind wegen der Schmerzen beunruhigt. Wir stellen fest, daß bei einigen von ihnen das eigentliche Problem ist, daß sie Angst vor dem Leben haben. Durch die Gespräche und die Arbeit hier werden sie zuversichtlicher, was ihr Leben betrifft, und dadurch auch, was den Tod angeht.«

Aus welchen Gründen auch immer die Leute die Einrichtung aufsuchen, ein Problem ist von zentraler Bedeutung:

»Viele von ihnen sind so in das Leben eingebunden, daß sie nicht sterben wollen. Sie haben noch nicht alles das getan, was sie tun wollten. Deshalb fällt es ihnen schwer, hinzunehmen, daß der Tod unabwendbar ist.«

Josefine Speyer sieht das Zentrum als eine sinnvolle Informationsquelle für Ärzte und Krankenschwestern.

Einige Ärzte hielten nichts davon.

»Sie denken, daß das Ganze total verrückt ist. Ich dagegen bin überzeugt, daß der medizinische Berufsstand an Arbeitskreisen über den Tod teilnehmen sollte. Ich habe genügend über das Dreieck Arzt-Schwester-Patient gelesen. Der Arzt ist der Gott und Vater, die Schwester ist die ›heilige‹ Jungfrau und Mutter, der Patient der kleine Prinz oder die kleine Prinzessin, ein völlig unnützer Klotz am Bein, der nichts zu sagen hat. So entwickelt sich für die Ärzte das Drama, daß sie isoliert sind, weil von ihnen erwartet wird, Entscheidungen über Leben und Tod zu treffen, sie aber nicht über den Kontakt zu den Sterbepatienten verfügen, wie ihn die Schwestern haben. Daraus entsteht dann jener Machtkampf, in dem Ärzte, die sich selber als Retter und Erlöser sehen, Entscheidungen fällen, von denen die Schwestern manchmal meinen, daß sie für die Patienten unannehmbar sind. Aber Schwestern müssen die Entscheidungen trotzdem ausführen. Gleichzeitig sind die Patienten durchaus zur Zusammenarbeit bereit, weil sie glauben, daß die Ärzte über das Wissen verfügen, sie zu retten. Doch solange die Mediziner den Tod als ein Versagen einstufen, wird das Drama weitergehen, und Patienten können den Tod nicht wirklich in ihr Leben einbeziehen.«

Nach Speyers Ansicht hat sich die Haltung, daß Menschen vor dem Tod gerettet werden müssen, gegenüber der Vorstellung durchgesetzt, dem Tod in »angemessener« Weise zu begegnen, wie sie es ausdrückt. Sie glaubt, daß man »bewußt« leben muß, um »angemessen« zu sterben oder eine sterbende Person »angemessen« zu unterstützen.

»Um gut zu sterben, muß man andere respektieren, ohne einen Menschen oder eine Beziehung zu mißbrauchen. Es muß volles Vertrauen bestehen, was auch zwischen den Beteiligten geschehen mag. Das ist sehr schwer, wenn man zornig ist oder um sich schlagen möchte. Ich habe auch erst lernen müssen, ein Gefühl für meine eigenen Gebrechlichkeiten und Schwächen zu entwickeln.«

Wie für viele Fachfrauen in dieser Studie gibt es für Josefine Speyer einen großen Unterschied zwischen der männlichen und der weiblichen Haltung.

»Ich sehe Männer als ›Marsianer‹ und Frauen als ›Venusianer‹. Die Venusianer lassen alles heraus, während die Marsianer alles in sich aufstauen und dann etwas ausbrüten. Ehen, in denen Kinder gestorben sind, brechen deswegen oft auseinander. Plötzlich können die beiden Menschen einander nicht mehr verstehen, oder sie können mit den zwei verschiedenen Arten zu trauern nicht fertig werden. Männer verhalten sich rational, weil sie sich dabei sicher fühlen, während Frauen reden wollen, eine Menge reden wollen. Doch oft gibt es keinen Platz für sie, an dem sie reden können.«

Mit Blick darauf, wie die Geschlechter mit dem Tod als solchem umgehen, hat Speyer herausgefunden, daß Frauen gefühlsmäßig offener sind.

»Jene, die Kinder zur Welt gebracht haben, leben immer mit dem Gefühl, daß der Tod ein Teil von ihnen ist. Sogar Frauen, die keine Mütter sind, empfinden den Tod so. Es reicht schon die Möglichkeit, Kinder bekommen zu können. Frauen, die auf natürliche Weise entbunden haben, werden den Tod eher als einen Teil des Lebens wahrnehmen. Alles, was sich auf die Geburt bezieht, bezieht sich ebenso auf das Sterben. Deshalb, so denke ich, haben Frauen eine einfachere Einstellung gegenüber dem Tod.«

Mit dem Rückgriff auf die natürliche Geburt versucht Josefine Speyer, die Idee zu verbreiten, Hebammen für Sterbende einzuführen.

»Wer in ein Krankenhaus geht und unheilbar krank ist, sollte eine Frau um sich haben, die so etwas wie eine spirituelle Beraterin, Psychotherapeutin, Krankenschwester und Ratgeberin ist – alles in einer Person, die tröstet und hilft, den Tod herbeizuführen, so wie eine Hebamme die Geburt herbeiführt.«

Was hat Josefine Speyer durch die Leitung des »Natural Death Centre« für sich persönlich erfahren? Ist sie dadurch besser auf Verluste aus ihrem eigenen Lebenskreis vorbereitet? Sind ihr dadurch einige der Ängste genommen worden, die sich mit dem Tod verbinden?

»Früher habe ich mich immer davor gefürchtet, die Selbstkontrolle zu verlieren, hilflos zu sein und den Boden unter den Füßen zu verlieren; heute ist das nicht mehr so. Heute morgen fühlte ich mich stark. Ich hatte das Gefühl, daß es eine große Freude sein würde, zu sterben. Es war so, als ließe ich alle Bindungen fahren. Ich hörte auf, mich willentlich zusammenzuhalten, so daß die Atome, aus denen ich bestehe, auseinandertrieben. Ich hatte das Gefühl, daß ich zu frei im Raum schwebenden Lichttröpfchen geworden war, daß ich nicht länger in diesem Netz von Gedanken, Gefühlen und Wünschen gefangen war. Es ist eine buddhistische Vorstellung.«

Als ich sie das erste Mal traf, war Josefine Speyer von einem persönlichen Trauerfall betroffen. Graham, ein naher Freund und Kollege, war gerade gestorben.

»Bestimmte Meditationsweisen wie auch meine Arbeit im Zentrum haben die Frage nach dem Warum für meinen ganz spezifischen Schmerz heute, den Schmerz, jemanden verloren zu haben, der mir sehr wichtig war, sehr viel erträglicher gemacht. Ich habe mit Graham in der Psychotherapie zusammengearbeitet; er war Psychotherapeut. Weil der Tod jetzt täglich in meinem Bewußtsein ist, war es kein fremdes Gefühl mehr, als es passierte. Seltsamerweise fühle ich mich jedesmal, wenn jemand stirbt, selber lebendiger, je nachdem, wie nahe mir der Tote gestanden hat. Durch Grahams Tod fühlte ich mich unendlich lebendig. Ich empfand, daß das, was er mir immer gegeben hatte ... was meiner Meinung nach ein Stück von ihm war ... plötzlich fand ich es in mir wieder.«

Sie ist überzeugt, daß eine sinnerfüllte Beerdigung bei der Trauerarbeit helfen kann.

»Er lag da in seinen Kleidern in einem sehr schlichten Sarg. Drei

Tage lang konnte jeder seinen Körper anschauen. Ich kam mir wie bei den Quäkern vor. Man konnte aufstehen, sagen, was man wollte, sogar singen. Zwei Tische, Berge von Blumen. Fotografien von ihm und seiner Tochter. Ein kleiner Buddhakopf. Seine Tochter, seine Freundin und seine Ex-Ehefrau hatten es arrangiert. Frauen können sehr gut sinnerfüllte Beerdigungen arrangieren.«

In ihrem Privatleben versucht Speyer ganz bewußt an der Vorstellung festzuhalten, daß der Tod jederzeit eintreten kann.

»Ich bin mir jeden Tag voll dessen bewußt, daß ich meinen Sohn oder meinen Mann das letzte Mal sehen könnte. Wir sterben alle. Wir wissen nicht wann. Ich denke an das Sterben wie an ein langes Abschiednehmen. Weil ich jederzeit mit dem Tod rechne, bin ich ein bißchen weniger in schmerzliche Zustände verstrickt wie den Haß auf andere Leute oder das Selbstmitleid.«

Wenn sie von einem unmittelbar bevorstehenden Tod bedroht wäre wie die Autorin Jill Tweedie, die erfuhr, daß sie an der motoneuronischen Krankheit litt und nur noch wenige Monate zu leben hatte, würde sie dann wie Jill in aller Öffentlichkeit voller Wut gegen das Verlöschen ihres Lebenslichtes aufbegehren? Oder gehört Aufbegehren vor Wut nicht zu einer angemessenen Weise des Sterbens?

»Ich bin sicher, daß ich vor Wut aufbegehren würde. Aber wenn sich der Zorn gelegt hätte, würde ich eine grandiose Abschiedsparty geben, meine Begräbnisfeier, während ich noch lebte, und jeder müßte dabeisein. Ich würde es machen, bevor ich mich sehr krank fühlte. Ich würde über die von mir gewünschte Bestattung sprechen und bei der Planung helfen. Die Kontrolle über den eigenen Tod zu haben, die volle Verantwortung dafür zu übernehmen, das ist eine große Hilfe.«

Obwohl es für die Trauernden am schwersten ist, mit einem plötzlichen Tod fertig zu werden, sagen Leute oft, daß es genau der Tod sei, den sie vorzögen. Nicht so Josefine Speyer.

»Ich möchte nicht an einem Herzanfall sterben. Ein plötzlicher Tod wäre mir äußerst zuwider. Es ist gar keine so schlechte Sache, Krebs zu haben, weil man dann Zeit hat, darüber nachzudenken. Ich möchte ›dabeisein‹ bei meinem Sterben, wenn es passiert. Ich möchte merken, daß ich an dem Vorgang meines Todes beteiligt bin.«

Für Speyer – wie für Helen Passant – sind mutiger und bewußter Tod, Übernahme der Verantwortung für das eigene Sterben sowie eine behutsame, aber ehrliche Verständigung mit anderen die Leitgedanken, die sie im »Natural Death Centre« fördert.

DAME CICELY SAUNDERS

Drei polnische Männer, von denen zwei inzwischen verstorben sind und einer im Sterben liegt, haben das Lebenswerk einer britischen Frau entscheidend beeinflußt. Die Arbeit dieser Frau hat wiederum die abendländische Einstellung zum Tod und zum Sterben entscheidend beeinflußt.

Die Frau ist Dame Cicely Saunders. Die Arbeit: die Gründung einer inspirierenden Bewegung, der Hospizbewegung. Mehr als andere hat diese Frau dafür gekämpft, daß der Tod, besonders der durch Krebs verursachte, weder ein Tabuwort noch ein stigmatisierendes Ereignis ist. Für die Ärztin mit internationalem Renommee ist harte wissenschaftliche Forschungsarbeit äußerst wichtig. Als ehemalige Krankenschwester und Sozialarbeiterin steht sie an der Spitze des Feldzugs für Betreuung, Mitgefühl und Verständigung mit Sterbepatienten.

Die Männer? Zwei waren Polen, die zu verschiedenen Zeiten auf Krankenhausstationen starben, zu denen sie eine starke emotionale Bindung hatte und für die sie sorgte, bis sie starben. Der dritte Pole ist ihr Ehemann, 93 Jahre alt, den sie erst heiratete, als sie die 60 überschritten hatte, obschon er 18 Jahre älter ist als sie. Heute ist er krank und gebrechlich und befindet sich in ihrer ständigen Betreuung im St. Christopher's Hospice.

Ihre Lebensgeschichte ist romantisch. Sie regt die Phantasie an. Ihre Vision jedoch gründet sich höchst realistisch auf »Steinen und Mörtel« und dem Verständnis für die innersten Bedürfnisse von Menschen. Sie hat das Leben und den Tod von Tausenden von Menschen bereichert.

Wo hat alles angefangen?

David Tasma war ein polnischer Kellner, der an Krebs im St. Thomas's Hospital in London starb, wo die junge Cicely als Achtundzwanzigjährige kurz nach dem Krieg als Sozialarbeiterin tätig war. Sie verliebten sich heftig ineinander. Tasma war der Ansicht, daß er in seinem Leben noch nichts erreicht hatte und sich bei seinem Tod nicht die kleinste Welle auf dem Wasser des Lebens kräuseln würde. Er und die junge Cicely sprachen von einem Ort, der für ihn hilfreicher sein könnte als die geschäftige chirurgische Station, auf der er im Sterben lag. Während ihrer von Phantasien geleiteten Suche nach einem Platz, wo sowohl seelisches Heilen als auch Ermutigung stattfinden konnten, wurde die Saat für die moderne Hospizbewegung gelegt.

Eines Tages bat er sie darum, ihm etwas zu sagen, was ihm Trost bringen würde. Sofort sagte sie den dreiundzwanzigsten Psalm auf. Er forderte sie auf fortzufahren. Als sie aber anbot, ihm vorzulesen, sagte er:

»Nein, ich möchte nur das hören, was in deinen Gedanken und in deinem Herzen ist.«

Es waren jene Worte, die zu einem der grundlegenden Prinzipien von Dame Cicelys Hospizphilosophie geworden sind:

»Alles, was der Geist, was die Forschung und das Verstehen hergeben können, aber alles in der liebevollen Sprache des Herzens.«[9]

Als Tasma mit 40 Jahren starb, hinterließ er der jungen Cicely 500 englische Pfund mit den Worten: »Ich möchte ein Fenster in deinem Heim sein.« Ein Heim, so hoffte er, das sie eröffnen würde, um den Sterbenden zu helfen. 20 Jahre lang bewahrte sie ihrer beider Traum und das Geld. Vorher hatte Cicely drei Jahre lang nach einem Sinn für ihr Leben gesucht. Hatte immer auf die Erleuchtung gewartet, was das Richtige für sie zu tun sei. Sie betrachtete Tasmas Worte und sein Vermächtnis fast als ein Zeichen Gottes. Es dauerte bis zum Jahr 1967, bis sie das Vermächtnis als Grundstein für eine Geldbeschaffungsaktion einsetzen konnte, wodurch mit großem Erfolg eine neue Art von Hospiz gegründet werden konnte, das St. Christopher's Hospice in London.

Sie hatte Politik, Philosophie und Ökonomie in Oxford studiert, war gegen den elterlichen Widerstand von der Sozialarbeit zur Krankenpflege gewechselt, hatte ihre Ausbildung am St. Thomas's Hospital gemacht und sich als examinierte Krankenschwester eines Tages plötzlich entschieden, daß sie versuchen wollte, Ärztin zu werden.

»Ich war 33 Jahre alt. Ich hatte keine wissenschaftliche Ausbildung. Aber ich war immer davon überzeugt, daß es auf die Menschen ankommt. Kurz zuvor war mir bewußt geworden, daß es am meisten auf die Menschen ankommt, wenn sie am Ende ihres Lebens stehen. Aber genau dann war niemand da, der sich um sie kümmerte. Um diese Botschaft zu verstehen, arbeitete ich mich durch die ganze Medizin hindurch. Ich mußte etwas in Bewegung setzen für jene, die starben. Es handelte sich um einen vernachlässigten Bereich in der Medizin. Ein Arzt, den ich kannte, sagte zu mir, ich würde als Krankenschwester nie mein Ziel erreichen. Er riet: ›Gehen

Sie und studieren Sie Medizin. Es sind die Ärzte, welche die Sterbenden allein lassen. Es gibt noch soviel über den Schmerz zu lernen. Sie werden nur enttäuscht werden, wenn Sie es nicht gründlich machen. Niemand wird auf Sie hören.‹«

Wie Helen Passant, die wußte, daß sie ihr umwälzendes Ziel nur aus einer Position der Autorität erreichen konnte, erkannte Cicely Saunders, daß ihr Kollege aus der Medizin recht hatte. Eine einflußreiche Position war zwingend erforderlich.

»Er hatte völlig recht. Die Tatsache, daß eine beträchtliche Anzahl von Menschen dann tatsächlich hingehört hat, habe ich dem zu verdanken, was Herr Barrett mir damals im Jahr 1951 riet.«

Sie beschloß, daß Symptomkontrolle und Verständigung die Eckpfeiler ihres medizinischen Ansatzes sein sollten.

»In dem Augenblick, wo man Schmerz richtig angehen und analysieren möchte, muß man sich verständigen können. Ich erkannte sehr schnell, daß es sich um ein umfassendes Schmerzbild handelte, nicht nur um physische, sondern auch um soziale und seelische Symptome. Schmerz trifft die ganze Person. Das ist es, was ich mir zur Aufgabe gemacht habe.«

Nachdem sie mit 38 Jahren ihr Studium abgeschlossen hatte, führte ihr Entschluß, am St. Joseph's Hospice die Schmerzkontrolle genau zu erforschen, zur Begegnung mit dem zweiten Polen, der einen nachhaltigen Einfluß auf ihr Leben haben sollte. Es war Anthony Michniewicz, ein weiterer Sterbepatient, dieses Mal unter ihrer medizinischen Betreuung als Ärztin. Sie hat diese Beziehung als die intensivste, befreiendste und friedvollste Erfahrung ihres Lebens beschrieben, obwohl sie nur wenige Monate andauerte. Eines Tages fragte er sie, ob er sterben werde. Ohne irgendwelche Ausflüchte zu machen, antwortete sie: »Ja«. Er fragte, wie lange es dauern würde, und sie antwortete: »Nicht lange«.

»Er sagte daraufhin: ›Danke, es ist schwer, es zu hören, aber es ist auch schwer, es zu sagen ...‹ Nach der Begegnung verging ein Monat, in dem wir niemals allein waren; wir waren immer im Krankensaal, aber irgendwie schafften wir es, auf einer sehr tiefen Ebene miteinander zu kommunizieren.«[10]

Sie hielten sich an den Händen; er küßte ihre Hände mehrere Male; einmal küßten sie sich.

»Aber einmal war genug ... Was wichtig war: Am Ende jenes Monats gab es nichts, was zwischen uns gesprochen worden war, das wir bedauerten, und es gab nichts, was wir hätten sagen sollen und nicht gesagt hatten. Es war das große Glück, aber es war absolut niederschmetternd, als er fort war.«[11]

Der Grund für ihre völlige Niedergeschlagenheit lag darin, daß sie und Anthony keine gemeinsamen Erinnerungen hatten. Keine Vergangenheit. Sie hatte das Gefühl, daß sie in den Trauerfall erst hineinwachsen mußte, um etwas Schöpferisches daraus entwickeln zu können. Sie wollte ihre Dankbarkeit für die Liebe ausdrücken, die sie gefunden hatte, und sie wollte, daß diese Liebe eines sterbenden Mannes in ihrer Arbeit für andere Sterbende fortwirkte. Sie sieht ihren Verlust als die nie versiegende Kraft hinter all der Mühe, die sie investiert hat, um Geldmittel aufzutreiben und das St. Christopher's Hospice zu errichten, welches das Heim um David Tasmas Fenster wurde. Sieben Jahre nach Anthonys Tod eröffnete sie ihr Hospiz.

Das Wort »Hospiz« tauchte erstmals ab dem vierten Jahrhundert auf, als christliche Orden Reisende sowie Kranke und Bedürftige aufnahmen und versorgten. Auf die Betreuung von Sterbenden wurde es das erste Mal von Madame Jeanne Garnier angewandt, die 1842 im französischen Lyon das »Dames de Calvaire« gründete. Als nächstes wurde die Bezeichnung in Dublin von den »Irischen Barmherzigen Schwestern« eingeführt, als sie im Jahr 1879 Our Lady's Hospice gründeten. 1905 übernahm der gleiche Orden die Leitung von St. Joseph's Hospice in Hackney, wo später Cicely Saunders ihre ersten Untersuchungen zur Schmerzlinderung machte. St. Joseph's Hospice und St. Luke's Hospital (Heim für sterbende Arme, 1893) waren die inspirierenden Ausgangspunkte für die von ihr gegründete, moderne Hospizbewegung, die ihr Augenmerk zugleich auf die medizinische und die psychologische Untersuchung richtet. 27 Jahre später gibt es allein in Großbritannien nahezu 200 Hospize mit stationär behandelten Patienten. Alle arbeiten nach der Anschauung von Dame Cicely. Bis heute hat sich ihre Philosophie zu einer weltweiten Bewegung entwikkelt, die sowohl politische als auch religiöse Grenzen überbrückt. Die Ideale der Hospizbetreuung haben sich auf fünf Kontinente ausgeweitet, wobei die Bedürfnisse der unterschiedlichen Kulturen und sozialen Rahmenbedingungen einbezogen wurden. Bisher haben 60 Länder Hospizdienste eingerichtet oder geplant.

Während Dame Cicely um Anthony trauerte und finanzielle Mittel für St. Christopher's Hospice zu beschaffen suchte, traf sie ihren dritten Polen, Marian Bohusz-Szyszko, einen prominenten Künstler.

Sie stieß auf sein Werk, bevor sie ihn persönlich traf. Im Jahr 1963 sah sie plötzlich eines seiner Bilder durch ein Galeriefenster. Es war in der letzten halben Stunde seiner Einzelausstellung. Sie stellte fest, daß der Maler im gleichen Alter wie Anthony war und aus derselben Stadt in Polen kam. Sie hatte bisher nie in ihrem Leben ein Gemälde gekauft. Aber jetzt erstand sie ein kleines Bild und nahm es aufgeregt mit nach Hause. Dann schrieb sie dem noch unbekannten Maler, dankte ihm dafür, daß er so etwas Schönes geschaffen hatte, und versicherte ihm, daß sie sich dafür einsetzen werde, ein größeres Gemälde für die Kapelle anzuschaffen, wenn das Hospiz endlich eröffnet werde. Er schrieb zurück und erklärte, daß ihr Brief die wichtigste Sache sei, die sich bisher in seinem Leben ereignet habe. Sie lernten sich kennen und legten den Grundstein zu einer lebenslangen Verbindung. Marian war damals mit einer Frau verheiratet, die noch in Polen lebte. Er und Cicely Saunders heirateten erst, als sie 61 und er 79 Jahre alt waren und ihre Bekanntschaft bereits über 30 Jahre währte. Heute, in seinen Neunzigern, liegt er nach vielen glücklichen Jahren tiefer Verbundenheit krank auf einer Hospiz-Station und wird von Tag zu Tag schwächer. Es das Hospiz, in dem Cicely sein erstes Gemälde aufgehängt hat und in dem heute viele weitere seiner Bilder die Wände schmücken und die anderen Patienten erfreuen, die ebenso wie er von seiner Frau, Dr. Saunders, betreut werden.

Als Ärztin und auch als Frau hat Cicely Saunders sehr große Vorbehalte gegenüber dem Verhalten von Medizinern, und sie verfolgt mit großem Interesse, wie sehr sich die traditionelle, männlich orientierte Ethik der Medizin innerhalb der Hospizstruktur wandelt.

»Ich hoffe, daß es sich ändert. Aber ich war sehr deprimiert durch eine kürzlich erschienene Zeitungsschlagzeile, die erklärte: ›Ärzte können unheilbar Kranke sterben lassen. Ärzte dürfen sich zurückziehen.‹ Ich habe einen Brief diktiert, der besagt, daß so etwas das Letzte sei, was Ärzte tun dürften. Es gibt eine Menge, was Ärzte tun können. Wir können eine angemessene Behandlung veranlassen und den Familien Hilfestellung geben. Ich denke, es ist ein Hinweis darauf, daß die Ärzte noch immer nicht ganz begriffen haben, wieviel Herausforderung darin liegt, den Leuten beim Leben zu helfen, bis sie sterben, und ihnen ein so erfülltes Dasein zu ermöglichen, wie es ihr eigenes Potential zuläßt. Die Ärzte können den Menschen nicht nur beistehen, friedlich zu sterben, sondern sie sollten ihnen auch helfen, auf den Tod zuzugehen und dabei so viel Zeit, wie möglich, nutzbringend und sinnvoll auszufüllen.«

In Hospizen wie auch in der palliativen Medizin gibt es noch immer mehr Frauen als Männer. Aber Dame Cicely hat eine optimistische Einstellung gegenüber den Ärzten, mit denen sie zusammenarbeitet.

»Man findet jetzt schon eine ganze Menge Männer, zumindest in diesem Bereich, die den Tod nicht mehr als ein Versagen betrachten, sondern als die letzte Möglichkeit zur persönlichen Verwirklichung für einen Patienten.«

Dies ist ein heiliger Grundsatz in der Hospizpraxis.

Palliative Betreuung, wie sie von der Weltgesundheitsorganisation verstanden wird, ist die aktive Rundum-Betreuung von Patienten, deren Erkrankung nicht länger auf irgendeine Heilbehandlung anspricht; als Ziel muß gelten, die beste Lebensqualität für diese Kranken und ihre Familien zu gewährleisten. In Großbritannien hat sich daraus ein gesondertes medizinisches Spezialgebiet entwickelt, das eine einmalige Kombination aus Hospiz- und Hausbetreuung anbietet und auf die Linderung der Schmerzen und die Überwachung der anderen Symptome ausgerichtet ist. Es erleichtert das Leiden und erhöht die Qualität des verbleibenden Lebensabschnitts. Es bezieht psychologische und spirituelle Aspekte ein, damit die Patienten ihr Leben in Würde bis zu Ende leben können. Gleichzeitig bietet es den Familien sowohl während der Krankheit des Patienten als auch in der nachfolgenden Trauerphase Unterstützung an.

Im St. Chistopher's Hospice gibt es keine starren Krankenhausregeln. Schwestern in leuchtendem Blau haben Zeit, um mit den Patienten, die sie gut kennen und wie Freunde behandeln, zu lachen und zu plaudern. Mitgefühl ist die Eigenschaft, die Dame Cicely von ihrem Personal fordert.

»Wir sind recht wählerisch. Normalerweise kommen Krankenschwestern zu uns, weil sie bereits an unseren Ideen interessiert sind. Die Oberschwester, die vorrangig die Einstellungen vornimmt, wird nach einer warmherzigen, mitfühlenden, anpassungsfähigen Person ausschauen, die einen gewissen Grad an Selbstsicherheit mitbringt und ein gewisses Maß an gesunder Neugier und Zielstrebigkeit zeigt, um mehr zu lernen und mehr zu geben. Ihr Hauptbeweggrund muß sein, die Patienten wirklich betreuen zu wollen.«

Für Dame Cicely dreht sich das Wort »Hospiz« »um das gelebte

Leben bis zum Tod, und das kann unter Umständen länger und hoffentlich viel besser als je erwartet sein. Ein Hospiz besteht nicht nur aus Steinen und Mörtel. Es beinhaltet Haltungen und Fähigkeiten. Es beinhaltet Prinzipien«.

Ihre eigene Einstellung zu Sterbenden lebt von einigen entscheidenden Grundsätzen, wovon jeder einzelne ein Bekenntnis gegen die Leugnung und Verdrängung des Todes darstellt:

1. Menschen gelten etwas, weil sie das sind, was sie sind, und sie gelten etwas bis zum letzten Augenblick ihres Lebens.

»Wenn wir etwas für Menschen in Hospizen tun können, dann ist es, ihnen dabei zu helfen, sich zu ihrem Leben zu bekennen in dem Sinn von ›Ich bin ich, und somit hat alles seine Richtigkeit‹. Ich kümmere mich um meinen dreiundneunzigjährigen Ehemann hier im Hospiz von halb vier Uhr am Nachmittag bis um neun Uhr am Morgen des nächsten Tages, was heißt, daß ich oft die ganze Nacht hindurch Dienst tue. Er ist sehr gebrechlich und sagt immer wieder: ›Es wird Zeit, daß ich sterbe.‹ Als stolzer Pole findet er es besonders schwer, abhängig zu sein; oft aber lehnt er sich zurück und sagt: ›Ich bin vollkommen glücklich.‹ Weshalb ist er so glücklich, wenn er sicher ist, sterben zu müssen? Es ist so, weil er zufrieden ist mit dem, was er aus seinem Leben gemacht hat, und weil er weiß, daß er als ganzer Mensch umsorgt wird. Genau das wünsche ich mir für alle unsere Patienten, weil ich den Tod als Summe des Lebens sehe und möchte, daß sie in die Lage versetzt werden, ihr Leben in guter Weise zu rekapitulieren.«

2. Ein Hospiz – für Menschen mit fortgeschrittenem Krebs, motoneuronischer Erkrankung oder HIV-definierenden Erkrankungen – sollte für eine ausreichende, fachkundig durchgeführte Schmerzlinderung sorgen, um Sterbende von der Angst zu befreien und ihnen einen möglichst erträglichen Rahmen zu verschaffen, in dem sie individuelle Gefühle und Bedürfnisse ausleben können.

Dame Cicely lernte bereits sehr früh, als sie mit den Schwestern im St. Joseph's Hospice zusammenarbeitete, daß der Schmerz nicht nur etwas Physisches ist.

»Schmerz ist auch etwas Psychisches, es ist Familienschmerz, es ist seelischer Schmerz. Wir müssen uns mit dem Schmerz der Person in ihrer Gesamtheit auseinandersetzen. Wir bemühen uns, auf jedermanns Bedürfnisse einzugehen. Manche Patienten haben eine falsche Vorstellung davon, was im St. Christopher's Hospice getan werden kann. Sie wissen nicht, daß jede Person als besonderer Einzelfall gesehen und in der für sie passendsten Weise behandelt wird. Neulich einmal besuchte unser medizinischer Leiter einen Patienten in dessen Wohnung und machte den Vorschlag, daß er doch in das Hospiz kommen solle. Es war offensichtlich, daß dem Mann die Vorstellung überhaupt nicht angenehm war. Er dachte wohl, daß wir nur unsere Hände falten und ihn sterben lassen würden oder daß wir sogar seinen Tod beschleunigen würden. Deshalb sagte der medizinische Leiter folgendes: ›Wir werden Ihnen bei Ihrem Kampf helfen, weil wir ebenso kämpfen. Wenn Menschen kämpfen wollen, dann helfen wir ihnen dabei.‹ Und damit sah alles anders aus.«

Sieht Dame Cicely Frauen als eine Gruppe mit besonderen Wünschen?

»Frauen haben spezielle Bedürfnisse. Sie schleppen ein starkes Gefühl unerfüllter Verpflichtungen mit sich herum. Aus dem Grund ist es für sie besonders schwer zu gehen.«

Ein von Patienten häufig geäußerter Wunsch ist, zu Hause zu sterben, ein Wunsch, dem Cicely Saunders Team gerne entspricht. Von vier Patienten kehrt einer vom St. Christopher's Hospice nach Hause zurück, wenn die Symptome unter Kontrolle gebracht worden sind. Das 1969 eingeführte Hausbetreuungsteam hilft Menschen dabei, in ihrer häuslichen Umgebung zu bleiben und dort unter erträglichen Umständen bis zu ihrem Tod zu leben.

»Nur ungefähr die Hälfte unserer Hausbetreuungspatienten muß in das Hospiz verlegt werden. Wir handeln nach dem Grundsatz, die Leute daheim zu lassen, sofern das irgend möglich ist. Mit der Unterstützung des Hospizes und seinen besonderen Möglichkeiten.«

Ursprünglich war die Hausbetreuung als ein fachärztlicher Hilfsdienst für Hausärzte und primäre Gesundheitseinrichtungen geplant gewesen, um Ratschläge für die Überwachung der Symptome, generelle Beratung und einen vierundzwanzigstündigen Bereitschaftsdienst zur Verfügung zu stellen; das Ganze immer mit dem Versprechen eines verfügbaren Bettes.

»Heute haben wir mehr als 200 Patienten zu Hause und nur 62 Betten. Deshalb können wir das Versprechen nicht immer halten. So sind wir dabei, verstärkt eine Zusammenarbeit mit Krankenschwestern im Ruhestand aufzubauen, die dann zu den Leuten nach Hause gehen. Das klappt sehr gut.«

Wenn Betreuer dringend Zeit benötigen, um ihre Batterien wieder aufzuladen, sind Patienten im Tageszentrum willkommen. Dort können sie Malen und kreatives Schreiben erlernen, sich dem Töpfern und dem Umgang mit Zimmerpflanzen widmen, eine Massage bekommen oder sich einfach mit anderen Menschen in ähnlicher Situation austauschen.

»Wir versuchen, Depression und Isolation weitestgehend auszuschalten, weil schon das allein jemanden krank machen kann. Wir geben uns viel Mühe damit, die Leute nett aussehen zu lassen. Wir haben hübsches Bettzeug; solche Dinge sind für Frauen sogar noch wichtiger als für Männer. Ich meine, Frauen sind sehr heikel, wenn es um ihr körperliches Erscheinungsbild geht, deshalb haben wir einen Friseursalon, der sich therapeutisch als sehr vorteilhaft erwiesen hat.«

3. Ein Hospiz ist ein Ort, wo Menschen eine gewisse Kontrolle über ihr eigenes Leben zurückgewinnen können. Sie können über das Sterben ... oder über sonst irgend etwas ... unbefangen sprechen. Mit der Familie. Mit Vertrauten. Mit dem Hospizpersonal. Ohne sich einen Zwang antun zu müssen.

»Ich weiß, was es heißt, nicht über den Tod sprechen zu dürfen! Der Tod war in meiner Familie tabu. Als meine Großmutter im Sterben lag, war ich ungefähr acht Jahre alt. Meine zwei Brüder und ich wurden fort aufs Land geschickt, und wir durften erst zurückkommen, als sie gestorben war. Niemals hat man uns etwas erklärt. Die Leute finden es sehr schwer, für einen unheilbar Kranken oder auch seine Familie die richtigen Worte zu finden. Und genauso verhalten sie sich, wenn jemand nach einem Todesfall zurückbleibt. Sie haben die Vorstellung, sie müßten etwas sagen, und deshalb bleiben sie lieber fort. Ich meine, die alte irische Tradition ist da viel besser. Leute schauen vorbei, sie halten sich nicht mit langen Gesprächen auf; sie sagen nur: ›Wir werden in der Messe an dich denken‹ oder ähnliches. Aber sie kommen vorbei. Ich finde, weil Leute unbedingt über den Tod sprechen wollen, fällt es ihnen im Hospiz so leicht. Ich hoffe, daß die Hospizbewegung uns mit einer neuen Sprache über das Sterben bereichert hat. Weil es damit anfing, daß ich fähig war, Patienten zuzuhören, einige ihrer Bedürfnisse in Worte zu fassen und auf ihre Leistungen hinzuweisen, ist es uns gelungen, die Botschaft herüberzubringen, daß Menschen etwas gelten – und daß sie etwas in diesem Stadium ihres Lebens gelten, dann, wenn sie sterben.«

4. Ein Hospiz steht für eine Verlängerung des eigentlichen Le-

bens und ist kein Platz, wo auf den Tod gewartet wird. Es ist lebensbereichernd. Es bietet Leuten kreative Gelegenheiten, die sie nie zuvor gehabt haben.

Im St. Christopher's Hospice nehmen Männer und Frauen die Malerei auf, beschäftigen sich mit kreativem Schreiben, einige tauchen in die Philosophie ein, andere beobachten Vögel. Das Familienleben findet im Hospiz seinen Fortgang. Betagte Patienten helfen ihren Enkeln beim Puzzle oder beim Ausmalen. Verwandte bringen ihre Lieblingstiere, Hunde oder Katzen, mit. Geburtstage und sonstige Jahrestage werden gefeiert.

5. Ein Hospiz sollte ein spiritueller Ort sein, jedoch nicht konfessionsgebunden. Man kann Jude, Muslim oder eingetragener Atheist sein und sich innerhalb der Mauern wohl fühlen.

Dame Cicely ist Christin. Sie weist aber darauf hin, daß ihr St. Christopher's Hospice niemals missioniert hat, obwohl es in seinem pflegerischen Engagement christlich orientiert ist und jeden Morgen Gottesdienste abgehalten werden. Eckstein des Hospizes ist mehr die Spiritualität als die Religion.

»Beim Tod geht es darum, nach tieferen Werten zu suchen, und wir schaffen ein Klima für die Sterbenden, damit sie sich auf diese letzte Suche begeben können. Wir bemühen uns, für die Patienten ein spirituelles Zuhause zu errichten, wo sie ihre letzten Fragen stellen und ihre eigenen Antworten finden können. Wir selber geben niemals Antworten, wir hören nur zu.«

Ein Teil der inneren Ruhe, die sie als ständige Betreuerin ihres Mannes empfindet, entsteht aus den geteilten spirituellen Werten.

»Er ist ein tief gläubiger Katholik und sagt, daß nach seinem Tod Gott wissen werde, was mit mir geschieht!«

Wie sieht die Reaktion der Patienten auf diese Umgebung aus? Ich hoffe, daß Dame Cicely ihre Freude an der Bestätigung hat, die sie empfängt. Viele Patienten berichten, daß ihre Schmerzen auf geradezu wunderbare Weise gelindert worden sind. Andere sind begeistert über die Art, wie ihr Gefühlsleben und ihre Kreativität gestärkt wurden. Innerhalb der Hospizmauern und des Gartens können die Leute sie selbst sein. Sie drücken ganz offen aus, was sie über das Sterben und den Tod empfinden. Sie sprechen darüber, was ihnen ihr Leben bedeutet hat. Dame Cicely und ihr Team ermuntern Sterbepatienten, ihren Lebenshorizont zu erweitern. Sie helfen ihnen dabei, neue Möglichkeiten zu schaffen und neue Wege der Weltbetrachtung zu finden, auch in ihren letzten Monaten oder sogar Wochen.

Es ist aber nicht nur ein Ort für Patienten. Es ist ebenso ein Ort, wo Verwandten, Eltern, Kindern, Partnern und nahen Freunden emotionale, spirituelle und jede Art von Unterstützung angeboten wird, die sie brauchen, und zwar bevor und auch nachdem ein ihnen Nahestehender gestorben ist. Viele Familien kommen nach dem Todesfall in das Hospiz zurück. Durch fachkundige Hinterbliebenenberater wird ihnen geholfen, mit ihrer Trauer umzugehen.

Im Studienzentrum nehmen Sozialarbeiter und Lehrer an den Erfahrungen teil, wie sich Erwachsene und Kinder mit Verlusterlebnissen auseinandersetzen. Medizinisches Personal lernt, wie die Symptome unheilbarer Krankheiten gelindert werden können. Polizeibeamte lernen, wie man schlechte Nachrichten überbringt und Trauerabläufe zu verstehen sind.

Wenn Cicely Saunders über Trauer spricht, redet sie nicht über »Auflösung«, sondern über Wachstum.

»Wenn man jemanden verliert, der einem besonders lieb war, dann wird nach meiner Auffassung diese Lücke immer bleiben. Auch wenn neue Geschehnisse eintreten. Ich denke jedes Mal, daß jeder Verlust ein Wachstumspotential in sich trägt. Ganz sicher haben die Trauerfälle, durch die ich hindurchgegangen bin, sehr zu meinem inneren Wachstum beigetragen. Das Leben ist ein Weg voller Entdeckungen, während seiner ganzen Dauer, bis wir sterben und danach.«

Ihre Worte haben andere trauernde Frauen in der vorliegenden Studie bestätigt. Sie lehrten mich, daß es möglich ist, kreativ zu leben und zu trauern, wenn man mit der Trauer leben muß. Patty, die im »Bristol Cancer Centre« arbeitet, sprach für viele Frauen, als sie sagte, daß Trauer ein Entwicklungsvorgang sei und immer in irgendeiner Form dasein werde.

»Es ist nicht wie ein Tunnel, den man an einem Ende betritt und am anderen Ende verläßt. Man kommt nie am anderen Ende heraus. Es gibt da Biegungen und Abzweigungen. Irgend etwas wird es plötzlich auslösen. Da sind die Willenskraft, der Zorn, die Ungläubigkeit. Es gibt keinen vorgezeichneten Weg. Es gibt kein Trauerhandbuch, wonach man sich richten könnte. Aber es gibt wunderbare Dinge, die am Wegesrand liegen. Da ist die Kommunikation mit anderen Frauen, die auch Verluste erlitten haben und die gleiche Sprache sprechen und sich durch die Aussprache gegenseitig helfen können. Daran kann man wachsen.«

In einem Hospiz sind Trauer und inneres Wachstum, Tod und Hoffnung die Fäden in einem bunt gemusterten Teppich. Die Menschen ziehen an den Fäden. Nähen Gewebestücke zu neuen Formen zusammen. Lernen voneinander. Cicely Saunders hat ebenfalls aus ihrer Arbeit im Hospiz gelernt.

»Ich habe eine Menge über Gott gelernt, eine Menge über die Menschheit und sicherlich eine Menge über mich selbst. Meine größte Herausforderung war, das Loslassen zu lernen. Nachdem ich das Hospiz selbst gegründet, eine kleine Gruppe um mich gesammelt, die Gelder aufgebracht, es schließlich eröffnet hatte und viele Jahre seine medizinische Leiterin gewesen bin, ist mir die Übergabe an meinen Nachfolger nicht leichtgefallen. Aber der nächste Nachfolger, der bereits zum Mitarbeiterstab zählt, wird keine Bedrohung und kein Problem mehr für mich sein. Ich weiß das, was und wie er es macht, sehr zu schätzen. Ich bin jetzt mehr so etwas wie ein altgedienter Staatsmann im Ruhestand. Deshalb hoffe ich, daß ich einiges auf dem Weg gelernt habe, um der Herausforderung begegnen zu können.«

Auf einer persönlichen Ebene hat ihr Lernprozeß darin bestanden, eine Antwort auf zwei Fragen zu finden.

»Ich habe lernen müssen, meine Prioritäten richtig zu setzen. Im Augenblick bedeutet das, ein Gleichgewicht dafür zu finden, wieviel ich für meinen Mann und wieviel ich hier im Hospiz tue, welche Vorträge zu halten ich mich bereit erkläre und bei welchen ich meine, daß es nicht geht.«

Die zweite Frage hängt direkt mit dem bevorstehenden Tod ihres Mannes zusammen.

»Wenn er sagt: ›Es ist Zeit für mich, zu sterben‹, muß ich mich fragen: Bin ich bereit, ihn gehen zu lassen? Ich denke: Ja, es schmerzt mich, daß du gelegentlich inkontinent bist, daß du abhängig bist, daß du nicht herumlaufen kannst, ohne daß dir jemand hilft. Es ist schwer für einen stolzen, unabhängigen Menschen, so abhängig zu sein. Das geht mir zu Herzen. Genauso, wie es mir zu Herzen geht, wenn ich durch das Hospiz gehe und sehe, wie zwei Menschen sich verabschieden, einer davon ein Sterbepatient. Manchmal sehe ich nur zu genau die Schwäche des einen und die Beziehung zwischen beiden, die nach so vielen Jahren noch immer so lebendig ist. Ja, es ist schwer, jemanden gehen zu lassen.

Aber mit meinem Mann habe ich Erinnerungen, im Gegensatz zu dem anderen. Mit Anthony hat es keine gemeinsamen Erinnerungen gegeben, weil er bereits krank war, als ich ihn getroffen habe. Deshalb gab es da nichts für mich, worauf ich zurückgreifen konnte, was mich denken ließ, daß wir eine schöne Zeit miteinander hatten. Im jetzigen Fall ist das alles anders. Ich hatte mehr Gelegenheit, in der Beziehung heranzureifen. Ich habe Erinnerungen. Dadurch wird es auf der einen Seite zwar ein guter Tod werden, aber auf der anderen Seite wird die Lücke in meinem Leben um so größer sein.«

Welche Art von Tod wünscht Cicely Saunders für sich selbst? Wie Josefine Speyer und Helen Passant hält sie nichts von dem kurzen, unvorhergesehenen Ende, sondern möchte lieber in einen Entwicklungsgang eingebunden sein.

»Ich wünsche mir einen Tod, bei dem mir Zeit bleibt zu sagen: ›Es tut mir leid‹ und ›Danke für alles‹, und bei dem ich auch sonst noch einiges in Ordnung bringen kann.«

Ihrer Ansicht nach besteht ein »guter Tod« darin, daß er der richtige für eine bestimmte Person ist.

»Es ist wichtig, daß wir keine vorgefaßte Meinung davon haben, was für jemanden ein guter Tod ist. Es gibt einige Menschen, die meinen, daß es richtig für sie ist, voll inneren Zorns zu gehen, weil das einfach zu ihnen gehört. Aber das sind nicht viele. Ich bin beruhigter, wenn jemand mit sich selbst, mit seiner Familie und mit dem, was geschieht, ins reine gekommen zu sein scheint.«

Cicely Saunders und fast jede Frau in dieser Studie haben den Tod wie auch die Trauer als einen Entwicklungsvorgang beschrieben. Sie haben den Tod nicht als Versagen gesehen, sondern als Teil eines Zyklus. Patty, die Therapeutin vom »Bristol Cancer Centre«, sagte:

»Das sichere Gefühl, daß alles miteinander in Zusammenhang steht, gibt mir die Kraft weiterzumachen, obwohl ich habe zusehen müssen, wie meine ganze Familie innerhalb von wenigen Monaten vom Tod ausradiert wurde. In einer Arbeitsgruppe über den Tod haben wir Totenschilde angefertigt, wie es die amerikanischen Indianer machen. Wir schmückten riesige Stücke von fester Pappe mit Symbolen und Worten. Wir erkannten, daß das Leben nur wie das Aufleuchten eines Glühwürmchens in der Nacht ist, wie der Atemstoß eines Büffels im Winter. Es ist wie ein kleiner Schatten, der über das Gras läuft und sich im Sonnenuntergang verliert. Der Totenschild war nicht gegen den Tod gerichtet, sondern er sollte uns Mut machen, ihm gegenüberzutreten.«

Eine andere Art von Totenschild ist die Tätigkeit des Schreibens. Viele Frauen haben zur Feder gegriffen, um sich – nach eigener oder therapeutischer Vorgabe – mit der Trauer auseinanderzusetzen. Wenn man einen Verlust erlitten hat, kann das Schreiben darüber zur Gesundung beitragen. Die Niederschrift der Geschichte hilft, die Erinnerung wachzuhalten.

In diesem Buch habe ich die Geschichten von trauernden Frauen, sterbenden Frauen und betreuenden Frauen niedergeschrieben. Ich habe ihre Geschichten und auch meine eigene erzählt. Viele von uns haben sich durch den Entwicklungsvorgang verändert, haben sich mit der Ungewißheit abgefunden.

Die allerletzte Ungewißheit ist die: Was – wenn überhaupt – passiert mit uns nach dem Tod? Wir können uns nicht entscheiden, nicht zu sterben. Aber wir können entscheiden – und tun das auch –, was für uns am Tod und am Sterben furchtbar oder ehrfurchtgebietend ist.

Empfinden Männer und Frauen eine unterschiedliche oder gar gegensätzliche Furcht und Ehrfurcht vor dem Tod? Werden uns diese unterschiedlichen Möglichkeiten als gleichwertig und als gleich bewundernswerte Optionen nahegebracht? Sollen wir uns dem Tod mit seiner Ungewißheit in einer Weise nähern, die allen Menschen als Einzelpersonen und uns als Frauen angemessen erscheint, oder finden einige Arten zu sterben und bestimmte Formen, mit den Zweifeln über den Tod umzugehen, in unserer Gesellschaft mehr Zustimmung?

Lassen Sie uns die Worte von zwei Menschen hören, die sich mit ihren Ängsten vor dem Tod in aller Öffentlichkeit auseinandersetzten, als sie unheilbar krank waren. Beide waren Autoren, beide weiß, beide männlich.

Harold Brodkey, 63 Jahre alt und Amerikaner, erfuhr, daß er AIDS hat. Brodkey besaß das Talent, Legenden zu schaffen. Nach einem gut rezensierten Buch mit Kurzgeschichten, das im Jahr 1958 veröffentlicht wurde, trat er mit der großartigen Ankündigung auf, daß er irgendwann »den großen Roman Amerikas« schreiben werde. Er brauchte fast 30 Jahre dazu, und dann zeigte sich, daß das Werk letzten Endes doch nicht so großartig ist. Inzwischen jedoch hat sich sein literarischer Ruf fest etabliert.

Dann wurde er hoffnungslos krank. Als sein Arzt ihm die AIDS-Diagnose mitteilte, informierte er die Leser mehrerer britischer Zeitungen, daß seine Ehefrau, die Autorin Ellen Schwamm – die keine Legenden schafft, sondern eine produktive, talentierte Autorin ist – gesagt habe, er sei »heldenhaft«.

»Ellen sagt, ich sei heldenhaft gewesen«, wiederholt er.

Heldenhaft zu sein ist ausschlaggebend im Angesicht des Todes. Als er mit Ellen und seinem Arzt in einem kleinen Krankenhauszimmer zusammensaß, sagte er, daß er »zu stolz sei, um sich auf den Tod einzulassen«.

Zu dem Zeitpunkt meinte er, daß »Tod ... und AIDS ... nichts als Banalitäten seien«.

Banalitäten sollten legendären Männern und Helden nicht zustoßen. Ellen und sein Arzt, die einfachere Menschen sind, betreuten und sorgten sich um ihn. Es war doch ein schwerer Schock für ihn. Man hatte ihm schließlich gesagt, daß er bald sterben werde. Doch Brodkey beruhigt sie:

»›Ich bin OK‹, meinte ich und fuhr gleichmütig fort: ›Seht her, es ist doch nichts weiter als der Tod. Das ist doch nicht so, als ob man die Haare oder alles Geld verliert. Damit muß ich schließlich nicht leben.‹ Ich wollte, daß alle lachten. Ich wollte, daß sie mich bewunderten.«[12]

Als Brodkey schließlich das Krankenhaus verließ, beschloß er, einen Artikel zu schreiben, um zu zeigen »Wie mein Leben endete und mein Sterben begann«. Darin betonte er, daß »etwas, das man jenseits der Forderungen der Religion ertragen müsse, nicht der Gedanke an das eigene Sterben sei, sondern an die Realität des eigenen Todes«. Er sagt: »Man schult sich selbst darin, das Entsetzen voll zu akzeptieren.«[13]

Die Schulung findet mit Stil statt. Mit Witz. Mit Ironie.

Brodkey möchte unter Druck hemingwayschen Charme in Reinkultur zeigen. Das Zeichen des Machos für Mut. Keine Tränen. Andere zum Lachen bringen. Abgang mit großem Tusch. Dem Tod als Held begegnen. »Ellen sagt, ich sei heldenhaft gewesen.«

Was aber dachte Ellen? Schloß Ellen sich den Lachern an?

Unser zweiter Held ist Dennis Potter. Weiß, Brite, männlich, ein Stückeschreiber.

Am 5. April 1994 gab Potter ein bewegendes, mutiges und fesselndes Fernsehinterview. Potter hatte gerade erfahren, daß er an inoperablem Krebs der Bauchspeicheldrüse litt und nur noch drei Monate zu leben hätte – obwohl er traurigerweise nur noch zwei Monate bis zum 7. Juni 1994 lebte. Er sagte, daß er sein ganzes Leben mit der Angstvorstellung gelebt habe, vielleicht ein Feigling zu sein. Jetzt erzählte er seinen Zuschauern stolz, daß er erkannt habe: »Wenn es zum Letzten kommt, bin ich doch kein Feigling.« Er erläuterte, er fühle, daß er sich selbst respektieren könne, weil er »keine Träne vergossen habe«, seit er von seiner tödlichen Krankheit erfahren habe, einer Krankheit ohne Hoffnung auf Heilung.

Während des Interviews lachte er über sich selbst, er brachte den Interviewleiter zum Lachen und, ich bin sicher, auch viele Zuschauer, die zugleich zu Tränen gerührt gewesen sein müssen.

Wie Brodkey begegnete er dem Tod mit Witz, aber zugleich mit harter Arbeit an zwei neuen Theaterstücken. Ich vermute, daß er für viele Männer sprach, als er seine besondere Angst vor der Feigheit und seine Hochachtung vor der eigenen Tränenlosigkeit im Angesicht des Todes offenbarte.

Er hat auch für mich gesprochen und mich damit angesprochen. Als ehemalige Journalistin der Londoner Zeitungsmeile »Fleet Street« bin auch ich in der stoischen Schule der Prosa und Lebensführung eines Hemingway aufgezogen worden. Daher habe ich diese maskuline Art, dem Tod und der ihn begleitenden Ungewißheit gegenüberzutreten, immer besonders eindrucksvoll gefunden. Ich bildete mir ein, die Ängste und Zweifel angesichts des Todes mit einer witzigen Zeile zu übergehen, ihre Realität einfach zu leugnen, das sei nicht nur der beste Weg, sondern auch der einzig mögliche.

Doch jetzt weiß ich, daß es nicht die einzige Möglichkeit ist.

Es ist nur eine Form, dem Tod gegenüberzutreten. Es gibt viele andere. Man kann ihm mit Tränen begegnen, mit unverhohlenen Emotionen, mit Gesprächen, mit langen, gefühlsbetonten Erörterungen über die Realität und das Schmerzhafte des Sterbens oder über die erschreckende Ungewißheit des Todes und das, was danach kommt. Das sind alles andere Formen. Sie sollten gebührende Beachtung finden.

In der vorliegenden Studie sind uns viele Patientinnen und Betreuerinnen, Ärztinnen und Beraterinnen begegnet, die sich nicht geschämt haben, Tränen zu vergießen, die glauben, daß Gespräch und Tränen zum Sterbevorgang gehören, und die sich wünschen, in diesen Vorgang einbezogen zu werden. Sie haben mit viel Anteilnahme über Fragen zum Tod und zum Sterben gesprochen – mit denen, die vor der Todespforte standen, und mit denen, deren Familie oder Freunde bereits hindurchgegangen sind. Ihnen war Mitgefühl wichtiger als medizinische Heilung. Sie haben sich für die Diskussion und nicht für die Verleugnung entschieden.

Für diese Frauen bedeuten Tränen und Gefühle keine Feigheit. Wie Juno, die Mutter, deren Kind nicht gerettet werden konnte und die von der weinenden Ärztin informiert wurde, sagte:

»Als die Ärztin weinte, wußte ich, wie sehr sie mitempfand ...«

Ellen äußerte, Brodkey sei heldenhaft gewesen. Kann Ellen sich anders gegenüber dem Tod verhalten und auch heldenhaft genannt werden?

Stille Unerschütterlichkeit ist nicht unbedingt mit Tapferkeit gleichzusetzen. Tränen und Gespräche bedeuten nicht unbedingt Feigheit. Austausch, Offenheit und die Bereitschaft, den Tod zu erörtern, sind nicht unbedingt unheldenhaft. Sie könnten auch Teil einer neuen Art von Mut sein. Der Mut zu Gesprächen und Tränen. Es ist die Art von Mut, der Frauen dazu treibt, das Tabu aufzubrechen.

Wir sind vielen Frauen begegnet, die in der vordersten Kampflinie stehen, um das Tabu aufzubrechen. Den Tod, den sie für sich selbst und mir wünschten, wünsche ich jedem, der bis hierhin gelesen hat.

Es ist ein sanfter Tod. Es ist ein starker Tod. In Frieden mit sich selbst. Noch im Besitz der geistigen Kräfte. Nahe bei denen, die man liebt und die für einen sorgen. In der Gewißheit, daß man einige der möglichen Ziele erreicht hat. In der Gewißheit, daß man kreativ gelebt hat. In der Gewißheit, daß man versucht hat, die Dinge zum Besseren zu wenden.

Warum sich gerade heute mit Fragen zum Thema Tod befassen?

Vielleicht ist ein Buch zu allen Zeiten nützlich, das mit unserem heiligsten Tabu bricht und das Schweigen beendet, das nicht nur das Sterben umgibt, sondern auch das Verhältnis von Frauen dazu verdrängt. Doch gerade jetzt ist ein solches Werk aus mehreren Gründen zwingend notwendig geworden.

Erstens erschließt es bislang Unerforschtes. Das besondere Verhältnis von Frauen zum Vorgang des Sterbens wird aus dem Dunkel hervorgeholt, um die mit ihrem eigenen Tod verbundenen Gefühle und Ängste, ihre Einstellung zu Verlusterfahrungen, ihre Reaktionen und Antworten auf die Rolle als wichtigste Betreuerinnen von Kranken und Sterbenden zu verstehen.

Zweitens untersucht es, wie und weshalb in unserem Kulturkreis die Einstellung zum Tod von Unwissenheit bestimmt wird. Wenn wir die Verdrängung des Todes aufheben können, sind wir möglicherweise imstande, die mit Sterben und Verlust verbundenen Erfahrungen zu verändern: Vielleicht können wir dann die Entfremdung in gegenseitiges Verstehen und innere Verbundenheit umwandeln.

Drittens werden wir uns durch das Auftreten von AIDS schon in sehr jungen Jahren plötzlich und schmerzlich unserer eigenen Sterblichkeit bewußt. Natürlich leiden auch viele Frauen an AIDS. Hinzu kommt, daß immer mehr von ihnen, ohne selbst HIV-positiv zu sein, in neue Verantwortungsbereiche gelangen und AIDS-Kranke betreuen – sei es, weil sie sich privat dazu verpflichtet fühlen, oder aufgrund beruflicher Tätigkeiten als Sozialarbeiterinnen für AIDS-Opfer oder Krankenschwestern.

Das Stigma, das bestimmten Todesursachen wie Selbstmord, Mord und in ganz besonderer Weise AIDS anhaftet, ist ein Hauptgrund dafür, daß um den Tod ein Tabu aufgebaut worden ist und bis heute aufrecht erhalten wird.

Das Wort »Tabu« stammt aus Polynesien, wo es bestimmte soziale Lebensbereiche hervorhebt, die geheiligt und gleichzeitig mit Verboten belegt sind. Auch in der westlichen Kultur gibt es rituelle oder religiöse Einschränkungen für Bereiche, die entweder als heilig oder unsauber angesehen werden. Was in einer Gesellschaft als verbotenes Thema oder Verhalten bewertet wird, kann in einer anderen völlig akzeptabel sein. Für Juden und Muslime ist Schweinefleisch tabu, für die meisten Briten Pferdefleisch. Französische Christen essen sowohl Schweine- als auch Pferdefleisch und betrachten das als normal.

Jede Gesellschaft hat Regeln, die bestimmte Nahrungsmittel, Betätigungen oder Gesprächsthemen ausgrenzen und verbieten. Vielfach haben wir die Regeln, die unser Denken und Handeln prägen, so sehr verinnerlicht, daß wir uns ihrer kaum noch bewußt sind. Tabus gibt es immer und überall, doch die Inhalte ändern sich – von Zeit zu Zeit und von Ort zu Ort. So muß das Stillen von Säuglingen, das in einer Kultur ein ganz normaler öffentlicher Vorgang ist, in einer anderen im privaten Raum stattfinden.

Im täglichen Leben setzen sich Tabus eher über Gebräuche und Gewohnheiten als über Gesetze durch. Wenn man eine Schlankheitskur macht, dann sind Törtchen mit Marmelade und Sahnehäubchen tabu. Wenn man beim Pfarrer zum Tee eingeladen ist, dann ist das Masturbieren unter dem Tischtuch *verboten* [im Original deutsch].

Sex und Tod waren schon immer bedeutsame Themen, doch die Offenheit, mit der sie erörtert werden, hat sich im Laufe der Jahrhunderte gewandelt. In der viktorianischen Ära wurde im Abendland offen über den Tod gesprochen, aber Sex war für die Menschen tabu. Daß heute die Situation genau umgekehrt ist und Frauen sich damit nicht wohl fühlen, ist eine der wesentlichen Gründe für das vorliegende Buch.

Ich habe mich, wie bereits in früheren Veröffentlichungen, auch dieses Mal für die in der Soziologie und Fachliteratur häufig angewandte Form persönlicher Interviews und methodisch durchgeführter Fallstudien entschieden.

In »Frauen sterben anders: Wie wir im Leben den Tod bewältigen« habe ich mehrere Theorien über den Tod und das Sterben vorgestellt, die zum Nachdenken anregen sollen. Eigene Entdeckungen habe ich mit einer theoretischen Untersuchung über die besondere

Beziehung von Frauen zum Vorgang des Sterbens verflochten. Trotzdem haben Frauen in diesem Buch viel Raum erhalten, um selber über den Tod zu sprechen und um ihre persönlichen Lebensgeschichten zu erzählen.

Denn das war mir aus folgenden Gründen wichtig: Erstens, um einen unwiederbringlichen Verlust mit den Augen der hinterbliebenen Frauen zu sehen. Zweitens, um zu verstehen, wie Frauen im Angesicht des eigenen Todes den unerbittlichen Fortgang ihrer tödlichen Krankheit erleben. Drittens, um die Herausforderungen, die Leiden und Freuden derer zu veranschaulichen, die Sterbende betreuen und pflegen – und zwar aus der Sicht von Frauen, die aus beruflicher oder privater Verpflichtung als medizinische Fachkräfte oder Pflegerinnen im Sozialbereich arbeiten. Viertens, um die Rolle der wenigen Frauen zu untersuchen, deren Beruf es ist, sich um Tote zu kümmern und Bestattungen zu arrangieren.

Indem ich ihre Geschichten niederschreibe, finden nicht nur ihre Erfahrungen öffentliche Beachtung, sondern es wird auch zum ersten Mal das vielschichtige Verständnis, das Frauen vom Tod haben, in den Mittelpunkt gerückt.

Manchmal werde ich gefragt: Warum erzählen Sie persönliche Geschichten? Ich glaube, daß in den Fällen, in denen Frauen ihrem eigenen Tod gegenüberstehen oder den Verlust eines ihnen nahestehenden Menschen hinnehmen müssen, die Mitteilungen der Überlebenden und Patientinnen der Schlüssel für unser Verstehen sind. Wie C. G. Jung hervorgehoben hat: »Klinische Diagnosen sind wichtig ... aber sie helfen den Patienten kaum ... Das Wesentliche ist die persönliche Geschichte. Denn nur sie allein wirft ein Licht auf den Hintergrund und das Leben des Menschen.«[1]

Wenn wir etwas darüber erfahren wollen, was es heißt, in dieser Gesellschaft eine Frau zu sein, die an Brustkrebs stirbt, nach einem Suizid als Hinterbliebene zurückbleibt oder als Mutter das einzige Kind verliert, dann können solche Geschichten helfen.

Am Anfang meiner Untersuchungen war ich recht besorgt, daß die Befragten die Interviews als Belastung erleben könnten. In Wirklichkeit gab es jedoch keinen Grund, sich in irgendeiner Form um sie zu ängstigen. Selbst wenn sie gefühlsmäßig zusammenbrachen oder sich sehr erregten, versicherten mir alle ohne Ausnahme, daß ihnen diese Gespräche trotzdem sehr halfen. Viele Frauen äußerten, wie wichtig es für sie gewesen sei, daß auch ich meine eigenen Todeserfahrungen gemacht hatte – einen Selbstmordversuch und mehrere einschneidende Todesfälle. Ironischerweise war anfangs ich diejenige, der die kurz aufeinander folgenden, bedrückenden Berichte in dieser Konzentration zur Qual wurden, und das um so mehr, als ich mich zur gleichen Zeit nur langsam von einem persönlichen Verlust erholte.

Die nie verheilten Gefühlswunden, die in einigen Fällen erst durch das dokumentarische Material sichtbar wurden, verlangten der Zuhörerin und Verfasserin einiges an innerer Stärke ab. Berichte über Selbstmord oder den Tod von Kindern erforderten an manchen Tagen mehr Kraft, als ich zu haben glaubte.

Zum Glück war nicht jede Geschichte so schwer zu ertragen oder anzuhören.

Der schonungslose Mut sowie der erstaunliche Optimismus meiner Gesprächspartnerinnen haben mich in meinen Erfahrungen sehr bereichert. Der Tod wurde zu einer schöpferischen Reise. So war die einvernehmliche Zusammenarbeit zwischen Autorin und befragten Personen weniger eine akademische Pflichtübung, sondern gestaltete sich mehr zu einem privaten Treffen, bei dem Frauen miteinander über ihre ureigensten Belange sprachen. Dabei konnte das durcheinandergewürfelte Puzzle weiblichen Kummers, weiblicher Verlustgefühle, weiblichen Leids und weiblicher Geistesstärke in phantasievoller Weise wieder zusammengefügt und ein neues Weltbild erschaffen werden, das die Einstellung der Frauen zum Tod und zum Sterben integriert und nicht verdrängt.

Meine eigenen Schlußfolgerungen über Wert und Nutzen dieser Arbeit sind durch die Erkenntnisse von Forschern wie Shepherd und Barraclough (1979), Solomon (1981) und Wertheimer (1991) bestätigt worden, die ebenfalls Untersuchungen zu dem von mir behandelten Themenkreis durchgeführt haben. Auch sie berichteten, daß die Hinterbliebenen es als ungeheuer produktiv empfanden, offen über den Tod mit jemandem zu diskutieren, der kein Urteil abgab und nicht direkt von ihrer persönlichen Krise betroffen war.[2]

Einige meiner Interviews bestätigen Albert Cains Anmerkung zur Suizidforschung, daß »viele Überlebende ein dringendes Bedürfnis nach psychologischer Unterstützung haben, die Forschung auf diesem Gebiet allerdings oft dahin tendiert, sich hauptsächlich mit den Tatumständen zu beschäftigen«.[3]

Wenn sich Frauen, die einen Verlust beklagten oder ihren Tod erwarteten, bereitwillig interviewen ließen, war das zum großen Teil auf ihr persönliches Bedürfnis zurückzuführen. Es war ihr ausdrücklicher Wunsch, über den Tod und das Sterben zu sprechen. In einigen wenigen Fällen, wo der Verlust schon sechs bis zehn Jahre zurücklag, meinten Betroffene, daß sie »es überwunden« hätten; in Wirklichkeit waren sie sich aber nie ihres Mitteilungsbedürfnisses bewußt geworden und deshalb entsetzt – obwohl hinterher dankbar –, wenn sie während der Sitzung unter Tränen zusammenbrachen.

Für viele Frauen, die erst vor kurzem einen Verlust hatten hinnehmen müssen, erwies sich die Interviewsituation als hilfreiche Gelegenheit, über die gerade verstorbene Person zu sprechen. Wie sie wiederholt sagten, war es eine Möglichkeit, die ihnen in ihrem sozialen Umfeld nicht zugestanden worden war.

Manchmal machten sich die Frauen auch noch nach den Interviews Gedanken zu den angesprochenen Fragen und schickten mir zusätzliche Informationen, Zeichnungen, Bilder oder Tonbandmaterial. Viele der Gesprächspartnerinnen verfaßten Kurzgeschichten oder Gedichte oder malten den von ihnen erlebten Tod. Mehrere traten danach Gruppen für kreatives Schreiben oder Malkursen bei, um die Aufarbeitung fortzusetzen – und später, um ihr künstlerisches Schaffen auf andere Gebiete auszuweiten.

Einige der unheilbar kranken Frauen ergriffen die Gelegenheit, um ganz offen über die Ängste und verwirrenden Empfindungen zu sprechen, die der bevorstehende Tod auslöste. Sie hatten das Gefühl, daß eine solche Ehrlichkeit im Kreis ihrer Familie und nahestehenden Freunde »weniger angebracht« war, weil deren Leid und persönliche Verbundenheit es häufig nicht erlaubte, völlig ehrlich zu sein.

Die wichtigste Erkenntnis, die von den meisten Gesprächsteilnehmerinnen gemacht wurde, kam immer wieder zur Sprache: Ihnen war bewußt, daß sie durch die Teilnahme an dieser Studie nicht nur einem eigenen Anliegen nachkamen, sondern zudem dazu beitrugen, das Tabu um alle Formen des Todes aufzuheben und das Schweigen zu brechen, das die Beteiligung der Frauen an den mit dem Tod verbundenen Vorgängen einhüllt. Ihr Beitrag zu diesem Buch war ein Weg, Frauen aus ihrer Isolation zu befreien und die Gültigkeit weiblicher Erfahrungen nachzuweisen.

Ich habe 150 Frauen befragt und danach entschieden, mich auf 80 Interviews ausführlich zu beziehen. Einige waren sich ihrer Rolle als Frau bei den Abläufen, die das Sterben umgeben, sehr stark bewußt. Bei anderen war das weniger der Fall. Ich führte auch mehrere Gruppendiskussionen mit Frauen durch. Alle Einzelinterviews wurden auf Tonband aufgezeichnet. Jedes Gespräch dauerte zwischen einer und drei Stunden. Einige Frauen traf ich dann noch für ein Anschlußinterview. Ein paar boten mir ihre Gastfreundschaft an. Sie wurden über einen Zeitraum von zwei bis drei Tagen befragt.

Alle Interviews waren vertraulich. Die Namen von Fachleuten, z. B. von Ärztinnen und Ärzten, sind in den meisten Fällen beibehalten worden, es sei denn, sie baten um fiktive Namen. Alle anderen befragten Frauen haben fiktive Namen erhalten.

Ich war daran interessiert, sowohl Rollen und Abläufe in der Öffentlichkeit als auch persönliche Gefühle und Einstellungen in Augenschein zu nehmen. Deshalb habe ich zum einen Fachpersonal befragt, das in seinem Arbeitsalltag mit dem Tod und dem Sterben zu tun hat, und zum anderen Frauen interviewt, die selber Erfahrungen mit unheilbarer Krankheit, Tod und Trauer gemacht hatten. Außerdem habe ich mit Schriftstellerinnen und Künstlerinnen gesprochen, die den Tod in Bildern eingefangen haben oder deren Schaffen durch Verlusterfahrungen oder Erlebnisse an der Grenze zum Tod grundlegend verändert wurde.

An den Interviews nahmen vor allem Frauen aus den USA, Kanada und Großbritannien teil. Zu den Befragten gehörten auch Asiatinnen, Australierinnen, die in Großbritannien leben, afro-amerikanische Frauen und weiße Europäerinnen.

Unterschiedlich waren auch Religion, Alter, Beschäftigung, gesellschaftliche Klasse und sexuelle Ausrichtung. Meine Gesprächspartnerinnen bekannten sich zum Judentum, Christentum, Islam, Hinduismus oder Buddhismus; auch Agnostikerinnen und Atheistinnen zählten zu den Befragten. Im zweiten Kapitel ist geschildert worden, in welcher Weise ihre Einstellung zum Tod vom kulturellen und religiösen Erbe beeinflußt und geformt wurde.

Ich habe mich in das Werk schwarzer Schriftstellerinnen vertieft und viele schwarze und asiatische Frauen befragt. Ich hoffe, daß dabei Themen behandelt worden sind, die andere farbige Frauen ansprechen und von ihnen fortgeführt werden. Gleichwohl spiegelt die vorliegende Studie überwiegend die Erfahrungen weißer Frauen wider, die der Arbeiterschaft und dem Mittelstand in Europa, vor allem in Großbritannien, sowie in Nordamerika angehören.

Die Gesprächspartnerinnen waren zwischen 18 und 84 Jahren alt. Sie kamen aus der Mittelschicht oder dem Arbeitermilieu; sie waren sexuell enthaltsam, lesbisch, bi- oder heterosexuell, ledig, verheiratet, geschieden oder verwitwet; sie lebten in Partnerschaft oder getrennt. Da mir daran gelegen war, Mütter als eine besondere Gruppe zu untersuchen, waren rund zwei Drittel der Befragten Mütter.

Unterschiedlich war auch die berufliche Situation: Zu den Befragten gehörten Arbeitslose und Selbständige, die meisten waren allerdings als Arbeitnehmer berufstätig. Zu den fast ausnahmslos weiblichen Berufstätigen, die für meine Untersuchungen wichtig waren, zählten Fachärzte, Chirurgen, Allgemeinmediziner, Kinderärzte, Krankenschwestern, Krebskrankenpfleger, Akupunkteure, Homöopathen, Heilpraktiker, Psychologen, auf Trauerbewältigung spezialisierte Therapeuten, Berater für Hinterbliebene, Sozialarbeiter für AIDS-Opfer, Samariter und Mitarbeiter anderer Hilfsorganisationen, Leiter von Zentren, die sich mit dem Tod von Kindern befassen, Helfer in der Kinderbetreuung, Betreiber von Hospizen und ihre Helfer sowie Bestattungsunternehmer.

Befragt wurden auch Angehörige vieler anderer Gesellschafts- und Berufsgruppen – ebenfalls zumeist Frauen: Studenten, Hausfrauen, Fabrikarbeiter, Ladenangestellte, Buchhändler, Verkäufer, Lebensmittellieferanten, Sekretärinnen, Angestellte in Waschsalons, Arbeiter in Getränkehallen, buddhistische Nonnen, katholische Nonnen, Doktoren, Pflegeschwestern, Shiatsu-Anwender (japanische Fingerdruckmethode), Aromatherapeuten, Therapeuten, Zahnärzte, Krankenschwestern im Sozialdienst, Sozialhelfer, Helfer von Vergewaltigungsopfern, Bergsteiger, Universitätsdozenten, Lehrer, Personal aus der Erwachsenenbildung, Lehrkräfte für Analphabeten, Sprachlehrer, Sozialtherapeuten, Soziologen, Verwaltungsangestellte, Verleger, Herausgeber, Zeitungsjournalisten, Maler, Fotografen, Gruppenkünstler, Schriftsteller, Dichter, Drehbuchautoren, Schauspieler, Geschäfts- und Marketingkoordinatoren, Techniker und Forscher.

In Großbritannien und Nordamerika wurden die Kontakte zu Interviewpartnerinnen über eine Reihe verschiedener Kanäle in die Wege geleitet, die in der Danksagung aufgeführt sind.

Eine erste Stichprobe für meine Untersuchungen entstand, als für ein früheres Buch 15 Frauen in Kanada interviewt wurden. Andere Interviewpartnerinnen wurden über persönliche oder berufliche Kontakte vermittelt oder auch durch Frauen, die selber bereits befragt worden waren. Es war üblich, daß nach einem Interview die Teilnehmerinnen weitere potentielle Gesprächspartnerinnen vorschlugen. Die Befragten verstanden sich als eine Gruppe von Frauen, die sich selbst ausgewählt hatten und von dem gemeinsamen, starken Bestreben getragen wurden, über ihre Einstellungen zum Tod und zum Sterben sowie über ihre Aufarbeitung von Verlusten zu sprechen. Daß diese große Begeisterung für das Projekt zu erwarten war, hatte mir Dame Cicely Saunders, die Gründerin der Hospizbewegung, eindringlich vor Augen geführt:

»Über das Sterben zu sprechen ist unglaublich wichtig. Bis vor kurzem ist weder ein Reporter noch sonst jemand hier aufgetaucht, doch seit die Leute den Weg hierher gefunden haben, um Interviews mit mir zu machen, bringen sie immer wieder das Gespräch auf jemanden in ihrer Familie, der gestorben ist. Menschen, die einen schweren Verlust erlebt haben, wollen darüber reden, sobald sie spüren, daß sie einen bereitwilligen Zuhörer gefunden haben.«

Die Verfasserin dieses Buch ist zur bereitwilligen Zuhörerin geworden.

Ich hoffe, daß es einen Beitrag zu dem von Frauen in diesem Jahrhundert erworbenen Erfahrungsschatz leistet, auch wenn diesem Unterfangen durch Gesellschaftsschicht, Hautfarbe und religiöse Erziehung Grenzen gesetzt sind. Vielleicht werden ja die vorgelegten Erkenntnisse und Einstellungen anderer Frauen über die persönlichen und politischen Grenzen meiner eigenen Erfahrungen als weiße, westliche, jüdische sowie bürgerliche Feministin hinausgreifen und anderen Frauen – wie auch Männern – neue Einblicke gewähren und Bestätigung bringen.

Welche privaten und beruflichen Erfahrungen mit dem Tod habe ich nun selber gemacht?

Zunächst möchte ich meine beruflichen Hintergründe nennen. Ich war Mitglied der Arbeitsgruppe »Wahrnehmungen und Vorstellungen vom Leben und Sterben«, die von Alan Dowson am »Peterborough College für Erwachsenenbildung« im englischen Peterborough ins Leben gerufen wurde. In Zusammenarbeit mit dem »Vorruhestandsverband von Großbritannien und Nordirland« im britischen Guildfort und mit »PRISMA/Institut für Erwachsenenbildung« in Tilburg (Nordbrabant/Holland) widmete sich die Arbeitsgruppe der vorbeugenden Gesundheitserziehung im Hinblick auf die traumatischen Erscheinungen, die mit dem Tod und Sterben verbunden sind.

Die Gruppe untersuchte unter verschiedenen Gesichtspunkten, ob und wie der Umgang mit dem Lebensende erlernbar sei; sie befaßte sich mit dem Bewußtsein vom eigenen Lebensende; sie erforschte einzeln und in Gruppen die mit dem Tod verknüpften Gedanken und Gefühle; sie betrachtete die Rolle, die Sterbebegleitung im Leben und Arbeitsablauf von Menschen einnimmt, und arbeitete daran, wie sich die gewonnenen Erkenntnisse in der Erwachsenenbildung – und zwar konkret in Cambridgeshire – einsetzen und fortentwickeln lassen.

Zusätzlich zu dieser offiziellen Tätigkeit habe ich auch am telefonischen Hilfsdienst für AIDS-Kranke in Cambridge mitgewirkt und bin während meiner Forschungen Mitglied mehrer Arbeitskreise zum Thema Tod und Sterben gewesen.

Für mich persönlich ist der Tod immer etwas gewesen, das mich in prägender Weise durch das Leben begleitet hat.

Als ich 19 Jahre alt war, starb mein Vater. Der Tod eines Mannes, der zwar in vieler Hinsicht großzügig und freundlich war, vor dem ich jedoch in meiner Kindheit – aus gutem Grund – stets zurückgeschreckt war, kam wie eine unerlaubte Erleichterung. Und wie viele Frauen in dieser Studie es offen zugegeben haben: Es wird als abwegig angesehen, Erleichterung zu empfinden, wenn jemand stirbt. Im Verlauf meiner Nachforschungen habe ich, wie diese Frauen, darum gekämpft, das damit verbundene Schuldgefühl und die Hintergründe zu verstehen.

Weniger vielschichtig, jedoch nicht weniger traumatisch war der Tod der mir besonders nahestehenden Freundin Jenni, die für meine kleine Tochter wie eine zweite Mutter gewesen war. Sie ertrank, als sie beim Baden einen epileptischen Anfall hatte, während ihr neugeborener Sohn im angrenzenden Zimmer schrie. In einem früheren Buch habe ich über das Schockerlebnis berichtet sowie über die nachhaltigen Auswirkungen auf mein Leben und das Leben derer, die sie gekannt und geliebt haben.[4]

Schon früh habe ich mich literarisch mit dem Tod auseinandergesetzt.

Als ich elf Jahre alt war, wurde mein erstes Gedicht in der Schulzeitung gedruckt. Ich geriet schwer in die Kritik, weil es in dem Ge-

dicht um den Tod ging, was als »unpassend für eine junge Dame«
angesehen wurde. Das kümmerte mich indes wenig. Es war der Start
meiner Laufbahn als Schriftstellerin! Die Mitschüler waren schok-
kiert. Die Lehrer (keine Kenner der Literatur!) waren beeindruckt
von der Ausdruckskraft, mit der dem Tod getrotzt wurde. Die Leute
zitierten es immer wieder. Und so lautete es:
Rasierklingen tun weh,
Flüsse sind naß,
Rasierklingen tun weh,
Säuren machen Flecken,
Und Drogen fördern Krämpfe.
Revolver sind verboten;
Schlingen geben nach;
Gas riecht schlecht;
Besser ist's zu leben.[5]

Nicht nur haben es die Leute zitiert, seit ich es geschrieben habe; die
Leute haben es bereits zitiert, lange bevor ich es geschrieben habe.
   Das Problem war, daß nicht ich es wirklich geschrieben habe.
   Dorothy Parker, die als eine der geistreichsten amerikanischen
Frauen der zwanziger Jahre dieses Jahrhunderts bezeichnet wird, hat
es geschrieben, als sie 27 Jahre alt war. Sie hat es nach einem ihrer
verschiedenen Selbstmordversuche als persönliche Bestätigung ver-
faßt.
   Nennen sie meine Version ein Plagiat, wenn sie meinen. Obwohl
es mir lieber wäre, wenn sie es nicht täten. Ich sehe es eher als einen
Fall von Traumerinnerung oder Wunschdenken an. Hatte ich es
bereits in meiner frühen Kindheit gelesen? Hatte ich es auswendig
gelernt und dann die Quelle hinterhältig aus meinem Gedächtnis
gestrichen? Konnte ich es dann zum richtigen Zeitpunkt für die
Schulzeitung sozusagen von den Toten auferwecken?
   Wo immer die Wurzeln versteckt sein mögen, ich hatte zwei
Dinge mit der unsterblichen Parker gemeinsam – und mit all den
Frauen, die ich interviewt habe: Der Tod faszinierte mich, und ich
hatte den Wunsch, offen darüber zu sprechen.
   Dorothy Parker – die selber gesagt haben soll, daß sie es vorzöge,
in Hotels zu leben, weil alles, was sie benötige, ein Zimmer sei, wo
sie Platz für einen Hut und ein paar Freunde fände – war eine gebo-
rene Rebellin, die mit besonderer Freude allen Regeln, denen Frauen

eigentlich gehorsam folgen sollten, eine lange Nase drehte. Tod war für sie ein Teil des Lebens.

In Wahrheit war sie von ihm besessen. Eine Tragödie. Eine Quelle für Komik. Der Tod ist ein wesentliches Element vieler ihrer geistreichsten Erzählungen. Ihre Verse quellen über von Leichentüchern, Knochen, Gräbern, Geistern, Würmern und Unkräutern. Ihre Bücher haben Grabestitel wie: »Enough Rope« (»Der Strick reicht«), »Sunset Gun« (»Revolver im Sonnenuntergang«), »Death and Taxes« (»Tod und Steuern«), »Here lies« (»Hier ruht«), »Laments for the Living« (»Trauergesänge für die Lebenden«) und »Not so Deep a Well« (»Der Schacht ist so tief nicht«). Als sie zur Belegschaft des Magazins »Vanity Fair« gehörte, abonnierte sie zwei Fachzeitschriften für Leichenbestatter. Vielen ihrer Charaktere gab sie Namen aus Todesanzeigen.

Sie setzte sich aktiv mit dem Tod auseinander und stand damit in direktem Gegensatz zu anderen Frauen vergangener Tage, deren Verhältnis zum Tod, nach Auffassung der Forscherin und Historikerin Gerda Lerner, eher passiv war.[6]

Parker erhob laut ihre Stimme und schrieb öffentlich über den Tod. Bei anderen Frauen ihrer Zeit löste das Thema Tod, selbst der Tod von Kindern, eine weniger wilde und kriegerische Reaktion aus, obwohl die Kindersterblichkeit weit verbreitet war. Vorstellungen vom Tod zeigten sich in den Stickereien der Frauen, in Gobelinbildern, in Aufzeichnungen und Tagebüchern, im Briefwechsel mit Freundinnen oder zwischen Eheleuten. Die Frauen jedoch hatten gelernt, die Gefühle anderer über die eigenen zu stellen; und auch wenn sie unmittelbar mit dem Sterben in Berührung kamen, beschrieben sie im allgemeinen ihre Empfindungen über den Tod nicht so lebendig und spöttisch wie Parker.

Wenige Stunden nachdem Parkers Ehemann Alan Campbell gestorben war, kam eine Frau, die nicht besonders viel von Dorothy hielt, zu ihrem Haus, um ihr Beileid auszusprechen und Hilfe anzubieten. Wie sie helfen könne, war ihre Frage.

»Schaffen Sie mir einen neuen Mann herbei«, erwiderte Dorothy, ohne mit der Wimper zu zucken.

Die entrüstete Frau meinte, daß die Bemerkung das Vulgärste und Geschmackloseste sei, was sie je gehört habe.

»Das tut mir leid«, war Dorothys Antwort. »Dann laufen Sie zur Straßenecke hinunter und holen mir ein Roggenbrötchen mit Schinken und Käse. Und sagen Sie denen, die Mayonnaise können sie behalten.«[7]

Parker war der Meinung, daß man sogar in Krisenzeiten über den Tod sprechen sollte. Ja, ganz besonders in kritischen Lebenssituationen. Auf Hochzeiten sollte er ausgepfiffen, auf Begräbnissen lächerlich gemacht, in Gedichten, Liedtexten und Popsongs eingefangen werden.

Für Dorothy Parker war der Tod kein Tabu.

Welch ein Unterschied zu dem Verhalten einer kanadischen Mutter, die ich in Halifax, Neuschottland, traf. Sie erzählte mir, ihr kleiner Sohn habe sie einmal nach dem Titel eines Liedes von Elton John gefragt, das er dauernd im Radio hörte. Sie habe daraufhin gelogen und behauptet, sie wisse es nicht, anstatt zu sagen, daß der Titel »Begräbnis für einen Freund« lautet.

»Hätte ich ihm den Titel genannt«, führte sie aus, »dann hätte ich ihm auch erklären müssen, was Begräbnis bedeutet; und das konnte ich nicht über mich bringen.«

In unserer heutigen Gesellschaft ist der Tod einer übertriebenen Fürsorglichkeit zum Opfer gefallen. Wie uns die »Begräbnis-für-einen-Freund«-Geschichte zeigt, bleiben heutzutage Fragen unbeantwortet, die Kinder an ihre Mütter richten. Vor 100 Jahren hätten Kinder eine ganz andere Antwort erhalten. Gewiß hätten sie erst gar keine Frage stellen müssen.

Im Unterschied zu Parker habe ich nach einem ernsthaften Selbstmordversuch in meinen frühen Zwanzigern keine Verse geschrieben. Viele Monate lang habe ich überhaupt nichts geschrieben. Jahrelang kämpfte ich mit dem widersprüchlichen Bewußtsein, daß ich selbst mich für geistig völlig gesund gehalten hatte, als ich die wohlerwogene Entscheidung traf, während die Menschen um mich herum es für angebracht hielten, mich als »geistig gestört« zu brandmarken. In diesem Buch habe ich auch einige der mit einer Entscheidung gegen das Leben verbundenen Folgen erörtert, die sich innerhalb eines bestimmten Kulturerbes ergeben. In meinem Fall ist es das jüdische – eine Religion, die wahrscheinlich mehr als alle anderen das Leben bejaht.

Mein eigener Selbstmordversuch war das Ergebnis einer problematischen Kindheit, die mich überall Gewalt wittern ließ und mir den Glauben einflößte, der Tod stünde als Dauergast auf der Türschwelle.

Während meiner Kindheit sprach meine Mutter – die mir, so traurig es klingt, bis zu ihrer tödlichen Erkrankung nicht sehr zugetan war – pausenlos über ihren kurz bevorstehenden Tod. Obwohl ich heute davon ausgehe, daß sie in meiner Kindheit körperlich höchst widerstandsfähig gewesen sein muß, erlag ich damals doch ihrer Täuschung, daß sie äußerst zerbrechlich war. Sie war offensichtlich zu dem Entschluß gekommen, daß sie mich und meine »bockige Art« am besten unter Kontrolle halten konnte, indem sie mir dauernd mit ihrem Tod drohte, wenn ich mich nicht besser aufführte.

Solch eine Strafandrohung ist eine folgenschwere Vorgehensweise gegen ein Kind.

Ich lebte in der Furcht, daß meine Mutter sterben und mich verlassen würde, wenn ich mich nicht besserte. Sie starb zwar nicht, aber sie ging zweimal fort, was bedeutete, daß für mich das Erleben von Verlassenwerden untrennbar mit Vorstellungen vom Tod verschmolz: eine Ideenverkettung, die auch bei vielen meiner Interviewpartnerinnen zum Vorschein kam.

Obwohl meine Mutter während ihrer beiden letzten Jahre schwerkrank war, wurde sie 84 Jahre alt, als auch sie sich – Ironie des Schicksals – das Leben zu nehmen versuchte. Sie wurde noch rechtzeitig gefunden, starb dann jedoch ein paar Wochen später an den Folgen des Selbstmordversuchs. Sie starb, als ich mit der Grundplanung und den ersten Studien für dieses Buch beschäftigt war. Während ich die Arbeit daran fortsetzte, wurden seine Seiten weiterhin vom Schatten des Todes verdunkelt.

Als ich das Suizidkapitel schrieb, erfuhr ich zu meinem Entsetzen, daß meine frühere direkte Nachbarin gerade Selbstmord begangen hatte.

Dann ereignete sich das, was ich für den bedeutsamsten Todesfall in meinem Leben halte. Während mich Nachforschungen für dieses Buch beanspruchten, starb meine allerbeste Freundin Carol Kendrick, eine junge, brillante Kinderärztin und lebensbejahende Frau, plötzlich und unter entsetzlichen Umständen an einer Gehirnblutung.

In unserer Gesellschaft wird der Verlust einer befreundeten Person um vieles geringer bewertet als der Verlust von Familienmitgliedern. Doch gerade für Frauen haben Freundinnen eine besondere und dauerhafte Bedeutung. In dem Kapitel »Übergangene Verluste« habe ich gezeigt, wie sich die Trauer für Frauen noch intensiviert, wenn Verlustgefühle als unberechtigt gelten.

Von der Sache her hat sich durch Carol Kendricks Tod die Gestalt dieses Werkes sehr geändert, weil sie einen wesentlichen Anteil daran haben sollte. Als Kinderärztin hatte sie täglich mit dem »vorzeitigen Tod« von Säuglingen und Kleinkindern zu tun. Sie war damit einverstanden gewesen, daß ich in einem Teil meiner Untersuchungen über die tägliche Routinearbeit und die unerwartet auftretenden Situationen, über die Gefühle und Folgen schreiben wollte, die solch eine Arbeit für ihr eigenes Leben hatte. Täglich nahm sie am Leid und an der Trauer von Eltern teil, vornehmlich Müttern, denen sie den drohenden Tod eines Säuglings oder Kindes ankündigen mußte. Sie sprach mit ihnen über die möglichen Auswirkungen, veranlaßte Beratung und weitere Betreuung oder beteiligte sich selbst daran.

Wir hatten bereits mit ein paar formlosen Interviews angefangen, aber ihr vorzeitiger Tod verhinderte, daß der Hauptteil unserer gemeinsamen Forschungsarbeit durchgeführt werden konnte. Eine große Hilfe bei diesem Projekt waren mir jedoch viele ihrer verständnisvollen Kolleginnen, die Carols Arbeit hoch einschätzten und sie beruflich in gleichem Maße vermissen wie ich sie persönlich. Die Meinungen dieser Kolleginnen, ihre Beiträge in Debatten über Diskretion und Offenheit, ihre Ansichten zu den Kontroversen »Betreuung versus Heilung« und »Tod als Versagen versus Tod als Vollendung« sind im dritten Kapitel (»Botschaften des Todes«) wiedergegeben worden.

Carols persönlich geäußerte Worte sind in diesem Buch nicht zu finden, aber ihr Geist beseelt jede Zeile, die ich geschrieben habe.

Mein großer Dank richtet sich an die vielen Frauen in Großbritannien und Nordamerika, die sich lange mit mir unterhalten haben und bereit gewesen sind, über ihre Einstellungen zum Tod, über das Sterben, ihre Verlusterfahrungen und Trauer zu berichten. Ihre Namen wurden geändert, doch ihre Stimmen und Ansichten sind auf den vorhergehenden Seiten eingefangen.

Ich möchte mich an dieser Stelle ausdrücklich bei den Juroren des »Arts Council of England Writers' Awards« bedanken, die mich in meinem Glauben an diese Arbeit bestätigt und mir einen Preis zuerkannt haben, der mir den Freiraum geschaffen hat, sie fortzuführen.

Ich möchte meine tiefe Dankbarkeit gegenüber dem »Royal Literary Fund« ausdrücken, der mir in einer Zeit schwerer finanzieller und gesundheitlicher Probleme ein Stipendium für literarische Verdienste verschaffte, das mich in die Lage versetzte, dieses Buch zu Ende zu schreiben.

Für die Herstellung von Kontakten zu Interviewpartnerinnen, für Information, Rat und Bereitstellung von Forschungsunterlagen möchte ich folgenden Personen und Organisationen danken: The AIDS Helpline (Cambridge), The Alder Centre (Valerie Mandelson), The Alzheimer's Disease Society (Clive Evers), Dr. Eileen Baildam, Barbara Baker, Margaret Ball (Cambridge Library and Information Service), Carys Bannister (Booth Hall Children's Hospital), The Bereavement Trust, The Breast Care and Mastectomy Association of Great Britain, The Bristol Cancer Help Centre, The British Heart Foundation, The Buddhist Centre (Cambridge), June Burt, The Cambridge Centre, The Cambridge University Student's Union, The Cambridge Women's Resources Centre, The Cancer Aftercare and Rehabilitation Society, The Cancer and Leukaemia in Childhood Trust, Cancerlink, Carers National Association (Angela Herbert), The Children's Hospice (Milton), Tony Chiva (Pre-retirement Association of Great Britain and

Ireland), The Compassionate Friends (Jillian Tallon, Anne Pocock), Gwynneth Conder, Shirley Cooklin, Cruse, Alan Dowson (Chair of the Peterborough Perceptions of Living and Dying Group), Kay Dunbar (Director of the Ways With Words Literary Festival), Pauline Dauber, Dr. Carol Ewing, Frontline Bookshop Manchester (Shamsa Butt, Alison Page), Foundation for the Study of Infant Death, Kay Goodridge, Christianne Heal, The Hen House Lincs, Hospice Arts, Hospice Information Service, Rosy Howden, Imperial Cancer Research, The Jewish Bereavement Counselling Service, Dr. Eve Jones, Pat Kitto, The Lesbian and Gay Bereavement Project (Denni Jenno Lewis), The London Lighthouse, The Miscarriage Association, The Motor Neurone Disease Association, The Muslim Women's Helpline, The National AIDS Helpline, The National Association of Widows and Widows' Trust (Kate Johnson), The Natural Death Centre (Josefine Speyer, Nicholas Albery), Stephanie Oates, The Open University (Barbara Bilston und Mitglieder des Death and Dying Course Team), Pamela Oppenshaw, Helen Passant, Carole Plummer, Margaret Potter (Cruse Training Co-Ordinator), The Samaritans, St. Christopher's Hospice Information Service (Avril Jackson), Dame Cicely Saunders, Carol Southern, The Stillbirth and Neonatal Death Society, Stretten Avenue Community Centre, The Sue Ryder Foundation, The Terence Higgins Trust, Beverly Walker Funeral Service, Waterstone's Bookshop (Cambridge), Weyman's Funeral Service (Mandy Walker), Harry Williams Funeral Service (Sally Smith).

Für gewissenhafte Fotokopierarbeit und ständiges Sammeln von Zeitungsausschnitten, Artikeln sowie Informationen danke ich: Liz, Noel und Melanie bei Prontaprint Cambridge, Pauline McCartney, Leslie Brett, Sophie Young, Hilary Bichovsky, Ngaire Jane Woodhouse und Janet Taylor. Endlose Tonbandaufnahmen wurden geduldig und sorgfältig niedergeschrieben von Frances Ward (als sie selber in Trauer war), Beth Basham, Rosemary Smith, Leslie Dommett und vor allem von Debby Taylor. Beth Callen stellte in kürzester Zeit eine tadellose Bibliographie zusammen. Lowana Veal zeichnete sich durch nie ermüdende persönliche Unterstützung aus).

Für Platz zum Schreiben, wochenlange Unterkunft und lebhafte Diskussionen danke ich Anne Gurnett (New York), Kathy Mullen, Robert Hess, Graham Metson und Cheryl Lean (Kanada), Liz und Graham Dimmock (Cornwall) und Jean Adams (nochmals ganz besonders für den Aufenthalt im unvergleichlichen Sunset Heights).

Linnie und Nick Price danke ich außerdem dafür, daß ich ihr Devon Barn zu einem Interviewzentrum umfunktionieren durfte, Alison West für ihr Häuschen in Todmorden, das ich in einer ernsten Krisensituation nutzen durfte, und Mary Twomey und Judith Emmanuel für ihre Großzügigkeit, mit der sie mir Raum in ihrem Haus zu einem Zeitpunkt zur Verfügung gestellt haben, als wir alle mit Verlust und Trauer zu kämpfen hatten.

Ich danke Josie McConnell von der Cambridge AIDS Helpline – sowohl toller Kumpel als auch Kollegin –, die mit mir an dem Kapitel über AIDS gearbeitet hat, bis es auch ihren hohen wissenschaftlichen Anforderungen entsprach. Die Cambridge Women Writers (Joy Magezis, Chris Carling, Em Callen) haben weite Teile des Manuskripts gelesen, kritisiert und einfallsreich verbessert. Laura Morris, meine ehemalige Verlegerin, hat den Geist dieses Buches immer wieder mit Heiterkeit und Humor bereichert.

Hilary Foakes, meine erste Lektorin, hauchte einem äußerst anspruchsvollen Unternehmen Leben und Begeisterung ein. Mein neuer Lektor, Richard Beswick, vereint Takt und Umsicht mit redaktioneller Strenge. Meine Freundin und frühere Lektorin Clare Chambers, die selbst Autorin ist, hat wie immer mit einfallsreichem Verständnis Korrektur gelesen. Meine Literaturagentin Barbara Levy hat genau analysiert, was an einem Kapitel nicht in Ordnung gewesen ist, und zugleich mit viel Herzlichkeit dargelegt, was an mir richtig gewesen ist – beides braucht jede Autorin und jeder Autor. Meine Forschungsassistentin Louse Gilchrist trug mit ihrem besonderen Gespür bei Nachforschungen wesentlich zu dieser Studie bei – ganz besonders bei kulturübergreifenden Fragen, und ihre Anpassungsfähigkeit an meine wechselnden Stimmungslagen hielt mich oft bei der Stange.

Persönliche Ermutigung und Unterstützung dabei, während dieses sich lange hinziehenden und oft kräftezehrenden Projekts einen klaren Kopf zu behalten, erhielt ich von Sue Benson, Kathy Bowles, Manda Callen, Anne Christie, Jane Jaffey, Joel Jaffey, Stella King, Wendy Mulford, Val Owen, Aliye Seif Al Said, Nicho Wooding und Miranda Williamson. Besondere praktische Hilfe und nie versiegende Begeisterung wurden mir tagtäglich von Angie und Chris North zuteil.

Meine eigene Familie und der erweiterte Familienkreis haben sich wieder als eine Quelle beruflicher und persönlicher Kraft erwiesen. Ich danke meiner Cousine und meinem Cousin, Joan und Jonathan Harris, für Einblicke in die Vorgänge bei jüdischen Trauerfällen, Elsie Sheppard für die Diskussionen über Witwenschaft, meiner Cousine Jane Shackman für die wiederholte kritische Lektüre von Entwürfen, Vic Smith für ihre zündenden Ideen sowie ihren unerschütterlichen Enthusiasmus und meiner Tante Het (Harriet) Shackman dafür, daß sie Fotokopien erstellt, Artikel aufgefunden und mich so freigebig mit ihrer Zeit und Liebe bedacht hat. Ba Sheppard hat mir großzügig ihr Wissen über Gesundheitsfragen zur Verfügung gestellt und das Kapitel über Alzheimer grundlegend verbessert: Auch diesmal hat sie mir – wie seit 16 Jahren – emotionalen und literarischen Beistand geleistet. Die professionelle Hilfe meiner Tochter Marmoset Adler, die Referenzen, Kontakte sowie Zeitungsausschnitte beschafft und Interviewpartnerinnen ausfindig gemacht hat, ist durch ihr ständiges persönliches Engagement und einen übersprudelnden Vorrat an Ideen ergänzt worden.

Ein Buch über den Tod ist eine schwere Reise. Meine wurde erleichtert, weil ich das Glück hatte, als Reisebegleiterin Em Marion Callen bei mir zu haben, die mehr Dank als irgend jemand sonst verdient. Mit schriftstellerischer Vorstellungskraft las sie jedes Kapitel aufmerksam Korrektur und versah den sonst streng redigierten Text mit kreativen Tupfern. Sie debattierte über jede Frage zum Thema Tod, war von der Wichtigkeit dieser Studie überzeugt, und an Punkten, wo mein eigener Glaube wankte, blieb der ihre fest.

Die Autorin möchte den im folgenden aufgeführten Verlagen ihre aufrichtige Dankbarkeit für die Genehmigung aussprechen, daß sie auszugsweise aus urheberrechtlich geschützten Titeln hat zitieren dürfen: Chatto & Windus für »Nothing to Forgive« von Lyndall Hopkinson und »How We Die« von Sherwin B. Nuland; Gerald Duckworth & Co. für »The Collected Dorothy Parker« von Dorothy Parker; Firebrand Books für »A Burst of Light« von Audre Lorde; dem »Guardian« für »A First Person« von Clare Williams und für den Artikel über Bestattungsunternehmer (19. November 1994) von Sarah Boseley; Celia Haddon für ihren Artikel in »The Times« (30. August 1994); Key Porter Books und Bella Pomer Agency Inc. für »Charlotte and Claudia Keeping in Touch« von Joan Barfoot; Macmillan Canada und Georges Borchardt Inc. für »Memory Board« von Jane Rule; John Murray für »Perspectives on Living« von Bel Mooney; Tessa Sayle Agency für »Have the Men had Enough?« von Margaret Forster. Es ist alles versucht worden, um Inhaber von Urheberrechten, deren Material in diesem Buch verwendet wurde, ausfindig zu machen. Sollte eine Danksagung vergessen worden sein, so wird sich die Autorin sehr freuen, den angemessenen Dank in zukünftigen Auflagen auszusprechen.

458

KAPITEL 1: DAS SCHWEIGEN BRECHEN

1. Malcolm Muggeridge, in: The Observer, 20. Febr. 1970
2. Radio Times, 24. Febr. 1990
3. M.A. Simpson, English Language Bibliography – The Facts of Death, Prentice-Hall, Englewood Cliffs, N.J. 1979 und 1987
4. Alyson Peberdy (Hrs, Arbeitspapier 1, Life and Death, in: The Open University Course Team, »Death and Dying«-Arbeitspapiere, Open University Department of Health and Social Welfare, 1992, S. 28
5. Sally Cline, Women Celibacy and Passion, André Deutsch, London 1993, Optima 1994
6. Germaine Greer, The Change: Women, Ageing and the Menopause, Hamish Hamilton, London 1991, S. 134
7. Ebenda, S. 314
8. Anna Haycraft (Autorin Alice Thomas Ellis) in: Bel Mooney, Perspectives for Living: Conversations on Bereavement and Love, John Murray, London 1992, S. 90
9. J.R. Averill, Grief: Its Nature and Significance, in: Psychological Bulletin, 70, 1968; E. Kübler-Ross, On Death and Dying, Macmillan, New York 1969; C.M. Parkes, Bereavement, International Universities Press, New York 1972
10. Jane Littlewood, Aspects of Grief, Tavistock Routledge, London 1992, S. 54
11. Bel Mooney, a.a.O., S. 212
12. zitiert nach Germaine Greer, a.a.O., S. 318
13. John Bowker, The Meanings of Death, Cambridge University Press, Cambridge 1991, S. 211. Bowker erörtert den Gedanken, daß es letztlich keine andere vernünftige Alternative für ein erfülltes Leben gibt, als die Bedingungen des Todes zu akzeptieren.
14. Nicky James, in: Alyson Peberdy, a.a.

S. 77; R. Williams, A Protestant Legacy: Attitudes to Death and Illness Among Older Aberdonians, Clarendon Press, Oxford 1990
15. Gerda Lerner, The Female Experience: An American Documentary, Bobbs-Merrill Educational Publishing, 1977, S. 147–149
16. Ebenda, S. 147–149
17. Sterblichkeitsstatistik 1989
18. Statistisches Bundesamt, Statistiken 1995, Wiesbaden und Berlin 1997
19. Nicky James, a.a.O., S. 77
20. J. Archer, Childhood Gender Roles: Structure and Development, in: The Psychologist, Sept. 1989, 9, S. 367–370; wiedergegeben von Nicky James, a.a.O., S. 77
21. Ebenda, S. 77
22. Geburtsstatistik und Schwangerschaftsabbruch-Statistik 1989; Statistisches Bundesamt, a.a.O.
23. J. Wheelock, Husbands at Home, Routledge, London 1990
24. Nicky James, a.a.O., S. 77
25. Statistisches Bundesamt, a.a.O.
26. Beth Ann Bassein, Women and Death, Greenwood Press, Connecticut 1984, S. 194
27. Jill Radford und Diana E.H. Russell, Femicide: The Politics of Woman Killing, Open University Press, 1992, S. xi
28. Bassein, a.a.O., S. 194
29. Statistisches Bundesamt, a.a.O.
30. S. Dex, The Sexual Division of Labour, Wheatsheaf, Brighton 1985, in: Nicky James, a.a.O., S. 77
31. Sally Cline, Women Celibacy and Passion, a.a.O.; Sally Cline und Dale Spender, Reflecting Men at Twice Their Natural Size, André Deutsch, 1987; Dale Spender, Man Made Language, Routledge und Kegan Paul, 1980; Carol Gilligan, In a Different Voice, Harvard University Press,

Cambridge, Mass. 1982, 1993; Carol Gilligan, Mapping the Moral Domain, herausg. von Jane Victoria Ward und Jill McClean, Harvard University Graduate School, 1988

32. Deborah Tannen, You Just Don't Understand: Men and Women in Conversation, Virago, 1991 (dt.: Deborah Tannen, Du kannst mich einfach nicht verstehen, Kabel Verlag, Hamburg 1991)
33. Nicky James, a.a.O., S. 77
34. Jennifer Green und Michael Green, Dealing with Death, Chapman and Hall, London 1992, S. xi
35. Philippe Ariès, Western Attitudes Towards Death, John Hopkins University Press, Baltimore, USA, 1974 (dt.: ders., Studien zur Geschichte des Todes im Abendland, Hanser, München 1976); ders., The Hour of Our Death, Peregrine Books, Aylesbury 1983
36. Tony Walter, Modern Death: Taboo or not Taboo?, in: Donna Dickenson und Malcolm Johnson (Hrsg.), Death, Dying and Bereavement, Open University and Sage Pub., London 1993, S. 36
37. CSO 1989, Tabelle 7.2
38. Nicky James, a.a.O., S. 48
39. CSO Tabelle 2.20, Deaths analysed by cause, 1989; Statistisches Bundesamt, a.a.O.; Sherwin B. Nuland, How We Die, Chatto and Windus, London 1994, S. 64 (dt.: Wie wir sterben. Ein Ende in Würde?, Kindler 1994)
40. Ebenda, S. 78
41. Nicholas Coni, William Davison, Stephen Webster, Ageing: The Facts, OUP, England, 1992, S. 177
42. R. Kastenbaum, Death and Development Through the Lifespan, in: H. Feifel (Hrsg.), New Meanings of Death, McGraw Hill, New York 1977, S. 42
43. Lily Pincus, Death and the Family, (1976), in: Bel Mooney, a.a.O., S. 6
44. C.M. Parkes, Terminal Care: Home Hospital or Hospice?, in: The Lancet, 1985
45. E. Wilkes, Dying Now, in: The Lancet, 28. April 1984, S. 950–952
46. A. Cartwright, L. Hockey, J. Anderson, Life Before Death, Routledge and Kegan Paul, 1973; D. Doyle, Domici-

liary Terminal Care, Churchill Livingstone, Edinburgh 1987; J. Griffin, Dying With Dignity, Office of Health Economics, London 1991
47. A. Dale, M. Evandrou und S. Arber, The Household Structure of the Elderly Population in Britain, in: Ageing and Society, Bd. 7, 1987, S. 37–56
48. Wilkes, a.a.O.
49. Nicky James, a.a.O., S. 29
50. David Widgery, Not Going Gently, in: Donna Dickenson und Malcolm Johnson, a.a.O., S. 17 (Auszug aus: David Widgery, Some Lives, Sinclair-Stevenson, London, S. 124–138)
51. Tony Walter, Funerals and How to Improve Them, Hodder and Stoughton, London 1990, S. 33
52. D. Simpson, Nursing the Dying, (1975), in: D. Field (Hrsg.), Nursing the Dying, Routledge, London 1985
53. Geoffrey Gorer, Death, Grief and Mourning in Contemporary Britain, Cresset Press, London 1965
54. Susan Sontag, AIDS and Its Metaphors, Penguin Press, London 1988, S. 11 (dt.: dies., AIDS und seine Metaphern, Hanser, München 1989)
55. Ebenda, S. 44
56. Statistisches Bundesamt, a.a.O.
57. Peter Tatchell, (1986), zitiert nach: Jane Littlewood, Aspects of Grief, Tavistock Routledge, 1992, S. 4
58. D. Davies, Cremation Research Project, in: Pharos, Bd. 57, No. 1, 1991, S. 22–29
59. Geoffrey Gorer, a.a.O.
60. Philippe Ariès, Western Attitudes Towards Death, a.a.O.; ders., The Hour of Our Death, a.a.O.
61. David Armstrong, Silence and Truth in Death and Dying, in: Social Science Medical, Bd. 24, No. 8, 1987
62. Philippe Ariès, The Hour of Our Death, a.a.O., S. 592
63. Ernest Becker, The Denial of Death, The Free Press, New York 1973, S. 292–294; zu Freud s. John Bowker, a.a.O., S. 12
64. La Rochefoucauld (1613–80), Maximes, zitiert nach: D.J. Enright (Hrsg.), The Oxford Book of Death, OUP, Oxford 1983, S. 39; Ernest Becker, a.a.O.

KAPITEL 2: FRÜHERE ZEITEN, ANDERE KULTUREN UND RELIGIONEN

1. Registrar General's Report 1839, in: Jennifer Green und Michael Green, Dealing with Death, Chapman and Hall, London 1992, S. 6

2. David Clark, Between Pulpit and Pew, CUP, Cambridge 1982, S. 128–138, gekürzt in: Donna Dikkenson und Malcolm Johnson, a.a.O., S. 4–10
3. Ebenda, S. 9
4. Ebenda, S. 4 und 5
5. Ebenda, S. 5–7
6. Viele britische Gesundheitsbehörden sind sich heute der Unzulänglichkeiten des Personals gegenüber religiösen und kulturellen Fragen bewußt geworden. Sie verfassen zur Zeit Grundsatzpapiere, um sicherzustellen, daß allen Patienten das Recht zugestanden wird, in einer Weise zu sterben, die ihren Vorstellungen entspricht.
7. J. Green und M. Green, a.a.O., S. 150, 151 und 155; Zahlen von 1987
8. I. Ajemian und B. Mount, The Adult Patient: Cultural Considerations in Palliative Care, in: C. Saunders et al. (Hrsg.), Hospice: The Living Idea, Edward Arnold, London 1981, S. 25 und 26
9. John Bowker, a.a.O., S. 75
10. Bel Mooney, a.a.O., S. 91
11. Ebenda, S. 91
12. John Bowker, a.a.O., S. 75
13. Ebenda, S. 81. Diese Vorstellung, daß Gottes Ratschluß und Weisheit allein auf der Basis von Glauben und Vertrauen allen Menschen zugänglich sein sollte, war ein großer Schritt fort von der Überzeugung der Juden, daß solche Möglichkeiten nur über die Thora zulässig und auf das Volk der Juden beschränkt waren. Für andere Juden zu Jesus' Zeiten wurde der Ratschluß Gottes durch die Thora übermittelt und von den Rabbinern ausgelegt. Die Anhänger von Jesus jedoch sahen immer mehr ihn als »Vermittler« zwischen Einzelpersonen und Gott. Sie gelangten zu der Überzeugung, daß die Menschen durch ihn ewig leben konnten. Das bedeutet, daß Tod nicht das letzte Wort ist.
14. Ebenda, S. 84. Vom Standpunkt der Juden war Jesus' Betrachtungsweise insoweit abweichend, als er all sein Lehren und Handeln in einen direkten Bezug zu Gott brachte, indem er Gott als die unmittelbare Quelle und Antriebskraft seines Lebens darstellte und behauptete, der Glaube sei die einzige Voraussetzung, eine Verbindung herzustellen. Wäre Jesus in Galiläa geblieben, hätte er die Folgen seiner Machtansprüche vermeiden können. Andere rebellische Lehrer seiner Zeit wurden zwar verstoßen, aber nicht gekreuzigt, weil sie sich von Jerusalem fernhielten, dem Zentrum jüdischer Macht. Da aber Jesus trotzdem nach Jerusalem ging, wo er für den Tempel eine Bedrohung war, wurde seine Person zur entscheidenden Herausforderung. In dem Zusammenhang ist es nicht verwunderlich, daß das Letzte Abendmahl und die Stunden danach im Garten von Gethsemane zum Auftakt für seinen freiwilligen, unvermeidlichen und unverhinderten Tod wurden.
15. Bemerkungen wie diese – von Frauen, die sich im Zustand von Schmerz und Verlust befinden – verdeutlichen, warum das christliche Todesverständnis nicht bei der Kreuzigung ansetzt, sondern bei dem Sakrament des Abendmahls. Die historische Auslegung dessen, was genau während des Letzten Abendmahls passierte, ist nicht eindeutig. Unbestritten aber ist, daß das Abendmahl über den gesamten Zeitraum der Kirchengeschichte zum Inbegriff der Vorstellung geworden ist, daß Jesus durch seinen Tod die Menschheit gerettet hat und, wichtiger noch, daß alle Christen zu allen Zeiten durch die Taufe an diesem Tod und seinen Auswirkungen teilhaben.
»Für jeden Menschen wird über die Taufe die Verbindung zu Christus' Tod hergestellt. Das Wesen dieser Verbindung erneuert und offenbart sich immer wieder in dem Sakrament des Abendmahls: das Abendmahl verbindet den Leidensweg und die Auferstehung mit dem, was mit uns geschieht.« (Antwort der Kirche von England auf die Agreed Statements by ARCIC, in: Ebenda, S. 86)
16. Barret, 1990, in: J. Green und M. Green, a.a.O.; Whitaker's Almanac, 1989
17. Lucien Gubbay und Abraham Levy, The Jewish Book of Why and What, Shapolsky Publishers Inc., New York 1989, S 77
18. Jonathan David, The Jewish Way in Death and Mourning, New York 1988, Talmud-Zitat aus dem Kapitel 4 – Ethics of the Fathers, S. 215
19. Ebenda, S. 216 und 217
20. J. Green und M. Green, a.a.O., S 205
21. Dr. Abduljilil Sajid, North West Surrey Health Authority Training Video
22. Ebenda

461

23. John Bowker, a.a.O., S. 105
24. Shirley Firth, Approaches to Death in Hindu and Sikh Communities in Britain, in: Donna Dickenson und Malcolm Johnson, a.a.O., S. 27
25. Ebenda, S. 29
26. Ebenda
27. J. Green und M. Green, a.a.O., S. 188
28. John Bowker, a.a.O., S. 168–170
29. Ebenda, S. 169 (Majjhima Nikaya, Pali-Kanon, 1.77–9)
30. Die buddhistische Lehre geht davon aus, daß die Menschen zur vollständigen Erleuchtung gelangen können, wenn sie Gier, Haß und falsche Vorstellung zerstören, die Auslöser allen Leidens sind. Die Wahrheit, die der Buddha erkannt hat und auf dem das buddhistische Todesverständnis basiert, sind die vier Wahrheiten vom Leiden (»Dukkha«). Alles ist dem Wandel und der Vergänglichkeit unterworfen und somit dem Leiden, das unerbittlich damit einhergeht. Das wiederum führt zum Inbegriff des Leidens, dem Tod.
Wenn man meint, daß es ein »Ich« gibt, das weiterbesteht, so täuscht man sich. Buddhisten sind bestrebt, zur Einsicht zu gelangen, daß es kein »Selbst« gibt, das von Leben zu Leben schreitet, und daß jede Erscheinungsform, die wir als unser »Selbst« wahrnehmen, letzten Endes dem Wandel und dem Tod ausgesetzt ist. Wir sind nur ein winziges Teilchen im Vorgang des ständigen Wandels, der viele Erscheinungsformen annimmt. Einige davon, wie die Erscheinungsform der Götter, sind beständiger als andere. Ein weiterer möglicher Trost entfällt mit der Erkenntnis, daß man sich auch über Fortpflanzungsmechanismen nicht vor der Vergänglichkeit verstecken kann, denn auch das ist nicht von Dauer.
31. Ebenda, S. 174
32. Ebenda, S. 188
33. Donald P. Irish, Kathleen F. Lundquist, Vivian Jenkins Nelson (Hrsg.), Ethnic Variations in Dying, Death and Grief: Diversity in Universality, Taylor and Francis, Washington DC, USA
34. Ebenda, S. 13, 14 und 15. Irish nutzte V. Wikans Arbeiten: s. V. Wikan, Bereavement and Loss in Two Muslim Communities: Egypt and Bali Compared, in: Social Science and Medicine, 27, 1988, S. 451–460
35. C.B. Wortman und R.C. Silver, The Myths of Coping with Loss, in: Journal of Consulting and Clinical Psychology, 57, 3, 1989, S. 349–357
36. Lillian Burke MD, in: Irish, Lundquist, Nelsen, a.a.O., S. 170
37. Loring M. Danforth, The Death Rituals of Rural Greece, Princeton University Press, New Jersey 1982
38. Ebenda, S. 55
39. Ebenda, S. 14
40. Ebenda, S. 19
41. Ebenda, S. 19
42. Ebenda, S. 20
43. Ebenda, S. 23
44. Thomas Chan, North West Surrey Health Authority Training Video: Death and Care of the Dying (Video über Tod und Betreuung von Sterbenden)
45. Octavio Paz, The Labyrinth of Solitude: Life and Thought in Mexico (dt.: Das Labyrinth der Einsamkeit), Greve Press, New York 1961
46. Maria Antonieta Sanchez de Escamilla in: Elizabeth Carmichael und Chloe Sayer, The Skeleton at the Feast: The Day of the Dead in Mexico, British Museum Press, London 1991, S. 119

KAPITEL 3: BOTSCHAFTEN DES TODES

1. Ernest Becker, The Denial of Death, The Free Press, New York 1973, S. ix
2. Erich Fromm, To Have or to Be, Sphere Books, London 1979, S. 127 (dt.: ders., Haben oder Sein, Deutsche Verlags-Anstalt, Stuttgart 1976; dtv, München 1979, S. 123f)
3. Dorothee Sölle, Die Hinreise. Zur religiösen Erfahrung – Texte und Überlegungen, Kreuz Verlag, Stuttgart, 1977, S. 19
4. David Carroll, Living With Dying, Paragon House, New York 1991, S. 89; zu Vernon (1970) s. Carroll, ebenda
5. F. Toscani, L. Cantoni, G. Di Milo, M. Mori, A. Santosuosso und M. Tamburini, Death and Dying: Perspectives and Attitudes in Italy, in: Palliative Medicine, 1991, 5, S. 334–343
6. John Bowlby, Attachment and Loss (1969), Bd. 1: Attachment (1972), Bd. 2: Separation, Anxiety and Anger (1980), Bd. 3: Loss, Sadness and Depression (1982), Hogarth, London

7. Peter Marris, Loss and Change, Routledge, London 1974
8. Colin Murray Parkes, Bereavement Studies of Grief in Adult Life, Pelican Books, London, 1975
9. Elisabeth Kübler-Ross, On Death and Dying, Tavistock, London 1970; dies., Death: The Final Stage of Growth, Prentice-Hall, London 1975; R.A. Kalish, Death, Grief and Caring Relationships, Brooks Cole (2. Ausg.), California 1985
10. Jane Littlewood, Aspects of Grief: Bereavement in Adult Life, Tavistock Routledge, London 1992, S. 17
11. Ebenda, S. 53
12. C.R. Smith, Social Work with the Dying and the Bereaved, Macmillan, London 1982; I.O. Glick, R.S. Weiss und C.M. Parkes, The First Year of Bereavement, Wiley, New York 1974
13. Jane Littlewood, a.a.O., S. 54
14. Anna Haycraft (Romanautorin Alice Thomas Ellis), in: Bel Mooney, a.a.O., S. 89
15. Ebenda, S. 88
16. Adrienne Rich, What is Found There. Notebooks on Poetry and Politics, Norton, New York 1993, S. 16
17. Philippe Ariès, Western Attitudes Towards Death, a.a.O.; ders., The Hour of Our Death, a.a.O.
18. Gary L. Grammens, in: Donald P. Irish, Kathleen F. Lindquist und Vivian Jenkins Nelsen, a.a.O., S. 166
19. Jane Martin, First Person, in: Guardian, 5. April 1989, zit. nach Donna Dickenson und Malcolm Johnson, a.a.O., S. 83–84

KAPITEL 4: PFLICHTBEWUßTE TÖCHTER: PRIVATE FÜRSORGE

1. Adrienne Rich, Of Woman Born, Virago, London 1979, S. 37
2. Ebenda, S. 219
3. Phyllis Chesler, Einführung, zu: Judith Arcana, Our Mother's Daughters, The Women's Press, London, 1981 S. xv
4. Simone de Beauvoir, Memoirs of a Dutiful Daughter, André Deutsch und Weidenfeld und Nicholson, London 1959 (dt.: dies., Memoiren einer Tochter aus gutem Hause)
5. Adrienne Rich, a.a.O., S. 46
6. Louisa May Alcott, Little Women, The Studley Press, Ewell und London, 1946
7. Judith Arcana, a.a.O., S. 15
8. Margaret Forster, Have the Men Had Enough?, Penguin, London 1989, S. 34, 175–176
9. General Household Survey: Carers in 1990
10. Ebenda
11. Ebenda
12. J.A. McCalman, The Forgotten People, Kings Fund Centre, London 1990; J. Twigg und K. Atkin, Carers Perceived: Policy and Practice in Informal Care, OUP, Buckingham 1993
13. K. Atkin, E. Cameron, F. Badger und H. Evers, Asian Elders' Knowledge and Future Use of Community Social and Health Services, in: New Community, 15, 2, S. 439–446; E. Cameron, F. Badger, H. Evers und K. Atkin, Black Old Women, Disability and Health Carers, in: M. Jeffreys (Hrsg.), Growing Old in the Twentieth Century, Routledge, London 1989; C. Baxter, Cancer Support and Ethnic Minority and Migrant Work Communities, CancerLink, London 1989; S. Fenton, Ageing Minorities: Black People as they Grow Old in Britain, Commission for Racial Equality, London 1987
14. C. Walker, How a Survey Led to Providing More Responsive Help for Asian Families, in: Social Work Today, 19, 7, 1987, S. 12–13; Cameron et al., a.a.O.; Janjit Uppal, Helping Asian Families in Smethwick, Carelink, 4, 3, 1988; M. Bould, Working for Black Carers, in: Mutual Aid and Self Help, 15, 1–3, 1990; I. Cocking und S. Athwal, A Special Case for Treatment, in: Social Work Today, 21, 22, S. 12–13, 1990; McCalman, a.a.O.; Bericht des Direktors von ›Law and Administration‹ (zuständig für Frauenfragen), The Needs of Women Carers Whose First Language is not English, London Borough of Camden, 1990
15. Cameron, a.a.O.
16. Walker, a.a.O.; M. Powell und E. Perkins, Asian Families with a Pre-school Handicapped Child: A Study, in: Mental Handicap, 12, S. 50–52, 1984; E. Watson, Health Of Infants and Use of Health Services by Mothers of Different Ethnic Groups in East London, in: Community Medicine, 6, 1984, in: S. 127–135; Janjit Uppal, a.a.O.; McCalman, a.a.O.; Anwaal Bhalla und K. Blakemore,

463

Elderly of the Minority Ethnic Groups, ›All Faiths Once Race‹, Birmingham 1981; J. Donovan, We Dont't Buy Sickness, it Just Comes, Gower Press, Aldershot 1986; Cameron, a.a.O.

17. Celia Haddon, in: The Times, 30. August 1994

18. Sally Cline, Terminal Health, (unveröffentlichter Roman)

19. Lyndall Hopkinson, Nothing to Forgive: A Daughter's Life of Antonia White, Chatto and Windus, London 1988, S. 14

20. Celia Haddon, a.a.O.

21. Ebenda

22. Lyndall P. Hopkinson, a.a.O., S. 13–15

23. Jane Littlewood, a.a.O., S. 162

24. Mavis Nicholson im Gespräch mit Maya Angelou, »Moments of Crisis«, Channel 4, 8. Juli 1993

25. Ebenda

KAPITEL 5: WEIBLICHE BESTATTUNGSUNTERNEHMER

1. Shirley Firth, in: Donna Dickenson und Malcolm Johnson, a.a.O., S. 27

2. Bowker, The Sense of God, Clarendon Press, Oxford 1973

3. Arnold Van Gennep, The Rites of Passage, Routledge and Kegan Paul, London 1960

4. Edward Robinson, The Original Vision, The Religious Experience Research Unit, Oxford 1977

5. Francis Chappell and Sons, Bestattungsunternehmer, London

6. In Großbritannien haben diejenigen, die bereits irgendeine Sozialhilfe beziehen, ein Anrecht auf ein Grundbegräbnis mit einem Auto. Der Haken bei der Sache ist: um das Geld aus dem Sozialfonds zu bekommen, muß die hinterbliebene Person diejenige sein, die bereits Sozialhilfe bezieht – und nicht die verstorbene, wie man annehmen könnte. Was auch immer aus Sozialmitteln gezahlt wird, muß später aus dem Vermögen der verstorbenen Person zurückgezahlt werden. Wenn niemand willens oder in der Lage ist, für die Beerdigung zu zahlen, kann sich der Gemeinderat oder in manchen Fällen die Gesundheitsbehörde dazu bereiterklären. Die finanzielle Hilfe aus dem Sozialfonds deckt zum Zeitpunkt der Arbeit an diesem Buch folgende Positionen ab:
- Abholen des Körpers;
- Transport des Körpers nach Hause, in die Totenkapelle oder zum Leichenbestatter;
- eine Hin- und Rückfahrt zum Begräbnis;
- Totenschein;
- ein einfacher Sarg;
- ein Auto für den Sarg und die Träger;
- ein weiteres Auto, das mit den Angehörigen hinterherfährt;
- Blumen der Person, die für das Begräbnis zuständig ist;
- Gebühren für den Leichenbestatter, den Kaplan, den Organisten, wenn es ein Grundbegräbnis ist;
- Friedhofs- oder Krematoriumsgebühren;
- bis zu 75 Pfund für zusätzliche Kosten, die aus der Religionszugehörigkeit des Toten entstehen können.

In Großbritannien hat der Gemeinderat die Verpflichtung, für die Beerdigung oder die Verbrennung des Verstorbenen zu sorgen, wenn keine Vorkehrungen von anderer Seite getroffen worden sind. Kann davon ausgegangen werden, daß der Tote nicht eingeäschert werden wollte, dann wird es auch nicht angeordnet. Es besteht ein Forderungsanspruch der Behörde, daß die Bestattungskosten aus dem Vermögen des Verstorbenen beglichen werden. Die Gesundheitsbehörde kümmert sich vorwiegend um Begräbnisse von Leuten, die im Krankenhaus sterben und deren Verwandte entweder nicht auffindbar oder nicht in der Lage sind, dafür aufzukommen. Auch hier wird Anspruch auf Rückerstattung aus dem Vermögen des Verstorbenen erhoben.

7. Melanie Hunnaball, zit. nach Sarah Boseley, in: Guardian, 19. November 1994

8. Ebenda

1. Sally Cline, Women Celibacy and Passion, a.a.O.
2. Ebenda
3. Margaret Powell, The Treasure Upstairs, Pan, London 1972
4. Jeanette Kupfermann, When the Crying's Done. A Journey Through Widowhood, Robson Books, London 1992, S. 88, 89
5. Joseph T. Shipley, Dictionary of Word Origins, Philosophical Library New York, 1945; Jane Mills, Womanwords, Virago, London, S. 259; Agnes Sligh Turnbull, The Flowering, (1972), in: Jane Mills, a.a.O., S. 259; Duden Band 7, Etymologie, Mannheim ¹1963
6. Bonnie Bowman Thurston, The Widow. A Women's Ministry in the Early Church, Fortress Press, Minneapolis 1989
7. Ebenda, S. 9, 11, 13–15
8. Margaret Wade Labarge, Women in Mediaeval Life, Hamish Hamilton, London 1986
9. Antonia Fraser, The Weaker Vessel. Woman's Lot in 17th Century England, Methuen, London 1985
10. Lynne Caine, Widow, William Morrow and Co. und Macdonald and Co., 1974, S. 166
11. H.Z. Lopata, Women as Widows, Holland: Elsevier, New York 1979
12. C.M. Parkes und R.S. Weiss, Recovery from Bereavement, Basic Books, New York 1983; C.M. Parkes, Effects of Bereavement on Physical und Mental Health – A Study of the Medical Records of Widows, in: British Medical Journal 2, S. 274–279; C.M. Sanders, Risk Factors in Bereavement Outcome, in: Journal of Social Issues, 44, 3, 1988, S. 97–111
13. Zahlen entnommen aus: Widow's Advisory Trust: Widows Benefit Information, 1994
14. Leslie A. Morgan, After Marriage Ends. Economic Consequences for Midlife Women, Saga Publications Inc., Newbury Park, California 1991, S. 82, 154. Zu Beginn der Untersuchung wurden 5083 Frauen ausgewählt, die 1967 im Alter von 30 bis 44 Jahren waren. Die Situation der Frauen wurde zwischen 1967 und 1982 überprüft.
15. Ngahuia Te Awekotuku und Marilyn J. Waring, Foreigners in Our Own Land, in: Robin Morgan (Hrsg.), Sisterhood is Global, Penguin, London 1985, S. 483, 484
16. Miriam Habib, Pakistan: Women – A Fractured Profile, in: Ebenda, S. 536
17. Amna Elsadik Badri, Sudan: Women's Studies and a New Village Stove, in: Ebenda, S. 654, 655
18. J. Rudolph-Touba, Marriage and the Family in Iran, in: M.S. Das und P.D. Bardis (Hrsg.), The Familiy in Asia, Vikas, Neu-Delhi 1978, S. 233, 234; zit. in: Germaine Greer, The Change: Women, Ageing and the Menopause, Hamish Hamilton, 1991, S. 71
19. Jeanette Kupfermann, a.a.O., S. 109
20. Keiko Higuchi, Japan: The Sun and the Shadow, in: Robin Morgan, a.a.O., S. 388–390
21. A.L. Cochrane, A Little Widow is a Dangerous Thing, in: International Journal of Psycho-Analysis, 17, 494, 1936
22. Ebenda
23. R. Hertz, Death and the Right Hand, übers. von R. und C. Needham, Free Press, New York; Richard Huntington und Peter Metcalf, Celebrations of Death. The Anthropology of Mortuary Ritual, Cambridge University Press, 1979
24. Ama Ata Aidoo, Ghana: To Be a Woman, in: Robin Morgan, a.a.O., S. 261
25. Der Koran, N. 239, Sure 11, Al-Baqara. Hierin wird gesagt: »Wenn einer von euch stirbt und Witwen hinterläßt, dann sollen diese, mit allem, was sie selbst betrifft, vier Monate und zehn Tage warten.«
26. David William Cohen und E.S. Atieno Odhiambo, Burying SM. The Politics of Knowledge and the Sociology of Power in Africa, Heinmann, Portsmouth, NH; James Currey, London, 1992, S. 31–33, 71, 115 und 116
27. Regina Smith Oboler, Nandi Widows, in: Betty Potash (Hrsg.), Widows in African Societies, Stanford University Press, California 1986
28. Christine Obo, in: Ebenda, S. 85
29. Ebenda. Anmerkung: »Matrilineal« bedeutet Abstammung oder Verwandtschaft über die Mutter oder die mütterliche Linie. »Matrilokal« bezeichnet einen Heiratsbrauch, wo der Mann bzw. das Ehepaar bei der Familie der Ehefrau lebt.
30. Margaret Papandreou, Greece: A Village Sisterhood, in: Robin Morgan, a.a.O., S. 276, 277; Loring M. Dan-

forth, The Death Rituals of Rural Greece, Princeton University Press, 1982

31. Shulamit Aloni, Israel: Up the Down Escalator, in: Robin Morgan, a.a.O. (Die Knesset, in die Aloni mehrere Male gewählt wurde, ist das israelische Parlament.)

32. Katherine Mayo, Mother India, zitiert nach Mary Daly, Gyn/Ecology: The Metaethics of Radical Feminism, The Women's Press, London 1979, S. 119

33. Ebenda, S. 117i

34. Colin Murray Parkes, Bereavement: Studies of Grief in Adult Life, Penguin, London 1972, S. 29; Gail Omvedt, Violence Against Women: New Movements and New Theories in India, Kali for Women, Neu-Delhi 1990

35. Michael Allen und S.N. Mukherjee (Hrsg.), Women in India and Nepal, ANU Printing, Canberra 1982, S. 27, 43 und 62

36. Shashi Jaln, Status and Role Perceptions of Middle Class Women, Puja Publishers (Rega), Neu-Delhi 1988

37. Germaine Greer, a.a.O., S. 72

38. Jeanette Kupfermann, a.a.O., S. 70, 71

39. Joan Barfoot, Charlotte and Claudia Keeping in Touch, The Women's Press, London 1994, S. 14, 17
NB: Anmerkung zur kulturübergreifenden Behandlung von Witwen
Die nepalesische Autorin Manjula Giri geht davon aus, daß »die heiligen Gesetze der Hindus nachdrücklich festlegen, daß Frauen sich zu unterwerfen haben«. Im weiteren weist sie darauf hin, daß das »Sati-System« der Hindus, das chinesische Einbinden der Füße und die muslimischen Schleier Bräuche sind, die wie Steinchen in ein Mosaik hineinpassen. Die asiatische Frau, insbesondere die asiatische Witwe, ist ein lebendes Beispiel dafür, zu welchen Formen des Niedergangs man ein menschliches Wesen zwingen kann. (Manjula Giri, Nepal: Women as a Caste, in: Robin Morgan, a.a.O., S. 28, 464)
Zum Beispiel wird die Sitte der weiblichen Beschneidung, die aus einer Zeit vor dem Islam stammt und nirgendwo

im Koran erwähnt ist, von einigen fanatisch als heiliger, islamischer Brauch verteidigt. Gleiches gilt für den Brauch der Witwenverbrennung, der sich ebensowenig in irgendwelchen heiligen Texten findet, aber trotzdem als heiliger Akt der Hindufrau verteidigt wird. Giris Artikel gibt hierfür die folgende Erklärung: Durch die Art, wie die Hindutradition die Frau zum zweitklassigen Wesen degradiert hat, ist der Mann zum ›Seinsgrund‹ einer idealen Frau geworden, so daß für die hinterbliebene Ehegattin die Praxis der Witwenverbrennung ihr logisches Ende darstellt.

Mary Daly berichtet von einem Fall, wo 7000 Witwen in Brindaban ein erbärmliches Dasein fristen – lebende Schreckgespenster, deren Leben durch den Tod eines anderen so gut wie vernichtet worden ist. Völlig verarmt, mit geschorenen Köpfen, als Bekleidung nur ein weißes Tuch über den nackten Körper geworfen, singen sie jeden Morgen vier Stunden lang feierliche Hymnen, um wenigstens eine kleine Schale mit Reis zu bekommen. Ein typisches Schicksal ist das einer neunundsechzigjährigen Witwe, die im Alter von neun Jahren verheiratet worden war, mit elf Jahren bereits Witwe wurde und seitdem auf ihren »Tag der Erlösung« wartet. Daly meint, daß das, was mit Witwen in Ländern geschieht, in denen die Witwenverbrennung auflebt, weniger der Auswuchs eines kulturell bedingten Todestabus ist als vielmehr ein Zeichen gezielter Gewalttätigkeit, die weltweit durch alle Kulturen aus direkter, grauenhafter Frauenfeindlichkeit um sich greift. Grausamkeiten, die Witwen in anderen Kulturen widerfahren, erhöhen und verstärken Gewalttätigkeit – wie zum Beispiel Mißhandlungen, Vergewaltigungen und sexueller Mißbrauch –, die sich auch gegen Frauen in Kulturen wie der unseren richten, ungeachtet ihres Familienstandes oder kultureller Haltungen zum Tod. (Mary Daly, a.a.O., S. 114 und 127)

KAPITEL 7: ERDRÜCKENDER TOD: MÜTTER VERLIEREN KINDER

1. Jane Littlewood, a.a.O., S. 122
2. Compassionate Friends, Informationsblatt, 1994 (53, North Street, Bristol, England)
3. C.M. Sanders, A Comparison of Adult Bereavement in the Death of a Spouse, Child and Parent, Omega, 10, (4), 1979–80, S. 303–323
4. Anne Chisholm, in: Bel Mooney, a.a.O., S. 38
5. A.T. Rando (Hrsg.), Parental Loss of a Child, Research Press Co., Illinois 1986, S. 30
6. Nancy Kohner, The Loss of a Baby: Parents' Needs and Professional Practice after Early Loss, in: Dickenson und Johnson, a.a.O., S. 286
7. Jane Littlewood, a.a.O., S. 123
8. Jenni Thomas im Gespräch mit Marina Cantacuzino, in: Guardian, 1. November 1994
9. Jane Littlewood, a.a.O., S. 131; K. Donnelly, Recovering From the Loss of a Child, Macmillan, New York 1982; B. Raphael, The Anatomy of Bereavement: A Handbook for the Caring Professions, Hutchinson, London 1984
10. B. Raphael, a.a.O., S. 270
11. Jane Littlewood, a.a.O., S. 132
12. C.M. Binger, Psychosocial Intervention With the Child Cancer Patient and Family, in: Psychosomatics, 25, 1984, S. 889–902; R.K. Mulhern, M.E. Lauer und R.G. Hoffman, Death of a Child at Home or in the Hospital: Subsequent Psychological Adjustment of the Familiy, in: Paediatrics, 71, 1983, S. 743–747; J.R. Mann, Psychosocial Aspects of Leukemia and Other Cancers During Childhood, in: N.K. Aaronson und J. Beckman (Hrsg.), The Quality of Life of Cancer Patients, Raven Press, New York 1987
13. J.J. Spinetta, J.A. Swarner und J.P. Sheposh, Effective Parental Coping Following the Death of a Child From Cancer, in: Journal of Paediatric Psychology, 6 (3), 1981, S. 251–262
14. Janet Taylor, Brigie: A Life: 1965–1981, Hodder and Stoughton, London 1984, S. 11 und 161
15. N. Feeley und L.N. Gottlieb, Parents' Coping and Communication following Their Infants' Death, in: Omega, Bd. 19 (1), 1988, S. 53
16. C.B. Wortman und R.C. Silver, The Myths of Coping With Loss, in: Journal of Consulting and Clinical Psychology, 57, 3, 1989, S. 351
17. D.R. Lichman, C.B. Wortman und A.F. Williams, Long Term Effects of Losing a Spouse or Child in an Motor Vehicle Crash, in: Journal of Personality and Social Psychology, 52, 1987, S. 218–231

KAPITEL 8: KREBS: ERSCHEINUNGSBILD, SEX UND SPRACHE

1. Frau mit Brustkrebs im Gespräch mit Sandra Steingraber, einer Frau mit Blasenkrebs; in: Sandra Steingraber, We All Live Downwind, in: Judith Brady (Hrsg.), One in Three: Women with Cancer Confront an Epidemic, Cleis Press, San Francisco 1991, S. 40
2. Audre Lorde, A Burst of Light, Sheba Feminist Publishers, London 1988, S. 55
3. Judith Brady, a.a.O., S. 9 und 13; Statistisches Bundesamt, a.a.O.
4. Carolyn Faulder, Always a Woman: A Practical Guide to Living With Breast Surgery, Thorsens, 1992, S. 15
5. Nach dem Alter untergliederte Sterblichkeitsstatistiken für kanadische Frauen weisen den Brustkrebs als häufigste Todesursache aus. Entsprechend der kanadischen Krebsstatistik aus dem Jahr 1989 (S. 27) kamen zwischen 1970 und 1987 jährlich 23 bis 25 Brustkrebstote auf 100000 Einwohner.
6. Statistisches Bundesamt, a.a.O.
7. National Cancer Institute of Canada, Kanadische Krebsstatistik 1989, Toronto 1989, S. 26 (1970 kamen auf 100000 Einwohner 62 an Brustkrebs erkrankte Frauen, 1984 waren es 71, wie das Zahlenmaterial aus dem Jahre 1991 zeigt); Kushner, Rose, Alternatives, Warner Books, New York 1984, S. 66, in: Judith Brady, a.a.O., S. 62
8. Statistik Großbritanniens; Carolyn Faulder, Always a Woman: A Practical Guide to Living With Surgery, Thorsons, London 1992, S. 9, 27–28; Kanadische Krebsstatistik 1989. In Kanada beträgt die Überlebensrate bei Brustkrebs 74 Prozent, bei Dickdarmkrebs 51 Prozent und bei Lungenkrebs 15 Prozent.

9. Sherwin B. Nuland, How We Die, Chatto and Windus, London, 1994, S. 215
10. Ebenda
11. Ebenda
12. Ebenda
13. Ebenda
14. Ebenda, S. 213
15. Judith Brady, The Goose and the Golden Egg, in: Judith Brady, a.a.O., S. 13 und 14
16. Sherwin B. Nuland, a.a.O., S. 207
17. Ebenda, S. 210
18. Ebenda, S. 207 und 211
19. Ebenda, S. 206 und 207
20. Susan Sontag, AIDS and Its Metaphors, a.a.O., S. 9
21. Ebenda, S. 9–12; Susan Sontag, Illness as Metaphor, Penguin, London 1979 (dt.: dies., Krankheit als Metapher, Hanser, München 1978)
22. dies., AIDS and Its Metaphors, a.a.O., S. 14
23. Erving Goffman, Stigma: Notes on the Management of Spoiled Identity, Penguin, Harmondsworth 1963
24. Karl Menninger, The Vital Balance, in: Susan Sontag, Illness as Metaphor, a.a.O., S. 6
25. Audre Lorde, a.a.O., S. 127
26. Ebenda, S. 127 und 128
27. Janice Coombe Epps, On Cancer and Conjuring, in: Judith Brady, a.a.O., S. 227
28. Judith Brady, a.a.O., S. 21
29. Audre Lorde, a.a.O., S. 112
30. Ebenda, S. 113
31. Ebenda
32. Judith Emmanuel, Laura Potts, Lesley Thompson und Mary Twomey, Choice and Control in Breast Disease, in: Angela Phillips und Jill Rakusen (Hrsg.), The New Our Bodies Ourselves, Penguin, England 1973, S. 535–556
33. Audre Lorde, a.a.O., S. 116

KAPITEL 9: SÖHNE? HABE ICH SÖHNE?

Vorbemerkung zur Alzheimerschen Krankheit:

Ursprünglich ist der Begriff »Alzheimersche Krankheit« nur auf Patienten angewandt worden, die wie Ruth unter 65 Jahre alt sind. In der medizinischen Praxis ist es noch immer Brauch, für Patienten jenseits der 65 die umständliche Formel »Altersbedingte Demenzerkrankung vom Alzheimer Typus« zu gebrauchen. Jedoch haben sich immer mehr Beweise angehäuft, die verdeutlichen, daß beide Formen durch das gleiche mikroskopische Krankheitsbild gekennzeichnet sind. Das bedeutet, daß es außer den sozialen und psychologischen Auswirkungen keine stichhaltigen Gründe für eine Unterscheidung gibt. Deshalb schließe ich mich dem Sprachgebrauch der »Britischen Alzheimergesellschaft« an und verwende für beide Gruppen den einfachen Begriff »Alzheimer«.

Statistische Zahlen zur Alzheimerschen Krankheit

INTERNATIONAL: Bis zum Jahr 2025 könnte die Zahl der Menschen über 65 weltweit auf eine Milliarde anwachsen, von denen 50 Prozent an schweren Demenzerkrankungen leiden werden. Die Hälfte aller Demenzopfer wird die Alzheimersche Krankheit haben. Die Mehrheit der Alzheimer-Kranken werden weltweit Frauen sein. (WHO)

USA: Hochrechnungen weisen darauf hin, daß es bis zum Jahr 2030 mehr als 60 Millionen Amerikaner geben wird, die älter als 65 Jahre sein werden. Zur Zeit erkranken 11 Prozent der amerikanischen Bevölkerung über 65 an Alzheimer. Es wird erwartet, daß die Zahl ansteigen wird. Alzheimer macht 50 bis 60 Prozent aller Demenzerkrankungen aus. Die Mehrheit der an Alzheimer Leidenden über 65 werden Frauen sein. (Sherwin B. Nuland, a.a.O., S. 103 und 107)

GROSSBRITANNIEN: Alzheimer steht für die Hälfte bis zwei Drittel aller Demenzerkrankungen. Über die nächsten 30 Jahre wird der Prozentsatz ständig steigen. Bis zum Jahr 2021 werden schätzungsweise eine dreiviertel Million Leute an einer Demenzerkrankung leiden. Bis zum Ende dieses Jahrhunderts werden in Großbritannien schätzungsweise 8 324 000 Menschen leben, die älter als 65 sein werden. Das sind 15 Prozent der Gesamtbevölkerung Großbritanniens. Als Folge von Weiterentwicklungen in der medizinischen und pflegerischen Versorgung kann man davon ausgehen, daß die Menschen in Großbritannien eine große Aussicht haben, älter als 80 Jahre zu werden. Frauen leben am längsten. Mit zunehmendem Alter steigt für Frauen die Gefahr, die Alzheimersche Krankheit zu bekommen.

Wie Alzheimer uns mit zunehmendem Alter betrifft
(Zahlen für Großbritannien)

Altersgruppe	Verbreitung der Alzheimerschen Krankheit
40–65 Jahre	0,1% (1 von 1000)
65–70 Jahre	2,0% (1 von 50)
70–80 Jahre	5,0% (1 von 20)
Über 80 Jahre	20,0% (1 von 5)

NB: Frauen bilden die Mehrheit in der Gruppe der über Achtzigjährigen.
(Zahlen der »Gesellschaft für die Alzheimersche Krankheit«)

1. Donna Dickensen und Margaret Allot (Hrsg.), Kurs der Offenen Universität: Death and Dying, Offene Universität, 1992
2. Sherwin B. Nuland, a.a.O., S. 90–91
3. Dr. Nori Graham, in: Bericht der »Britischen Gesellschaft für die Alzheimersche Krankheit«, 1993
4. Bericht der »Britischen Gesellschaft für die Alzheimersche Krankheit«, 1993
5. Jonathan Miller, in: Ebenda
6. Jane Rule, Memory Board, Macmillan of Canada, Toronto 1987
7. Ebenda, S. 2
8. Ebenda, S. 25
9. Ebenda, S. 29 und 31
10. Ebenda, S. 32
11. Dr. Nori Graham, 1991
12. WHO, Weltgesundheitsstatistik; Sherwin B. Nuland, a.a.O., S. 89–117
13. General Household Survey, 1988
14. Bericht der »Britischen Gesellschaft für die Alzheimersche Krankheit«, 1993
15. Ebenda
16. Ebenda, S. 10
17. Bericht über die Betreuer der »Britischen Gesellschaft für die Alzheimersche Krankheit«, 1993
NB: Die »Britische Gesellschaft für die Alzheimersche Krankheit« weist im Jahr 1993 darauf hin, daß Betreuerinnen, die Mitglieder der Gesellschaft sind und an der Untersuchung beteiligt waren, sich sehr wahrscheinlich sowohl finanziell als auch sozial in einer besseren Lage befinden als andere Frauen, weil sie leichteren Zugang zu Informationen und Hilfsdiensten haben. Deshalb kann dieses Bild von Frauen, die Leute mit Demenzerkrankungen betreuen, nicht einmal für Großbritannien als völlig typisch für Betreuerinnen angesehen werden.
18. Sally Cline, Just Desserts: Women and Food, André Deutsch, London 1990
NB: Ernährungsdefizite, vor allem Mangel an Vitamin B 12/ Folsäure, können manchmal zu Verwirrungszuständen führen. Wenn Frauen älter werden, neigen sie zu Ernährungsproblemen. In meiner Studie »Just Desserts: Women and Food« habe ich mich mit Ernährungsgewohnheiten befaßt und entdeckt, daß viele alleinstehende Frauen häufig aufhörten, für sich selbst zu kochen, und lediglich von Tee und Gebäck lebten.
19. National Carers Association, 1992
20. Sherwin B. Nuland, a.a.O. S. 98–99
21. Ebenda, S. 99
22. Ebenda, S. 105
23. Ebenda, S. 96
24. Alyson Peberdy, Offene Universität, a.a.O., S. 14
25. Sherwin B. Nuland, a.a.O., S. 115 und 116
26. The Guardian, 19. März 1994
27. Verlust- und Demenz-Bericht der »Britischen Gesellschaft für die Alzheimersche Krankheit«

KAPITEL 10: SELBSTMORD: SCHOCK UND STIGMA

1. Albert C. Cain (Hrsg.), Survivors of Suicide, Charles C. Thomas, Springfield, Illinois 1972; Alison Wertheimer, A Special Scar: The Experiences of People Bereaved by Suicide, Routledge, London 1991
2. G.R. Bernhardt und S.G. Praeger, After Suicide: Meeting the Needs of Survivors, in: Paper: Annual Convention of American Personnel and Guidance Association, Washington DC, März 1983; C. Lukas und H. Seiden, Silent Grief. Living in the Wake of Suicide, Charles Scribner's, New York 1987
3. C. Staudacher, Beyond Grief. A Guide for Recovery from the Death of a Loved One, Souvenir Press, London 1988; Statistisches Bundesamt, a.a.O.
4. Sherwin B. Nuland, a.a.O., S. 152
5. Ebenda, S. 158
6. J. Bunch, B. Barraclough, B. Nelson und P. Sainsbury, Suicide Following

the Death of Parents, in: Social Psychiatry, 6, S. 193–199, 1971; C.M. Parkes, Bereavement: Studies of Grief in Adult Life, Penguin, Harmondsworth 1986, S. 142

7. B. Raphael, The Anatomy of Bereavement, Hutchinson, London 1985; Brian Barraclough und Jennifer Hughes, Suicide: Clinical and Epidemiological Studies, Croom Helm, London 1987

8. Sherwin B. Nuland, a.a.O., S. 156–158

9. Alison Wertheimer, a.a.O., S. 4; Statistisches Bundesamt, a.a.O. Anmerkung: Es trifft sicherlich zu, daß Selbstmorde ohne einen besonderen Bezug zum Lebensalter stehen; so wurden 1986 in Großbritannien 303 Selbstmorde von Menschen im Alter von 65 bis 69 Jahren und 331 Selbstmorde für die Altersgruppe zwischen 20 und 24 Jahren gemeldet. Dennoch verdecken diese Zahlen einen wichtigen Unterschied. In der älteren Altersgruppe entsprachen die Suizide nur 0,5 Prozent aller Todesfälle, in der jüngeren dagegen nahezu 14 Prozent. (Wertheimer, a.a.O., S. 4)

10. Ebenda, S. xiii

11. B.M. Barraclough und D.M. Shepherd, Public Interest: Private Grief, in: British Journal of Psychiatry, 129, 109–113, 1976; dies., in: British Journal of Psychiatry, 131, 400–404, 1977; dies., Brief, in: The Lancet, 1978, ii, 795; Carol Staudacher, a.a.O.; Alison Wertheimer, a.a.O.

12. N. Keir, I Can't Face Tomorrow. Help for Those Troubled by Thoughts of Suicide, Thorsens, Northants 1986, S. 13

13. Alison Wertheimer, a.a.O., S. 32

14. C. Lukas und H. Seiden, a.a.O.

15. Elisabeth Kübler-Ross, On Children and Death, Collier Books, New York 1983, S. 110 (dt.: dies., Kinder und Tod, Kreuz, Zürich 1984)

16. B. Raphael, a.a.O.

17. J. Douglas, The Social Meanings of Suicide, Princeton University Press, USA, 1967; Émile Durkheim, Suicide: A Study in Sociology, Routledge and Kegan Paul, London 1970 (dt.: ders., Der Selbstmord, Luchterhand, Neuwied u.a. 1973); J.M. Atkinson, Discovering Suicide. Studies in the Social Organisation of Sudden Death, Macmillan, London 1978

18. C. Staudacher, a.a.O.; Sherwin B. Nuland, a.a.O., S. 158

19. E. Stengel, Suicide and Attempted Suicide, Penguin, Harmondsworth 1973; A. Alvarez, The Savage God: A Study of Suicide, Penguin, Harmondsworth 1974; D.R. Chambers und J.G. Harvey, Inner Urban and National Suicide Rates: A Simple Comparative Study, in: Medicine, Science and the Law, 29, 3, S. 182–185

20. Adrienne Rich, Broschüre von Onlywomen Press, 1979, S. 2, Nachdruck aus: dies., On Lies Secrets and Silence, W.W. Norton and Co., New York 1979

21. B. Barraclough, a.a.O., S. 134; B. Raphael, a.a.O., S. 280

22. C.M. Parkes, in: Alison Wertheimer, a.a.O., S. xi

23. Sherwin B. Nuland, a.a.O., S. 140–162

24. D. Sudnow, Passing On: The Social Organisation of Dying, Prentice-Hall, Englewood Cliffs, New Jersey 1967; Jane Littlewood, a.a.O.

25. Sherwin B. Nuland, a.a.O., S. 150

26. C. Staudacher, a.a.O.

27. C. Lukas und H. Seiden, a.a.O.; Alison Wertheimer, a.a.O.

28. Sherwin B. Nuland, a.a.O., S. 144

29. Ebenda. Anmerkung: Nuland beschreibt ein seltsames Merkmal im Zusammenhang mit dem Erhängen, der von Männern bevorzugten Suizidart. Man könnte das gleiche Resultat mit einer weniger gewaltsamen Methode erreichen, zu der Männer ebenfalls Zugang haben und die ihnen auch bekannt ist. Ein potentieller Selbstmörder könnte das Ende eines Schlauches an dem Auspufftopf eines Autos befestigen, dann das Gemisch am anderen Ende einatmen und so die Affinität des Hämoglobins zum Kohlenmonoxyd nutzen. Die Disposition des Hämoglobins, sich mit Kohlenmonoxyd zu verbinden, ist zwei- bis dreihundertmal stärker als die zum lebensnotwendigen Sauerstoff. Das Opfer stirbt, weil sein Hirn und sein Herz nicht mehr genügend Sauerstoff bekommen. Das Erhängen bewirkt so ziemlich das gleiche, nur der Mechanismus ist wesentlich weniger sanft. Das Körpergewicht des Opfers sorgt dafür, daß sich die Schlinge mit der ausreichenden Kraft zusammenzieht und eine mechanische Blockierung der oberen Luftwege bewirkt. Nuland erklärt es so: Weil die sich zusammenziehende Schlinge den Rück-

fluß durch die Jugularvene und die anderen Venen abschneidet, wird das zurückfließende Blut ohne Sauerstoff im Gewebe des Gesichts und des Kopfes aufgestaut. Das Auffinden – gewöhnlich durch eine Ehefrau, eine Mutter oder eine Partnerin – einer grotesk hängenden Leiche, deren geschwollene, manchmal zerbissene Zunge aus einem aufgedunsenen, blaugrauen Gesicht mit grauenhaft hervortretenden Augen heraushängt, ist, wie uns Nuland versichert, ein alptraumhafter Anblick, den nur Hartgesottene ohne nacktes Entsetzen ansehen oder ertragen können.

30. K. Simpson und B. Knight, Forensic Medicine, Edward Arnold, London 1985, S. 104–105
31. Joel Jaffey, 1994, private Erörterung
32. E.S. Shneidman, Voices of Death: Personal Documents from People Facing Death, Bantam Books, New York 1982
33. Elisabeth Kübler-Ross, On Children and Death, a.a.O., S. 110
34. Alyson Peberdy, a.a.O.

KAPITEL 11: AIDS: DER SOZIALE TOD UNTER GEHEIMHALTUNG

1. National AIDS Trust, Statistik zum Welt-AIDS-Tag am 1. Dezember 1994, London; Chris Carne, Facharzt, Addenbrookes Hospital, Cambridge, Direktor der Klinikabteilung 1A für HIV- und AIDS-Patienten der Grafschaften Norfolk und Suffolk unter Leitung des Addenbrookes Hospitals; Kommission der Cambridge AIDS Helpline, März 1994, unter Verwendung von Zahlen aus dem Jahr 1992; J. Chin, Epidemiology: Current and Future Dimensions of the HIV/AIDS Pandemic in Women and Children, in: The Lancet, 28. Juli 1990, Bd. 336, Nr. 8709, S. 221–224; Panos Dossier, Triple Jeopardy: Women and AIDS, The Panos Institute, Budapest, London, Paris, Washington 1990, S. 11
2. Panos Dossier, a.a.O., S. 1; AIDS Dossier, in: Mick Hurrell (Hrsg.), Focus: The World in Perspective, Juni 1993
3. Panos Dossier, a.a.O., S. 5 und 8
4. Mick Hurrell, a.a.O.
5. Communicable Disease Report, 21. Oktober 1994, Bd. 4, Nr. 42; World AIDS Day Action Kit Fact File 2, Jüngste Statistiken; National AIDS Trust, London SE1, 1. Dezember 1994
6. Ines Rieder und Patricia Ruppelt (Hrsg.), Matters of Life and Death: Women Speak Out About AIDS, Virago, London 1989, S. v; Diane Richardson, Women and the AIDS Crisis, Pandora, London 1987, S. xiii; Panos Dossier, a.a.O., S. 1–7; Statistisches Bundesamt, a.a.O.
7. Mick Hurrell, a.a.O.
8. Information von Chris Carne, a.a.O.; Kommission der Cambridge AIDS Helpline, März 1994
9. Diane Richardson, a.a.O., S. 27
10. Ines Rieder und Patricia Ruppelt, a.a.O., S. 42, 43
11. Mick Hurrell, a.a.O.
12. Diane Richardson, a.a.O., S. 37
13. Diane Richardson, a.a.O., S. 74
14. In ihren Artikeln für britische und irische Zeitungen hat »Ellie« ihren eigenen Namen und auch den richtigen Namen ihres Brudes benutzt. Mit Blick auf die Darstellungsweise dieses Buches, allen befragten Frauen fiktive Namen zu geben, und aufgrund der Anregung von Tobys Schwester Tania sind hier alle Familiennamen geändert worden. Alles andere ist tatsachengetreu. Die Fakten sind von Tania in einer Reihe von Interviews wiedergegeben worden oder stammen aus belegten Quellen, wie Zeitungsartikeln, Dokumenten der medizinischen Fakultät, privaten Schriftstücken und veröffentlichten Büchern.
15. Graham Hancock und Enver Carim, AIDS: The Daily Epidemic, Gollancz, London 1986
16. Diane Richardson, a.a.O.
17. Ebenda, S. 15, 16
18. Susan Sontag, AIDS and Its Metaphors, a.a.O.
19. Clare Williams, First Person, in: The Guardian, 29. Mai 1991

KAPITEL 12: ÜBERGANGENE VERLUST

1. »In a Dublin Nursing Home«, in: Mary Dorcey, Kindling, Onlywomen Press, London 1982, S. 13
2. Dudley Cave, Mitgründer von »Lesbian and Gay Bereavement Project«, Bericht von Pamela Holmes, in: The Nursing Times, 13. Januar 1988, Bd. 84, Nr. 2 (nachgedruckt und verteilt vom »Lesbian and Gay Bereavement Project«, Vaughan M. Williams Centre, Colindale Hospital, London NW9 5HG, Tel: 0181 200 0511, wochentags erreichbar von 15.00 bis 18.00 Uhr)
3. Ebenda
4. Ebenda
5. Ebenda
6. Reva Lee Siegal und David D. Hoefer, Bereavement Counselling für Gay Individuals, in: American Journal of Psychotherapy, Bd. XXXV, Nr. 4, Oktober 1981, S. 518
7. The Lesbian and Gay Bereavement Project, a.a.O.
8. Alison Wertheimer, New Society, 17. April 1987
9. The Lesbian and Gay Bereavement Project, a.a.O.
10. T.H. Holmes und R.H. Rahe, The Social Readjustment Scale, in: Journal of Psychosomatic Research, 11, 1967, S. 213–218

KAPITEL 13: ERMUTIGENDE ERGEBNISSE

1. S. Sims, The Significance of Touch in Palliative Care, in: Palliative Medicine, 2, 1988, S. 58–61
2. Ebenda, S. 60
3. C. Badger und C. Regnard, Oedema in Advanced Disease: A Flow Diagram, in: Palliative Medicine, 3, 1990, S. 213–215
4. L. Lichter, Weakness in Terminal Illness, in: Palliative Medicine, 4, 1990, S. 73–80
5. D. Doyle, Domiciliary Terminal Care, Churchill Livingstone, Edinburgh 1987
6. J. Griffin, Dying with Dignity, Office of Health Economics, London 1991; Statistisches Bundesamt, a.a.O.
7. P. Townsend, A. Franck, D. Fermont, S. Dyer, O. Karran, A. Walgrove und M. Piper, Terminal Cancer Care and Patients' Preference for Place of Death, in: British Medical Journal, Bd. 301, 1990, S. 415–417
8. E. Wilkes, Dying Now, in: The Lancet, 28. April 1984, S. 950–952
9. Cicely Saunders im Gespräch mit Sue Lawley, »Desert Island Discs«, in: BBC Radio 4, 1994
10. Ebenda
11. Ebenda
12. The Guardian, 19. März 1994
13. Ebenda

ANHANG: HINTERGRÜNDE DES BUCHES

1. Carl Gustav Jung, Memories, Dreams and Reflections (dt.: ders., Erinnerungen, Träume und Gedanken), zit. nach: Alison Wertheimer, A Special Scar, a.a.O., S. vi
2. D.M. Shepherd und B.M. Barraclough, Help for Those Bereaved by Suicide, in: British Journal of Social Work, 9, 1979, S. 67–74; M.I. Solomon, Bereavement from Suicide, in: Psychiatric Nursing, Juli-Sept. 1981, S. 18–19, Alison Wertheimer, A Special Scar, a.a.O.
3. Albert C. Cain, a.a.O., S. 24
4. Sally Cline, Women Celibacy and Passion, a.a.O., S. 246
5. »Resume«, in: Dorothy Parker, Enough Rope, The Penguin Dorothy Parker, Penguin, Harmondsworth 1966, S. 99
6. Gerda Lerner, a.a.O.
7. Marion Meade, Dorothy Parker: What Fresh Hell is This?: A Biography, Minerva, London 1991, S. 393

Act Up New York Women and AIDS Book Group: Women, AIDS and Activism; South End Press, Boston, MA 1990

Albery, Nicholas, Gil und Joseph Elliot (Hrsg.): The Natural Death Handbook; Virgin, London 1993

Alvarez, Alfred: The Savage God: A Study in Suicide; Bantam, New York 1972

Ariès, Philippe: Western Attitudes Towards Death; Marion Boyars, London 1976 (dt.: Studien zur Geschichte des Todes im Abendland; Hanser, München 1976)

Ariès, Philippe: The Hour of Our Death; Penguin, Harmondsworth 1981

Ariès, Philippe: Geschichte des Todes; Hanser, München 1980

Ariès, Philippe: Bilder zur Geschichte des Todes; Hanser, München 1984

Augenbraun, Bernie und Charles Neuringer: Helping Survivors with the Impact of a Suicide; in: Albert C. Cain (Hrsg.): Survivors of Suicide; Charles C. Thomas, Springfield, Illinois 1972

Baro, F.: International Perspectives in Alzheimer's Disease; in: Desmond O'Neill (Hrsg.): Carers, Professionals and Alzheimer's Disease (Protokoll der fünften Internationalen Konferenz über die Alzheimersche Krankheit, 1989); John Libbey and Company, London 1991

Barraclough, Brian und Jennifer Hughes: Suicide: Clinical and Epidemiological Studies; Croom Helm, London 1987

Bassein, Beth Ann: Women and Death: Linkages in Western Thought and Literature; Greenwood Press, Connecticut 1984

Bean, Constance: Women Murdered by Men They Love; Haworth Press, New York (lag als Mskr. vor)

Beauvoir, Simone de: The Second Sex; Bantam, New York 1968 (dt.: Das andere Geschlecht; Rowohlt, Reinbek 1965)

Beck, Frances: The Diary of a Widow: Rebuilding a Familiy after the Funeral; Beacon Press, Boston 1966

Becker, Ernest: The Denial of Death; Free Press, New York 1973

Benefits Agency: What to Do After a Death (Blatt D49); BA Publications, Lancashire, April 1993

Benn, June (Hrsg.): Memorials: An Anthology of Poetry and Prose; Ravette, London 1986

Bennett, Olivia (Hrsg.): Triple Jeopardy: Women & AIDS; Panos Publications Ltd., London 1990

Blum, Arlene: Anna Purna: A Woman's Place; Granada, London 1980

Boston, Sarah und Rachel Tresize: Merely Mortal: Coping with Dying, Death and Bereavement; Methuen, London 1987

Bowker, John: The Meanings of Death; Cambridge University Press, Cambridge 1991

Bowlby, John: Attachment and Loss; Hogarth, London 1969

Bowlby, John: Attachment and Loss. Bd. 1: Attachment; Hogarth, London 1972

Bowlby, John: Attachment and Loss. Bd. 2: Separation: Anxiety and Anger; Hogarth, London 1980

Bowlby, John: Attachment and Loss. Bd. 3: Loss, Sadness and Depression; Hogarth, London 1982

Brady, Judith (Hrsg.): One in Three: Women with Cancer Confront an Epidemic; Cleis Press, Pittsburgh and San Francisco 1991

Brownmiller, Susan: Against Our Will: Men, Women and Rape; Bantam, New York 1975

Broyard, Anatole (Hrsg.): Intoxicated by My Illness and Other Writings on Life and Death; Fawcett Columbine, New York 1993

Buford, Bill (Hrsg.): Death; Granta 27, Penguin, Harmondsworth 1989

473

Burns, Edward (Hrsg.): Staying on Alone: Letters of Alice B. Toklas; Vintage, London 1975

Butler, R.N.: Alzheimer's Disease into the 1990s; in: Desmond O'Neill (Hrsg.): Carers, Professionals and Alzheimer's Disease (Protokoll der fünften Internationalen Konferenz über die Alzheimersche Krankheit, 1989); John Libbey and Company, London 1991

Cahill, S. und L. Roseman: Care-giver Considerations in Institutionalizing Dementia Patients; in: Desmond O'Neill (Hrsg.): Carers, Professionals and Alzheimer's Disease (Protokoll der fünften Internationalen Konferenz über die Alzheimersche Krankheit, 1989); John Libbey and Company, London 1991

Cain, Albert C. (Hrsg.): Survivors of Suicide; Charles C. Thomas, Springfield, Illinois 1972

Cameron, Deborah und Elizabeth Frazer: The Lust to Kill: A Feminist Investigation of Sexual Murder; New York University Press, New York 1987

Campbell, Alistair Vincent und Roger Higgs: In That Case: Medical Ethics in Everyday Practice; Darton, Longman and Todd, in Zusammenarbeit mit dem »Journal of Medical Ethics«, London 1982

Cantacuzino, Marina: Till Break of Day: Meeting the Challenge of HIV and AIDS at London Lighthouse; Heinemann, London 1993

Caputi, Jane: The Age of Sex Crime; Bowling Green State University Popular Press, Bowling Green, Ohio 1987

Carmichael, Elisabeth und Chloë Sayer: The Skeleton at the Feast: The Day of the Dead in Mexico; British Museum Press, London 1991

Carroll, David: Living with Dying: A Loving Guide for Family and Close Friends (überarbeitete Ausgabe); Paragon House, New York 1991

Chesler, Phyllis: About Men; Simon and Schuster, New York 1978

Cline, Sally: Just Desserts: Women and Food; André Deutsch, London 1990

Cline, Sally: Women Celibacy and Passion; André Deutsch, London 1993

Cline, Sally und Dale Spender: Reflecting Men at Twice their Natural Size; André Deutsch, London 1987

Coffey, Maria: Fragile Edge; Chatto & Windus, London 1989

Cooper, David: The Death of the Family; Penguin, Harmondsworth 1972

Daly, Mary: Beyond God the Father; Beacon Press, Boston 1973

Daly, Mary: Gyn/Ecology: The Metaethics of Radical Feminism; Beacon Press, Boston 1978

Davenport-Hines, Richard: Sex, Death and Punishment; Collins, London 1990

Dickenson, Donna und Malcolm Johnson (Hrsg.): Death, Dying and Bereavement; Sage Publications, in Zusammenarbeit mit »The Open University«, 1993

Dinnage, Rosemary (Hrsg.): The Ruffian on the Stair: Reflections on Death; Viking Penguin, London 1990

Dufour, G.: The Family and Dementia; in: Desmond O'Neill (Hrsg.): Carers, Professionals and Alzheimer's Disease (Protokoll der fünften Internationalen Konferenz über die Alzheimersche Krankheit, 1989); John Libbey and Company, London 1991

Durkheim, Émile: Suicide: A Study in Sociology (übersetzt von John A. Spaulding und George Simpson); Routledge and Kegan Paul, London 1970 (dt.: Der Selbstmord; Luchterhand, Neuwied u.a. 1973)

Dworkin, Andrea: Woman Hating; E.P. Dutton, New York 1974

Ehrenreich, Barbara und Deirdre English: Witches, Midwives and Nurses; Writers and Readers, London 1976

Elias, Norbert: The Loneliness of The Dying (übersetzt von Edmund Jephcott); Basil Blackwell, Oxford 1985 (dt.: Über die Einsamkeit der Sterbenden in unseren Tagen; Suhrkamp, Frankfurt am Main 1986)

Elliot, Janice: Necessary Rites; Hodder and Stoughton, Kent 1990

Ellis, Alice Thomas: The Birds of the Air; Penguin Group, London 1983

Emanuel, Judith, Lesley Thomson und Maria Twomey: Thinking about Breast Cancer: A Guide for Women who May be Well, Worried or Facing Treatment; National Extension College, Cambridge 1988

Enright, Dennis Joseph (Hrsg.): The Oxford Book of Death; Oxford University Press, Oxford 1987

Fanthorpe, Ursula A.: Standing To; Peterloo Poets, Calstock, Cornwall 1982

Fanthorpe, Ursula A.: Selected Poems; Peterloo Poets and King Penguin, Harmondsworth 1986

Faulder, Carolyn: Always a Woman: A Practical Guide to Living with Breast Surgery; Thorsons, London 1992

474

Feifel, Herman (Hrsg.): The Meaning of Death; McGraw Hill, New York 1965

Feifel, Herman (Hrsg.): New Meanings of Death; McGraw Hill, New York 1977

Fiedler, Leslie: Love and Death in the American Novel; Criterion, New York 1960

Field, David: Nursing the Dying; Routledge, London 1989

Fitzgerald, Penelope: Charlotte Mew & Her Friends; Collins, London 1984

Forster, Margaret: Have the Men Had Enough?; Penguin Books, London 1990

Freud, Sigmund: Mourning and Melancholia; in: Collected Papers. Bd. 4; Basic Books, New York 1917 (dt.: Trauer und Melancholie; in: Gesammelte Werke. Bd. 10; Fischer, Frankfurt am Main ⁶1973)

Fromm, Erich: To Have or to Be, Sphere Books, London 1979 (dt.: Haben oder Sein, Deutsche Verlags-Anstalt, Stuttgart 1976; dtv, München 1979)

Garnett, David (Hrsg.): Carrington: Letters and Extracts from Her Diaries; Oxford University Press, Oxford 1979

Gerzina, Gretchen: Carrington: A Life of Dora Carrington 1893–1932; John Murray Publishers Ltd., London 1989

Gill, Derek: Elisabeth Kübler-Ross: Wie sie wurde, wer sie ist; Kreuz, Stuttgart 1981

Gittings, Clare: Death, Burial and the Individual in Early Modern England; Routledge, London 1984

Glaser, Barney G. und Anselm Leonard Strauss: Awareness of Dying; Aldine Publishing Company, Chicago 1965

Glaser, Barney G. und Anselm Leonard Strauss: Time for Dying; Aldine Publishing Company, Chicago 1968

Goate, A.M.: Molecular Genetics of Alzheimer's Disease; in: Desmond O'Neill (Hrsg.): Carers, Professionals and Alzheimer's Disease (Protokoll der fünften Internationalen Konferenz über die Alzheimersche Krankheit, 1989); John Libbey and Company, London 1991

Gorer, Geoffrey: Death, Grief and Mourning in Contemporary Britain; Cresset, London 1965

Graham, N.: The Silent Epidemic: Who Cares?; in: Desmond O'Neill (Hrsg.): Carers, Professionals and Alzheimer's Disease (Protokoll der fünften Internationalen Konferenz über die Alzheimersche Krankheit, 1989); John Libbey and Company, London 1991

Green, Jennifer und Michael Green: Dealing with Death: Practices and Procedures; Chapman & Hall, London 1992

Grigson, Geoffrey (Hrsg. & Verf. der Einführung): The Faber Book of Epigrams and Epitaphs; Faber & Faber, London 1977

Hanmer, Jalna und Sheila Saunders: Well-founded Fear: A Community Study of Violence against Women; Hutchinson, London 1984

Hartman, Mary S.: Victorian Murderesses; Schocken, New York 1977

Hemer, June und Ann Stanyer: Handbook for Widows; Virago, London, 1978

Hill, Susan: In the Springtime of the Year; Penguin, Harmondsworth 1977

Hill, Susan: Family; Michael Joseph Ltd., Penguin Group, London 1989

Houlbrooke, Ralph Anthony (Hrsg.): Death, Ritual and Bereavement; Routledge, London 1989

Humphreys, Sally C.: The Family, Women and Death: Comparative Studies (zweite Auflage); Ann Arbor, University of Michigan Press, 1993

Ignatieff, Michael: Scar Tissue; Chatto & Windus, London 1993

Ivan, Leslie P. und Maureen E. Melrose: The Way We Die; Angel Press, Chichester 1986

Jantzen, Grace M.: Julian of Norwich: Mystic and Theologian; SPCK, London 1987

Jarman, Derek: At Your Own Risk: A Saint's Testament; Hutchinson, London 1992

Jones, Mary: Secret Flowers, Mourning and the Adaption to Loss; The Women's Press, London 1988

Jung, Carl Gustav: Modern Man in Search of a Soul (1933); Nachdruck, Routledge and Kegan Paul, London 1973 (dt.: Die Bedeutung der Psychologie für die Gegenwart, Vortrag 1933; in: Gesammelte Werke. Bd. 10, Walter, Olten u.a. 1974)

Keir, Norman: I Can't Face Tomorrow: Help for Those Troubled by Thoughts of Suicide; Thorsons, Wellingborough, Northants 1986

Kelly, Liz: Surviving Sexual Violence; Polity Press, Cambridge 1988

Killeen, J.: Dementia: Priorities for Care, Strategies for Change; in: Desmond O'Neill (Hrsg.): Carers, Professionals and Alzheimer's Disease (Protokoll der fünften Internationalen Konferenz über die Alzheimersche Krankheit, 1989); John Libbey and Company, London 1991

Kingston, Maxine Hong: The Woman Warrior: Memoirs of a Girlhood Among Ghosts; Pan, London 1981

Krementz, Jill: How It Feels When a Parent Dies; Victor Gollancz Ltd., London 1983

Krishnamurti, Jiddu: On Living and Dying; Victor Gollancz Ltd., London 1992

Kübler-Ross, Elisabeth: Death: The Final Stage of Growth; Prentice-Hall, Englewood Cliffs, New Jersey 1975

Kübler-Ross, Elisabeth: Living with Death and Dying; Souvenir Press, London 1982 (dt.: Verstehen was Sterbende sagen wollen; Kreuz, Stuttgart 1982)

Kübler-Ross, Elisabeth: On Children and Death; Macmillan, New York 1985 (dt.: Kinder und Tod; Kreuz, Zürich 1984)

Kübler-Ross, Elisabeth: On Death and Dying; Tavistock/Routledge, London 1989

Kübler-Ross, Elisabeth: Was können wir noch tun? Antworten auf Fragen nach Sterben und Tod; Kreuz, Stuttgart ²1975

Kübler-Ross, Elisabeth: Reif werden zum Tode; Kreuz, Stuttgart 1976

Kübler-Ross, Elisabeth: Leben bis wir Abschied nehmen; Kreuz, Stuttgart ²1980

Kübler-Ross, Elisabeth: Interviews mit Sterbenden; Kreuz, Stuttgart ¹³1981

Kübler-Ross, Elisabeth: Befreiung aus der Angst; Kreuz, Stuttgart 1983

Kübler-Ross, Elisabeth und Mal Warshaw: AIDS: The Ultimate Challenge; Macmillan, New York 1987

Lamm, Maurice: The Jewish Way in Death and Mourning; Jonathan David Publishers, New York 1973

Lerner, Gerda (Hrsg.): Black Women in White America; Vintage, New York 1973

Lester, David und Gene Lester: Crime of Passion: Murder and the Murderer; Nelson Hall, Chicago 1975

Levine, Stephen: Who Dies?; Anchor Books, New York 1982

Levitt, Paul M. und Elissa S. Guralnick, mit Dr. A. Robert Kagan und Dr. Harvey Gilbert: The Cancer Reference Book; Harper & Row Ltd., London 1984

Lewis, Clive Staples: A Grief Observed; Faber & Faber, London 1966

Lindemann, Erich und Ina May Greer: A Study of Grief: Emotional Responses to Suicide; in: Albert C. Cain (Hrsg.):

Survivors of Suicide; Charles C. Thomas, Springfield, Illinois 1972

Liss, L.: Environmental Factors in the Pathogenesis of Alzheimer's Disease; in: Desmond O'Neill (Hrsg.): Carers, Professionals and Alzheimer's Disease (Protokoll der fünften Internationalen Konferenz über die Alzheimersche Krankheit, 1989); John Libbey and Company, London 1991

Littlewood, Jane: Aspects of Grief: Bereavement in Adult Life; Routledge, London 1992

Longford, Lord: Suffering and Hope; Harper Collins, London 1990

Lopata, Helena Znaniecki: Women as Widow; Holland Elsevier, New York 1979

Lorde, Audre: A Burst of Light; Sheba Feminist Publishers, London 1988

Lukas, Christopher und Henry M. Seiden: Silent Grief: Living in the Wake of Suicide; Papermac, London 1987

Mace, Nancy L. und Peter V. Rabins: The 36-Hour Day: A Family Guide to Caring for Persons with Alzheimer's Disease, Related Dementing Illnesses, and Memory Loss in Later Life; Johns Hopkins University Press, Baltimore, Maryland 1981

McIntosh, John: Suicide as a Mental Health Problem: Epidemiological Aspects; in: J. Dunne, John L. McIntosh und Karen Dunne-Maxim (Hrsg.): Suicide and its Aftermath: Understanding and Counselling the Survivors; Norton, New York and London 1987

Magdalen CSMV, Margaret: Transformed by Love: The Way of Mary Magdalen; Darton, Longman and Todd Ltd., London 1989

Manning, Rosemary: A Corridor of Mirrors; The Women's Press, London 1987

Mars-Jones, Adam und Edmund White: The Darker Proof (Neuauflage); Faber & Faber, London 1988

Meade, Marion: Dorothy Parker: What Fresh Hell is This? A Biography; Minerva, London 1991

Middlebrook, Diane Wood: Anne Sexton: A Biography; Virago Press Ltd., London 1992

Miller, Mary: Suicide After Sixty; Springer Publishing Company, New York 1979

Millett, Kate: Sexual Politics; Ballantine, New York 1969

Mok, Jacqueline: Children with AIDS; in: John David Baum et al. (Hrsg.): Listen, My Child Has a Lot of Living to

Do; Oxford University Press, in Zusammenarbeit mit dem »Institute of Child Health«, Bristol 1990

Molloy, Dr. William und Virginia Mepham: Let Me Decide; Penguin, London 1993

Mooney, Bel: Perspectives for Living: Conversations on Bereavement and Love; John Murray, London 1992

Morgan, Robin (Hrsg.): Sisterhood is Powerful; Random House, New York 1970

Neuberger, Julia: Caring for Dying People of Different Faiths; Austen Cornish Publishers, in Zusammenarbeit mit der »Lisa Sainsbury Foundation«, London 1987

Neuberger, Julia und John Austin White: A Necessary End: Attitudes to Death; Macmillan, London 1991

Nuland MD, Sherwin B.: How We Die; Chatto & Windus, London 1994

Pagelow, Mildred Daley: Family Violence; Praeger Publishers, New York 1984

Palmer, Elsie und Jill Watt: Living and Working with Bereavement: Guide for Widowed Men and Women; Detselig Enterprises Ltd., Alberta 1987

Parkes, Colin Murray: Bereavement; Tavistock, London 1972

Parkes, Colin Murray: Bereavement: Studies of Grief in Adult Life (überarbeitete Ausgabe); Penguin, Harmondsworth 1986

Peabody, Barbara: The Screaming Room: A Mother's Journal of her Son's Struggle with AIDS; Avon, New York 1987

Pearson, Carol: Good-Bye, I Love You; Random House, New York 1986

Phillips, Angela und Jill Rakusen (Hrsg.): The New Our Bodies Ourselves; Penguin, London 1989

Pincus, Lily: Death and the Family: The Importance of Mourning; Vintage Books, New York, Faber & Faber, London 1976

Pincus, Lily und Christopher Dare: Secrets in the Family; Faber & Faber, London 1978

Pitt-Rivers, Julian: The Fate of Shechem or the Politics of Sex; Cambridge University Press, Cambridge 1977

Radford, Jill und Diana E.H. Russel (Hrsg.): Femicide: The Politics of Woman Killing; The Open University Press, Buckingham 1992

Raphael, Beverly: The Anatomy of Bereavement: A Handbook for the Caring Professions; Hutchinson, London 1985

Rhodes, Dusty und Sandra McNeill

(Hrsg.): Women Against Violence Against Women; Onlywomen Press, London 1985

Rich, Adrienne: Of Woman Born: Motherhood as Experience and Institution; Virago, London 1977

Rich, Adrienne: Women and Honour: Some Notes on Lying; Onlywomen Press, London 1979

Richardson, Diane: Women and the AIDS Crisis; Pandora, London 1989

Richardson, Diane: Safer Sex: The Guide for Women Today; Pandora, London 1990

Rieder, Ines und Patricia Ruppelt (Hrsg.): Matters of Life and Death: Women Speak about AIDS; Virago, London 1989

Rosenblatt, Paul C., R. Patricia Walsh und Douglas A. Jackson: Grief and Mourning in Cross-Cultural Perspective; HRAF Press, New York 1976

Rule, Jane: Memory Board; Pandora, London 1987

Ryedale, April: My Enemy My Friend: Poems; Janus Publishing Company, London 1993

Salvo, Louise de: Virginia Woolf: The Impact of Childhood Sexual Abuse on her Life & Work; The Women's Press, London 1989

Sarton, May: As We Are Now; The Women's Press, London 1983

Sarton, May: After the Stroke: A Journal; The Women's Press, London 1988

Sarton, May: Endgame: Journal of the Seventy-Ninth Year; The Women's Press, London 1993

Sarton, May: Encore: Journal of the Eightieth Year; The Women's Press, London 1993

Saunders, Cicely (Hrsg.): The Management of Terminal Malignant Disease; Edward Arnold, London ²1984

Saunders, Cicely (Hrsg.): The Evolution of The Hospices; in: R.D. Mann (Hrsg.): The History of the Management of Pain: Early Principles to Present Practice; Parthenon Publishing, 1988

Saunders, Cicely (Hrsg.): Hospice and Palliative Care: An Interdisciplinary Approach; Edward Arnold, London 1990

Saunders, Cicely und Mary Baines: Living with Dying: The Management of Terminal Disease; Oxford University Press, Oxford ²1989

Shneidman, Edwin S.: Vorwort; in: Albert C. Cain (Hrsg.): Survivors of Suicide; Charles C. Thomas, Springfield, Illinois 1972

Shneidman, Edwin S.: Voices of Death: Personal Documents from People Facing Death; Bantam Books, New York 1982

Shapiro, Jean (Hrsg.): Ourselves Growing Older: Women Ageing with Knowledge and Power (britische Version des Originaltextes von P.B. Doress und D.L. Siegal sowie dem »Midlife and Older Women Book Project«, in Zusammenarbeit mit dem »Boston Women's Health Book Collective«); Fontana/Collins, London 1989

Simpson, Joe: This Game of Ghosts; Jonathan Cape, London 1993

Sölle, Dorothee Die Hinreise. Zur religiösen Erfahrung – Texte und Überlegungen; Kreuz, Stuttgart 1977

Sontag, Susan: Illness as Metaphor; Allen Lane, London 1978 (dt.: Krankheit als Metapher; Hanser, München 1978)

Sontag, Susan: AIDS and Its Metaphors; Allen Lane, London 1989 (dt.: AIDS und seine Metaphern; Hanser, München 1989)

Sontag, Susan und Howard Hodgkin: The Way We Live Now; Jonathan Cape, London 1991

Spalding, Frances: Stevie Smith: A Critical Biography; Faber & Faber, London 1988

Stanley, Liz und David Morgan (Hrsg.): Sociology; in: The Journal of the British Sociological Association, Band 27, Nummer 3; BPCC Wheatons Ltd., Exeter 1993

Staudacher, Carol: Beyond Grief: A Guide for Recovering from Death of a Loved One; Souvenir Press, London 1988

Stengel, Erwin: Suicide and Attempted Suicide (überarbeitete Ausgabe); Penguin, Harmondsworth 1973

Stocker, Midge (Hrsg.): Cancer as a Women's Issue: Scratching the Surface; Third Side Press, Chicago 1991

Storr, Anthony: Solitude; Fontana, London 1989

Stott, Mary: Forgetting's No Excuse: The Autobiography of Mary Stott Journalist, Campaigner and Feminist; Virago, London 1975

Stott, Mary (Hrsg.): Women Talking: An Anthology from The Guardian Women's Page, 1922–35 and 1957–71; Pandora Press, London 1987

Sudnow, David: Passing On: The Social Organisation of Death; Prentice-Hall, Englewood Cliffs, New Jersey 1969

Tannen, Deborah: You Just Don't Understand: Men and Women in Conversation; Virago, London 1991 (dt.: Du kannst mich einfach nicht verstehen; Kabel, Hamburg 1991)

Tatelbaum, Judy: The Courage to Grieve: Creative Living, Recovery and Growth through Grief; Heinemann, London 1981

Tavanyar, Judy: The Terence Higgins Trust HIV/AIDS Book; Thorsons, London 1992

Taylor, Janet: Brigie: A Life, 1965–81; Hodder & Stoughton, London 1984

Truman, Jill: Letter to my Husband: Notes about Mourning & Recovery; Hodder & Stoughton, London 1988

Vanessapress (Hrsg.): Bits of Ourselves: Women's Experiences with Cancer; Vanessapress, Alaska, 1986

Van Gennep, Arnold: The Rites of Passage; Routledge and Kegan Paul, London 1960

Wagner, Linda W. (Hrsg.): Sylvia Plath: The Critical Heritage; Routledge, London und New York 1988

Walker, Susan: Memorials to the Roman Dead; British Museum Publications Ltd., London 1985

Walter, Tony: Funerals and How to Improve Them; Hodder & Stoughton, London 1990

Weisman, Avery D.: On Dying and Denying: A Psychiatric Study of Terminality; Behavioural Publications, New York 1972

Wertheimer, Alison: A Special Scar: The Experiences of People Bereaved By Suicide; Routledge, London 1991

White, Antonia: Antonia White Diaries, hrsg. von Susan Chitty, Bd. 1: 1926–1957; Constable, London 1991

White, Antonia: Bd. 2: 1958–1979; Constable, London 1992

Williams, Rory: A Protestant Legacy: Attitudes to Death and Illness Among Older Aberdonians; Clarendon Press, Oxford 1990

Woolf, Leonard Sidney: The Journey not the Arrival Matters: An Autobiography of the Years 1939 to 1969; Hogarth Press, London 1969

Woolf, Virginia: Diary of Virginia Woolf, hrsg. von Anne Oliver Bell, Bd. 1: 1915–1919; Hogarth Press, London 1977

Woolf, Virginia: Bd. 2: 1929–1924; Hogarth Press, London 1978

Woolf, Virginia: Bd. 3: 1925–1930; Hogarth Press, London 1980

Woolf, Virginia: Bd. 4: 1931–1935; Hogarth Press, London 1982

Woolf, Virginia: Bd. 5: 1936–1941; Hogarth Press, London 1984

Worden, William J.: Grief Counselling and Grief Therapy; Tavistock, London 1983

PUBLIKATIONEN IN FACHZEITSCHRIFTEN UND SCHRIFTLICHE BERICHTE

Bankoff, E.A.: Aged Parents and their Widowed Daughters; in: Journal of Gerontology, 38: 226–230, 1983

Barraclough, B.M. und D.M. Shepherd: Public Interest: Private Grief; in: British Journal of Psychiatry, 129: 109–113, 1976

Barraclough, B.M. und D.M. Shepherd: The Immediate and Enduring Effects of the Inquest on Relatives of Suicides; in: British Journal of Psychiatry, 131: 400–404, 1977

Barry, H. Jr., H. Barry III und E. Lindemann: Dependency in Adult Patients Following Early Maternal Bereavement; in: Journal of Nervous and Mental Disease, 140, 3: 196, 1965

Barry, M.J. Jr.: The Prolonged Grief Reaction; in: Mayo Clinic Proceedings, 48: 329–335, 1973

Bowlby, J.: The Making and Breaking of Affectional Bonds, I and II; in: British Journal of Psychiatry, 130: 201–210, 421–431, 1977

Bowlby-West, L.: The Impact of Death on the Family System; in: Journal of Family Therapy, 5: 279–294, 1983

British Medical Association: The Euthanasia Report: Report of the Working Party to Review the British Medical Association's Guidance on Euthanasia; London 1988

Buckman, R.: Breaking Bad News: Why is it Still So Difficult?; in: British Medical Journal, 288, 1: 1597–1599, 1984

Bunch, J., B. Barraclough, B. Nelson und P. Sainsbury: Suicide Following The Death of Parents; in: Social Psychiatry, 6: 193–199, 1971

Cain, A.C.: The Legacy of Suicide: Observations on the Pathogenic Impact of Suicide upon Marital Partners; in: Psychiatry, 29: 26–28, 1966

Callahan, D.: Can We Return Death to Disease?; in: C.S. Campbell und B.J. Crigge (Hrsg.): Mercy, Murder and Morality: Perspectives on Euthanasia; Supplement zum Hastings Center Report, Januar-Februar 1989

Cameron, J. und C.M. Parkes: Terminal Care: Evaluation of Effects on Surviving Family of Care Before and After Bereavement; in: Postgraduate Medical Journal, 59: 73–78, 1983

Clayton, P.J., J.A. Halikas, W.L. Maurice und E. Robins: Anticipatory Grief and

Widowhood; in: British Journal of Psychiatry, 122: 47–51, 1973

Cochrane, A.L.: A Little Widow is a Dangerous Thing; in: International Journal of Psycho-Analysis, 17: 494, 1936

Coleman, S., A. Hemphrey, P. Scraton und P. Skidmore: Hillsborough and After: The Liverpool Experience; in: Centre for Studies in Crime and Social Justice, Edge Hill College of Higher Education, Ormskirk, Lancs 1990

Earnshaw-Smith, E. und P. Yorkstone: Setting Up and Running a Bereavement Service; St. Christopher's Hospice, 1986

Gerber, I., R. Rusalem und N. Hanon: Anticipatory Grief and Aged Widows and Widowers; in: Journal of Gerontology, 30: 225–229, 1975

Henley, S.H.A.: Bereavement Following Suicide: A Review of the Literature; in: Cruse Academic Paper No. 1, CRUSE, Richmond, Surrey 1984

Hill, S.: Personal Experiences of Bereavement; in: Bereavement Care: 29–33, Winter 1988

Johnson, I.S. et al.: What Do Hospices Do?: A Survey of Hospices in the United Kingdom & Republic of Ireland; in: British Medical Journal, 300: 791–793, März 1990

Kane, B.: Children's Concepts of Death; in: Journal of Genetic Psychology: 134–141, 1979

Katz, J.T.S.: Context and Care: Nurses' Accounts of Stress and Support on a Cancer Ward; unveröffentlichte Ph.D.-Dissertation, University of Warwick, 1989

Klein, M.: Mourning and its Relationship to Manic Depressive States; in: International Journal of Psycho-Analysis, 21: 125, 1940

Lehman, D.R., C.B. Wortman und A.F. Williams: Long-term Effects of Losing a Spouse or Child in a Motor Vehicle Crash; in: Journal of Personality and Social Psychology, 52: 218–231, 1987

Lewis, E. und A. Page: Failure to Mourn a Stillbirth: An Overlooked Catastrophe; in: British Journal of Medical Psychology, Bd. 51, 1978

Lindemann, E.: The Symptomatology and Management of Acute Grief; in: American Journal of Psychiatry, Bd. 101: 141–148, 1994

Littlewood, J.L., D. Cramer, J.E.W.M.

Hoeskstra-Weebers und G.B. Humphrey: Gender Differences in Parental Coping Following their Child's Death; in: British Journal of Guidance and Counselling, 19, 2: 139–148, 1991a

McIntosh, J.: Survivors of Suicide: A Comprehensive Bibliography; in: Omega, 16, 4: 355–370, 1985–6

Maddison, D.C. und A. Viola: The Health of Widows in the Year Following Bereavement; in: Journal of Psychosomatic Research, Bd. 12, 1968

The Open University Course Team: Death & Dying. Arbeitsbücher 1–4, hrsg. von Donna Dickenson, Alison Peberdy, Jeanne Katz und Moyra Sidell; The Open Universitiy Department of Health and Social Welfare, Milton Keynes, 1992

Parkes, C.M. und R. Brown: Health After Bereavement: A Controlled Study of Young Boston Widows and Widowers; in: Psychosomatic Medicine, 34, 1972

Parkes, C.M.: Bereavement Counselling: Does it Work?; in: British Medical Journal, 281: 3–6, 1980

Parkes, C.M.: The Risk of Suicide After Bereavement; in: Bereavement Care 1(1): 4–5, Frühjahr 1982

Parkes, C.M.: Depression: When is it an Illness?; in: Bereavement Care 4(1): 5–6; 11, Frühjahr 1985

Parkes, C.M.: Bereavement as a Psychological Transition: Processes of Adaption to Change; in: Journal of Social Issues, 44(3): 53–65, 1988

Passant, H.: A Holistic Approach in the Ward; in: Nursing Times, Bd. 86, Nr. 4

Range, L.M. und L.G. Calhon: Responses Following Suicide and Other Types of Death: The Perspectives of the Bereaved; in: Omega, Bd. 21(4): 311–320, 1990

Raphael, B.: Preventive Intervention with the Recently Bereaved; in: Archives of General Psychiatry, 34: 1450–1454, 1977

Rees, W.D.: The Hallucinations of Widowhood; in: British Medical Journal, 4: 13, 2. Oktober 1971

Sanders, C.M.: A Comparison of Adult Bereavement in the Death of a Spouse, Child and Parent; in: Omega, 10: 303–322, 1979–80

Sanders, C.M.: Risk Factors in Bereavement Outcome; in: Journal of Social Issues, 44, 3: 97–111, 1988

Sanders, C.M.: Caring to the End; in: Nursing Mirror, 151(12): 52–53, 4. September 1980

Sanders, C.M.: On Dying Well; in: The Cambridge Review: 49–52, 27. Februar 1984

Savishinsky, J.S.: Dementia Sufferers and Their Carers: A Study of Family Experiences and Supportive Services in the London Borough of Islington; Polytechnic of North London, 1990

Sidell, M.: Gender Differences in the Health of Older Women; Forschungsbericht, Department of Health and Social Welfare, The Open University, Milton Keynes, 1992

Sklar, R. und S.F. Hartley: Close Friends as Survivors: Bereavement Patterns in a »Hidden« Population; in: Omega, 21(2): 103–112, 1990

Tallon, J. und M. Hayworth (Hrsg.): Helping Each Other Through the Seasons of Grief; Broschüre der »Compassionate Friends«, Bristol 1991

Taylor, H.: The Hospice Movement in Britain: Its Role and Future; Centre for Policy on Ageing, London 1983

Wrobleski, A.: The Suicide Survivors Grief Group; in: Omega, 15, 2: 173–184, 1984–85

Wrobleski, A.: Guilt and Suicide; Afterwords, Oktober 1986

480

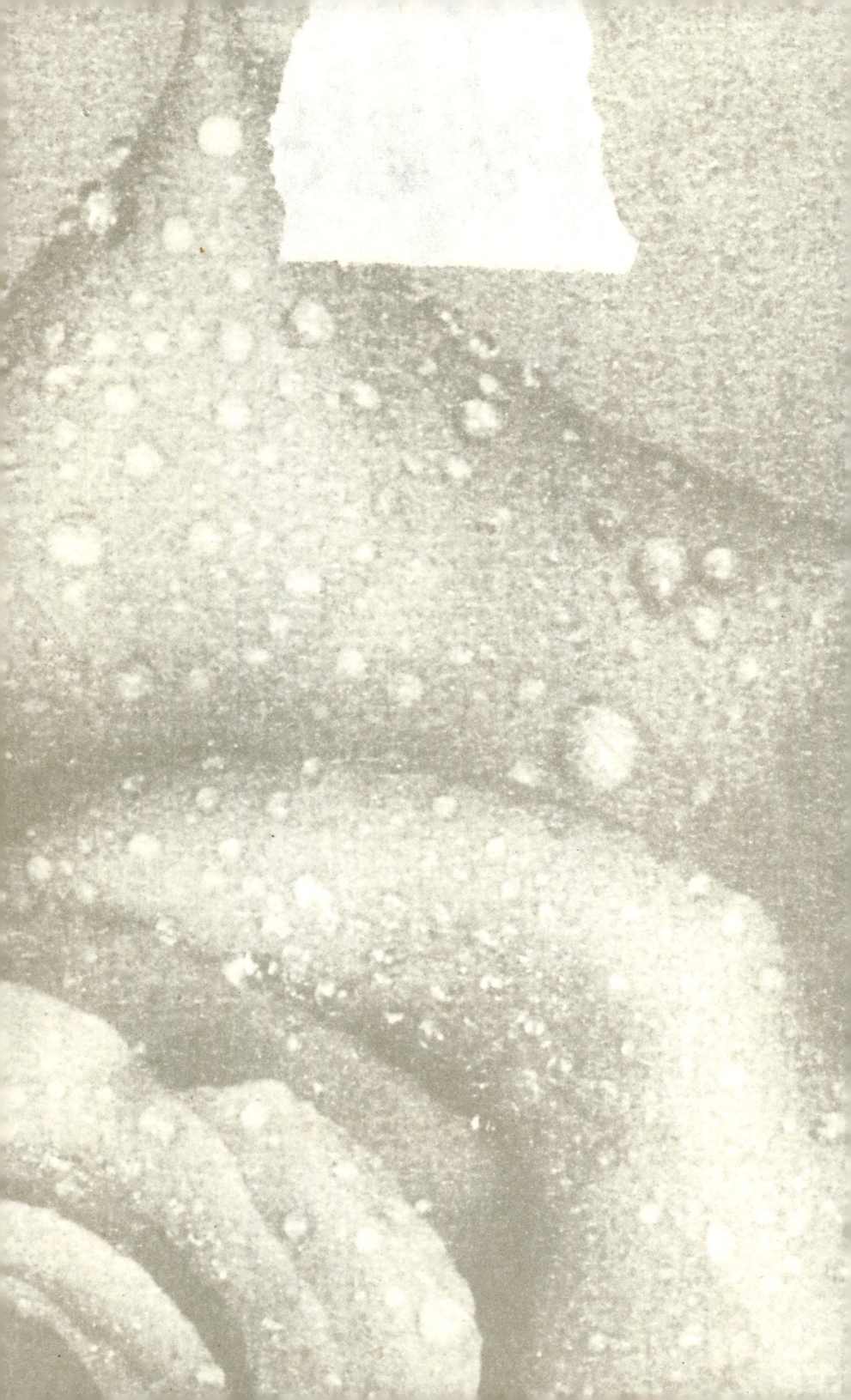